Film und Gesellschaft

Film und Gesellschaft

Struktur und Funktion der Filmindustrie

Von I. C. Jarvie

Übersetzt von Modeste zur Nedden Pferdekamp

Ferdinand Enke Verlag Stuttgart 1974

Titel der Originalausgabe:
Towards a Sociology of the Cinema
 · Published in Great Britain 1970
by Routledge & Kegan Paul Ltd.
Broadway House, London

ISBN 3 432 02281 6

Ferdinand Enke Verlag, Stuttgart 1974 – Printed in Germany
Satz und Druck: Buchdruckerei Eugen Göbel, Tübingen

An den Leser

Der Leser, der „kalt“ an das Thema herantritt, wird es nützlich finden, den Anhang des Buches, *Der Film und die Kommunikation von Werten,* als erstes zu lesen. Dieser Anhang ist ein Vortrag, den ich im Centre for Culture and Technology der Universität Toronto hielt, als ich noch bei der Niederschrift dieses Buches war. Er gibt eine Einführung in einige der in diesem Buch festgehaltenen Gedanken und demonstriert sie an Beispielen, was dazu beitragen könnte, den Leser an gewisse Idiosynkrasien der Filmliteratur, zu der dieser Band einen bescheidenen Beitrag leistet, zu gewöhnen. Da es sich aber im Anhang um ein sehr spezielles Thema handelt, um die Kommunikation von Werten nämlich, hielt ich es nicht für angebracht, ihn als Einleitung an den Anfang des Buches zu setzen.

Ein Wort zur Übersetzung

Im englischen Original des Buches sind sämtliche im Text erwähnten Filme (426) lediglich mit englisch-amerikanischem Titel angegeben. Da die überwiegende Zahl dieser Filme in Deutschland lief, hat d. Ü. für die deutsche Ausgabe des Werkes die deutschen Titel, beziehungsweise die anderssprachigen Originaltitel und deren deutsche Titel, sofern all diese Filme in Deutschland unter deutschem Titel zur Aufführung gelangten, sowie schließlich die Titel der deutschen Filme beigebracht. So wird bei der ersten Erwähnung der ausländischen Filme jeweils der deutsche Titel mitangeführt. Russische und japanische (wie auch der einzige chinesische) Originaltitel erscheinen in phonetischer Wiedergabe.

Bei den Ermittlungen ergab sich, daß die im englischen Original des Buches angeführten Jahreszahlen von den in den verschiedenen deutschen Unterlagen angegebenen divergieren, ebenso auch diese untereinander. D. Ü. bediente sich daher der bislang einzigen fundierten, wenn auch noch nicht vollständigen, deutschen Datensammlung: Die Mehrzahl der Filmtitel mit Produktionsjahreszahl wurden dem *Handbuch der Katholischen Filmkommission für Deutschland,* Verlag Haus Altenberg entnommen. Weitere Angaben aus verschiedenen Filmepochen entstammen U. Gregor/E. Patalas, *Geschichte des Films, Geschichte des modernen Films* und einer Reihe von anderen Quellen. Eine Aufstellung der darüber hinaus noch verbliebenen, zu ermittelnden Filmtitel (55) wurde freundlicherweise von *Werner Zurbuch, Hochschule für Fernsehen und Film, München,* filmographisch überprüft und ergänzt.

Zu besonderem Dank aber sind Übersetzerin wie Verlag dem Publizisten *Claus Rehnig* in Freiburg für seine Unterstützung verpflichtet: Er stellte sein reiches Fachwissen zur Verfügung und las große Teile des Manuskripts.

Modeste zur Nedden Pferdekamp

Vorwort

Zum Ziel der Arbeit: Dies ist ein Versuch zur Soziologie des Films, – mehr nicht. Und wollte ich eine nahezu vollständige Bibliographie vorlegen, ginge allein dies weit über die mir derzeit zur Verfügung stehenden Hilfsquellen hinaus. Was die Planung und Leitung empirischer Forschung zu diesem Thema betrifft, so sind sie ein Wunschtraum, der sich später eines Tages verwirklichen mag. Was ich hier als Ersatz für solche empirische Forschung vorlege, ist der Versuch, aus den unzähligen, in der umfangreichen Literatur verstreuten Informationsschnipseln einige herauszusieben und zusammenzufügen. Bislang ist für all diese Information noch kein befriedigender Rahmen vorhanden. So habe ich mir zur Aufgabe gesetzt, einen provisorischen soziologischen Rahmen zu schaffen, in den ich die Schnipsel einordnen kann, und zwar primär zu dem Zweck, die Fakten zu erklären oder ihnen Sinn zu verleihen (s. I. C. Jarvie 1964). Doch kann dieses Provisorium auch anderen Aufgaben dienen. Es wird neue Fragen aufwerfen und Antworten nahelegen, die etwas Ordnung in die Verwirrung bringen, ja die Diskussion vorantreiben, d. h. sie über meine Fragen und Antworten hinaustragen könnten. Eine andere Aufgabe des Rahmens wird sein, daß er hie und da Informationslücken sichtbar macht. Natürlich werden weit mehr zu Tage treten, als ich zu schließen imstande bin, schon allein deshalb, weil so vieles noch unerforscht bleibt, daß ich die Schließung der Lücken noch aufschieben muß. Gelingt es mir, wenigstens einen Überblick zu vermitteln, darf ich zufrieden sein.

Abgrenzung des Gegenstandes: Diese Arbeit gilt der Soziologie des Films. Der Fehler der meisten Werke, die sich angeblich mit der Soziologie des Films befaßten, besteht darin, daß sie *nicht* von der Soziologie des Films handeln. Ihre Autoren scheinen sich der auf der Hand liegenden soziologischen Fragen kaum bewußt gewesen zu sein. Der veröffentlichten Literatur nach zu urteilen, wurde aus der „Soziologie des Films" eine *Psychologie* (nicht des Films, sondern) des Kinopublikums, mit Untersuchungen über seine Reaktionen usw. Hier eine Auswahl der Themen, denen man in der Literatur am häufigsten begegnet: die Frequentierung des Kinos im Verhältnis zur Intelligenz der Zuschauer, das Ausmaß der Identifikation der Zuschauer mit Star und Leinwandhelden, die Stärke der Wirkung des Films auf das Verhalten von Kindern und Jugendlichen und so fort. J. B. Mayer's *British Cinemas and Their Audiences* (1948) und seine *Sociology of Film ...* (1945) sind in dieser Hinsicht paradigmatisch.

Wer sich für ökonomische und soziologische Themen interessiert, wie die finanzielle, industrielle und soziale Struktur der Filmindustrie, für die Grundlage ihrer Rekrutierung, die Rolle der Institution des Kinobesuchs in der Sozialstruktur der modernen westlichen Gesellschaft, für die Typen von Gesellschaften und sozialen Situationen, die auf der Leinwand dargestellt werden, für das Problem, warum bestimmte Filme Anklang finden und andere nicht, der wird wenig Interessantes in den Arbeiten von Mayer finden. Recht wenig bieten in dieser Hinsicht auch die andererseits faszinierenden Anthologien von B. Rosenberg und D. M. White (1957), R. D. MacCann (1964), W. R. Robinson (1968), J. Deer und H. A. Deer (1965) und D. M. White und R. Averson (1968). Ihre Arbeiten verzichten auf jegliche institutionelle Analyse. Filminhaltsanalysen, soweit vorhanden, bei D. B. Jones (1942), M. Wolfenstein und N. Leites (1950, 1955) und M. Mead (1959), sind fragmentarisch und befriedigen nicht. Psychologen und Sozialpsychologen wie S. Kracauer (1947) und G. A. Huaco (1965), stellen entweder soziologisch unhaltbare Behauptungen auf[1] oder behandeln den Film, als umgebe ihn soziologisch ein Vakuum[2].

In diesem Buch wird der Film als soziales Phänomen, als eine soziale Institution unter vielen betrachtet. In dem Bemühen um Systematik unterschied ich die Probleme nach vier Hauptgebieten: Die Herstellung, das Sehen, die Rezeption und die Wertung des Films.

Bei meiner Untersuchung stützte ich mich auf publiziertes Informationsmaterial, – gutes oder schlechtes oder wie üblich fragmentarisches, – wie auch auf eigene Erfahrung. Am reichhaltigsten dokumentiert sind die Filmindustrien Amerikas, Englands und Frankreichs; über die deutsche, italienische, japanische, russische und polnische gibt es weniger Material. Zusätzlich konnte ich mich ein wenig über die Industrien in Hongkong, Singapur, Taipeh und Bangkok informieren. Ich habe indes nicht die Absicht, zu generalisieren; die Daten wurden lediglich dazu benutzt, England und Amerika zu vergleichen. Sie stehen im Mittelpunkt meines Interesses.

Während ich für mich in Anspruch nehme, daß dieses Buch wissenschaftliche Forschung – auch empirischer Natur – enthält, mag es Puristen geben, die das Ausmaß soziologischer a priori-Annahmen überrascht. Da ich mich mit diesem Gebiet bereits andernorts (I. C. Jarvie 1964, 1965 b) beschäftigt habe, will ich mich hier auf zwei erläuternde Argumente beschränken: Zum einen ist das Sichten, Herausschälen und Klären von Problemen a priori notwendig, zweitens beginnt die Beschäftigung mit möglichen Lösungen und das Entscheiden darüber, welche offenbar falsch sind oder nicht – bereits auf a priori-Ebene und ohne Rücksicht darauf, ob irgendwelche Lösungen von irgend jemand für richtig gehalten werden oder nicht[3].

Ich kann mir vorstellen, daß jene meiner Freunde – Filmkritiker, Ästhetiker und andere –, die sich mehr für den guten *Film* interessieren und weniger für den Film als soziale Institution, enttäuscht sein werden. Denn die soziologische Literatur über den Film befaßt sich oft mit minderwertigen Filmen. Freunde, die sich für den guten Film interes-

---

[1] Kracauer behauptet z. B., daß bestimmte Themen des deutschen Films der 20er und 30er Jahre den unterschwelligen Nationalismus im Deutschland jener Jahre erkennen ließen. Die Frage, wie weit die von ihm analysierten Filme populär waren oder nicht, oder ob ihre Hersteller besonderen Anspruch darauf erheben konnten, als Reflektoren des „nationalen Syndroms" zu gelten, wird von ihm übersehen.

[2] Huacos Werk besteht überwiegend aus Inhaltsangaben von Filmen, – eine Garantie dafür, daß dieses Buch weder etwas über die Soziologie der Produktion von Film-Kunst noch über die des Filmerlebnisses enthält. Vielmehr befaßt es sich lediglich damit, welche soziologischen Schlüsse die Inhaltsangaben zulassen. Siehe die Besprechung von J. P. Taylor (1965).

[3] Der Philosoph P. K. Feyerabend vertritt den Standpunkt, je mehr Lösungen sich für ein Problem böten, desto besser stünden die Aussichten für unser Wissen.

sieren, würden mir natürlich zusetzen, meine Zeit nicht mit der Diskussion schlechter Filme und ihres Publikums zu vergeuden. Im Namen des *guten* Films könnten sie sich auch beschweren, daß die gegenwärtige Literatur zur Filmsoziologie sich sehr oft nur auf Inhaltsangaben stützt und so weder Autor noch Leser erkennen könnten, ob es sich um miese Filme handle oder nicht, – was schlimmer ist, als sich freimütig zu Schund zu bekennen. Würden Autoren (darunter auch ich) der Gepflogenheit abschwören, über Filme zu reden, die sie nicht gesehen haben, wäre diese Situation nicht entstanden. Nicht die Plots sind es, vielmehr jene besonderen und wichtigen Eigenschaften des einzigartigen Mediums Film, die uns aus ästhetischer Sicht interessieren müßten, und vielleicht sollte die ästhetische Bedeutung des Films seine primäre sein.

Soziologie aber muß sich auch mit Schund befassen. Der Film ist – soziologisch gesehen zumindest – eine Massenkunst, und es wäre absurd zu behaupten, der Massengeschmack sei von hohem Niveau, oder das Durchschnittsprodukt erreiche einen Standard, der den des Publikumsgeschmacks weit übertreffe.

Damit bin ich am Ende meines Plädoyers zugunsten einer soziologischen Untersuchung des minderwertigen Films: in erster Linie geht es mir um Soziologie. Dennoch möchte ich meine Studie auch im Blick aufs Ästhetische rechtfertigen: Auch ich bekenne mich zu Highbrow-Tendenzen (Highbrow: etwa Kenner, Intellektueller, Schöngeist, auch alles zusammen, Anm. d. Ü.). Dennoch übe ich an der Ansicht Kritik, daß der durchschnittlich gute Unterhaltungsfilm – (im weitesten Sinn des Wortes ebenfalls „Schund") – ästhetisch belanglos sei. Er ist eine der erfreulichsten Unterhaltungen die ich kenne, und allen gegenteiligen Meinungen zum Trotz behaupte ich, daß er bisweilen selbst Highbrow-Kriterien standhält: Er kann informativ, gut gemacht, sogar anspruchsvoll sein. Es ist snobistisch, den Film für die Masse als soziologisches oder ästhetisches Phänomen zu ignorieren. Darüber hinaus kann man argumentieren, daß sowohl die besten wie auch die schlechtesten Filme bei gleicher Sozialstruktur der Produktion entstanden, auf den gleichen Massenmarkt gelangten, ihre jeweilige Weltanschauung präsentieren und in der Vorstellung des Publikums ein bestimmtes Image erhalten. Weiter: Selbst ein mieser Film kann soziale, moralische oder persönliche Probleme von Interesse anschneiden oder untersuchen[4]. Später werde ich den Leser noch für diese Behauptung zu erwärmen suchen.

Meine Arbeit befaßt sich mit einer ganzen Galaxie der Aspekte: Produktion und Verkauf, Filminhalt und -wirkung auf das Publikum, schließlich auch Fragen der Wertung sowie soziologische Fragen der Wertung bzw. der Filmkritik. Zumindest teilweise wird natürlich die technische Meisterschaft des Künstlers, seine Imagination, seine kreative Disziplin, seine Fähigkeit zur Materialbeherrschung den Unterschied zwischen gut und schlecht ausmachen. Dennoch hängt es nicht allein vom Individuum ab: Manche Sozial-

[4] Zum Beispiel Stanley Kramers ästhetisch wie intellektuell bleierne „Problemfilme": *On the Beach/Das letzte Ufer* (USA 1959) (Wie werden Menschen sich nach der Massenvernichtung durch die Atombombe vor dem bitteren Ende verhalten?), *Inherit the Wind/Wer den Wind sät* (USA 1959) (Der Tennessee Monkey Prozeß, wörtliche Auslegung der Bibel kontra liberale, seit Darwin), *Judgement at Nuremberg/Das Urteil von Nürnberg* (USA 1961) (Nazi-Kriegsverbrechen: Wie sieht Deutschland seine Schuld und wie groß ist der Anteil anderer an dieser Schuld?)

strukturen und Organisationsformen werden dem kreativen Geist mehr entgegenkommen, andere weniger, die einen dem Künstler in stärkerem Maß Anreiz und Gelegenheit bieten, Gutes zu schaffen, als andere. Dies ist der Kontext, in welchem ich das Problem guter oder schlechter Film abhandeln will. Dabei habe ich meine Analyse so aufgebaut, daß Qualität z. T. eine Rolle spielt, z. T. auch nicht.

Die Forderung, eine Arbeit zur Soziologie des Films dürfe nicht auf den ersten Blick erkennen lassen, daß ihr Verfasser sie auch zustande gebracht hätte, ohne je das Kino betreten und einen der Filme gesehen zu haben, besteht durchaus zu recht. Ich zum Beispiel, wenn ich auf Musical oder Western eingehe, untersuche sie primär im Blick auf ihre filmische Wirkung und beschränke mich keineswegs nur darauf, die Plots und deren soziale Bedeutung zu untersuchen. Natürlich haben die meisten Filme einen Plot, und insofern darf man ihn nicht völlig ignorieren. Doch die speziellen audio-visuellen filmischen Qualitäten – sagen wir eines Western oder eines Gangsterfilms – vermehren seine Wirkung erheblich. Ich habe mich bemüht, dies nicht zu vergessen, – was die Mehrzahl meiner Vorgänger tat, zu ihrem und unserem Nachteil.

Was den Filminhalt und anderes Hintergrundmaterial betrifft, werde ich sie nur dann wiedergeben, wenn ich glaube, daß der Leser nicht damit vertraut ist. In diesem Zusammenhang muß ich um Nachsicht bitten: zum einen den Leser, der meint, ein von mir eingehend behandelter Film gehöre ohnehin zum Standardrepertoire und sollte nur kurz gestreift werden; zum anderen aber auch jenen Leser, der in der Überzeugung, er wisse schon, was zum Standardrepertoire gehöre, ausgerechnet diesen Film nicht gesehen hat und nun der Meinung ist, ich behandle ihn zu flüchtig, weil ich ihn fälschlicherweise zum Standardrepertoire zähle. Denn bislang besteht noch kein Einvernehmen in der Frage, was zum Standardrepertoire der Filmkunst gehört und was nicht.

Noch ein Wort zu unserem ersten Einwand: Sehr oft stört uns weniger das Gefühl, daß der Autor die von ihm behandelten Filme nicht kennt, als sein offensichtlicher Mangel an Sympathie für dieses Medium. Solche Autoren gehen meist deshalb nicht ins Kino, weil sie für Filme nichts übrig haben. Daher bringen sie für die Menschen, über die sie Untersuchungen anstellen, wenig Verständnis auf. Nun halte ich diesen Einwand für schwerwiegend, da Soziologie ohne menschliche Sympathie nicht nur etwas Schreckliches, sondern auch methodisch fragwürdig ist. Diese meine Bemerkung sollte aber nicht als Forderung nach mehr praktischer Forschung verstanden werden, wiewohl ich im allgemeinen ein gewisses Maß an Praxis für gut halte[5]. Vielmehr scheint es mir dringend geraten, daß man lernt, sich in anderer Menschen Lage zu versetzen. (Es genügt, dies in Gedanken zu tun.) Empfindet man aber nicht die geringste Liebe zur Sache, sollte man das Ganze besser sein lassen. Autoren, die Comic-Hefte verachten, werden kaum etwas Erhellendes über Comic-Hefte hervorbringen. Verachtung trägt nicht zum Verständnis bei; sie wird zur Verurteilung reizen. Dieses Argument darf nicht mißverstanden werden. Im allgemeinen spielt es keine Rolle, ob man für den Gegenstand seiner Untersuchungen Vorliebe oder Sympathie hegt. Wenn sie aber in der Wissenschaft vom Menschen fehlen, wird die Forschung sich in gefährlich engen Grenzen

---

[5] Nicht, das soll hier gesagt sein, aus den üblichen Gründen. Siehe I. C. Jarvie (1964) und (1967 b).

bewegen. Man wird schwerlich in der Lage sein zu erklären, was die Anhänger von Comics und Popmusik an ihnen finden, wenn man ganz und gar nichts für die letzteren übrig hat. Einige große Schriftsteller brachten und bringen es anscheinend fertig, sich in entgegengesetzte Charaktere einzufühlen. Daher sollte man vielleicht sagen: Wenn du *kein* großer Schriftsteller bist, und ist Aufklärung dein Ziel, dann halte dich lieber an Gegenstände, für die du etwas übrig hast.

Nur wenige Autoren scheinen für den Film gleichviel Verachtung zu hegen wie für Comic-Hefte. Häufiger aber stehen sie dem Film indifferent gegenüber. Keine dieser Einstellungen ist einem heuristischen Vorgehen bei der Untersuchung von Filmen förderlich. Denn dieses Medium ist anspruchsvoll, hoch entwickelt; ohne ein bestimmtes Maß an innerer Beteiligung wird man es nicht zu würdigen verstehen. Woraus man folgern könnte, daß der Grund für die Hochgestochenheit gewisser Intellektueller ebenfalls Mangel an Liebe zur Sache ist, – in gewissem Sinn sicherlich. Ich sehe mir als Highbrow – eingestandenermaßen – die avantgardistischsten Filme an, die ich nur finde, und genieße sie bisweilen sogar. Ebenso kann ich mich aber aus ganzem Herzen an einem guten Joan Crawford- oder Lana Turner-Film freuen, oder an einem Tränendrücker von Douglas Sirk oder Jean Negulesco, oder einem mitreißenden Action-Film wie *The Vikings/Die Wikinger* (USA 1958) oder *Vera Cruz/Vera Cruz* (USA 1954) oder einem aufwendigen Abenteuerfilm wie *Charade/Charade* (USA 1963) oder *Arabesque/Arabeske* (USA 1960). Ich finde auch nicht, daß dies meinen kritischen Maßstäben widerspricht, vielmehr halte ich, angesichts der Mannigfaltigkeit, Toleranz für den unentbehrlichen Bestandteil einer emotionsfreien Kritik. Bei Groschenromanen wendet man auch nicht die gleichen Maßstäbe an wie im Literaturunterricht, oder tut man es doch, macht man sich als Kritiker zum Narren [6]. Entwickelt man plötzlich ein Interesse für Groschenromane, wird man zuvor gelernt haben, sie zu tolerieren, zwischen ihnen zu unterscheiden und die besseren sogar zu mögen, wobei man von Kriterien ausgeht, die einem ganz neu sein können. Der Irrtum solcher Bücher wie St. Hall P. Whannel (1964) und D. Thompson (1964) – sie beruhen wahrhaftig auf Irrtum – besteht darin, daß es ihren Autoren mehr um Hebung des Niveaus zu tun war als um Verständnis. Sie sind darauf aus, gewisse sozio-politische Äxte zu wetzen und berufen sich auf die Forderung, es sei notwendig, den Publikumsgeschmack zu kultivieren und die Medien wie auch die Gesellschaft selbst zu reformieren. In ihrer idealen Welt bliebe kein Raum für TV-Sendungen von *Peyton Place* und *Batman*, nicht für die Romane eines Hank Janson und eines Mickey Spillane, für die Brillanz eines Hollywood Musicals und auch nicht für die überschwengliche Romantik des besonders das weibliche Gemüt ansprechenden Schmachtfetzens. Ihre sterile Reformwelt wäre mir einfach zu langweilig. Alles in allem, – wiewohl ich zustimme, daß es mehr gute Filme geben müßte, gibt es doch überraschend wenige, die so unsagbar schlecht sind, wie manche Kritiker gern meinen. Und obwohl der Publikumsgeschmack besser sein könnte, möchte ich doch nicht, daß die Leute ihre Fähigkeit einbüßen, sich des üblichen, unkomplizier-

---

[6] Als Beispiel hierfür könnten die Erörterungen über Raymond Chandler und Hank Janson in St. Hall und P. Whannel (1964) dienen. Chandler ist ein durchaus ernst zu nehmender Schriftsteller, aber Janson hat in dieser Hinsicht keinerlei Ambitionen. Dem ersteren anzukreiden, daß er sich nicht um den Erfolg des anderen bemühte, halte ich für töricht.

ten, perfekt gemachten Filmes zu erfreuen: Der Publikumsgeschmack sollte vielseitiger, nicht einseitiger werden[7].

Meine Liebe gilt dem Film, wie er ist, mit allen Vorzügen sowie allen zugegebenen Mängeln. Infolgedessen befinde ich mich in der klassischen Situation des Anthropologen, der zugleich Teilnehmer und Beobachter ist. Ab und an spreche ich hier in eigener Sache; mein Buch ist autobiographisch wie jeder Bericht aus der praktischen Forschung. Außerdem habe ich Praxis auch deshalb betrieben, weil ich ein Herz habe für die Gemeinde der Kinogänger, der ich auch angehöre. Über sie schreibe ich, damit ich sie besser verstehe.

[7] Mit diesem Argument würde ich, nebenbei gesagt, mich auch verteidigen, wenn man meinen Anti-Purismus attackieren und als völlig verkommen bezeichnen wollte. Aus den üblichen Filmen nimmt der Intellektuelle bisweilen etwas auf, das den einfachen Leuten entgeht. Was noch nicht heißt, daß Intellektuelle nicht fähig seien, das gleiche zu erleben, wie das einfache Volk.

Inhalt

An den Leser V
Ein Wort zur Übersetzung VI
Vorwort VII

Einführung

Film, Soziologie und deren allgemeine Bedeutung für eine Soziologie des Mediums

1. Der Film reift zur Kunstform heran 1
2. Intellektueller Hochmut gegenüber dem Film 3
3. Soziologie ist nicht Psychologie des sozialen Bewußtseins 6
4. Über die Notwendigkeit einer deskriptiven Soziologie 11
5. Abwendung vom „Vulgären“ 12
6. Gegen die Behauptung, Soziologie beruhe auf Binsenwahrheiten 13
7. Die wichtigsten soziologischen Aspekte des Films 14
8. Abriß einer kritischen soziologischen Methode 14
9. Der Film und sein soziologisches Bezugssystem 17

Teil 1

Zur Soziologie der Filmindustrie: Wer macht Filme, wie macht er sie und warum?

I. Soziologische Aspekte der Filmindustrie und ihre Bedeutung 22
1. Individuelle Kunst – kollektive Kunst 22
2. Interpretation des „Wesens“ kontra Interpretation der Form 27
3. Künstlerischer Erfolg – industrieller Erfolg 32

II. Die Entwicklung der Filmindustrie 35
1. Das Anfangsstadium 35
2. Weitere Entwicklungen 38

III. Die gegenwärtige kapitalistische Produktionsstruktur 42
1. Initiierung und Finanzierung der Produktion 42
2. Kontrolle und Verantwortung 47
3. Ein Vergleich mit kommunistischen Ländern 53

IV. Die Rollen und die Rekrutierung ihrer Träger 58
1. Bestimmte und unbestimmte Rollen 58
2. Unsystematische Rekrutierung 61
3. Gesellschaftliche Auswirkung des „offenen“ Rekrutierungssystems 69
4. Der Magnet „Geld“ 71

V. Fallstudien und Zusammenfassung 72
1. „The Red Badge of Courage“ und „The Secret People“ 73
2. Cocteau, Welles und Kurosawa 74
3. James Bonds „Hintermänner“ 75

Teil 2

Zur Soziologie des Publikums: Wer sieht sich Filme an und warum?

VI. Medium und Publikum . . . 78
1. Die Legende vom „passiven" Zuschauer . . . 78
2. Das Publikum als unstrukturierte Gruppe . . . 82

VII. Der Kinobesuch als soziale Institution . . . 90
1. Zur Soziologie der Unterhaltung . . . 90
2. Der Freizeitwert des Kinos . . . 93

VIII. Das Leinwandpublikum . . . 98
1. Das Entstehen unterschiedlicher Präferenzen . . . 98
2. Fakten und Zahlen . . . 100

Teil 3

Zur Soziologie des Filmerlebnisses: Wer sieht sich Filme an und aus welchen Gründen?

IX. Das Filmerlebnis . . . 109
1. Über die Wirkung von Filmen . . . 109
2. Ein Stück Leben oder ein Stück Kuchen? . . . 113
3. Das Medium als Botschaft . . . 117

X. Zur Soziologie der Leinwandwelt . . . 120
1. Filminhalt und Realität . . . 120
2. Film und Gesellschaft im Fernen Osten . . . 126
3. Identifikation und Flucht . . . 130
4. Die Film-Welt . . . 132

XI. Western und Gangsterfilm: Zur Soziologie gewisser Legenden . . . 138
1. Legenden und ihre Bedeutung . . . 138
2. Der Western – Legende und Wirklichkeit . . . 143

XII. Verbrecher und Spione . . . 149
1. Reichtum an Formeln . . . 149
2. Über die Popularität der Gangsterfilme . . . 151
3. Die Entstehung von Spionagefilmen . . . 155

XIII. Das Musical . . . 158
1. Die Verfilmung von Musicals . . . 158
2. Überlebenschancen des Musicals . . . 161

Teil 4

Zur Soziologie der Film-Wertung: Wie lernt man Filme richtig kennen? Welche Wertmaßstäbe sind anzulegen?

XIV. Werturteile und ihre Bedeutung für den Film . . . 163
1. Der endlose Prozeß der Wertung . . . 163
2. Zwei Koordinationstheorien . . . 165

XV. Film-Wertung im Hinblick auf die Absatzchancen . . . 171
1. Image und Kassenerfolg . . . 171
2. Wie das Image zustande kommt . . . 174

XVI. Zur Objektivität der Filmkritik 177
1. Die Entwicklung der Filmkritik 177
2. Der Film als Spiegel der Natur 179
3. Für eine rationale Filmkritik 182
4. Die romantische Ablehnung der Vernunft 183
5. Orakel und Sprüche der Weisen 185
6. Die literarische Untugend 187

Anhang
Der Film und die Kommunikation von Werten 188
1. Werte und Filmindustrie 188
2. Werte und Publikum 194
3. Werte und Filmerlebnis 197
4. Die Bewertung von Filmen 201

Bibliographie 205

Filmregister 341

Namenregister 351

Sachregister 358

Einführung

Film, Soziologie und deren allgemeine Bedeutung für eine Soziologie des Mediums

1. Der Film reift zur Kunstform heran

Von den neuen, in diesem Jahrhundert entwickelten Kommunikationsmedien war es der Film, der als erstes zur Kunstform heranreifte. Als Kunstform kann man jedes Mittel bezeichnen, für das sich ein Künstler zur Verwirklichung seiner Vorstellungen entscheidet[1]. Das Radio entwickelte sich erst im und nach dem Zweiten Weltkrieg zum künstlerischen Mittel, und während ich diese Zeilen schreibe, ist das Fernsehen erst noch im Begriff, eines zu werden. Die Fernsehserie, die von einer einheitlichen Grundsituation ausgeht und immer mit denselben Akteuren operiert (darin dem Medium Radio ähnlich, während im Film jedes Werk für sich steht), bietet eine interessante Darstellungsmöglichkeit für die großen Romanzyklen von Richardson, Proust, Galsworthy und Powell (diese Feststellung wird hoffentlich nicht als Sakrileg empfunden)[2]. Oder, anders: Vielleicht wird eines Tages jemand, der mit dem Medium Fernsehen vertraut ist, den Wunsch verspüren, einen Romanzyklus nach eigenen künstlerischen Vorstellungen eigens für das Fernsehen zu schaffen.

Mit Sicherheit darf man sagen, daß 1914, als David Wark Griffith sein Meisterwerk über den amerikanischen Sezessionskrieg *Birth of a Nation*, USA, drehte, der abendfüllende Stummfilm zum Kunstmittel herangereift war. Damit meine ich: Die Ausdrucksmittel des Mediums Stummfilm waren so weit entwickelt worden, daß sie auch einen seriösen Filmemacher befriedigen konnten. In gleichem Sinn waren Anfang der 30er Jahre auch der Dokumentar-Tonfilm und der Zeichentrick-Tonfilm ausgereift. Schwerer läßt sich entscheiden, wann der Spiel-Tonfilm dieses Stadium erreichte, obwohl die brillanten, von Busby Berkeley choreographierten Tanzszenen der Filme *Whoopee,* (USA 1930) *42nd Street/42.ste Straße* (USA 1933) und *Gold Diggers of 1933* (USA 1933) ihm bereits den Weg geebnet hatten. Sicherlich war das Medium Spiel-Tonfilm im Jahr 1941, als Orson Welles seinen Film *Citizen Kane* (USA) herstellte, reich genug, um als ausgereift gelten zu können.

Wenn wir für den Film die beginnende Reife in dem von mir umrissenen Sinn auf das Jahr 1914 festsetzen, kann er auf eine bald sechzigjährige Geschichte als Kunstmittel zurückblicken. Im Lauf dieser Zeit hat der Film sich zu einem derart komplexen Medium entfaltet, daß dem Schaffenden, der sich des Films bedienen möchte, eine ganze Reihe verschiedener Möglichkeiten offenstehen: der zweidimensionale Stummfilm im Verhältnis 3:4, der zweidimensionale Tonfilm im Verhältnis 3:4, Stumm- und Tonfilm

---

[1] In diesem Sinn können unter Umständen auch Wissenschaft und geschäftliche Tätigkeit Kunstformen sein.

[2] 1967 und 1968 brachte das britische BBC-Fernsehen einige sehr gelungene Adaptationen von Romanen aus der Viktorianischen Zeit, die sich über viele Sendungen erstreckten.

in anderen Formaten und der dreidimensionale Stumm- und Tonfilm in verschiedenen Formaten. Und sie alle können entweder farbig oder schwarzweiß sein. Alle diese Varianten erfordern die Benutzung einer Kamera, und einige zusätzlich die eines Mikrophons. Doch lassen sich Filmbilder auch herstellen, indem man Zeichnungen fotografiert oder sogar, indem man direkt auf den Film zeichnet. Auch Tonspuren können elektronisch produziert oder aber auf den Film gezeichnet werden[3]. Heute stehen diese Mittel alle gleichzeitig zur Verfügung, und der Filmschöpfer wählt sich dasjenige aus, das seinen Absichten am besten entspricht. Es ist noch gar nicht so lange her, daß diese Mittel nur sehr begrenzt zur Verfügung standen. Denn der Tonfilm war ein kostspieliges, fast ausschließlich professionelles Medium. Inzwischen ist es dank der Entwicklung immer billigeren Materials fast jedem möglich, Filme herzustellen, wenn er nur über die notwendige Entschlossenheit verfügt. Die amerikanische Undergroundfilm-Bewegung[4] hätte ohne die auch bei schmalem Budget anwendbaren neuen Methoden der Filmherstellung nicht existieren können. Nachdem sie jedoch aus dem Untergrund auftauchte, vermochte sie aus eigener Kraft zu bestehen.

Im Verlauf dieser nahezu sechzig Jahre hat der Film sich in unserer Welt mehr und mehr breitgemacht, – angefangen bei den Amateurfilm-Babys, die widerstrebenden Gästen von ihren stolzen Erzeugern aufgezwungen wurden, über die allerorts in Klassenräumen und Bibliotheken anzutreffenden Fernsehschirme und Filmprojektoren bis zur heute nicht mehr an jeder Straßenecke beheimateten Kinoleinwand, – die indes immer noch überraschend weit verbreitet ist. Meine Generation ist bereits ein authentisches Bildungsprodukt des Films. In sehr zartem Alter pflegte ich noch unter den Sitz zu kriechen, wenn die Hexe in dem Disney-Film *Snow White and the Seven Dwarfs/ Schneewittchen und die sieben Zwerge* (USA 1937) die Szene betrat. Bei Ausgang des Krieges machte ich mich allwöchentlich zum Samstagvormittags-Filmklub auf den Weg, um ein aus Cartoon, „Bildungs"-Film und Spielfilm bestehendes Programm anzusehen – alles für nine pence. In der Schule bereitete es uns diebisches Vergnügen, wenn unsere Lehrer sich in verdunkelten Klassenräumen mit den technischen Verzwicktheiten der Tonfilmprojektion abmühten. Eine unserer Hauptbeschäftigungen bestand auch darin, Erwachsene aufzutreiben, die einen in A-Filme mitnahmen. (A-Filme: aufwendigere, kostspieligere „wichtigere" Filme; B-Filme: meist schnell und billig hergestellte Massenproduktion. Anm. d. Ü.)

Uns war es nicht mehr beschieden, das Kino als etwas Seltsames und neuartiges, ziemlich Vulgäres aufzufassen, das man regelmäßig besuchte und in deren Dunkel man den Nöten der Welt draußen entfliehen konnte, was zum Beispiel Ludwig Wittgenstein tat[5].

---

[3] Die optische Tonspur besteht aus einem hellen Streifen von variierender Breite am Rande des Filmes, auf den man den Ton aufmalen kann.

[4] Beschrieben bei G. Battock (1967) und S. Renan (1967).

[5] „Wittgenstein war von seinen Vorlesungen immer erschöpft. Er war auch über sie ‚entrüstet'. Er fühlte sich abgestoßen von dem, was er gesagt hatte und von sich selbst. Häufig stürzte er, kaum daß das Kolleg vorbei war, in irgendein Kino. Wenn die Hörer begannen, ihre Stühle hinauszutragen, konnte er sich bittend an einen Freund wenden und leise zu ihm sagen: ‚Könntest du in einen Film gehen?' Auf dem Weg zum Kino pflegte sich Wittgenstein ein Brötchen zu kaufen oder etwas kalte Fleischpastete und sie während des Films zu essen. Er legte Wert

Für unsere Generation war das Kino mehr eine Zuflucht vor dem Elternhaus, zentraler Brennpunkt vieler unserer Interessen, Wertungen, Vorstellungen und Fantasien, – ja sogar unserer intellektuellen Bemühungen. Anders als die Älteren, sind wir mit der Welt des Films und ihrer Sprache vertraut: Mühelos können wir ganze Serien von Rückblenden verfolgen, die in ihrer Kompliziertheit kaum wiederzugeben sind[6]. Wir merken es sofort, wenn ein „stock-shot" (Archivaufnahme, nicht verwandtes Aufnahmematerial aus anderen Filmen, d. Ü.) in einen neuen Film eingeflickt[7] oder Ausschnitte aus einem Film in die Live-Sendung einer Fernsehshow eingeblendet wurden. So groß ist unsere Sensitivität für die Oberfläche des Mediums, die wir unser Leben lang angestarrt haben.

2. *Intellektueller Hochmut gegenüber dem Film*

Dies bedeutet nun nicht, daß die Intellektuellen unserer Gesellschaft den Film genügend ernst nähmen oder daß seine Produkte zu den höchsten Errungenschaften unserer Kultur und Zivilisation gezählt würden, – wie es ihm meiner Meinung nach zusteht. Nur in Frankreich haben die offiziellen Kulturmandarine den Wert des Films (zumindest als gutes Kulturexportvehikel) erkannt und daher reicht das Verhältnis französischer Intellektueller zum Film von Überintellektualisierung bis zur Neigung, noch unter der miesesten Sorte von B-Filmen nach unentdeckten Meisterwerken Ausschau zu halten. Zugegeben, was man als große Kunst betrachtet, wird teilweise von der persönlichen Vorliebe abhängen. Dennoch glaube ich, auf Anhieb eine kleine Aufstellung von überragenden Filmgrößen beibringen zu können, die allen plausiblen Kriterien gemäß den größten Künstlern unseres Jahrhunderts in der Malerei, Literatur, Musik usw. ebenbürtig sind: Michelangelo Antonioni, Ingmar Bergman, Robert Bresson, John Ford, Jean-Luc Godard, Buster Keaton, Akira Kurosawa, Fritz Lang, Orson Welles und

darauf, in der allerersten Reihe zu sitzen, so daß die Leinwand sein ganzes Gesichtsfeld einnahm und seine Gedanken von der Erinnerung an die Vorlesung und seinen Gefühlen des Ekels abgelenkt wurden. Einmal flüsterte er mir zu: ‚Das ist wie eine Dusche!' Seine Art zuzusehen war nicht etwa entspannt oder gelöst. Er beugte sich interessiert von und wandte kaum die Augen von dem Film. Nur selten äußerte er irgendwelche Bemerkungen zu den Vorgängen auf der Leinwand, auch hatte er es nicht gern ,wenn sein Begleiter etwas sagte. Er wollte ganz von dem Film erfüllt sein, wie trivial oder gekünstelt der auch sein mochte, um sich wenigstens zeitweise von den philosophischen Gedanken zu befreien, die ihn quälten und erschöpften. Amerikanische Filme hatte er gern, englische verabscheute er. Er neigte zu der Annahme, daß es einen guten englischen Film überhaupt *nicht* geben *könne*. Das hing mit seiner starken Abneigung gegen englische Kultur und englische Geisteshaltung im allgemeinen zusammen. Die Filmstars Carmen Miranda und Betty Hutton mochte er gern. Bevor er mich in Amerika besuchte, verlangte er im Spaß, daß ich ihn dort bei Miß Hutton einführe."
Norman Malcolm: *Ludwig Wittgenstein, Ein Erinnerungsbuch,* deutsch von Claudia Frank. München/Wien 1961.

[6] Hätten *Käre John/Lieber John* (Schweden 1964), *Mirage* (USA 1965), *Two for the Road/ Zwei auf gleichem Weg* (USA 1966), *La Guerre est finie/Der Krieg ist vorbei* (Frankreich/ Schweden 1965) zu früherer Zeit bei einem breiten Publikum Erfolg haben können?

[7] Siehe Everson (1953).

andere. Wiewohl es heute weniger zutrifft als früher, wird man, glaube ich, unschwer „kultivierte“ Menschen finden, die noch niemals etwas von diesen Namen gehört haben und noch weniger wissen, welche Filme sie machten und in welchen Ländern sie tätig sind und, schlimmer noch, Mühe haben würden zu erkennen, warum diese Filmemacher besser sind als andere.

Ich weiß nicht, wie man sich diesen anhaltenden Mangel an kultureller Achtung für den Film erklären soll: Er mag auf seiner Neuheit und auf Assoziationen von allerlei Vulgaritäten beruhen, – früher wie noch heute. Groschenromane tun Werken der Dichtung keinen Abbruch. Doch spielt ein und dasselbe Kino sowohl *Le Journal d'un Curé de Campagne/Tagebuch eines Landpfarrers* (Frankreich 1950) wie auch *Drag Strip Riot* (USA 1958). Der Intellektuelle kramt (angeblich) nicht im Paperback-Laden: Denn Pornografie und Dichtung haben heutzutage die gleichen Einbände, so daß man sie leicht verwechseln kann. Da er es nötig hat, sein Prestige zu dokumentieren, kauft der Intellektuelle in Läden, die ihn in diesem Bestreben unterstützen. Vielleicht wären spezialisierte Filmgesellschaften und „Kunst“-Filmtheater, wo lediglich „Qualitätsfilme“ gezeigt werden, eine Lösung. Zur Zeit jedoch scheinen sie nur kleine Verehrer-Cliquen anzuziehen; man muß schon der Sache sehr hingegeben sein, um von der Existenz solcher Filmtheater überhaupt zu wissen. Und so weiter. Wenn es ebenso viel Zeit braucht wie bei der elisabethanischen Volkskomödie, bis der Film zu Ansehen gelangt, können wir noch lange warten. Vielleicht wird dieser Prozeß durch die wachsende Zahl von Lehrern vorangetrieben, die Lust hätten, schon bei den Kindern in der Schule eine „kritische“ Einstellung gegenüber dem Film zu wecken.

Neben dem Mangel an Ansehen, der allerdings langsam wettgemacht wird angesichts der Unmenge von Filmen, die die Umwelt für alle bis auf die entschiedensten „Isolationisten“ bereithält, herrscht obendrein eine monmuentale Unwissenheit in bezug auf das Wesen des Kinos als sozialer Institution: Sie ist eine der bedeutendsten der Welt. Und an dieser Unwissenheit ändert sich noch nicht das Geringste, trotz der heroischen Anstrengungen von Autoren wie Marshall McLuhan, die für ein Erwachen des Bewußtseins in dieser Hinsicht wahre Schlachten führen. Dieses Phänomen beruht nach meiner Meinung nicht auf einem Mangel an Arbeiten zu diesem Thema, sondern auf deren Unzulänglichkeit: auf der mehr oder weniger vollständigen Unfähigkeit der Autoren, zu begreifen, auf welche Weise ein Medium sich auf eine Gesellschaft auswirkt und weshalb das so ist.

Dieses Medium, das in seiner Bedeutung anscheinend so schwer zu erfassen ist, war zu einer bestimmten Zeit Gegenstand der drittgrößten Industrie Amerikas. Seit dem Ersten Weltkrieg gehörte es zu den Hauptexportgütern der USA. Der Film ist eines der wichtigsten Vehikel zur Verbreitung ihrer nationalen Kultur. Von anthropologischer Feldarbeit abgesehen kenne ich kein anderes, annähernd so gutes Mittel, um einer Gesellschaft unter die Haut zu blicken, als Filme anzusehen, die für deren Binnenmarkt hergestellt wurden[8]. Zwar ist man kaum in der Lage, sich über ihren Wahrheitsgehalt ein Bild zu machen. Doch kann man mit Sicherheit eines sagen: sie wurden für ein Massenpublikum gemacht und von einem Massenpublikum gesehen und dies ist ein ebenso

---

[8] Siehe R. Benedict (1946) und J. H. Weakland (1971).

sicherer wie auch wichtiger und aufschlußreicher Ausgangspunkt[9]. Ozu's Filme über das Leben der japanischen Mittelschicht, Satyajit Ray's über das der Bengalen, die große Mehrzahl der amerikanischen Filme sind eine Fundgrube der Information und gewähren Einblick in die Gesellschaften, die sie richtig oder falsch schildern. Außerdem ist das Medium Film fast bis in jede Gesellschaft der Welt vorgedrungen und hat ihr sein Standardmuster von Vertrieb und Distribution und sogar der Produktion aufgeprägt. Über die beträchtliche Auswirkung und Bedeutung dieses Mediums kann kaum ein Zweifel bestehen. Die meisten Menschen jedoch wissen noch nicht einmal das Einfachste darüber, wie Filme hergestellt werden, oder verschwenden je auch nur einen Gedanken an das Wesen des Film-Erlebnisses oder an das des Films als Institution.

Diese Studie gilt einer ersten Untersuchung der Fragen, die hierzu gestellt werden müssen.

Der Film ist sowohl eine soziale wie eine ästhetische Institution. Und diese beiden Aspekte gehen ineinander über, da ihr sozialer Charakter sich auf die Kunst auswirken, die Kunst auf die Gesellschaft Einfluß nehmen kann. Wie alle Institutionen, hat auch der Film eine Vorgeschichte, eine Geschichte und eine Struktur. Anders als manche andere Institution, wurde er nicht von Einzelpersonen oder Gruppen nach bestimmten Plänen oder Vorstellungen geschaffen. Noch weniger kamen die Pioniere dieser Institution auf den Gedanken, daß ihr Gewinnstreben tiefgreifende Wirkung auf die Gesellschaft, auf Kommunikation und Weltkultur nehmen sollte. Wie ungeheuerlich wäre ihnen das erschienen! Nun hat aber der Film, wie alle sozialen Institutionen, unbeabsichtigte wie auch beabsichtigte Folgen. Auf Profit wurde abgezielt, er war also beabsichtigt; das Star-System entstand völlig unbeabsichtigt, nahm aber trotz heftigen Widerstands der Produzenten an Bedeutung zu. Einige der unbeabsichtigten Folgen wurden begrüßt, andere nicht. Das Profitstreben hatte einen mörderischen Konkurrenzkampf zur Folge, den die Produzenten durch die Errichtung von Kartellen einzudämmen suchten. Die ungeahnte Entwicklung, die den wöchentlichen Kinogang weltweit zum Zeitvertreib werden ließ, wurde von den gleichen Produzenten gefördert, die sie bald für so selbstverständlich hielten, daß sie dann ganz entsetzt waren, als sie um 1949–50 rückläufige Züge zu zeigen begann.

Ebenso unvermutet, wie er erfunden worden war, wurde der Film auch zu einer Institution, die sich binnen kurzem über die ganze Welt erstreckte. Der Film hat unter den sozialen Institutionen unserer Gesellschaft eine Schlüsselstellung inne und ist zugleich eine der lebendigsten Kunstformen unserer Zeit. Indes, während es eine Fülle von Büchern über seine Geschichte und über die Filmkunst gibt, wurden seine sozialen Dimensionen bislang nur ganz obenhin untersucht. Für diese Unterlassung eine Er-

---

[9] Einer von vielen Irrtümern Siegfried Kracauers (1947) besteht darin, die Frage vollkommen zu ignorieren, wie weit die von ihm erörterten Filme von vielen gesehen oder geschätzt wurden. Er bescheidet sich mit der Feststellung, daß die Psychen der Filmemacher deren Filme mit autoritären Symbolen befrachteten. Bei solchem Vorgehen könnte man ohne weiteres aus Eisensteins *Ivan Grosnyi/Iwan der Schreckliche*, Rußland 1946, Teil II die absurdesten Schlüsse ziehen, – zum Beispiel, daß Religion und Wahnsinn infolge von Dekadenz in Stalins Rußland große Wirkung hatten. Doch bekam niemand den Film damals zu sehen; er wurde zwölf Jahre lang nicht freigegeben.

klärung zu finden, ist nicht leicht, doch möchte ich es versuchen. Eine ganze Reihe von Dingen mag hierzu beigetragen haben: (1) Fehlauffassungen darüber, was Soziologie ist und woraus soziologische Studien bestehen sollten; (2) ganz allgemein das Fehlen von deskriptiven soziologischen Arbeiten über die Hauptinstitutionen unserer Gesellschaft; (3) die mit dem Begriff Kino verbundenen assoziativen Vorstellungen als von etwas Vulgärem, zum Teil auf der Neuheit und Popularität des Kinos beruhend; (4) die Einstellung, daß das Wenige, das sich zum Thema Soziologie des Films sagen läßt, bereits abgedroschen und allen bekannt sei. Dieser letzte Punkt, sollte er zutreffen, wirkt sich besonders nachteilig aus: Immer die gleichen Fragen werden in der Literatur widergekäut, die doch ein für alle Mal durch eine soziologische Analyse erledigt werden könnten. Ich denke dabei an Fragen wie: Besteht ein Zusammenhang zwischen Popularität und Profit? Bekommt das Publikum, was es will, oder das, was es wollen sollte? und so weiter. Diese Fragen werde ich später aufgreifen. Zunächst einmal möchte ich auf Punkt (1), (2), (3) und (4) eingehen.

3. Soziologie ist nicht Psychologie des sozialen Bewußtseins

(1) Die Fehlauffassungen von Soziologie, die sich am stärksten auswirken, stammen von Autoren, die über den Film schreiben. Indes sind sie lediglich Opfer einer allgemeinen Fehlauffassung von Soziologie, die selbst noch vor fünfzehn Jahren weitverbreitet war. Soziologie wurde ständig mit Sozialwissenschaft und Sozialarbeit verwechselt. Dies dürfte vielleicht erklären, warum die Untersuchung soziologischer Aspekte des Films bislang lediglich Themen wie: Film und Kriminalität, Film und Jugend, Filmzensur, dem „sozialen“ (d. h. de facto dokumentarischen) Film galten, d. h. sozial bedeutsamen Aspekten des Films. Ferner neigten mit Filmfragen sich befassende Autoren dazu, Sozialpsychologie für Soziologie zu halten. In vermeintlich soziologischen Studien über den Film verbreitet man sich zum Beispiel über Folgendes: Wie weit ist der Film als Propagandamittel wirksam? Wie weit vermag er Menschen zum Guten oder Bösen zu beeinflussen (zugleich das Problem Zensur)? Wie ist es mit seiner psychologischen Wirkung als Flucht vor der Wirklichkeit in eine Welt des schönen Scheins bestellt? Auf keine dieser Fragen soll in diesem Band näher eingegangen werden, einesteils deshalb nicht, weil man sich zur Zeit wahrhaftig oft genug ergebnislos über sie zerstritten hat, zum anderen weil sie mit einer Untersuchung der Sozialstruktur wenig zu tun haben, zum Teil auch, weil sie so primitiv sind, daß man sie mit Recht von vornherein abtun kann. Die Antwort auf diese Frage liegt auf der Hand: Alle Medien können erfolgreich zu Propagandazwecken benutzt werden, und unter besonderen Bedingungen werden sie höchst effektiv sein (siehe unten); die Medien und ihre Produkte haben in einer demokratischen Gesellschaft nur marginale Wirkung auf den Prozentsatz von Gut oder Böse. Doch unter bestimmten totalitären Verhältnissen werden sie hochgradig wirksam sein; ein jedes Medium ist praktisch ein Ventil für eskapistische Fantasien, aber je nach den speziellen Umständen wird es als Wirklichkeitsflucht eine marginale (z. B. während der militärischen Ausbildung) ober aber eine zentrale Rolle (im Kriegseinsatz) spielen. Die Fragen wurden also falsch, nämlich nicht soziologisch gestellt. Um sie zu vertiefen und interessanter zu machen und um sie besser in den Griff zu bekommen,

müssen sie anders formuliert werden, wobei folgendes in Rechnung gezogen werden sollte: die Wechselwirkung zwischen Film und Gesellschaft (der Film unterstützt, schildert und attackiert die sozialen Verhältnisse); die strukturelle Auswirkung des Films als einer Institution unter anderen vorhandenen Institutionen, (und nicht von Inhalten unter anderen möglichen Inhalten); oder die mögliche Nutzanwendung der Filmsituation, die die Zuschauer vor sich sehen [10].

Von Anfang an, seitdem der Film Gegenstand (mäßigen) intellektuellen Interesses geworden war, hat sich offensichtlich in der Filmkritik auch eine Tradition herausgebildet, die man als „soziologisch orientiert" bezeichnen darf. Das heißt, man versuchte die Filme in Beziehung zu setzen zu dem, was man über die Soziologie und Sozialpsychologie der Gesellschaften (im Sinn einer sozialen Lebensform), die sie produzierten, wußte. Es mag seltsam erscheinen, daß ich sage Gesellschaften produzierten Filme. Gemeint ist aber lediglich, daß Haltung, Wert und Interessen der Filmemacher in einer Gesellschaft bis zu einem gewissen Grad von der sozialen Umwelt bestimmt werden, in der sie aufwuchsen und tätig sind.

Seriöse Filmliteratur gibt es erst seit den 20er-Jahren, doch war sie überwiegend ästhetisch orientiert. Lassen Sie mich kurz die Entwicklung der „soziologisch orientierten" Kritik und ihrer Zeitschriften rekapitulieren. In Großbritannien verstärkte in den 30er Jahren die Schule der „Documentary movement" ihre Kritik; in ihrem Organ *Close Up* spiegelt sich ihr Engagement für die im Medium Film zur Sprache gebrachten sozialen Fragen wider [11]. Seit dem Krieg befaßte sich die in den schöngeistigen Zeitschriften *Sequence und Sight and Sound* publizierende Gruppe britischer Kritiker eingehend mit dem inhärenten sozialen Wert von Filmen, und dies löste die heftigen und ausgedehnten Debatten von 1956–57 über das „Engagement" aus. Die jüngere Generation ging sogar noch weiter, – nämlich in den neo-marxistischen Analysen der Zeitschrift *The Universities and Left Review.* In der Engagement-Diskussion nutzte sich unter dem Drang zum soziologischen Debattieren – oder was man für soziologisch hielt – das vorhandene soziologische Wissen sehr schnell ab, so daß schließlich nur eine Art journalistischen Impressionismus' übrig blieb. Die Neo-Marxisten verfügten dagegen über eine beachtliche wissenschaftliche Tradition und in Form der ökonomischen Analyse über ein machtvolles analytisches Forschungsinstrument. Doch war alles, was sie hervorbrachten, aufgrund ihrer radikalen Ablehnung unserer Gesellschaft stark gefärbt. In den Vereinigten Staaten war es Lewis Jacobs, der mit seinem Filmgeschichtsklassiker *The Rise of the American Film* (1939) den Versuch unternahm, den Film – eine der wichtigsten sozialen Institutionen der amerikanischen Gesellschaft – in erster Linie in den sozialen Kontext einzuordnen. Bis zum Absurden führte die „soziale" Schauweise bei Kracauer, der in seinem Buch „Von Caligari bis Hitler" (1958) einem geradezu bombastischen Freudianismus huldigt. Hier wurde sehr gescheit (im nachhinein), doch zu Unrecht, die Theorie entwickelt, daß in vielen deutschen, zwischen 1919 und 1933 gedrehten Filmen der Nazismus sich bereits im Keim offenbart habe. Später, in den 50er- und 60er-

[10] Die folgenden Abschnitte erschienen gesondert in Form eines Artikels, „Sociology and The Film Critics", in *Film Journal* (Melbourne), Nr. 17, April 1961, S. 101–102.

[11] Die Ideologie dieser Gruppe ist Gegenstand einer interessanten Abhandlung. Siehe d. Artikel von Neil Beggs in *Film Journal,* Nr. 15.

Jahren gaben sich die Rezensenten der Zeitschrift *Film Culture* und der nüchternen *Film Quarterly* ab und an gewissen sozio-politischen Anwandlungen hin; die *Film Quarterly* zumindest war in der Lage oder verfügte über die Mittel, sie weiter zu hegen. Alle diese Abhandlungen haben eines gemein: Sie gehen davon aus, daß Filme „Aussagen“ oder Reflexionen über die Gesellschaft seien, die der Film porträtiert, das heißt, sie seien als Ausdruck einer Haltung oder kritischen Einstellung oder als Wertung dessen gedacht, was diese Filme schildern.

Ein solches Vorgehen mag nun dem, der sich auch in anderen Bereichen der Kunst ein wenig auskennt, schon auf den ersten Blick seltsam anmuten. Filme handeln von Menschen in der Gesellschaft, gewiß. Aber das Gleiche trifft auf Romane, Schauspiele und häufig genug auch auf Dichtungen zu. Selbstverständlich werden Literaturkritiker gelegentlich auch auf den psychologischen oder soziologischen Blick des Autors eingehen, doch nur im Zusammenhang mit mehr dem Technischen geltenden Erwägungen, ob das es undenkbar, sich ausschließlich auf diese Aspekte zu beschränken, oder, schlimmer Buch gut oder schlecht sei. Dasselbe gilt weitgehend auch für das Schauspiel. Doch wäre noch, das Werk allein im Blick auf diese Aspekte zu werten.

Sehr wichtig in diesem Zusammenhang, ohne zu weit ins Detail zu gehen, scheint mir folgender Abschnitt aus Gombrichs „Kunst und Illusion“:

> „Die Logiker versichern uns – und wer würde es wagen, sich mit ihnen in einen Disput einzulassen –, daß das Attribut „wahr oder falsch“ nur Aussagen oder Sätzen zukommen kann. Und was immer auch Kunstkritiker schreiben oder sagen mögen, so besteht doch wohl kaum ein Zweifel darüber, daß ein Bild niemals eine Aussage im logischen Sinn sein kann. Es kann daher so wenig wahr oder falsch sein, wie eine Aussage rot oder grün sein kann. Die Außerachtlassung dieser einfachen Unterscheidung hat in der Ästhetik zu großer Verwirrung geführt. Allerdings ist diese Verwirrung entschuldbar, denn die Bilder, denen wir begegnen, sind gewöhnlich – wenigstens im abendländischen Kulturkreis, in dem wir leben – mit irgendwelchen Aufschriften oder Beschriftungen versehen, die nichts anderes sind als abgekürzte Aussagen. Als solche können sie auch wahr oder falsch sein. Am besten können wir uns diese Unterscheidung klarmachen, wenn wir etwa dem Ausspruch „Die Kamera lügt nicht“ den verbrecherischen Mißbrauch entgegenhalten, der im Krieg und im Kampf der Parteien mit falsch beschrifteten Photographien betrieben wurde, um die feindliche Seite anzuklagen oder die eigene zu entlasten.“ [12]

Bisweilen lassen Filmkritiker sich zwar dazu herab, „technisch“ zu werden, – wenn es darum geht, die Vorzüge eines Films zu erörtern. Öfter freilich, insbesondere wenn sie sich zu den Highbrows (Kenner, Schöngeister, Intellektuelle) zählen, beurteilen sie Filme nach sozialen oder moralischen Maßstäben [13]. Wir alle kennen ihre Ausdrücke nur zu gut [14]. Gerade unter diesen Kritikern verfechten viele die Theorie, daß der Film

---

[12] Aufschlußreich war es, mitanzusehen, in welche Verzweiflung Stummfilm-Liebhaber gerieten, als sie mit dem Tonfilm konfrontiert wurden; eine Kunstform, so „pur“ wie Malerei, hatte plötzlich Worte erhalten. Stummfilme wurden früher mit Zwischen- und Untertiteln versehen, – doch der puristischste Film (z. B. *Der letzte Mann* (F. W. Murnau, 1924) lief ohne Betextung.

[13] Bei Brecht (1964) gibt es eine interessante Passage: er machte es umgekehrt. Trotz seiner sozialen und politischen Unzulänglichkeit habe ihm der Film *Gunga Din/Aufstand in Sidi Hakim* (George Stevens, USA 1939) sehr gut gefallen (S. 245).

[14] In der Hoffnung, daß niemand sie je wieder für die Filmkritik benutzen möge, gebe ich hier

im Endeffekt der Dichtung am meisten verwandt sei. Wie absurd diese Behauptung ist, wird klar, wenn wir uns vor stellen, man würde Shakespeares dichterische Qualität allein am sozialen oder moralischen Gehalt seines Werkes messen.

Daß die Filmkritik so weitgehend an diesem offensichtlichen Widerspruch festhält, bedarf der Ergründung; es bieten sich sogar eine ganze Anzahl möglicher Erklärungen dafür. Da ist zum Beispiel die Koinzidenz (zumindest nehme ich an, es ist Koinzidenz), daß viele, die über den Film schreiben, politisch nach links tendieren[15] und, mit dem unbestreitbaren Kommerzialismus der filmischen „Brötchen-Produktion" konfrontiert, fortgesetzt in die Defensive gehen. Anders als die „schöne" Literatur, aber nicht viel anders als das Theater, ist der Film eine Industrie, die mit hohen Kosten arbeitet, was zur Folge hat, daß eine ganze Menge Schund produziert werden muß. Jemandem, dem diese Zusammenhänge unbekannt sind, wird es ins Herz schneiden, wenn er erfährt, daß ein Film wie *The Ten Commandments/Die zehn Gebote* (USA 1956) hohe Gewinne einspielte, während *The Sweet Smell of Success/Dein Schicksal in meiner Hand* (USA 1957) ein Verlustgeschäft war. So wie Theaterrezensenten jedes Salonstück herunterzumachen pflegen, kennen die „rot angehauchten" Filmrezensenten für die Hollywood- oder Pinewood-Durchschnittsprodukte keine Gnade. Man bedenke, daß viele dieser Filme technisch makellos zu sein scheinen. Doch läßt sich mit Recht behaupten, daß es ihnen vor allem an Sinn für die Realitäten, an einer bestimmten Auffassung etc. mangelt. Infolgedessen sehen die Kritiker nichts anderes als *diese* Mängel.

Das Schlimme ist aber, daß solcherart Analysen an der Oberfläche bleiben; in Wirklichkeit beruhen die wahren Fehler dieser armseligen kommerziellen Filme weit öfter auf technischen Schwächen: auf dem schlampigen oder aber gestelzten Stil der Drehbücher, auf Unwahrscheinlichkeiten der Handlung, mangelhafter oder schlechter Regie, unbegabtem Spiel, schwülstiger Musik und – Fehler von 90 Prozent aller Filme seit *The Robe/Das Gewand*, (USA 1953) – an nicht ausreichend zurechtgetrimmten Texten und Szenen. Vermutlich aus Langeweile, weil sie in all ihren anderen Artikeln an übermäßigen Längen Kritik üben müssen, machen solche Rezensenten stattdessen lieber die Wirklichkeitsferne, Entstellung von Lebenstatsachen oder die ausgiebige Darstellung von Rohheiten und so weiter herunter. Solche Kritik wirkt fundierter – als sei sie das Ergebnis echten Nachdenkens. Es stimmt zwar, daß diese Art von Kritik, wenn sie gut gemacht ist, wichtige Aufschlüsse vermittelt, wie es bei Derek Prouses Besprechungen von *Picnic/Picknick* (USA 1955) und *The Rose Tattoo/Die tätowierte Rose* (USA 1954), in der Zeitschrift *Sight and Sound* Frühjahr 1956 der Fall war. Prouse mag vielleicht den

---

eine Auswahl: *Ausdrücke der Anerkennung:* „entscheidende Bezüge", „engagiert", „mit Anliegen", „aufrichtig", „seriös", „soziales Bewußtsein", „wahrhaftig", „gültig", „vital". *Ausdrücke der Mißbilligung:* „zynisch", „verlogen", „leer", „leichtfertig", „platt", „wirklichkeitsfern", „unaufrichtig", „nicht gültig", „verantwortungslos", „professionalistisch", „oberflächlich" ...

[15] Ich selbst vermute, daß sie unbewußt den Film als Propagandamittel schätzen, was sich bei der Rationalisierung in ihrer künstlerischen Wertung niederschlägt. Im Innersten teilen sie Lenins Anschauungen. Denn, man lese es bei Neil Beggs nach, s. Fn. 11, paradoxerweise kann die dem Individuum bewußte soziale Einstellung in Opposition gegen den individualistischen Film umschlagen.

Unterhaltungswert eines Filmes wie *Picnic* unterschätzt haben; sicherlich aber durchschaute er Inge, Miller, Williams und Co.s Prätentionen, die auf eine „tiefe" Lebensphilosophie abzielten. Wenn derartige Kritik allerdings schlecht gemacht ist, dann kann sie in reine Erfindung ausarten, wie zum Beispiel die nicht ausreichend begründete, indirekt in John Gillet's Aufsatz „Westfront 1957" *(Sight and Sound,* Winter 1957/58) aufgestellte Behauptung, alle guten Kriegsfilme seien pazifistisch. In Wirklichkeit macht man es sich mit dieser Art der Kritik leicht: für einen Intellektuellen ist es ein Kinderspiel, so etwas herunterzuschreiben. Dazu braucht man vom Film überhaupt nichts zu verstehen – und schon gar nicht von Kunst. Man kann so etwas bereits schreiben (und tut es auch bisweilen), wenn man lediglich eine kurze Darstellung des Plots gelesen hat. Filme wie *Bonnie and Clyde/Bonnie und Clyde* (USA 1967) und *Point Blank/Point Blank* (USA 1967) zu analysieren, ihre filmischen Qualitäten abzuwägen und ihre Vorzüge und Schwächen darzulegen, ist weit schwieriger.

Ein zweiter Grund für den ausgeprägten Trend zur „soziologischen" Filmkritik trat bei der ersten „Engagement"-Debatte zutage. Bekehrungseifrige Cinéasten sind gewohnt, wenn sie sich für die Anerkennung der Filmkunst einsetzen, bei „unmodernen" Intellektuellen lediglich Indifferenz oder gar Überlegenheitsdemonstrationen hervorzurufen. Es zeigte sich die ganze Schwere des Problems: Wie soll man Leute, die sich degoutiert fühlen von etwas, das sie für banale, volkstümliche Unterhaltung halten, von dessen Relevanz überzeugen? Antwort: Man versucht zu beweisen, wie realistisch, wie bemüht um die Darstellung wichtiger Fragen und interessanter Themen der Film sei oder zumindest sein könnte. Man argumentiert, daß es dem Film um das Leben zu tun ist, daß das Leben eine ernste Sache sei und deshalb auch der Film ernst genommen werden sollte. Indes geht man fehl in der Annahme, daß sie ihre Meinungen jemals so weitgehend revidieren würden. Besser tut man daran, darauf hinzuweisen, wieviel Unaufrichtigkeit hinter ihrem Erhabensein über „oberflächliche", „populäre" und „nur unterhaltende" Dinge steckt. Der Film ist eine Kunst. Und eine Funktion der Kunst ist, unser Erleben durch Unterhaltung zu bereichern. Soziologisch bedarf der Film der Rechtfertigung ebenso wenig, wie die Dichtung. Wenn jemand behauptet, Gedichte seien lediglich Zeitvertreib für Frauen, wird man sich zur Widerlegung dieser Ansicht auch nicht auf ihre soziale Bedeutung berufen! Selbstverständlich kann das Medium Film zu seriösen Zwecken genutzt werden wie jedes andere. Wenn es aber um seinen künstlerischen Aspekt geht, und nicht um seinen Wert als Propagandamittel, ist es unverzeihlich, sich auf letzteren zu berufen, um das Vorhandensein des ersteren zu beweisen. Schon allein der Gedanke, der Film bedürfe solch intellektueller Rechtfertigung, heißt das Medium beleidigen und verrät einen Mangel an Zuversicht, was die Bedeutung des Films und die ihm eigenen Werte betrifft. Filme sind eben Filme. Manche sind engagiert, andere nicht; manche sind künstlerisch, andere nicht. Und dies auf vielerlei Art. Daher können Filme sehr verschieden „gelesen" werden. Unabdingbar jedoch ist, daß Filme unterhaltend sind. Wie es der glänzende Kritiker Gavin Lambert formulierte: „*Alle* Kunst ist Unterhaltung, aber nicht alle Unterhaltung ist Kunst."

Dies alles führt mich zu dem Schluß, daß der Rückzug der Kritik in die Soziologie nichts anderes ist als schieres Moralisieren. Letzten Endes übt man damit Verrat an den künstlerischen Möglichkeiten des Mediums Film oder leugnet sie gar. Gerade die Leute, die den Film ernst genug nehmen, um für seine künstlerischen Möglichkeiten auf die Barrikaden zu gehen, schaden der Sache, wenn sie, statt ihn künstlerisch zu interpretieren, über den Film moralisieren.

4. Über die Notwendigkeit einer deskriptiven Soziologie

(2) Einerseits wurde es von den Massenmedienspezialisten versäumt, soziologische Untersuchungen vorzunehmen, zum anderen vernachlässigten die Soziologen die Massenmedien. Es gibt überhaupt erstaunlich wenige deskriptive Studien der wichtigsten Institutionen unserer Gesellschaft aus soziologischer Sicht. Ein großer Teil des immerhin auf dem Gebiet der Soziologie der Institutionen vorhandenen Materials stammt erst aus der Nachkriegszeit oder aus noch späteren Jahren. Lange Zeit beschränkte die Soziologie ihr Interesse auf die soziale Schichtung, auf die Religion etc., und ließ das Gebiet der Industrie links liegen. Zum Beispiel gibt es bis heute nicht einmal eine skizzierte soziologische „Kartierung" des Parlaments oder des Kongresses, noch des Theaters oder der Automobilindustrie. Die Kartierung einer Institution ist alles andere als nur eine simple empirische Aufgabe; sie erfolgt primär interpretativ: Welche Art Information möchte man vermitteln, welche Art Fragen soll die Kartierung beantworten?
Die vier Teile dieses Buches könnte man als vier in großen Zügen vorgenommene Kartierungen ein und desselben Territoriums betrachten. Teil I, über die Filmindustrie, vermittelt eine historische Karte der „physikalischen" Hauptcharakteristika. Teil II, über das Publikum, ergibt eine Karte des Ganzen unter Anwendung einer bestimmten Projektion. Teil III, über das Filmerlebnis, behandelt das Verhältnis von Karte I (Industrie) und II (Publikum) zu dem auf die Leinwand projezierten Darstellungen der jeweiligen Gesellschaft. Teil IV befaßt sich mit den verschiedenen Versuchen, den relativen Rang der Filme im Vergleich zu einander abzustecken. Die allgemeine Vernachlässigung dieser Themen seitens der Soziologen ist durch eine weitere Merkwürdigkeit gekennzeichnet: Sie geben dem Fernsehen vor dem Film den Vorzug. Obwohl der Film eher da war als das Fernsehen, gibt es mehr Literatur zur Soziologie des Fernsehens als zur Soziologie des Films. In der Tat handelt fast alles, was unter der Überschrift „Massenmedien" aus soziologischer oder sozialpsychologischer Feder stammt, das Fernsehen ab, und dies nur mit Seitenblicken (in folgender Reihenfolge) auf Rundfunk, Zeitung und Film. D. und E. T. Riesmann (1952) führen dies darauf zurück, daß man es für notwendig hält, den Inserenten die Wirkung von Rundfunk und Fernsehen zu erläutern. Was die Soziologen betrifft, muß man ihnen zugute halten, daß sie sich bei einer Darlegung des Films vor größeren Schwierigkeiten sehen würde, als beispielsweise bei Rundfunk und Fernsehen. Es ist nur zu bekannt, wie schwierig es ist, der Filmindustrie Fakten zu entlocken; sie hat insularen Charakter und wahrt Verschwiegenheit. Und der ununterbrochene „Strom" von Filmen (sowohl was Produktion als auch Aufführung betrifft) sowie deren relativ geringe Reichweite, vergleicht man sie mit den drei anderen Medien, erschwert eine grundlegende Untersuchung noch mehr. Im weiteren Verlauf dieser Arbeit werden wir untersuchen, zu welchem Grad die Theorien der Massenmedien infolge dieser Schwierigkeiten und Unterlassungen auf den Film angewandt werden können oder nicht.

5. Abwendung vom „Vulgären“

(3) Die mit dem Begriff populäre Kunst verbundene Assoziation von etwas Ordinärem scheint für die akademische Forschung ein ernsthaftes Hindernis zu sein. So bleibt das Feld an Moralpredigern und Tu-Gutes-Leuten überlassen. Ein klassisches Beispiel hierfür ist die Tatsache, daß die von der Popmusik seit dem Auftauchen der Beatles in Gang gesetzte phänomenale kulturelle Gärung total ignoriert wird. Die Popmusik ist eines der lebendigsten Gebiete der Populärkultur – ein Fenster in die sonst verschlossene Teenager-Welt. Und in Musik und Text erreicht sie Höhepunkte der künstlerischen Differenziertheit, die nur einige wenige, auf die Moderne ausgerichtete Hellhörige zu würdigen verstehen. Dennoch muß auch der Musikrezensent der *Times* bemerkt haben, daß etwas im Gange ist, da er Lennon und McCartney als die vielleicht interessantesten britischen Komponisten des Jahres 1964 bezeichnete. Anderswo fielen die *Beach Boys* und die West Coast Gruppen *(Jefferson Airplane, The Doors)* durch ihre neue Musik auf. Doch ihre Texte werden nur selten erwähnt, z. B. nicht einmal der bemerkenswerte Surrealismus von Simon und Garfunkels „Dangling Conversation“. Auch zur Soziologie der Popwelt gibt es kaum einen Kommentar: wie Gruppen entstehen, entdeckt, gefördert werden, und wo sie ihr Material herbekommen, zur Frage, warum bestimmte Schallplatten die Spitze erreichen und andere nicht und so weiter. All dies ist völlig unerforscht. Eine Ausnahme bildet der Comic-strip: ihm sind bereits Bände gewidmet worden[16]. Die pralle Handlung der Comic-strips, die Tatsache, daß man sie in Ruhe lesen kann, sowie das Nichtbestehen von Komplikationen bei der industriellen und strukturellen Analyse dürften vielleicht eine Erklärung dafür bieten, warum man sich speziell mit ihnen beschäftigte.

Studiert man die Arbeiten vieler Kritiker der 20er und 30er Jahre genauer, insbesondere Rotha, Arnheim und Grierson, begegnet man immer wieder dem gleichen Thema: Die Menschen müssen überzeugt werden, daß der Film ernst zu nehmen ist, – was den Eindruck erweckt als habe der Durchschnittsintellektuelle dem Film nicht mehr Aufmerksamkeit gewidmet als dem Haufen geschickt geschriebener Krimi-Thriller, von denen er ab und an einige „verschlingt“. Ernste Bemühungen zur Erläuterung dessen, was das Medium zu bewirken vermag, wie wichtig es ist und über welche ästhetischen Mittel es verfügt, sind bis in die 50er Jahre hinein Gegenstand der Diskussion (Roger Manvells's wegweisendes Buch *Film* sowie Hall und Whanne's *The Popular Arts* pflegen diese Tradition noch heute) und erklären auch bestimmte Beurteilungen. Eisensteins Tonfilme wurden trotz ihrer heutzutage recht grob wirkenden Propaganda deshalb so hoch bewertet, weil sie ernsthafte künstlerische Versuche darstellten und sich um die Entwicklung des Mediums bemühten. Disney war eine Zeitlang (ehe man meinte, der kommerzielle Erfolg habe ihn korrumpiert) hoch geschätzt wegen der Wunder, die er mit Zeichentrickfilm und Ton zustande brachte und wurde irrigerweise als zweiter Chaplin gewertet[17].

---

[16] Nämlich F. C. Wertham (1954); ferner D. M. White und R. M. Abel (1963), Jules Feiffer: *The Great Comic Book Heroes*, New York 1966, George Perry und Alan Aldridge: *The Penguin Book of Comics*, Harmondsworth, 1967.

[17] G. Schickel (1968) und F. G. Jungersen (1968) sind diesbezüglich ausgezeichnete Quellen.

Man kann den Grad dieses Moralisierens, das eine Gegenreaktion war auf Hollywood und alles was es symbolisierte, wohl kaum überschätzen. Gewiß, es gab Snobs in den Vereinigten Staaten der 20er und 30er Jahre, die sich ausschließlich für europäische, russische, japanische etc. Filme interessierten. Hollywood war für sie nichts anderes, als eine Fabrik, die Schund herstellte. Selbst nach dem Krieg konnte man solchen Ansichten noch begegnen. Hollywoods unverhülltes Draufgängertum, seine Gewöhnlichkeit, seine notorischen Skandale dürften dem Image des Films schweren assoziativen Schaden zugefügt haben: Wie sollte und wie konnte man eine solche Stadt und ihre Arbeit ernst nehmen? Die Snobs hielten es für das Beste, sich von diesen häßlichen Eintagsfliegen abzuwenden und darauf zu hoffen, daß sie sich verziehen würden. Viel erhebender war es, sich all die saubergewaschenen, im Rhythmus der Montage Traktor fahrenden russischen Bauern anzuschauen.
Aufgrund solcher Einstellung wurde das Urteilsvermögen gefährlich getrübt. Das Hollywood, das im Begriff war, die wahre Sprache des Films zu erfinden, und das später für die übrige Welt (z. B. Japan, Frankreich etc.) den Lehrmeister spielen sollte, galt jenen Snobs als indiskutabel. Stattdessen war alles Russische von vornherein okey; ein Haufen romantizistischer französischer Streifen war okey (wer sieht sich heute noch Carné-Prévert-Filme an?); um hübsche kleine Dokumentarfilme wurde ein Kult gemacht, mitsamt Theologie und Hohen Priestern, – doch hatte er nur wenige Anhänger. Sowohl den Fürsprechern wie den Lästerern des Films scheint es also sehr schwer gefallen zu sein, eine nüchterne, vorurteilsfreie Perspektive zu finden.

6. Gegen die Behauptung, Soziologie beruhe auf Binsenwahrheiten

(4) Die Meinung, mit der Soziologie habe es wenig auf sich, ist leicht zu entkräften. In diesem Band soll viel soziologischer Aberglaube in bezug auf den Film aufgedeckt und abgebaut werden. Die Beseitigung soziologischen Aberglaubens ist eine der Hauptaufgaben der Soziologie. Zum Beispiel glauben die Leute, daß der Film (und das Fernsehen) ihre Kinder beeinflusse, und daß, wenn der Programminhalt „schlecht" sei, auch ihre Kinder schlecht würden. Wissenschaftliche Untersuchungen, wie die von H. Himmelweit (1958) und W. Schramm (1961), haben bewiesen, daß dies Unsinn ist. Möglich, daß wir vom Film zum Guten oder zum Bösen beeinflußt werden, doch wenn das stimmt, dürfte das Wie weit komplizierter sein, als es auf den ersten Blick aussehen mag, – vermutlich auf dem Weg unmittelbarer Wechselwirkung. Um den Standpunkt all jener zu erschüttern, die von der Soziologie keine Überraschungen erwarten, können wir auf McLuhan verweisen, der behauptet, daß all dieses vom linearen Denken bestimmte Suchen nach Einflüssen vollkommen am Wesen der Dinge vorbeiziele. Ob er recht hat oder nicht, – seine These, nach der die Medien Erweiterungen unserer Sinne sind und als solche bei der Wahrnehmung unserer Welt eine hervorragende oder gar entscheidende Rolle spielen, ist überzeugend. Sie holen den Kosmos heran, – im Kantschen Sinn. Soziologische Gedanken dieser Art sind nicht leicht in den Griff zu bekommen; sie enthalten eine Fülle von faszinierenden Implikationen zum weiteren Nachdenken. Quod erat demonstrandum.

7. Die wichtigsten soziologischen Aspekte des Films

Mögen die vorher genannten Faktoren (1), (2), (3) und (4) gemeinsam noch keine Erklärung dafür sein, warum diese Studie so wenig von ihren Vorgängern übernehmen konnte, sollten sie doch zumindest den Leser überzeugt haben, daß Bemühungen in dieser Richtung von Interesse sein dürften. Die Massenmedien sind ein faszinierendes Gebiet, das viele komplexe und ungelöste Fragen enthält, – Probleme, die ihrem Umfang nach in einen bestimmten signifikanten Sinn zu den Hauptproblemen unserer Gesellschaft zählen. Ich meine nicht ominöse Fragen wie „Wirkt der Film korrumpierend?“ oder, „Wie können wir erreichen, daß mehr gute Filme gemacht werden?“ Diese Probleme setzen anderen zu, aber nicht mir. Ich finde, daß das Gebiet Film bereits derart aufregend ist und ein so reiches Angebot besteht, daß die Zahl der lohnenden Filme meine Fähigkeit, sie alle zu sehen, bereits übersteigt. Stattdessen habe ich versucht, vier Fragen zu beantworten, die mich schon lange beschäftigten, sowie die sich aus meinen Antworten ergebenden Implikationen zu untersuchen. Meine erste Frage ist: *„Wer macht Filme und warum?“* Diese Frage ist natürlich antipuristisch. „Erzählen Sie mir nicht, von wem das Gedicht stammt und wie es gemacht wurde, sondern nur ob es gut ist oder schlecht“, wird der Purist ausrufen. *„Wer sieht Filme, wie sieht er sie und warum?“* Diese Frage läßt sich weit leichter beantworten, und die Antwort wird weniger Raum in Anspruch nehmen. *„Was wird gesehen, wie und warum?“* ist eine viel verwickeltere und faszinierendere Frage, da sie den Inhalt der Filme und das Wesen des Mediums als solches miteinbezieht. Und schließlich, *„Wie werden Filme bewertet, von wem und warum?“* ist zwar ein weniger umfangreiches, doch entscheidendes Thema, – legt man auf nur annähernde Vollständigkeit Wert. Diese Fragen werden chronologisch, angefangen bei der Konzeption und Produktion eines Films, – über Vertrieb und Verbreitung, über die Vorführung bis zu seiner Wirkung und schließlich seiner Wertung behandelt. Ich hoffe, daß diese Reihenfolge nicht allein chronologisch, sondern auch logisch ist.

8. Abriß einer kritischen soziologischen Methode

Da ich die Absicht habe, über die Soziologie des Films zu schreiben oder mich zu ihr zu äußern, gehört es sich, daß ich etwas über Soziologie sage. Die vier Fragen, die ich soeben stellte, bilden die Ausgangsbasis für die vier Teile dieses Buches; sie sind die *Probleme,* von denen ich ausgehe. Für das eine oder andere davon meine ich die Lösung zu kennen, aber ich will doch mehrere unterschiedliche Antworten kritisch beleuchten, um die Entstehung von Fehlern von vornherein zu vermeiden. Dies ist in etwa – auf eine kurze Formel gebracht – meine Auffassung vom Wesen wissenschaftlichen Forschens – eine Auffassung, die ich dem großen zeitgenössischen Philosophen Karl R. Popper verdanke. Ebenso glaube ich, daß dies auch die beste Methode für eine soziologische Untersuchung ist. Zum Ausgangspunkt nimmt man am besten ein Problem einer existenten Gesellschaft; in meinem Fall sind es mehrere eng miteinander verknüpfte Probleme, die in den drei Gesellschaften zutage treten, die ich leidlich gut kenne: England, Hongkong und Nordamerika. Für dieses Problem oder diese Probleme gibt es verschiedene Lösungen, oder es ließen sich verschiedene Lösungen finden, die kritisch betrachtet werden können. Entscheidend ist, daß es sich um echte Probleme handelt und daß möglichst strenge kritische Maßstäbe angelegt werden.

Über den allgemeinen methodologischen Ansatz hinaus stellt sich die Frage, was unter einer spezifisch soziologischen Erklärung der betreffenden Probleme zu verstehen sei. Zwei der diesbezüglichen soziologischen Auffassungen lehne ich ab. Nach der einen, funktionalistischen Auffassung lassen sich Regelmäßigkeiten des sozialen Verhaltens ausschließlich aus ihrem Zusammenhang mit anderen Regelmäßigkeiten des sozialen Verhaltens innerhalb ein und derselben Gesellschaft erklären. Natürlich können die Wechselbeziehungen zwischen sozialen Regelmäßigkeiten sehr aufschlußreich sein, – wenn sich zum Beispiel zeigt, daß interessanterweise eine Beziehung besteht zwischen dem sozialen Status eines Menschen und der Kirche, der er angehört. Wenn man aber nicht der Meinung ist, daß Menschen sich die jeweils passende Religion zulegen (wie Rechtsanwälte Hosen mit Nadelstreifen) um sich anzupassen, nachdem sie in eine bestimmte Klasse aufrückten, dann sind diese Wechselbeziehungen von Regelmäßigkeiten des sozialen Verhaltens nichts anderes als ein Unterhaltungsspiel für Soziologen: die Wechselbeziehung von Regelmäßigkeiten ist eine weitere Regelmäßigkeit, die ihrerseits der Erklärung bedarf. An sich erklärt sie nichts.

Nach der zweiten soziologischen Auffassung, die ich ebenfalls ablehne, ist das Handeln des Menschen auf elementare psychologische Triebe und/oder biologische Gründe zurückzuführen. Diese beiden Faktoren, scheint mir, müßten auch gegeben sein, wenn man sich um die Formulierung eines soziologischen Problems bemüht. Sie können daher nicht dazu dienen, es zu erklären. Wir wissen nur zu gut, daß Menschen gesellig sind aufgrund von etwas, das man als psycho-biologisches Bedürfnis bezeichnen kann. Doch ist das Geselligsein noch keine Erklärung für die Entstehung von Klassen. Daß sich dieses Bedürfnis nach Gemeinschaft nur durch die Bildung von Klassen und nicht aufgrund gleicher Augenfarbe oder Körpergröße befriedigen läßt, beweist das Vorhandensein von sozialen Institutionen sowie von Ansichten darüber, was erstrebenswert oder akzeptabel sei. Und dazu gehören bestimmte Klassenmerkmale, nicht aber physische Merkmale wie Augenfarbe und Körpergröße.

Wenn wir also – als Soziologen – das Kino mit der Kirche vergleichen, – die feierlichen Filmpaläste, die andächtige Atmosphäre, den regelmäßigen, oft wöchentlichen Besuch, seine Funktion als Gemeindezentrum für rituelle Zusammenkünfte, was bekanntlich alles dazu beiträgt, aus dem Kino eine Konkurrenz für den Gottesdienst zu machen, – treffen wir damit lediglich die wissenschaftliche Feststellung, daß ein gewisser Rückgang der religiösen Aktivität bei bereitwilliger Akzeptierung des Kinos eingetreten ist.

Was unter einer soziologischen Erklärung zu verstehen ist, kann man sich etwa folgendermaßen vorstellen: Ein Mensch handelt, weil er den Wunsch hat zu handeln, so nehmen wir an; er möchte handeln, weil er etwas haben will; er möchte etwas erlangen, ein Ziel erreichen, und rechnet darauf, daß dieser Wunsch durch sein Handeln erfüllt wird. Wunsch und Erwartung bilden einen Kontext oder eine Situation, in deren Rahmen er handelt oder denen er entgegen handelt. Für uns ist sein Ziel gegeben; angestrebt wird es von ihm. Je besser er seine eigenen Wünsche und die Möglichkeit ihrer Erfüllung in einer gegebenen Situation abzuschätzen weiß, desto wahrscheinlicher wird er sein Ziel durch ein Handeln verwirklichen, das der Verwirklichung des Zieles dienen soll.

Stellen wir uns nun vor, ein Mann wolle einen Film drehen, um Geld zu verdienen. Er mag lediglich dies eine im Sinn haben oder darüber hinaus auch den Wunsch, einen guten Film zu machen: Solange nicht alle guten Filme auch Gewinn bringen, dürfte dieses zusätzliche Verlangen Probleme schaffen. Indes, seine Meinung über die Situation in der Filmherstellung, über das, was zuvor Erfolg hatte und über die gegenwärtigen Trends sowie sein „Riecher" für die Aussichten eines Filmsujets mögen für ihn Grund genug sein, sich ans Werk zu begeben. Stellen wir uns vor, dieser Mann produziert trotz seiner bereits erwiesenen Fähigkeit, einträgliche *und* zugleich gute Filme zu machen, irgendeinen Käse, der zudem auch noch ein katastrophaler Kassen-Mißerfolg ist. Schalten wir für den Augenblick die Möglichkeit aus, daß er einen „schlechten Tag" oder eine ganze Serie von schlechten Tagen hatte, und prüfen wir, ob sein Handeln – das er im eigenen besten Interesse geschehen wähnt – allein, ohne zusätzliche Gründe, eine Erklärung für die mangelnde Qualität dieses Films sein kann. Ein klassischer Fall dafür ist der Filmemacher, der in Hollywood ein Neuling ist: aus dem Ausland angelockt durch Gehalt, Versprechungen und die großartige Hollywood-Technologie sowie seine hervorragenden Schauspieler. Es folgt eine traurige Geschichte, die schon mehr als einmal passiert ist. Schritt um Schritt wird er bedrängt, Kompromisse zu machen, Szenen zu drehen, die er nicht mag, Kameraperspektiven zu wählen, die das Profil eines Stars möglichst vorteilhaft in Erscheinung bringen und nicht ausschließlich das, was der Regisseur darzustellen wünscht. Er wird unter Druck gesetzt, bestimmte Szenen mit einer bestimmten Art von Musik zu versehen, dieses und jenes auf diese oder jene Weise abzuändern etc., etc. Schließlich kommt ein Film heraus, mit dem er am liebsten nichts zu tun hätte – was davon abhängen wird, ob er weiter in Hollywood zu tun bekommen möchte oder nicht.

Diese Erklärung, mag sie richtig sein oder nicht, ist nach meiner Meinung eine rein soziologische insofern, als sie sich ausschließlich aus den sozialen Institutionen und Bedingungen herleitet. Zum Beispiel handeln die Leute, die dem Neuling diese Kompromisse aufzwingen, im Interesse und zum Schutz ihrer Investitionen oder der Investitiones ihres Chefs. Der Regisseur ist in bezug auf ihre Schliche naiv und gibt nach, weil jeder einzelne Kompromiß an sich nur geringfügig ist und einen Kampf kaum zu lohnen scheint. Alle zusammen jedoch können sie für den Film wie für seinen Regisseur ein Desaster bedeuten. Hollywood ist (oder war) in dieser Hinsicht so strukturiert, daß nur die eigensinnigsten Pedanten oder diktatorischen Persönlichkeiten es fertig brachten, dem Zwang zum Kompromiß zu trotzen. Andere schluckten herunter, was man ihnen zumutete und lernten im Lauf der Zeit, mit der Hollywood-Prominenz umzugehen, so zum Beispiel Robert Siodmak, Max Ophüls und Jean Renoir. Wieder andere schrieben ihre früheren Ziele ab und verließen sich darauf, daß der Erfolg ihnen eines Tages die Macht verleihen würde, alle Kompromisse von sich zu weisen, – wie Billy Wilder, William Wyler, Alfred Hitchcock etc. Wieder andere verschwanden aus Hollywood ohne eine Spur zu hinterlassen.

Zur Erklärung der Vorgänge bedarf es weder psychologischer noch anderer Spitzfindigkeiten: Die Vorgänge ergeben sich aus dem Zusammenprall der unterschiedlichen Ziele der (soziologischen) Akteure und ihrer differierenden Einschätzung der Tatsachenlage. Auf die gleiche Weise werde ich auch bei der Abhandlung aller anderen Gegenstände dieses Buches vorgehen.

9. Der Film und sein soziologisches Bezugssystem

Nachdem wir die zu stellenden Fragen sowie einige Möglichkeiten zu ihrer Beantwortung untersucht haben, muß noch ein weiteres Hindernis überwunden werden, ehe wir daran gehen können, die Fragen direkt zu behandeln. Zuvor müssen wir uns einen allgemeinen Überblick verschaffen darüber, was die Soziologie uns über den Film zu sagen hat; wir müssen uns ein soziologisches Bezugssystem schaffen, in das wir den Film integrieren. Dabei werden wir uns unvermeidlich eines bestimmten Jargons bedienen müssen, und so soll es Lesern, die gegen Soziologen-Chinesisch allergisch sind, freistehen, einige Seiten zu überschlagen. Wenn wir die Register über die Worte „Film“, „Kino“, „Lichtspiele“, „Filmhandlungen“ usw. hinaus nach Hinweisen absuchen wollen, schauen wir unter den gleichen Worten, doch in Verbindung mit der davorgesetzten Bezeichnung „Soziologie des“ bzw. „der“ nach. Was mir in der Literatur der Sozialwissenschaften an Abhandlungen über den Film begegnete, kreiste stets um bestimmte Grundkategorien: *Freizeit – Kunst – Unterhaltung, Kommunikation – Propaganda – Massenkultur – Massenmedien.*

Wie soll man all dies ordnen und darbieten? Das unlängst erschienene Werk von W. Stephenson (1967) unterbreitet eine diesbezügliche Methode zur Klassifizierung soziologischer Ideen über die Massenmedien, die nützlich und aufschlußreich ist. Stephenson betont, daß die meisten soziologischen Studien über Massenmedien sie als Formen der *sozialen Kontrolle* abhandelten, d. h. als Lieferanten von Informationen und Propaganda, mit der die Gesellschaft auf das Verhalten Einfluß nimmt oder es kontrolliert. Stephenson will diese Einseitigkeit wettmachen, indem er die „konvergierende Selektivität“ (convergent selectivity) – eine ziemlich unbeholfene Bezeichnung – ins Blickfeld rückt. Mit diesem Neologismus meint er nichts anderes als die von einer Person getroffene Auswahl solcher Dinge aus der großen Masse des Gebotenen, die ihn erfreuen und unterhalten. Der Mensch verspürt den Wunsch, mit diesen oder jenen Dingen zu spielen oder etwas hervorzuzaubern und nicht mit anderen, und durch seine Wahl verbinde er sich in gewissem Sinn mit allen anderen Personen, deren Wahl mit der seinen konvergiert. Die Auswahl dieser Personen beziehungsweise ihre Selektivität stimmen überein.

Wendet man diese Stephensonsche Unterscheidung an, so versteht sich von selbst, daß Freizeit, Kunst und Unterhaltung Gegenstand konvergierender Selektivität sind. Film als Freizeitbeschäftigung, als Kunst, als Unterhaltung ist einfach ein Angebot unter vielen, die unsere unglaublich reichen und mannigfaltigen Gesellschaften für uns bereit halten. Die Vorstellung, „Freizeit“ sei eine besondere Art der menschlichen Aktivität, ist zweifellos tief im Puritanismus verwurzelt und via Marx auf uns überkommen. Für den Puritaner war Arbeit nicht nur gut, sie galt als tugendhaft; Müßiggang dagegen war Sünde. In Marx’ Augen war die (immer geringer werdende) Zeit, die dem Arbeiter infolge zunehmender Ausbeutung verblieb, für Familie und Erholung bestimmt. Heutzutage ergeben sich angesichts des sinkenden Bedarfs an „produktiver" Arbeit und des allmählichen Abbaus von bloßer Routinearbeit und unangenehmen Tätigkeiten ganz neue Kategorien: zum Beispiel könnte man sich eine Spieltheorie der Arbeit denken. Es werden heute viele Arten von Arbeit bei unterschiedlichstem Entgelt angeboten. Steht es uns nicht mehr und mehr frei, für welche Art von Arbeit und Lohn wir uns entscheiden, welche am ehesten für uns erträglich oder ein Spiel wenn nicht gar ein Vergnügen ist?

Wie dem auch sei, im Augenblick wird noch streng zwischen Arbeit und Spiel unterschieden. Ebenso besteht enormes Bedürfnis nach Freizeitbeschäftigungen, die dem Menschen wirkliche Freude machen. Da die Gesellschaft sich immer reicher entfaltet, kann man im allgemeinen damit rechnen, daß das Bedürfnis nach neuen Freizeitbeschäftigungen weiterhin zunehmen wird. Vom Varieté abgesehen, ist so gut wie keine Unterhaltungseinrichtung durch den Aufstieg neuer Unterhaltungsformen völlig ausgelöscht worden. Lesen und Geselligkeit mögen durch Radio, Film und Fernsehen bis zu einem gewissen Grad abgenommen haben, doch nach einer Zeit der Anpassung lebten sie wieder auf, um in Freundschaft neben den anderen Unterhaltungen weiterzubestehen und dem Konsumenten, der für sie nur ein paar Augenblicke erübrigen kann, eine Fülle von Auswahlmöglichkeiten zu bieten. Stephensons Aspekt ist ein wertvolles Korrektiv, doch darf man die Medien als Mechanismus der sozialen Kontrolle darüber nicht vernachlässigen.

Kommunikation und Propaganda sind soziale Kontrollfunktionen, die von den Massenmedien ebenso gut wenn nicht besser als von den traditionellen Künsten und Unterhaltungsformen wie Literatur und Musik übernommen werden können. Bei der Untersuchung von *unverhüllter* Propaganda hat sich tröstlicherweise herausgestellt, daß sie im großen und ganzen unwirksam ist und weitgehend von der Reaktion der primären Gruppen abhängt, und nicht, wie man befürchtet hatte, umgekehrt von Manipulatoren kontrolliert oder vom kollektiven Verhalten unstrukturierter Gruppen, d. h. der Masse oder des Publikums bestimmt wird. Jedoch sieht man die Medien bisweilen auch als Vehikel für *verhüllte* Propaganda, – politische, eskapistische usw. an. Es ist nicht leicht, sich über dieses „Hinein-Sehen" von Botschaften klarzuwerden, da so gut wie kein Einvernehmen darüber besteht, was man als Fakten zu betrachten hat. Daß eine schöpferische Persönlichkeit den Menschen und die Gesellschaft so darstellt, wie er sie sieht, und daß seine Auffassung mit weitgehender Sicherheit von irgendeiner Partei oder Gruppe der Gesellschaft geteilt werden wird, ist eine nicht zu bestreitende Tatsache. Und daß es mit hohen Kosten verbunden ist, in die Industrie einzusteigen, wobei auch Faktoren wie Begünstigung oder Abneigung mitsprechen, die die Artikulierung der Anschauungen gewisser Minoritäten unterbinden können, ist anscheinend ebenfalls nur zu wahr. Kommunisten kommen durchweg in der amerikanischen Film- und Fernsehindustrie nur spärlich zu Worte, während in den Reihen der Filmschöpfer Osteuropas dagegen Konservative und Sozialdemokraten nur selten vertreten sind. Wollen wir mit diesen Fragen vorankommen, müssen wir kurz auf eine seltsame Anschauung eingehen, die gelegentlich hochtrabend als „Theorie der Massengesellschaft" bezeichnet wird.

Nach der dieser Theorie zugrundeliegenden Vorstellung wird der Mensch durch die

Massenproduktion seiner Arbeit entfremdet, was eine dichotomische Trennung von Arbeit und Freude zur Folge habe. Zudem entstünden durch wachsende Urbanisierung riesige anonyme Konglomerate von Menschen, die jedes Gemeinschaftsgefühls oder gemeinsamer Erfahrung und Tradition entbehrten, – kurzum: eine „einsame Masse". Da sie weder Kultur noch Tradition habe und ihre Lebens- und Erlebenschancen von vornherein abgesteckt seien, würden mehr und mehr die Medien zum verbindenden Element dieser atomisierten Gesellschaft. Die Massenmedien versorgten die Massen mit „Kultur" und Ersatz-„Erlebnissen" und dienten als eine Art sozialer Kitt. Hausfrauen schalteten sich in die *Soap-operas,* (Kitschoperette und Schmachtfetzen) ein, um sich ihre „Dosis" an Erlebnissen und Emotionen zu verschaffen und ihr leeres Leben auszufüllen. Radikale Verfechter dieser Theorie behaupten, daß „Massenkultur" unweigerlich zum Kitsch verdammt sei, weil sie das Niveau des niedrigsten gemeinsamen Nenners ansprechen müsse oder es mit einem Publikum zu tun habe, das Kitsch von etwas Gutem nicht zu unterscheiden verstehe, – eine Sachlage, in der Kitsch den Sieg davontragen werde. Sie könne sogar, wenn man Dwight Macdonald Glauben schenken will, die „höhere Kultur" zerstören; sie werde sie und mit ihr die lebenswichtige Elite hinwegschwemmen, die Kulturträger sei. Nach Ansicht Macdonalds sind Film und Fernsehen an sich schon Kitsch, armselige Kunstmittel, die für ein Massenpublikum zurechtgeschustert werden und nicht für einen ausgewählten oder sensitiven Zuschauerkreis bestimmt sind[18].
Diese „Theorie der Massengesellschaft" mit ihrem Gemisch aus Pessimismus und Snobismus, aus Entstelltem und Plausiblem wurde von R. und A. Bauer in einem Aufsatz (1960) kritisch untersucht. Ihr Argument: Alle Beweise erschüttern entweder diese Theorie und ihre Prämissen oder können ebensogut zu ihren Gunsten angeführt werden. Die Autoren unternehmen nicht den Versuch zu einer umfassenden Alternative. Dies tat nur Stephenson. J. W. und M. W. Rileys Ansatz zu einer soziologischen Betrachtung der Massenkommunikationsmittel (1959) ist zwar programmatisch, aber ebenfalls nützlich. Vielleicht ist hier der Augenblick gekommen, ein paar eigene Bemerkungen zu diesem Thema zu wagen.
Geht man ins Kino, tritt keine Veränderung der Rolle ein, wie es zum Beispiel der Fall ist, wenn man ein Klassenzimmer oder einen Gerichtssaal betritt. Die Rollen, die man in der Primärgruppe (der Familie) und in den Sekundärgruppen (der Arbeitswelt) innehat, bleiben einem als Zuschauer im Publikum erhalten. Indes haben diese Rollen für den Prozeß der Wechselwirkung, der beim Ansehen eines Films vor sich geht, kaum eine Bedeutung. Ob man mit Familie, Freunden, Arbeitskollegen oder Fremden im Kino sitzt, – in erster Linie erhält das Publikum seine Kohäsion durch das gemeinsame Ansehen des Films. Ins Kino zu gehen ist sowohl eine soziale Handlung, aus der etwas entsteht (ein Publikum, das jedes Mal anders ist), als auch eine private Handlung, durch die man den Film auf eine eigene Weise erlebt. Die Impulse, die Anlaß zum Kinogang geben, sind außerordentlich verschieden. Einige Leute gehen lediglich ins Kino, um einen guten Flm zu sehen, von dem sie erzählen hörten. Andere gehen hin, um sich auszuruhen. Wieder andere wollen sich von ihren drückenden Problemen ablenken.

[18] Siehe D. Macdonald (1954). Der Verfasser billigt dem Stummfilm Qualitäten der Volkskunst zu; den Tonfilm hält er an sich schon für Kitsch. Keine zehn Jahre später war Macdonald Filmrezensent des *Esquire.*

Einige gehen ins Kino, um Zärtlichkeiten im Dunkeln auszutauschen. Manche gehen, weil sie es für nötig halten, über die Interessen ihrer Bezugsgruppen auf dem Laufenden zu sein. Manche gehen, um zu lernen, manche aus Kunstinteresse oder ihren privaten Phantasien zuliebe. Für sie kann der Filmbesuch Teil einer Liebesaffäre mit dem Star-Idol sein. Andere gehen, um sich auf die Probe zu stellen (kannst du Spannung und Angst ertragen?), und so fort. Eine einfache Darstellung dessen, worauf das Ins-Kino-Gehen hinausläuft, ist schlechthin unmöglich. Die Stimmungen und Reaktionen des Publikums spielen ebenso eine Rolle, wie die Stimmungen und Reaktionen des Einzelnen und die unterschiedlichen Motive des Kinogangs.
Wie jede andere Art von Konsumhandlung, ist auch der Kinogang ein sehr vielschichtiges Phänomen. Wir wollen hier vereinfachen und setzen daher voraus, daß Menschen von sich aus gern Filme sehen wollen. Dann können wir unsere Aufmerksamkeit darauf richten, wie dies geschieht und was im Verlauf des Unternehmens mit ihnen vor sich geht. Wiewohl sie vorübergehend eine Gruppenbindung eingehen, ändert sich ihre Rolle nicht. Haben die Zuschauer sich wieder zerstreut, gehören sie doch noch immer der Gruppe an, der *Bonnie and Clyde* gefallen hat im Gegensatz zu der Gruppe oder den Gruppen, die *Bonny and Clyde* mehr oder weniger schlecht fanden. Wie McLuhan zwischen den Medien unterscheidet, – zwischen „heißen" Medien, die nur je einen der Sinne anfordern, detailreich sind und sich aufzwingen, und „kühlen", detailarmen, die einen höheren Grad der persönlichen Beteiligung, das heißt Vervollständigung des Aufgenommenen verlangen, – so kann man es auch mit Gruppen tun. Das Publikum ist eine temporäre, lockere aber ziemlich „heiße" Gruppe, die sich aufzwingt; in diesem Zusammenhang gewinnt die Theorie vom kollektiven Verhalten der Massen an Interesse. Die Familie oder Primärgruppe dagegen ist ziemlich „kühl" und verlangt einen hohen Grad an innerer Beteiligung, wenn sie funktionsfähig sein soll. Es ist vielleicht aufschlußreich, daß das kühle Medium Fernsehen gerade im Heim, in der Familie in seinem Element ist, während das heiße Medium Film am besten bei einem Massenpublikum ankommt. Einzelzuschauer vor dem Heimkino fühlen sich meist seltsam beklommen; nicht viel anders ist es, wenn ein ganzer Raum voller Menschen ein normales Fernsehprogramm auf der Breitwand verfolgt. Das Fernsehen besteht aus einem ununterbrochenen Strom, der einen nichts angeht und in den man sich nur dann einschaltet, wenn man etwas für lohnend hält. Dies erklärt den Erfolg der Vielzahl von Rührstücken und deren (absichtsvolle) Wiederholungen sowie der spät-abendlichen Diskussions- und Interviewsendungen. Sie sind Mikrokosmen des Mediums selbst. Natürlich können Medien jeweils den Bildmaßen angepaßt werden, aber ein jedes hat sich vorwiegend in einer ihm seltsam angemessenen sozialen Nische angesiedelt.
Zum Schluß noch ein paar Worte über die Lerntheorie. Der Film ist eine hochgradig konventionalisierte Sprache, die erlernt werden muß, wenn man sie verstehen will. Sprachen im Blick auf Nuancen und Subtilität zu vergleichen, hat keinen Sinn: Alle Sprachen sind noch offen, und was an einem Tag nicht mitteilbar scheint, kann am nächsten vielleicht ohne weiteres mitgeteilt werden. Jede Sprache hat ihre eigenen unnachahmlichen Aspekte; beim Film sind es *fading effect* (langsames Verblassen), Tonüberblendung und *jump-cuts* (unvermittelte Übergänge von Nah- zu Fernaufnahmen und umgekehrt). Man nimmt an, daß Lernen entweder mechanisch durch Wiederholung

vor sich geht, wobei die Reaktionen mit der Zeit nahezu automatisch werden, oder nach dem Prinzip von Versuch und Irrtum *(trial and error):* Der Lernende orientiert sich in der Umwelt durch Pobehandeln, das er gemäß dem Prinzip der Rückempfindung der eigenen Handlungserfolge (Rückkopplungsprinzip/*feedback)* modifiziert. Denn es gibt eine Vielzahl von Signalen und Zeichen in ihr, unter denen er auswählen muß. Sonst wäre die Rückempfindung *(feedback)* nur Bestätigung einer Information und würde keinen Lernprozeß auslösen. Die Kommunikationstheorie ist ein Modell der Lerntheorie. Zweifellos müssen wir auch über das Ins-Kino-Gehen etwas lernen und darüber, welche Funktion es für uns erfüllt, und ebenso müssen wir auch eine Wahl treffen, wann wir es für unsere Zwecke nutzen. Und auch aus dem Inhalt der Filme lernen wir, doch hier ist Vorsicht geboten. Welche Informationen wir aufnehmen und welche Werte wir akzeptieren, hat zweifellos in starkem Maß mit der Bezugsgruppe des Lernenden etwas zu tun. Diese Bezugsgruppe ist jedoch in einem ständigen Erweiterungsprozeß begriffen. Sie wird mit dem Gesamtpublikum identisch, das sich seinerseits anschickt, die ganze Menschheit, das „globale Dorf“ miteinzubegreifen. Die technologische und informatorische Kluft zwischen denen, die diesem globalen Dorf angehören und jenen, die draußen stehen, vertieft sich zusehends, und die Unterschiedlichkeit ihrer Weltsicht wird immer bedrohlicher. Wenn die außerhalb es nicht fertig bringen, die Welt auf die gleiche Weise zu sehen, wie jene, die sich der Medien zu bedienen lernten, kann das katastrophale Folgen haben, – will man McLuhan in diesem Zusammenhang wörtlich nehmen, ein neues Vietnam[19].

---

[19] Siehe seine Ausführungen über den Krieg und die Verwestlichung des Fernen Ostens durch Anwendung veralteter Technologie in G. Wolf und J. Bagguley (1967), S. 49.

Teil 1

Zur Soziologie der Filmindustrie: Wer macht Filme, wie macht er sie und warum?

Zunächst will ich mich hier mit der Industrie befassen und erst dann mit dem Publikum. Filme müssen erst gemacht sein, ehe sie gesehen werden können. Es stimmt zwar, daß zuerst Nachfrage vorhanden sein muß, ehe man sie durch ein Angebot befriedigen kann. Jedoch ist das Angebot hinreichend dadurch begründet, daß die Nachfrage vorausgeschätzt wird, – hierin liegt das Risiko. Kurz gefaßt lautet die Antwort auf die Frage „Wer macht Filme, wie macht er sie und warum?" folgendermaßen: Hauptsächlich werden Filme von einer spezialisierten Industrie hergestellt, die eine Unzahl von Menschen beschäftigt. Zweitens: Wie geschieht dies? Diese Industrie arbeitet wie jede andere, sie kombiniert Boden, Arbeit und Kapital. Hier ins Detail gehen heißt unter anderem, die sehr interessante Geschichte und die gegenwärtige Sozialstruktur dieser Industrie zu untersuchen. Drittens: Warum werden Filme gemacht? Der Grund ist einfach genug. Die Industrie produziert Filme, um Gewinne zu erzielen oder/und um eine bestimmte Propaganda zu treiben. Die Einzelpersonen innerhalb dieser Industrie tun es ebenfalls, um Geld zu verdienen oder/und um Qualitätsfilme zu machen, – ganz zu schweigen von anderen Sehnsüchten, die der Film erfüllt, wie das Verlangen nach Ruhm oder Sex.

I. Soziologische Aspekte der Filmindustrie und ihre Bedeutung

1. Individuelle Kunst – kollektive Kunst

Ein Film ist ein Produkt, das hergestellt und konsumiert wird, das Reaktionen hervorruft und Wertungen unterliegt. Überwiegend werden wir uns hier mit industriell produzierten Filmen befassen. Filme sind darüber hinaus Gegenstand eines Handelns. Die Leute wollen sie sehen, aus welchem Grund auch immer. Vor allem werden wir uns damit befassen, auf welche Weise sie diesen Wunsch im Rahmen der von der Industrie geschaffenen kommerziellen Struktur zu befriedigen vermögen. Was macht es wohl für eine Studie wie diese für einen Unterschied, daß Filme von einer Industrie hergestellt werden und nicht von einem Mann mit einem Meißel, oder daß es eines ganzen Subsystems der Gesellschaft bedarf, um Filme zu produzieren? Es macht mehr, aber auch weniger Unterschied, als auf den ersten Blick scheinen mag.
Anders als die schon länger etablierten Künste wie beispielsweise die Dichtung und die Musik, doch ähnlich dem Theater, sind Filme selten das Ergebnis der kreativen Bemühung einer einzelnen Person. In den letzten fünf Jahren wurde es jedoch *möglich*, daß eine Einzelperson allein, selbst wenn ihre Mittel begrenzt sind, einen Film macht, der professionellen Maßstäben vollauf gerecht wird. Um allein einen Film herzustellen, muß man in der Lage sein, mit einer Filmkamera umzugehen, den Film zu entwickeln, ihn zu schneiden und ihn mit Ton zu versehen. Von den professionellen Filmemachern

besitzen oder besaßen nur wenige eine oder gar alle diese Fähigkeiten. Seit den Pioniertagen, da fast jeder beim Film mehr als eine dieser Arbeiten auszuführen verstand, hat sich indes eine hochgradige Arbeitsteilung herausgebildet, und so haben zum Beispiel Regisseure heute selten über ihre eigene Funktion hinaus mehr als eine andere ausgeübt[1]. Zum Teil rührt das Dilettantische von Amateurfilmen allein aus der Schwierigkeit, diese verschiedenen Prozesse in ihrer gegenwärtigen Komplexheit zu meistern. Was hat das alles zu besagen? Besteht ein essentieller Unterschied zwischen Künsten, die nur kollektiv verwirklich werden können und solchen, die von einer Person allein ohne Hilfe einer anderen realisierbar sind? Unterscheidet sich das Drama vom Roman auf die gleiche Weise wie das Bauwerk von der Statue? Zur Beantwortung dieser Frage dürfte es nützlich sein, die Architektur heranzuziehen: Wie die Architektur ist der Film eine Kollektiv-Kunst. Zur Vollendung des Endproduktes bedarf der Architekt einer ganzen Menge von hochgradig spezialisierten Mitarbeitern. Und wiewohl die Ausbildung des Architekten ihm eine gründliche Kenntnis all dieser speziellen Gebiete vermittelt, braucht er nicht wirklich in der Lage zu sein, Beton zu mischen und zu gießen, Stahl zu schweißen, Glas zu brennen, Holz zu schneiden oder andere Produktionsprozesse zu meistern, die er zur Verwirklichung seiner Konzeptionen für notwendig hält. Daß keine essentiellen Unterschiede zwischen kollektiv realisierten und von einer Einzelperson hervorgebrachten Kunstwerken bestehen, beweisen die beiderseits vorhandenen Ausnahmen. Dem Architekten kann man den Mann gegenüberstellen, der sein Blockhaus entwirft und auch selbst errichtet; neben dem Hollywood-Professionellen gibt es den Filmschöpfer, der alles selber macht[2]. Und neben dem allein arbeitenden Schriftsteller oder bildenden Künstler gibt es die Zusammenarbeit mehrerer Autoren bei Romanen und Dichtungen, oder man denke an Malerei und Skulpturen, die in Gemeinschaftsarbeit entstanden.

Es gibt also keine dem Wesen nach kollektive oder individuelle Kunst. Jedoch bestehen bedeutende Unterschiede in der Kompliziertheit des Produktionsprozesses bei den verschiedenen Künsten. Selbst die komplizierte Organisation der Filmherstellung unterscheidet sich von der der Architektur noch insofern, als der Architekt beruflich der staatlichen Anerkennung bedarf, während der Filmproduzent, bei nur geringem professionellen und bar jedes legalisierten Status, lediglich einem gewerkschaftspflichtigen Betrieb angehört. Die Bauindustrie hingegen ist ebenso kompliziert und unterteilt wie die Filmindustrie, – von der Buch-, Musik- und Schallplattenindustrie ganz zu schweigen. Doch ist ein Vergleich zwischen den graduellen Unterschieden der Komplexheit an sich nicht von Interesse. Interessant ist vielmehr die Frage, wer hat – wenn es sie überhaupt gibt – die entscheidende schöpferische Schlüsselstellung bei der Kollektiv-Kunst inne? Auf dem Gebiet des Bauens und des Büchermachens gibt es über die Antwort

---

1 Regisseure kommen oft direkt von der Montage oder vom Schreiben oder von der Bühne oder vom Fernsehen usw.

2 Der Filmavantgardist Norman McLaren hat sehr lebendige Filme zustandegebracht, indem er nicht nur das Visuelle, sondern auch den Ton direkt auf den Film zeichnete. Auch verschiedene Filme des Underground-Filmers Stan Brakhage scheinen allein von ihm aufgenommen, entwickelt und montiert zu sein und erwecken den Eindruck, als habe er sie – durch selbstproduzierte Heultöne – mit Ton versehen.

kaum einen Zweifel[3]. Keineswegs so klar liegen die Dinge bei der Herstellung von Schallplatten, noch viel weniger bei der Filmproduktion. Da es möglich ist, daß Einzelpersonen allein einen Film machen, möchte ich dafür eintreten, daß dem Medium Film als solchem nichts innewohnt, das die Übertragung von Verantwortlichkeit kompliziert. Stattdessen behaupte ich – zunächst einmal –, daß das Problem ausschließlich aus der Struktur der komplexen Organisation der Filmproduktion herrührt. Filme können auf so vielfältige Weise gemacht wie auch verdorben werden, und Entscheidungen werden oft auf einer Vielzahl von organisatorischen Ebenen getroffen, so daß sich die echte Frage stellt, wie weit eine Zentralisierung der Entscheidungsbildung überhaupt gegeben ist, die es erlaubt, einer Einzelperson die Verantwortung für das Endprodukt zuzuschreiben.

Der informierte Filmrezensent weiß dies alles nur zu gut. Da er jedoch der Überzeugung ist, daß der Film zur Kunst und zur Kunst ein Künstler gehört, ist er darauf erpicht, das Wesen, die Essenz des Films auszumachen und dafür nur einer Person Verantwortlichkeit zuzuschreien. Dies ist gar nicht so schwer, da ja der Kritiker darüber befindet, worin das Wesen des Films beruht. Anfang der 50er Jahre brachte die Zeitschrift *Sight and Sound* zwei Aufsätze von Filmemachern, die – kaum zu glauben – diese Frage zur Sprache brachten. Howard Koch, ein Schriftsteller von Hause aus, trat dafür ein, daß das Drehbuch das Wesen des Films bestimme; Thorold Dickinson, Autor und Regisseur, behauptete, der Regisseur verleihe dem Film die Essenz, und dies selbst dann, wenn er nach dem Drehbuch eines anderen arbeite[4]. Einige Jahre später führte in der gleichen Zeitschrift ein unbekannter junger Kritiker, Tony Richardson, den gleichen Gedanken fort[5]. Er unterscheidet zwischen hervorragenden Regisseuren einerseits, die über echte künstlerische Kreativität verfügten, deren Filme wesentlich seien und eine persönliche Schau offenbarten, und brillanten Technikern, die keine eigene Auffassung hätten, aber von anderen verfaßte Stücke sehr begabt zu realisieren verstünden. Seinen Ausführungen war indes nicht zu entnehmen, ob Richardson der Meinung war, daß nur kreative Filmemacher essentielle Filme machten oder ob die Essenz ihrer Filme besser oder wahrer sei[6].

---

[3] Die Herstellung von schlechten Büchern ist freilich eine andere Sache; ebenso das Bauen von schlechter Architektur . . .

[4] Siehe Th. Dickinson (1950) und H. Koch (1950).

[5] Siehe Richardson (1961).

[6] Richardsons spätere Karriere entbehrt nicht der Ironie. Nachdem er *Look Back in Anger/Blick zurück in Zorn* (England 1959) auf der Bühne inszeniert hatte, wurde er ein erfolgreicher Theaterregisseur. Dann machte er eine Reihe von Filmen: *Look Back in Anger*, *The Entertainer/Der Komödiant* (England 1960), *The Loneliness of the Long Distance Runner/Die Einsamkeit des Langstreckenläufers* (England 1962), *Sanctuary/Geständnis einer Sünderin* (USA 1961), *A Taste of Honey/Bitterer Honig* (England 1961), *Tom Jones/Tom Jones – Zwischen Bett und Galgen* (England 1962), *The Loved One/Tod in Hollywood* (USA 1965), *Mademoisselle/Mademoisselle* (England 1965), *The Sailor from Gibraltar/Nur eine Frau an Bord* (England 1966), *Charge of the Light Brigade/Angriff der leichten Brigade* (England 1967). An der Reihe dieser Filme falle eines besonders auf: Der Mangel an Stilkonsequenz. Technische Beherrschung der Mittel könne nicht darüber hinwegtäuschen, daß ihr Autor nichts zu sagen habe und nicht über eine persönliche Auffassung verfüge, meinen gewisse Rezensenten. Auch sei er nicht fähig, sich zu disziplinieren und sich damit zu bescheiden, ein guter *Metteur en scène* zu sein.

Wird die Frage dahingehend abgewandelt, wie man das Wesen eines Films definieren soll[7], werden alle Antworten notwendigerweise willkürlich ausfallen oder eben nur leere Worte sein. Dennoch ist es ein echtes Problem, um das es geht: wem man die Verantwortung für ein Werk zuschreiben muß. Oft werden Filmemacher gerühmt für eine Idee, die von jemand anderem stammt. So erging sich zum Beispiel ein Kritiker lobend über die Vollkommenheit von John Fords *They Were Expendable/Schnellboote vor Bataan* (USA 1945). Es stellte sich aber heraus, daß der Film erst geschnitten und montiert worden war, als Ford sich längst anderen Dingen zugewandt hatte. Das Ergebnis: Der Film wurde mehr als zwei Stunden lang. Ford betonte jedoch beharrlich, er habe eine Länge von nur einer Stunde und vierzig Minuten vorgesehen[8], und er mußte es ja wissen. Heftig wurde auch Marlon Brando wegen seiner Darstellung und seines Verhaltens bei den Dreharbeiten zu *Mutiny on the Bounty/Meuterei auf der Bounty* (USA 1961) kritisiert. Was er aber dabei zustande gebracht hat, ist einmalig.

Da der Film eine Kollektiv-Kunst ist, kann man als Binsenwahrheit bezeichnen, daß alle Beteiligten kollektiv verantwortlich sind. Doch diese kollektive Verantwortung hat ihre Grenzen, wie unsere Beispiele zeigen: Was an dem Film *Expendable* ... am meisten haften bleibt, ist das ruhige Tempo, – das zumindest teilweise Ford zuzuschreiben war[9]. Das Eindruckvollste an *Bounty* ist Brandos hervorragendes Spiel, für das niemand anderem, weder Regisseur noch anderen Akteuren, der geringste Verdienst zukommt. Bei Durchschnittsfilmen freilich erhebt sich selten die Frage, wem der Hauptverdienst zuzuschreiben ist. Hübsche Einfälle, die zur Gesamtwirkung beitragen oder nicht beitragen, können der Kameraführung oder der Montage, Designern oder Schauspielern zu verdanken sein. Relevanz erhält die Frage nach der Verantwortung erst beim guten Film, insbesondere bei Reihen von guten Filmen, die so etwas wie einen „persönlichen Stil" erkennen lassen.

Im allgemeinen halten wir es in solchen Fällen für angebracht zu behaupten, was allen Anzeichen am ehesten entspricht, nämlich daß der Regisseur der entscheidende Mann ist, d. h. die Person, die letztlich für das, was auf der Leinwand zu sehen ist, die Verantwortung trägt. (Hier muß eingefügt werden, daß der *Filmregisseur (film director)* das Äquivalent zum Theaterregisseur ist. Der *Filmproduzent* hingegen, wie unten noch erläutert werden wird, entspricht dem Theaterdirektor.) Wir machen es uns damit inso-

---

[7] Zur Kritik am Essentialismus siehe K. R. Popper, *Die offene Gesellschaft und ihre Feinde*, Bern 1958, Bd. II, S. 14–30.

[8] Lindsay Anderson, „The Quiet Man", *Sequence* Nr. 14, Neujahr 1952, besonders S. 24: „... ‚Ich habe mir überhaupt nichts bei dem verdammten Film (They Were Expendable) gedacht', sagte Ford. Ich (Anderson) erwiderte: ‚Aber so wie er ist, läuft er zwei Stunden und fünfzehn Minuten ...' Ford: ‚Ich habe den Film so gedreht, daß er nicht länger als eine Stunde und vierzig Minuten dauern soll – sie hätten ihn auf diese Länge zusammenschneiden müssen.' ‚Damit wäre der Film ruiniert gewesen', sagte ich. ‚Vom Filmemachen verstehe ich etwas mehr als Sie, glaube ich', antwortete Ford."

[9] Ein so erfahrener Regisseur wie John Ford vermag weitgehend Einfluß durch „Schnitt in der Kamera" *(cutting in the camera)* auf das Tempo zu nehmen: Die einzelnen Szenen müssen so präzis abgedreht werden ,daß die Szenenanschlüsse genau stimmen. Auch dürfen Szenen nicht ein zweitesmal aus einer anderen Kameraperspektive aufgenommen werden. So bleibt buchstäblich nur eine Möglichkeit des Schnittes.

fern bequem, als wir nur zu gut wissen, daß selbst der Film eines Regisseurs, der sich einen persönlichen Stil erworben hat, durch schlechte Kamera, schlechten Schnitt, schlechte Besetzung, schlechtes Spiel, schlechten Ton, schlechte Einfälle der Produktionsleitung etc. restlos verdorben werden kann. All dies gehört jeweils zum Machtbereich eines anderen Individuums oder gar einer Abteilung, die bisweilen mit der Arbeit erst anfangen, wenn der Regisseur längst fertig ist. Daher trägt nicht immer er die Verantwortung. Dennoch dürfen wir zunächst davon ausgehen, daß der Regisseur verantwortlich ist, und erst dann, wenn ein Produkt diese Annahme in Frage zu stellen scheint, werden wir uns nach anderen Theorien umsehen, zum Beispiel daß dieser oder jener Mitarbeiter oder Spezialist ihm aufgezwungenermaßen assistiert habe. (Wenn es mit seiner Zustimmung geschah, trägt er aufgrund seiner Wahl doch die Verantwortung.) Halten wir uns vor Augen, daß es hier um jene geht, deren Arbeit einen bestimmten Stil aufweist. Was die Routineproduktion in den großen Ateliers betrifft, ist die Vorstellung von der souveränen Stellung des Regisseurs nicht nur falsch, sondern absurd. Denn hier dürfte der Regisseur bei der Rollenbesetzung und der Auswahl des Aufnahmeteams kaum ein Wort mitzureden haben. Wir können nicht jemand Verantwortung zuschreiben, der keine Macht hat. Nichtsdestoweniger ist es erstaunlich, wie stark die persönliche Note häufig sogar noch in einer Zeit zum Ausdruck kam, als die Hollywood-Maschinerie ihren Höhepunkt erlebte: Man denke an Val Lewtons Horrorfilme, MGM's Musicals, an die Filme von Cukor, Ford, Hawks, Hitchcock, Lang, Lubitsch, Mamoulian, McCarey, Milestone, Siodmak, Stevens, Sturges, Vidor, von Sternberg, Wyler, um nur einige derer zu nennen, die im Vorkriegs-Hollywood mit Sicherheit zum Establishment gehörten.

Und wie steht es, wenn ein hervorragender Regisseur in der Tat über uneingeschränkte Vollmacht verfügt? Wir werden uns einig sein, daß ihm auch die volle Verantwortung zuzumessen ist. Zu dieser Macht gehört die Auswahl des Personals, die Besetzung der Rollen sowie das Okay für das Endprodukt – indem der Regisseur für gewöhnlich mit seinem Namen dafür einsteht. Alfred Hitchcock berichtete[10] im Zusammenhang mit den Dreharbeiten an *Marnie/Marnie* (USA 1964), die Leute von Technicolor hätten ihm versichert, Bauten und Szenerie einer Straße in Baltimore würde in der endgültigen Kopie warheitsgetreu herauskommen; er habe sich auf sie verlassen, aber in Wirklichkeit war sie nachher doch sehr schlecht. Dies enthebt ihn nicht der Verantwortung für die nach seiner Meinung miserablen Aufnahmen (er bestritt sie auch gar nicht). Er war es, der sich für Technicolor entschied, ihren Versicherungen Glauben schenkte und die endgültige Kopie mit den immer noch schlechten Farben hatte durchgehen lassen, aus welchen Gründen auch immer. Obwohl es also den Anschein hat, als ruhe auf den Schultern hervorragender Regisseure die volle Last der Verantwortung, dürfen wir dies sicherlich nicht bei allen Regisseuren voraussetzen, zumal bei jenen nicht, die nur Rädchen im Getriebe des Atelierapparats sind.

Was macht es schon aus, wer die Verantwortung hat? Geht es nicht hauptsächlich um die Frage: ist der Film x gut oder schlecht? In der Tat, um diese Frage geht es vor allem. Müssen wir denn aber zur Beantwortung dieser Frage unbedingt wissen, wer für den

---

[10] Bei einem vom Harvard Dramatic Club veranstalteten Interview am 14. Juli 1966.

Film als Ganzes verantwortlich ist? Scheinbar lautet die Antwort hierauf: „nein“. Gemeinhin hat die Ansicht sich eingebürgert, daß man sich über den Wert eines Films – oder jedes Kunstwerks – am besten klar wird, wenn man ihn oder es mehrmals ansieht beziehungsweise lange betrachtet, darüber nachdenkt, verschiedene Interpretationen abwägt, hin und her diskutiert und auf diese Weise zu einer Meinung zu gelangen sucht. Hierbei taucht nirgends die Frage nach der persönlichen künstlerischen Verantwortung auf: ob der Film von einem Roboter oder von Hitchcock gemacht wurde, ist ganz unerheblich. Ich werde versuchen, zu erklären, warum dieses übliche Vorgehen völlig verfehlt ist[11].

2. *Interpretation des „Wesens“ kontra Interpretation der Form*

Es gibt andere, weniger zentrale Fragen, die aber deshalb keineswegs peripher sind, nicht einmal nur auf den ersten Blick, wie zum Beispiel: warum ist der Film x dem Film y in vieler Hinsicht so ähnlich und dennoch so viel schlechter? Beide Filme mögen von der gleichen Filmgesellschaft hergestellt worden sein, in der gleichen Ausstattung, mit etwa den gleichen Schauspielern in ungefähr den gleichen Rollen und mit einer ganz ähnlichen Handlung. Solch ein Vergleich mag man für das typische Gedankenexperiment eines Philosophen halten: Schön, darüber nachzudenken, aber mit der Wirklichkeit hat es nichts zu tun. Nun, betrachten wir einmal die folgende paarweise Aufstellung von Filmen:

BESSER	SCHLECHTER
Frankenstein	*House of Frankenstein*
Dr. No	*Goldfinger*
A Night at the Opera	*Go West*
Adventures of Robin Hood (Errol Flynn)	*Captain Blood*
Casablanca	*Sirocco*
Peyton Place	*Return to Peyton Place*

Und für den Fall, daß der Leser mit dem Argument kommt, der zweite Film sei deshalb schlechter, weil er ein zweiter Aufguß ist:

Sylvia	*The Carpetbaggers*
irgendein guter Randolph Scott-Western	irgendein schlechter Randolph Scott-Western *

Die Erläuterung von Wertungen dieser Art ist keineswegs nur eine Übung in der vergleichenden Methode, also rein akademischer Natur, sie kann vielmehr auch dazu die-

*

(*Frankenstein*, USA 1931)	(USA 1944)
(*James Bond 007 jagt Dr. No*, England 1962)	(*Goldfinger*, England 1964)
(*Skandal in der Oper*, USA 1935)	(USA 1940)
(*Robin Hood, König der Vagabunden*, USA 1938)	(*Piratenflagge*, USA 1935)
(*Casablanca*, USA 1942)	(*Zwischen Kairo und Damaskus*, USA 1951)
(*Glut unter der Asche*, USA 1957)	(*Rückkehr nach Peyton Place*, USA 1961)
(*Sylvia/Das Vorleben der Sylvia West*, USA 1965)	(*Die Unersättlichen*, USA 1963)

[11] Siehe Gombrich, op. cit., S. 124, über die Wirkung der Nachahmung der Realität.

nen, das allgemeine Niveau des Films anzuheben, schon allein indem man sich an den besseren Filmen zu schulen versucht. Hierbei muß man der Frage nachgehen, wem das Verdienst für das Gute an einem guten Film zuzuschreiben ist, wie er gemacht wurde, und ob wir daraus etwas lernen können. Ist es wirklich einfach so, daß ein guter Mann einen guten Film hervorbringt, oder kommt er dadurch zustande, daß man die Verantwortung mehreren guten Männern überträgt?

Es gibt Puristen, die auf dem Standpunkt stehen, daß eine künstlerische Bewertung des Werkes allein aufgrund der Evidenz dessen erfolgen sollte, was es beinhaltet. Nun fragen wir weiter, ob nicht im Blick auf das Formale geklärt werden kann, wer für das Gute oder Schlechte an einem Film verantwortlich ist? Ein sensibler Betrachter von Orson Welles' *The Magnificent Ambersons/Der Glanz des Hauses Amberson* (USA 1942) wird sofort merken, daß der Schluß des Films zu dem ganzen nicht paßt. Sieht man sich den Film mehrmals an, ist man auch nicht viel schlauer; man weiß lediglich: irgend etwas muß schiefgegangen sein. Man fragt sich: Ist Welles gegen Ende abgesackt, oder hat man ihm in die Arbeit hineingepfuscht? Es ist wichtig, eine solche Frage zu klären, damit man sich über Welles' Urteilsvermögen ins Bild setzen und überlegen kann, wie Filme besser zu machen wären. Für uns darf hier allein die Evidenz des Formalen entscheiden, und so soll ihr in diesem Buch Raum gewährt werden.

Hat man einmal eingesehen, daß die Frage nach der persönlichen Verantwortung ebenso interessant wie wichtig ist, läßt sich das Ausschließlichkeitsprinzip der Puristen, nur die Evidenz „des Inneren", ihm Eigenen, entscheide, schwerlich aufrechthalten. Selbst wenn Filme von Robotern hergestellt würden, wäre uns daran gelegen herauszubekommen, welcher Roboter gute Filme und welcher schlechte gemacht hat, schon allein um entscheiden zu können, welchen Film wir uns ansehen wollen und welchen nicht. Nun tritt unser gesunder Menschenverstand in Aktion: Der Film x muß zu gewissem Grade gut sein, denn jede Sequenz wird Alfred Hitchcocks Handschrift verraten. (Der gesunde Menschenverstand ist nur zu erschüttern, wenn man an Hitchcocks Manierismen denkt, wobei man den einen Film mit anderen Filmen von ihm vergleichen muß.) Auch vom „pädagogischen" Standpunkt ist es sicher nicht uninteressant festzustellen, wer die Verantwortung trug; dann erst kann man an der Laufbahn des Regisseurs verfolgen, wie er hinzulernte und reifte. Solch Anschauungsunterricht mag andere Regisseure dazu veranlassen, ebenso vorzugehen oder auch nicht. Mit Sicherheit aber läßt sich sagen, daß der Genuß, den uns die Kunst vermittelt, zum großen Teil auf *bewußtem* Aufnehmen beruht. Hitchcocks sichere Exposition zu verfolgen und sich ihrer zu erfreuen, kann somit ebenso ein Genuß sein, wie das Staunen über die Konstruktion einer Fuge von Bach.

Später in Kapitel XVI werde ich noch einmal in abstrakterem Zusammenhang dafür eintreten, daß die Evidenz des Formalen mehr als bisher bewertet werden sollte. Ein Kunstwerk läßt sich nicht interpretieren und schon gar nicht erfassen, wenn man nicht über einige Hintergrund-Information verfügt. Sind wir uns hierin erst einmal einig, wird der kritische Rezensent zugeben: „Je mehr Information, desto besser."[12] Wer über Filme schreibt, geht nach meiner Meinung am besten so vor, – und dies gilt auch

[12] Argumente hierfür s. meine Schriften (1961 b) und (1967 a); ich stimme mit den von P. K. Feyerabend vertretenen Ansichten, insbes. (1967), überein.

für den eingeweihteren Zuschauer, – daß er sowohl aufgrund des Inhaltlichen wie auch des Formalen festzustellen sucht, was bei der Herstellung des Films passierte. Dementsprechend wird er nach bestem Ermessen Plus- und Minuspunkte abwägen, oder, falls er nichts in Erfahrung bringen konnte, kritische Vermutungen anstellen. Aufgrund des inhaltlichen kann man u. U. zwar ebenfalls herausfinden, wer für den Film verantwortlich war, jedoch längst nicht so präzis. Bei solchem Vorgehen kommt einmal der Augenblick, da die Interpretation höchst schwierig wird. Auf der Wesensbestimmung allein zu beharren, wäre übertriebener Purismus: Man handelt in dem Glauben, ein Kunstwerk sei ein organisches, sich selbst erklärendes Ganzes. Indes, Filme sind komplexe Produkte eines verästelten Prozesses. Wie kühn, sich einzubilden, man könne ohne Zuhilfenahme anderen Materials erklären, was mit ihnen los ist!

Folgt aus der von uns postulierten souveränen Stellung des Regisseurs, daß eine komplexer werdende Organisation des Produktionsprozesses notwendigerweise seine persönliche künstlerische Verantwortung mindert? Mit dieser Frage ziele ich nicht darauf ab, wie weit sich die Einmischung des Front Office, also von Produktionsbüro und Verwaltung auf das Endprodukt auswirkt, – das ist oft schon in einer rudimentären Organisation der Fall. Vielmehr möchte ich mich mit der durch das Bestehen von komplexen Hierarchien hervorgerufenen Situation befassen, die es möglich macht, daß sich auf verschiedenen zeitlichen und räumlichen Ebenen andere zwischen Künstler und Werk schalten. Zum Beispiel: Trübt die Tendenz zu Schmeichelei und Kriecherei den notwendigen kritischen Blick für die im Gang befindliche Arbeit, – eine Kritik, die der Künstler andernfalls berücksichtigt hätte? Bringt die Unterteilung der Funktionen den Regisseur zwangsläufig mit Menschen zusammen, die nicht mit ihm sympathisieren oder nicht auf dem gleichen Niveau stehen und am Ende gar nicht fähig sind, seine Anweisungen richtig auszuführen? Veranlassen die zahlenmäßige Stärke des Aufnahmestabes sowie die Höhe der in die verschiedenen Projekte investierten Summen den Künstler zu Kompromissen, die er andernfalls, im Gefühl freie Hand zu haben oder aus Interesse am Medium und seinen Möglichkeiten, glatt abgelehnt hätte? Und so fort.

Nichts von alledem verringert in Wirklichkeit die persönliche künstlerische Verantwortung, vorausgesetzt, daß der Künstler auch nur im Ansatz über zentralisierte Kontrolle verfügt. Und selbst wenn er keine zentralisierte Kontrolle hat, entbindet ihn dies doch nicht in jedem Fall von persönlicher Verantwortung. Angenommen ein Regisseur hat die Arbeit an einem Film beendet, und nachträglich nehmen andere Änderungen daran vor, so geht in diesem Fall eine Dezentralisierung vor sich. Unter solchen Umständen, so wird mancher meinen, sei der Regisseur nicht für den Film verantwortlich. Doch trifft dies zum Beispiel nicht zu, wenn die Lage erlaubt, daß der Regisseur die Streichung seines Namens aus dem Vorspann verlangen kann. Fraglos gibt es Regieverträge, die den Regisseur für die Dauer der Aufnahmen zu nichts anderem verpflichtet als zur Regieführung im Atelier. Auf andere Funktionen, wie Rollenbesetzung, Drehbuch, Rohschnitt, akustische Untermalung, endgültigen Schnitt, mag er dann nicht den geringsten Einfluß haben.

In solchen Fällen wird es ihm vielleicht nicht gelingen, seinen Namen zurückzuziehen. Er wurde nur für den einen Job bezahlt und hat rechtlich nicht die Möglichkeit, sich von ihm zu distanzieren. Doch könnte er immerhin ein Verfahren einleiten, das gar nicht so kostspielig wäre, um eine gerichtliche Verfügung zu diesem Zweck zu erwirken. Verliert er den Prozeß, könnte er sich zumindest darauf berufen, sich öffentlich von der Arbeit distanziert zu haben. In allen anderen Fällen, in denen der Kontrakt dem Regisseur die Überwachung oder andere Formen der Kontrolle über das Endprodukt einräumt, wird er ohne Schwierigkeiten anonym bleiben können. So möchte ich also die Hypothese aufstellen, daß der Regisseur verantwortlich gemacht werden kann für alles, was unter seinem Namen erscheint, – wenn auch nur in dem begrenzten Sinn, daß er nichts unternahm, um seinen Namen streichen zu lassen.

Es gibt belegte Fälle, auf die diese Analyse zutrifft: Eines der besten Beispiele dürfte Tony Richardsons Schilderung seiner Erlebnisse in Hollywood sein, als er dort 1961 den Film *Sanctuary/Geständnis einer Sünderin* drehte. Ehe er herüberkam, habe man ihm, behauptet Richardson, alle Freiheiten versprochen. Dann sei er in ein oder zwei geringfügige Kompromisse hineinmanövriert worden; erst später wurde ihm klar, daß dies nur die feine Spitze eines – wie sich herausstellte – sehr groben Keils war. Als er sich längst wieder in England befand, heißt es weiter, wurden weitere Änderungen an dem Film vorgenommen. Es fragt sich indes, ob ein Künstler sich einfach dadurch entschuldigen kann, daß er sich über andere beschwert. Richardson hätte die Zurückziehung seines Namens verlangen und im Falle der Weigerung klagen können. Damit hätte er sich zumindest rehabilitiert.

Bis jetzt haben wir die Verantwortung als soziologische Kategorie betrachtet: wer innerhalb einer Organisation ist verantwortlich für das, was im Film bleibt und was nicht? Dies wollen wir im Gedächtnis behalten, wenn wir uns nun dem Problem der Schmeichelei zuwenden. Sie soll uns nicht als moralisches Problem beschäftigen, sondern als ein die Zentralisierung belastendes Element: Ist der Mensch von Schmeichlern umgeben, können leicht wichtige Informationen verschwiegen oder entstellt werden. Erkennt er diese Gefahr, was sich bei einem begabten Künstler von selbst versteht, kann er entweder seine Mitarbeiter anweisen, Lobhudeler zu meiden oder er wird Maßnahmen treffen, um sich gegen sie abzuschirmen. Ebenso ist es Sache des Künstlers, so lange nach technischem Personal zu suchen, bis er Leute findet, zu denen er Kontakt hat (wobei er „Kontakt" nicht mit „Schmeichelei" verwechseln wird). Vor allem muß er dieser Gefährdung der eigenen künstlerischen Integrität eingedenk sein – weniger eine Sache des Gewissens als der Urteilskraft. Eine richtige Selbsteinschätzung gehört auch dazu. Aber auch die Einstellung des rechten Personals und dessen Organisierung ist ein Weg, um sich angesichts der Anfechtungen, die zentralisierte Gewalt mit sich bringt, davor zu schützen, nicht entweder zu hart oder zu weich zu reagieren. Darüber hinaus kann er zum Beispiel ein und dieselbe Szene auf verschiedene Weise aufnehmen und die Ergebnisse abwägen, ehe er sich endgültig für eine Fassung entscheidet. Die Verantwortung für die Handhabung des Organisatorischen sowie für den Umgang mit seinen Mitarbeitern ist niemals völlig aufgehoben, und jede in dieser Hinsicht fundierte Kritik wird ihn unter allen Umständen hellhörig machen, vorausgesetzt er erkennt die Probleme, bleibt kritisch und nutzt seine Fehler – wenn er sie erkennt –, um aus ihnen zu lernen[13].

---

[13] In Fn. 6 zitierte ich negative Äußerungen von Kritikern, die Tony Richardson eklektische

Zu Beginn dieses Kapitels warfen wir die Frage auf, ob der Filmemacher als Künstler durch komplexe Organisation der Filmproduktion in seiner Freiheit eingeschränkt sei. Unsere subsidiäre Frage lautet: Wie weit wird die persönliche künstlerische Verantwortung durch die komplexe Organisation der Produktion aufgehoben? Nun ist es an der Zeit, uns von der Betrachtung des Individuums im Rahmen der Organisation ab- und der Organisation selbst zuzuwenden und damit eine weitere Subsidiärfrage zu stellen: Da die persönliche Verantwortung des Künstlers erhalten bleibt (die Ausdrucksfreiheit freilich nicht)[14], und Organisation in diesem Sinn der Kunst nicht abträglich ist, stellen wir nun die Frage: Wirkt sie sich förderlich auf die Kunst aus? Die implizite Voraussetzung, von der wir zu Beginn des Kapitels ausgingen, lautete, hohe Kunst könne nicht kollektiv produziert werden, was uns zur Frage nach der Verantwortung führte. Jener Annahme wollen wir nun die umgekehrte Behauptung entgegenstellen, nämlich: Hollywoods hoher professioneller Standard war allein durch das hohe Maß an Organisation zu erreichen. Von Filmemachern, für die Kunst mit persönlichem Ausdruck identisch ist, wird gegen Hollywoods Professionalismus bisweilen der Einwand erhoben, er hindere jegliche künstlerische Entfaltung. Man sollte diese Leute aber nicht ernst nehmen. Nach meiner Auffassung sind hohe professionelle Normen, – wiewohl für die Herstellung guter Filme nicht unbedingt Voraussetzung, aber auch als solche allein nicht ausreichend – *an sich* nichts Schlechtes. Daher lautet die Frage: Wäre ein vergleichbares Maß an professionellem Können auch dann zu erreichen, wenn die Produktion weniger komplex organisiert wäre? Fraglos besteht ihr Hauptvorteil in der Arbeitsteilung und aus ihr ergibt sich eben Komplexheit (Adam Smith)[15]. So dürfen

---

Stilanleihen bei anderer Leute Filmen ankreideten. Mir scheint Richardsons Verhalten im Prinzip auf seine Weise bewundernswert. Vielleicht ist er noch auf der Suche nach einem eigenen Stil. Wie lange aber wird es noch dauern, bis er einsieht, daß es ihm am Sinn für das Filmische fehlt und er daher möglicherweise nie zu einem eigenen Stil gelangen wird? Um in seinen Kategorien zu sprechen: Wann wird er sich damit zufrieden geben, ein sehr effizienter *metteur en scène* zu sein?

[14] Die Forderung der Künstler nach künstlerischer Freiheit halte ich nicht für so erheblich. Ich kann mir kein Argument vorstellen, mit dem man Industrie oder Staat dazu bewegen könnte, Einzelpersonen große Geldsummen zu geben und ihnen zu erlauben, sie nach ihrem Gutdünken für ihre Filme zu verwenden. Die Künstler sollten sich glücklich schätzen, daß dies dennoch bisweilen geschieht. Unterdessen sind sie genötigt, sich zur Durchsetzung ihrer Projekte weiterhin auf Argumente wie Qualität oder Popularitätserfolg zu stützen, – eine nützliche Disziplin, durch die sie lernen, das, was sie sagen wollen, präzise und überlegt zu formulieren. Haben sie auf diese Weise Kampfesmut bewiesen, kann es, wenn sie Glück haben, vorkommen, daß ihnen völlige Freiheit eingeräumt wird, zu tun wie ihnen beliebt. Schließlich erhalten ja auch Wissenschaftler keine Fonds, um zu tun, was sie für richtig halten. Vorbehaltlose Finanzierungshilfen sind ebenso untunlich, wie an Bedingungen geknüpfte; besser ist Wettbewerb um die Zuteilung von Geldern, der, welche Kehrseiten er auch haben mag, wenigstens sinnvoll ist. Denen, die glauben, Wissenschaft sei edel und hehr, da sie nicht um des Profites willen betrieben wird, möchte ich in Erinnerung rufen, daß die praktische Realisierung sowie lang- und kurzfristiger Nutzen als höchst wichtige Kriterien bei der Finanzierung der Forschung eine Rolle spielen.

[15] Das heißt, die Unterteilung eines Produktionsprozesses in eine Reihe von einzelnen Tätigkeiten, auf die sich die verschiedenen Arbeiter spezialisieren. Sie steigert ihr Produktionssoll:

wir sagen: So lange Komplexität hauptsächlich auf Arbeitsteilung beruht (und weniger, siehe Parkinson, Faktor I, auf der Vermehrung der Untergebenenzahl), und da man mit den Problemen fertig werden kann, wie die zuvor angeführten Beispiele zeigten, bedeutet sie eine große Verbesserung (solange nicht nach Parkinsons drittem Gesetz verfahren wird)[16]. Dies kann dazu beitragen, die Antwort auf eine ganz andere Frage zu finden.

3. *Künstlerischer Erfolg – industrieller Erfolg*

Diese andere Frage lautet: Weshalb sind Hollywood-Filme so populär?
Dies läuft auf die weitere Frage hinaus, ob zwischen dem weltweiten Erfolg der Hollywood-Produkte und der Organisationsweise der Herstellung ein Zusammenhang besteht. Es wird nicht überraschen, – ich beantworte diese Frage mit „ja". Der Triumph Hollywoods beruht auf der erfolgreichen Anhebung des allgemeinen Standards der Filme, was auf dem Weg einer qualitativen Verbesserung der Durchschnittsprodukte erreicht wurde. Seit den 10er Jahren dieses Jahrhunderts hat Hollywood in ununterbrochener Folge verschiedenartigste Filme mittlerer Qualität herausgebracht, die sich indes, was Buch, schauspielerische Darstellung, Regie, Fotografie, Ton und Musik, Ausstattung usw. betrifft, durch hohes professionelles Können auszeichnete. Dies ist Hollywoods Geheimnis: Es hat nur selten – gemessen an der Gesamtproduktion – Meisterwerke hervorgebracht, doch ebenso nur eine geringe Menge miserabler Filme, im Gegensatz zu den großen Filmindustrien vieler anderer Länder in der Welt, die unverzeihlich schlechte Filme machten (Indien, Ägypten, China etc.). Was auf Hollywoods Filmproduktion zutrifft, gilt für die amerikanische Produktion allgemein: man zielt auf Hebung des allgemeinen Standards, auf Hebung des Durchschnitts ab, wobei meist die unterste Stufe der Skala verschwindet, möglicherweise aber auf Kosten der Förderung der Spitze. Ganz ähnlich wie Detroit schuf auch Hollywood durch Hebung des Standards Normen, denen lange Zeit hindurch nur wenige Filmindustrien anderer Nationen zu entsprechen vermochten. Indem es die Erwartungen seines Publikums

---

„Die bedeutende Mehrarbeit nun, welche dieselbe Anzahl von Personen infolge der Arbeitsteilung schaffen kann, ist auf folgende drei Umstände zurückzuführen: 1. auf die vermehrte Geschicklichkeit jedes einzelnen Arbeiters, 2. auf die Ersparung derjenigen Zeit, welche sonst bei dem Wechsel der Beschäftigung verloren geht, und 3. auf die Erfindung einer großen Anzahl von Maschinen, welche die Arbeit erleichtern und abkürzen, und einen einzelnen Mann zu der Arbeit vieler befähigen." Adam Smith: *Eine Untersuchung der Natur und Ursache des Volkswohlstandes,* Erstes Buch, S. 9, Von den Ursachen der Steigerung der erzeugenden Kräfte. Deutsch v. W. Loewenthal. Berlin 1879.

[16] Ich meine es vollkommen ernst, wenn ich Parkinson ernst nehme. Die satyrische Form seiner Bücher sollte uns nicht blind machen für Bedeutung und Wahrheit des Inhalts. „Faktor 1. Jeder Beamte oder Angestellte wünscht die Zahl seiner Untergebenen, nicht aber die Zahl seiner Rivalen zu vergrößern." Northcote Parkinson: *Parkinsons Gesetze,* deutsch v. Richard Kaufmann, Düsseldorf 1958, S. 17. „Die Stupido ist Parkinsons Drittem Gesetz zum Opfer gefallen: Expansion bedeutet Komplexität, und Komplexität bedeutet Verfall." C. Northcote Parkinson: *Favoriten und Außenseiter,* deutsch v. Horst Jordan. Düsseldorf 1962, S. 165.

höher schraubte, zwang es die übrige Welt, seinem professionellen Standard nachzueifern, wenn sie überhaupt konkurrenzfähig bleiben wollten. Damit war es nun an der Welt, sich diesem Standard anzupassen oder ihn gar zu übertreffen. Als verschiedenen Industrien dies tatsächlich gelang (in England, Japan, Schweden, Frankreich, Deutschland, Italien), war es mit der Blütezeit Hollywoods vorbei. Es mußte nun neue Wege zur Organisierung der Produktion finden, die das allgemeine Niveau der Filmherstellung noch weiter hinaufsetzen konnten, – selbst um den Preis, daß man weniger Filme produzieren werde. Eine Folge hiervon war, daß der nivellierende Druck auf die Spitzenqualität geringer wurde. Und das ist nach meiner Meinung die Erklärung dafür, weshalb die amerikanische Filmproduktion heute besser und vielfältiger ist denn je.

Bis zur Einführung des Fernsehens Ende der 40er Jahre war Hollywood konkurrenzlos gewesen. Dann begann das Fernsehen dem Film mehr und mehr Publikum zu rauben; in Amerika mußten bald die ersten Kinos schließen, und die Produktionsziffern sanken bedrohlich. Dieser Rückgang wirkte auf die Filmindustrie anderer Länder stimulierend, die nun die Lücken im eigenen Filmprogramm wie in dem anderer Länder füllten, die noch nicht die Segnungen des Fernsehens genossen; das wiederum führte dazu, daß in allen von mir angeführten Ländern Ende der 50er Jahre eine Filmrenaissance einsetzte. Der Mangel an Konkurrenz aus Hollywood wirkte sich natürlich nachteilig aus – wie es etwa das Beispiel der englischen Filmproduktion beweist. Aber bald sollten infolge der Television auch andernorts immer mehr Kinos eingehen.

Wie sich dies auf das Niveau Hollywoods auswirkte, ist nicht leicht zu ermitteln. Offensichtlich bringt es noch heute jedes Jahr eine Menge sehr unterhaltender, lebendiger Filme mit großem Staraufgebot heraus. Es fragt sich, ob sie tatsächlich besser sind. Hat sich ihr Standard gehoben? Ein Blick auf die Produktion der dreißiger und vierziger Jahre läßt erkennen, daß die Produktionstechnik (Farbe, Breitwand, Aufnahmen am Originalschauplatz, Filmdauer) mächtig gesteigert wurde, die Filme selbst hingegen nicht merklich besser waren [17].

Zum Teil mag dies darin seinen Grund haben, daß man versäumte, die Organisation der Filmherstellung den neuen Verhältnissen genügend anzupassen. Im Rahmen des vorhandenen Apparates der Massenproduktion hätte man die Produktion noch ausweiten können; dazu hätte es in erster Linie einer Erhöhung des Budgets bedurft. Zur Hebung des künstlerischen Standards jedoch hätte der schöpferischen Freiheit im System mehr Raum gewährt werden müssen. Und wenn das System dadurch an Funktionsfähigkeit einbüßt, um so schlimmer für das System: dann muß es eben geändert werden. Dennoch: Heute läßt Hollywood seinen Spitzenkräften noch nie dagewesene Freiheit, zu tun, wie und was sie für richtig halten. Die großen Producer-Regisseure, – Ford, Wyler, Wilder, Hitchcock, Wise, selbst einige der neuen Leute wie Frankenheimer – arbeiten außerhalb des Atelierapparats (oder dessen, was davon übrig blieb, siehe Kapitel III) und sind weit mehr in der Lage, ihre eigenen Absichten zu verwirklichen, als es in den 30er und 40er Jahren möglich gewesen wäre. In diesem Sinn ist das Produkt besser geworden und die organisatorischen Veränderungen haben sich ausge-

[17] Manny Farber (1957) und Pauline Kael (1956) behaupteten sogar, sie seien merklich schlechter geworden. Nach meiner Meinung beginnen sie Mitte der sechziger Jahre wieder hochinteressant zu werden.

wirkt. Die großen Regisseure sind freier denn je, was einige zu neuen Triumphen und Höhen führte; andere ließen nach und wurden schlampig[18].

Worauf beruhten die organisatorischen Veränderungen und wie wirkten sie sich speziell auf das Durchschnittsprodukt aus? In den noch überlebenden Filmstudios setzte ein radikaler Schrumpfungs- und Rationalisierungsprozeß ein. Die Hersteller gehen heute nicht mehr von der Voraussetzung aus, daß Ateliers ständig genutzt, Techniker und unter Kontrakt stehende Künstler ununterbrochen eingesetzt werden müssen. Vielmehr beginnt die Herstellung heute damit, daß der Producer* oder Unternehmer eine Idee hat, sie mundgerecht macht und sich dann direkt an die Geldquellen wendet. Investitionsberatung und Distribution spielen heute in der Filmbranche eine wichtige Rolle. Früher pflegte eine Filmgesellschaft ihr Geld nur in die eigene Produktion zu stecken, die sie auch ausschließlich vertrieb. Das neue Produktionsmuster indes ist nicht ganz neu; es wurde von den Gründern der United Artists erfunden. Die Filmgesellschaft United Artists wurde 1919 von Charles Chaplin, Douglas Fairbanks, D. W. Griffith und Mary Pickford gegründet und übernahm selbst Vertrieb und Verleih. Als die Filmproduktion der United Artists dann mehr und mehr zurückging, übernahm sie auch andere Filme zum Verleih, doch brachte der Aufstieg des Fernsehens die Firma an den Rand des Ruins. Später wurde sie von tüchtigen Geschäftsleuten übernommen, die sich ausschließlich mit Verleih und Investierung befaßten.

Man hätte erwarten können, daß dieser Menschentyp in seiner Auswahl der zu finanzierenden Filme konservativer sein würde, zumal andere finanziell unabhängige Ateliers die Kosten für experimentelle Filme mitübernehmen konnten. Heutzutage, da so viele Filme von eigens für sie gegründeten und finanzierten Gesellschaften produziert werden, kann man das Risiko eines Verlustgeschäftes nicht eingehen. Dennoch ist unerklärlicherweise die Produktion von überdurchschnittlichen Filmen nicht zurückgegangen. Ich möchte dies auf „menschliche Faktoren" zurückführen: auf kreative Produzenten und auf die Scharen von neuen, durch das Fernsehen hochgekommenen Talenten, – Künstler, die noch immer mit bescheidenen Budgets etwas zustandezubringen verstehen. Natürlich ist der Begriff „menschliche Faktoren" ziemlich vage und als Ausdruck banal. Inwiefern war es möglich, daß menschliche Faktoren bei der Reorganisation in den Vordergrund treten konnten? Hierzu möchte ich mich auf H. J. Gans (1957) berufen, der überzeugend darlegt, daß der Hauptfehler der großen Ateliers in ihrem Widerstreben bestand, sich auf ein kleineres Publikum umzustellen. Hollywood schien Angst davor zu haben, Publikumsminoritäten anzusprechen, wobei es vermutlich vergaß, daß ein pluralistisches Gesellschaftssystem sich aus einer Vielzahl von Minoritäten zusammensetzt. Nach Gans war der Aufstieg der unabhängigen Produzenten dazu angetan und hatte tatsächlich zur Folge, daß mehr Filme hergestellt wurden, die Subkulturen ansprachen und weniger solche, die allen Geschmäckern auf allen Ebenen oder dem Geschmacksniveau der größten Gruppe gerecht zu werden trachteten.

---

[18] Z. B. Stevens bei *Giant/Giganten* (USA 1955), *The Greatest Story Ever Told/Die größte Geschichte aller Zeiten* (USA 1964) und Ford bei der Mehrzahl der Filme, die er nach *The Searchers/Der schwarze Falke* (USA 1956) drehte.

* Mischform von Herstellungsleiter und Unternehmer europäischen Typs (nach W. Dadek, „Der gegenwärtige Stand der Filmsoziologie", Köln, 1960).

Summa: Wir haben versucht, die Frage zu beantworten, wie weit der in einer komplexen Produktionsorganisation tätige Filmemacher sich speziellen Nachteilen gegenübersieht. Unsere Antwort lautete: Die Vorteile überwiegen gegenüber den Nachteilen, die ohnehin zumeist nur aus der Sicht einer idealisierenden Auffassung von Kunst und ihres naiven Standpunkts, daß Kunst und Geldverdienen unvereinbar seien, bestehen. Es ist keineswegs sicher, daß es in der komplexen Organisation keine persönliche Verantwortung gibt. Sicher jedoch ist, daß organisatorische Vorteile die Anhebung der mittleren Qualität begünstigten. Angesichts der Herausforderung durch die Konkurrenz des Fernsehens jedoch hat sich die formale Organisation der Filmproduktion überall in der Welt aufgelockert, weitgehend zugunsten der Möglichkeit, höhere Qualität herzustellen und ohne daß sich dies auch nur im geringsten abträglich auf den allgemeinen Standard, auf das Durchschnittsniveau, auswirkte.

II. Die Entwicklung der Filmindustrie

1. Das Anfangsstadium

Für den Historiker ist es angenehm, daß die Anfänge des Films noch klar zutage liegen und seine Frühgeschichte sich rekonstruieren läßt[1]. Die Idee, mit einer schnell ablaufenden Serie von Zeichnungen oder Fotografien ein bewegliches Bild zu erzeugen, scheint mehreren Erfindern in mehreren Ländern etwa um die gleiche Zeit, zwischen 1880 und 1900, gekommen zu sein. So ergibt sich unsere erste Frage, warum diese Erfindung gerade in diesem Stadium der Geschichte des Menschen gemacht wurde. Meiner Meinung nach läßt diese Frage sich nicht beantworten; es geschah eben einfach. Insbesondere lehne ich die marxistische Auffassung ab, daß Erfindungen unter dem Druck ökonomischer Notwendigkeit oder wirtschaftlichen Bedarfs in dem Augenblick gemacht werden, da man sie nutzen kann. Und ebenso lehne ich in diesem Fall die klassische Wirtschaftstheorie ab, nach der die Unternehmerinitiative die Mittel zur Befriedigung vorhandener Bedürfnisse schafft. Im Fall des Films liegen die Dinge eindeutig, so daß zuerst die Erfindung da war, ohne sichtbare kommerzielle Aussichten, – nichts als ein Spielzeug. Erst allmählich begannen sich vage Möglichkeiten abzuzeichnen, wenn man nur ein Publikum gewinnen, eine Nachfrage schaffen könnte. Im Fall des Films rief das Angebot die Nachfrage hervor, – in Übereinstimmung mit einer anderen klassischen Wirtschaftstheorie: dem „Say'schen Gesetz". Gewiß ist auch an den anderen beiden Theorien etwas Wahres daran. Denn verschiedene Erfinder hatten schon während der letzten fünfundzwanzig Jahre des 19. Jahrhunderts fieberhaft an der Konstruktion

[1] Diesem Zweck recht gut gedient haben M. Quigley (1948), C. W. Ceram (1965), G. Hendricks (1951) mit Untersuchungen der Frühgeschichte des Films. Für die amerikanische Filmindustrie sind Terry Ramsaye: *A Million and One Nights*, Lewis Jacob: *Rise of the American Film* und Gertrude Jobes: *Motion Picture Empire* als grundlegend zu bezeichnen. Die dreibändige Arbeit von Manvell und Low erstreckt sich bislang nur über die Zeit bis 1929. Zwei Werke allgemeiner Natur sind Arthur Knight: *The Liveliest Art* sowie P. Rotha u. R. Griffith: *The Film Till Now*, wiewohl die Beurteilungen im letzteren mit Vorsicht zu genießen sind. In der Bibliographie finden sich weitere Arbeiten in englischer Sprache über die Industrien anderer Länder.

einer Kamera gearbeitet, mit der man Bewegung wiedergeben konnte. Das Problem der Wiedergabe von Bewegung (und von Farbe und Ton) „lag in der Luft". Dies mag der Grund sein für die konkurrierenden Prioritätsansprüche von Lumière, Edison, Friese-Grene und anderen. Doch waren nicht Wirtschaft oder Geschichte die treibende Kraft, sondern das Gefühl, diese Erfindung in Reichweite zu wissen. Und das war sie tatsächlich, wiewohl Edisons erster Kinematograph noch das Format eines senkrecht stehenden Kinderklaviers hatte. Natürlich muß in gewissem Sinn die Nachfrage logischerweise dem Angebot vorausgegangen sein. Es muß sozusagen „wirtschaftlicher Raum" für eine Filmindustrie bestanden haben, – genug Menschen mit genügend Mitteln, um eine neue Unterhaltungsindustrie am Leben zu erhalten. Doch die neue Industrie sollte schließlich teilweise auf Kosten älterer Industrien, zum Beispiel des Theaters gedeihen und ihrerseits von einer noch neueren Industrie, dem Fernsehen, geschröpft werden. Es stimmt, – der Markt war offen für eine weitere Expansion, aber in solchem Fall beansprucht der gierige Newcomer darüber hinaus einen Anteil der älteren Industrien am neuen Markt. Tatsache bleibt, daß die Filmindustrie sich ihre Erschaffung wie auch die Nachfrage nach Filmen erkämpfen mußte. Als sie erst einmal existierte, war sie in der Lage, erfolgreich durch niedrige Preise einen Teil der Nachfrage nach Theater und Varieté an sich zu ziehen.

Die Kontroverse, wer den ersten Kinematographen erfunden habe, war ihrem Wesen nach *post-hoc*. Zunächst einmal sah man in dieser Erfindung nichts anderes als eine Neuheit mit sehr begrenztem Nutzungswert und sicherlich nicht den potentiellen Geldbringer großen Stils. Es wird oft behauptet, daß Edisons Vorgehen – er ließ den Kinematographen lediglich für die USA patentieren und nicht auch für andere Länder – darauf schließen lasse, daß er der Erfindung keine kommerzielle Zukunft beimaß. Gewiß wußte zunächst weder er noch irgendein anderer, wie man ihn nutzen könnte. Man filmte ankommende Züge oder Prozessionen oder andere interessante Vorgänge, lediglich weil es sich um Bewegung handelte und – Wunder aller Wunder – man Bewegung wiederzugeben vermochte. Diese Streifen wurden in Varietés und auf Jahrmärkten vorgeführt, als eine Attraktion unter vielen anderen. Aber Mitte der neunziger Jahre begann der Neuheits- und damit der Nutzungswert dieser Filmfragmente rasch zu schwinden. Es schien, als seien Edisons Zweifel an den langfristigen Aussichten dieses Apparats mehr als berechtigt gewesen.

Jedoch kam es nicht zu einem schnellen Ende. Sinkenden Publikumszahlen verstand man abzuhelfen, indem man für Unterhaltung sorgte; Bewegung allein genügte nicht mehr. Eine andere Möglichkeit lag auf der Hand: Aktualitäten zu filmen, einen Brand oder ein Rennen oder einen Boxkampf. Und noch etwas: fremde Völker und exotische Schauplätze zu zeigen. Eine Variante davon bestand in hausgemachten Nachahmungen solcher Szenen, in Schein-Boxkämpfen und ähnlichem mehr. Wenn es gelänge, ständig für Nachschub zu sorgen, könnte man am Ende das Interesse des Publikums wachhalten. Doch auch dies war nicht einfach, da man den Augenblick nutzen mußte. Zumindest aber wurde mit dieser Art Produktion der Grundstein zur Filmindustrie gelegt. Sehr bald bestand die Hauptproduktion in Filmen, die Geschichten erzählten. Alle Arten von Geschichten: fantastische wie George Méliès *Le Voyage dans la Lune,* Frankreich 1902, einfache wie *Rescued by Rover,* England 1905 von Cecil Hepworth, die Geschichte eines Kidnappings, und vor allem abenteuerliche wie *The Great Train Robbery*, USA 1903 von Edwin S. Porter. Diese frühen Filme wurden alle von Halb-Amateuren, von Exzentrikern, oft aber auch von echten Künstlern gemacht und von der Hand in den Mund finanziert. Nach anfänglichem Erfolg führte das Filmemachen Méliès in Frankreich und Cecil Hepworth in England in den finanziellen Ruin. Nur Porter in den USA florierte, obwohl er nicht mehr lange beim Film blieb, nachdem ihn D. W. Griffith als Chefregisseur verdrängt hatte. Männer dieser Art waren es, die den Grundstein der Industrie legten: die Filmherstellung entwickelte sich rasch zu einer Industrie. In der Tat, industriell mußte sie schnell werden aus dem einfachen Grund, weil die Nachfrage, einmal geschaffen, so gut wie unersättlich war.

Der Aufbau der Industrie begann damit, daß man genügend Filme mit Handlung herstellte, um einen häufigen Programmwechsel zu erlauben und entsprechende Einnahmen zu erzielen, die es gestatteten, feste Lokale, später Theater einzurichten. Nachdem man in diese „Kinos" investiert hatte, mußten sie ununterbrochen mit neuen Filmen beliefert werden, um ständig Publikum anzuziehen. Zu diesem Zweck mußten die Amateure den Professionellen weichen beziehungsweise selbst Professionelle werden. Die eine Kamera, eilig zusammengetrommelte Schauspieler und das dürftige Budget, sie genügten nicht mehr. Die Ateliers brauchten fest engagierte, auf Abruf bereitstehende Akteure sowie Kapital zur Finanzierung von Produktionsprogrammen, die sich erst Monate später auszahlen würden. Ständige, dennoch provisorische Gebäude waren erforderlich, in denen man Ausstattung, Ausrüstung und Material unterbringen und aufbewahren konnte. Das bedeutete natürlich, daß Finanz- und Geschäftsleute beteiligt werden mußten. Von den ersten Tagen an war die Filmindustrie eine mit hohen Kosten verbundene Industrie, sowohl in bezug auf die fixen als auch auf die variablen Kosten.

Für Bau und Ausstattung von Filmtheatern, für die Filmherstellung selbst, für die Unterhaltung von Ateliers und Personal, brauchte man Kapital. Von nun an entwikkelte der Film sich in grundlegend anderer Richtung als Theater und Varieté. Letztere waren zwar ebenfalls relativ kostspielige Unternehmen, doch beträchtlich weniger industrialisiert als die Herstellung von Filmen. Diese war mit hohen Produktionskosten verbunden und *mußte* daher industrialisiert werden: die Kinokassen *mußten* gefüllt werden, die Einnahmen *mußten* hereinkommen, da man sie zur Finanzierung des nächsten Jahresprogrammes brauchte. Sie bedurfte weit höherer Beträge und eines anderen Menschenschlages als das Theater. Die Theater waren Kleinbetriebe, jede Produktion wurde einzeln finanziert; ihre Einnahmen bewegten sich in bescheidenem Rahmen. Die Filmateliers waren Großbetriebe; Dutzende von Produktionen wurden gleichzeitig finanziert und die Einnahmen konnten astronomische Ausmaße erreichen[2]. Beim Film

---

[2] Permanente Kassenschlager sind bis dato: *The Sound of Music/Meine Lieder – meine Träume* (USA 1965) mit Einnahmen in Höhe von 120 Millionen Dollar plus 8–10 Millionen Dollar Herstellungskosten; *The Graduate/Die Reifeprüfung* (USA 1967), 78 Millionen Dollar Gesamtinlandseinnahmen (die Auslandseinnahmen erreichen für gewöhnlich die gleiche Höhe); *Gone with the Wind/Vom Winde verweht* (USA 1939) spielte 77,5 Millionen Dollar, Unkosten 4 Millionen Dollar ein. Diese Zahlen wurden der Zeitschrift *Esquire*, Januar 1968, S. 62, und *Weekly Variety*, 20. November 1968, S. 30, entnommen. Schickel (1964) gibt die Gesamteinnahmen von

ging es großzügiger, draufgängerischer, zugleich perfektionistischer zu als beim Theater. Das Schlimmste jedoch war, daß sie Talent besser bezahlten und letztlich mehr Profit machten. Das hat das Theater dem Kino nie verziehen.

2. *Weitere Entwicklungen*

In der Frühzeit wurden Rohfilm, Kameras, Projektoren und Filme von ein und derselben Gesellschaft hergestellt – von den Lumières oder von der Edison Company. Aber bald bildeten sich Firmen, die sich ausschließlich mit der Herstellung von Filmen befaßten und sich die technische Ausrüstung bei den Monopolgesellschaften mieteten. Zur Deckung der Mietkosten für Atelierraum und zur Vorfinanzierung der Produktion sahen sie sich genötigt, Kredit aufzunehmen, und nun hielt das Großkapital seinen Einzug. Die Hauptfinanziers des Filmgewerbes waren und sind noch heute die New Yorker Banken. Einst waren sie lediglich Geldgeber; später zogen Vertreter der Banken in die Aufsichtsräte der Filmgesellschaften. Schließlich, – es war unvermeidlich –, begannen sie in den Betrieb einzugreifen, insbesondere später, als die alte Garde der Filmmagnaten sich als unfähig erwies, den neuen Publikumstrends und dem Aufkommen des Fernsehens Rechnung zu tragen. Als Fallstudie für die Entwicklung kann die Geschichte der Filmgesellschaft Metro-Goldwyn-Mayer (MGM) dienen. Ursprünglich gehörte sie Marcus Loew, Sam Goldwyn und Louis B. Mayer gemeinsam. Ausgang der 40er Jahre scheint in Wahrheit Schenck, ein Freund Loews, der die Gesellschaft schon immer vom „New Yorker Ende" aus kontrolliert hatte, die Macht in Händen gehabt zu haben. Sein Einfluß kommt in Lilian Ross' Buch *Picture,* in dem sie die Herstellung eines Films bei MGM im Jahr 1949 schildert, sehr deutlich zum Ausdruck [3].
Die wirtschaftliche Entwicklung der Filmindustrie, vor allem der englischen und amerikanischen, ist reich dokumentiert. Zuerst bestanden Filmvorführung und Filmherstellung als getrennte Gewerbe. Die erste Konzentration der Industrie ging ausschließlich horizontal vor sich: mit der Entstehung von Kinoketten. Für die Kinobesitzer war es Verschwendung, Kopien von Filmen zu kaufen, die sie vielleicht nur ein paar Tage laufen lassen konnten. Die Ateliers ihrerseits waren gezwungen, Filme zu verkaufen, um ihre nächsten Produktionen finanzieren zu können. Infolgedessen entstand eine dritte Kraft in der Industrie: der Vertrieb oder Verleih, der die Funktion einer Agentur erfüllte. Der Verleih nahm den Ateliers Filme ab und bot sie den Filmtheatern an. So lange die Kinos unabhängigen Eigentümern gehörten, waren sie als unmittelbare Verbindung zwischen Produktionsstätte und Einzelhändler von unschätzbarem Wert. Auch entsprach dies der Spezialisierung im Filmgewerbe. In manchen Ateliers, zum Beispiel bei Mack Sennett, wurden ausschließlich Slapstick-Komödien gedreht. Wollte ein Kino einen Western oder ein Drama ins Programm aufnehmen, mußte es mit dem jeweiligen Atelier direkt verhandeln, wohingegen der Verleiher aus verschiedenen Quellen bezog und

Vom Winde verweht mit 125 Millionen Dollar an, S. 168. *Associated Press* erwähnt im Zusammenhang mit der Stapelung von Kopien des Filmes *Meine Lieder – meine Träume* am 20. November 1969 eine Summe von 112 Millionen Dollar Gesamteinnahmen.

[3] Die vollständige Geschichte von MGM erzählt Bosley Chrowther in seinen hagiographischen Darstellungen *The Lion's Share* (1957) und *Hollywood Rajah* (1960).

eine Vielfalt von Filmen anzubieten hatte. Es war wirtschaftlich logisch: Die Ateliers konnten ihre Filme sofort absetzen, so daß die in fertigen Produktionen gebundenen Mittel für neue Produktionen frei wurden, ohne daß man warten mußte, bis der Film das Geld über die Kinokassen wiedereinspielte.

Der Vertrieb sollte jedoch auf die Herstellung bald eine Menge Einfluß nehmen. Die Verleiher weigerten sich, Filme abzunehmen, von denen sie *glaubten,* daß die Kinos sie nicht zeigen würden. Ebenso wollten die Kinos keine Filme bringen, von denen sie *glaubten,* daß das Publikum kein Geld dafür ausgeben würde. So wurden die Entscheidungen über das, was produziert werden sollte, nicht mehr in unmittelbarer Verbindung mit dem Publikum getroffen: Die Künstler mußten sich nach den *Vermutungen* der Produzenten richten, die Produzenten mußten sich den *Vermutungen* der Verleiher beugen (oder dem, was sie *glaubten,* daß die Verleiher vermuteten), die Verleiher richteten sich nach ihren Vermutungen über die Vermutungen der Kinobesitzer, und die Kinobesitzer richteten sich nach ihren Vermutungen über die Präferenzen des Publikums. Falls sich all dies auf den Geschmack auswirkt und die Vermutungen irrig sind, läßt sich leicht erkennen, wie es dazu kam, daß die breite Skala des Angebots beschnitten wurde, – was in der Tat geschah, zumindest was den Durchschnittsfilm betraf.

Der Verlust an direkter Verbindung zum Publikum war stets einer der Gründe für die Frustration schöpferischer Impulse in der Filmindustrie, doch läßt sich schwer sagen, wie man die Dinge besser organisieren könnte. Keine Gesellschaft ist so reich an Mitteln, daß sie *irgendwem* mit dem Drang zur Filmarbeit ungeprüft die Mittel dazu gewähren kann. Und da Geldmittel nur beschränkt zur Verfügung stehen, müssen zwangsläufig bestimmte Kriterien für die Produktion Geltung erhalten. In kommunistischen Ländern sind es hauptsächlich politische Kriterien. In Polen kam es zur Bildung einer Art Kooperative der Filmemacher, die politisch streng überwacht wird. Sie produzierte eine Reihe von guten Filmen. Dennoch halte ich nicht viel von dem Argument, daß die Mängel im System anderer Filmindustrien auf ihre kapitalistische Machart zurückzuführen seien. Die amerikanische Filmindustrie hat, verglichen mit anderen Ländern, die größte Zahl an guten Filmen produziert – sowohl absolut als auch prozentual. Und auch in anderen Ländern waren die Künstler – Kurosawa, Ichikawa, Ozu, Mizoguchi und Kobayashi in Japan, Clair, Renoir und Meister der Nouvelle Vague in Frankreich, Fellini, Antonioni in Italien – alle in einer kapitalistischen Rahmenstruktur tätig. Es werden so viele Geschichten erzählt (zugegeben – einige davon sind wahr) von potentiellen doch totgeborenen oder verstümmelten Meisterwerken, oder von hervorragenden Leuten, die aufgrund des „Systems" keinen Job finden konnten. Desgleichen wird eine Menge Seemannsgarn gesponnen über den „einen, der durchkam".

Außerdem dauerte es nicht lange, bis die Funktion des Vertriebs in andere Hände überging. Ob sich damit das Problem der „Publikumsferne" verringerte, ist eine andere Frage. Der Vertrieb bekam Schwierigkeiten, sowohl von seiten der Herstellung als auch der Vorführung. Denn die horizontale Integration auf der Ebene Produktion – Theaterketten zog dem Vertrieb den Boden unter den Füßen fort. Je größer die Kinokette, desto ökonomischer war es, selbst den Vertrieb zu übernehmen und unmittelbar mit den Ateliers zu verhandeln. Je weniger Ateliers es gab, desto unterschiedlicher wurde der Umfang ihrer Produktion. Je mächtiger das Kartell der Hersteller – die Motion Picture

Producers Association –, desto nachdrücklicher konnten sie Vertrieb und Kinos zur Kasse bitten. So übernahmen große Herstellungsunternehmen ihren eigenen Vertrieb und die Kinoketten kauften direkt bei den Herstellern ein. Und als schließlich die Produzenten auch Kinoketten zu kaufen begannen, gab es ein großes Geschrei. Doch war diese Entwicklung wirklich nur logisch. Besaß ein Hersteller zugleich Filmtheater, war sein *Markt* garantiert, wenn auch noch nicht der Kunde. Nie mehr würde er auf einer Produktion sitzen bleiben, die keiner haben wollte. Auch hatte er als Eigentümer von Kinos unmittelbare Verbindung zum Publikum; zumindest bestand die Distanz nur noch innerhalb ein und derselben Organisation. Doch sollten gegen das Monopol gerichtete wirtschaftliche Argumente schließlich den Sieg davontragen (vor allem in den 20er und 40er Jahren wurde sie mit den bekannten Anti-Trust-Klagen erfolgreich bekämpft)[4]. Es ist nicht sicher, daß sich dies ausschließlich zum Vorteil auswirkte, da der Kinobesitzer darauf angewiesen war, Filme zu finden, die sein Kino füllten. Aber im Hinblick darauf, daß die eigens dafür geschaffenen Organisationen den Zugang zum Filmgeschäft erheblich beschränken, war die antimonopolistische Entscheidung wohl richtig. Die Stärke der kapitalistischen Produktionsform wird für gewöhnlich darin gesehen, daß sie die Initiative belohnt und der Öffentlichkeit damit die breiteste Auswahl sichert. Die Entstehung monopolistischer Strukturen hemmt den Zugang zum Markt und verringert damit die Auswahl; insofern wirkt das Monopol den Vorzügen entgegen, die der Kapitalismus für den Kinobesucher haben mag.

Die amerikanische Filmindustrie war und ist noch heute das Vorbild für alle anderen nichtstaatlichen Filmindustrien. Sie arbeitet mit so ungeheuren Geldsummen, daß anderswo alle Unternehmungen nur „kleine Fische“ sind. Jedoch ist das Strukturmuster der Filmindustrie in England, Deutschland, Japan usw. weitgehend ebenso. Zur Stummfilmzeit war der internationale Handel mit Filmen so gut wie unbegrenzt. Die durch den 1. Weltkrieg hervorgerufenen Einschränkungen des Handels hatten jedoch zur Folge, daß die amerikanische Filmindustrie – bis zur Einführung des Tonfilms – den Markt beherrschte. Mit einem riesigen Binnenmarkt, auf dem es nicht nur die Kosten hereinholte sondern auch Gewinne erzielte, konnte Hollywood es sich leisten, im Ausland jeden Preis für seine Produkte zu akzeptieren.

Durch den Tonfilm wurden von neuem jene Sprachbarrieren errichtet, die der Stummfilm abgebaut hatte, und so änderte die Lage sich wieder. Doch schon vorher waren im Osten – in Ägypten, China, Indien, Japan – Filmindustrien mit eigenen Traditionen und Stilen entstanden. Mit der Einführung des Tons erhielt diese separate Entwicklung zusätzlich wirtschaftlichen Auftrieb, und vor allem in Ägypten, China und Indien wurde ein Filmstil gepflegt, der sich durch niedrige Kosten, endlose Musik, Folklore und Melodramatik kennzeichnete. Mit ägyptischen Filmen wird die gesamte arabische Welt beliefert, mit indischen Filmen ganz Indien und die indischen Gemeinden überall in der Welt von Kenya bis Birmingham, und die für die Übersee-Chinesen bestimmten Filme in verschiedenen Sprachen werden in Hongkong und Taipeh hergestellt. Die

[4] Aus der umfangreichen Literatur über dieses Thema empfehle ich für die USA: Bertrand (1936, 1941), Huettig (1944), Brady (1947 a 1947 b) und Conant (1960). Für England: Klingender und Legg (1937), Palache (1944), Kelly (1966) und Monopolies Commission (1967).

gesamte Industrie dieser drei Länder widmet sich ausschließlich der Herstellung der gleichen bereits beschriebenen billigen, endlosen Film-Melodramen und auf eine Weise und in einem Umfang, von dem man sich in Hollywood nichts träumen läßt.

Natürlich ist in Ländern mit verstaatlichter Filmindustrie das System von Produktion und Vorführung anders organisiert. Dennoch sind die Unterschiede gar nicht so groß. Auch hier muß immer noch zuerst jemand mit einer Idee kommen, – die entweder aus dem Stegreif entstand oder von einer Kommission ausgebrütet wurde. Weisungen können von oben ergehen: Macht einen Film zum xten Jahrestag der Revolution. Aber in Hollywoods goldenen Jahren war es nicht anders. Bei Überlegungen über die Annahme eines Filmmanuskripts werden seine politischen wie auch finanziellen Aspekte in Rechnung gezogen; doch das gleiche geschieht auch in kapitalistischen Industrien.

In Rußland zum Beispiel gibt es eine große Filmindustrie, die wirtschaftlich etwas einbringen muß. Monopolisierung wird in weit stärkerem Maße geduldet als in den USA, doch nichtsdestoweniger hat sich die Entwicklung der Industrie nach der Nachfrage ausgerichtet. Die politische Liberalisierung trug in Rußland, Polen, Ungarn und der Tschechoslowakei mehr zur Veränderung des Films bei als die Auswirkung des Fernsehens. Allerdings hat der Umstand, daß osteuropäische Qualitätsfilme im Ausland Prestige und Dollars einbringen können, die Position ihrer Schöpfer *im eigenen Land* zweifellos gestärkt. Wirtschaftliche Faktoren werden nirgendwo völlig ignoriert.

Das Fensehen machte dem „Verkäufer-Markt“ der 20er, 30er und 40er Jahre für amerikanische Filme ein Ende. Der Verkäufermarkt ist, wirtschaftlich gesehen, ein Markt, dessen Angebot aufgrund geringer Elastizität langsamer wächst als die Nachfrage, was zur Folge hat, daß der Verkäufer den Markt kontrolliert. Rein preistheoretisch wird der Marktpreis in dem Augenblick stabil, wenn sich Angebot und Nachfrage (theoretisch) entsprechen. Auf dem Filmmarkt sieht das so aus: Ein Produkt, das nicht verändert werden kann, wird zur Begutachtung angeboten; ein für einen Tag gemieteter Film kann normalerweise nicht schneller als über Nacht durch einen anderen ersetzt werden. Die Anzahl der Sitze eines Filmtheaters läßt sich nur über einen Zeitraum von Monaten vergrößern oder verdoppeln. Außerdem ist *dieser* Film mit diesem Star kein vollkommener Ersatz für *jenen* Film, mit jenem Star. Infolgedessen ist das Angebot so weit begrenzt, daß man sagen darf, die Austauschbarkeit des Angebots ist in bestimmten Bereichen des Filmmarkts gering. Indifferenzkurven können für zwei verschiedene Produkte (Film – Fernsehen) gegeben sein (10 Stunden Fernsehen und 2 Stunden Film – 15 Stunden Fernsehen und 0 Stunden Film), sie können bei Filmen aber wegen der geringen Substitutionsmöglichkeiten sogar von Film zu Film variieren.

Bis vor etwa zehn Jahren richtete sich der Preis für einen Kinoplatz nach dem speziellen Theater und nicht nach dem dort laufenden Film. (Erstaufführungstheater in Großstädten, in denen nur neue Filme gezeigt wurden, waren zwar teurer als der Durchschnitt der Filmtheater, doch hing das nicht von dem jeweiligen Film ab.) Der Film begann als billige Unterhaltung, und seine Produktionskosten durften steigen, weil sie durch hohe Gewinne bei niedrigen Preisen gedeckt werden konnten. Es ist schwer zu erklären, warum man durchweg in der Filmbranche trotz des Verkäufermarkts an einer Politik der niedrigen Preise festhielt, es sei denn, wir halten uns den Typ der Menschen vor Augen, die als Anbieter auftraten. Vermutlich hatte sie intuitiv erfaßt, daß der gewohnheitsmäßige Kinobesuch einen Markt schuf, und daß bei Ansteigen der Preise auch der Widerstand des Publikums ansteigen würde. So verfolgten sie eine Politik der niedrigen Preise und führten die Gewohnheit des Kinobesuchs mit Erfolg ein. Es entstand ein großer Markt mit gesichertem Absatz, der mehr oder weniger vor Angriffen geschützt war – bis das Fernsehen auftauchte.

Nun mußte die Preispolitik flexibler werden. Ein Teil der Produkte konnte ganz offensichtlich nicht mehr Ersatz sein für andere: Gewisse besonders aufwendige Filme waren für eine längere Laufzeit zu höheren Preisen bestimmt als das Feld-Wald-und-Wiesen-Produkt. Offiziell wurde vereinbart, daß der Preis für einen Platz sich nicht mehr nach dem Kino, sondern nach dem *Film* richten sollte. Die Kinos mußten weiterhin gefüllt werden, doch nicht mehr mit einem Gewohnheitspublikum. Das Publikum konnte anderswo hingehen, nach Belieben.

Eine Zeitlang, um 1950 herum, fürchtete man, daß die Konkurrenz des Fernsehens dem Film ebenso den Garaus machen würde, wie zuvor der Film dem Varieté. Die Industrie startete hektische Kampagnen unter dem Motto „Gehen wir ins Kino!“, „Der Film ist besser denn je“. Preisverleihungen, Verzahnung von Werbung und Produkt, dreidimensionale und Breitwand-Filme – ein Haufen von Neuerungen wurde ausprobiert, um die Katastrophe abzuwenden. Die Katastrophe indes trat nicht ein, aber nicht dank der Anstrengungen der Industrie, – die notwendige Schrumpfung und Umstrukturierung erfolgte zwangsläufig. Im Nachhinein wird klar, daß sich Fernsehen und Film funktionell nur sehr wenig ins Gehege kommen, – die Dinge, die ein jedes tut, sind recht verschieden. Der Typ ihres Publikums ist jeweils ein anderer und so fort. Die Folge war, daß die Industrie ihre Rolle neu definierte und mit vermehrter Kraft voranschritt.

III. Die gegenwärtige kapitalistische Produktionsstruktur

1. Initiierung und Finanzierung der Produktion

Mein Interesse gilt nicht der wirtschaftlichen Natur der Filmproduktion an sich, sondern der Einwirkung wirtschaftlicher Faktoren auf die Sozialstruktur des Films, insofern Filme für den Verkauf hergestellt werden. Wie in den vergangenen fünfundvierzig Jahren gibt es heute zwei Produktionsstrukturen: die großen Filmstudios und die „Unabhängigen“. Die großen Filmfirmen (-studios) werden als Produktionsgesellschaften nach dem gleichen Prinzip betrieben wie eine Fabrik. Die Situation des unabhängigen Filmproduzenten läßt sich mit der der freien Berufe vergleichen. Die großen Filmgesellschaften besitzen Grund und Boden sowie Gebäude und halten Techniker und Künstler unter Kontrakt. Es liegt daher in ihrem Interesse, diese ganze Produktionskapazität ständig zu nutzen. Das war nur möglich, solange es einen großen Markt gab, der sechs oder sieben solcher Organisationen mit einer Produktion von fünfhundert Filmen pro Jahr in Gang halten konnte (Tab. 1).

Im Amerika der 20er, 30er und 40er Jahre unseres Jahrhunderts war das der Fall. Zudem hielten Talentmonopol und Effizienz der großen Filmstudios die Unabhängi-

Tabelle 1 Spielfilmproduktion in Hollywoods Glanzzeit

	Ges.-kosten	Paramount	Loew's	Fox	Warner	RKO	Columbia	Universal	UA	andere
1930–31	510	58	43	48	69	32	27	22	13	198
1931–32	490	56	40	46	56	48	31	32	14	167
1932–33	510	51	37	41	53	45	36	28	16	203
1933–34	480	55	44	46	63	40	44	38	20	130
1934–35	520	44	42	40	51	40	39	39	19	206
1935–36	517	50	43	52	58	43	36	27	17	191
1936–37	535	41	40	52	58	39	38	40	19	208
1937–38	450	40	41	49	52	41	39	45	16	127
1938–39	526	58	51	56	54	49	54	45	18	141

Quelle: United States v. Paramount Pictures Inc., et al., Civil Action no. 87–273 in The District Court of The United States for the Southern District of New York, amended and supplemental complaint, 14. November 1940.

gen wirksam in Schach. Diese produzierten eine Menge Filme („andere" in Tab. 1), doch meist nur solche der B-Kategorie, billige Western und Reihenfilme. Die wenigen, die dennoch gediehen, Goldwyn und De Mille bei Paramount, Disney bei RKO, Stanley Kramer bei Columbia sahen sich mehr oder weniger genötigt, sich dem Apparat anzupassen, um Finanzierung und Vertrieb ihrer Arbeit zu sichern. Aber als durch die mächtige Wirkung des Fernsehens in den 50er Jahren das Publikum schrumpfte, arbeiteten die Großunternehmen mit Verlust: Republic, Allied Artists, Monogram, United Artists als erste, später auch RKO. Die RKO verschwand von der Bildfläche, während die UA in ihre ursprüngliche Form zurückverwandelt wurde: in eine Dachorganisation für Unabhängige mit so gut wie keinen eigenen Unkosten (d. h. keinen Ateliers nebst Einrichtungen), so daß sie nur noch Distributionsorganisation war. MGM und Fox wackelten, ebenso Columbia. Die Universal brach beinahe zusammen, wurde aber zu neuem Leben erweckt. Diese Gesellschaften haben bis heute überlebt, aber ihre Ateliers sind entweder an das Fernsehen oder an Entwicklungsunternehmen verkauft oder sie werden für die meiste Zeit an unabhängige Filmproduzenten oder ans Fernsehen vermietet. Ausschließlich Warner Brothers scheinen mehr oder weniger ungeschoren davongekommen zu sein.

Die Reorganisation der United Artists markierte den Wiederaufstieg der Unabhängigen wie Hecht-Hill-Lancaster, Batjak, die Mirisch Brothers (heute Gesellschaft) und andere. Es waren Männer von außerhalb Hollywoods, wie Martin Ransonoff oder Ross Hunter oder Joseph E. Levine, Männer, die die Begabung oder die Nase zum Aufspüren von Talent und von Geld hatten, oder es waren Schauspieler, die sich als Produzenten versuchen wollten oder Leute, die früher in großen Filmstudios tätig gewesen waren. Fraglos ist es zum Teil auf diese Erneuerung des Personals, auf die Vermehrung der Vielfalt und damit der Auswahl (gute, alte kapitalistische Tugenden) zurückzuführen, daß wir heute bessere und verschiedenartigere Filme aus Hollywood zu sehen bekommen.

Der Produktionsanlauf geht heute so vor sich[1]: Die Schlüsselposition hat der Produzent inne. Für gewöhnlich initiiert er den Film. Er kauft entweder ein fertiges Drehbuch oder ein Buch oder Manuskript, das andere für ihn lesen. Aufgrund der Bewertung durch den Dramaturgen oder andere Leser läßt er provisorische Kostenvoranschläge vornehmen, und scheint das Ergebnis vielversprechend zu sein, bietet er den Stoff den Geldleuten an – entweder über die Drähte der Filmgesellschaft, in der er tätig ist, oder über eigene Drähte. Produzenten, die im Geruch des Goldes stehen, werden unschwer die Billigung plausibler Projekte erlangen; wer sich keiner Hits aus jüngster Zeit rühmen kann, wird Mühe haben, bei den richtigen Leuten ein offenes Ohr zu finden.

Wer sind nun die „richtigen" Leute? Die Bankeinlagen, aus denen die Lohnkosten des Films bestritten werden, streckt . . . eine Bank vor, wer sonst? Doch Banken gewähren Darlehen nur gegen Sicherheit oder Deckung, wie A. H. Howe (1965) in seiner maßgeblichen und faszinierenden Arbeit betont. Bei der Berechnung der Sicherheit gingen die Banken in den vergangenen zwölf Jahren von der Voraussetzung aus, daß die Filme sich auszahlen und die vollen Kosten wiedereinspielen würden. Sicherheit für das Darlehen bietet für gewöhnlich der „Verkauf" des Projektes an einem Vertrieb oder Verleih, der sich bereit erklärt, nach Fertigstellung des Films eine bestimmte Summe auszuzahlen. In solchen Fällen verlangt die Bank noch einen Bürgen, der die Fertigstellung des Films garantiert und zusätzlich Bargeld locker macht, falls die Kosten des Projektes das Budget überschreiten sollten. Diese Art von Geschäft ist indes äußerst riskant – keine der amerikanischen Firmen, die sich darauf spezialisierten, hatte bislang damit Glück. Die meisten der erfolgreichen „Schluß-Geld"-Garantiefirmen operieren von London aus. Wie riskant solche Garantien sind, verdeutlicht der Film *Cleopatra/Cleopatra* (USA 1962), dessen Kosten auf 5 Millionen Dollar veranschlagt worden waren und schließlich auf 37 oder 42 Millionen Dollar anstiegen (siehe Walter Wanger (1963), Jack Brodsky und Nathan Weiss (1964). Die Verleihgarantie heißt in England „front money"; sie wird zum Teil vom Staat, zum Teil auch von Privatleuten vorgestreckt. Das zusätzliche Geld für die Fertigstellung wird als „end money" bezeichnet; bisweilen wird dieses „end money" noch in „front end" und in „the end" des „end money" unterteilt.

Der Produzent ist manchmal zugleich Drehbuchautor oder Regisseur oder Star, meist jedoch nur Produzent. Ist das Projekt einmal finanziert, kann der Produzent den Regisseur und die Stars engagieren und ein Aufnahmeatelier mieten. Bei dem früheren Fabrik-System wurde arbeitsteilig vorgegangen. Der Produzent (oder dessen Chef) bestimmte, wer engagiert und wer gefeuert wurde und hatte das letzte Wort, auch bei künstlerischen Entscheidungen (wie Schnitt und Montage oder Neuaufnahmen bestimmter Szenen). Es kam vor, daß berühmte Regisseure wie Welles, Huston und Peckinpah ihren Namen von Filmen zurückzogen, die sie gedreht hatten *(Journey into Fear/Reise ins Land der Furcht* (USA 1943), *The Red Badge of Courage/Die rote Tapferkeitsmedaille* (USA 1951), *Major Dundee/Sierra Charriba* (USA 1964), weil Produzent und/oder Management nachträglich hineingepfuscht hatten. Diese rigorose Form der Kon-

---

1 Viele Schilderungen in Hortense Powdermaker's Buch (1950) treffen heute noch zu, obwohl ihre scharfe Kritik an den Untugenden der großen Filmgesellschaften heute weitgehend überholt ist.

trolle mag der Grund dafür sein, daß die amerikanischen B-Filme eine gewisse Homogenität, die amerikanischen A-Filme so hohe technische Perfektion aufweisen. Doch seit dem Niedergang der großen Filmstudios mit ihren Kurz- und B-Film-Abteilungen (gute Übungsmöglichkeiten), hat sich die Situation heute außerordentlich kompliziert. Alfred Hitchcock und Billy Wilder zum Beispiel überwachen und genehmigen selbst jedes Detail ihrer Filme, vom Drehbuch bis zur Montage. George Cukor, John Ford, Vincente Minnelli dagegen übernehmen das Drehbuch, drehen den Film und überlassen alles andere dann ihren Vorgesetzten. Heute genießen Regisseure, wenn sie einen Namen haben, innerhalb der kapitalistischen industriellen Struktur mehr Freiheit denn je. Antonioni und Fellini (Italien), Preminger und Wilder (USA), Godard und Renoir (Frankreich) machen ihre Filme nach eigenem Gutdünken und geben sie frei, wenn es ihnen beliebt. Natürlich sind auch sie finanziellen und anderen Erwägungen zugänglich, – doch ist das bei jedem Filmemacher, jedem Künstler, ja, jedem Menschen der Fall. Beugen sie sich diesen Erwägungen, so geschieht es nach eigenem Entschluß. Was indes nicht heißt, daß die von Tony Richardson geschilderte Situation (S. 30) typisch ist. Wenn man Regisseure wie Lee Thompson, Philip Leacock oder Tony Richardson nach Hollywood engagiert, erwartete man fraglos den Beweis, daß sie Disziplin zu üben und Geld einzubringen verstehen, ehe man ihnen völlige Freiheit gewährt. Richardson hatte das freilich in England bereits durchexerziert.

Ob ein Produzent erreicht, daß sein Projekt genehmigt beziehungsweise finanziert wird, hängt von einer ganzen Reihe von Faktoren ab; einige davon sind so unberechenbar wie die Laune dessen, an den er sich wendet, wer es auch immer sein mag. Handelt es sich jedoch um ein großes Filmstudio mit einer Vielzahl von vertraglich engagiertem technischem und künstlerischem Personal, wird im allgemeinen das Buch entscheiden. Hält man die Story für geeignet, einen Film daraus zu machen, wie ihn viele Leute gern sehen, wird auch der Film gemacht. Indes, wieviel Geld man für das Projekt herausholen kann, hängt davon ab, wieviele Menschen den Film sehen werden wollen, – obwohl bei den großen Filmgesellschaften die Budgets relativ gleichbleibend sind und der Unterschied hauptsächlich darin besteht, ob es sich um einen A- oder um einen B-Film handelt. Bei Unabhängigen reicht das Drehbuch allein nicht zur Entscheidung über die Finanzierung aus. Natürlich wird auch der Unabhängige aufgrund des Drehbuchs Interesse für ein Projekt erwecken können; entscheidend ist dann aber, welche Stars welche Rollen übernehmen und wer die Regie führt. Ich vermute, daß Richard Brooks niemals die Mittel für seinen Film *Lord Jim/Lord Jim* (USA 1964) bekommen haben würde – der durchfiel, wie vorauszusehen war, – wenn er nicht Stars wie Peter O'Toole, James Mason, Jack Hawkins und Eli Wallach hätte anheuern können.

Dieses System, nach dem man für ein Projekt nicht nur durch das Skript, sondern auch durch Stars und Regisseur Interesse erwecken möchte, nennt man „*packaging*". Häufig wird eine Gesellschaft nur für die Herstellung eines einzigen Films gebildet; Produzent, Drehbuchautor, Regisseur und Stars sind an ihr beteiligt, beziehen aber darüber hinaus auch Gehalt beziehungsweise Gage. Ein Faktor, der sich in Hollywoods Glanzzeit nachteilig für die Unabhängigen auswirkte, war der Umstand, daß die sogenannten „Kassenmagneten" bei den großen Filmstudios unter Vertrag standen, die sie für von anderen produzierte Filme nicht freigeben wollten, es sei denn auf der Basis eines *quid pro quo*.

Infolgedessen konnte der potentielle Unabhängige, mochte seine Filmidee noch so gut sein, selten die notwendigen Mittel zur Finanzierung auftreiben, wenn er sich nicht mehr oder weniger mit einer großen Filmgesellschaft zusammentat und sich deren vertraglich verpflichteter Künstler und finanzieller Mittel bediente, – wobei er zu gewissem Grad auf Unabhängigkeit verzichten mußte. Gewitzte Unabhängige schlossen mit potentiellen Stars auf eigene Kappe einen Vertrag ab, um bei dem *quid pro quo* etwas zum Aushandeln zu haben.

Vorausgesetzt also, daß er Geld hat, engagiert der Produzent ein komplettes Produktionsteam, mietet Aufnahmeateliers und beginnt mit der Rollenbesetzung. Hollywood ist weitgehend gewerkschaftlich organisiert, und so sieht der Produzent sich genötigt, die Kosten für das gewerkschaftlich festgesetzte Minimum an technischem Personal für bestimmte Aufgaben aufzubringen. Versuche, diese Bestimmungen zu umgehen, führen lediglich zum Boykott oder haben Sanktionen gegen seine Produktion zur Folge. Außerdem gehört das beruflich tüchtigste Personal in der Mehrzahl der Gewerkschaft an. Jüngst ist man in Amerika dieser Situation ausgewichen, indem man die Filme in Europa oder einfach in New York drehte, wo andere Gewerkschaftsbestimmungen gelten.

Ausschlaggebend für die gesamte Produktion ist die Wahl des Regisseurs. Der Regisseur kann selbst Produzent sein (z. B. Brooks, Hitchcock, Wilder), oder er hat das Drehbuch verfaßt und ist von Beginn an am Entstehen des Films beteiligt, oder er kann erst als Letzter, wenn das Drehbuch steht, die Rollen besetzt und der technische Stab zusammengestellt ist, hinzugezogen werden. Je nach Persönlichkeit und Stil läßt der Produzent dem Personal freie Hand und kontrolliert bei fortschreitender Arbeit lediglich das Budget. Oder er kümmert sich um jede Kleinigkeit, taucht alle Augenblicke im Atelier auf, beguckt sich die „rushes" (Vorführung der am Tage gedrehten [und entwickelten] Filmszenen) und erteilt zu allem und jedem ungebeten seinen Rat. Es läßt sich unschwer denken, wie Professionelle und Spezialisten auf solches Verhalten reagieren; obwohl man es oft mit Humor nahm, wie die berühmte Geschichte beweist, nach der Sam Goldwyn, Produzent des Filmes *The Best Years of Our Lives/Die besten Jahre unseres Lebens* (USA 1946, Regie William Wyler) gefaucht haben soll: „Den Film habe ich gemacht. Wyler hat nur Regie geführt."

Wenn man nicht ins Detail gehen will, bleibt über die Finanzierung als solche nicht viel zu sagen. Für gewöhnlich geht es dabei nicht viel anders zu als bei anderen Industrie- und Handelsunternehmen. Zur Zeit der großen Filmstudios hing die Finanzierung künftiger oder bereits laufender Projekte von den im Geschäftsjahr erzielten Gesamtgewinnen ab, und über die Verteilung der Mittel auf die einzelnen Vorhaben der Jahresproduktion entschied die Gesellschaft intern. Mit der Fragmentierung der Produktion änderte sich die Finanzierung; sie ähnelt nun eher der Lancierung einer Broadway-Inszenierung oder gar einer neuen Gesellschaft. Die zur Herstellung eines Films gegründeten Produktionsgesellschaften sind Privatunternehmen und geben keine Aktien aus etc. Howe weist nachdrücklich darauf hin, daß die Banken die Filmindustrie nicht kontrollieren und nur dann intervenieren, wenn eine Gesellschaft zahlungsunfähig wird. Jedoch gibt es natürlich auch Geldinstitute, die sich auf die Finanzierung von Filmen spezialisieren und genau wissen, welche Garantien welcher Verleihfirmen absolut zuverlässig sind, oder welche der Unabhängigen ihre Erfolgseignung bereits unter Beweis stellten. So wie Finanzierung überall auf verschlungenen Pfaden vor sich geht, folgt auch die Filmfinanzierung eigenen Wegen, hat ihre Gepflogenheiten und urteilt nach bestimmten Qualifikationen. Sie geht nicht in undurchdringlichem Dunkel vor sich, steht aber ebensowenig dem Einblick aller Welt offen. Obwohl stets betont wird, wie riskant das Geschäft sei, werden interessanterweise noch heute Filme in großer Zahl produziert, – ein *prima facie* Beweis für das Funktionieren des Systems. Das heißt: dem, der seine Komplikationen meistert, bringt es beträchtliche Gewinne ein. In seiner Studie über J. Arthur Rank, der über 4 Millionen Pfund Schulden hatte und dennoch immer wieder Geldgeber fand, gelangt Alan Wood (1952) zu der amüsanten Feststellung, daß große Schulden besser sind als kleine, da die Hintermänner, wenn sie ihr Geld jemals wiedersehen wollen, genötigt seien, so lange weiterzuhelfen, bis die Rentabilität wieder hergestellt ist.

2. *Kontrolle und Verantwortung*

Im Aufnahmeatelier hat der Regisseur zu bestimmen: Er entscheidet, was auf den Filmstreifen kommt. Er placiert die Kamera, kontrolliert die Schauspieler (soweit er kann) und ihm steht zu, die Akzente zu setzen[2]; wenn der Produzent eingreifen will, kann er es nur über den Regisseur (oder er wirft ihn hinaus). Ein renommierter Regisseur darf verlangen, daß man ihn von Anfang an bei allem, was den Film betrifft, hinzuzieht und ebenso daß er dabei bleibt, bis die Verleihkopie für die Öffentlichkeit freigegeben wird. Für gewöhnlich überwacht er Schnitt und Montage des entwickelten Films (dessen Szenen natürlich nicht in der später auf der Leinwand erscheinenden Reihenfolge aufgenommen werden). In diesem Stadium wird er in der Lage sein zu bestimmen, wo nach seiner Meinung Nahaufnahmen einzublenden sind, in welchem Schnittrhythmus die Sequenzen einander folgen sollen und so weiter. Dann muß noch die Arbeit des sogenannten *fine cutting* – die endgültige Auswahl der entfallenden Szenen – vorgenommen sowie über Musik und Tonschnitt entschieden werden. Im Endstadium gibt für gewöhnlich der Produzent den Ausschlag. Er bestimmt – aufgrund der Zuschauerreaktionen bei den Probevorführungen (und vielleicht auch unter Druck des Managements) – welche Änderungen zu guter Letzt vorzunehmen sind.

Für den Regisseur beruht der besondere Vorzug des unabhängigen Produzierens auf dem Umstand, daß er als Teil des „Pakets“ vom Produzenten von vornherein an Finanziers und Vertrieb mitverkauft wird, was ihn in den Stand setzt, sich schon frühzeitig intensiv mit dem Projekt zu befassen sowie die Frage zu klären, wie weit er im Endstadium noch Einfluß nehmen kann. Ist der Regisseur nicht bei einer großen Filmgesellschaft fest engagiert, hat er die Möglichkeit, sich entweder mit einem Produzenten zusammenzuschließen, mit dem er völlig übereinstimmt und mit dem er arbeiten kann, oder äußerstenfalls selbst die Produktion in die Hand zu nehmen.

Ist der Film fertig, wird er den Verleihern vorgeführt, die ihn – hoffentlich – gut-

---

[1] Natürlich kann man beim Filmen ein Drehbuch auf die eine oder die andere Weise interpretieren, den einen oder den anderen Star hervorheben usw.

heißen. Dann wird eine entsprechende Anzahl von Kopien hergestellt, und die Publicity-Leute des Ateliers erhalten Signal, rechtzeitig vor der Erstaufführung aktiv zu werden.

So ergibt sich das Bild einer hochgradig arbeitsteiligen Industrie, die de facto nur einen Koordinator hat: den Produzenten. Dies ist der Grund dafür, daß ehrgeizige und erfolgreiche Schauspieler, Autoren und Regisseure darauf aus sind, selbst die Produktion ihres Werkes zu leiten. Nur so können sie das Maß an Kontrolle gewinnen, das sie sich wünschen.

Der Soziologe analysiert das Handeln eines Menschen im Blick auf dessen *Ziele*, *Kenntnisse* und *Meinungen* sowie auf seine *reale soziale und physische Situation* (Jarvie 1969 c). Wir sollten nun einmal versuchen, im Rahmen der Herstellung eines Films nach dieser analytischen Methode vorzugehen. Zunächst einmal untersuchen wir das *Ziel*. Wie schon erwähnt, interessieren wir uns hier nicht allein für die Rolle des Regisseurs, der für den Film entscheidenden schöpferischen Person, sondern wir befassen uns auch mit der Rolle des Produzenten, der Rolle der Bankiers, der Rollen von Autoren, Kameraleuten, Stars und so weiter. Hiermit – da wir uns nicht allein für den Regisseur interessieren – werden wir möglicherweise die Highbrows unter den Rezensenten enttäuschen. *Die Ziele des Produzenten mögen sich von den Zielen des Regisseurs unterscheiden, die wiederum von den Zielen des Autors, den Zielen der Kameramänner und vor allem den Zielen der Stars divergieren.* Ziel des *Produzenten* ist, mit einem „guten" Film Geld zu machen. Natürlich wird so mancher Produzent ausschließlich ans Geldmachen denken, dabei jedoch einräumen, daß die Einhaltung eines gewissen technisch-professionellen Standards notwendig ist, wenn ein Film Erfolg haben soll. Die *Kenntnisse* eines Produzenten werden sich auf die Techniken der Filmherstellung erstrecken, während er über manches andere seine bestimmten Meinungen hat, so auch in bezug auf den in seiner Umwelt herrschenden wirtschaftlichen und sozialen Druck.

Doch dem Handeln des Produzenten, das von seinen Zielen, Kenntnissen und Meinungen bestimmt wird, sind durch die Umstände Grenzen gesetzt, – unter anderem durch sich ergebende Zielkonflikte. Beispiele für solche Zielkonflikte zwischen Regisseur und Produzent sind die bekannten Fälle, in denen Produzenten ganze Filme ummontieren oder gar Szenen neu aufnehmen ließen, und es versteht sich, daß der Regisseur bei solchen Auseinandersetzungen nur selten den Sieg davonträgt. Auch die erheiternden Anekdoten von Stars, die nur aus bestimmten Kameraperspektiven aufgenommen werden wollen oder nur Rollen von einer bestimmten Länge – keinesfalls kürzer – beanspruchen, spiegeln Zielkonflikte zwischen Star, Produzenten und Regisseur wider. Im allgemeinen ist der Star mehr an einer dominierenden Rolle interessiert als an dem betreffenden Film als solchem; bei allen anderen Partizipienten ist dies weniger, doch niemals überhaupt nicht der Fall. Und warum auch nicht? Die Menschen müssen beim Film genauso an ihre Karriere denken wie anderswo. Eitelkeit und Status spielen in den Kalkulationen der Stars eine große Rolle, weit mehr als bei anderen. Eine Arbeitsgruppe wird dann ideal sein, wenn ihre Mitglieder alle an einem Strang ziehen: um einen guten Film zu machen, der zugleich auch Geld einspielt. Doch die Umstände sind nie ideal, und die Ziele decken sich niemals restlos.

Neben den aus der Divergenz der Ziele herrührenden Zielkonflikten kann es auch solche geben, die durch ein unterschiedliches Maß an Kenntnissen oder durch unterschiedliche Meinungen, vor allem im Blick auf das Publikum, bedingt sind. In dieser Hinsicht ist das Buch *Picture* (1951) von Lillian Ross aufschlußreich. An den guten Absichten der Produzenten Gottfried Reinhart und Dore Shary dürfte kaum zu zweifeln sein. Dennoch waren sie aufrichtig der Meinung, daß es dem Film *The Red Badge of Courage* so wie ihn der Regisseur John Huston gemacht hatte, an Dramatik fehle, daß er zu lang sei und das Publikum langweilen werde. Sie änderten nur so viel, als sie es des Erfolges wegen für unerläßlich hielten. Hierüber wird sich nun der Künstler entrüsten. Doch ein Film ist ein kostspieliges Unternehmen, und ich sehe nicht ein, inwiefern Produzenten zu tadeln sein sollen, wenn sie auf diese Weise Verantwortungsgefühl zeigen. Wir können heute nicht mehr feststellen, ob dieser Film in seiner ursprünglichen Form, wie ihn Huston realisiert hatte, gut oder schlecht war. Sicherlich waren die dürftigen Reaktionen auf die Test-Vorführungen beredt genug, und wiewohl jemand den Vorschlag machte, den Film auf Verkaufs-Tournee zu schicken, war die Filmindustrie doch zu selbstbewußt, um es zu versuchen. Die Verstümmelung dieses Films war die unbeabsichtigte Folge der Situtation und der divergierenden Ziele.

Autoren werden den Wunsch haben, Dinge verwirklicht zu sehen, die nicht zu verwirklichen sind; Produzenten werden meinen, sie kämen mit gewissen Dingen, die die Regisseure wünschen, nicht durch. Und schließlich befinden sie sich alle natürlich jeweils in einer anderen Situation. Der Produzent steht unter anderem Druck als der Regisseur, der sich wiederum einem anderen Druck ausgesetzt sieht als der Star. Eines kann jedoch festgestellt werden: Indem sie nicht einmal eine einzige Kopie des Hustonschen Originals ins Archiv tat, bewies die Filmgesellschaft ihre Mißachtung des Künstlers, andererseits, indem er nicht darauf beharrte, seinen Film zu betreuen und beim endgültigen Schnitt ein Wort mitzureden, und indem er sich keine eigene Kopie für sich selbst beschaffte (wie ander Regisseure es zu tun pflegen), bewies Huston Lässigkeit.

In der Glanzzeit der großen Filmateliers sahen Autor und Regisseur sich zu reinen Technikern degradiert; sie wurden umherkommandiert wie alle anderen. Diese Situation war eine Folge des Verkäufermarktes. Die Ateliers hatten keinerlei Schwierigkeiten, Arbeitskräfte zu bekommen; ihr Personal wurde gut bezahlt, und so fühlten sie sich zu ihrem Anspruch auf Kontrolle der künstlerischen Temperamente und Egos berechtigt. Ferner muß hinzugefügt werden, daß eine heimliche Schlacht um Preise und Ehrungen im Gange war: Die Produzenten hielten sie für entscheidend, desgleichen die Regisseure. Bemerkenswert ist, daß die Academy Awards einen Preis für den besten Film vorsehen, der an den Produzenten verliehen wird, und daneben einen für die beste Regie. In Frankreich hingegen ist es üblich, das Verdienst des Regisseurs mit den schlichten Worten „un film de . . .“ hervorzuheben.

Der gleichzeitige Anspruch zweier Anwärter auf Auszeichnungen sowie der Umstand, daß die Manager für gewöhnlich ehemalige Produzenten waren, schuf den Nährboden für einen betonten Anti-Intellektualismus. Nach Ansicht von Leo Rosten (1941) richtete er sich insbesondere gegen die Autoren, und hierin stimmt Hortense Powdermaker (1950) mit ihm überein. Orson Welles, in den Augen Hollywoods ein Wunderkind, wurde als Autor und Regisseur wahrscheinlich Opfer dieser Antistimmung. Nachdem man ihm in Hollywood den roten Teppich ausgerollt hatte, machte er einige hervorragende und phantasievolle Filme, die jedoch ein Verlustgeschäft wurden. Die Großmogule hatten später ein solches Mißtrauen gegen ihn, daß sie anscheinend seine Filme in einer Weise beschnitten, als täten sie's um des Schneidens willen – und ohne rechte Vorstellung davon, ob durch ihr Hineinpfuschen dem Film wirklich mehr Erfolg beschieden sein würde.

Hortense Powdermaker entrüstet sich in ihrem Buch *Hollywood, The Dream Factory* (1950) verständlicherweise über die Dummheit und Sturheit derer, die im System Macht haben und sie dazu benutzen, anständige, aufrichtige, seriöse und wirklich begabte Menschen zu Kompromissen zu zwingen. Nun haben diese anständigen begabten Menschen offensichtlich ebenfalls Machtpositionen inne, – sonst brauchte man sie nicht unter Druck zu setzen, damit sie Konzessionen machen. Worauf beruht nun ihre Macht? Auf ihrem Vertrag sowie auf ihrem Talent zur Ausführung wichtiger Aufgaben. Ist die Divergenz der Ziele wirklich so enorm? In der Tat spielt H. Powdermaker auf den Konflikt zwischen künstlerischen und kommerziellen Notwendigkeiten an: Doch steht ihr das insofern nicht zu, als sie betont, daß gut gemachte Filme (oder was sie dafür hält) recht gut aufgenommen werden. So verfällt auch sie dieser seltsamen Auffassung, daß die Filmindustrie irgendwie unter die Herrschaft von Idioten und Proleten, Grobianen und Antiintellektuellen geraten sei. Zweifellos ist sie das in der Tat, aber das erklärt noch nicht, warum diese Leute so handeln, wie sie es tun. Sie sind Dummköpfe und halten sich für unfehlbare Götter. Doch auch dies bedarf der Erklärung: Wie kommt es, daß sie so aufgeblasen sind? Die Antwort muß lauten: es liegt im System. Die Mängel des Systems rühren nach meiner Meinung aus der grundsätzlichen Spannung zwischen dem wirtschaftlichen Druck (das Angebot durch eine fabrikmäßige Arbeitsteilung steigern zu müssen), und dem von den Künstlern ausgeübten Druck, – die auf alle Stadien der Herstellung Einfluß nehmen wollen. Drehbuchverfasser, Regisseur, Cutter sahen sich in ihrer Funktion rücksichtslos beschnitten. Sie wurden zur Nummer, weil die industrielle Produktion rationalisiert und gesteigert werden mußte. Nur sehr langsam begriff die Industrie, daß das System, wenn der Markt kein Verkäufermarkt mehr ist und große Anstrengungen notwendig macht, modifiziert werden kann. Der Aufstieg des Produzenten, der zugleich Autor oder Regisseur oder Schauspieler ist, hat bewiesen, daß Künstler in Schlüsselpositionen ihre erweiterte Macht und Verantwortung intelligent und gewinnbringend zu nutzen verstehen. Natürlich überzeugten sie auch die Banken. Die Steigerung der unabhängigen Produktion war also eine weise Reaktion auf die Herausforderung durch das Fernsehen – eine Herausforderung, die den Filmmarkt zugleich beschränkte und konkurrenzfähiger machte.

Der Göttlichkeitswahn der Produzenten war zweifellos die Folge von Schmeichler- und Sykophantentum und wurde in der Glanzzeit des Systems durch die enormen Profite noch besonders genährt. In gewisser Weise konnten diese Manager kaum etwas falsch machen: alles in allem brachten Filme und Studios eine Unmenge Geld ein. Da die Untergebenen an der Futterkrippe bleiben wollten, bürgerten sich Kriecherei und Speichelleckerei ein. Diese zahlen sich aus, bringen aber auch Nachteile mit sich: zum einen geringe Gegenliebe, zum anderen Verachtung von seiten derer, die die Sache von draußen sehen.

Lassen wir nun die Absonderlichkeiten des Systems beiseite und werfen wir einen Blick auf die Elemente, die eine gute Leistung ausmachen. Wir wollen versuchen, die jeweilige reale Situation der folgenden Schlüsselfiguren, von Produzent, Regisseur, Drehbuchautor, Hauptdarsteller, Komponist, und der technischen Leiter – des fotografischen Leiters, des Cutters und des Tonmeisters – zu vergleichen. Der Produzent muß vor allem seine Geldgeber zufriedenstellen. Das heißt, der Film soll termingerecht fertig werden (1 P), darf das Budget nicht überschreiten (2 P) und soll einen beträchtlichen Gewinn einspielen (3 P). Produzenten pflegen ihre Eigenheiten und ihre besonderen Vorlieben zu haben; ist aber die Filmarbeit erst einmal im Gang, sind es diese drei Faktoren seiner Situation, nach denen seine Leistung beurteilt wird. Beim Regisseur liegen die Dinge etwas anders. Natürlich muß auch er den Termin einhalten (1 R), darüber hinaus Schauspieler und Personal bei guter Laune halten (2 R) und den Film so gestalten, daß er Gewinn bringt (3 R). Meist wird der Regisseur vor allem darauf bedacht sein, einen erstklassigen Film zu machen (4 R), der seine Meisterschaft in der Führung der Handlung und der Schauspieler, im Rhythmus des Schnitts und so weiter unter Beweis stellt, da seine künftigen Aufgaben fast ebenso hiervon abhängen wie von der nackten Gewinn- und Verlustrechnung.

Der Autor erhält für seine Arbeit für gewöhnlich ein Pauschalhonorar. Wenn jedoch seine Filme ständig dem Produzenten-Faktor 3 P Rechnung tragen, d. h. Geld einbringen, wird sein Prestige steigen (1 A). Sind seine Filmhandlungen überzeugend, seine Drehbücher gut gemacht (2 A), hilft er dem Regisseur bei Faktor 2 R wie auch bei Faktor 3 R, was weiterhin zu seinem Prestige beiträgt. Doch ist die unwägbare öffentliche Meinung des professionellen Hollywood in bezug auf sein Format (3 A) für ihn ebenso wichtig, wie sein Ansehen bei ebenbürtigen Kollegen, – bei anderen Autoren (4 A).

Bei Hauptdarsteller oder -darstellerin beruhen die Leistungskriterien offensichtlich weniger auf ihrer Arbeit in einem bestimmten Flm. Fällt ein Film durch, was bisweilen auch bei Besetzung mit Spitzenstars vorkommt, wird der bekannte Star üblicherweise nicht verantwortlich gemacht. Natürlich ist er als Kassenmagnet (1 S) von unschätzbarem Wert für 3 P und 3 R, desgleichen sein professionelles Ansehen (2 S). Doch ein Star ist außerhalb der Filmateliers einer breiten Öffentlichkeit bekannt, – einem Publikum, das nicht unbedingt über die Gewinn- und Verlustrechnung des einzelnen Films im Bild ist. Das Image des Stars, seine Popularität im weitesten Sinn (3 S) sowie seine menschlichen Eigenschaften bestimmen die Entscheidungen von Produzent und Regisseur fast mehr als alles andere. Persönliche Eigenheiten spielen auch dabei mit: Larry Parks weigerte sich, je wieder in einem Film ein Gewehr in die Hand zu nehmen; Doris Day hält eisern an der Verkörperung einer bestimmten Solidität in ihren Filmen fest, während Audrey Hepburn stets Modelle von Givenchy tragen will.

Filmtechniker von Rang werden mehr oder weniger nicht nach der Rentabilität des Films gewürdigt; was bei ihnen zählt, ist die Beurteilung durch ihre Kollegen (1 T), durch Produzent, Regisseur und Schauspieler (2 T). Ihre Fähigkeiten sind esoterischer, rein professioneller Natur, so daß ihre unmittelbare Wirkung auf die Kinokasse keine öffentliche Beachtung findet.

Bei der „Kartierung“ der unterschiedlichen Situationen können wir von Tab. 2 ausgehen.

Tabelle 2 Die je nach der Situation von Filmschaffenden entscheidenden Faktoren

	termin-gerecht	budget-gerecht	Gewinn	zufriedene Arb.-gruppe	Kunst Kollegen	Meinung Holly-wood	öffentl. Meinung
Produzent	(1 P)	(2 P)	(3 P)				
Regisseur	(1 R)		(3 R)	(2 R)	(4 R)		
Autor			(1 A)	(2 A)	(4 A)	(3 A)	
Star			(1 S)		(2 S)		(3 S)
Techniker					(1 T)	(2 T)	

Diese Daten sind mehr oder weniger großzügig geschätzt, und fraglos werden andere sie für korrekturbedürftig halten. Nichtsdestoweniger machen sie die möglichen Konfliktursachen deutlich. Zum Beispiel ist der Produzent während der Herstellung des Films vor allem an der Einhaltung von Termin und Budget interessiert. Dem Star hingegen wird weit mehr am finanziellen Endergebnis gelegen sein. Und nur der Star betrachtet die öffentliche Meinung als eine vom Gewinn gesonderte Kategorie. Zwischen Regisseur und Produzent kann es leicht zum Krach kommen: wegen der Sorgen des einen um das Budget und der des anderen um die gute Stimmung des Arbeitsteams. Das Endziel des einen ist der Profit, das des anderen die Kunst. Und so fort.
Für den Konflikt der Ziele ein Beispiel: Die Szene eines längeren Films steht zur Debatte, eine Szene zum Beispiel, in der eine Schauspielerin nackt auftritt. Solche Szenen haben einerseits den Vorteil, daß viel über den Film geredet und geschrieben wird; nachteilig jedoch ist, daß man diese Szene delikat bringen muß, was Zeit erfordert. Der Produzent ist vor allem an der Publizität interessiert, die eine solche Szene einbringt, – am Extrapublikum, das sich sonst nicht dafür entschieden hätte, den Film anzusehen. Regisseur und Autor hingegen machen sich in erster Linie Gedanken, ob die Szene im Film „wirkt" oder ob der Film mehr oder weniger ohne sie auskommen könnte. An einige solcher Fälle wird man sich noch erinnern:

Star	*Film*	*Szene blieb drin*	*Mußte drinbleiben*
Elizabeth Taylor	*Cleopatra*	ja	nein
Carroll Baker	*The Carpetbaggers*	nein	nein
Carroll Baker	*Sylvia*	ja	?
Brigitte Bardot	alle Filme mit ihr	ja	nein
Sarah Miles	*The Ceremony*	ja	nein
Paula Prentiss	*What's New, Pussycat?*	nein	nein
Julie Christie	*Darling*	ja	ja
Monica Vitti	*Modesty Blaise*	ja	?
Vanessa Redgrave	*Blow-Up*	ja	ja
Hayley Mills	*The Family Way*	ja	ja
Audrey Hepburn	*Two For The Road*	nein	nein
Faye Dunaway	*Bonnie and Clyde*	ja	ja
Angie Dickinson	*Point Blank*	ja	ja
Carol White	*Poor Cow*	ja	ja
Ingrid Thulin	*La Guerre este Finie*	ja	?

Cleopatra (USA 1963), *Die Unersättlichen* (USA 1964), *Sylvia/Das Vorleben der Sylvia West* (USA 1965), *Frühstück in der Todeszelle* (USA 1963), *Was gibts Neues, Pussy?* (USA 1964), *Darling* (England 1965), *Modesty Blaise* (England 1968), *Blow-Up* (England 1966), *Honigmond* (England 1966), *Zwei auf dem gleichen Weg* (USA 1966), *Bonnie und Clyde* (USA 1967), *Point Blank* (USA 1967), *Poor Cow/Geküßt und geschlagen* (England 1967), *Der Krieg ist vorbei* (Frankreich/Schweden 1965).

Fälle, in denen eine Eliminierung wenig ausgemacht hätte, halten sich mit jenen, in denen die Szene künstlerisch notwendig war, in etwa die Waage. Interessant indes sind die drei Fälle, in denen man Nacktszenen aufnahm, sie jedoch beim endgültigen Schnitt eliminierte. Und wie steht der Star dazu? Einige finden offensichtlich nichts dabei (schwedische und französische Schauspielerinnen zum Beispiel), andere scheinen erst überredet werden zu müssen mit dem Argument, daß die Rolle diese Szene verlangt. Zweifellos tragen Eitelkeit, Publicity-Sucht und sogar „Mitläufertum“ (alle machen es) ihr Teil dazu bei.

Mit anderen Worten: Die Situation (von Produzent, Regisseur, Autor und Star) ist es, die in ganz unterschiedlicher Weise die Entscheidungen darüber bestimmt, ob eine Szene gedreht werden soll und wenn ja, wie, etc. Angesichts dieser Umstände *muß* es zeitweilig zu Konflikten kommen, die keineswegs auf Dummheit, Arroganz, Eitelkeit, Tyrannei oder dergleichen zurückzuführen sind. Um dies einzusehen, brauchen wir uns lediglich an das zu halten, was uns über die Produktionsstruktur jenseits des Eisernen Vorhangs bekannt ist.

3. Ein Vergleich mit kommunistischen Ländern

Schon bald nach dem Sieg des Bolschewismus begann man in Rußland in großem Rahmen Filme herzustellen; man folgte Lenins Dictum, nach dem Film als Massenkunst das beste Propagandainstrument sei[3]. Statt des Hollywooder Front-Office gab es hier die Partei mit ihren Parteioffizieren, an Stelle der Konformität hinsichtlich des Kriteriums Rentabilität die Konformität der Parteilinie. Doch die Parallele ist nicht ganz vollkommen: Während das amerikanische System auch solche Filme zuließ, die scharfe Kritik übten an der kapitalistischen Hochfinanz im allgemeinen und am Hollywooder Management im besonderen, gibt es in Rußland keinen russischen Film, der die Partei oder die Parteilinie attackiert; selbst als antistalinistisch akzeptierte Stoffe wie *Ein Tag im Leben des Iwan Denissowitsch* von Alexander Solschenizyn durften nicht verfilmt werden.

Nicht nur in Rußland, auch in Polen, in der Tschechoslowakei, in Ungarn, Bulgarien und anderen Balkanländern steht die Filmindustrie unter staatlicher Kontrolle. Als Rußland nach dem 2. Weltkrieg den größten Teil Mitteleuropas zugesprochen erhielt, ging man in diesen Ländern ebenfalls zur russischen Art der Filmproduktion über, wenn auch mit individuellen Abweichungen, wie wir sehen werden. *Theoretisch* berief man sich dabei auf die Autonomie des Künstlers – die in einem Syndikat Gestalt fand. Die Produktionsorganisation wird von den Künstlern übernommen, die kollektiv über die Verwendung des Budgets entscheiden. In Wirklichkeit wird jedoch nicht einmal

---

[3] Siehe Brief Lunatscharskis an Boltjanski, 9. Januar 1925. J. Leyda (1961), S. 161.

theoretisch uneingeschränkte Autonomie praktiziert. Nach gutem kommunistischen Brauch muß jede „säkulare“ Organisation ein Parteigegenstück haben oder mit Parteibeamten durchsetzt sein.

Unschwer läßt sich auf Anhieb ein soziologisches Muster des resultierenden Arrangements konstruieren: Das System wird zwei feed-in's haben, das eine besteht aus den Ideen der Filmemacher, das andere aus Parteidirektiven, politischen Weisungen und Ansporn. Sehr wahrscheinlich sind die Filmehersteller in kleine, leicht zu handhabende Einheiten von der Größe eines Komitees organisiert, die einem übergeordneten Ausschuß unterstehen. Entweder an dieser Stelle oder noch weiter oben in der Filmhierarchie werden die Filmstoffe autoritativ und der Parteipolitik entsprechend geprüft. Ein direktes Eingreifen der Partei erübrigt sich aus zwei Gründen: einmal kontrollieren die langen Fangarme der Partei den Vertrieb und die Vorführung der Filme, und sollte, wie im Fall von Sergei Eisensteins *Iwan der Schreckliche*, Teil II, dennoch ein „nicht einwandfreier“ Film bis zu seiner Fertigstellung durchgekommen sein, ist es ein leichtes, seine Vorführung zu verhindern. Der andere, schwerwiegendere Grund besteht jedoch in den allgemein herrschenden Bedingungen: Die Partei kennt vielerlei Sanktionen gegenüber Organisationen und Einzelpersonen, die sie freilich nur selten anzuwenden braucht aus dem einfachen Grund, weil sie eine so große Gefahr darstellen, daß jedermann, auch der Künstler, sich veranlaßt sieht, sich der Parteilinie stillschweigend anzupassen.

Die beiden feed-ins sind eine allgemeine Erscheinung, die Details indes kann man nicht genau ausmachen. Wir wissen nicht, welche freiwilligen Sanktionen Künstler sich aus Angst vor der Partei selbst auferlegen, und ebenso wenig können wir voraussagen, welche Themen sie wählen würden, wenn sie die Freiheit dazu hätten. Jedoch zum Parteiinteresse läßt sich einiges sagen: Es liegt im Interesse der Partei, daß der Film die Massen der allgemein geltenden Philosophie und Parteidoktrin gemäß informiert und erzieht. Die Künstler dagegen dürfen gewisse künstlerische Interessen verfolgen. Fast mit Sicherheit muß diese Diverganz zu Auseinandersetzungen zwischen Partei und Filmemachern führen. Diese werden zum Beispiel vielleicht einen Film herstellen wollen, der sich mit den Problemen und Konflikten eines Einzelmenschen befaßt. Da jegliche, noch so implizite Form des Individualismus für Kollektivisten verdächtig ist, wird solcher Entwurf des Filmemachers zurechtgestutzt werden. Da die Parteilinie sich von Zeit zu Zeit ändert, wird die Vorsicht gebieten, sich erst gar nicht mit zeitgenössischen Themen zu befassen. Wenn Individuum und kontemporäre Welt fast ganz tabu sind, was bleibt dann noch übrig? Lediglich historische und „anständige“ Themen, kurz gesagt. Anständige Themen sind: Sozialismus, Nationalismus, Ehrfurcht vor dem Gesetz, anständiges Verhalten, also Schwerarbeit, Aufopferung, Anpassung an neue Bedingungen (landwirtschaftliche Erschließung, Industrialisierung, Kollektivierung) wie auch selbstloser Mut, Hingabe, Ehrlichkeit, Optimismus, Verständnis und Einsicht. In Rußland und anderswo hatte dies ein Ansteigen der Flut von Filmen über den 2. Weltkrieg zur Folge sowie von Verfilmungen seiner klassischen Autoren. Antinazismus und Anti-Antisemitismus, Heroisierungen usw. sind ebenfalls unverfänglich und bieten darüber hinaus einen minimalen Raum für schöpferische Einfälle, sogar für den Ausdruck persönlicher Zweifel, für Konflikte und ein winziges bißchen Sex. Dieses Muster hat sich bis heute, selbst nach Stalins Tod, nicht geändert. Nach wie vor muß das russische Leben von heute verherrlicht werden. Dies trifft für Polen, Ungarn und die Tschechoslowakei allerdings weniger zu; hier sind Elemente der Entstalinisierung in Form von Individualismus, Sex und bourgeoisen Problemstoffen bis auf die Leinwand vorgedrungen.

Seit der Revolution gab es anscheinend drei Abschnitte in der russischen Filmgeschichte: erstens die Zeit der lebendigen, gedankenreichen Filme der prä-stalinistischen Ära, die bis etwa 1928–29 dauerte, – bis Stalin seine Macht endgültig gefestigt hatte. Doch selbst damals waren ideologische Abweichungen so gut wie unbekannt. Dann folgten die öden stalinistischen Jahre bis 1956, eine Zeit, in der nahezu die einzigen interessanten russischen Filme von Regisseuren gedreht wurden, die sich in ihrer Sonderstellung schon in den 20er Jahren etabliert hatten. Die nach 1956 einsetzende Endstalinisierung fand hauptsächlich in zahlreichen individuelleren Filmen über den Krieg sowie im plötzlichen Erscheinen einer Schar von neuen Regisseuren Ausdruck, von denen sogar einige ein bescheidenes Maß an Talent verrieten.

Dieser Prozeß führte in anderen Satellitenstaaten viel weiter. Vor allem in Polen gab es eine Avantgarde, die eindrucksvolle Filme experimentellen Charakters machte, wie Dwaj Ludzie z Sfafa/Zwei Männer und ein Schrank (1958) und *Dom/Das Haus* (1958), sowie eine Gruppe von ungewöhnlich talentierten jungen Regisseuren: Andrzej Wajda mit *Popiol i Diamant/Asche und Diamant* (1958), *Lotna/Lotna* (1960), *Njewinni czarodzi je /Die unschuldigen Zauberer* (1959), *Sibirska Ledi Magbet/Lady Macbeth von Sibirien* (1962), Andrej Munk mit *Eroica/Eroika – Polen 44* (1957), Roman Polanski mit *Noz W Wodzie/Das Messer im Wasser* (1961) und Jerzy Kawalerowicz mit *Pociag/Nachtzug* (1959), und *Faraon/Pharaoh* (1965). Auch Ungarn erlebte eine kleine Renaissance . . .

Ehe wir uns auch den anderen Satellitenstaaten zuwenden, müssen wir eine Frage stellen: Wie läßt sich sozio-politisch gesehen dieser Aufschwung erklären? Damit, daß Freiheit nach langer Unterdrückung künstlerisch befruchtend wirkt nach dem gleichen Gesetz, das Frauen besonders leicht schwanger werden läßt, wenn sie die Pille nach längerer Einnahme wieder absetzen? Dieses Thema will ich hier nicht näher behandeln, doch meine ich, diese Frage vorläufig mit der Feststellung beantworten zu können, daß wir noch sehr wenig über solche staatlich gelenkten Industrien wissen. Ein Aufsatz in *Newsweek* vom 18. Juli 1966, dessen Verfasser das Entstehen der Renaissance des tschechischen Films zu deuten versucht, macht lediglich deutlich, wie wenig wir sie verstehen.

Diesem Aufsatz zufolge hat die tschechische Filmindustrie früher reihenweise nur öde Propagandafilme produziert. Dann, so heißt es weiter, sah der Staat sich angesichts der öffentlichen Meinung gezwungen (das Publikum langweilte sich und die Einnahmen sanken rapide), ihren Filmemachern mehr schöpferische Freiheit zu gewähren. Diese machten sich ans Werk und versuchten, absichtlich Filme zu machen, die „die Polen vor Neid erblassen" lassen sollten. Wiewohl auch das Kontrollsystem der Tschechen laut Newsweek bürokratisch ist, haben es doch Intellektuelle in der Hand und so besteht in dieser Hinsicht einiger Spielraum. Das Resultat: Meisterwerke, die *populär* sind. Diese Behauptung läßt sich schwerlich mit der anderen Bemerkung in Einklang

bringen, daß die tschechischen Ateliers „viel Energie daran wenden, geschmacklose Komödien, stereotype Kopien amerikanischer Westerns und schlechte Musicals zu machen". In Wirklichkeit „wollen die Massen Hollywood Produktionen sehen. Die tschechische Renaissance ereignete sich *trotz* des Publikumsgeschmacks". So weit Newsweek.
Daß der Artikel viele solcher Non-sequiturs und Widersprüchlichkeiten enthält, kann uns nur mißtrauisch machen. Wenn die Massen Hollywood-Filme zu sehen wünschen, warum sollte der Staat sich dann genötigt sehen, intellektuellen Filmemachern mehr Freiheit zu lassen? Wenn die öffentliche Meinung an den dürftigen Propagandafilmen Anstoß nahm und damit den Staat zum Handeln zwang, warum sollte sie ihn nicht auch gezwungen haben können, mehr Hollywood-Produkte oder Hollywood-Ersatz zu beschaffen? Wer hat je von einem kommunistischen Apparat gehört, der von der öffentlichen Meinung in Fragen des Geschmacks zum Nachgeben gezwungen wurde? Und hätte sich das Publikum dennoch durchgesetzt, warum ist es heute nicht todunglücklich, daß die Intellektuellen unpopuläre Filme produzieren (wenn auch weniger unpopuläre, als die früheren Propaganda-Streifen)? Was im Artikel zwar erwähnt aber nicht genug betont wird, ist der Umstand, daß die Ostblockstaaten miteinander konkurrieren, wessen Intellektuelle ihrem Staat bei der Filmherstellung mehr Freiheit abringen oder ablisten können. Mit dem „Neid der Polen" war nicht das polnische Volk gemeint sondern die polnischen Filmemacher. Mit anderen Worten, die Polen setzen den professionellen Maßstab für den Ostblock: einen Standard, der kaum, wie der Hollywood-Perfektionismus, politisch angefochten werden kann, solange Polen kommunistisch ist. Diese Entwicklung ist also unter anderem dem Wettbewerb zu verdanken. Was der Verfasser des Newsweek-Artikels insgeheim bewundert ist also, daß die tchechischen Filmemacher es fertigbringen, die Art von Filmen durch die Filmkontrolle zu bringen, die sie zu machen wünschen. Und das Publikum, – zum Teufel mit ihm. Hier verrät sich der frustrierte Filmemacher!
Die Entstalinisierung hat im allgemeinen zu einer Überschätzung des Maßes an Freiheit geführt, das in der kommunistischen Filmherstellung erlaubt ist, – möglicherweise deshalb, weil wir unterschätzen, wie schwierig es ist, das kommunistische System zu begreifen. Meine eigene Analyse ist behutsamer: In Ländern wie der UdSSR und Polen hat der Filmemacher zwei Haupthindernisse zu überwinden: Einmal müssen seine Filmideen, zum anderen die Freigabe des fertigen Films genehmigt werden. Es sieht so aus, als werde die Genehmigung der Freigabe von ranghöheren Stellen erteilt als die Genehmigung zum Drehen. Der russische Film *Iwan Grosznyi,* Teil II, 1943–46, wurde zehn Jahre lang zurückgehalten[4] und in China sind Filme im Kino gelaufen, deren Existenz später geleugnet wurde[5]. Da sie nicht vom privaten Profit kontrolliert werden, können diese Industrien es sich leisten, Filme nur für den Export herzustellen. In Polen wie in einigen anderen osteuropäischen Ländern herrscht zwar ein gewisses Maß an künstlerischer Freiheit, aber ebenso ist es ganz leicht, einen Film als ideologisch

---

[4] Er wurde erstmals auf der Brüsseler Weltausstellung öffentlich gezeigt.

[5] Filmunentwegte suchten in Peking den Film *Tschu Fu/Das Neujahrsopfer (für den Kaiser)* von Sang Hu, China 1956, mußten aber zur Kenntnis nehmen, daß angeblich niemand etwas von seiner Existenz wußte. „Sie sind falsch informiert ..." war die stereotype Antwort.

nicht linientreu auszulegen. *Die unschuldigen Zauberer* und *Das Messer im Wasser,* Filme, in denen viele etwas von ideologischem Tauwetter zu entdecken glaubten, sind in Wirklichkeit lediglich neutral oder zumindest nicht offen propagandistisch. Doch obwohl die Polen dem Künstler erstaunliche stilistische Freiheit in seiner Filmtätigkeit zugestehen, ist der Künstler selbst entweder nicht geneigt oder nicht fähig, so frei mit Themen umzugehen, wie es in kapitalistischen Ländern üblich ist. Insbesondere fehlen Gesellschaftsfilme und sarkastische Filme und auch solche mit scharfer Gesellschaftskritik völlig[6].

Da der erste in Europa gezeigte Film von Wajda bei einsetzendem „Tauwetter“ nach der Entthronung Stalins durch Chruschtschow im Jahre 1956 im Westen herauskam, wurde – zu leichtfertig – angenommen, Wajda sei ein politischer Renegat. Auch der nicht leicht zu deutende Film *Asche und Diamant,* hat zu diesem Mißverständnis beigetragen. Ich bin jedoch der Meinung, daß man alle Wajda-Filme unschwer als „orthodox“ interpretieren kann – wie bei einem im Ostblock erfolgreichen Künstler nicht anders zu erwarten.

Die Botschaft, die Wajdas *Pokolenie/Generation* (1954), übermitteln soll, lautet: Allein in der kommunistischen Partei ist ein echter Widerstand gegen den Faschismus festzustellen; alle anderen Formen des Widerstands sind mehr oder weniger bourgeois, somit nichtig. Allein der organsierte Widerstand der Massen wird es schaffen.

Der Film *Kanal/Der Kanal* (1956) wirkt wie sein natürliches Gegenstück: Wer die historische Bedeutung des Widerstands gegen den Faschismus nicht erkennt, stirbt zwar tapfer, doch vergebens. Irregeleitete Tapferkeit ist, wie es scheint, für den Klassenkampf wertlos.

Asche und Diamant soll die Nichtigkeit und Destruktivität des nationalistischen Elements im Widerstand demonstrieren, wiewohl zeitweilig der Nationalismus obenan stand, ist er historisch dazu verurteilt, durch den Kommunismus ersetzt zu werden. Auch in diesem Film scheint es wieder darauf hinauszulaufen, daß Aufrichtigkeit und Tapferkeit allein nicht genügen: sie müssen im Dienst der rechten Sache stehen. Das trostlose Heimweh nach der guten alten Zeit, die Sequenz gegen Ende des Films von der trunkenen doch freudlosen Party, – sie sind offensichtlich ein Kommentar zu allen „verlorenen Sachen“: Das beste daran ist nur scheinbar, nicht wirklich gut.

Und schließlich *Lotna,* das schon manchen Rezensenten genarrt hat. Was wollte Wajda mit diesem Film über das Schicksal eines schönen weißen Pferdes? Ganz einfach, – den Marxismus-Leninismus auf eine konkrete historische Situation anwenden und den Symbolismus seiner Filme *Der Kanal* und *Asche und Diamant* weiter ausbauen. Lotna, das schnelle edle weiße Pferd, symbolisiert den stolzen polnischen Vorkriegsnationalismus: In gewisser Hinsicht großartig, aber durch den Gang der Geschichte letztlich zum Untergang verurteilt. Das Pferd Lotna versinnbildlicht zugleich die beste Seite des alten Polen wie auch deren Unzulänglichkeit, als es zur offenen Konfrontation mit dem

---

[6] In Amerika, dem Land der ewigen Kreuzzügler (Journalisten usw.) gehört es bereits zur Tradition, eine gewaltige Menge von gesellschaftskritischen Filmen herauszubringen. Die antiamerikanische Haltung der europäischen neuen Linken ist darauf zurückzuführen, daß sie ihre Informationen aus kritischen amerikanischen Quellen, wie Presse und Film bezieht.

militanten Faschismus kam. *Dies* ist die geheime Bedeutung der Darstellung des Kavallerieangriffs, mit dem man deutsche Panzer abwehren wollte. Mochte das Alte auch großartig gewesen sein, es war doch veraltet, und unter den neuen, durch den Ablauf der konkreten Geschichte geschaffenen Bedingungen nicht mehr lebensfähig.
An anderer Stelle (1967) haben Joseph Agassi und ich den Standpunkt vertreten, daß die Deutung von Symbolen, wie wir sie eben bei den Wajda-Filmen exerzierten, gewissermaßen ein Glücksspiel sei, bei dem man leicht gewinnen kann, wenn man selbst die Regeln bestimmt. Daher ist meine Wajda-Interpretation nicht so ernst zu nehmen: Diese Filme sollen gar keine verborgene „Wahrheit" enthüllen. In einem kommunistischen Land jedoch muß man Filme in diesem Sinn so auslegen können, damit sie akzeptiert werden. Einige polnische Filmemacher und etliche tschechoslowakische haben es geschafft, ideologisch neutral zu bleiben. Es ist eine aufregende Frage, ob dort noch Gefahr besteht, daß man zum Schraubstocksystem nach russischem Muster zurückkehrt oder nicht. Wenn meine Argumentation richtig war, dann kann man davon ausgehen, daß alle Produktionssysteme ihre Schwächen haben. Was mich betrifft, so spricht die Tatsache, daß kaum ein Jahr vergeht, ohne daß man bei einer kapitalistischen Struktur eine Reihe von unterhaltenden Filmen produziert, während Jahrzehnte vergingen, in denen bei kommunistischer Struktur kaum eine Handvoll unterhaltender Filme hervorgebracht wurden, zumindest zugunsten des Pluralismus: Nie sollte man einer Struktur allein das Feld einräumen. Meine persönliche Neigung macht mich zum entschiedenen Fürsprecher der kapitalistischen Produktionsweise, doch meine Gründe dafür werde ich später darlegen.

IV. Die Rollen und die Rekrutierung ihrer Träger

1. Bestimmte und unbestimmte Rollen

Zum Zweck einer strukturellen Analyse der Filmindustrie kann man die sich aus der Arbeitsteilung ergebenden Kategorien als soziale Rollen bezeichnen. Michael Banton (1965) zufolge ist unter „Rolle" die Position zu verstehen, die eine Person in einer Institution oder in einem anderen sozialen Gefüge innehat. Rollen kann man *erwerben* oder *zugewiesen* erhalten. Zugewiesen sind uns unsere Rollen als *Sohn* oder *Tochter*, erworben sind beispielsweise die Rolle des *Managers*, des *Leiters* oder des *Kameramannes*. Wir können unsere Rolle mehr oder weniger gut spielen; ebenso können unsere Rollen von den Institutionen, in denen wir diese Rollen spielen, mehr oder weniger genau definiert worden sein. Ein Mensch, der seine genau definierte Rolle als *Leiter* eines College gut ausfüllt, mag in seiner weniger genau definierten Rolle des *College-Lehrers* nicht so viel leisten. Die Rolle des *Leiters* wiederum ist zum Beispiel in unserer Gesellschaft weniger präzise definiert als die des *Bankiers*.
Der Produzent und der Regisseur erfüllen bei der Filmproduktion ziemlich genau definierte Rollen. Die Rollen der Manager sollten ähnlich genau definiert sein, sind es de facto jedoch nicht. Einige von ihnen beschränken sich auf ihre Rolle, andere überschreiten sie so weit, daß sich ihre Funktionen mit denen des Produzenten, Regisseurs, Autors

usw. überschneiden (siehe F. Scott Fitzgerald 1949). Ob es zu solcher Rollenerweiterung kommt oder nicht, hängt nicht allein von der sozialen Struktur oder der Organisation ab sondern vom Verhalten des Individuums in seiner Rolle. Doch hieße es übermäßig zu simplifizieren, wenn man behaupten wollte, das expansionistische Rollenverhalten einer Person, die sich selbst einen höheren Rang beimißt, werde ihr auch den Sieg eintragen. Offensichtlich muß an Institutionen, die der Rollendefinition so viel Spielraum lassen, etwas nicht in Ordnung sein; sie dürfen sich nicht wundern, wenn ihre Funktion dadurch beeinträchtigt wird. Diktatorisches Management ist nicht nur ein Ärgernis – noch dazu, wenn viele andere Dinge in einem Betrieb es auch sind –, es ist eine schwere Behinderung. Schöpferische Persönlichkeiten finden Diktatur von oben oft unerträglich und kündigen dann.

Wollte man den Inhalt von Hortense Powdermakers Buch (1950) kurz wiedergeben, könnte man sagen, sie mache deutlich, daß Hollywood von der Krankheit des „Personalismus" heimgesucht sei: Leute, die lediglich ihre Rolle erfüllen sollten, lassen sich in ihrem Handeln mehr von persönlichen Faktoren als von den Interessen der Firma bestimmen. Harry Cohn, der „Zar" der Columbia, hatte jeden fest in der Gewalt (Bob Thomas, 1967). Louis B. Mayer hingegen faßte seine Rolle anders auf: Er wählte sich seine Leute aus und ließ sie dann gewähren (so soll es, nach Lillian Ross (1951), auch Doré Schary gemacht haben). Da die Rollen der Manager und leitenden Angestellten im Rahmen der Filmproduktion nicht genau definiert waren, gab es beträchtlichen Spielraum für Definitionen nach eigenem Ermessen. Außerdem ist auch die in Hollywood gebräuchliche Umgangssprache, das heißt die ständige Benutzung von Kosewörten – Männer wie Frauen reden einander mit ‚sweetie', ‚honey', ‚lover', ‚baby', ‚darling' etc. an [1] bezeichnend dafür, wie stark sich dieser „Personalismus" entwickelt hat.

In den großen Filmstudios wußte jeder, daß ein Drehbuch oder ein Projekt nicht allein danach beurteilt wurde, ob es aussichtsreich war oder nicht. Sehr viel hing auch von den persönlichen Neigungen aller Beteiligten ab, unter anderem auch davon, ob jemand bestimmte Personen mehr oder weniger gut leiden mochte, ob sie „nett" und servil genug waren, ihm genügend geschmeichelt hatten oder was immer es sein mochte. Es ist durchaus denkbar, daß das Rollenspiel in anderen Industriezweigen ebenso extreme Formen annehmen kann, doch nicht ganz zu begreifen ist, daß Unternehmen dabei erfolgreich funktionieren [2]. Ich vermute, wie schon erwähnt, daß der Erfolg Hollywoods den Marktbedingungen zu verdanken war: ein geschenkter Gaul des Verbrauchers. Indes dürfte das Weiterbestehen dieses Personalismus vielleicht teilweise dadurch zu erklären sein, daß eine genauere Rollendefinition nur schwer möglich wäre. Denn beim Aussieben von Projekten sind Urteilsfähigkeit, Geschmack, Einblick etc.

---

[1] Siehe Richard Brooks' Roman *The Producer* (1952). Brooks war zuerst Drehbuchautor, dann Autor/Regisseur und schließlich sein eigener Produzent/Autor/Regisseur. Die Fakten seines Romans scheinen absolut authentisch zu sein; es wird aus der Branche geplaudert. S. auch die Auszüge daraus in *Sight and Sound*, 1950, *19*, 323 f.; ‚The World Inside'.

[2] In seinem Bericht über die Hongkonger Geschäftswelt zeigt M. Topley, wie das Business der Chinesen trotz Mangel an Objektivität hervorragend gedeiht. *Vide* „The Role of Savings and Wealth among Hong Kong Chinese" bei I. C. Jarvie Hrsg. (1969 a), insbes. S. 198 ff.

gleichermaßen unentbehrlich. Ohnehin beruht ja die Berechnung, ob etwas „gehen“ wird zum großen Teil nur auf Wahrsagerei, und es sieht so aus, als würde jedes System der Auswahl gleich gut oder schlecht zu gebrauchen sein. Infolgedessen könnte man genauso gut von den Idiosynkrasien der Produktionsexekutiven ausgehen wie von etwas anderem. Dennoch glaube ich, daß für die Filmindustrie das Wahrsagen im wahrsten Sinne des Wortes die bessere Methode sein würde. Nicht, weil das Ergebnis dem Zufall überlassen bliebe (es wäre kein Zufall), sondern weil jeder dann wüßte, woran er wäre, und das abscheuliche Katzbuckeln, Schmeicheln und sich selbst Erniedrigen sein ließe. Um Gunst zu buhlen, war in Hollywood lebenswichtig; infolgedessen ließ man sich Verstümmelungen, Kompromisse, ja Zerstörungen seines Werkes gefallen, bezahlte unter Umständen mit dem Verlust jeglicher Selbstachtung. Dies kann keiner Industrie gut bekommen, und so spricht es gegen Hollywood, daß es so lange florierte.

Daß ich mich zugunsten des Wahrsagens aussprach, könnte mir so ausgelegt werden, daß die enormen Gehälter, die Hollywood für seine Manager aufbrachte (Louis B. Mayer erhielt eine Zeitlang das höchste Gehalt der Vereinigten Staaten), unberechtigt gewesen wären. Doch das Gegenteil ist der Fall: Mögen manche Leute das kapitalistische System für noch so „vernunftwidrig“ halten, – es ist vermessen, kapitalistische Werturteile in Bausch und Bogen zu verdammen. Während seiner Aufstiegsphase war Hollywood ein Ort angestrengtesten Wettstrebens, und wer an die Spitze gelangte, schaffte es dank seiner Fähigkeit, – wenn auch ausschließlich der Fähigkeit, an die Spitze zu gelangen. Wie dem auch sei, die lange Zeit der großen Gewinne, der sich Hollywood erfreute, läßt sich durch die Verbrauchermarktsituation erklären, – nicht durch sein Unternehmertum. Die Industrien Ägyptens, Indiens und Hongkongs bestätigen, ja beweisen dies: Ihre Industrien erzielen mit fast jedem Film Gewinne, wer auch immer an ihrer Spitze sitzt. Freilich steht dieses Argument auf schwachen Füßen: Ein zügelloses und verschwenderisches Management wird jede Firma ruinieren, mögen die Marktbedingungen noch so vorteilhaft sein. Also muß darüber hinaus ein entscheidendes Element im Spiel sein, ohne das eine leitende Kraft nie Erfolg haben wird. Was ich vermeiden möchte, ist ein Argumentieren auf hypothetischer Basis: Hätte Hollywood andere Manager gehabt, würde es vielleicht bessere Filme hervorgebracht, noch höhere Gewinne erzielt haben. Solche Behauptungen halte ich für völlig nutzlos und vage. Gemeinwirtschaftliche Unternehmen bezahlen ihre führenden Leute nach Leistung. Die Filmindustrie war rücksichtslos: sie entließ ihre Führungskräfte, sobald nicht mehr alles zu Gold wurde, was sie anfaßten. Es ist bedauerlich, daß wenig oder gar keine Erfahrungen vorliegen darüber, wie sich die Rollen des Managements ohne die Rückendekkung durch ehrfurchtgebietende Gehälter definiert hätten. Es heißt, das Geheimnis guten Managements beruhe auf der Auswahl der Untergebenen und der Delegierung der Arbeit an sie. Die Filmindustrie hat diese Regel mit Füßen getreten, und die es ebenso machten, in exorbitantem Maße belohnt. Doch die neuen Produktionsstrukturen haben in gewisser Hinsicht eine solche Delegierung erzwungen, und der Boß, der seine Nase in alles und jedes steckt, ist praktisch verschwunden.

Hier muß noch bemerkt werden, daß zur Zeit dieser Diktatoren die Rollen der anderen Mitglieder des Produktionsteams sehr genau definiert waren, – durch den Vertrag und durch Verfügung der Bosse.

2. Unsystematische Rekrutierung

Der Soziologe richtet sein Augenmerk nicht nur auf die Art der Rollenverflechtung, aus der sich die Struktur ergibt, und nicht nur auf das Rollenverhalten der Menschen oder auf die mehr oder weniger präzise Definition und Abgrenzung ihrer Rollen; ihn interessiert auch die Rekrutierung der Rollen. Wie die Rekrutierung von zugewiesenen Rollen vor sich geht, ist natürlich nicht allzu schwer zu verstehen; wie steht es aber damit bei *erworbenen* Rollen? Bei einigen Institutionen, zum Beispiel der Zivilverwaltung oder im Staatsdienst, geht sie nach relativ überschaubaren Methoden vor sich: öffentliche Ausleseprüfung, später dann Beförderung, die von speziellen Gremien, deren Augenmerk selektiv auf bestimmte Qualitäten gerichtet ist, streng überwacht wird. Bei anderen Rollen, der des Dichters zum Beispiel, läßt sich die Art der Rekrutierung kaum überschauen. Jemand fängt einfach an, Gedichte zu schreiben, und wenn er Glück hat, werden sie veröffentlicht, wourch er sich – hoffentlich – die soziale Rolle des Dichters erwirbt.

Aber warum, wird man fragen, ist das Thema der Rekrutierung so wichtig? Man kann lediglich Folgendes antworten: Es gibt Theorien, die der Rekrutierung der Rollen entscheidende Bedeutung beimessen. Die bekannteste dieser Theorien ist der Marxismus. Man könnte sie so formulieren: Determinierender Faktor der Ansichten und Werte ist das Klasseninteresse. Das Handeln der Menschen, was für Filme sie machen, wird weitgehend von ihren Ansichten abhängen, die wiederum von ihrer Klassenherkunft wie auch von ihrer erworbenen Klassenzugehörigkeit beeinflußt werden. Wie alle Filmindustrien hat auch Hollywood seine Arbeiterklasse (Arbeiter und „Kulissenschieber" etc.), ihre gelernten Handwerker (Tischler, Anstreicher etc.), eine Mittelschicht, die Professionellen (mäßig erfolgreiche Schauspieler, leitende Angestellte, Kameraleute etc.), eine obere Mittelschicht (Spitzenfotografen bzw. -kameramänner, Designer etc.) sowie eine Oberklasse. Wenn jemand von außerhalb in die Gesellschaftstruktur Hollywoods Eingang findet, wird unser Interesse der Frage gelten, wie weit die Einreihung in eine ihrer Schichten sich als Bewegung auf gleicher Ebene, innerhalb der gleichen Schicht vollzieht, oder wie weit eine vertikale Mobilität – von oben nach unten und umgekehrt – zwischen den Schichten gegeben ist.

Die Schichten sind Teil der sozialen Struktur und diese selbst kann wiederum über eine bestimmte Klassenorientierung verfügen. Einer weithin anerkannten soziologischen Theorie zufolge geben die formalen Regeln einer Organisation nicht unbedingt über ihre Funktion Aufschluß. Ein Beispiel: Daß das britische Foreign Office – wiewohl es zum British Civil Service gehört, das nach alter Tradition gemäß dem Ausleseprinzip jedem offenstehen soll, – seit Generationen fast ausschließlich Public School und Oxford- und Cambridge-Absolventen rekrutiert, läßt den Schluß zu, daß das Rekrutierungssystem anders ist, als es aussieht. Was gibt in Wirklichkeit den Ausschlag für die Rekrutierung? wird man sich fragen. Wie und weshalb werden formale Regeln umgangen, und welcher Unterschied ergibt sich daraus?

Wie integriert nun Hollywood sein Personal in seine soziale Struktur? Wie vermehrt oder ersetzt es jene Akteure (im soziologischen Sinn), die institutionalisierte Rollen innehaben? Meine Antwort soll für Produzenten, Regisseure, Autoren, technisches Personal und Schauspieler gelten. Es gibt eine Reihe von jedermann zugänglichen Publikationen, die ich als Quelle benutzte. Die wichtigsten sind Hortense Powdermaker (1950), die sehr viele Fälle (anonym) darstellt, sowie Leo Rosten (1941) und Edgar Morin (1960).

Über die Rekrutierung der Manager und Produzenten, der mächtigsten Männer der Industrie, läßt sich schwer etwas Generelles sagen. Die Pioniere der Frühzeit wie Laemmle, Loew, Zukor, Mayer, Fox, Schenck, Warner und Goldwyn hatten sich alle bereits in mehreren Berufen bewährt, ehe sie ins Filmgeschäft überwechselten. Anscheinend haben sie die mehr oder weniger günstigen Gelegenheiten zum Geldmachen vorausgesehen und stiegen ein, als hierzu noch relativ wenig Geld nötig war. Die meisten kamen über Vorführung und Filmtheater ins Geschäft und dehnten ihre Tätigkeit erst nach und nach auf Vertrieb und Produktion aus. Die Mehrzahl dieser Unternehmer waren Produkte eines einzigartigen Einwandererghettos: des New York der Jahrhundertwende. Die meisten waren Juden und entstammten der Unterschicht oder unteren Mittelschicht. Sie stiegen schnell auf und sollten bald eine blühende, mächtige Industrie beherrschen. Doch ein gewisses Showbusineß-Draufgängertum, etwas buchstäblich Ordinäres, etwas vom Kind-aus-dem-Volke sollten sie nie loswerden. Diese Großkapitalisten hatten sich schwer hochgekämpft und besaßen daher äußerstes Selbstvertrauen. Sie regierten ihre Imperien persönlich, auf exzentrische Weise und – angeblich – erbarmungslos. Weitgehend teilten sie die gleichen Wertvorstellungen und glaubten an die gleichen Werte, an die auch ihr Publikum glaubte, das selbst nicht viel Gutes tat, jedoch den „amerikanischen Traum" akzeptierte, daß Gutes Tun zur edlen Rolle in einer edlen Gesellschaft gehöre.

Gleichermaßen interessant, jedoch bislang nicht überprüft[3] sind die Fälle kreativer Produzenten wie Jack Warner, Louis de Rochement, John Houseman, Arthur Freed, David O. Selznick, Mark Hellinger, Val Lewton, Hal Wallis und anderer. Viele von ihnen kamen vom Theater oder vom Journalismus und hatten vielleicht gerade deshalb ein besonderes Gespür für das Medium wie auch die Fähigkeit, mit ihm – wie auch mit kreativen Leuten – gut umzugehen und darüber hinaus ihren Produkten etwas von einem einheitlichen Charakter aufzuprägen.

Jedoch kann mit Sicherheit etwas allgemein auf Manager wie auf Produzenten Zutreffendes festgestellt werden: In überwältigender Mehrheit waren sie männlichen Geschlechts; ich zumindest habe noch nie von einem weiblichen Produzenten gehört. Und keiner entstammte, soweit ich es zu verfolgen vermag, den oberen sozial-ökonomischen Schichten. Tatsächlich stiegen auffallend viele von ihnen aus sehr bescheidenen Untere-Mittelklasse-Verhältnissen empor. Dies mag der Grund sein für zwei Charakteristika, die Hollywoods Glanzzeit assoziativ anhaften: Vulgarität und „Showmanship". Damit will ich natürlich nicht sagen, daß Vulgarität etwas mit einer bestimmten Klasse zu zun hat, obwohl ich der Meinung bin, daß ein kultivierter Geschmack und die intellektuelle Verfeinerung eher bei Menschen anzutreffen sind, die durch Bildung und Umwelt dazu erzogen wurden. Der bombastische Prunk von Cecil B. DeMilles filmischen Darstellungen der biblischen Geschichte steht in scharfem Kontrast zum Gefühls- und Schick-

[3] Siehe Frederick Marlowe (1947) und Karel Reisz (1951).

salsbetonten der Filme D. W. Griffiths (der bei seinen Hauptwerken selbst Produzent war). DeMille hatte einen Kassenerfolg nach dem anderen und erfreute sich einer langen Karriere. Griffith dagegen konnte seinen enormen Erfolg mit *Birth of a Nation* nicht mehr wiederholen und zog sich bald nach Einführung des Tonfilms von der Arbeit zurück. Aber Gewöhnlichkeit hat vielleicht weniger zu sagen als Showmanship, die keineswegs ordinär sein muß. Man braucht nur die ziemlich schwachen Versuche britischer Filmemacher zur Nutzung des Erfolges aktueller Pop-Sänger mit den Bemühungen der Amerikaner in dieser Richtung zu vergleichen: Elvis Presley, Ricky Nelson, Fabian und Bobby Darin erschienen in sorgsam auf sie zugeschnittenen Filmen, wurden zum schrittweisen Ausbau ihrer schauspielerischen Fähigkeiten ermuntert und brachten daher auch klingende Münze ein. In England versuchte man Filme mit Tommy Steele, Billy Fury, Helen Shapiro und anderen zu machen, doch so peinlich unbeholfen, mit so verheerendem Mangel an Bewußtsein für filmische Werte, daß man weder Filme noch Sänger an den Mann bringen konnte. (Steele schaffte es zehn Jahre später, als Hollywood den Film *Half a Sixpence/Half a Sixpence* (1957) mit ihm drehte). Als England in dieser Hinsicht endlich Erfolg hatte, war dies zum Teil dem großartigen Show-Talent der Beatles zu verdanken. Die Beatles verließen sich auf ihren eigenen Geschmack und ihr eigenes Werturteil. Sorgfältig wählten sie den Zeitpunkt für ihr Filmdebüt aus, prüften ihre Mitarbeiter auf Herz und Nieren und – hatten einen Riesenerfolg. Und das nicht nur an der Kasse; es war ihnen auch gelungen, ungewöhnlich unterhaltsame Filme hervorzubringen: *A Hard Day's Night/Jeah! Jeah! Jeah!* (1964), *Help/Hi-hi-hilfe!* (1965).

Tatsächlich hatte der englische Film in den 60er Jahren ein neues Flair, was auf verschiedene Faktoren zurückzuführen war, die in ihrer Gesamtheit dazu beitrugen, die seit Jahrzehnten zwischen dem englischen Filmpublikum und seinen Filmemachern vorhandene Kluft zu überbrücken. H. J. Gans (1959) hat diese Frage sehr eingehend behandelt und meiner Meinung nach überzeugend dargestellt, daß amerikanische Filme nur deshalb auf dem englischen Markt Erfolg haben, weil sie Werte und eine Denkweise repräsentieren, die den inländischen britischen Filmprodukten fehlen, – Werte und eine Denkweise, die in erster Linie den Aspirationen und der Situation der Arbeiter- und unteren Mittelschicht Rechnung trugen. Denn hierauf legte es der amerikanische Film besonders an. Aber darüber hinaus kamen amerikanische Filmemacher auch selbst über den Atlantik nach England. Spitzenkräfte wie Carl Foreman, Drehbuchautor und Produzent, und der Regisseur Joseph Losey wirkten Wunder an der Moral der britischen Filmindustrie. Formans *The Guns of Navarone/Die Kanonen von Navarone* (1960) und Loseys *The Servant/Der Diener* (1963) sowie *Modesty Blaise/Die tödliche Lady* (1965) wurden mit der Zeit zum internationalen Hit. Außerdem entdeckte Sam Spiegel in David Lean ein ungenutztes Talent, tat sich mit ihm zusammen und produzierte die Filme *Bridge on the River Quai/Die Brücke am Kwai* (1957), *Lawrence of Arabia/Lawrence von Arabien* (1962) und *Dr. Shivago/Dr. Schiwago* (1965), – jeder einzelne von ihnen glänzend inszenierte optimale Unterhaltung. Natürlich sind auch die phänomenalen britischen Erfolge der 60er Jahre, die James Bond-Filme, einer Mischung aus amerikanischem Knowhow und speziell britischer Begabung zu verdanken. Die Produzenten Albert Broccolli und Harry Saltzmann zimmerten aus Ian Flemings Romanen, Ken Adams Produktionsideen, Sean Connerys gutem Aussehen und einer Schar von anderen Talenten eine märchenhaft erfolgreiche Reihe: *Dr. No/James Bond-007 jagt Dr. No* (1962), *From Russia with Love/Liebesgrüße aus Moskau* (1963), *Thunderball/James Bond-007 – Feuerball* (1965), *Goldfinger/Goldfinger* (1967) und *You Only Live Twice/Man lebt nur zweimal* (1967). In meinem Aufsatz (1969 b) habe ich das Ringen um eine Neuorientierung des Klassentrends der britischen Filmindustrie graphisch darzustellen versucht.

Unabhängige Produzenten sind ein besonderes Phänomen: Man könnte sie eher als Impresarios bezeichnen denn als Produzenten. Im Gegensatz zu anderen kreativen Produzenten legen sie es geradezu darauf an, nicht von einer großen Filmgesellschaft eingestellt zu werden. Sie suchen sich selbst Drehbuch und Künstler und verkaufen sie nach dem System des Packaging direkt an den Vertrieb. Natürlich ist diese Art von Talent rar: Im allgemeinen waren sie entweder früher schon erfolgreiche Geschäftsleute (Martin Ransohoff) oder Fernsehproduzenten (David Susskind) oder in der Industrie Erfolgreiche, die sich selbständig machten (D. O. Selznick, Darryl F. Zanuck), oder aber Drehbuchautoren; Regisseure, ja sogar Schauspieler versuchten sich als Produzenten. Die ersten unabhängigen Künstler-Produzenten waren Charly Chaplin, Mary Pickford, Douglas Fairbanks und D. W. Griffith, Spitzen-Verdiener des amerikanischen Films, die sich 1919 zur United Artists Filmgesellschaft zusammenschlossen, um ihre Filme selbst zu produzieren und zu vertreiben[4]. Chaplin hatte in London South-East das Licht der Welt erblickt und gelangte mit einer Varieté-Gruppe nach Amerika; Mary Pickford und D. W. Griffith hingegen stammten aus kleinbürgerlichen Verhältnissen. Mary Pickford erinnert in ihrer Autobiographie (1956) daran, daß auch sie über das Theater zum Film kam. Als ehrgeizige junge Schauspielerin ohne Engagement fand sie zum Film, wo man anonym arbeiten konnte und bares Geld auf die Hand bekam: ein guter Nebenverdienst für Theaterleute, die es noch nicht geschafft hatten. In den Büros der Biograph Filmgesellschaft begegnete sie Griffith, der ihr ausmalte, welche Aussichten der Film habe, die er mit den bescheidenen Möglichkeiten des Theaters verglich. Sie stand vor dem größten Regisseur jener Zeit und sollte für ihn arbeiten: so entschied sie sich zugunsten des Films. Griffith selbst hatte auch als Schaupieler angefangen, und ähnlich war es mit Marys späterem Mann, Douglas Fairbanks.

Kurz, während Produzenten und Manager überwiegend aus ärmlichen Verhältnissen stammten, kamen viele der früheren Stars und Regisseure aus der unteren Mittelschicht. Man hätte voraussagen können, daß aufgrund dieses Umstands Zusammenstöße zwischen ihnen unausbleiblich waren. Die sozialen Prätentionen eines D. W. Griffith, Douglas Fairbanks und Erich von Strohheim vertrugen sich nicht mit dem Denkstil von hartgesottenen Geschäftsleuten.

Unabhängige Produzenten werden schon per definitionem rekrutiert, sobald sie sich einige Erfahrung in der Industrie oder einer verwandten Branche erworben oder aber genug Geld zusammenbekommen haben, um ihre Projekte selbst finanzieren und sich bewähren zu können. Inzwischen ist der Film nun schon in der dritten Generation, und

---

[4] Was zu dem unsterblichen Kommentar „Also haben die Irren selbst die Leitung des Irrenhauses angetreten“ Anlaß gab, s. Terry Ramsaye (1926 a), S. 795.

die „Aus Lumpen zum Reichtum"-Fälle sind heute sehr selten geworden. Heutzutage kommen die Filmleute gemeinhin aus soliden Mittelschicht-Verhältnissen und sind viel gebildeter, als Rosten meint (Rechnungsführer und Söhne von Großmogulen der ersten Generation gibt's heute viel; sie sind gebildet und bereits bemittelt, ehe sie in die Firmen eintreten). Auch machen sie unterschiedliche Filme. Einige stiegen von ganz unten zum Star auf – (Marilyn Monroe war ein Waisenkind) – und mußten auf ihrem Weg nach oben unzählige Demütigungen einstecken.

Wenden wir uns den entscheidenden Kreativen zu: Regisseuren und Drehbuchverfassern. Hier sind die Umstände der Rekrutierung weit komplizierter; denn in diesem Teil der Filmbranche sind soziale Herkunft und Bildungsniveau vielleicht am breitesten gefächert. Autoren rangieren zum Beispiel von Groschenroman-Schreibern bis zu Schriftstellern von der Qualität eines Hugh Walpole, Christopher Isherwood und Anthony Powell. Weitaus in der Mehrzahl kommen Schriftsteller vom Rundfunk oder Fernsehen, oder sie waren journalistisch tätig. Ihr Stolz wird ihnen meist nicht erlauben, nur einen Teil eines Manuskripts zu bearbeiten oder anderer Leute Arbeiten zu redigieren und zu verbessern. In jüngerer Zeit verfaßten Schriftsteller vom Range eines John Osborne, Robert Bolt, John Mortimer und Harold Pinter Filmadaptionen ihrer eigenen Werke oder der Werke anderer. Für gewöhnlich machten sie die Kontrolle des endgültigen Manuskripts zur Bedingung und erhielten sie auch. Sei dem wie es wolle, Schreiben ist ein Beruf mit vielen Bahnen, und der Film ist ein riesiges Konfektionswarenhaus, das ständig Personal braucht. Um von Zeitung oder Zeitschrift oder vom Roman zum Filmmanuskript überzuwechseln, bedarf es gar keines allzu gewagten Schrittes. Interessant ist, daß eine Reihe von Schauspielern schon allein durch die Berührung mit dem Film ein eigenes Schriftstellertalent entdeckten: Bryan Forbes, Michael Craig und Jerry Lewis zum Beispiel.

Aus welchen Schichten die Regisseure sich rekrutieren, ist schwerer zu ermitteln, und zwar aus dem einfachen Grund, weil es vor dem Aufkommen des Fernsehens keine vergleichbare Branche mit zu besetzenden Jobs gab. Zwar wurden Kameraleute und Theaterleute schon eingestellt, doch wußte der eine nicht unbedingt über Schauspieler Bescheid und der andere hatte mit Sicherheit Schwierigkeiten, sich einem völlig neuen, beweglicheren Medium anzupassen. Über die Rekrutierung von Regisseuren zu sprechen heißt faktisch nichts anderes, als auf Neuerungen und die Anpassung an sie einzugehen. So wie die ersten Filme von Film- und Kameraherstellung gedreht wurden, führte in der Anfangszeit der Kameramann die Regie. Die Notwendigkeit einer besonderen Regie ergab sich erst allmählich, als längere Filme mit komplizierten Handlungen und größerer Besetzung ein größeres Maß an Organisation erforderlich machten. Griffiths Bedeutung beruht weitgehend auf dem Umstand, daß er die expressive und dramatische Sprache des Films erfand, – eine Sprache, die sich zum Spezialbereich entwickelte, das der Regisseur beherrschen mußte. Die filmischen Sprachmittel, wie sie Griffith entwikkelte, Großaufnahme, Zwischenschnitt, Ellipsen und Ausblendung, sind kaum dazu angetan, von jemandem erfunden zu werden, dessen Imagination durch das Theater festgelegt war. In der Tat, verfolgt man die Entwicklung der frühen Griffith-Filme, kann man deutlich beobachten, wie er die verschiedenen Kunstgriffe erprobte, bis er schließlich für seine Meisterwerke, *Birth of a Nation* und *Intolerance*, 1914–1916, eine erstaunlich reiche, kunstvolle Sprache zur Verfügung hatte, die ihm die Wiedergabe nahezu jeder gewünschten Nuance gestattete[5]. In den 20er Jahren setzten andere die Entwicklung der Filmsprache fort: In Deutschland der stark vom expressionistischen Theater beeinflußte Fritz Lang mit seinen Filmepen, in Rußland die Theoretiker Eisenstein und Pudovkin mit ihren ausgeklügelten Theorien als Avantgardisten des sowjetischen Films. So übte das Theater noch einmal wie in der Frühzeit des Films eine bedeutende Wirkung aus. Diese Neuerungen wurden – oft in Begleitung ihrer Initiatoren – in Frankreich (von Clair, Vigo), in England (von Hitchcock) und schließlich in Hollywood übernommen. Die Einführung des Tons wirkte sich auf die Aufnahmetechnik zunächst hemmend aus, so daß die Filme statisch und hölzern wurden.

Der nächste bedeutende Revolutionär sollte – wieder in Amerika – Orson Welles sein. Welles hatte in verschiedener Funktion für das Theater und, vielleicht wichtiger noch, für den Funk gearbeitet. Die bei größter imaginativer Freiheit sehr hohen Anforderungen der Radiotechnik mögen Welles die Voraussetzungen für Kühnheiten geliefert haben, die zuvor niemand für möglich gehalten hätte. In Zusammenarbeit mit dem genialen Kameramann Gregg Toland entwickelte er die fotografische Tiefenschärfe in neuartiger Verwendung, ließ ganze Szenen in einer Einstellung ablaufen, erfand neue Montagearten und – für den Film – das nicht chronologische Drehbuch, die alle – eine Ironie – in kommerziell ganz uneinträglichen Filmen zur Anwendung gelangten, jedoch das übrige kommerzielle Kino an Ausdrucksmitteln unermeßlich bereicherten. Hollywood ist in mehr als einer Hinsicht in seiner Schuld. Was den Aufnahmestil betrifft, haben – um vier verschiedenartige Beispiele zu nennen – der Japaner Akira Kurosawa, der Schwede Ingmar Bergmann, die Amerikaner Robert Aldrich und Joseph Losey dem Regisseur Welles enorm viel zu verdanken. Andere Regisseure wie David Lean arbeiteten sich auf der Stufenleiter der Praxis nach oben, während wieder andere auf viel leichteren Wegen dorthin gelangten.

Alfred Hitchcock begann seine Laufbahn als Titel-Designer und gelangte dann irgendwie zur Regie. Viele Regisseure wurden in den letzten Jahren vom Fernsehen zum Film geholt. Natürlich sind diese Medien verschiedenartig, doch ist das Fernsehen zweifellos das bestmögliche Übungsfeld. In der großen Zeit der Filmindustrie drehte man in Hollywood wie auch in England eine große Anzahl von B-und Kurzfilmen. An ihnen konnten sich neue oder mutmaßliche Regietalente erproben. Da man nun weniger B-Filme produzierte, konnten sie als Übungsfeld durch das Fernsehen rechtzeitig ersetzt werden. Jüngst ging man in Frankreich zu einer neuen Methode der Rekrutierung von Filmtalenten über: Man holte sich enthusiastische Filmrezensenten oder Filmamateure und/oder Experimentalfilmemacher. Das Phänomen der *Nouvelle Vague* war eine Überraschung: ganze Redaktionsstäbe „kleinerer" Filmmagazine erhielten die Chance, abendfüllende Spielfilme in eigener Regie zu drehen. Ihr Erfolg führte zur Entdeckung einer Reihe von Filmgenies wie Hanoun, Truffaut, Godard und anderer Hochbegabter. Bedeutung wurde der Tatsache beigemessen, daß diese jungen Regisseure bereits in der

---

[5] Diese Behauptung bedarf der Modifizierung im Sinne von Nicholas Vardac (1949), dessen Arbeit mir erst bekannt wurde, als mein Buch schon in Druck war. Er siedelt Griffith noch bei den Tendenzen des damaligen Theaters an, unabhängig davon, daß seine Kameratechnik weniger „bühnenmäßig" war als die anderer Zeitgenossen.

Ära des Tonfilms aufgewachsen sind und daher instinktiv in der Sprache des Mediums denken. Zweifellos verfügen sie über eine besondere Sensibilität, und aufschlußreich ist vielleicht, daß sie vor kommerziellen Regisseure vom Format eines Howard Hawks und Alfred Hitchcock größte Hochachtung gaben.
(Ein anderes, relativ gut dokumentiertes Beispiel der Rekrutierung gibt es in Polen. Anscheinend hat man in Polen regelrechte Filmschulen eingerichtet, für die besondere Zulassungsbestimmungen gelten, wie sie bei anderen Kunstschulen üblich sind – wiewohl vielleicht etwas weniger elastische. Ihre Absolventen werden nach erfolgter Graduierung in die Filmindustrie aufgenommen. Natürlich beschränkt sich diese Industrie auf das fundamentale materielle Ziel, die Investitionen mit Gewinn wieder einzuspielen. Interessant ist jedoch, daß verminderter Konkurrenzdruck sich nicht notwendigerweise zugunsten des Produkts auswirken muß. Andererseits bietet diese Methode die Gewähr, daß selbst unerfahrene Neulinge über ein beachtliches Maß an Können verfügen. Auch scheint die polnische Filmindustrie Experiment und Exploration neuer Möglichkeiten mehr zu fördern, als irgendeine andere Filmindustrie.)
Nur auf filmtechnischem Gebiet gibt es eine Art gewerkschaftlich organisierter Lehre oder Ausbildung. Auch Regisseure und Autoren haben ihre Gewerkschaften, doch scheinen diese niemanden, der als Regisseur engagiert wird, daran zu hindern, auch wirklich Regie zu führen, – mag er auch neu von draußen kommen.
Über die Klassenherkunft der unabhängigen Produzenten, Autoren und Regisseure habe ich nur weniges gesagt, weil sie für gewöhnlich nicht direkt, sondern über einen anderen Beruf oder eine andere geschäftliche Tätigkeit zur Filmindustrie kamen. Es würde hier zu weit führen, ihrer verschiedenen Herkunft nachzugehen. Von Frankreich und Polen und ihren Filmschulen abgesehen, ist die Filmbranche nirgends organisiert wie andere Geschäfts- und Berufszweige es sind; auch geht sie nicht nach einer durchschaubaren Rekrutierungspolitik mit bestimmten Voraussetzungen vor, die zu erfüllen der Aspirant anstreben könnte. Im Gegenteil, seit langem schon zieht die Filmindustrie Geld daraus, daß unzählige Menschen verschiedenster Herkunft und unterschiedlichsten Bildungsniveaus in die Filmindustrie streben. Alle Achtung vor den französischen Kritikern, die sich als erste Intellektuellengruppe in die Industrie Eingang verschafften. Ein ähnlicher Durchbruch vollzog sich in England. Dort ging man nach einer rationaleren Rekrutierungspolitik vor, wobei die legitimen Anstalten Theater und Fernsehen als Sprungbrett galten (siehe I. C. Jarvie, 1969 b). Hollywoods enormes Prestige hat ihm ermöglicht, ungefähr jeden ausländischen Filmemacher, den es nur haben wollte, in seinen Bann zu ziehen. In jüngerer Zeit haben Kurosawa, Bergman, Antonioni und Godard zwar das Angebot, in Hollywood zu arbeiten, verächtlich zurückgewiesen. Diese Regisseure jedoch genießen in ihrer Heimat völlige schöpferische Freiheit nach eigenen Bedingungen. In vergangenen Jahren verfügte allein Hollywood über die notwendigen technischen und finanziellen Mittel, um jeden zufriedenzustellen. Diese Monopolstellung hat es heute nicht mehr inne. Dennoch zieht es noch immer Talente aus Kanada, England, Frankreich, Polen und anderen Ländern an. Noch immer ist ein unzerstörbarer Zauber, die Vorstellung von Qualität, mit seinem Namen verbunden. Hollywood ist die einzige Industrie, die einen weltweiten Massenabsatz hat; sie ist auch die einzige Industrie, in der massive finanzielle Gewinne sich mit Qualität ver-

einen lassen. Hollywood zu erobern ist noch heute eine Herausforderung, – zu groß und zu fern für die Mehrzahl derer, die sich eine Filmkarriere erträumen.
Seit dem Verschwinden der großen Filmstudios hat die Klassenherkunft der Hollywood-Bürger keine große Bedeutung mehr. Das soziale System des alten Hollywood mit seinen strikten, durch Gehalt und Nebeneinnahmen gekennzeichneten Statusunterschieden existiert nicht mehr. Doch bleibt es weiterhin eine Welt, in der sich alles um den Film dreht, – nunmehr weniger auf korporativer Basis als auf einer Basis der Produktion von Film zu Film.
Zu guter Letzt dürfte es sich lohnen, die prominentesten Bürger dieser Filmwelt zu betrachten: die Schauspieler und Schauspielerinnen, die das dekorative Aushängeschild sind. Die Vorstellung des Publikums, eine Filmkarriere sei der moderne Weg zum Reichtum, ist sicher nicht unrichtig. Ebensowenig ist falsch, daß jeder, aus welchem Milieu er auch kommen mag, selbst wenn er mit einem Minimum an intellektuellen Fähigkeiten ausgestattet ist, die Reise auf dieser Straße antreten kann. Aber daß dieser Weg eben und bequem sei, ist eine Legende. In Hollywood wimmelt es geradezu von bildschönen Kellnerinnen, Rettungsschwimmern, Platzanweiserinnen und so weiter. Sie kamen in Scharen und werden weiterhin in Scharen nach Hollywood ziehen. Im Branchenjargon nennt man sie die „hopefuls". Diese unentwegt Hoffenden werden jede Arbeit annehmen, wenn sie im Druck sind, wie einst Marylin Monroe, – nur um zu bleiben, voller Zuversicht, doch noch entdeckt zu werden. Wie stark dieser Wunsch sein muß, läßt sich daran erkennen, daß manche sogar für Aktphotos posieren oder Rollen in Sex-Filmen übernehmen, um sich mit Hilfe ihrer körperlichen Vorzüge durchzusetzen. Das trifft auch auf Männer zu. Viele der großen Stars hatten keinerlei schauspielerische Erfahrung. Lana Turner wurde in einem Drugstore entdeckt, Rock Hudson war Lastwagenfahrer, Jean Seberg fiel bei einem Talentwettbewerb auf. Dennoch kann man immer noch sagen, daß der Beruf des Fotomodells, Theater und Fernsehen die Hauptwege sind, die zur untersten Stufe der Leiter führen. Manche gelangten natürlich auch auf dem Weg übers Schlafzimmer zum Ziel. Eine der großen Damen des Films soll trotz ihrer blendenden Erscheinung mit mehr Leuten öfter geschlafen haben, als irgend jemand es selbst im von Neid geplagten Hollywood für möglich gehalten hätte. Es bleibt zu hoffen, daß Ruhm und Vermögen sie für diese Jahre tatsächlich entschädigten. Kenneth Angers erstaunliche und obszöne Darstellung in seinem Buch *Hollywood Babylon* (1965) ist ein Kompendium solcher Erzählungen. Aber ich würde doch sagen, daß heutzutage nur der oben bleibt, der noch anderes zu bieten hat, und dieses andere besteht für gewöhnlich nicht nur in „gut Aussehen". Man achte nur auf die Komparsen im Hintergrund einer Filmszene. Viele der jüngeren Männer sehen sehr gut, viele der Mädchen außergewöhnlich hübsch aus. Indes sind sie in Hollywood Dutzendware, sowohl innerhalb der Industrie wie auch unter denen, die noch draußen sind und hineinzugelangen versuchen. Worin besteht der Unterschied zwischen dem Komparsen und dem Star? Diese Frage wird für Teil III aufgehoben. Aber Antworten wie „es gibt keinen" oder „der eine hatte Glück" möchte ich nicht zu hören bekommen.
Immerhin ist es nicht einfach, sich vor Kamera und Mikrophon ungezwungen zu bewegen; man muß es erst lernen. Ebenso will es gelernt sein, nach Wunsch zu Agieren und zu Reagieren, die Stimme zu modulieren, von Szene zu Szene die gleiche Stim-

mung durchzuhalten, während die Aufnahmen sich über Tage erstrecken, (die Handlung sich jedoch oft in einer kurzen Zeitspanne abspielt). In der schlechten alten Zeit, als man im Studio noch fabrikmäßig produzierte, wurden viele der Hopefuls zu Probeaufnahmen herangezogen. Dabei war deutlich zu erkennen, wer von ihnen schon einmal im Jupiterlicht gestanden hatte und wer nicht.

Dennoch, der Verlust an Ausbildungsmöglichkeiten am B-Film in der Studiopraxis hat den Selektionsprozeß verschärft. Heute sind die Stars wirklich „groß", auf die gleiche Weise, wie sie es in der Frühzeit des Films einst waren. Auch repräsentieren sie keine bestimmte Klasse und kein bestimmtes Land. Es mag überraschen, daß fast keiner der Spitzenschauspieler und -schauspielerinnen ein abgeschlossenes Universitätsstudium hinter sich hat. Die wenigen Ausnahmen lassen sich an den Fingern einer Hand abzählen. Dies gilt auch für viele andere Größen in Hollywood; und der Mangel an Bildung bedeutet (leider) auch Mangel an Geschmack. Dieser Mangel an Geschmack, verbunden mit übermäßigem Reichtum, ist der Grund für die viel gelästerte protzige Vulgarität Hollywoods und seiner Bürger.

3. *Gesellschaftliche Auswirkung des „offenen" Rekrutierungssystems*

Was bedeutet all dies nur für uns? Antwort: Der Film ist eine klassenlose Industrie, die sich mehr oder weniger zufällig mit Menschen aus fast allen sozio-ökonomischen Schichten rekrutiert. Obwohl die untere Mittelklasse durchweg in Hollywood stark vertreten ist, gibt es nur wenige Filme, die sich dem Ethos dieser Klasse verschreiben. Daß sie die Mentalität breiter Bevölkerungsschichten widerspiegeln, besagt nichts gegen die Theorie, derzufolge Filme politisch oder sonstwie gefärbt seien. Aber wollte man diese angebliche Tendenz auf die Klassenstruktur zurückführen, würden die Fakten einen Lügen strafen. Zudem mag die Rekrutierung auf breiter Basis sich durchaus auf das Produkt auswirken. Hollywoods unfehlbarer Instinkt für Zugkraft auf dem Weltmarkt ist sicherlich kein Zufall.

Noch nicht berührt wurde hier die Frage, welche Art von Klassensystem sich bei einer Rekrutierung aus so vielen verschiedenen Schichten ergibt. Im Großen und Ganzen, lautet die Antwort, entsteht eine breite, von Mittelklasseverhältnissen bis „sehr reich" aufgefächerte Skala. Jedoch Streß, rücksichtsloser Machtkampf, Nepotismus und der allgemeine „Personalismus" resultieren in der Übernahme von Verhaltensmustern, die anders sind, als man angesichts der allgemeinen Situation erwarten würde. Auf allen Ebenen gibt es Protzentum und Angeberei. Lautes Sprechen, schlechte Manieren und primitive Ansichten, bombastische Heime und bombastische Garderobe, das Gewäsch von Nassauern und Schmeichlern, enorme Geldverschwendung, – das alles kann man in Hollywood antreffen. Aber schließlich handelt es sich hier um eine außergewöhnliche Art von Gesellschaft. Prostitution schreiben Soziologen meist wirtschaftlichen Ursachen zu. Hollywood dürfte ein Gegenbeispiel hierfür darstellen. Hollywood ist eine Stadt, in der viele schöne und erfolgreiche Menschen leben. Um in ihr Fuß fassen zu können, haben viele von ihnen ihren Körper verkauft. Menschen, die anderswo leicht einen guten Job, einen Ehepartner und Sicherheit gefunden hätten, gingen nach Hollywood und versuchten auf dem Wege über den Sex zu erreichen, daß man sie wenigstens einer Talentprobe unterzog. Sex ist billig; aber mit Sex allein kommt man nicht weit. Kein Mensch muß diesen Weg einschlagen. Dennoch tun es viele.

Ganz allgemein läßt sich sagen, daß das Atypische Hollywoods vor allem auf seinem Extremismus beruht. Erfolgreichen wird es hier besonders wohl ergehen, und wer von Natur aus laut ist, wird hier besonders laut sein.

In seinem fundierten Werk konnte Leo Rosten (1941) statistische Daten über die Anzahl von Gehaltsempfängern auf den verschiedenen Gehaltsstufen anführen. Er stellt fest, – was man sich vielleicht hätte denken können doch bislang überging, – daß im Jahre 1939 von 235 Schauspielern mehr als 60 Prozent unter 8000 Dollar, und mehr als 50 Prozent der bei der 20th Century Fox, Warner Brothers und Columbia engagierten Schauspieler unter 7200 Dollar jährlich verdienten. 1939 konnte man von diesen Gehältern bequem leben, doch zur Bestreitung der hohen Kosten eines „night life of the gods" dürften sie kaum ausgereicht haben. In den anderen Berufen– bei Drehbuchautoren, Regisseuren, Produzenten –, kommt es nicht vor, daß eine ganze Kategorie von Leuten von einem Jahr bis zum anderen kaum etwas zu tun hat. Techniker und andere Fachkräfte werden nicht wie Schauspieler tageweise oder für eine bestimmte Rolle engagiert, sondern mindestens für einen ganzen Film, nach Möglichkeit für ein ganzes Jahr. Dabei halten die Schauspieler es für dringend erforderlich, stets für die Studios erreichbar zu sein, damit sie nicht Gefahr laufen, ihre „große Chance" zu verpassen. So kam es zu Rostens traurigem Ergebnis: es gab eine große Gruppe nur zeitweilig beschäftigter Schauspieler, die von ganz wenig Geld leben mußten und dennoch hofften und hofften ... Daß ihre Situation heute nicht viel besser ist, läßt sich Pauline Kaels Schilderung (1968) der Rollenbesetzung bei dem Film *The Group/Die Clique* (USA 1965) entnehmen. Von schrecklichen Ängsten, Unsicherheiten und Demütigungen wird hier berichtet: Was sollte man tun? Selbstbewußt auftreten und dadurch vielleicht erst recht die so dringend gebrauchte Rolle verlieren? Oder sich durch unverblümte Bewerbung unbeliebt machen? Zum Teil erklärt die Situation des Theaters und der Mangel an Jobs in New York die Lage der Schauspieler. Andererseits fragt man sich, was ihre Hoffnung wohl aufrecht erhält. Wie Pauline Kael bemerkt: „Viele hatten natürlich die Hoffnung längst aufgegeben. Einigen begegnete ich später wieder: als Mitglieder der ‚Crew'. Vom Regisseur abwärts bestand sie fast durchweg aus Schauspielern, die kapituliert hatten."

Hieraus ergibt sich eine letzte Frage; denn ich will versuchen deutlich zu machen, daß die meisten der hohen Gehälter wegen zum Film streben. Heute ist das Motiv „Wunsch nach Selbstdarstellung" bei Autobiographien schreibenden Drehbuchverfassern und Regisseuren mehr in Mode als früher. Zum Teil ist das darauf zurückzuführen, daß zu der Zeit, als die bis zu den 50er Jahren beim Film Tätigen noch Teenager und auf der Suche nach ihrer Identität waren, der Film noch nicht als Kunstmittel galt, oder zumindest nicht als eine, an dem begabte Menschen künstlerische Möglichkeiten zu entdecken vermochten. Damals gingen die Leute des Geldes wegen zum Film und blieben des Geldes wegen dabei. Die *vor* der Kamera agierten, fühlten sich anscheinend stärker vom Glamour (von dem Geld nur ein Teil ist) angezogen. Befriedigung der Eitelkeit, Bewundertwerden, Steigerung des Selbstgefühls plus Verdienst scheinen die vielen

Arbeitsstunden, die oft harten Arbeitsbedingungen sowie den endlosen Zeitaufwand für minuziöse Details gelohnt zu haben.

4. Der Magnet „Geld"

Anziehungskraft hat vor allem das Geld. So ergibt sich die Frage, weshalb und mit welchem Recht die Filmleute so hohe Gehälter und Gagen beziehen. Zunächst muß darauf hingewiesen werden, daß das *technische* Filmpersonal – Elektriker, Tischler, Anstreicher, Bühnenarbeiter – am Standard ihres Handwerks gemessen gut aber nicht übermäßig bezahlt werden. Das große Geld war einst die Domäne der Manager, später auch der Stars, Produzenten, Regisseure, Autoren sowie der erstklassigen Designer. Eine Zeitlang war Louis B. Mayer der höchst bezahlte Manager der USA. Heute sind es einige wenige Stars, die eine halbe Million pro Film plus Anteile am Gewinn verlangen (Elizabeth Taylor und ein oder zwei andere Stars fordern sogar eine ganze Million). Häufig gründen Regisseur/Produzenten und Stars für einen einzigen Film eine Firma, die ihnen und ihren Teilhabern allein gehört; auf diese Weise erhalten diejenigen die Nettoeinnahmen, denen sie zustehen (!), was aufschlußreiche Einkommenssteuervorteile mit sich bringt.

Sind diese hohen Gehälter gerechtfertigt? Und was könnte man als gerechtfertigt bezeichnen? Hat Picasso das Recht, für seine Werke so viel zu verlangen, wie er auf dem Markt für sie erhält? Antwortet man hier „ja", darf Elizabeth Taylor sagen „ich auch" (vergl. Alexander Walker [1966]). Ihre, oder vielmehr meine Vermessenheit, sie mit Picasso in Verbindung zu setzen, hat hier nichts zu bedeuten. Denn ich habe ja nicht gefragt „*Wenn* Picasso ein *guter* Maler ist, hat er dann das Recht ...? Antwortet nun jemand darauf, „Picasso hat nur das Recht dazu, *wenn* er ein guter Maler ist", würde ich meinerseits die Gegenfrage stellen „Wer soll das beurteilen?" Und wer vor allem will über das Publikum urteilen, dem Elizabeth Taylor so viel seines Geldes wert ist, daß sie so hohe Gagen verlangen kann?

Antwortet man jedoch auf die Frage, ob Picassos Marktpreis berechtigt ist, „Nein, kein Kunstwerk ist so viel wert", dann gilt dies *a fortiori* auch für das Gehalt von Henry Ford II (nicht jenes Henry Ford, der die Massenherstellung von Autos erfand); denn niemand wird der Meinung sein, daß er sich mehr für die Menschheit verdient gemacht hat, als Picasso. Wäre demnach der Präsident der Vereinigten Staaten unterbezahlt? Erhebt man Einwände gegen Picassos hohe Preise, so ist das eher eine Angelegenheit der gerechteren Verteilung des Geldes und weniger des ökonomischen Wertes der Kunst an sich. Für ein gerechtes Urteil über die Verteilung des Reichtums fehlt es uns an Kriterien. Viele Sozialphilosophen haben viel Tinte verspritzt bei dem Versuch, solche Kriterien zu ermitteln. Die Wirtschaftler sind sich einig, daß keine dieser Theorien brauchbar (anwendbar) oder befriedigend ist (wegen ihrer unbeabsichtigten Wirkungen, von denen einige sich selbst aufheben).

Der Leser mag diese Art der Behandlung des Problems der hohen Gehälter in der Filmindustrie wenig befriedigend finden. Genauso geht es dem Verfasser. Zweck dieser Diskussion ist indes nicht, in dieser Frage zu entscheiden, vielmehr, sie vor dem richtigen Hintergrund zu sehen. Hierbei zeigt sich, daß der Hintergrund eine angemessene Behandlung des Problems nicht zuläßt. Kommen wir der Lösung näher, wenn wir der Frage nachgehen, was ein Picasso wirklich wert ist? Sicher wird manch einer bestreiten, daß er seine 25 000 Dollar wert ist mit der Begründung, daß eine beschmierte Leinwand niemals so viel Blut und Schweiß wert sein kann. Statt an diesem „weil", an der Begründung einzuhaken, möchte ich lieber zeigen, auf welch schwachen Füßen diese Behauptung steht, indem ich zurückfrage, wieviel Blut und Schweiß ein Picasso denn wert ist? Für 1000 Dollar? Für 10 Dollar gewiß (man muß ja leben können). Man erzählt sich, daß der verstorbene Sozialphilosoph Lord Beaverbrook auf einer Party sich einer Schönen näherte und sie fragte „Würden Sie für eine Million Dollar mit mir schlafen?" Die Dame überlegte eine Sekunde und sagte „Ja". „Würden Sie es auch für fünf Dollar tun?" fragte Beaverbrook. „Für was halten Sie mich?" erwiderte sie entrüstet. „Was Sie sind, das wissen wir, meine Liebe. Zur Diskussion steht der Preis."

V. Fallstudien und Zusammenfassung

In diesem Kapitel werde ich kurz auf einige Publikationen eingehen, die die Herstellung bestimmter Filme schildern und insofern als Fallstudien dienen können. Es gibt ihrer nur wenige, und gerade deshalb verdienen sie es, daß man sich eingehender mit ihnen befaßt. Ein gutes Bild vom mahlenden Räderwerk der Hollywoodmaschine gibt Lillian Ross (1950) in ihrem Bericht von der Herstellung des Films *The Red Badge of Courage* für MGM (Regie John Huston, Produzent Gottfried Reinhart); – dies ist bei weitem die beste Studie in Buchform; ihre Wirkung war derart erheiternd, daß der Verfasserin bedeutet wurde, sich nie wieder bei MGM blicken zu lassen. Eine offizielle Version von der Entstehung eines MGM-Films (*The Next Voice you Hear,* USA 1950) gibt Doré Schary (1950) mit seiner *Case History of a Movie.* Faszinierend wiewohl unvollständig ist auch Walter Wangers *My Life with Cleopatra* (1963). Über die britische Filmindustrie gibt es keine vergleichbaren Studien, doch immerhin Lindsay Anderson's chronistische Darstellung der Entstehung des Films *The Secret People* (1951) unter der Regie von Thorold Dickinson. Ein eingehende Untersuchung von Leben und Werk Akira Kurosawa's unternahm Donald Richie (1961) in *The Films of Akira Kurosawa,* eine Arbeit, die natürlich eine Menge Informationen über die japanische Filmindustrie enthält. Sehr bekannt ist auch die Geschichte der Herstellung der James Bond-Filme. Schließlich gibt es noch zwei großartige Schilderungen der Arbeitsweise individualistischer Filmemacher: Jean Cocteaus *Journal d'un Film,* sein eigener Bericht über die Entstehung von *La Belle et la Bête/Es war einmal,* Frankreich 1945, sowie Michael Macliammoirs *Put Money in Thy Purse* (1952), einer Schilderung der Entstehung von Orson Welles *Othello/Othello* (Marokko 1951).

Auch die selbst oder von einem Ghostwriter verfaßten Biographien von Mary Pickford, Joan Crawford, Fred Astaire, Charles Chaplin, Joseph von Sternberg, Erich von Stroheim, King Vidor, Buster Keaton, Bette Davis, den Marx Brothers – enthalten eine Fülle von (wenn auch nicht systematisch geordneten) Informationen aus der Filmbranche. Düstere Darstellungen der Industrie geben in Romanform Scott Fitzgerald in *The Last Tycoon* und Richard Brooks in *The Producer.*

1. „*The Red Badge of Courage*" und „*The Secret People*"

Beginnen wir mit Lillian Ross' *Picture:* An der Spitze der MGM-Hierarchie standen in New York Nick Schenck, in Hollywood Louis B. Mayer, ihnen unterstellt war Doré Schary, dem die einzelnen Produktionsassistenten unterstanden. Reinhart und Schary, beide Idealisten, wollten Stephen Cranes Roman über den amerikanischen Sezessionskrieg *The Red Badge of Courage* verfilmen. Louis B. Mayer, künstlerischen Prätentionen gegenüber stets mißtrauisch, war gegen dieses Projekt (in der Diskussion über die Frage, ob man den Film nicht mit einem erläuternden Kommentar versehen sollte, bemerkte er abfällig „Gequassel, Gequassel, Gequassel, wer will das schon hören?"). Doch ließ er Schary seinen Willen und gab ihm 1,5 Millionen Dollar zum „Experimentieren". Als der Film fertig war, fand Mayer ihn gräßlich, und auch bei den Probevorführungen wurde er nicht allzu gut aufgenommen. Da man sich klar war, daß man aus ihm keinen kommerziellen Film mehr machen konnte, erging Anordnung von oben, ihn umzuschneiden und doch mit einem Kommentar zu versehen (damit jeder merkte, daß es sich um die Verfilmung eines Klassikers handelte). Dann wurde er freigegeben in der Hoffnung, daß er zumindest die Kosten einspielte.

Diese Geschichte wirft ein Licht auf die wahren Machtverhältnisse und macht deutlich, wie wenig Freiheit kreative Menschen in Hollywood hatten, selbst wenn sie zu den Erfolgreichen zählten. Obwohl Mayer für das Projekt nichts übrig hatte, ließ er doch zu, daß Schary den Film machte. Jedoch ließ er nicht zu, daß er der Öffentlichkeit so vorgeführt wurde, wie Schary und Huston sich gedacht hatte, Schary wurde weich und schlug Änderungen vor. Reinhart und Huston blieben jedoch fest. Huston hatte genug und ging fort, um sein nächstes Projekt *African Queen/African Queen* (USA 1951) zu drehen, bei dem die Kontrolle weitgehend in seiner Hand lag. Bei MGM lag die ausschlaggebende Macht beim New Yorker Büro sowie in Händen des ausschließlich Trivial-Publikumswirksames goutierenden Mayer, der von seiner Macht bei der endgültigen Fassung des Films Gebrauch machte.

Lillian Ross schildert uns die großen Filmateliers vielleicht von der schlimmsten Seite. Danach hing es weitgehend von der Laune eines voreingenommenen exzentrischen, von Ja-Sagern und Schmeichlern umgebenen Chefs ab, ob ein gutes Projekt verwirklicht wurde oder nicht. Außerdem war die Arbeit der Filmschöpfer, selbst wenn ihr Plan gebilligt worden war und sie die Mittel erhalten hatten, ja, sogar noch nach Fertigstellung des Films von der Laune und den gottgleich unfehlbaren Meinungen der New Yorker Finanziers sowie von den törichten Reaktionen emotioneller Teenager bei den Probevorführungen abhängig. Alles in allem ein deprimierendes Bild, so daß man sich fragen muß, wie es möglich war, daß bei MGM alle jene schönen Musicals zustande kamen.

Trotz alledem, – zu guter Letzt war *The Red Badge of Courage* dennoch ein äußerst sehenswerter Film. Dies ist kein unwichtiger Punkt, wie vielleicht ein Vergleich deutlich machen kann. *The Secret People,* die Geschichte einer Anarchistengruppe in London, war ein langweiliger Film. Mehr oder weniger Thorold Dickinsons Absichten entsprechend konzipiert, besetzt, gedreht und geschnitten, kommt der Film dennoch nicht an. Andersons Buch über die Arbeiten an diesem Film sollte genau zur Premiere erscheinen! infolgedessen hatte er keine Möglichkeit, den Film auch zu rezensieren. Anscheinend war der Mißerfolg allein Dickinson zuzuschreiben. Alles Geld und Talent, alle Förderung, die dem Film zuteil wurden, konnten aus ihm nicht machen, was er nicht war. Zuvor hatte Dickinson zwei recht gute Filme gemacht: *Next of Kin/Nächste Verwandte* (England 1942) und *Queen of Spades/Pique Dame* (England 1948). Was mit diesem Talent vor sich ging, ist schwer abzuschätzen. Später (1954) drehte Dickinson in Israel einen Film (Episoden aus dem jüdischen Befreiungskrieg), der auch schlecht war, und seitdem scheint er sich von der Regie zurückgezogen zu haben*. Wie der Fall von *The Red Badge of Courage* zeigt, vermochte der MGM-Apparat trotz seiner heroischen Anstrengungen nicht alle Spuren der Hustonschen Hand auszulöschen, während der Fall *The Secret People* beweist, daß ein Film, wenn seine Grundkonzeption schwach ist, auch dann mißlingen kann, wenn alle Umstände den Absichten des Regisseurs günstig sind. Das Drehbuch – es ist in Andersons Buch abgedruckt – ist einfach nicht gut. Ein eklatantes Beispiel für einen ähnlichen Mißerfolg aus jüngerer Zeit ist Richard Brooks' seriöse Filmversion von Joseph Conrads *Lord Jim/Lord Jim* (England 1964). Zwei Jahre Arbeit am Drehbuch, eine blendende Besetzung, ein großes Budget usw. konnten nicht verhindern, daß es ein langweiliger Film wurde, der keinen Erfolg hatte. An Joseph Conrad liegt es jedenfalls nicht: Carol Reeds Conrad-Verfilmung *The Outcast of the Islands/Der Verdammte der Inseln,* England 1951 war ein starkes Werk und zugleich ein Erfolg.

2. Cocteau, Welles und Kurosawa

Fall 1 hat ergeben: trotz Einmischung relativ großer Erfolg. Fall 2: keine Einmischung, dennoch kompletter Mißerfolg. Ergebnis von Fall 3 und 4: trotz außerordentlicher Schwierigkeiten größter Erfolg. Dann: Jean Cocteaus *Journal d'un Film* und Macliammoirs Schilderung der Dreharbeiten von Welles *Othello* lassen erkennen, daß ein Künstler bei entsprechender Ausdauer und Hingabe mit unvorstellbaren Schwierigkeiten fertigzuwerden vermag (im Fall Cocteau waren es Nachkriegselend und eine Hautkrankheit, im Fall Welles ständiger Mangel an Geld). Auch ohne die Vorteile (oder Behinderung) der Arbeit durch eine große Filmgesellschaft brachten sie Filme zustande, die ihren Intentionen entsprachen und für die allein sie verantwortlich waren. Cocteau drehte 1946 in Frankreich unter verheerenden Bedingungen, bei fortgesetzten Stromausfällen und Geldmangel in krankem Zustand – er konnte das grelle Lampenlicht nicht ertragen – seinen Märchenfilm *La Belle et la Bête.* Trotz dieser Nöte wurde der Film zu Ende gebracht, – ein echter Cocteau und in gewisser Hinsicht einer seiner reizvollsten und zartesten Werke. Cocteau bekam es fertig, im Rahmen der kommerziellen Struktur tätig zu sein, ohne daß man ihm dreinredete. Vermutlich gab der den Fran-

---

* *Berichtigung des Verfassers zu diesem Abschnitt:* Der Film *The Secret People* wurde vor der Freigabe legal, aber ohne Wissen oder Zustimmung des Regisseurs, Thorold Dickinson gekürzt. Sein 1954 in Israel gedrehter Film *Hill 24 Doesn't Answer/Höhe 24 antwortet nicht* wurde zur Zeit des Sechs-Tage-Kriegs als repräsentativer Israel-Film zur Reprise in Israel ausgewählt. 1956, auf diesen Film hin, wurde Dickinson zum Leiter der Filmproduktion bei der Uno ernannt. Zur Zeit hat Professor Dickinson einen Lehrstuhl für Film an der University of London inne.

zosen eigene Respekt vor dem kulturellen Prestige für die Finanzierung den Ausschlag. Welles hingegen war Hollywoods schwarzes Schaf. 1940 im Alter von 26 Jahren nach Hollywood gekommen, machte er zwei Meisterwerke: *Citizen Kane* und *The Magnificent Ambersons*. Beide brachten zumindest zunächst kein Geld ein. Nachdem man ihm zwei seiner Filme *Journey into Fear* (1942) und *The Lady from Shanghai/Die Lady von Shanghai* (1948) drastisch umgeschnitten hatte, kehrte Welles Hollywood den Rücken und fuhr nur ab und an noch einmal hinüber, um eine Rolle oder bei einem experimentellen Film die Regie zu übernehmen, *Macbeth/Macbeth* (1948). Zu guter Letzt machte er dort noch den hervorragenden Film *The Touch of Evil/Im Zeichen des Bösen* (1957). Sonst aber lebte und arbeitete er in Europa. Von *Othello* an finanzierte er anscheinend seine Filme mit dem Geld, das er als Schauspieler verdiente. Auf diese Weise entstand *Mr. Arkadin, Confidential Report/Herr Satan persönlich* (Spanien 1955) und *Chimes at Midnight/Falstaff* (Spanien 1965). Den Film *The Trial/Der Prozeß* (Frankreich 1962) kam mit Hilfe der Franzosen zustande. Welles, eine dynamische, machtvolle Persönlichkeit, wurde mit den unglaublichsten Wechselfällen fertig. Sein *Othello* mag zwar kein Shakespeare sein, doch ist er ein glänzender Welles; und so gibt es in diesem Film kaum eine Einstellung, die nicht die ihm eigene Handschrift verrät. Dieser Film war nur langsam, unter stets wechselnden Arbeitsbedingungen, in ständiger Angst, daß das Geld ausging, zu Ende gebracht worden; Welles brauchte für ihn zwei Jahre, von September 1948 bis März 1950.

Fall 5, die Laufbahn Akira Kurosawas, beweist, daß der Künstler auf eine weitere Weise das System zu besiegen vermag. Kurosawa, der sich in Japan aus bescheidenen Anfängen zum Regisseur hocharbeitete, lernte – infolgedessen – sein Handwerk nur langsam. Seine frühen Filme, alle noch erhalten, sind von unterschiedlicher Qualität. Manche weisen in Plot und Buch Mängel auf; auch reichte das ihm zugebilligte Maß an Kontrolle oft nicht zur Realisierung seiner Vorstellungen aus. Eines Tages aber war er dennoch so weit: 1950 entstand sein erstes Meisterwerk, *Rashomon/Rashomon* (Japan 1950), das ihm von nun an als einen der größten Filmemacher der Welt Geltung verschaffte. Sein Film *Shichon-no-Samurai/Die sieben Samurai* (Japan 1953) indes wurde vom Studiomanagement gekürzt, und so erging es ihm von nun an mit einer Reihe von anderen Filmen, – trotz seines Prestiges und der Einträglichkeit seiner Filme. Zwar erhielt er völlige künstlerische Freiheit, zu filmen was und wie er wollte, und auch mit Mitteln kargte man nicht. Aber bisweilen pfuschte man ihm in den fertigen Film hinein. So beschloß er, die Produktion seiner Filme selbst in die Hand zu nehmen. Dem Filmstudio, für das er tätig gewesen war, überließ er nur den Vertrieb. Auf diese Weise erlangte er volle Kontrolle.

3. James Bonds „Hintermänner"

Der letzte Fall, auf den ich hier noch eingehen möchte, scheint einen neuen Trend in der Filmindustrie widerzuspiegeln: die gemeinsame *ad hoc*-Filmherstellung, bei der weder künstlerische Freiheit noch Einmischung von Belang sind. Ich denke an die Entstehung der phänomenal erfolgreichen James Bond-Filme *Dr. No* (England 1962), *From Russia with Love* (England 1964) und *Thunderball* (England 1965), – eine Reihe, die ihren Produzenten Harry Saltzman und Albert Broccoli einen Haufen Geld einbrachte. James Bond-Bücher gab es schon seit 1953, aber aus irgendeinem Grund war noch keiner auf den Gedanken gekommen, sie zu verfilmen. Bis Ende der 50er Jahre waren sie auf dem US-Büchermarkt ein Hit geworden, und Saltzman und Broccoli verschafften sich die Rechte für alle Bände, ausgenommen den ersten. Von London aus, doch in Verbindung mit der amerikanischen United Artists Filmgesellschaft operierend, beschlossen sie, sich an Flemings Niveau zu halten, jedoch neue Stars und kostspielige Schauplätze auszusuchen sowie möglichst viele Bond-Episoden zu bringen. Ein relativ unbekannter britischer Schauspieler, Sean Connery, wurde für die Rolle des James Bond engagiert, dem jeweils im Film eine andere, noch im Kommen begriffene junge Schauspielerin als Partnerin zugesellt wurde. Ausstattung und Drehbuch stimmte man mit Bedacht halb auf Realismus, halb auf Persiflage ab. Die Handlung wurde mit Gags und ironischen Bemerkungen („Alles für's Vaterland") ausgeschmückt, die es bei Fleming nicht gibt. (Zum Beispiel: Nachdem Bond eine junge Chinesin verführt hat, belauscht er ein Gespräch, dem er entnimmt, daß sie ihm nach dem Leben trachtet. Gelassen blickt er auf seine Armbanduhr, ehe er sich erneut dem Liebesspiel hingibt, – noch hat er Zeit, ehe er gegen Angriffe aus dem Hinterhalt Vorkehrungen treffen muß.) Schauplatz der Handlung sollten die Antillen, die Türkei, die Schweiz, Florida, die Bermudas und Japan sein. Eine Unmenge Geld investierten die Produzenten in diese Filme, – nicht für überhöhte Gagen, vielmehr für Aufbauten und Ausstattung sowie für weite Reisen des gesamten Aufnahmeteams mit wochenlangen Aufenthalten.

Mit diesen Ideen bewiesen Saltzman und Broccoli Gewitztheit und Sachverstand. Schon einige andere Filme von ihnen waren Treffer gewesen. Das großartige James Bond-Thema hätten sie dennoch verspielen können. So aber zogen sie alle Register: Sollten die Plots im beweglichen Medium Film zur Geltung gelangen, mußten der Sprachstil unterkühlt, die in den Fleming-Romanen gegebene Selbstironie des Helden genutzt werden. Geld spielte offensichtlich keine Rolle, dennoch wurde es weise angelegt. Die Aufmachung zahlte sich aus, und die Produzenten stehen jetzt in dem Ruf, Männer mit goldenen Fingerspitzen zu sein. Interessant ist ein Vergleich mit dem Film *Casino Royale/Casino Royale* (England 1966), mit dem die Konkurrenz die Bond-Filme übertrumpfen wollte, dabei jedoch lediglich einen unverständlichen Film zustandebrachte. Obwohl die Bond-Filme nicht alle mit dem gleichen Drehbuchautor oder Regisseur oder Kameramann gemacht wurden und außer Connery auch die Schauspieler wechseln, sind die Bond-Filme alle aus einem Guß. Zwar haben sie keine persönliche Note, – von den Dekorationen Ken Adams vielleicht abgesehen. Doch die zugrundeliegende Konzeption wurde irgendwie voll und ganz realisiert.

Fassen wir zusammen: Das System des Filmimperiums war schlecht, doch gab es Möglichkeiten zu seiner Überwindung. John Ford und Alfred Hitchcock konnten durchaus darin arbeiten; andere wie Jean Cocteau, Akira Kurosawa, Ingmar Bergman, Federico Fellini schufen sich eine Nische, um ungestört arbeiten zu können. Orson Welles blieb nichts übrig, als außerhalb des Systems Filme zu machen. Die fundamentalen Probleme ergeben sich aus der Tatsache, daß es in der Filmwelt zwei Rollen gibt, die nicht genau definiert sind: die des Schauspielers und die des beauftragten Managers. Produzenten, Regisseure, Autoren, Kameraleute wissen genau, was sie wollen und was ihnen zusteht.

Sie alle aber müssen sich gegen die Exekutiven zur Wehr setzen, die zwar große finanzielle Verantwortung tragen, künstlerische Verantwortung jedoch nicht kennen, und deren Launen durch die Struktur keinerlei Grenzen gesetzt sind. Bei der unabhängigen Produktion hat sich das Problem beträchtlich vermindert. Andererseits muß der Filmemacher heute wirklich sehr bald sein Können unter Beweis stellen. Er kann es sich nicht leisten, erst an B-Filmen oder billigen Produktionen zu üben, – oft tut er direkt vom Fernsehen den Sprung zum Multi-Millionen-Dollar-Filmprojekt. Ein einziger Fehlgriff, und das Spiel ist aus. Für den Filmemacher selbst ergeben sich aus der ungenauen Rollendefinition des Schauspielers zusätzlich Konflikte. Der Schauspieler wird zwar am höchsten bezahlt, hat aber die unsicherste Position. Sehr häufig hängt die Finanzierung eines Film-„Pakets" davon ab, welcher Star seine Mitwirkung zugesagt hat. Dennoch spielt der am sichtbarsten hervortretende Partizipant eine vergleichsweise nur bescheidene kreative Rolle.

Diese aus ungenauen Rollendefinitionen resultierenden Konflikte sind nicht im System begründet: Es gibt nur wenig Vetternwirtschaft in einer so weitgehend auf Wettbewerb beruhenden Industrie. Soweit in der Filmbranche Klassenunterschiede bestehen, ergeben sie sich – von der Bewährung im Wettbewerb abgesehen – aus Einkommen und Status. Vergleicht man Einkommens- und Statusstruktur miteinander, wird die Ursache der Konflikte sofort deutlich: In der Filmindustrie beziehen die Schauspieler hohe Gagen, haben aber einen niedrigen Status. Bei Regisseuren ist es genau umgekehrt. Manager und Exekutive haben beides, – hohe Einkommen *und* hohen Status. Lediglich bei Technikern und Fachleuten ergibt sich die Rangordnung aus dem Gehalt, das bis zu einem gewissen Grad nach dem Erfolg der Filme bemessen wird. Es liegt auf der Hand, daß sich Konflikte aus dieser Situation ergeben müssen: Das Statussystem steht nicht in Relation zur Einkommensverteilung, und die Einkommensverteilung steht nicht unbedingt in Relation zum Erfolg.

Diese Konflikte gibt es in ähnlicher Form überall, wo innerhalb eines kapitalistischen Systems Filme gemacht werden. In Ländern wie Indien und Ägypten, und auch in Hongkong, werden die Komplikationen noch dadurch vermehrt, daß der Schauspielerberuf an sich geringen Status hat. Angesichts dieser Umstände muß man damit rechnen, daß Filme nur innerhalb lockerer und relativ komplizierter Organisationen hergestellt werden können, in denen sich die durch Status und Rollenkonflikte ausgelösten Zusammenstöße auf ein Mindestmaß beschränken lassen.

Nachdem wir in diesem Teil des Buches analysiert haben, wie Filme entstehen, soll im nächsten Teil unsere Aufmerksamkeit dem Konsumenten gelten, ehe wir uns mit dem Filminhalt befassen, – mit dem was konsumiert wird. Jedoch wollen wir uns vergegenwärtigen, – worauf wir später noch zurückkommen werden, – daß außer den aus der ungenauen Rollendefinition resultierenden Zusammenstößen bei der Filmherstellung auch die Rolle der Filmindustrie untersucht sowie die Frage gestellt werden muß, welchen Interessen der Gesellschaft als solcher sie dient. Durch ihre Struktur und die Art ihrer Rekrutierung wird die Industrie sich selbst wie auch breite Schichten der Gesellschaft in einem bestimmten, für eine gewisse Art von Publikum am besten geeigneten Produkt widerspiegeln.

Teil 2

Zur Soziologie des Publikums: Wer sieht sich Filme an und warum?

In diesem Teil des Buches möchte ich mich auf die Beantwortung der Frage beschränken: „Wer sieht sich Filme an und warum sieht er sie sich an?“ Wenn ich dabei den Versuch mache, einen Aufriß der Publikumsstruktur zu geben, kann ich nicht umhin, auf die Frage einzugehen, warum das Publikum gerade aus diesen Menschen besteht und nicht aus anderen. Die nächste, sich logisch hieraus ergebende Frage: „Welche Wirkung hat das, was gesehen wird auf die, die es sehen?“ soll indes erst in Teil Drei behandelt werden. Denn ehe wir die Auswirkungen des Gesehenen untersuchen, müssen wir uns mit dem Gesehenen selbst befassen. Soweit das Gesehene indes für die Zusammensetzung des Publikums von Bedeutung ist, werden wir schon in diesem Teil darauf eingehen.

In Kapitel VI, „Medium und Publikum“ wird die Auffassung, der Filmbesucher sitze „passiv“ vor der Leinwand, in Frage gestellt. In Kapitel VII, „Der Kinobesuch als soziale Institution“, wird dann der Film im Blick auf seine Funktion als institutionalisierte Massenunterhaltung untersucht, wobei sich zeigt, daß er sozialisierend wie auch bildend wirkt. In Kapitel VIII gebe ich einen Überblick über die strukturelle Zusammensetzung des Filmpublikums, soweit sie uns bekannt ist, und gehe schließlich in aller Gründlichkeit auf die Frage ein, warum gerade dieses Publikum und nicht ein anderes ins Kino geht.

VI. Medium und Publikum

1. Die Legende vom „passiven“ Zuschauer

Woraus besteht ein Publikum, und wie unterscheidet das Filmpublikum sich von anderem Publikum? Der üblichen Auffassung zufolge gibt es aktive und passive Formen des Vergnügens, wobei Zuschauer-Sein zu den letzteren, Musizieren oder Handarbeitenmachen dagegen zu den ersteren gehören soll. Oft muß diese Unterscheidung dazu herhalten, vergangene Zeiten zu bewundern, als die Menschen angeblich selbst für Unterhaltung sorgten, indem sie sangen und spielten, nähten und vorlasen. Gewiß, solange es keine Unterhaltungsindustrie gab, mußte man in eigener Regie Unterhaltung schaffen, oder vielmehr, mußte man sie im eigenen Heim oder der heimischen Umgebung genießen. Doch selbst damals gab es Menschen, die schweigend zu lesen pflegten, und es gibt kaum eine andere Betätigung, die passiver zu sein *scheint,* als Lesen. Liest man ein Buch, so ist man ein Ein-Mann-Publikum. Geht man dagegen ins Kino, gehört man einem größeren Publikum von anderer Qualität an. Meiner These zufolge verdient die Passivität eines Massenpublikums nicht mehr Mißbilligung als die Passivität des Lesers. Auch wäre es ganz irreführend, „passiv“ mit „geistig und körperlich faul“ gleichzusetzen, – wie das Beispiel des Lesenden deutlich macht.

Immerhin, Publikum kann man auf verschiedene Weise sein, – ob es sich um die Massenmedien oder um andere Formen der Darbietung handelt. Als Rundfunk- oder Fernsehpublikum kann man beim Zuhören oder -sehen die verschiedensten alltäglichen Verrichtungen fortsetzen. Ein Kinopublikum kann lärmend Partei ergreifen oder schlafen, kann „petting and necking" betreiben, während der Vorführung etwas knabbern und vieles andere mehr. Der Leser eines Buches hingegen wird kaum etwas anderes nebenher tun können, als sitzen oder liegen, trinken oder rauchen; er muß sich konzentrieren. Was hat das alles schon zu bedeuten? Selbst wenn die physische Aktivität völlig ruht wie beim Lesen eines Buches zum Beispiel oder wenn bei Passivität eine gewisse Konzentration vonnöten ist wie bei bestimmten Büchern und Filmen, – warum sollte ein solcher Umstand weniger akzeptabel sein, weniger Billigung verdienen als – sagen wir – das Do-it-yourself in einem Madrigalchor oder einem Gesangverein? Die übliche Antwort ist nicht frei von Puritanismus: Arbeit sei gut für den Menschen, auch dann, wenn es das Vergnügen ist, das Arbeit macht. Auf ein Buch müsse man sich konzentrieren, man arbeite dabei; ein Film dagegen werde einem auf dem Tablett serviert. Dieses Argument ist ziemlicher Unsinn; es ist snobistisch und unpräzise. Entfaltet man beim Hören der Matthäus-Passion mehr Passivität oder Aktivität als beim Handarbeiten oder Geschirrspülen? In England und Amerika saßen die Angehörigen der arbeitenden Klassen, auf dem Land wie in der Stadt, des abends nicht im Salon herum. Sie arbeiteten noch oder sie musizierten. Manche tanzten, andere sahen zu. Zusehen ist zu allen Zeiten eine weitverbreitete, durchaus legitime Betätigung gewesen. Bei Tanz und Gesang faul zu sein, bietet nicht Anlaß zur Rüge: Soll sich doch jeder vergnügen, wie es ihm beliebt, sofern er anderen nicht ausdrücklich schadet. Die ganze puritanische Do-it-yourself-Einstellung finde ich recht unerquicklich. Mir würde es kein Vergnügen bereiten, erst Bücher schreiben zu müssen, ehe ich sie lesen oder erst Filme machen zu müssen, ehe ich sie sehen dürfte. Meine Folgerung lautet daher: Manche Vergnügen macht man sich, andere kauft man sich. Chacun à son goût. Ob man sich ein Kinobillett kauft oder ein Buch, – es ist genau dasselbe, und der Film hat obendrein den Vorzug, auch solchen Menschen, die nicht lesen können, Vergnügen zu bereiten.

Dies alles liegt auf der Hand, doch die puritanistische Theorie ist zu verbreitet, als daß man sie ohne Erklärung abtun darf. Meiner Ansicht nach offenbart sich hier ein finsterer und überheblicher Paternalismus, mit bisweilen anti-demokratischen Zügen, wie sie auch gewissen Zensur- und Gehirnwäschetheorien zugrundeliegen. Erstaunlich viele einer bestimmten Art von Intellektuellen (wir wollen sie hier „P und P" nennen: Pädagogen und Prediger) fürchten die Massenmedien, inbegriffen das Kino, und machen sie schlecht, weil sie nach ihrer Behauptung von Gewalt und Sex triefen. Ernste Probleme des Lebens würden simplifiziert, was zur Wirklichkeitsflucht, zum Eskapismus anreize, anstatt zur ernsthaften Auseinandersetzung mit den Problemen des Lebens. Hollywood sei eine „Traumfabrik", der Film eine „Vampirkunst" usw. Es ist snobistisch zu glauben, das Publikum sei stumpf und sauge einfach auf, was es sehe. Nach meiner Meinung sind Durchschnittsmenschen, die sich regelmäßig Filme ansehen, alles andere als Schwämme: Sie betrachten Filme durchaus nüchtern und skeptisch und nehmen nicht alles für bare Münze.

Auch in dem Ruf nach Zensur und nach „höherem Niveau" äußert sich Paternalismus.

Denn für die Zensur braucht man Zensoren, das heißt, gewissen, als unbestechlich geltenden Personen wird erlaubt, andere vor Korrumpierung zu bewahren. Aber in diesem Fall werden die meisten Menschen – wenn man sie fragen würde – verlangen, in eigener Sache selbst urteilen zu dürfen. Schon allein darin, daß man den Leuten nicht erlaubt, ihr eigener Zensor zu sein, äußert sich eine anti-demokratische Haltung. Noch stärker drückt sie sich in der Forderung nach höherem Niveau aus: Shakespeare, nicht Spiele, – lautet die Devise, und wer letztere vorzieht, sei ein minderer Mensch. Ich habe in diesem Buch bereits zu erkennen gegeben, daß ich ein entschiedener Gegner solcher Auffassungen bin. Hier geht es mir nun darum, dies eingehender zu begründen.
Nur zu gern verbreiten sich P und P-Leute gleichermaßen undurchdacht in negativen Äußerungen über die Massenmedien, Film und Fernsehen inbegriffen. Mehr oder weniger laufen ihre Ansichten auf folgendes hinaus: Die audio-visuellen Medien machen passiv und manipulieren den Zuschauer. Dieser Auffassung begegnet man immer wieder: Rolf B. Meyersohn (1961) meint, was Film, Rundfunk, Fernsehen und Popmusik hervorbrächten, sei so wenig differenziert, daß ihr Programm „immer das gleiche" wäre. Offen gesagt, solche Meinung kann nur der von sich geben, der *überhaupt nicht* ins Kino geht oder kein Radio und Fernsehen benutzt. Und sollte er sich dennoch ab und an den Massenmedien exponieren, ist er aufgrund seiner Vorurteile geistig derart blockiert, daß er nichts aufnimmt. Im Vorwort habe ich angedeutet, daß ich dieses Über-die-Medien-erhaben-sein verurteile, insbesondere an jenen, die sich als Experten auf diesem Gebiet aufspielen. Den Kern für die Widerlegung solcher Ansichten enthält meine frühere Feststellung, daß der Film mehr und mehr zum Kunstmittel geworden ist. Film, Rundfunk, Fernsehen und Popmusik sind alles andere als ein undifferenzierter, sich über ein enerviertes Publikum ergießender Strom; sie sind den wichtigsten Kunstmitteln unserer Zeit zuzurechnen, und ihrer bedient sich ein Typus, den man in prätentiösen Kreisen durchaus als schöpferischen Menschen bezeichnen würde. Die Arbeiten dieser Künstler unterscheiden sich sehr deutlich voneinander für den, der Interesse daran hat, ihre Sprache zu lernen.
Glücklicherweise ändern alle Ermahnungen nichts an dem Tatbestand, daß wir uns weiterhin der audio-visuellen Medien erfreuen. Die Gehirnwäsche, sprich Manipulation, muß auf Kurzschluß im Denken der P und P-Gegengehirnwäscher zurückzuführen sein. Und sogar hierfür haben sie eine Erklärung bereit: Leute wie ich zum Beispiel, so behaupten sie, seien infolge von Gehirnwäsche bereits so weitgehend immun, daß man sie über ihren Zustand nicht mehr aufklären könne. Auf diese Weise läßt sich die der P und P-Gehirnwäsche zugrundeliegende Theorie auch noch durch den empirischen Beweis erhärten, daß man durch audiovisuellen Konsum die Kontrolle über sich verliere (sic.). Die Opfer dieses Konsums gäben ihre Passivität und Gläubigkeit gerade dadurch zu, daß sie das Nichtvertretbare, die Medien nämlich, verteidigen. Und Soziologen gar haben ermittelt, daß Passivität und Gläubigkeit mit dem vermehrten Medienkonsum zunehme, sowie daß der Mediumkonsum in den unteren sozialen Schichten am größten sei.
Bei logischer Analyse zeigt sich jedoch, daß alle beigebrachten Beweise zwangsläufig stets die P und P-Theorie stützen müssen (und dies um so mehr, sobald man sich auf Leute beruft, die diese Theorie nicht akzeptieren und demzufolge offensichtlich von

Grund auf manipuliert sein müssen). Jede sich ergebende Bestätigung der Theorie wird sich daher als müßig erweisen, weil alle erdenklichen Beweise sie niemals widerlegen werden können. Doch meine ich, daß eine so fundierte Theorie sich nicht mit einem spöttischen Achselzucken oder mit der Ironie abtun läßt, der ich hier die Zügel schießen ließ.

Fassen wir zusammen: Eine halbwegs plausible Theorie über die Wirkung der Medien haben wir mit Ironie und mit Hilfe eines logischen Kunstgriffs widerlegt, die Widerlegung dann aber für unzureichend erklärt. Unter Berufung auf logische Analyse wurde dann die Widerlegung der Widerlegung entkräftet. Infolgedessen ist es an der Zeit, nunmehr die Anschauungen von Pädagogen und Predigern eingehend zu prüfen. Sie lassen sich unschwer verteidigen: Immerhin ist es tatsächlich leichter, einen Roman audio-visuell aufzunehmen, als ihn zu lesen. Denn das Lesen eines Romans erfordert die imaginative Mitarbeit des Lesers, der die geschilderten Schauplätze und Personen im Geist rekonstruieren muß. Sieht er die Verfilmung eines Romans ehe er den Roman selbst gelesen hat, wird der imaginative Prozeß unterbunden, so daß jede denkbare Intention des Autors, die Vorstellungskraft des Lesers auf bestimmte Weise zu aktivieren, von vornherein zunichte gemacht ist. In der Praxis sieht das so aus: Hat man das Buch gelesen, *ehe* man seine Verfilmung sieht, wird der Film enttäuschen, denn er wird nie mit der Imagination des Lesers übereinstimmen, der natürlich ihr den Vorzug gibt. Also wird der Leser das Buch besser finden als den Film. Indes, empirisch betrachtet können wir sagen, daß weit mehr Menschen die Verfilmung eines Buches gesehen haben werden, als je Menschen das Buch lasen. Woher kommt das? Selbstverständlich ist Zusehen leichter als Lesen. Man könnte hier freilich einwenden, daß es sich weniger um die Frage der Anstrengung handelt, als um die Frage des Zeitaufwands: Ein Film dauert etwa zwei Stunden, ein Buch zu lesen kostet x Stunden. Die Beschreibung eines Schauplatzes oder eines Gesichtes nimmt zumindest ein paar Sätze in Anspruch; auf der Leinwand oder dem Bildschirm nimmt man sie blitzschnell ohne den geringsten Zeitaufwand wahr. Das bedeutet, daß wir entweder ungeduldig sind oder träge. Sind wir ungeduldig, wäre es das Richtige, einen Blick auf die letzte Seite des Buches zu werfen. Ergo sind wir träge.

Doch irgendetwas stimmt nicht daran, daß wir träge sein sollen. Hier verrät sich wiederum der Puritanismus. Was die Unterbindung des imaginativen Prozesses betrifft, sollten wir es nun besser wissen und uns nicht mehr selbst das Vergnügen verderben. Von Literaturliebhabern abgesehen, werden die Menschen sich nicht am Lesen schadlos halten, wenn sie keine Filme sehen können. Das Fehlen der einen Gattung wird die Menschen nicht zur anderen bekehren: Stets wird diese nur Ersatz bleiben und noch dazu ein schlechter. Wer keinen Mickey Spillane-Roman bekommen kann, wird sich deshalb noch nicht für Jane Austen begeistern. Selbst in Sowjet-Rußland, wo es wenige gute Filme und überhaupt keine Spillane-Romane gibt, werden die Leute eher zur Illustrierten greifen, den Musikautomaten in Gang setzen, etwas zu trinken oder eine Packung Zigaretten besorgen. Allein die Bildung und Kultivierung des Geschmacks im Sinne ästhetischer Toleranz und pluralistischer Vielfalt entspricht dem wahren Geist der Demokratie. Gans übte in einer Reihe von wichtigen Arbeiten (1959 b, 1960, 1961, 1966) am monolithischen Modell der Ästhetik Kritik, in der die „hohe Kultur" an oberster Stelle rangiert, während alles andere unbesehen niedriger eingestuft wird. Bestenfalls könnte man jeweils ein ganzes *Genre* klassifizieren, zum Beispiel Kammermusik gegenüber Volksmusik, doch ist das wenig erhellend und artet leicht in Snobismus aus.

Dem Grundsatz des ästhetischen Pluralismus huldigend stellen wir fest, daß man zwei Stunden vor der Filmleinwand ebenso lohnend verbringen kann wie auf irgendeine andere Weise. Wenn uns jemand mit Jane Austen oder Charles Dickens kommt, müssen wir mit Michelangelo Antonioni und Akira Kurosawa kontern. Wenn vom passiven Filmkonsum die Rede ist, sollten wir auf die Filmkomödien verweisen. Der Film bedient sich einer sehr reichen und komplexen Sprache, mit der man Dinge darstellen kann, die mit Worten nicht wiederzugeben sind. Und, interessanter vielleicht noch, umgekehrt sind auch die Techniken des Romans und der Dichtkunst durch den Film bereichert worden.

Der Filmbesuch vermittelt ein ebenso komplexes und lohnendes Erlebnis wie der Besuch einer „Live"-Aufführung im Theater. Doch ist das Erlebnis jeweils ein anderes, da die Medien verschieden sind. Vergleiche zwischen Medien und Do-it-yourself-Unterhaltungen oder Medien und Buch sind indes unangebracht: Sie verfehlen den Kern der Sache.

2. Das Publikum als unstrukturierte Gruppe

In gewisser Weise läßt sich unsere Gesellschaft als ein aus vielen Zuschauer- oder Zuhörergruppen zusammengesetzes Sozialgebilde bezeichnen. Wir alle gehören mehrmals am Tage an verschiedenen Orten und in unterschiedlichem Zusammenhang dem Publikum verschiedenartiger Medien an: Morgens sind wir Rundfunk- und Zeitungspublikum, auf dem Weg zur Arbeitsstätte Straßenpublikum, abends Rundfunk-, Fernseh-, Schallplatten-, Film-, Theater- oder Lesepublikum. Manchmal gehören wir freiwillig zum Publikum, manchmal nur zwangsweise: wenn wir Schilder oder Aufschriften lesen oder gegen unseren Wunsch den Werbefunk mitanhören müssen [1].

So manches von unserem Wissen, vieles, das uns zur Freude gereicht, verdanken wir der Partizipation als Publikum. Die meisten Arten der Kommunikation, selbst die von Mensch zu Mensch, erfordern einen Sender und einen Empfänger, – Informationsquelle, Medium, Rezipient oder Publikum.

Was ist nun ein Publikum? Soziologen bezeichnen es als unstrukturierte Gruppe. Sicherlich ist das Publikum, obwohl es nur zeitweilig und kurzfristig besteht und seine Zusammensetzung sich fortgesetzt ändert, dennoch eine Gruppe. Herbert Blumer (1946) versteht unter einer unstrukturierten Gruppe eine solche, „die nicht organisiert ist, keine Traditionen und Bräuche, keine Regeln und Riten, keine emotionalen Bindungen, kein Status- und Rollensystem und keine etablierte Führungsschicht entwickelt hat" (S. 186). Auf diese Weise unterscheidet sich die unstrukturierte Gruppe eines Publikums – von fehlenden Regeln und Riten abgesehen – deutlich von der strukturierten Gruppe, wie sie eine politische Partei oder eine Hochschule darstellen. Das Kinopublikum darf viel-

[1] Ich fuhr einmal meinen Wagen zuschanden, weil ich durch ein großes Coca-Cola-Schild abgelenkt worden war.

leicht als unstrukturierte Gruppe par excellence bezeichnet werden. Das Publikum eines bestimmten Vorort- oder eines Autokinos hingegen dürfte schon eher einige Charakteristika der Gesellschaft reflektieren, aus der es sich rekrutiert; es wird daher etwas mehr Struktur aufweisen. Aber „das" Publikum in *diesem* Sinn gibt es überhaupt nicht. Oder zumindest existiert es nur in der Vorstellung bestimmter Soziologen, die den Begriff „Massengesellschaft" erfanden.

Üblicherweise nehmen wir an, daß ein Schriftsteller, der ein Buch schreibt, oder ein Filmemacher, der einen Film macht, mit Hilfe seines Mediums etwas sagen beziehungsweise tun will und dabei ein bestimmtes, mehr oder weniger genau definiertes Publikum im Auge hat. Insoweit wird sein Werk auf sein hypothetisches Publikum zugeschnitten sein (s. Gans, 1957). Für das kommerzielle Fernsehen besteht eines der Hauptprobleme in diesem Ausrichten der Programme auf das mutmaßliche Publikum, wobei für experimentelle Sendungen kaum Raum bleibt. – Eine Industrie muß in erster Linie an ihren Umsatz denken, doch gibt es Fragen der öffentlichen Verantwortung, die auch Massenmedien wie das Fernsehen berücksichtigen müssen. Ihre hohen Unkosten beschränken den freien Wettbewerb in bedenklichem Maße, und so erhalten Korrektivmaßnahmen eine wesentliche Bedeutung. In England gibt es neben der BBC auch die ITA*, in den USA neben dem kommerziellen Fernsehen die FCC**. Die Filmindustrie hingegen sieht sich wahrscheinlich nicht so durch staatliche Regulierungen eingeengt, da der Film seit jeher eher ein Vehikel der kreativen Imagination als ein Informations- und Kommunikationsmittel ist. Vor allem aber kennt *sie* keinen Mangel an Kanälen.

Da sie solcher Korrektive nicht bedarf, ist die Filmindustrie freier. Doch so frei, daß sie das Publikum ignorieren könnte, ist sie nicht. So stellt sich die Frage, wie weit nimmt das Publikum an den Darbietungen des Mediums als solchem teil?

Ich möchte von vornherein feststellen, daß die Frage nach dem Publikum eine wichtige ist, und daß es unverantwortlich wäre, wenn der Filmemacher sie ignorierte. Jetzt schließt sich der Kreis: Zuerst vertraten wir den Standpunkt, daß der Filmemacher nicht sklavisch um die Publikumsgunst buhlen dürfe; nunmehr behaupten wir, er könne nicht verantworten, es zu ignorieren. Was also soll er tun? Wie sieht das rechte Verhältnis von Filmemacher zu Publikum aus?

Hollywood packt das Problem an, indem es seine Filme, wie in Kapitel XV erwähnt, am Publikum durch Test-Vorführungen ausprobiert. Die Frage ist nun, wie weit man auf die vom Test-Publikum gewonnenen Aufschlüsse reagierte? Bekannt ist, daß eine Reihe von Filmen nach einer solchen ersten, nicht öffentlichen Vorführung umgeschnitten wurde; auch registrierte man die schriftlichen Kommentare der Besucher dieser Vorführungen (auf den ihnen zu diesem Zweck überreichten Fragebogen). Diese Fälle erregten ziemlich viel Aufsehen, da es sich um bekannte Regisseure handelte. Offenbar werden Filme so häufig neu geschnitten, daß man dies schon als üblich bezeichnen kann. Noch häufiger müssen Filme auf Verlangen der Verantwortlichen des berüchtigten Front Office seligen Angedenkens, heutzutage meist der Executive Producer – geändert werden. Diese Männer erteilen ihre Anordnungen aufgrund ihrer Vermutungen

* Independent Television Authorities (d. Ü.)

** Federal Communications Commission (d. Ü.)

darüber, wie das Publikum reagieren wird. Ihr Ziel ist: Der Film muß gefallen; auf wichtige Publikumsminderheiten die sich herabgesetzt fühlen könnten, muß Rücksicht genommen werden. Diese Art Einmischung hat Regisseure wie Orson Welles, John Huston und Stanley Kubrick aus Hollywood vertrieben. Immer wieder beklagen auch jüngere Regisseure sich bitterlich (Tony Richardson), daß ihre Filme entstellt oder ihres Sinnes beraubt werden, wie es bei *Sanctuary/Geständnis einer Sünderin* (USA 1961; Tony Richardson), *Major Dundee/Sierra Charriba* (USA 1964; Sam Peckinpah), geschah. Sie beklagen sich weniger über die Änderung des Films an sich als darüber, daß sie aufgrund von Spekulationen oder Marotten erfolgte und ohne Absprache mit den mit ihrem Namen verantwortlich zeichnenden Filmschaffenden. Seit Jahren ist die Screen Directors Guild darum bemüht, den Regisseuren vertraglich das Recht auf den ersten Schnitt zu sichern, – ein nur zu selbstverständliches Verlangen. Zumindest sollte der Künstler Gelegenheit erhalten, auf seine Weise mit dem Problem fertig zu werden, ehe andere sich einmischen. Das letzte Wort jedoch mögen mit Recht diejenigen haben, die für die riesigen Investitionen Rechenschaft schuldig sind. Überraschenderweise erhalten viele Künstler trotz der enormen Kosten freie Hand.

Dennoch, selbst wenn die Meinung über die Publikumsreaktion fundiert wäre, hätte man dann das Recht, die Filme entsprechend zu ändern? Dies läßt sich nach meiner Ansicht nicht endgültig entscheiden. Hat ein Film zu wenig Tempo, so daß sich das Publikum zu langweilen beginnt, wären Raffungen angebracht. Der kritische Regisseur wird dies einsehen, wenn man ihn darauf aufmerksam macht, und auch die verantwortungsbewußte Exekutive wird bemüht sein, Änderungen mit dem Regisseur abzustimmen[2]. Untragbar hingegen ist es, einem Regisseur zu erlauben, einen ungewöhnlichen Film zu drehen, und dann im nachhinein zu versuchen, diesen Film ins übliche Schema zu pressen, – als wolle man sich gegen einen Kassenmißerfolg versichern. So erging es John Huston, wie gesagt, mit seinem Film *The Red Badge of Courage.* Huston und sein Producer Gottfried Reinhardt – man wird sich erinnern – wollten Stephen Cranes historischen Roman in einem bestimmten Stil verfilmen. Auch Executive Producer Doré Schary stimmte hierin mit ihnen überein. Die Firmenchefs aber, Louis B. Mayer und Nick Schenck (MGM), die Schary zunächst seinen Willen gelassen hatten, setzten ihn später unter Druck, den Film neu zu schneiden und zu montieren. Von vornherein war jedem klar gewesen, daß dieser Film keine riesigen Gewinne einspielen würde. Hätte man ihn aber als „künstlerischen“ Film lanciert und ihn nicht nur in Kinos sondern auch in Cinematheken, Filmclubs, Spezialkinos und Kunstvereinen zirkulieren lassen, hätte er doch Gewinn eingebracht. Mayer wollte sich diese Umstände nicht machen. Stattdessen wurde der Film, lediglich um des schnellen Umschlags willen, verstümmelt. Kommerziell hatte er wenig Erfolg, und selbst von Filmclubs und Cinematheken wurde er abqualifiziert, – ein verschandeltes Meisterwerk.

---

[2] Die *New York Times* vom 28. April 1968 berichtete auf Seite D 19, Stanley Kubrick habe den Film *2001: A Space Odyssey/2001: Odyssee im Weltraum* (England 1965–1968), um neunzehn Minuten gekürzt, indem er an einer Reihe von Sequenzen Schnitte vornahm. Kubrick: „Hier und da habe ich ein paar Szenen einfach beschnitten. Ich wollte raffen; der Film brauchte mehr Tempo.“

Die große Mehrzahl der Filme, die damals nach Fabriksystem hergestellt wurden, hatte so wenig mit Kunst zu tun, daß Änderungen und Umschneiden und andere Eingriffe nicht viel ausmachten. Daher war es umso schlimmer, wenn Produzenten sich weigerten, in den seltenen Fällen, in denen es um schöpferische Impulse ging, Risiken auf sich zu nehmen. Zumal sich leicht nachweisen läßt, daß das Hin- und Herändern am fertigen Streifen sich gar nicht in den Maßen auf die Einnahmen auswirkt. (Später in Kapitel XV werde ich darlegen, daß Feinheiten des Stils oder des Tempos für den Erfolg eines Films überhaupt keine Rolle spielen.) Verleger zumindest pflegen die Manuskripte mit ihren Autoren gemeinsam zu edieren und kommen nur selten auf die Idee, sich über das Urteil eines Schriftstellers, den sie ernst nehmen, hinwegzusetzen. Natürlich sind ihre Investitionen in Gestalt von Vorschüssen klein verglichen mit dem Filmgeschäft. Daher muß das Filmmanagement vorsichtiger entscheiden, welchen Künstler es ernst nehmen will. Eine Grenze läßt sich hier schwer abstecken, – was für alle Grenzen zutrifft. Nichtsdestoweniger ist die Art und Weise, wie man mit Orson Welles, Erich von Stroheim und Joseph von Sternberg verfuhr, eine Schande für Hollywood.
Ähnliche Fälle kommen auch in England vor. Alexander Mackendrick war einmal drauf und dran, deshalb die Arbeit niederzulegen. So geriet er in den Ruf, ein „schwieriger" Regisseur zu sein und wurde in seiner Entscheidungsfreiheit stark eingeschränkt. Aber andererseits gibt es auch Fälle, wie den des Regisseurs Gabriel Pascal zum Beispiel, der in einer Art Größenwahn für einen Hintergrund seines Films *Cäsar and Cleopatra/Cäsar und Cleopatra* (England 1945) Astronomen damit beauftragte, den Gestirnstand am Nachthimmel eines bestimmten Jahres zu berechnen und sich für die Wüstenszenen Sand nach Ägypten kommen ließ, weil der ägyptische Sand angeblich „nicht richtig aussah". Robert Flaherty ging zu Aufnahmen für seinen Film *Elephant Boy/Der Elephantenboy* (England 1936) nach Indien und schickte lange Zeit nichts anderes nach Hause, als immer wieder neue Aufnahmen ein und derselben Szene: ein Elephant hebt Sabu auf seinen Rücken. Noch viele solcher Beispiele ließen sich anführen. In dieser Hinsicht mußten die Verantwortlichen sicherlich auf der Hut sein. Doch vergleiche man hiermit die Situationen eines Ingmar Bergman in Schweden, eines Kurosawa in Japan oder eines Godard in Frankreich. Als Künstler von überragendem Format, genießen sie nicht nur im eigenen Land sondern international großes Ansehen. Auch verfügen sie buchstäblich über uneingeschränkte künstlerische Freiheit. Die Geldleute finanzieren sie nur zu gern (Godard freilich hat bisweilen Schwierigkeiten, Geld zu bekommen, doch ist er nichtsdestoweniger ebenso produktiv wie Simenon), und zwar deshalb, weil diese Regisseure seriös und verantwortungsbewußt sind und ihre Filme immerhin bescheidenen Gewinn einbringen. Ihre Finanziers erwarten keine enormen Summen, wissen aber, daß sie auf Geld rechnen können. Diese Regisseure dürfen mehr oder weniger tun was sie wollen. In Amerika jedoch hegt so mancher hervorragende Regisseur, der über jegliche Freiheit verfügt sobald ein Projekt im Gang ist, unerfüllte Lieblingspläne, für die er bisher nie eine Finanzierung finden konnte.
Hätten Hollywoods Abtrünnige besonderes Talent für die Herstellung von kommerziellen Nieten bewiesen, könnte man noch verstehen, daß sie schlecht behandelt wurden. Doch ist dies nicht der Fall. Sie verzichteten auf Verlängerung ihres Vertrags und weil sie für ihre schöpferische Freiheit und gegen ein skrupelloses Management kämpften,

dessen Stärke auf dem Wissen darum beruhte, daß in einer Fabrik niemand unersetzlich ist.

Meine eigene Haltung in dieser Frage ist keineswegs „liberal". Ich sehe nicht ein, daß man denen, die Millionen in ein Unternehmen steckten, – sei es in einen Film, ein Bauwerk, eine Fluglinie oder ein neues Produkt –, das Recht verwehren will, über ihre Investitionen zu wachen. Ich glaube sogar, daß manch kreativer Filmemacher zu leicht an Geld kam, was ihn seiner Leistung gegenüber unkritisch machte. Bei späteren Filmen von George Stevens und William Wyler ist eine gewisse Nachlässigkeit nicht zu verkennen. Und in Paris, als die *Nouvelle Vague* große Mode war, sah es eine Zeitlang so aus, als könne jeder, der die nötige Energie zu entwickeln verstand, sich auch die Mittel zur Herstellung eines Films erfechten. Die Folge war, daß Claude Chabrol zum Beispiel mit einer Reihe mehr oder weniger schwacher Filme einen Haufen Geld verbutterte. Doch möchte ich damit keineswegs einer härteren Politik das Wort reden. Anscheinend kann eine Gesellschaft wie unsere es sich leisten, mit der Freiheit verschwenderisch umumzugehen, – und sollte es auch.

Selbst wenn man Investoren und denen, die diese Summen verwalten, das Recht zubilligt, über deren Verwendung zu wachen, ist es doch unverzeihlich, daß sie es auf so stupide Weise tun. Zum einen üben sie Betrug: Dem Filmemacher sichern sie Kontrolle über seine Arbeit sowie Freiheit zu und mischen sich dann dennoch in jedem denkbaren Stadium der Arbeit ein. Zum anderen intervenieren sie bisweilen nur aus Laune oder aufgrund irgendwelcher Mutmaßungen über das Publikum und so fort Über solch Verhalten beschwert man sich meiner Meinung nach zu recht. Das Maß an Kontrolle sollte vor Arbeitsbeginn spezifiziert und dann auch gewährt werden. Und haben beide Parteien sich bezüglich des Einspruchsrechtes geeinigt, sollte man weniger aufgrund irgendwelcher vager Vermutungen und Vorurteile oder unter Berufung auf frühere Erfolge von ihm Gebrauch machen, sondern mehr im Blick auf das Image des Produktes und auf den Markt für dieses Image. Wegen der enorm hohen Produktionskosten konnte Hollywood offenbar nicht umhin, den Film *Cleopatra* auf ein möglichst breites Publikum zuzuschneiden. Andererseits können bescheidenere Projekte – auf ein spezielles Publikum zugeschnittene Ein- bis zwei-Millionen-Dollarfilme – stattliche Beträge einspielen. Da ich gleicherweise gegen Selbstherrlichkeit der Regisseure wie gegen zerstörerische Eingriffe von oben bin, stehe ich auf dem Standpunkt, daß das Publikum kritischer sein sollte, – weit kritischer als bisher.

Ein eklatanter Fehler des Hollywood-Fabriksystems war sein Bestreben, mit der gesamten Produktion auf ein größtmögliches Publikum und damit auf ein Maximum an Profit abzuspielen. Die Filmproduzenten hielten die nimmermüden, zweimal wöchentlich an der Kinokasse Schlange stehenden Besucher für undifferenzierte Konsumenten. Waren sie es wirklich? Wohl nur zum Teil. Die zur Auffüllung des Herstellungsprogrammes gedrehten B-Filme waren bewußt für die Unterhaltung, nicht für eine Enthusiasmierung bestimmt; man erwartete von ihnen auch nur verhältnismäßig bescheidene Gewinne. In einem Punkt jedoch hat sich der europäische Film-Ethos stets von dem Hollywoods unterschieden: im Bewußtsein von der Differenziertheit des Publikums. Fraglos spielt dabei mit, daß die Filmindustrien Europas kleiner waren, mit niedrigeren Kosten arbeiteten und auf kleine Märkte abzielten. Hollywood sah sich, wie gesagt, gezwungen, eine bestimmte Anzahl von Filmen zu produzieren, um die Kinos zu füllen und der Nachfrage gerecht zu werden. Es mußte daher nach Art einer Fabrik und stark arbeitsteilig produzieren. Allerdings führte dies zu einer Erhöhung der fixen Kosten wie auch der variablen Produktionskosten, die die aller anderen Filmindustrien weit überstieg. Diese ungeheuren Geldsummen sowie die Anziehungskraft eines riesigen Marktes waren der Grund, daß Hollywood alle Filme so herstellte, als sollten sie das undifferenzierte Publikum überall in der Welt ansprechen. Das bezeugen die Verrenkungen, die es anstellte, um seine Filme als unverfänglich für das Publikum aller Länder der Welt durch die Filmzensur zu schleusen (Harry L. Hansen, 1945). Mittlerweile war es in Europa Ingmar Bergman gelungen, Filme zu niedrigen Kosten für ein Publikum herzustellen, das sie zu würdigen wußte, und die sogar finanziell einen mäßigen Erfolg verbuchen konnten. Jean Luc Godard beschränkt sich in seiner Zielsetzung in ähnlicher Weise. Und auch Laurence Olivier erwartet für seine Shakespeare-Verfilmungen keine überwältigenden Profite, statt dessen bescheidenere, sich über Jahre erstreckende Gewinne. Die britische Filmindustrie kam Ende der 40er Jahre bei dem – jämmerlich unbegabten – Versuch, teure Filme für ein breites Publikum zu machen, zu Fall (A. Wood, 1952). Im alten Hollywood gab es kaum Filmemacher, die ein anderes als das Massenpublikum zu erreichen trachteten. Das diesbezügliche Meinungsklima scheint derart ausgeprägt gewesen zu sein, daß jede andere Einstellung an der Mentalität des Filmmanagements scheitern mußte. In dieser Hinsicht übe ich an der uneingeschränkten kapitalistischen Produktionsweise heftig Kritik. Nicht, daß der einzelne Kapitalist stets notgedrungen ein Höchstmaß an Profit anstrebte, – das ist in Wirklichkeit nicht der Fall. Vielmehr wird neuen Unternehmern der Zugang zur Industrie durch sie erschwert. Mittlerweile war in der Filmindustrie der Start derart kostspielig geworden, daß alle, die mit einem bescheideneren Gewinn zufrieden gewesen wären, von vornherein weitgehend ausgeschaltet waren. Hieran läßt sich freilich nur schwer etwas ändern, da jede Startkapitalquelle, – den aufgeschlossenen freizügigeren Staat eingeschlossen, – bei der Produktion ein Wort mitreden wollen wird.

Daß Hollywood für die Struktur seines Publikums wenig Interesse zeigte, ist vielleicht teilweise eine Folge des Verkäufermarktes. Die Filmindustrie war eben ein so glänzendes Geschäft, daß nur geringer Anreiz zur Erforschung des Publikums und zur Geschmackskultivierung bestand. Auch läßt sich kaum leugnen, daß sich in der Frühzeit die Vulgarität und Stupidität gewisser Filmbosse in den Filmen widerspiegelten. Als Männer des Volkes, voll Stolz auf das gemachte Vermögen, bildeten sie sich ein, daß *sie* das Publikum kannten: Es würde das mögen und wollen, was sie mochten und wollten. Solange der Markt ein Verkäufermarkt war, konnte nichts in der Welt ihnen beweisen, daß sie irrten. Lange Zeit spielte das Publikum für die Filmindustrie nur eine mindere Rolle. Dies hatte eine Schematisierung, eine Produktionspolitik aufs Geratewohl zur Folge, – von einem Mangel an Kreativität ganz zu schweigen.

Die Rolle des Publikums war eine selbstverständliche: es war eine passive, anonyme, leicht zufriedenzustellende Masse. Man konnte von ihm erwarten, daß es geduldig ermüdende Beiprogramme – Reklame, Vorschau, Wochenschau und Zeichentrickfilme – absaß, ehe der Hauptfilm begann. Vermutlich geschah das mehr in dem Gefühl, daß der Reiz zum Filmbesuch eher im Anlaß zur Geselligkeit, im „Abendsausgehen“ bestand und weniger in dem Wunsch, diesen oder jenen Film oder Star zu sehen. Der Spielfilm war lediglich der Höhepunkt einer gesellschaftlichen Routine; er konnte nicht viel Unheil anrichten. Beim Theater, das als ernste Kunst galt, sah das anders aus. Da man es, weil es kostspieliger war, nur ab und an aufsuchte, hatte sich der Theaterbesuch weniger ritualisiert. Die Institution des abendlichen Kinobesuchs konkurierte mit anderen geselligen Aktivitäten wie Bowling oder Kegeln, Trinken, Gäste empfangen oder Radio hören. Eine der Hauptauswirkungen des Fernsehens bestand in der drastischen Umstrukturierung des Publikums, so daß die Kinobesitzer sich genötigt sahen, ihr Augenmerk mehr auf den Film als auf den Aspekt der Geselligkeit zu richten. Infolgedessen richtet sich die Hauptnachfrage heute auf den als Ware angepriesenen und verkauften Spielfilm, weniger auf das Produktionsstudio oder die Stars oder auf das jeweilige Kino.

Diese soziale Gepflogenheit war dem Publikum nicht von den Filmmogulen aufoktroyiert worden; sie hatte sich im Laufe der Jahre entwickelt, während das Kino allmählich zum Sammelpunkt wurde. In den frühen Tagen, als die Filme noch auf dem Jahrmarkt gezeigt wurden, hatte das Publikum sich zufällig zusammengefunden, war bald wieder auseinandergelaufen und mußte daher durch häufigen Programmwechsel aufs neue angelockt werden. Die Einführung des abendfüllenden Spielfilms und die sich allmählich herauskristallisierende Sitte, nur wöchentlich oder halbwöchentlich das Programm zu wechseln, hing mit der Fünf- oder Fünfeinhalb-Tage-Woche zusammen und kam der Wochenendstimmung entgegen. So wurde der wöchentliche Kinobesuch in England und Amerika zum weitverbreiteten sozialen Brauch (s. Tab. 3).

Tabelle 3 Zunahme des wöchentlichen Kinobesuches in den Vereinigten Staaten (1922–1955)

Jahr	Wöchentl. Kinobesuche im Durchschnitt	Gesamtzahl der Haushalte	Wöchentl. Kinobesuche pro Haushalt
1922	40 000 000	25 687 000	1,56
1927	57 000 000	28 632 000	1,99
1932	60 000 000	30 439 000	1,97
1937	88 000 000	33 088 000	2,66 [1]
1942	85 000 000	36 445 000	2,33
1947	90 000 000	39 107 000	2,30
1952	51 000 000	45 504 000	1,12
1955	46 000 000	47 788 000	0,96

Quelle: Adaptation nach M. L. De Fleur (1966), S. 40; dessen Quellen: US Bureau of Census, *Historical Studies of the United States, Colonial Times to 1957,* Washington 1960, Serie H 522, S. 225, Serie A 242–244, S. 15.

[1] Die höchste Durchschnittszahl wurde 1930 erreicht, als die Publikumszahl auf 90 Millionen und der wöchentliche Kinobesuch pro Haushalt auf 3,00 anstieg. Nachdem diese fantastische Spitzenzahl erreicht worden war (wie häufig mußten manche Leute ins Kino gegangen sein, wenn es im Durchschnitt 3 waren?), setzte unmittelbar die Weltwirtschaftskrise ein: Der Kinobesuch sank im Jahr darauf auf 15 Millionen und stieg nicht vor den Jahren des Spitzenbesuchs 1946, 1947 und 1948 wieder auf 90 Millionen. Weitere Jahre mit durchschnittlich wöchentlichem Spitzenbesuch waren 1929 (2,70), 1936 (2,71) und 1937 (2,66).

Der Leser wird sich vielleicht noch entsinnen können, daß es in seiner Jugend weniger um die Frage ging: „Wollen wir Sonnabend ins Kino gehen?" als um die Frage „In welchen Film wollen wir Sonnabend gehen?" Dementsprechend stellten die großen Firmen ihre Produktion um: Es mußten so viele Filme hergestellt werden, daß die Kinobesitzer mindestens zweiundfünfzig Mal im Jahr das Programm wechseln konnten. Als es dann am Sonnabend mehr Möglichkeiten gab, weil man auch ohne Geld auszugeben Fernsehen oder in eine Diskothek gehen und vieles andere unternehmen konnte, wurde der Filmindustrie ein radikaler Wandel aufgezwungen. Kinos gingen ein, die Zahl der produzierten Filme schrumpfte, statt dessen begann man sich mit der Herstellung individueller Filme zu befassen. Mit den Filmen selbst, nicht mit Werbeslogans wie „... und abends ins Kino!", mußte man das Publikum bei der Stange halten. Die eigentliche Ursache des Wandels war indes, daß das Publikum zum ersten Mal die Möglichkeit hatte, seine Meinung geltend zu machen. Es verlangte nach einem besonderen *Grund*, sich einen Film anzusehen, d. h., es erwartete differenziertere Produktion. Es sei hier bemerkt, daß Walt Disney, der seine Filme für ein genau identifiziertes Publikum herzustellen pflegte, stets einen Produktionsanstieg und von Jahr zu Jahr größere Gewinne zu verzeichnen hatte. Die großen Filmstudios drehten und wanden sich und versuchten, die Filmherstellung für ein besonderes Publikum mit Mätzchen wie dreidimensionalen und Breitwandfilmen zu umgehen. Schließlich gaben sie nach, doch zu teurem Preis: Sie gaben die fabrikationsmäßige Herstellung auf, verzichteten auf langfristige vertragliche Bindung von Talenten und lösten die Struktur der Industrie auf. Von nun an fanden sich Leute zusammen, um einen Film zu machen, – und nicht mehr als Angestellte einer Firma. Sie widmeten den Filmen mehr Zuwendung und Sorgfalt und richteten sie auf ein spezielles Publikum aus: auf Teenager oder Familien oder Leute mittlerer Jahre, etc. Und das Publikum hat seine Waffe: es kann wegbleiben. Da aber das Fernsehen keineswegs ein Ersatz für den Film ist, wird der Film nicht verschwinden. In gewisser Weise prosperiert der Film besser denn je, dank seines jeweiligen Publikums.

Die Rolle des jeweiligen Publikums für das Medium als solches ist also schwer zu bestimmen. Das Publikum ist riesig, unbekannt, stumm. Zu einem Film kann es sich nur äußern, indem es wegbleibt. Verlassen Zuschauer hingegen das Kino vor Ende des Films, fällt das nur dann ins Gewicht, wenn es durch Mund zu Mund-Kritik eine Kettenreaktion auslöst. Früher waren die Filmleute allein daran interessiert, möglichst viele Menschen anzusprechen, und das auf dem niedrigsten gemeinsamen Nenner. Eine Alternative sahen sie in der selektiven Produktion für solche, die zu sehen und zu hören verstehen. Filmemacher, die sich bei mäßigem finanziellem Erfolg ihr künstlerische Freiheit bewahrten und dazu Popularität erlangten, sind selten. Ingmar Bergman und Akira Kurosawa waren schon lange Kulturheroen im eigenen Land und wiesen anderen den Weg. Vergleichbare Persönlichkeiten gibt es in England und in den Vereinigten Staaten nicht, doch wird es eines Tages auch dort welche geben. Hitchcock ist ein legendärer Könner, doch was „Kunst" betrifft, ganz ohne Ehrgeiz. Doch im Trend-trächtigen London oder New York muß man als Filmemacher smart sein, man denke an Richard Lester oder an Arthur Penn *(Bonnie and Clyde)*. Die heutige Publikumsgeneration wird ihren Filmemachern weiter folgen als je eine zuvor.

VII. Der Kinobesuch als soziale Institution

1. Zur Soziologie der Unterhaltung

Mit der Frage „Was hat ein Publikum vom Kinobesuch?" haben wir uns in diesem Buch schon mehrmals beschäftigt. In diesem Stadium der Argumentation stellt die Frage sich etwas anders: „Was hat die Gesellschaft davon, daß ihre Mitglieder ins Kino gehen?" Im Soziologenjargon hieße das: „Welche soziale Funktion erfüllt das Kino?" So formuliert erstreckt sich die Frage nur auf einen Teil des gesamten Fragekomplexes, nämlich: „Welche soziale Funktion erfüllt die Massenunterhaltung?" Hierzu gibt es bereits eine Menge Literatur, auf die ich nicht im einzelnen eingehen möchte. Es dürfte genügen der soziologischen Analyse einige Zeilen zu widmen, ehe wir uns der Teilfrage zuwenden. Ich möchte von vornherein klarstellen, daß ich mögliche psychologische Funktionen des Kinobesuchs zu ignorieren gedenke. Diese Entscheidung erfolgte nicht notgedrungen; sie ergibt sich einfach, weil bereits tonnenweise Literatur über die psychologischen Aspekte der Medien im allgemeinen und des Films im besonderen existiert. Wie schon erwähnt, pflegen sogar von ihren Verfassern ausdrücklich als soziologisch bezeichnete Studien ins Psychologische, wenn nicht gar Sozialpsychologische abzuschweifen[1].

Mich aber interessiert der Film in erster Linie als soziale Institution in ihrem sozialen Kontext. Ehe wir nicht einige Fragen im Blick auf diese Aspekte stellten und zu klären versuchten, fehlt es uns nach meiner Meinung am rechten Rahmenwerk für detailliertere psychologische Studien.

Natürlich kann man sich auch mit den psychologischen Funktionen der Unterhaltungsindustrie wissenschaftlich befassen. Für verfehlt halte ich es jedoch, wenn nicht bedacht wird, daß der psychologische Aspekt nur einer von mehreren ist. Mir geht es hier um einen anderen Aspekt: um das Kino als soziale Institution, die neben der Funktion der Erfüllung psychologischer Bedürfnisse noch andere Funktionen hat. Psychologische Fragen haben für uns in diesem Zusammenhang nicht mehr Gewicht, als beispielsweise die Frage „warum brauchen Menschen Religion?" oder „warum brauchen sie Liebe?" für eine Untersuchung der sozialen Institution Kirche oder Ehe haben würde. Wir dürfen also die psychologischen Aspekte als „gegeben" betrachten und uns ausschließlich für das Gebiet des Sozialen interessieren. Daher werden wir die Frage „warum gehen Menschen ins Kino?" nicht in einen Anlaß zur psychologischen Erklärung des Unterhaltungsbedürfnisses umfunktionieren. Vielmehr werden wir versuchen, vor allem zwei Fragen zu beantworten: „Warum ziehen Menschen das Kino anderen der Unterhaltung dienenden sozialen Institutionen vor?" und „Worin bestehen die soziale Anziehungskraft, die sozialen Vorteile und sozialen Funktionen des Films?"

Von einer allgemeinen Soziologie des Films kann bislang kaum die Rede sein. Soziologische Studien, soweit sie vorhanden sind[2], konzentrieren sich auf den einen oder ande-

[1] Zum Beispiel die Payne Fund Studies, M. F. Thorp (1947), J. P. Mayer (1945) und (1948), M. Wolfenstein und N. Leites (1950 b) und D. M. Wilner (1951).

[2] Insbesondere die Monographien von J. P. Mayer (1945, 1948) und A. R. Manvell (1946, 1955), Großbritannien, und von L. Jacobs (1939), L. Rosten (1941) und H. Powdermaker (1950),

ren speziellen Aspekt des Themas, – auf Zuschauerreaktionen oder die beim Film beschäftigten Arbeiter oder auf die ökonomische Struktur, – während die Wechselwirkungen zwischen Film und Publikum meist nur beiläufig und zufällig im Rahmen kritischer oder historischer Arbeiten behandelt werden. Filmspezialisten mögen sich auf dem Gebiet der Soziologie nicht sicher fühlen. Doch reicht dies nicht aus, um zu rechtfertigen, daß man sich in Werken der allgemeinen Soziologie – von einer allgemeinen Behandlung der Massenmedien abgesehen (als gäbe es bei ihnen keine Differenzierungen) – nicht mit dem Filmbesuch befaßt. Auf graphischen Darstellungen unserer heutigen sozialen Institutionen sind sie noch nicht einmal durch eine Lücke oder einen Block markiert. Nur bei Hortense Powdermaker (1950), – die sich als Kulturanthropologin hier mit Filmemachern befaßt, – findet man eine brauchbare, mehr oder weniger gute[3] Abhandlung einiger dieser Fragen, im ersten Kapitel wie auch an anderen Stellen. Dieser Mangel an Material ist meine Entschuldigung dafür, daß ich auf die elementaren Anfänge zurückgreife. Ich hoffe auf diese Weise erschöpfender vorzugehen, als es möglich wäre, wenn ich mich auf die fragmentarischen Versuche anderer stützte.

Gehen wir von der Voraussetzung aus, daß der Kinobesuch Unterhaltung, und Unterhaltung unproduktive Freizeitbeschäftigung ist, beweist das, daß wir implizite zwischen produktiver, seriöser Beschäftigung, d. h. Arbeit, und unproduktiver, unseriöser, überflüssiger Freizeitbeschäftigung, d. h. Spiel, unterscheiden. Schon die flüchtige Betrachtung einiger Gegenbeispiele wird uns von der Illusion befreien, daß eine solche Unterscheidung haltbar ist. Selbst wenn ein Mensch seinen Beruf liebt und ihn mit Freude ausübt, und ihm sogar große Teile seiner Freizeit widmet, sagen wir: er arbeitet. Neben dieser Arbeit wird er kaum Zeit für Unterhaltung und Spiel aufbringen, denn seine Arbeit ist für ihn Spiel. Ihr widmet er den größten Teil seiner Freizeit. Gleicherweise gibt es ernstzunehmende Beschäftigungen, die nicht ernst zu sein scheinen, und die, obwohl keine Waren dabei produziert und keine Dienstleistungen erbracht werden, dennoch produktiv sind. Ritualisierte Beschäftigungen wie Sport, Diskussionen, Amateurtheaterspielen, der Besuch von Stätten der Massenunterhaltung wie Kino, Theater und Gaststätten sind für die Gesellschaft von großer Bedeutung. Ist das ihnen zugrundeliegende Verlangen nach Partizipation und Kommunikation weniger ernst zu nehmen als die Tagesbeschäftigung, mit der man sein Brot verdient? Man kann an der Arbeit Spaß haben und im Ernst spielen. Für manche Menschen ist Arbeit zugleich Spiel, für andere wiederum ist das Spiel fast Arbeit.

Dennoch scheint all diesen Aktivitäten ein Element des Unnötigen anzuhaften: Die Gesellschaft könnte am Ende auch ohne sie funktionieren. Um dies zu verdeutlichen, könnten wir uns versucht sehen, uns auf die „primitiven" Gesellschaften zu berufen und auf das, was die Sozialanthropologie über sie weiß. Natürlich ist für keine dieser Gesellschaften der Existenzkampf so hart, daß die Menschen unausgesetzt arbeiten müssen. In „primitiven" Gesellschaften (in der anthropologischen Bedeutung des Wor-

---

USA. Sowie die Anthologien von B. Rosenberg und D. M. White (1957), R. D. McCann (1964) und D. M. White und R. Averson (1968).

[3] Zum Beispiel meint sie besorgt, das Hollywoodsystem sei seinem Wesen nach totalitär (S. 327 ff.), – ein typischer Fall von Überintellektualisierung. Hollywoods Filme prädestinieren das Publikum keineswegs für Totalitarismus.

tes) mit hartem Lebenskampf werden unmittelbar produktive Tätigkeiten wie das Pflanzen, Fischfang oder Jagd, sowie einschneidende Ereignisse des Lebenszyklus wie Geburt, Heirat und Totenbestattung von ausgedehntem Ritual begleitet. Doch auch in diesen Gesellschaften bleibt Raum für das Spiel (Kinder spielen und Eltern spielen mit ihren Kindern). Ferner ist bekannt, daß primitive Gesellschaften, die ein leichtes Leben haben, wie zum Beispiel auf Tahiti, einen großen Teil ihrer Zeit mit Spiel verbringen. Wir sollten nun nicht glauben, daß das Spiel für die betreffenden Völker geringere Bedeutung habe, als die Tätigkeit zum Erwerb des Lebensunterhalts. Tänze zum Beispiel, – die wir als eine Art Spiel betrachten würden, – werden von diesen Völkern als für ihr Wohlergehen wichtig betrachtet. Nach Durkheim spielen kollektive Tätigkeiten eine entscheidende Rolle für die Gesellschaft, da sie zu gewissem Grad der sozialen Organisation förderlich sind: Bei der Teilnahme an Kollektivtätigkeiten wird das soziale Rollenschema durchbrochen, was den einzelnen deutlicher empfinden läßt, daß er Teil der größeren Gruppe der Gesellschaft als solcher ist. Der Hauptunterschied zwischen unserer Massenkunst und den „primitiven" Tänzen, Riten und Zeremonien besteht darin, daß Wohlstand und Arbeitsteilung in der fortgeschrittenen westlichen Gesellschaft es uns erlauben, eigens für Zeremonien (sprich Unterhaltung) ganze Industrien und Klassen zu ernähren.

Dies gilt auch für Kirchgang und Tanz, und sogar in begrenztem Ausmaß für Theater, Konzert- und Opernbesuch. Gesehen zu werden ist hier zu gewissem Grad gesellschaftlich ebenso wichtig, wie das Endprodukt, die Aufführung selbst. Beim Kinobesuch ist es seltsamerweise anders. Der Film ist im wahrsten Sinn Massenkunst, nicht nur weil er an ein Massenpublikum appelliert, sondern auch, weil der Einzelne im Dunkel des Kinos in der Menge untergeht. Er nimmt nicht wahr, wer neben ihm sitzt, er tritt während der Vorführung nicht mit anderen in Verbindung und kann jederzeit durch den Seitenausgang stillschweigend verschwinden. Dennoch hat auch der Filmbesuch sozialisierende Elemente. Der Filmbesuch muß nicht unbedingt im Alleingang erfolgen. Familien, Schulen, Freundesgruppen und Liebespaare werden gemeinsam ins Kino gehen. Der Kinobesuch ist eine von all diesen Gruppen gern gemeinsam unternommene Aktivität. Nicht zuletzt wird dann auch dank der allgemeinen Beliebtheit des Kinos über den Film und seine Stars usw. diskutiert und geredet. Wer den Film nicht kennt, wird es recht schwer haben, ein Wort mitzureden, und hierauf beruht eine weitere sozialisierende Wirkung des Films.

Der Grad kollektiver Beteiligung des Publikums während der Filmvorführung ist buchstäblich gleich null (obwohl Kollektivstimmungen wie Heiterkeit oft entscheidend zum Vergnügen, an Komödien zum Beispiel, beitragen, ebenso wie auch die Stimmung der Zuschauer bei ernsten Darbietungen den eigenen Genuß steigert). Ich denke hier an das von mir einst in Hongkong inmitten eines unbewegten, verständnislosen Publikums empfundene, gleicherweise einsam wie vereinzelte Vergnügen an einem Jerry Lewis-Film sowie an zwei Aufführungen von *Psycho/Psycho* (USA 1960). Eine davon erlebte ich in einem bis auf den letzten Platz – mit einem lebhaft mitgehenden Publikum – besetzten Filmtheater, die andere in einem vorsätzlich unbeteiligten, lärmenden, laut dazwischenschwatzenden Hause. Dies alles bildet einen starken Gegensatz zur kollektiven Beteiligung, wie sie in primitiven Gesellschaften bei fast allen zeremoniellen Aktivitäten üblich ist, die sich weitgehend stimmungsfördernd auswirkt. In dieser Hinsicht ergeben sich bei Zeitschrift und Buch, wie bei Hörfunk und Fernsehen, Parallelen aber auch Unterschiede zum Kino. Man konsumiert sie in weit größerer Isolation, dennoch entstehen auch bei ihnen – unsichtbare – Gruppierungen: die Gemeinschaft derer, die sich die gleichen Sendungen anhören und -sehen oder sich mit dem Inhalt der gleichen Druckwerke auseinandersetzen. Von diesen Beispielen abgesehen gehen unsere Freizeitbeschäftigung mehr oder weniger in einer sozialen Gemeinschaft vor sich; doch fragt es sich, wie sozial sie ist. Freilich klagen ältere Menschen öfter darüber, daß in ihrer Jugend die Freizeitbeschäftigungen kreativer und partizipatorischer gewesen wären als heute, – in einer Welt der Kunst- und Unterhaltungskonserve. Es ist also gar nicht lange her, daß nahezu alle Unterhaltung eine Familienbeschäftigung war, an der nur Familienmitglieder teilnahmen. Überdies bestand sie in Spielen und Singen, Spazierengehen und Vorlesen oder anderem Zeitvertreib, an denen das einzelne Mitglied aktiv teilnahm.

2. *Der Freizeitwert des Kinos*

Es sieht heute so aus, als wären wir in einem Zeitalter der passiven und isolierten Unterhaltung angelangt. Oder sind wir es nicht?

Der Film ist keineswegs die erste, eine große Anzahl scheinbar passiver Zuschauer umfassende Unterhaltungsinstitution. Film und Fernsehen sind aus dem Theater hervorgegangen, das seinerseits bekanntlich im religiösen Kult der alten Griechen und des mittelalterlichen Christentums wurzelt. Ebenso ist der Film nicht die erste Massen- oder Volkskunst. Sowohl das griechische wie das elisabethanische Theater waren Theater fürs Volk und nicht die Domäne einiger weniger Privilegierter. Indes ist der Film das erste Massenkommunikationsmittel, das eine eigene Industrie hervorbrachte. In dieser Hinsicht ist er ein Vorläufer der anderen beiden Massenmedien Hörfunk und Fernsehen, die erst später entstanden und soziologisch betrachtet seltsamerweise in eine andere Richtung tendieren. Denn während der Film die Menschen aus dem Haus in riesige Theater lockte oder, anders ausgedrückt, in verstärktem Maß die Rolle von Theater und Varieté übernahm, richten sich Rundfunk und Fernsehen, ähnlich wie das Buch, an eine verbreitete Konsumentenschaft im Heim. Da in der modernen Gesellschaft das Heim der Sammelpunkt der Familie ist, heutzutage die Familie aber außerhalb der Mahlzeiten und der Freizeit meist voneinander getrennt tätig ist, erhalten Hörfunk und Fernsehen die zusätzliche Funktion, die Familie im Hause zu halten, wo ihre Mitglieder als Primärgruppe in Interaktion treten können.

Ende des neunzehnten Jahrhunderts, als das Kino erfunden wurde, waren Theater und Oper sozial spezialisierte, beziehungsweise sozial exklusive Medien. Wegen ihrer hohen Eintrittspreise wie auch wegen einer gewissen Esoterik blieben sie einigen Klassen verschlossen. Populäre Kunstform jener Tage war das Vaudeville-Theater oder Varieté, dem das melodramatische Volksstück nur wenig nachstand. Bald nachdem der Film im 2. Weltkrieg seine volle Kraft entfaltett hatte, versetzte der Film dem Varieté durch seine Konkurrenz in den Vereinigten Staaten den Todesstoß. Das gleiche geschah nach dem 2. Weltkrieg auch in England. Das Fernsehen löste andere Folgen aus. Es

stimmt zwar, daß die Filmindustrien Amerikas und Englands sich gezwungen sahen, gewaltig zurückzustecken, aber, wie vorauszusehen, das Fernsehen ist kein vollkommener Ersatz für das Kino; so kam es auf einer neuen, wenn auch niedrigeren Ebene wieder zu stabilen Verhältnissen beim Film. Tatsächlich werden heute, da ich diese Zeilen schreibe (1968) zwar weniger, doch einträglichere Filme denn je hergestellt.
Ich glaube, daß wir nur vom soziologischen Gesichtspunkt aus richtig verstehen werden, wie es zu diesen Auswirkungen kam. So weit der Film ein besserer Ersatz für die Künste der Bühne ist, hat er sie verdrängt. Komiker, Komödianten und Artisten zogen es vor, statt von einem Varieté zum anderen zu reisen, am gleichen Ort zu bleiben und zum Film zu gehen. Ihre Kunst wurde von mehr Leuten gesehen, die weniger dafür zu bezahlen brauchten, während andererseits die Künstler ein höheres Einkommen hatten. Als der Tonfilm aufkam und damit alle Arten von Varietényummern im Film dargestellt werden konnten, war der Untergang des Varietés besiegelt. Das Fernsehen und die inzwischen populär gewordenen Nachtclubs ließen es wieder ein wenig aufleben. Aber warum ereilte das Theater und die Oper nicht das gleiche Geschick? Rund heraus gesagt, weil sie spezialisierte, für eine Minderheit bestimmte Kunstformen sind. Sie zeigen nicht die Art Dinge, die der Film zu bieten hat, und vor allem wenden sie sich an ein anderes Publikum[4].
Soweit Hörfunk und Fernsehen Ersatz für das Kino bieten, haben sie es auch verdrängt. (Der Hauptunterschied zum Fernsehen besteht in der Größe des Bildschirms und in der Bildqualität.) Wir wissen, daß der Film heute neuen Boden gewonnen hat; der Kinobesuch ist konstant geblieben, und ebenso der Verkauf von Filmen an das Fernsehen. Die alten Rivalen, die einst erbittert um das gleiche Publikum kämpften, leben heute in freundschaftlicher Symbiose. Die Filmgesellschaften haben ihre Archive geöffnet und ihre Schätze dem Fernsehen zur Aufführung überlassen; auch lehnen sie es ihrerseits nicht mehr ab, im Fernsehen uraufgeführte Filme nachher von sich aus zu zeigen. Und das Fernsehen ist dazu übergegangen, das Talentreservoir des Films, seine Techniker und sein Personal zu nutzen, um stets genug Material für den Bildschirm in Vorrat zu haben. Dies läßt erkennen, daß das Unterhaltungspublikum größer und vielfältiger ist, als es auf den ersten Blick scheinen mag, und ebenso, daß das einzelne Produkt auf verschiedene Weise vermarktet werden kann, ohne von einer Vorführungsform zur anderen an Gewinnträchtigkeit einzubüßen. Doch in einer Hinsicht vermögen die beiden sich gegenseitig nicht zu ersetzen: in ihrer sozialen Funktion. *Ein jedes löst völlig verschiedene soziale Aktivitäten aus.* Da sich diese Aktivitäten jedoch ergänzen, festigen sie die Symbiose. Mit dem sich vom Alltag abhebenden Filmbesuch ist ein gewisses spannungserhöhendes Ritual verbunden, den das Fernsehen, in der informellen Atmosphäre des Zuhause per Knopfdruck erschlossen, nicht mit sich bringt. Auch wird das kleinformatige Fernsehen das Leinwanderlebnis nur selten ersetzen: sein Bild ist klein und es fehlt die tragende Spannung des Publikums. Überdies treten die Stars, – ein entscheidender Faktor der soziologischen Bedeutung des Films, – immer noch auf der Leinwand viel größer und deutlicher in Erscheinung. Im Gegensatz zum Fernsehstar braucht der Filmstar nicht mit ein und derselben Rolle in einer bestimmten Serie plus

[4] Herbert Gans (1959) trifft in diesem Zusammenhang wichtige Feststellungen über die Vielfalt des Publikums (bzw. der Subkulturen) in unserer pluralistischen Gesellschaft.

Gastrollen oder mit den künstlerisch dürftigen Mitteln eilig hergestellter Fernsehproduktionen vorliebzunehmen. Fernsehstars versuchen in der Tat oft, wenn sie erst einmal bekannt sind, beim Film anzukommen.

Diese Verschiedenheiten der großen Massenmedien stehen vielfach im Widerspruch zu den Analysen, die man in der soziologischen Literatur antrifft. Soziologen werfen gern alle Medien in einen Topf und behaupten, sie erfüllten alle dieselbe Funktion, – wobei sie meist einen kritischen Standpunkt einnehmen. Besonders zwei Theorien sind heute populär; Herbert Gans hat die eine „Injektions"-Theorie (das hypodermatische Nadel-Modell), die andere „Selektive Wahrnehmungstheorie" getauft. Der ersten zufolge besteht Massenkultur darin, daß einem völlig passiven, stumpfen Publikum nichts anderes als Propaganda und Sozialismus injiziert wird. Wahrhaftig, sie behaupten sogar, daß die *Funktion* der Medien in der Narkotisierung des Publikums bestehe – eine Art Äquivalent zu Marxens „Opium des Volkes". Der Mensch in der Massengesellschaft werde seiner Arbeit entfremdet, die zur mechanischen Form geworden sei; infolge der Verstädterung hätten sich seine sozialen und verwandtschaftlichen Bindungen aufgelöst, wodurch die Gesellschaft atomisiert worden sei. Und nun fungierten die Medien als gesellschaftlicher Kitt, – ein Gottesgeschenk zur rechten Zeit –. Sie versorgten den Menschen mit Ersatzbefriedigung und sorgten dafür, daß Leben bald nur noch aus „Lebensersatz" bestehe.

Nach der Selektive-Wahrnehmungstheorie werden die Menschen so weitgehend von ihren Vorurteilen und vorgefaßten Meinungen beherrscht, daß sie von dem, was sie sehen, nur das aufnehmen, was in ihr vorfabriziertes Konzept paßt. Was der Mensch wahrnimmt, – darin sind Philosophen und Psychologen sich schon lange einig, – hängt zu sehr großem Teil von seiner Mentalität ab. Infolgedessen hätten die Massenmedien die soziale Funktion, die Menschen in ihren Vorurteilen und in ihrer Blindheit zu bestärken, statt korrigierend und aufklärend zu wirken.

Beide Theorien üben an den Massenmedien heftig Kritik, die eine, weil sie die Flucht aus der Wirklichkeit ermöglichen – wiewohl Frank Raymond Leavis*, schon immer ein Sonderling, in der Literaturkritik die Rettung sieht –, die andere, weil sie eine üble Situation noch übler machen. Darüber hinaus aber haben die beiden Theorien nichts gemein. Im Gegenteil, sie widersprechen einander: Die Injektionstheorie sieht in den Medien ein Mittel der propagandistischen Manipulation; die Selektive Wahrnehmungstheorie hält die Medien für propagandistisch unwirksam. Nach der Injektionstheorie sind die Medien allmächtig, ist das Publikum passiv; nach der Selektive-Wahrnehmungstheorie sind die Medien ohnmächtig, das Publikum hingegen hat alle Macht. Nach der einen Theorie sind Manipulatoren und manipulative „Systeme" (eines der „Schlag"-Wörter unserer Zeit) notwendig, nach der anderen fällt zumindest der Filmemacher vollkommen flach: um sich erfolgreich zu erweisen, muß er dem Publikum das bieten, was das Publikum will, – es könnte sonst dazu übergehen, nicht nur selektiv wahrzunehmen, sondern selektiv ins Kino zu gehen.

In den vergangenen Jahren jedoch haben eine Reihe von Autoren, J. Haley (1952), A. J. Brodbeck (1955), F. Fearing (1962), H. J. Gans (1959 ff.) und J. M. Roberts

---

* Englischer Literaturkritiker. (d. Ü.)

(1959, 1962, 1963) Theorien entwickelt, die zwar eine ähnliche Auffassung über die Medien erkennen lassen, dem Medium Film indes Allmacht wie Ohnmacht absprechen. Grob gesagt versuchen diese Autoren Spiel-, Lern- und Sozialisierungstheorie miteinander zu verbinden. Haley wendet sich (in einer seiner ersten Arbeiten) gegen die Auffassung, der Film sei ein Fluchthelfer aus der Wirklichkeit; eher trage der Film dazu bei, das Leben in dieser Welt erträglicher zu machen, mehr noch, er helfe dem Menschen, mit ihm fertig zu werden. In einer sich mehr und mehr komplizierenden Umwelt sei der Film der sozialen Organisation zuträglich, da er, wie einst die Religion, die Kompliziertheit in Grundordnungen aufzulösen suche: Diese Theorie trifft nicht, das sei hier vermerkt, auf diesen oder jenen Film zu, obgleich ich später darlegen werde, daß bestimmte Filme als Meditation über ein besonderes Problem oder eine besondere Situation aufgefaßt werden können. Vielmehr ist sie allgemein gültig. Generell kann man sagen, daß die Umformung des Erlebten in die Ordnung des Dramas dem Zuschauer Kontrolle und Einordnung des Erlebten ermöglicht, oder ihm dazu Mittel und Wege zeigt. Das gleiche tut der Journalist, wenn er seinem Bericht, um ihn sinnfälliger zu machen, die Form einer „Story" verleiht.

Als Anthropologe entwickelte Roberts die allgemeine Theorie, daß die Spiele der Kinder einen Lehrgang im Machtspiel darstellten, und wies darauf hin, daß Geschicklichkeit beim Spiel mit anderen sozial vorteilhaften Eigenschaften korreliert. Vor allem Wettspiele erfüllen nach Roberts eine wichtige Aufgabe für die Sozialisierung der Kinder. Diese These läßt sich auch auf Erwachsene ausdehnen, auf die Zuschauer bei Sportveranstaltungen oder auf Autofahrer (viele Menschen betrachten es als eine Gelegenheit, ihre Kraft zu erproben). Doch ist nach Roberts zwischen Wettspiel und „Vergnügen" zu unterscheiden. Das Vergnügen geht nicht in organisierter Form vor sich mit zwei oder mehr Parteien und nach festgesetzten Regeln – Kriterien zur Ermittlung des Gewinners. Auch in anderem Rahmen und Zusammenhang kanalisiert das Spiel die Rivalität. Die Auffassung aber, daß künstlerische Medien die sogenannte wirkliche Welt prägen, ist sehr anregend; wir werden in Teil Drei darauf zurückkommen. Zunächst wollen wir den Kinobesuch als Spiel betrachten, freilich nicht als ein Wettspiel. David Riesmann (1955) räumt ein, wie wenig man über das Spiel weiß und meint:

Das Spiel dürfte sich keineswegs auf die neben der Arbeit verbleibende Restzeit beschränken. Vielmehr sollte es als regelrechtes Fachgebiet zur Entwicklung der Fähigkeiten in der Kunst des Lebens anerkannt werden. Dabei würde das Spiel dem nach Autonomie strebenden Menschen am Ende immer noch Raum gewähren, um seine Individualität neben den allumfassenden Forderungen seines sozialen Wesens zu behaupten (S. 315).

Diese These wirft auf das Phänomen der wie Pilze aus dem Boden schießenden Pop-Musik-Gruppen wie auch auf die Spiel-Kulturen der Teenager ein neues Licht. Weniger trifft sie für den Filmbesuch zu, der ein derart subtiles Erleben vermittelt, daß der Mensch dabei einen passiven Eindruck macht. Das Spiel Filmansehen ist ein wichtiges Mittel zur Bereicherung der Erfahrung und Gemeinsamkeit des Erlebens: Der Meinungsaustausch über das Gesehene ist ein signifikantes soziales und sozialisierendes Geschehen in unserer Gesellschaft.

Mit Hilfe von Herbert Gans' Arbeiten läßt sich dies alles unter einen Hut bringen.

Gans ist der Meinung, daß ein Publikum sich nicht wahllos zusammenfindet, sondern sich eher nach Art von „Subkulturen", von Untergruppen innerhalb der Gesellschaft herausbildet, die in bezug auf ihr intellektuelles Niveau, ihren Bildungsstand und ihre sozialen und wirtschaftlichen Verhältnisse sehr verschieden sein können. Gans legt dar, daß die Hauptkultur einer Gesellschaft auch für die literarische und akademische Welt bestimmend ist, die doch annimmt, daß ihre Geschmacks- und Wertnormen allgemein gültig seien und alle Abweichungen von ihnen für minderwertig erklärt. Von so manchem werden die Medien als etwas durch und durch Unkultiviertes angesehen, und selbstverständlich machen diese Menschen auch zwischen Schnulze und Popsong, sowie den verschiedenen Genren von Operette und Musical keinen Unterschied. Innerhalb der Hauptkultur lassen sich nach Gans die verschiedensten Subkulturen mit besonderen Geschmacksnormenaggregaten feststellen, die je nach ihrem Niveau ein und dieselben Dinge unterschiedlich bewerten. Man kann sie in „obere-Middlebrows", „untere Middlebrows" und „Lowbrows" einteilen. Jeder „Brow" ist ein potentielles Publikum mit eigenen Vorstellungen davon, was in seinem bevorzugten Genre gut oder schlecht ist, und konsumiert Unterhaltung auf seine Art.

Daß man früher gute Western, gute Kriminalfilme, gute Frauenfilme für ein größtmögliches Publikum zurechttrimmte, beruhte auf einem gründlichen Mißverständnis. Denn das Publikum war ein pluralistisches Publikum, dessen selektive Geschmacksrichtungen man auf dem Markt hätte berücksichtigen müssen. Heute werden schon Experimente unternommen: spezielle Teenager- und Agentenfilme zielen sichtlich auf bestimmte Publikumspräferenzen ab. Walt Disney war der mit dem dauerhaftesten Erfolg gekrönte Show-Mann Hollywoods, – vielleicht deshalb, weil er genau wußte, welches Publikum beziehungsweise welche Subkultur er ansprechen wollte[5].

Ich möchte Gans' Ausführungen hinzufügen, daß man angesichts des Falles Disney behaupten kann, daß hervorragende Leistungen in einem bestimmten Genre, verbunden mit Elementen einer bestimmten Subkultur, durchaus den Rahmen zu sprengen und auch andere Subkulturen anzusprechen vermögen. Dies gilt für Kulturen wie für Subkulturen. Die besten Kunstwerke einer Tradition, heißt es, haben stets auch universelle Wirkung und kommen bei anderen Kulturen ebenso an. Was auf Kulturen zutrifft, kann auch für Subkulturen richtig sein. Eines Tages werden wir vielleicht ein universell anerkanntes Meisterwerk des Porno[6] haben, so wie es Meisterwerke des Western, des Cartoon, des Musical, des Krimi, der Soap-Opera gibt.

Gans' Theorie führt folgerichtig zu der Annahme, daß es zwischen Publikum und Filmemachern Wechselwirkungen oder Rückwirkungen geben muß, – wovon bei der Injektionstheorie oder der Selektive-Wahrnehmungstheorie nicht die Rede sein kann. Gans (1957) legt dar, daß auch der Filmemacher Mitglied der Gesellschaft im weiteren Sinn ist, Zeitungen und Bücher liest, konsumiert, bestimmte Wertvorstellungen, eine gewisse Bildung und seine Kumpane hat. Er macht sich bestimmte Vorstellungen, wen

---

[5] R. Houlton (1966) veröffentlichte eine Tabelle, die die steigenden Gesamteinkünfte der acht Großen Hollywoods (Disney, United Artists, Universal, Columbia, Fox, Warners, Paramount und MGM) in den Jahren 1955–1965 in Prozent ausweist. Bei Disney beträgt die Steigerung 345 %. Nur UA erreichten annähernd eine Steigerung von 275 %.

[6] Vergleiche Chappell's „Twenty-six Propositions About Skin Flicks" in Robinson (1967).

er erreichen will, wenn es ihm um Kommunikation geht. Doch abgesehen vom Kassenerfolg fehlt es ihm an brauchbarer Information darüber, ob ihm das auch gelungen ist. Gans greift G. N. Fenins beschwörende Hinweise (1955) auf, daß auch der Film immerhin ein Produkt sei, das der bewußten Marktforschung und der Produktentwicklung bedürfe. Obwohl es mit dem Verkäufermarkt der 30er und 40er Jahre längst aus und vorbei ist, wurde solche Marktforschung noch nicht realisiert. Fühlt man sich nun zu guter Letzt gezwungen, vor den Fähigkeiten der Hollywooder Unternehmer den Hut zu ziehen, oder ist ihre fortdauernde Prosperität allein dem Glück zu verdanken?

VIII. Das Leinwandpublikum

1. Das Entstehen unterschiedlicher Präferenzen

Wer geht ins Kino und warum geht er ins Kino? Eine Antwort auf diese Frage zu geben, ist nicht mehr schwer, – wohl aber läßt sie sich schwer belegen. Vor Aufkommen des Fernsehens ging jeder ins Kino, ausgenommen die sehr Alten, die sehr Jungen und die Nonkonformisten. Man ging, weil man Freude am Film hatte, weil man bestimmte Stars sehen wollte, weil man gern mal aus dem Haus und vielleicht nachher noch in ein Lokal ging. Die Menschen taten es lieber als Lesen oder Radiohören, denn das Kino war eine Abwechslung; es war eine soziale Aktivität, die auf andere Weise anregend wirkte als Lektüre oder Radio. Man konnte vorher im Foyer, in der Pause und hinterher Menschen treffen (vor allem in der Kleinstadt); man konnte sich zeigen, man hatte später zu Hause, im Büro, in der Schule und bei Verabredungen etwas zu erzählen. In einem Zeitalter der allgemeinen Bildung und des relativen Wohlstands kann man wohl kaum behaupten, die Leute gingen nur in Ermangelung anderer Freizeitbeschäftigungen ins Kino. Vielmehr läßt sich sagen, daß der Abend im Kino sein Geld wert war, – das Doppelprogramm mit zwei Hauptfilmen bot bis zu drei Stunden Unterhaltung für 75 cents in den USA, in England für ein oder zwei Schilling.

So war es einmal – bis 1949/50 der Fernseh-Boom einsetzte. Seitdem hat sich die Publikumszahl wie auch ihre Zusammensetzung drastisch verändert. Zum einen werden weniger Filme hergestellt, zum anderen gibt es weniger Filmtheater und drittens muß man mehr Eintrittsgeld bezahlen. Indes, heute kommen einem die Filme länger und in jeder Hinsicht „größer" vor. Haben sich auch die Gründe für den Kinobesuch geändert? Man ist sich allgemein einig, daß heutzutage der Prozentsatz an Jugendlichen beim Publikum weit größer ist als früher. Signifikanter vielleicht noch: sie bilden die Basis der *regelmäßigen* Filmbesucher. Auch Erwachsene und Familien gehen noch ins Kino, aber nicht mehr ein oder zweimal die Woche, sondern nur, wenn ein besonderer Film läuft. Mit dem „besonderen Film" meine ich den Film, den man ihnen verkauft hat. Den Mechanismus dieses Vorgangs werde ich in Teil IV erläutern. Hier genügt die Feststellung, daß wir nach meiner Erinnerung in den 40er Jahren am Samstagabend zu sagen pflegten: „Gehen wir ins Odeon, ins Granada oder ins Plaza?" Heutzutage werden wir uns nur dann von unseren Büchern oder vom Fernsehapparat losreißen, wenn wir uns zum Beispiel im Gedächtnis vermerkt haben: „Ich wollte mir doch noch *Lawrence of Arabia*/*Lawrence von Arabien* (England 1962) ansehen, ehe der Film abgesetzt wird." Filme brauchen nicht unbedingt „groß" zu sein, damit die Leute sie sehen wollen; auch erhebliche Verkaufsanstrengungen werden in dieser Hinsicht nichts ausrichten. Der erste James Bond-Film war keineswegs besonders kostspielig, und andererseits werden alle Verkaufsanstrengungen der Welt aus *Cleopatra* keine Goldgrube machen. Was genau genommen die Leute veranlaßt, sich einen Film anzusehen, werde ich, wie gesagt, in Teil IV aufgreifen. Doch möchte ich in diesem Zusammenhang noch einmal auf den phänomenalen Erfolg eines Alfred Hitchcock oder eines Walt Disney zu sprechen kommen. Man könnte sagen, daß diese beiden Filmemacher ein ganz bestimmtes Image besitzen: man kann sich darauf verlassen, daß sie eine bestimmte Art von Produkt herstellen. Hitchcock wird einen ausgefallenen spannenden Film oder Thriller, Disney einen für den Familienbesuch geeigneten Film herausbringen. Die Menschen kennen diese Namen und trauen ihnen. Kommt ein Disney-Film in die Stadt, wird jeder, der seinen Kindern schon lange eine Freude bereiten wollte, sich auf den Weg machen. Taucht ein Hitchcock-Film auf, werden Leute, die einen früheren Film von ihm sahen, den neuen sehen wollen, ehe er abgesetzt wird.

Was man dem infolge des Fernsehens eingetretenen Wandel des Filmpublikums entnehmen kann, läßt sich mit Gans' Begriffen definieren: Infolge dieser Konkurrenzsituation beginnen sich die Subkulturen im Publikum stärker zu artikulieren. Als die Produzenten von Standardprodukten für einen Verkäufermarkt dazu übergingen, für marginalere Gruppen eines Käufermarkts zu produzieren, versuchten sie es zunächst einmal gerade mit den Dingen, die das Fernsehen zum unvollkommenen Ersatz für den Film machen; sie probierten es mit technischen Mätzchen, wie in einer so hektischen Industrie kaum anders zu erwarten. Langsam entwickelte man jedoch eine Erfolgsformel: Man verkaufte den einzelnen Film und weniger eine ganze Studioproduktion im Paket. Das bedeutete, daß jedes Projekt gesondert unter die Lupe genommen wurde: Gab es ein Publikum dafür? Mit den Reihen von Teenager- oder Horror-Filmen zielte man sicherlich auf spezielle Gruppen der Subkultur Jugend ab. Die Reihe der Agenten-Filme entstand erst, nachdem man an den Bond-Filmen erkannt hatte, daß es ein Publikum für dieses neue Genre gab, – ein weit aufgeweckteres, selbstherrliches Publikum, als man je für möglich gehalten hätte. Während die Teenager-Filme sich im Lauf der Zeit zu reinsten Selbstparodien entwickelten, wurde der Nachschub an Spionage-Filmen immer bizarrer. Spionage-Zentren, smarte Gewaltausübung erzeugten ein Klima, in denen Meisterwerke wie *Bonnie and Clyde* und *Point Blank* entstehen und großen Erfolg haben konnten. Auch kam die alte Idee wieder zu Ehren, von einem erfolgreichen Film so lange zweite Aufgüsse zu machen, bis der Kassenerfolg nachließ. Viele der Veränderungen lassen sich aus Gansscher Sicht erklären. Daß auf dem englischsprechenden Markt auch ausländische Filme wieder Bedeutung erlangten, ist darauf zurückzuführen, daß es sich jetzt wirtschaftlich lohnte, das Publikum beispielsweise daraufhin zu untersuchen, wie weit es als Zuschauer von Kulturfilmen oder von frivolen ausländischen Filmen (Publikumsgruppen übrigens, die sich überschneiden) in Betracht kam. Der italienische Regisseur Michelangelo Antonioni hat mit seinem Film *Blow-Up/Blow-Up* (England 1966) bewiesen, daß man ein weltweites Publikum mit Swinging London faszinieren kann, was in ganzen Reihen von Filmen über englische Sex-Gepflogenheiten (wirkliche und erfundene) resultierte. In Erinnerung der Tage, da

britische Filmemacher nicht ein noch aus wußten, weil das *amerikanische* Publikum für *englische* Filme Untertitel verlangte, war es beglückend, jüngst miterleben zu dürfen, wie ein amerikanisches Filmpublikum den schauderhaften Akzent des englischen Slang im Film *Here we go Round the Mulberry Bush/Unterm Holderstrauch* (England 1967), mit Wonne goutierte, – und noch dazu an Hollywoods Wilshire Boulevard!
Während der Filmbesuch selektiv wurde, richtete sich auch die Filmherstellung auf selektive Geschmacksrichtungen aus, mit dem Ergebnis, daß ein Film bei einem selektiven Publikum ebenso großen, ja, vielleicht einen größeren Kassenerfolg erzielen kann als bei dem Routinebesucher-Publikum vergangener Zeiten.

2. *Fakten und Zahlen*

Wer glaubt, das Filmpublikum sei in seiner Zusammensetzung gründlich erforscht, wird enttäuscht sein. Hollywood und Wardour Street scheinen sich in Bezug auf Marktforschung außergewöhnliche Zurückhaltung aufzuerlegen. Dies führe ich wieder auf die erwähnte Selbstzufriedenheit der Branche aufgrund der permanenten Verbrauchermarktsituation zurück. Soweit überhaupt Untersuchungen vorliegen, sind sie ziemlich rudimentär. Zum Beispiel befassen sich lediglich zwei mit der Frage, wie weit die Menschen allein oder zu mehreren ins Kino gehen, und wenn ja, in welcher Gruppierung [1]. (Keine zwanzig Prozent der Kinobesucher gehen allein, s. Tab. 4). Das ist kaum zu begreifen. Hinzu kommt, daß die meisten Aufstellungen Ergebnisse enthalten, die durch Publikumsbefragung nach der Vorstellung und außerhalb des Kinos ermittelt wurden. Infolgedessen geben ihre Zahlen nur über dieses eine Publikum Aufschluß und nicht über den Kinobesuch der Bevölkerung insgesamt. Wir verfügen, wenn überhaupt, nur über wenige die Gesamtbevölkerung betreffende Zahlen.
Freilich, die paar, die wir haben, geben uns über einige interessante Sachen Aufschluß. Tab. 5, 6 und 7 lassen erkennen, daß das Filmpublikum sich gut informiert hat: 71 % erklärten, sie hätten eine sehr genaue oder ziemlich genaue Vorstellung gehabt, um welche Art Film es sich handelte, ehe sie ihn sich ansahen. 75 % sagten, Stars, Filmart oder die mündliche Empfehlung eines Bekannten hätten ihr Interesse erweckt. Am interessantesten aber ist, daß 83 % meinten, der Film sei das Eintrittsgeld wert gewesen; 80 % fanden den Film ihren Erwartungen entsprechend oder besser als sie erwartet hatten. Überdies schwankt die Anzahl derer nur geringfügig, die zu wissen behauptete, was sie in bezug auf das Genre von dem jeweiligen Film zu erwarten hätten. Das gleiche trifft, von vereinzelten Ausnahmen abgesehen, für den Anteil der Altersgruppen oder die Anzahl der Kinobesucher zu. Eine Ausnahme bilden die 13 % der einmal wöchentlichen Kinogänger zwischen 16 und 24 Jahren, die keinerlei Vorstellung von der Filmart hatten.
Vier Aufstellungen, die über die Häufigkeit des Filmbesuchs Aufschluß geben, gelangten mir in die Hand. Tab. 8, 1947 veröffentlicht, stammt aus der Zeit vor dem 1949

---

[1] L. A. Handel (1950) zitiert eine Studie, derzufolge etwa 20 % des Publikums allein gehen. Nach seiner eigenen Berechnung befanden sich 86 % der Frauen und 70 % der Männer bei ihrem letzten vorhergehenden Filmbesuch in Begleitung einer anderen Person (S. 113–115). Siehe auch Federation of British Filmmakers (1936), Tabelle 1,6.

einsetzenden Aufschwung des Fernsehens und läßt erkennen, daß in den USA 37 % der Kinobesucher mehr als einmal wöchentlich oder noch häufiger ins Kino gingen. Tab. 9, die errechnet wurde, als das Fernsehen bereits im Kommen war, zeigt, daß 58,1 % sich einmal wöchentlich oder häufiger einen Film ansahen. Tab. 10, die aus der Kriegszeit stammt, gibt weit niedrigere Werte an: 17,5 % gingen einmal oder häufiger

Tabelle 4 Kinobesucher insgesamt: Begleitung des Befragten bei seinem letzten Kinobesuch, aufgegliedert nach Häufigkeit des Filmbesuchs und nach Altersgruppen

	16–24 einmal Woche %	einmal Monat %	seltener %	25–34 einmal Monat %	seltener %	35–44 nicht nach Frequenz %	Besucher aller Altersgruppen insges. %
Allein	9	8	11	27	14	19	16
mit Ehepartner	8	18	39	39	43	36	30
mit Begleiter des anderen Geschlechts	47	35	20	12	7	5	19
mit Begleiter des gleichen Geschlechts	15	19	12	15	7	9	12
mit mehr als einem Begleiter des gleichen Geschlechts	10	6	5	1	1	2	4
in gemischter Gruppe	10	13	18	3	12	6	9
mit Kindern (mit oder ohne andere Erwachsene)	1	1	5	2	16	23	10
Gesamtzahl (100 %) =	91	101	74	114	99	181	660

Quelle: Federation of British Film-Makers (1963), Tabelle 1,6.

Tabelle 5 Kinobesucher insgesamt: wieweit eine Vorstellung von der Filmart vor letztem Kinobesuch vorhanden war, aufgegliedert nach Häufigkeit des Filmbesuchs und Altersgruppe

	16–24 einmal Woche %	einmal Monat %	seltener %	25–34 einmal Monat %	seltener %	35–44 nicht nach Fre-qenz %	Besucher aller Altersgruppen insges. %
sehr genaue Vorstellung	32	23	23	34	38	29	30
ziemlich genaue Vorstellung	32	48	42	43	32	43	41
kaum eine Vorstellung	19	19	22	13	19	16	17
keine Vorstellung	13	8	8	7	7	7	8
weiß nicht	4	2	5	3	4	6	4
Gesamtzahl (100 %) =	91	101	74	114	99	181	660

Quelle: Federation of British Film Makers (1963), Tabelle 2,9.

pro Woche ins Kino (wenn man die beiden letzten Zahlen hinzurechnet). Tab. 10 unterscheidet sich insofern von den anderen, als sie einer statistischen Untersuchung über das Hörfunkpublikum entnommen wurde, in der zum Vergleich auch diese Befragungsergebnisse des Filmbesuchs angeführt sind. In Tab. 11 haben wir wieder ganz andere Zahlen: Sie geben Aufschluß über das britische Filmpublikum des Jahres 1960, von

Tabelle 6 Kinobesucher insgesamt: was sie zu ihrem letzten Kinobesuch veranlaßte

	Besucher insgesamt %
Stars	32
Filmart	30
mündliche Empfehlung	13
Musik	5
Eignung für Kinder	4
Fotografie	2
schauspielerische Leistung	1
Titel	1
Regisseur, Produzent oder Drehbuchautor	1
die Tatsache, daß es ein englischer Film war	1
Gesamtzahl (100 %) =	660

Quelle: Federation of British Film Makers (1963), Tabelle 2,8 a.

Tabelle 7 Kinobesucher: Zufriedenheitsgrad nach dem letzten Kinobesuch, aufgegliedert danach, wieweit die Filmart zuvor richtig eingeschätzt wurde oder nicht

	Filmart wie erwartet %	Filmart nicht erwartet %	Besucher insgesamt %
Zufriedenheitsgrad:			
1. viel fürs Geld	25	18	24
sein Geld wert	59	47	57
wenig fürs Geld	12	23	14
sein Geld nicht wert	2	8	3
weiß nicht	2	4	2
Gesamtzahl (100 %) = (zahlende Filmbesucher)	337	71	429[1]
2. besser als erwartet	25	28	26
wie erwartet	61	23	54
weniger gut als erwartet	13	47	18
weiß nicht	1	2	2
Gesamtzahl (110 %) =	526	106	660[1]

Quelle: Federation of British Film Makers (1963), Tabelle 5,6.

[1] Die Gesamtzahlen in Prozent umfassen auch Zuschauer, die die Frage nach der Filmart mit „ich weiß nicht“ beantworteten.

Tabelle 8 Häufigkeit des Kinobesuchs 1947 (USA)

1 oder mehr pro Woche	25 %
1–3 pro Monat	37 %
Ein paar Male im Jahr oder kaum	27 %
Nie	11 %

Quelle: P. F. Lazarsfeld, „Audience Research in the Movie Field", *Annals of the American Academy of Political and Social Science,* November 1947.

Tabelle 9 Häufigkeit des Kinobesuchs 1950 (USA) Frequenz pro Monat

0	22,6 %
1–2	19,3 %
3–5	30,7 %
6–9	17,7 %
10 und mehr	9,7 %

Quelle: Hollywood Looks at its Audience, Leo A.Handel, Urbana 1950

Tabelle 10 Häufigkeit des Kinobesuchs 1942 (USA) Frequenz pro Monat

	Männer %	Frauen %	Besucher insgesamt
0	49,7	49,2	49,45
1	15,5	16,8	16,15
2–3	16,6	17,2	16,9
3–4	11,1	11,4	11,25
5 und mehr	7,1	5,4	6,25

Quelle: Handel, Iowa-Studie, und in der letzten Rubrik die von mir errechneten Zahlen. Die Iowa-Studie stimmt mit F. L. Whan und H. B. Summers: *The 1942 Iowa Radio Audience Survey,* Des Moines 1942, überein. Siehe Handel, S. 100: „Whan zufolge ließen sich keine größeren Unterschiede zwischen dem Kinobesuch von Stadt- und Landbevölkerung feststellen. Durchweg frequentierten sie das Kino mit gleicher Häufigkeit." Das Gegenteil ist lt. K. Box (1943) in Großbritannien der Fall.

Tabelle 11 Häufigkeit des Kinobesuchs 1961 (Gr.brit.) Frequenz pro Woche

2 und mehr	30 %
1	33 %
1 in 2 Wochen	11 %
1 in Monat	11 %
1 in 3 Monaten	7 %
noch geringer	7 %

Quelle: The Cinema Audience, a National Survey, Screen Advertising Association, London 1961.

dem 63 % einmal die Woche oder öfter ins Kino gingen. Wie läßt sich diese Diskrepanz erklären? Wie ist es möglich, daß bei schließenden Kinos und sinkenden Besucherzahlen die Zahlen für Großbritannien einen so hohen Anteil an häufigen Kinogängern ausweisen? Die Antwort lautet offensichtlich, daß das englische und das amerikanische Publikumsverhalten in bezug auf den Filmbesuch verschieden sind. Sollte dies aber nicht zutreffen, dann läßt die Tabelle auf sinkende Besucherzahlen allgemein bei zunehmender Frequenz derer schließen, die ins Kino gingen. Dies ist aber nicht plausibel. Warum sollte die Frequenz zunehmen? Ich scheue mich, diese Unglaubwürdigkeit einfach mit ungenauen Ziffern oder Irrtümern der Befragten erklären zu wollen. Aus eigener Erfahrung weiß ich, wie schwer es ist, sich einen Überblick über das Publikum zu verschaffen; statistische Untersuchungen dieser Art sind mühselig und zudem wenig zuverlässig. Schon durch Verkoppelung der Fragen „Wie oft gehen Sie durchschnittlich in der Woche ins Kino?" und „Wann waren Sie das letzte Mal im Kino und welchen Film haben Sie gesehen?" kann man widersprechende Resultate erzielen. Doch was kann man tun, wenn fast alle Informanten sich selbst widersprechen?

Obwohl man diese Ziffern nur widerstrebend akzeptieren wird, geben sie doch über eines Aufschluß: Trotz des großen Wandels, den das Fernsehen hervorrief, gibt es noch immer eine Schar unentwegter Kinogänger, die regelmäßig und häufig einem bestimmten Verhaltensmuster entsprechend ins Kino gehen. Was unter diesen Aufstellungen leider ganz fehlt, sind Vergleiche von Besucherzahlen bei verschiedenen Filmen. Gern würde man wissen, wie hoch sich der Anteil an Ausnahmsweise-einmal-Besuchern unter den gewaltigen Zuschauermassen bei Filmen wie *The Bridge on the River Kwai/Die Brücke am Kwai* (England 1957), oder *The Sound of Music/Meine Lieder – Meine Träume* (USA 1964) oder bei den James Bond-Filmen war. Sie hatten enormen Erfolg zu verzeichnen und ich selbst vermute, daß sie auch Filmgänger anzogen, die sich normalerweise nur ungern von ihrem Fernsehgerät entfernen und wahrscheinlich kaum ins Kino gehen. Dieses Publikum hat, wenn es tatsächlich vorhanden ist, mehr Ähnlichkeit mit einem Theaterpublikum, – es ist ein Publikum der besonderen Gelegenheiten. Ziemlich sicher wird der Anteil der in auskömmlichen Verhältnissen lebenden Ehepaare relativ groß sein, für die der Film ohnehin Anlaß ist, mal abends „auszugehen". Dieses neue Publikumsverhalten sollte zu Änderungen in der Vorführungspolitik anregen. Zum Beispiel dürften solche Filme nicht nach einer Woche schon wieder abgesetzt werden; die Eintrittspreise müßten hoch sein, und das Kino sollte, wie die Theater, elegant ausgestattet sein, – eventuell auch mit einer Bar, da viele dieser Filme aus zwei Teilen bestehen, zwischen denen eine Pause eingelegt wird, – und so weiter.

Was die Schar der Unentwegten betrifft, möchte ich annehmen, daß sie sich hauptsächlich aus jungen und unverheirateten Leuten zusammensetzt, die ihrem Zuhause und damit dem Fernsehen entfliehen wollen. Für sie ist das übliche „lokale" Kino mit häufigem Programmwechsel das richtige, so lange die Preise niedrig gehalten werden. Obwohl der frühe Kinoschluß in den USA und Großbritannien recht unzeitgemäß ist. Bestätigt wird meine Vermutung durch die Zahlen der Tab. 12 und 13 für Großbritannien. Wir gehen hier auf Tab. 13 ein, da sie detaillierten Aufschluß gibt. Die Altersstufen von 16 bis 24 sind mit 39 %, die von 12 bis 24 mit 48 % im Publikum vertreten. Die Altersgruppe der 30 bis 64jährigen bildet einen Anteil von 34 %. 60 % des Publikums besteht also aus 12 bis 29jährigen, die 34 Jahrgänge zwischen 30 und 64 Jahren bilden nur einen Anteil von 34 %. Auffallend gering ist der Anteil der 30–34jährigen. Ich vermute, daß viele dieser Altersgruppe durch kleine Kinder gebunden und noch mit

Tabelle 12 Querschnitt der Kinobesucher (unter 45)

	einmal i. Woche %	einmal i. Monat %	mind. einmal i. Monat %	seltener %	Kino-besucher insgesamt %
ALTER					
16–24	54	47	50	27	40
25–34	25	33	30	36	33
35–44	21	20	20	37	27
MÄNNLICH					
verheiratet	20	23	21	32	26
unverheiratet	40	27	33	15	25
WEIBLICH					
verheiratet	20	30	26	42	33
unverheiratet	20	20	20	11	16
KLASSE[1]					
AB	9	17	14	21	17
C 1	28	33	31	25	28
C 2	43	37	39	38	39
DE	20	13	16	16	16
abends-ausgehen in 2 Wochen:					
4mal oder weniger	20	69	33	60	44
5mal oder mehr	80	31	67	40	56
Gesamtzahl (100 %) =	169	216	385	275	660

Quelle: Federation of British Film Makers (1963) Tabelle 6,3 c.

Tabelle 13 Zusammensetzung des britischen Filmpublikums nach Altersstufen, 1960

8–11	2 %		
12–15	9 %		
16–20	24 %	39 %	48 %
21–24	15 %		
25–29	12 %		
30–34	9 %		
35–44	13 %		
45–64	12 %		
65 und darüber	4 %		

Quelle: The Cinema Audience, A National Survey, Screen Advertising Assn., London 1961.

[1] Klassifizierung: AB etwa = Ober- und obere Mittelschicht, C = untere Mittelschicht, DE = Arbeiter und Arme (z. B. Ruheständler) oder unbestimmbarer Herkunft.

der Ausstattung ihres Haushalts finanziell belastet sind etc. Wie dem sei, der auffallend hohe Anteil an Jugend unter dem Publikum muß die Filmhersteller zu Konsequenzen veranlaßt haben. Sowohl in Großbritannien wie in den USA gab es in den 50er und 60er Jahren weit mehr auf einen Markt der Jugendlichen zugeschnittene Filme, – man denke an die zahlreichen High-School-, Pop-Musik- und Wassersport-Filme. Intensität und Hingabe der Jugendlichen beim Anhören von Schallplatten, beim Besuch von Diskotheken, beim Tanz in Lokalen, wo sie die Bands original erleben können, und nicht zuletzt beim Dilettieren im Bemühen, selbst Mitglied einer (Pop)Gruppe, sprich Band, zu werden, läßt sich gar nicht hoch genug einschätzen.

Die nach sozialen Klassen gegliederten Zahlenangaben über die Häufigkeit des Kinobesuchs (Tab. 14) sind außerordentlich aufschlußreich. Von 1950 bis Ende 1955 ist überhaupt kein Rückgang im Kinobesuch der Arbeiterklasse zu verzeichnen. Das Jahr 1955 bezeichnet jedoch einen Wendepunkt in Großbritannien, da sich das Fernsehen durch-

Tabelle 14 Geschätzte Häufigkeit des Kinobesuchs von Erwachsenen nach sozialer Klasse (Großbritannien)
Kinobesuch pro Kopf der Erwachsenenbevölkerung und pro Woche

Hulton survey[2] Klasse[2]	1950	1952	1953	1954	1955[3]		
AB	0,42	0,33	0,28	0,23	0,25		
C	0,49	0,39	0,34	0,31	0,37		
DE	0,56	0,55	0,50	0,47	0,54		
IPA survey	1956–1957			1959–1960			
Klasse	regelmäßig %	gelegentlich %	nie %	regelmäßig %	gelegentlich %	selten %	nie[4] %
AB	13	54	33	7	12	39	42
C 1	20	46	34	10	13	32	45
C 2	29	36	35	14	10	26	50
DE	28	31	41	16	7	19	58

Quelle: J. Spraos (1962), S. 30; nach Hulton Readership Survey und IPA National Readership Survey.

[2] Hultons Klassifizierung siehe Fn. 1 S. 105. Die IPA Klassifizierung stimmt mit ihr weitgehend überein. Lediglich die bei Hulton unter DE mitaufgeführten gelernten Arbeiter sind bei IPA unter C 2 aufgeführt.

[3] „Darf nicht zum Vergleich mit früheren Jahren herangezogen werden, da die Zahlen zum Ausgleich der systembedingten Unterschätzung der tatsächlichen Frequenz, die bei Überprüfung an Hand der vom Board of Trade errechneten Zahlen sichtbar wird, berichtigt wurden."

[4] „‚Regelmäßig' heißt einmal die Woche oder öfter. ‚Gelegentlich' steht für seltener als einmal die Woche bis einmal im Monat. ‚Selten' heißt weniger als einmal im Monat. Wo ‚selten' nicht in gesonderter Rubrik angeführt ist, wurde diese Kategorie in ‚gelegentlich' mit aufgenommen.

Tabelle 15 Kartenverkauf und Netto-Kasseneinnahmen (Großbritannien)

	Kartenverkauf (Millionen)	Nettoeinnahmen (Millionen)
1945	1585	73
1947	1462	68
1949	1430	67
1951	1365	71
1953	1285	72
1955	1182	73
1957	915	65
1959	581	59
1961	449	60
1963	357	55
1965	327	62
1967	273 [1]	59 [1]

Quelle: T. Kelly (1966), S. 11, zusammengestellt nach Board of Trades Statistics. Die beiden letzten Zahlen stammen aus der gleichen Quelle.

[1] Geschätzt.

zusetzen und die Gewohnheiten der Arbeiterklasse zu verändern begann. Zu jener Zeit hätte man die BBC ihrem Äußeren und ihrem Appeal nach als ausgesprochen Middle-class bezeichnen können. Dies ist heute übrigens kaum weniger der Fall. In den Jahren 1956–57 und 1959–60 fällt uns der starke Rückgang der Frequenz der Besucher der DE-Schicht auf: nur die Kategorie „nie“ hat einen Anstieg zu verzeichnen. In den anderen Klassen gehen die Besucherzahlen der „regelmäßigen“ zwischen 1956–57 und 1959–60 um die Hälfte zurück, die Zahlen unter „gelegentlich-selten“ bleiben sich gleich, während die „nie“-Kategorie beträchtlich ansteigt. Dieser Vorgang wiederholt sich bei den Zahlenangaben über die Eintrittskarten in Tab. 15. Der Besuch war nach dem Krieg ständig zurückgegangen, doch zwischen 1955 und 1959 zeichnet sich das gleiche jähe Absinken ab, – um mehr als 50 Prozent. Die Erklärung dafür, weshalb die Filmindustrie nicht zusammenbrach, findet sich in der Rubrik der Nettoeinnahmen: Es gelang, die Einnahmen auf gleicher Höhe zu halten, zum Teil dank der Abschaffung der Vergnügungssteuer, in der Hauptsache jedoch durch Erhöhung der Eintrittspreise. Ein höherer Eintrittspreis hält die Menschen nicht unbedingt vom Kinobesuch ab, wie sich an den ausverkauften Häusern bei bestimmten Filmen erkennen läßt. Sinkende Frequenz bei steigender Selektivität, – dies beweist, daß es dem Publikum nicht unbedingt etwas ausmacht, mehr auszugeben. An den Kassen der Erstaufführungskinos der Großstädte bilden sich oft lange Schlangen ungeachtet dessen, daß die Preise um ein mehrfaches höher sind als in den lokalen und durchgehend spielenden Kinos.
Nach meinen Erwartungen wird der Kinobesuch nicht mehr so stark abnehmen wie bisher, und die zwei Gruppen der jugendlichen und der gelegentlichen Kinobesucher werden sich konsolidieren (s. Tab. 16). Die Tage, in denen der Film zu dem Halbdutzend Spitzenindustrien in Amerika gehörte, sind längst vorbei. Aber daß es ganz

Tabelle 16 Anteil der Erwachsenen, die mindestens einmal wöchentlich ins Kino gingen, 1945, 1947, 1957, nach Altersgruppen

Altersgruppe	1945 %	1947 %	1957 %
21–29	48	39	–
20–29	–	–	50
30–39	28	25	29
40–49	27	21	22
50 und darüber	13	23	8

Quelle: Meyersohn (1961), p. 259.

mit dem Film zu Ende gehen oder daß er kein Geld mehr einbringen wird oder sonst etwas der Art, halte ich für undenkbar. Im Gegenteil, da der Film sich künstlerisch weiterentwickelt und heranreift und sich auch technisch weiter verfeinert und vor allem mehr und mehr Menschen seine besondere Grammatik und Syntax verstehen lernen, kann man damit rechnen, daß der Film wieder etwas aufsteigt.

In einiger Zeit wird die technische Entwicklung gestatten, daß die lokalen Kinos ihre Filme bei einer Zentralstelle, einer Art Filmbank via Fernsehen beziehen. Sie werden in Farbe und von einer zu Hause nicht reproduzierbaren Qualität sein. Dem Film wird ein festes Publikum erhalten bleiben.

Teil 3

Zur Soziologie des Filmerlebnisses: Wer sieht sich Filme an und aus welchen Gründen?

In diesem Teil geht es um folgende Probleme: Wie weit nimmt man beim Sehen und Erleben von Filmen soziologische Informationen auf, und wirkt sich dies auf den Menschen aus? Wieweit ist diese soziologische Information durch den Film wahr, und macht es etwas aus, wenn sie nicht wahr ist? Meine Antwort lautet: Man nimmt eine Menge soziologischer Informationen auf, doch wirkt sich dies weit weniger auf den Menschen aus, als pessimistische Kritiker der Medien zu wissen glauben; gleichzeitig ist die soziologische Informaton über die jeweils porträtierte Gesellschaft weit zutreffender und auch kritischer, als die Schmäher des Mediums zugeben wollen.

IX. Das Filmerlebnis

1. Über die Wirkung von Filmen

In den vorangegangenen Kapiteln haben wir uns mit der Frage befaßt, wieweit das Publikum sich auf den Film als Produkt, und umgekehrt der Film als Produkt sich auf den Zuschauer als Konsumenten auswirkt. Wir schlossen uns der Auffassung von Herbert Gans (1957) an, derzufolge das Publikum auf das Produkt lediglich indirekt Einfluß hat, nämlich über das Bild, das die Filmhersteller sich vom Publikum machen. Die Stellung des Filmemachers ist so gesehen nicht viel anders als die des „Meinungsführers“ entsprechend der Zwei-Stufen-Hypothese der Massenkommunikation (E. Katz und P. F. Lazarsfeld, 1955): Kommunikation wie Rückbeeinflussung gehen stets nur mittelbar (d. h. interpersonal) vor sich. Daher lehnten wir „Injektionstheorie“ wie „Selektive Wahrnehmungstheorie“ ab. So ist es denn an der Zeit, die nüchterne Theorie zu beleuchten, wonach der Film den Zuschauer, ob mittelbar oder unmittelbar, beeinflussen soll, und das in sehr starkem Maße (s. Motion Picture Producers and Distributors of America, 1932). Natürlich wird man überall in der Welt beobachten können, daß gewisse Verhaltensweisen offensichtlich aus Film und Fernsehen gelernt wurden, angefangen bei bestimmten Spielen der Kinder bis zu der Art und Weise, wie Menschen ihre soziale Rolle zur Geltung zu bringen streben. Besonders bemerkenswert ist die Wirkung amerikanischer Produktionen, doch besteht sie in *imitativem* Verhalten, und es läßt sich wohl kaum bestreiten, daß dem Film in dieser Hinsicht tatsächlich ein *gewisser* Einfluß zuzuschreiben ist. Was indes die gewichtigere Hypothese betrifft, derzufolge Kinder und Jugendliche, die besonders beeinflußbar sind, zur Nachahmung von Gewalt und Sex angeregt würden, sehen die Dinge anders aus. So ergaben die Payne-Fund Studies (1933–35) alles in allem nichts Alarmierendes. Und auch Hilde Himmelweit, P. Oppenheim und P. Vince (1958), die von dieser Hypothese ausgehend die Wirkung des Fernsehens untersuchten, vermochten nicht das geringste Beweismaterial zu ihrer Erhärtung beizubringen. Nicht viel anders erging es W. Schramm, J. Lyle und

E. B. Parker (1961). Die aus verschiedenen Untersuchungen resultierenden Schlußfolgerungen standen in so ausdrücklichem Gegensatz zu den üblichen Vorstellungen, daß man diese Ergebnisse kurzerhand überging, und so fühlen sich gewisse Fürsprecher dieser Hypothese (wie Pro-Zensur-Politiker) nicht einmal anstandshalber zu dem Versuch verpflichtet, die Resultate zu widerlegen (siehe United States, 1956). Ich für meinen Teil bin folgender Meinung: Es wäre absurd, wollte man beispielsweise Dostojewsky die Schuld zuschreiben, wenn einer seiner Leser unter dem Eindruck seiner Romane kriminelle Handlungen beginge. Ebenso ist es absurd, daß der Film daran schuld sein soll, wenn der jugendliche Delinquent dieses oder jenes tut, weil er es angeblich im Film gesehen hat.

Es ist nicht möglich, auf diesem Gebiet vom Kausalgesetz auszugehen: Die Lektüre von *Die Brüder Karamasow* hat *mich* nicht zum Verbrechen angeregt. Wenn ein Leser unter dem Eindruck des Werkes sich zur Nachahmung krimineller Handlungen veranlaßt fühlt, dürfte er bereits prädisponiert sein, sie zu begehen, und es besteht aller Grund zu der Annahme, daß er, sollte die Zensur eine der Anregungsquellen zuschütten, mit Sicherheit andere finden wird. Es ist buchstäblich unmöglich, sämtliche schockierenden oder stimulierenden Faktoren auszuschalten. Überdies ist die ganze Theorie veraltet, nicht viel anders als die Theorie von der traumatischen Schockwirkung. Heute wissen wir nur zu gut, daß seelische Erkrankungen für gewöhnlich nicht durch Schock ausgelöst werden, sondern sich ebenso oft von selbst entwickeln, wie von äußeren Vorgängen beeinflußt werden. Altmodische, um nicht zu sagen primitive Ideen zu diesem Thema sind keineswegs selten. Auch die Arbeiten von A. Bandura (1936), L. Berkowitz (1963 b, 1964, 1966), O. T. Lovaas (1961) und ihrer Mitarbeiter fallen in diese Kategorie: Sie kamen auf die Idee, Erwachsene und Kinder frustrierenden oder Aggressivität auslösenden Situationen auszusetzen, ihnen dann „aggressive" Filme vorzuführen, um das Ansteigen ihrer Aggressivitätsrate zu verfolgen. Solche Geschmacklosigkeiten sind die Folge einer Über-Simplifikation der Gleichung: Gewalt = Aggression sowie der Vorstellung, im Film dargestellte Aggressivität würde sich unabhängig vom Kontext und von der sozialen Umwelt des Rezipienten auswirken (wieder einmal die subkutane Injektion), und so fort. J. T. Klapper feuerte bei dem in O. N. Larsen wiedergegebenen Podiumsgespräch seinerseits noch ein paar Extra-Breitseiten in diesem Sinne ab.

Ein weiteres Argument, das um die Wirkung der Medien Besorgte ins Feld führen, ist die fortgesetzte Propagierung von Gewalt. In sämtlichen Filmgattungen, sei es Cartoon, Spielfilm, Dokumentarfilm oder Wochenschau oder Kriegsfilm, stets konfrontiert man uns mit einem bestimmten Maß von Gewalt. Wirkt sich dies tatsächlich brutalisierend aus? Ist die Gefahr der Nachahmung wirklich eine Gefahr? Bis heute gibt es dafür keinen „hieb- und stichfesten" Beweis. Daher werden diejenigen, die zu der Annahme tendieren, daß sie so wirken, weiterhin denken, daß es so ist, während diejenigen unter uns, die zu der Auffassung neigen, daß sie nicht so wirken, weiterhin der Meinung sein werden, daß dem nicht so ist. Nicht ohne Erröten möchte ich ein *ad hominem*-Argument zu meinen Gunsten und der mit mir Gleichgesinnten ins Feld führen. Seine Stärke beruht auf dem Umstand, daß ich ein glühender Verehrer der Medien bin und mich ihnen wahrhaftig von Kindheit an fortgesetzt exponiert habe. Hiermit knüpfe ich an meine Bemerkungen im Vorwort an: die meisten sprechen rein theoretisch, wenn sie sich darüber auslassen, was die Medien bei anderen anrichten können. Ich hingegen berufe mich darauf, daß sie bei mir nichts angerichtet haben, und da ich keineswegs atypisch bin, halte ich für nicht so gefährlich, was sie bei anderen vielleicht anrichten können. Mein *ad hominem*-Argument scheint mir durchaus vernünftig: Oberflächlichkeit und Konfusion auf Seiten der Medien-Pessimisten dürften weitgehend der Tatsache zuzuschreiben sein, daß sie selbst sich den Medien nur selten exponierten. Doch ebenso wie ich zugeben muß, daß meine genetische Erklärung für ihre Ansichten noch kein Beweis für die Stimmigkeit dieser Ansichten ist, könnten auch sie mir entgegnen: „Und Sie werden einräumen müssen: die Tatsache, daß Sie nicht brutalisiert und zur Nachahmung von Leinwand-Gewalt angeregt wurden, beweist noch nicht, daß kein anderer es werden wird.“

Nur zu wahr, – und so steht Argument gegen Argument. Verlassen wir jetzt die ganze Frage einer möglichen Verrohung und Nachahmung; schließlich handelt es sich bei ihnen nur um Mechanismen des Rezeptionserlebnisses auf niederster Ebene. Wenden wir uns nun einigen anderen Formen möglicher Beeinflussung zu. Der Film vermittelt uns Informationen; er kann uns zur Auseinandersetzung mit sozialen, moralischen und politischen Problemen anregen, kann uns ablenken oder auch kathartisch wirken. Der Informationswert des Films ist so evident, daß es hierüber keiner Diskussion bedarf. Wenn er darüber hinaus ablenkend wirkt in dem Sinn, daß man nach einem guten Film die Welt mit anderen Augen sieht und angeregt und zufrieden und besser zur Arbeit aufgelegt ist, wird hier ein Einfluß auf den Menschen und seine Umgebung ausgeübt, der mit Nachahmung nichts zu tun hat. Wie steht es nun mit dem Problemfilm? Schon häufig hat auch der Film die traditionelle Aufgabe der Zeitung übernommen, Mißstände aufzudecken. In den 30er Jahren produzierte Warner Brothers eine ganze Reihe von Filmen, die einleuchtend darstellen sollten, daß Verbrechen und Gangstertum auf soziale (wie auch psychologische) Ursachen zurückzuführen sind, in denen Lynchjustiz und Haftbedingungen verurteilt wurden. Im Sinne dieser Tradition machte Stanley Kramer 1960 einen Film über den Affen-Prozeß (gegen Darwins Abstammungslehre- Anm. d. Ü.), mit dem er sich für Toleranz gegenüber Andersdenkenden einsetzte. Dieser Film *Inherit the Wind/Wer den Wind sät* (USA 1959) war als Ganzes nicht gut, doch seine Botschaft und die Darstellung der Schauspieler (Spencer Tracy und Frederick March) waren es umso mehr. Auch Korruption und ihr Gegenteil, Integrität waren Themen vieler Gangsterfilme sowie der Elliot Ness Fernseh-Serie (The Untouchables). Andere Filme brandmarkten soziale und politische Einschüchterung, sowie die moralische Feigheit des Durchschnittsbürgers und zeigten, daß gemeinsames Handeln notwendig ist, wenn man über den Feind siegen will. So vermittelt der so enorm erfolgreiche Western *High Noon/12 Uhr mittags* (USA 1952), am Schluß dem Zuschauer die Lehre, daß man Menschen, die den Vertretern von Recht und Ordnung nicht beistehen, verachten soll. Eine weit gründlichere Untersuchung der gleichen Fragen wird in dem Film *Schichinin no samurai/Die sieben Samurai* des genialen Japaners Akira Kurosawa (Japan 1953) unternommen. Er macht anschaulich, daß einfache Menschen selbst unter guter Führung noch ein beträchtliches Maß an eigener moralischer Stärke und Standhaftigkeit aufbringen müssen, wenn sie sich einem entschlossenen Feind gegenüber behaupten wollen. Häufig greift der Film auch in die Debatte um aktuelle Tagesprobleme ein. Der

englische Film *Chance of a Lifetime* (1950) behandelt die Frage der Arbeiter-Mitbestimmung, während *The Man in the White Suit/Der Mann im weißen Anzug* (England 1951) den Konservatismus auf seiten der Gewerkschaften wie auch des Managements angesichts einer großartigen Erfindung kritiisert. Der sehr humorige Film *I'am All Right Jack/Junger Mann aus gutem Hause* (England 1959) sowie der sehr melodramatische *The Angry Silence/Zorniges Schweigen* (England 1960) befassen sich mit weiteren Aspekten der zwischenmenschlichen Beziehungen in der englischen Industrie.
Es ließen sich noch viele Beispiele des sozialkritischen Films aus der englischsprachigen Welt, aus Westeuropa und Skandinavien anführen. Auch aus den westlicheren der osteuropäischen Satellitenstaaten sind einige wenige Beispiele zu uns gelangt. Jedoch das Gros der produzierten Filme verrät mehr Zufriedenheit mit unserer Gesellschaft. Und bei bestimmten Gelegenheiten, insbesondere bei nationalen Krisen, kommt plötzlich eine Reihe von Filmen heraus, die gewisse Aspekte der Gesellschaft für löblich halten, ja, sie sogar glorifizieren. Dies wird am patriotischen Typ des Kriegsfilms nur zu deutlich, für den es von Hollywood über Moskau bis Peking Beispiele gibt. Sieht man sich diese glorifizierenden Streifen später unter anderen Verhältnissen noch einmal an, kann einem schlecht werden: zum Beispiel bei den russischen, die Kollektivierung der Bauern verherrlichenden Filmen mit ihrer Romantisierung eines bekanntlich unbarmherzigen und brutalen Prozesses. Ebenso stellte man in Hollywood schändlicherweise in den Tagen des McCarthyismus eine Reihe dubioser anti-kommunistischer Filme her wie *My Son John* (USA 1952), *Big Jim McLain/Flucht vor dem Feuer* (USA 1952) und *I was a Communist for the FBI/Ich war FBI-Mann M. C.* (USA 1950). Sie waren schlecht gemacht, wenig populär, ideologisch dürftig und bestanden überwiegend aus Aufnahmen von Flaggenschwenken; Ausländer, Intellektuelle und Leute, die moderne Möbel bevorzugten, galten durchweg als Kommunisten, – Greuel, zu denen aufrichtige Mutterliebe mit der obligaten Apfelpastete als Gegenstück herhalten mußte[1]:
Es versteht sich von selbst, daß wie das Drama auch der Film persönlicher Entlastung dienen kann. Er kommt dem emotionellen Kompensationsbedürfnis entgegen oder er dient als Ventil für angestaute Emotionen.
Diese verschiedenen Arten von Einfluß auf das Publikum halte ich, wiewohl sie weitgehend übersehen werden, für viel bedeutender in der Wirkung als den Anreiz zur Nachahmung. Am wichtigsten aber – wichtiger als die Auseinandersetzung mit Problemen, als Ablenkung und Entlastung – ist die Unmenge an Informationen, die man dem Film verdankt. In dieser Beziehung stellt der Film ein bedeutendes Machtmittel dar, da er das Publikum durch Wahrheiten oder aber durch Verfälschungen und Lügen beeinflussen kann. Auf die Fehlinformationen über den Goldenen oder den Wilden Westen komme ich später im Kapitel über den Western noch zu sprechen. Hier zunächst ein paar andere Beispiele: Es war der Film, der mich darüber aufklärte, daß in den amerikanischen Gewerkschaften Korruption und Gangstertum an der Tagesordnung sind *(On the Waterfront/Die Faust im Nacken* [USA 1954]). Dem großen Kriegsfilm

---

[1] Siehe K. Reisz (1953), ein Aufsatz, der mit Vorbehalt aufzunehmen ist, sowie Pauline Kael's besonnenere Abhandlung „Morality Plays Right and Left" (1965). Aufschlußreich ist, daß solche McCarthyistischen Filme heute zu den Favoriten des gebildeten Großstadtpublikums zählen.

Quartett von Lewis Milestone *All Quiet on the Western Front/Im Westen nichts Neues* (USA 1930), *A Walk in the Sun/Landung in Salerno* (USA 1945), *The Halls of Montezuma/Okinawa* (USA 1950) *Pork Chop Hill/Mit Blut geschrieben* (USA 1958) verdanke ich die ungefähre Vorstellung, wie es sein muß, wenn man als Infantrist an vorderster Front kämpft. Jeder von uns erfährt aus ausländischen Filmen eine Unmenge von Fakten über andere Länder, – nicht nur, wie es dort aussieht, sondern auch etwas über die Denkweise der jeweiligen Nation und ebenso, daß sie allgemein menschlichen Fragen bisweilen ganz anders gegenüberstehen als wir. In Anbetracht dessen, daß Japan mich nicht speziell interessiert, glaube ich dennoch, dem Film eine Menge faszinierender Informationen über das mittelalterliche Japan entnommen zu haben, vor allem, was das höfliche Leben und die alten Trachten betrifft. Die Japaner besitzen wohl wie die Russen und Schweden mehr Gespür für die Vergangenheit als Engländer und Amerikaner; sie verstehen es besser, bildhaft etwas von dem einzufangen, was früher einmal war. Dies wiederum regt zu Reflexionen über kulturelle Unterschiede, über den Sinn der Vergangenheit usw. an. Was dazu führen kann, daß man sich mit komplizierteren philosophischen Gedankengängen befaßt: Gibt es eine Vergangenheit „wie sie wirklich war", oder macht sich nur jede Generation oder jede Kultur eine andere Vorstellung davon, was „wirklich" ist? Hollywood gibt Millionenbeträge für Hintergrund-Forschung für seine seriösen historischen Filme aus; dennoch wirken sie alle gleich unecht. Nur Filme, die im Wilden Westen oder zur Zeit des Sezessionskrieges spielen, verraten einen gewissen historischen Sinn. Schwedische und russische Filmemacher scheinen weniger Schwierigkeiten mit dem historischen Film zu haben. Wenn sie sich gehörig anstrengen, gelingt den Engländern das Historische auch, nur begehen sie fast immer den Fehler, heutige soziale Verhaltensformen albernerweise auf die Vergangenheit zu projizieren: Bei den englischen und amerikanischen Rekonstruktionen von König Arthurs Tafelrunde des 18. und 19. Jahrhunderts geht es auf absurde Weise hygienisch und gesittet zu; trotz angestrengter Bemühungen, Brontë und Dickens zu verfilmen, bleiben solche Filme steif und wenig überzeugend. Auch diese Versionen sind informativ – im Blick auf die Gesellschaft, die sie produzierte sowie auf deren Verhältnis zu ihrer Vergangenheit.

Verschiedentlich habe ich schon darauf hingewiesen, daß unsere neuen sozialen Erkenntnisse und Einblicke in die eigene Gesellschaft zum Lohnendsten gehören, was das Studium der Sozialwissenschaften zu bieten vermag. Die Amerikaner sind über ihre Gesellschaft weit besser informiert, als die Engländer über ihre, – vielleicht deshalb, weil die amerikanische Gesellschaft sich ihrer selbst und des Entstehens ihrer Gesellschaft mehr bewußt ist. Die amerikanische Gesellschaft kam auf andere Weie zustande als die englische. Erst Ende der 50er Jahre, im Verlauf der dramatischen Auseinandersetzungen mit der Arbeiterklasse, begannen die Briten ihre gesellschaftlichen Verhältnisse soziologisch bewußter zu sehen (siehe mein Aufsatz 1969 b).

2. *Ein Stück Leben oder ein Stück Kuchen?*

Hier geht es lediglich um einen Teil des Mediums als solchem. Denn jede soziale Institution hat beabsichtigt wie unbeabsichtigt gesellschaftlich tief eingreifende Wirkungen und Verflechtungen. Auch ist die Institution nicht als mit ihren Wirkungen identisch anzusehen, da sie auch unabhängig von diesen Wirkungen bestehen kann.

Diesen Hinweis vorausschickend will ich nun auf die Frage eingehen, worin denn eigentlich das Wesen des Filmerlebnisses besteht. Insbesondere möchte ich die subjektiven Aspekte des Erlebens, die sich schlecht generalisieren lassen, von den objektiven Aspekten, bei denen Fragen des Standards in die Diskussion eintreten, getrennt halten. Weder in bezug auf die einen noch auf die anderen glaube ich, daß, was als „Erlebnisinhalt" bezeichnet wird, bekannt und gegeben ist. Stets werden auch subjektive Faktoren im Spiel sein: Ich zum Beispiel schwärme für Audrey Hepburn und Monica Vitti, und oft entzückt mich bereits allein ihr Erscheinen auf der Leinwand. Menschen von anderem Naturell werden womöglich an demselben Film überhaupt nichts finden. Das „Erleben" wird durch das ganze Ritual im Kino noch gefördert: Man soll merken, daß man an besonderem Ort mit Besonderem konfrontiert werden wird. Ebensowenig wie man in einer Kunstgalerie eine Plakatwand auf einer U-Bahnstation vor sich zu sehen glaubt, wird man den Film nicht für ein „Stück Leben" halten [2].

Was mich daran gemahnt, daß es von vornherein in verlorener Sache kämpfen hieße, wollte man davon ausgehen, daß „Realismus" die Domäne des Films sei. Denn Realität läßt sich ihrem Wesen nach nicht erfassen; sie läßt sich nicht wie Wahrheit in einer wahren Aussage festhalten. Sagt man von einem Film, er sei „wie in Wirklichkeit", so will man im allgemeinen damit sagen, daß Personen und Situationen gut gezeichnet sind und ihre Wechselbeziehungen überzeugend und konsequent wirken. Man stimmt mit dem Film überein und sagt (in etwa), er sei „wahr" oder „echt". Doch muß man hier einschränken: Ein dramatisches Ereignis, das auch in Wirklichkeit vorkommen könnte und das wir erstmals in allen Details vorgeführt bekommen, wird einen unverhältnismäßig starken Eindruck hervorrufen. Der Mord in *Shane/Mein großer Freund Shane* (USA 1953) oder der erste Film, in dem das Gesicht einer Frau in den Wehen gezeigt wird, oder stark Dialekt-gefärbte Dialoge oder Nacktszenen, – sie alle wurden als „realistisch", als „wahrhaftig", als „Durchbruch" gepriesen. An letzterem ist etwas daran. Sieht man sich aber heute noch einmal die Ende der 50er Jahre entstandenen, im nordenglischen Arbeitermilieu spielenden Filme an, wird einem klar, daß man hier mit einer Reihe von neuen filmischen Konventionen konfrontiert wird, die darauf abzielen, auch andere Klassen für den Film zu interessieren. Machen sie auch den Inhalt, die Wahrheit des Mediums breiteren Schichten zugänglich? Was ist wahrhaftiger – das ritualisierte Spiel maskierter Akteure in *Antigone* oder der derbe Jargon der Schauspieler in *Saturday Night and Sunday Morning?* Prüft man diese realistischen Filme genauer, zeigt sich, daß sie das filmische Bewußtsein des Zuschauers sehr wenig erweitern. Sie bringen nichts anderes als alte Geschichten in neuem Rahmen, noch dazu Geschichten rein viktorianischer Prägung, wie wir gleich sehen werden:

Der Film *Room at the Top/Der Weg nach oben* (England 1958) schildert das Elend eines jungen Mannes auf der Jagd nach Erfolg, der die Frau, die ihn liebt, verliert, ja sogar indirekt tötet. Dem Weg nach oben zuliebe, muß er eine alberne, in ihn vernarrte Kleine heiraten, die er geschwängert hatte.

---

[2] Hitchcock soll einmal gesagt haben: „Der Film ist ein Stück Kuchen, nicht ein Stück Leben."

In *Saturday Night and Sunday Morning* wird der rebellierende Held in eine versuchte Abtreibung und in eine Schlägerei verwickelt, um zuguterletzt doch noch im Hafen der Ehe zu landen.
In *A Kind of Loving/Nur ein Hauch Glückseligkeit* (England 1961) sieht sich der Held durch eine Muß-Heirat mit einer unerträglichen Schwiegermutter konfrontiert. Das nötige Rückgrat zur Bewältigung seiner Probleme erwächst ihm erst, nachdem seine Frau sich unter dem Einfluß ihrer Mutter von ihm trennte und mit einer Fehlgeburt niederkommt.
In *This Sporting Life/Lockender Lorbeer* (England 1963) sehnt sich der Held, der zu unbeholfen ist, seine Gefühle zu zeigen, nach der Erwiderung seiner Liebe; dadurch kommt es zum Zusammenbruch seiner Beziehungen zu der geliebten Frau, und als sie stirbt, zu seinem Untergang.
In dem Film *Alfie/Der Verführer läßt schön grüßen* (England 1966) erweist sich der Libertin, der eine anständige Frau zur Abtreibung veranlaßt, als unfähig, überhaupt irgendwelche zwischenmenschlichen Beziehungen zu unterhalten.
Nicht eine dieser Geschichten hätte sich zwangsläufig in dem bewußt für sie gewählten sozialen Rahmen abspielen müssen. Praktisch jede von ihnen könnte sich ebenso gut an einer Universität unter Studenten ereignet haben. Die Folge davon: Diese Arbeitermilieu-Mode wurde Gegenstand der Satire, zum Beispiel in *Sparrows Can't Sing* (England 1962) oder in *Morgan, a Suitable Case for Treatment/Protest* (England 1966), – an sich erfreuliche Filme, mit denen der Höhepunkt dieses Trends erreicht wurde. Der proletarische Background hat hier nur noch mehr oder weniger dekorative Funktion. Vom Realismus also zum Dekorativen. Nur Intellektuelle bringen es fertig, Konventionen und Realität miteinander zu verwechseln. Vielleicht stimmt es, daß der Normalverbraucher im Film eine Traumwelt erlebt. Merkt er ihm aber realistische Absichten an, übt er erbarmungslos an Unrichtigkeiten Kritik. (Dies tun auch Kinder, siehe Travistock Clinic, 1952). In Wirklichkeit weiß das Publikum sehr wohl, daß es seine Aufmerksamkeit auf die Leinwand richten soll, daß man etwas gemacht hat, was man ihm dort oben hinprojizieren wird und das es nach bestem Vermögen zu rezipieren hat. Dies allein ruft bereits ein hohes Maß an Erwartung wie an Interpretationsfähigkeit hervor. Er weiß zum Beispiel, daß der Film Anfang, Mitte und Ende haben wird. Realität, was immer das ist, hat weder Anfang noch Mitte noch Ende.
Gibt es nun über die subjektive Reaktion und über die individuelle Interpretation hinaus auch ästhetische Aspekte der Rezeption, die sich bewerten lassen? Mir scheint, daß man den Fehler macht, Ästhetisches stets im Sinne von Interpretation abzuhandeln: Wir bemühen uns, das Erlebte zu verstehen. Dies wird noch in Teil 4 erörtert. Hier genügt es, zunächst einmal festzuhalten, daß es der objektiven künstlerischen Bewertung ungemein förderlich ist, wenn man die Interpretation des Rezipierten streng von der ästhetischen Beurteilung trennt. Es ist durchaus möglich, Fragen des künstlerischen Niveaus unabhängig von der subjektiven Reaktion auf das Rezipierte zu erörtern[3].
Der Film als solcher vermittelt also ein spezielles Rezeptionserlebnis. In visueller und akustischer Hinsicht läßt der Film der Imagination weniger Spielraum als das Buch,

---

[3] Siehe meine Arbeit (1967) zu diesem Thema.

doch was die Nachempfindung der Gefühle der dargestellten Charaktere betrifft, bietet er ihr weit mehr Möglichkeiten. Der Film macht die Entwicklung oder Erfindung spezieller Imaginations„hilfen“ notwendig. Während der Leser sich daran gewöhnen muß, sich die geschilderte Szene möglichst bildhaft vorzustellen, muß der Filmbetrachter lernen, aus einzelnen Aufnahmen eine dreidimensionale Welt zusammenzufügen. Filmungewohnte Menschen haben anfangs damit Schwierigkeiten: Bei Halbnah- und Nahaufnahmen erschrecken sie, weil sie meinen, die nicht sichtbaren Körperpartien seien abgeschnitten worden. Bei wechselnden Kameraeinstellungen finden sie sich nicht zurecht und schließlich vermögen sie auch Kontinuitätssprüngen der Handlung nicht zu folgen und so fort. Wir, die wir mit dem Film aufwuchsen, sind in all diesen Dingen hochgradig trainiert. Filme wie *The Secret Life of Walter Mitty/Das Doppelleben des Herrn Mitty* (USA 1947) oder *Billy Liar/Geliebter Lügner* (England 1963) (oder der bereits erwähnte *Morgan*) wären ohne solche Entwicklung nicht möglich gewesen. Beide Filme handeln von den Tagträumen eines Mannes während seiner Arbeitszeit; infolgedessen wird fortgesetzt zwischen Traum und „Wirklichkeit“ hin- und hergeblendet. In *Mittys Doppelleben* wird der Wechsel sehr subtil kenntlich gemacht: In Mittys Augen tritt ein seltsamer Ausdruck, und Schnitt – sehen wir, was er sich vorstellt. In *Geliebter Lügner* hat der Regisseur John Schlesinger sogar noch hierauf verzichtet. Zum Beispiel, in eine Szene aus Billys Kindheit, – Vater, Mutter und Großmutter nörgeln alle drei an ihm herum – wird plötzlich eine Aufnahme vom erwachsenen Billy beim Rasieren eingeblendet, die wiederum in ein anderes Bild überblendet: Billy in Uniform legt alle drei mit der Maschinenpistole um. Die Szene ist mit realistischen Toneffekten untermalt. Dann wieder Schnitt: Man sieht umgekehrt die drei Erwachsenen wie üblich herumhantieren, während der Ton im Off – das Tack-tack der Maschinenpistole – und ihr Aufblitzen weiterlaufen. Der französische Regisseur Alain Resnais schuf eine Reihe von Filmen, in denen er sich dieser verfeinerten Mittel bediente, um den Zuschauer an den Rand des Übersinnlichen zu führen. In *Hiroshima, mon amour/Hiroshima, mon amour* (Frankreich 1959) blendete er Szenen aus der Vergangenheit, – Erinnerungen der Heldin an den Tod ihres deutschen Geliebten und ihre eigene Demütigung als Kollaborateurin, – immer wieder in die Gegenwart, in ihr Liebesverhältnis mit einem Japaner, ein. In dem Film *L'Année dernière a Marienbad/Letztes Jahr in Marienbad* (Frankreich 1961) versucht ein Mann in einer Frau Erinnerungen wachzurufen an das, was sich im vergangenen Jahr in den weiten Räumen des Hotels zwischen ihnen abspielte oder nicht abspielte, wobei dem Zuschauer die Entscheidung überlassen bleibt, welche Szenen der Gegenwart und welche der Vergangenheit angehören, oder ob sie gar alle nur Wunschbild oder Traum sind. Diese formalen Mittel variierend, schneidet er in *Muriel/Muriel oder die Zeit der Wiederkehr* (Frankreich 1962) eine ganze Kette von Bildern realer Ereignisse ineinander. Dann darf der Zuschauer sich einen Vers daraus machen. Die gleiche Technik wurde in Filmen wie *Mirage/Die 27. Etage* (USA 1964), *The Third Day/Der dritte Tag* (USA 1965) und *Mister Buddwing (Woman Without Face)/Gesicht ohne Namen* (USA 1965) zur Darstellung des Gedächtnisverlustes des Helden angewandt: Auch hier werden Rückblicke in die Vergangenheit mit Szenen der Gegenwart ineinandergeschnitten. In *Mirage* kehrt dem Helden, gespielt von Gregory Peck, die Erinnerung bruchstückhaft zurück; länger und länger werden die Rückblenden, bis die geistige Blockierung sich schließlich ganz löst. Buddwing, dargestellt von James Garner, erwacht im Central Park und kann sich nicht im geringsten daran erinnern, wer er ist. Während er mehreren Frauen begegnet, kehren bruchstückhafte Erinnerungen an sein früheres Leben zurück. Doch sieht er anstelle des Gesichts seiner Frau jeweils das einer der anderen Frauen. Erst allmählich beginnt der Zuschauer zu verstehen, daß Buddwing in Wirklichkeit diese Frauen nie gekannt hat, sondern die Erinnerung an das Geschehene zu verdrängen sucht, indem er das Bild seiner Frau durch das ihre ersetzt.

Dies waren nur einige wenige Beispiele dafür, wie weit man das Rezeptionserlebnis außerhalb des subjektiven Bereichs zu spezialisieren vermag. Da wir alle bereits mit dem Film groß wurden, verstehen wir auch hochgradig verfeinerte Zeichen und Techniken zu lesen. Aus einem anspruchsvollen Publikum wird daher lautes Gelächter ertönen, wenn im Film das Vergehen der Zeit durch im Winde dahintreibende Kalenderblätter oder der Liebesakt durch krachende Brandung oder sprühendes Feuerwerk symbolisiert wird. Regisseure sollten dem Bildungsstand ihres Publikums in dieser Hinsicht so weit wie möglich Rechnung tragen. Es ist annähernd ebenso schwierig, sich in der Sprache des Films auszukennen, wie in einer großen Bibliothek; beide sind gleicherweise ritualisiert wie säkularisiert. Der Film ist eine verweltlichte Form der Ikonographie: unsere Filmstar-Heiligen sind alles andere als heilig. Aber wir beten sie auch nicht an, – wir bewundern sie nur. Eher sind sie wie antike Götter: sie amüsieren oder sie ärgern uns, wir üben Nachsicht und haben zugleich vor ihnen Respekt. Wir rufen sie nicht an, erbitten nicht ihre Intervention in unser persönliches Geschick. Wenn sie jedoch bei Wohltätigkeitsveranstaltungen persönlich erscheinen, die sie auf die eine oder andere Weise heiligen, haftet ein wenig von dem Glanz, den sie ihren Filmen verleihen, auch ihrem persönlichen Auftreten an.

3. Das Medium als Botschaft

Ich habe dargelegt, daß wir das Medium subjektiv erleben, bin auf die Interpretation des Erlebten eingegangen und habe darauf angespielt, daß zwischen Medienwirkung und Massenreligion Ähnlichkeiten bestehen. Doch aufgrund von Marshall McLuhans Denktätigkeit muß hier noch ein weiterer Aspekt des Rezeptionserlebnisses erörtert werden. McLuhans Thesen ließen sich folgendermaßen zusammenfassen: Die Technologie verändert nicht allein unsere Umwelt, sie verändert auch die Art und Weise, wie wir sie aufnehmen.

Denken wir an die Schrift. Wie war es wohl vor der Erfindung der Schrift mit des Menschen historischem Bewußtsein bestellt? Es bestand aus Erinnerung. Woher wußte seinerzeit der Mensch, wessen Erinnerungsvermögen gut und wessen schlecht war? Wie weit reichte die Erinnerung zurück? Erkannte der Mensch, daß die Geschichte sich vor ihm in die Zukunft wie auch weit in die Vergangenheit zurück bis vor Menschengedenken erstreckte? Wußte er, daß im Lauf der Ereignisse radikale Veränderungen vor sich gegangen waren, und war er auf weitere vorbereitet? Selbst die anthropologische Literatur gab hierfür keinen Aufschluß, obwohl Peter Lawrence sehr wertvolle Einblicke in die Komplexität dieses Problems vermittelt hat[4]. Man bedenke, wie die Erfindung der Schrift die Welt veränderte: Man war jetzt imstande, Fakten aufzuzeichnen, Erinnerungen zu überprüfen oder ganze Zeitbilder zu korrigieren[5]. Doch die Schrift – geschriebene Sprache – wirkte auch als Feedback, da sie sich ihrerseits auf die Sprache auszuwirken begann in dem Sinn, daß sie bestimmte, was richtig war und was nicht.

In seinem zweiten Buch *The Gutenberg Galaxy* befaßt sich McLuhan mit den Konsequenzen, die die Erfindung des Buchdrucks für die Welt mit sich brachte, – eine neue, vom Buchdruck geschaffene Welt. Er diente nicht nur der Verbreitung von Wissen, sondern er hat auch unseren Erfahrungshorizont radikal verändert. Der Druck ist ein Medium mit bestimmten Charakteristika: Druck ist (nach McLuhan) privat, direkt, kühl (das heißt, er wirkt nicht mit Hilfe der Illusion). Er ist ein Mittel, mit dem man einem riesigen Publikum außerordentlich subtile Dinge leicht mitteilen kann. Da wir so viel Zeit mit dem Konsumieren von Druckwerken verbringen, und vieles von dem, was wir konsumieren, gleichzeitig von anderen gelesen wird, erschließen sich neue Möglichkeiten für eine gemeinsame Erfahrung der Menschen. Wir alle können uns lesend über Liebe, Krieg, Tod, fremde Länder und Völker informieren, was vor der Erfindung des Drucks nicht möglich war[6].

Vor Gutenberg erlebte der Mensch das Geschehen unmittelbar, indirekt nur durch Hörensagen. Lesen konnten nur Angehörige einer kleinen privilegierten, des Lesens und Schreibens kundigen Klasse. Man halte sich vor Augen, wie schwierig es ist, sich mit Menschen zu verständigen, deren Bildungsniveau und Belesenheit sich nicht einigermaßen mit den eigenen decken. Dann wird einem bewußt, daß man aufgrund der durch Lesen gewonnenen Erfahrung anders agiert und reagiert. Martin Green befaßt sich in seinem Buch *A Mirror for Anglo-Saxons* mit der durch die höhere Schulbildung zwischen Kindern und Eltern in England häufig entstehenden Entfremdung und weist darauf hin, daß Bildung in der Hauptsache auf Lektüre zurückzuführen ist und der Unterschied zwischen Gebildeten und Ungebildeten weitgehend davon bestimmt wird, ob und was sie lesen. Lesen verwandelt den Menschen. In unserer Gesellschaft dürfen wir voraussetzen, daß wir eine Menge von Kenntnissen mit anderen Menschen teilen. Wir könnten uns nicht vorstellen, daß der Mensch Raumschiffe zu bauen vermag, wenn wir nicht alle von der Theorie wüßten, derzufolge die Erde eine eiförmige Gestalt hat. Die gemeinsame Erfahrung hat die Welt unendlich bereichert: Die Spannweite unserer Erwartungen hat sich vergrößert, während unsere Sensibilität differenzierter wurde. Die Technologie, sagt McLuhan, erweitert das Nervensystem und entwickelt es zugleich. Mit unseren fünf Sinnen können wir nur begrenzt aufnehmen. Mit Hilfe des Schreibens erweitert sich unser Gedächtnis. Mit Hilfe des Buchdrucks können mehr Menschen zu gleicher Zeit ihrem Gedächtnis Informationen einverleiben. Und da der

---

[4] *Road Belong Cargo, London* 1965; siehe auch meine Schrift „On the Explanation of Cargo Cults", *European Journal of Sociology*, 7, (1966): 299–312.

[5] Eine brillante, aber anscheinend nicht ins Bewußtsein der Öffentlichkeit getretene Schrift zu diesem Problem siehe Jack Goody und Ian Watt: „The Consequences of Literacy" in J. Goody ed., *Literacy in Traditional Societies*, Cambridge 1968.

[6] Ein Freund äußerte neulich zu Recht, wenn man die *Time* nicht sofort nach Erscheinen lese, habe man das Gefühl, den Anschluß zu verpassen.

Mensch das Produkt seiner Bildung und Erziehung ist, sind wir auch das Produkt unserer Technologie.

Mit Hilfe des Telephons können wir Menschen sprechen hören, die meilenweit von uns entfernt sind. Mit Hilfe des Grammophons können wir Tonmaterial konservieren, das sonst für immer verloren ginge. (Wären wir nur damals schon in der Lage gewesen, Bach original auf Band aufzunehmen!) Mit Hilfe des Films können wir Dinge sehen, die wir sonst nicht zu sehen bekommen würden und die wir darüberhinaus nach Belieben ordnen und auswählen können. Und so fort. Dies bildete den Hintergrund zur Formulierung der berühmten These „Das Medium ist die Botschaft", die wir in McLuhans drittem Buch *Understanding Media (Die magischen Kanäle)* finden. Damit ist die unmittelbare sensorische Wirkung des Mediums gemeint und nicht eine Botschaft, wie sie beispielsweise ein Telegramm enthält. Dieses mein Buch hingegen übermittelt eine Botschaft von der Auswirkung des Films auf unsere Gesellschaft. Wie Eisenbahn und Auto die Entwicklung neuer Städtetypen erlauben, wie der Druck die Kommunikation mit Menschen gestattet, die man nie gesehen hat, wie die elektrischen Medien weit schneller Nachrichten übermitteln als ein Botenjunge (wodurch eine weltumfassende Gemeinschaft – das „globale Dorf" – entsteht, die keine *face to face*-Gruppen mehr kennt, d. h. deren Angehörige sich nicht mehr zumindest vom Sehen kennen), so hat auch der Film bestimmte wichtige Folgen. Upton Sinclair bringt in *Upton Sinclair presents William Fox* (1933) dafür einige anschauliche Beispiele: Ehe es das Kino gab, hatte in New York irgendeine Straßenecke oder ein Laden oder vor allem eine Kneipe einer Nachbarschaft als Treffpunkt gedient. Diese Form der Begegnung war relativ kostspielig und zudem selektiv – denn Frauen und Kinder waren nicht gern gesehen –, zudem wirkte sie sich nicht gerade bildend oder notwendigerweise günstig auf die sozialen Beziehungen aus. Im Gegenteil, Trinken, weil man nicht weiß, was man anfangen soll, ist etwas Schreckliches. Später nahm das Kino die Stelle des Treffpunkts ein. Das Kino war billig (siehe oben), nicht klassengebunden und nicht selektiv, wiewohl der Kreis nun größer war als die *face to face*-Gruppe. Das Kino war für die Gesellschaft von Wert, da im Film Probleme abgehandelt und Informationen vermittelt wurden. Zudem gingen dann auch ganze Familien ins Kino, – eine soziale Funktion, die die Kneipe nie haben konnte.

Die „Botschaft" des Mediums Film hatte für unsere Gesellschaft die Wirkung, daß sie völlig anders geartete zwischenmenschliche Wechselbeziehungen ermöglichte. Diese Freizeitbeschäftigung brauchte nicht viel zu kosten und nicht schädlich zu sein, doch erforderte sie eine ganz neue geistige Einstellung. Die Botschaft des Fernsehens jedoch ist interessanterweise wieder eine andere. Fernsehen fördert zwar das Familienleben, jedoch auf Kosten der Nachbarschaften und der nachbarlichen Beziehungen (man wird sich gewiß der Anfangszeit des Fernsehens entsinnen, als man zu Freunden, die bereits einen Fernseher hatten, zum Zuschauen ging: Sie lösten den Blick nicht vom Fernsehapparat, sondern winkten nur stumm, man möge sich setzen). Das Fernsehen ist demnach eher „kühl" als „heiß".

Das „heiße" Erleben des Films steht im Mittelpunkt unserer Betrachtungen, es ist das Kernstück der Soziologie des Films. Das Filmerlebnis spielt eine zentrale Rolle für das Medium als solches. Produzenten produzieren, das Publikum findet sich ein, Kritiker fällen ihr Urteil, und das alles aufgrund der Konfrontation des Menschen mit einer von

bewegten Bildern erfüllten rechteckigen Leinwand. Der Film stellt einen Kommunikationskanal besonderer Art dar: er hat nur verhältnismäßig wenige Ausstoßstellen, und diese sind nur zeitweise „auf", (meistens erst, wenn die Sonne den Zenit überschritten hat). Die Übermittlung der Botschaft nimmt für gewöhnlich etwas mehr als zwei Stunden in Anspruch.
Dunkelheit senkt sich hernieder, auf die Leinwand fällt Licht, der Film läuft an: eine Welt tut sich auf.

X. Zur Soziologie der Leinwandwelt

1. Filminhalt und Realität

Die Frage, die in diesem Kapitel aufgegriffen werden soll, gilt dem sozialen Gehalt und der sozialen Struktur dessen, was wir auf der Leinwand zu sehen bekommen. Mit anderen Worten, es geht um die Beziehung der Gesellschaft, die den Film produziert hat, zu der Gesellschaft, wie der Film sie uns zeigt. Wie weit spiegelt der Film die Gesellschaft wider, die ihn hervorbrachte? Welche Botschaften sind im Film enthalten? Dies ist ein sehr weites Feld, – im Fachjargon unter dem Namen „Inhaltsanalyse" bekannt. Die fundiertesten Werke dieses Genres stammen von Martha Wolfenstein und Nathan Leites (1950) und von D. B. Jones (1955). Einige interessante Analysen dieser Art enthält auch Margaret Meads *Study of Culture at a Distance* (1959). Doch bringt sie nur fragmentarische Auszüge, und an die Originalquellen zu gelangen, war nicht möglich.
Das Gebiet der Inhaltsanalyse im Film erlangte für mich allerdings erst durch die Begegnung mit zwei Theorien Bedeutung. Die eine wird von Siegfried Kracauer in seiner Schrift *Von Caligari bis Hitler* (1947) vertreten. Kracauer zufolge sind schon lange vor Hitler faschistische Tendenzen im deutschen Film zu erkennen, die freilich nur symbolhaft zum Ausdruck gelangen. Jedoch zieht Kracauer nicht in Betracht, wie weit diese Filme populär oder überhaupt repräsentativ waren. Ihn interessierten daran lediglich die zu Tage tretenden unterschwelligen Tendenzen, die angeblich die Entwicklung einer Prädisposition für den Faschismus erkennen lassen. Meiner Meinung nach steht seine These auf sehr schwachen Füßen; ich halte dieses Buch für enorm überschätzt. Der künstlerische Film wird mit dem billigen kommerziellen Produkt in einen Topf geworfen, und dem Leser wird zugemutet zu glauben, daß sich in beiden ein und dieselben unbewußten Triebe ihrer Schöpfer kundtun. Zudem unterliegt die ganze Symboldeutung ohnehin der Gefahr der Willkür und des Mangels an Beweisen [1]. Kracauers These kann man entgegenhalten, daß sich nachträglich leicht etwas hinzudeuten läßt, oder auch, daß der Faschismus gleicherweise ein soziales und politisches wie ein psychologisches Phänomen war. Am schlimmsten ist indes meiner Meinung nach die Anhäufung von endlosen Beispielen, deren Analyse sich auf Inhaltsangaben von Filmen beschränkt, wozu man nicht unbedingt den Film gesehen haben muß; man kann sie bereits jedem Exposé oder Drehbuch entnehmen. Meines Erachtens besteht zwischen einer autoritär

---

1 Als weiteres Beispiel ließen sich E. Rhode und G. Pearson (1916) anführen.

gefärbten Story und einem wirklich faschistischen Film – wie Leni Riefenstahls Olympia (Deutschland 1936), in dem der Nazismus und seine Anbetung des gesunden Körpers allein durch Kamera, Schnitt und Musik kenntlich werden, – ein gewaltiger Unterschied: In einer kurzen Inhaltsangabe würde man überhaupt nichts davon bemerken.
1960, erst sehr viel später, setzt Kracauer (in seiner „Theorie des Films") seine Bemühungen um die Entwicklung seltsam konservativer Ansichten über das Wesen des Films fort[2]. Nach dieser Theorie sei der Film weit besser als andere Medien dazu geeignet, die „physische Realität", den „Fluß des Lebens" zu erfassen (H. Munsterberg (1916), der in dieser Hinsicht sein Vorgänger war, wird von ihm nicht erwähnt.) Nach Kracauer ist der Film eine Erweiterung der Fotografie- bei der es im wesentlichen darauf ankommt, den rechten Augenblick festzuhalten. Wiederum wird diese Theorie, daß der Film die Realität erfasse, einfach verkündet und nicht kritisch untersucht, wobei Gegenbeispiele wie der Cartoon und das Musical mittels gewundener Argumente wie etwa, die besten von ihnen seien „aus dem täglichen Leben" gegriffen, umgangen werden. Es gibt naheliegende Einwände dagegen: Medien wohnt kein Wesen inne, es wird ihnen lediglich zugeschrieben; der bedeutende Film steht in bezug auf Intensität, Ellipsen und Feinheit der Mittel der Dichtkunst nicht nach, und schließlich besteht das Wesen der Poesie nicht in Realismus. Auf diese Fragen geht Kracauer nirgends ein.
Und nirgends versucht er, die ausschlaggebenden Unterscheidungen zwischen Realität und Realismus oder Realismus und Naturalismus zu treffen. Nehmen wir für den Augenblick an, es gäbe tatsächlich eine Realität, die man darstellen kann – „der Krieg ist die Hölle" oder was immer –, mag das Bemühen um Realität auf der Philosophie des Realismus beruhen oder auch nicht beruhen. In dem Film *Burma no Tategoto/Freunde bis zum Letzten* (Japan 1955) bekommt man kaum Kriegshandlungen zu sehen, in *Paths of Glory/Wege zum Ruhm* (USA 1957) dafür um so mehr. Beide Filme wollen das wirkliche Kriegserlebnis wiedergeben, der erste auf indirekte Weise, der andere durch unmittelbaren Realismus. Eine Alternativmöglichkeit, „zu zeigen, wie es wirklich war" wäre, die tatsächlichen Vorgänge bis ins letzte Detail nachzuzeichnen und ihren zeitlichen Ablauf nicht zu raffen, – wie es beim unbearbeiteten, noch nicht geschnittenen Wochenschaustreifen der Fall ist. In dieser Philosophie verbirgt sich indes ein Denkfehler, – wir könnten ihn auch Naturalismus nennen: Für die Übermittlung von Langeweile oder Freude ist nicht erforderlich, daß das Publikum sich langweilt oder sich freut. Will man die Botschaft weitergeben, daß der Krieg die Hölle ist, braucht man nicht die Hölle darzustellen versuchen.
Das andere große Problem bei Kracauer ist, wie Franklin Fearing in einer Zeitschriftenbesprechung (1947) darlegt, daß er eine seltsame Auffassung von der Filmrezeption hat, die er übrigens mit J. P. Mayer, Hortense Powdermaker und vielen anderen teilt. Die Gruppe, in diesem Fall das Filmpublikum, setzt er ungeprüft mit dem Einzelindividuum gleich und mißt ihr sogar eine Art kollektives Unbewußtes oder eine Kollektivseele bei; das Publikum gehe mit dem Film eine „participation mystique" ein. Von solchen Undifferenziertheiten sowie von der Tendenz zum Irrationalen abgesehen,

---

[2] Siehe Pauline Kaels Kritik unter „Is there a cure for film criticism" in ihrer Anthologie (1965).

scheint mir dies, – hat es erst einmal seine Aufgabe, den Jeremias-Effekt zu beweisen, erfüllt, – kein Werkzeug der Filmanalyse zu sein.

Aber Kracauers absurdes Gedankengebäude ist noch harmlos gegen eine andere weitverbreitete Theorie, die so viele Rezensenten für wahr halten, nämlich: die amerikanische und die englische Filmindustrie seien minderwertig, da sie mit ihrer Fabrikation den Eskapismus förderten. Besonders im Schwange war diese närrische Theorie in den 40er Jahren, als der Dokumentarfilm und später der italienische Neorealismus intellektuell Mode waren. Auch für ihn galt die Theorie, daß Realismus = Wahrheit = Güte = Schönheit = moralisch und politisch richtig seien. Welch außerordentlicher Anstrengungen es bedarf, dieser Theorie systematisch zu folgen – selbst wenn Rezensenten sich noch so sehr einreden, sie sei überzeugend –, merkt man Richard Griffiths Fortsetzung von Paul Rothas Geschichte des Films „*The Film till Now*" an; das Gleiche läßt sich am kurzen aber interessanten Leben der Filmzeitschrift *Sequence* beobachten. Griffith bringt es nicht einmal übers Herz, Orson Welles' Tätigkeit in Hollywood anzuerkennen: seinen Filmen fehle es am seriösen Realismus und an der richtigen moralischen Einstellung, wie er (Griffith) sie vom Film erwarte. Die italienischen Neorealisten selbst verstanden sich, laut ihren Publikationen, als Zerstörer der Tradition des kunstseidenen „Weißes Telefon-Filmes", den die italienische Industrie zuvor produziert hatte. Henry Raynor verfaßte für *Sight and Sound* einen humorlosen Artikel unter dem Titel „Nothing to laugh At" („Nichts zu lachen"), in dem er die Ansicht vertrat, daß der Klassengeist und der Snobismus der englischen Filmkomödien „eine schlimme Sache" seien. Daß diese Filme relativ realistisch im Sinn einer Wiedergabe der englischen sozialen Wirklichkeit waren, scheint ihm entgangen zu sein.

Schon früher (in der Einführung unter 3) habe ich darauf hingewiesen, daß diese Art Einstellung von intellektuellen Filmfans gern geteilt wird, weil sie glauben, dem Gegenstand ihrer Liebe damit mehr Ansehen zu verschaffen. Was kann man in einem Zeitalter des strengen Moralisierens á la Leavis schon anderes erwarten? [3]

Bereits bei meiner ersten Begegnung mit der Idee: Der Film stellt die Realität dar (oder sollte sie darstellen), wußte ich, daß daran etwas nicht stimmen konnte. Vermutlich ist mein Widerstreben, stillschweigend als gegeben zu akzeptieren, daß der russische Stummfilm, der „dokumentarische" englische Film sowie die verschiedenen neorealistischen Filmgattungen die besten Filme hervorgebracht hätten, auf den Umstand zurückzuführen, daß ich das Licht der Welt später erblickte als die Väter dieser Behauptung. Eines Tages bekam ich die poetisch-fantastischen Filme von Renoir und Carné zu sehen, und von nun an fand ich es absurd, jenen Richtungen wegen ihres „Realismus" so viel Beifall zu zollen. Der russische Film der 20er Jahre wirkt, wenn man ihn heute sieht, doch sehr erklügelt und geplant; von einem intuitiven Erfassen der Dynamik des Filmemachens ist wenig zu spüren, – allem teutonischen Theoretisieren von Eisenstein und Pudowkin zum Trotz. Im ganzen war der deutsche Film erfolgreicher, insbesondere das Werk von Pabst und Lang. Hierfür könnte man mehrere Erklärungen finden. Zum Beispiel mag, nachdem D. W. Griffith aufgehört hatte und kein neuernder Einfluß mehr von ihm ausging, in der Entwicklung des Mediums ein gewisser Stillstand

---

[3] Diese Zusammenhänge wurden von J. R. Taylor gesehen.

eingetreten sein, als frage man sich: wohin nun? Hollywood selbst fuhr ohne Griffith stillschweigend mit der Konsolodierung der Form des Unterhaltungsfilmes fort. In Rußland und Deutschland, die von sozialen und künstlerischen Revolutionen erschüttert worden waren, wurden viele Filme von Künstlern und Intellektuellen des Theaters und der bildenden Künste gemacht. Und es dürfte nicht überraschen, daß sie dem Film neue Formen zu geben suchten. Ihre Zeitgenossen in anderen Ländern betrachteten ihr Vorgehen als schmeichelhaft für das intellektuelle Prestige des Films. Sicherlich jedoch war ihre Zielsetzung meilenweit von der Hollywoods entfernt: Filme mit expressionistischen Dekorationen und ohne Stars!

Dieser intellektuelle Anstrich machte den russischen und den deutschen Stummfilm zur „cause célèbre", zum brauchbaren Kriterium, an dem man die mediokren amerikanischen und englischen Filme messen konnte. Der Kreis, der sich auf diese Weise herausbildete, war gewissermaßen die erste Generation von Filmintellektuellen, die sich der ersten Generation von intellektuellen Filmen gegenübersah. Jung, gebildet und progressiv, hatte sie bald das Monopol in der intellektuellen Filmkritik. Durch den Aufstieg des Tonfilms jedoch wurde ihnen sowie ihren Theorien der Boden unter den Füßen entzogen. Jene Generation hat sich nie mit dem Ton befreunden können (s. R. Arnheim 1958). Sie hatte sich beim Theoretisieren über den visuellen Charakter der Filmkunst so festgelegt, daß sie auch angesichts des Tonfilms weiter auf dieser Charakterisierung beharrte. Sie blieb bei der Ansicht, daß der Film *primär* ein visuelles Medium sei.

Auf uns, die wir mit dem Tonfilm groß geworden sind, wirkt diese Ansicht besonders skurril. Der Stummfilm, weit davon entfernt, die reinste Form des Films zu sein, war ziemlich kurios, – ein primitiver Vorläufer nicht des wahren Films sondern des Films, wie wir ihn heute kennen. Und natürlich waren bereits Regisseure wie Ford in Amerika und Hitchcock in England an der Prägung der Gattung des unterhaltenden Stummfilms beteiligt; sie entwickelten jenen ökonomischen und unprätentiösen Stil, der im Tonfilm zur Vollendung gebracht werden sollte. Ihnen gelang es, den Ton mit in den Griff zu bekommen. Denn der Film ist nicht „primär" visuell oder „primär" sonst etwas. Der Ton und das Visuelle sind gleichberechtigt und wer versucht, sich ausschließlich des einen von beiden zu bedienen, raubt dem Medium das Gleichgewicht.

In den Schriften Roger Manvells nach dem 2. Weltkrieg, eines Kritikers der mittleren Generation, ist die erwähnte Anstrengung schon spürbar. Er zollt zwar noch den Russen und ihrer *Montagethorie* (dem filmischen Äquivalent zur *Collage*) Reverenz, preist aber zugleich Reichtum und Mannigfaltigkeit dessen, was der Tonfilm hervorgebracht hat. In der Zeitschrift *Sequence*, die von 1947 bis 1952 in Oxford ediert wurde, ist der Widerstreit der Meinungen, – der intuitiven Vorlieben derer, die von der Ära des Tonfilms geformt wurden, und der Huldigung, die die Intellektuellen dem klassischen Kanon schuldig zu sein glaubten, – deutlich zu beobachten. So finden sich Artikel der Partei derer, die eine Vorliebe für Musical, Cartoon und Stars wie Joan Crawford hegte, Seite an Seite mit denen der anderen, die italienische und amerikanische realistische Filme rühmend gegenüber dem englischen oder amerikanischen Durchschnittsprodukt mit seinen eskapistischen Tendenzen hervorhoben.

Die endgültige Abkehr von der Klassik vollzog erst meine Generation, die durch Disney, Danny Kaye, Humphrey Bogart, Filme wie *Meet me in St. Louis/Triff mich in*

St. Louis (USA 1944) ihrer längst entwöhnt war. Wir lernten das damalige Hollywood kennen und lieben und entdeckten es in den 30er und 40er Jahren und schließlich (in dieser Reihenfolge) in den Filmen der 20er Jahre aufs neue. Für uns Heutige ist der russische und der deutsche Expressionismus offensichtlich nur ein Nebenarm, der auf den Hauptstrom der weltweiten Entwicklung aus Hollywood mit seinem Profesionalismus und seinem Glamour und seiner immensen Begabung, zu lernen und aufzunehmen, keinerlei Einfluß gehabt hat. Als mit dem Stummfilm in Rußland und Deutschland noch experimentiert wurde, konnte man große Hoffnungen auf ihn setzen. Für uns heute ist klar, daß diese Experimente zu nichts führten.

Mein eigener Filmverstand bildete sich an einzelnen Künstlern und nicht an abstrakten Kategorien wie „Realismus“ etc. Cartoon, Western und Musical waren lange Zeit das bevorzugte Genre, und mit ihnen im Sinne von Begriffen wie „Realismus“ etwas anzufangen, war schwierig. Mein Interesse erregte vor allem der individuelle Stil eines Orson Welles, John Ford, Alfred Hitchcock, William Wyler oder Robert Siodmak. Wichtig war die Frage nach dem Künstler und seiner Auffassung. Weder Leni Riefenstahl noch Alfred Hitchcock waren „Realisten“, sondern *Inszenatoren,* die mit beiden Beinen auf der Erde standen und ganze Welten nach ihrer Vorstellung schufen. Faszinierend ist die Klarheit der Auffassung und die Kontrolle der Mittel. Dies schien mir stärker noch für die von mir am meisten bewunderten Künstler der Nachkriegszeit zu gelten: Robert Bresson, Ingmar Bergman, Michelangelo Antonioni und Akira Kurosawa. Die interessantesten Erscheinungen der Nouvelle Vague und der Schule des britischen Realismus waren wohl folgende, über eine höchst feinfühlige individuelle Auffassung verfügende Künstler: Francois Truffaut und Jean-Luc Godard, Jack Clayton und John Schlesinger, Clive Donner und Joseph Losey; in Italien, unter den Jüngeren, Damiano Damiani, Bernaldo Bertolucchi, in Amerika Robert Aldrich, John Frankenheimer, Sam Peckinpah, Arthur Penn und andere. Das Werk dieser Männer bezieht seine besondere Macht nicht aus irgendeinem Verhältnis zur „Realität“, vielmehr verdankt es sie der Kohärenz und Konsequenz der persönlichen Imagination.

Selbst jene, die diese generelle Erklärung für das, was die eigentliche Qualität eines Filmes ausmacht, akzeptieren, bringen es nicht fertig, diese Qualität auch dem amerikanischen Film zuzubilligen. Dies hängt wiederum mit der Vorstellung zusammen, daß Fantasie von Natur aus frivol und oberflächlich sei. Gewiß waltet in den amerikanischen Filmen viel Fantasie; die prägnanten Gattungen des Musical, des Western sowie der Gangsterfilme sind auffallend unrealistisch: Sie haben mit der Wirklichkeit, wenn überhaupt, nur sehr wenig zu tun, spielen in Welten, die eigenen Konventionen unterstehen und verdanken ihre Universalität und Eindringlichkeit gerade jenen Konventionen der Fantasie. Zur näheren Erklärung: Es war nicht John Wayne, der in *Alamo* kämpfte, und *Cleopatra* sah nicht aus wie Elizabeth Taylor. Die Besetzung mit solchen Stars ist jedoch ein entscheidender Bestandteil der dramatischen Konventionen des Films. Oder, anders ausgedrückt: Drama und Wochenschau sind etwas völlig Verschiedenes, selbst dann, wenn das Drama wie eine Wochenschau wirken soll. (In solchem Fall folgt man lediglich einer anderen Konvention.) Wir wissen genau, daß der Spielfilm in unserem Kino zweieinhalb Stunden dauern kann, die Wochenschau aber nicht. Haben wir unsere Karte gekauft, uns im Sessel niedergelassen, einen Blick auf die Anpreisungen geworfen, geben wir uns der Erwartung eines Erlebnisses hin, das sich von dem, was wir wirklich erleben würden, wenn wir dabei gewesen wären, *grundsätzlich unterscheidet,* – einer Erwartung, würde ich sagen, die eher der des Voyeurs entspricht als der eines Partizipanten. Der Voyeur möchte zuschauen, weil die sich abspielenden Vorgänge für ihn privat einen Zweck erfüllen. Im Film hat nur die dramatische Konvention einen Zweck, einen zwar gleicherweise indirekten, aber keineswegs mehr privaten. Das sensationelle Element liegt darin, Elizabeth Taylor und Richard Burton auf der Leinwand zu belauschen; wenn wir wirklich Cleopatra und Antonius vor uns sähen, würden wir etwas ganz anderes empfinden.

So tat es mir wohl, Mitte der 50er Jahre den *Cahiers du Cinema* entnehmen zu können, daß die Franzosen die Theorie entwickelten – verhüllt in eine Wolke von metaphysischen Ausdrücken – daß Filme von Autoren erdacht würden und deren erfundene Welten das Interesse verdienten, und daß die größte Ansammlung von Autoren in den USA anzutreffen sei. Sie ignorierten den „erhabenen Künstler" und interessierten sich vor allem für kommerzielle Filmemacher, die ihre Mittel hervorragend beherrschen, wie Hawks, Fuller, McCarey, Tashlin, Walsh, Boetticher usw. Doch gingen sie mir in dieser Hinsicht nicht weit genug. Das Problem, das mir keine Ruhe ließ, war, weshalb ein so gewaltiger Unterschied zwischen dem englischen und dem amerikanischen Film der 30er und 40er Jahre bestand, d. h., worin die miserable Qualität der überwiegenden britischen Produktion, die völlige Anonymität und der Mangel an Professionalismus des Fertigproduktes begründet war. Nur Meister Hitchcock hatte es zuwegegebracht, den Filmen seinen Stempel aufzudrücken, und Ende der 30er Jahre wanderte er auch noch aus. Erst mit David Lean und Carol Reed begann so etwas wie eine persönliche Auffassung die „Kreise" des britischen Films „zu stören". In Amerika hingegen gab es eine Fülle von schöpferischen Künstlern, deren Auffassungen sich im Lauf der Jahre auf faszinierende Weise verschiedenartig entwickelt haben.

Jedoch abgesehen von der Toleranz gegenüber dem persönlichen Stil, – wenn auch eines straff disziplinierten und relativ unprätentiösen, – war da noch etwas anderes, kraftvolles und erregendes am amerikanischen Film, etwas, das tief in seinem Verhältnis zur Gesellschaft wurzelt: die Fähigkeit, jeden Aspekt der amerikanischen Gesellschaft mit nahezu klinischer Exaktheit wiederzugeben, vom ländlichen und städtischen Slum und Negerviertel über die Vororte bis zu den obersten sozialen Schichten. Die amerikanischen Filmer kannten ihre Gesellschaft und porträtierten sie meisterhaft auf der Leinwand. Bei meinem ersten Besuch in Amerika war ich verblüfft, wie genau sie im Film getroffen war, mit einer Genauigkeit, die man in England kaum je erreichte, und das bei einer Filmkunst, die keinerlei Prätentionen in bezug auf „Realismus" hatte. Trotz alledem, oder vielleicht gerade deshalb hat es im amerikanischen Film stets eine betont sozialkritische Richtung gegeben; er hat die Gesellschaft Amerikas unbarmherzig kritisiert, verurteilt, persifliert. Ganz allgemein trifft auf Amerika zu, daß seine schärfsten Kritiker stets Amerikaner waren. Gangstertum, politische Korruption, Lynchjustiz, Rassenvorurteile, Faschismus, Hexenjagd (früher und heute), der Krieg und die Bombe, sie bildeten das Thema kritischer Filme, die im Strom der Hauptproduktion des amerikanischen Filmes entstanden. Selbst rein politische Fragen griff man auf: nicht nur in *Advise and Consent/Sturm über Washington* (1961) oder *The Best Man/Der Kandidat*

(1963), sondern auch in *Dr. Strangelove . . ./Dr. Seltsam oder wie ich lernte, die Bombe zu lieben* (1963), *Fail-Safe/Angriffsziel Moskau* (1963), *The Bedford Incident/Zwischenfall im Atlantik* (1965) und *Seven Days in May/Sieben Tage im Mai* (1963) wurden das Militär und seine Taktik im Zeitalter der Moderne freimütig diskutiert und kritisiert. Den Höhepunkt erreichte mein Staunen, als ich die – nicht genügend gewürdigte – Filmsatire *John Goldfarb Please Come Home/Eine zuviel im Harem* (USA 1965) sah: In diesem Film, in dem ein in den Harem eines Wüstenscheichs verirrter U 2-Pilot ein Ölgeschäft zum Platzen bringt, wird das State Department als mit angstbebenden Sykophanten bevölkert dargestellt, die keine Mühe scheuen, um den Launen des Kalifen gerecht zu werden, – kaum glaublich, daß man eine solche Ironisierung des Staates in Amerika wagte. Vergleicht man damit das Aufheben, das der relativ harmlose Film *I'm All Right Jack* in England hervorrief, zeigt sich der Unterschied zwischen einer kritischen und einer unkritischen Gesellschaft und ebenso, daß jede Gesellschaft die Filme hat, die sie verdient. Um so ermutigender ist die Tatsache, daß in den 60er Jahren auch im Ostblock, in Polen, Ungarn und der Tschechoslowakei, Filme herauskamen, die etwas über ihre Gesellschaft mitzuteilen wußten, das alles andere als eine Verherrlichung der slawischen Länder war.

2. *Film und Gesellschaft im Fernen Osten*

Es dürfte nun an der Zeit sein, den Fernen Osten in unsere Betrachtungen einzubeziehen. Die Filmindustrien Japans und Hongkongs sind die größten in Asien, und mit den verschiedenen Produktionsgattungen beider bin ich einigermaßen vertraut. Wie ist es nun in diesen Gesellschaften mit ihrem Verhältnis zu den von ihnen produzierten Filmen bestellt? In Japan ist vieles ähnlich wie in Amerika. Auch in Japan entstand eine Tradition des kritischen, die Gesellschaft sehr zutreffend darstellenden Films. Japans große Künstler Ozu, Kurosawa, Mizoguchi, Kobayashi und Ichikawa haben sie erstaunlich gut porträtiert. Seit dem Kriege hat sich besonders die Tendenz zur Sozialkritik entwickelt, die ihre ausgeprägteste Form wohl bei Akira Kurosawa fand. Sein Film *Warui Yatsu Hodo Nemura/Die Bösen schlafen gut* (Japan 1960) zum Beispiel stellt weit mehr als eine Gesellschaftsschicht bloß. In *Ikiru/Einmal wirklich leben* (Japan 1952) wird die Unfähigkeit der Bürokratie kritisiert, in *Nora Inu/Streunender Hund* (Japan 1949) und in *Tengoko-to Jogoku/Zwischen Himmel und Hölle* (1963) die Verhältnisse, die an Verbrechen und Laster schuld sind, und in dem Flim *Ikimone no Kiroku/Bericht über ein lebendes Wesen* (1955) schließlich wird das Dilemma des Menschen im Zeitalter der Atombombe dargestellt. Doch machte Kurosawa auch eine Reihe von Filmen, die eine andere Tradition pflegen: die Gesellschaft des mittelalterlichen Japan zu rekonstruieren. Aber auch in ihnen zeigt er uns nicht nur die Welt der Prinzen und Samurai, den höfischen Luxus, sondern auch das Leben der einfachen Bauern sowie das in den kleinen Marktflecken. Alles in allem halte ich Kurosawa für den brillantesten und kreativsten Geist des heutigen Films; vielleicht ist er sogar der bedeutendste Filmgestalter, den die Welt bislang erlebte.

Andere japanische Regisseure übten an der Polizei und an der Gewaltsamkeit der Halbwüchsigen Kritik. Japans Gesellschaft erscheint mir faszinierend und von Grund auf gesund; sie ist durchaus imstande sich zu verändern, zu wachsen und sich der Moderne anzupassen. Natürlich ist auch sie nicht vollkommen; sie zeigt auch einige beunruhigende Aspekte. Ihre großartige Filmindustrie wurzelt jedoch in einem komplexen sozialen Geflecht.

Hierzu steht Hongkong filmisch wie soziologisch betrachtet, in ausgeprägtem Gegensatz[4]. Im Vergleich zur japanischen Gesellschaft ist die chinesische introvertiert und konservativ; auch hat sie keine Mechanismen entwickelt, um mit der veränderten Welt fertig zu werden. Oder zumindest haben ihre traditionellen Mechanismen versagt: nämlich, die veränderten Kräfte einfach zu ersticken oder sie zu „chinesieren". Früher war es politische Korruption, heute ist es der erdrückende totalitäre Zugriff, der die Entwicklung eines wahrhaftigen und kritischen Films in China verhindert[5]. Die in Hongkong hergestellten Filme – wo Filmemacher ihre Filme so herstellen können, wie sie es für gut halten – spielen selten in Hongkong selbst. Denn ihr potentielles Publikum, überwiegend Chinesen in Übersee, kennt Hongkong gar nicht, sondern nur China (und auch dieses bisweilen nur noch vom Hörensagen). China scheint jedoch zu seiner Vergangenheit ein anderes Verhältnis zu haben als Japan. Zum einen besitzen die Japaner eine recht überzeugende Vorstellung davon, wie ihre Gesellschaft (zu allen Zeiten) ausgesehen haben mag, zum anderen scheint noch eine Fülle von historischen Begebenheiten in ihrer Erinnerung weiterzuleben, Geschichten, die universale Fragen wie die der Gerechtigkeit oder des Individualismus zur Sprache bringen, bei denen es sich nicht nur um höfische Intrigen oder um Erfindungen der Fantasie handelt. Außerdem interessieren die Japaner sich ernsthaft für tatsächlich Geschehenes und nicht nur für verzuckerte, modifizierte oder entschärfte Versionen davon. Der Hongkonger Film ist im Vergleich zum japanischen – doch ähnlich dem englischen und amerikanischen historischen Film – süßlich und gekünstelt. Obwohl sie eine großartige Filmrolle abgäbe, wird die legendäre Nymphomanin und Mörderin Kaiserin Wu im Film alles andere als wahrheitsgetreu dargestellt. Und die chinesischen Musicals sind nichts anderes als verfilmte Bühnenproduktionen; sie lassen, was filmische Werte betrifft, keinerlei Anstrengungen erkennen. Andere, in einer nebulösen Zwischenkriegszeit spielende Dramen und Komödien wirken ebenfalls bühnenhaft und undifferenziert.

Warum erschien in China kein einziger Künstler auf dem Plan, der seine eigene imaginäre Welt auf die Filmleinwand bannte? Die Antwort darauf ist sehr einfach: China war zu arm und wirtschaftlich zu wenig gefestigt, um eine mit hohen Kosten produzierende Industrie aufrechtzuerhalten, in der man junge Leute so weit hätte ausbilden können, daß sie ihren Vorstellungen entsprechende Filme mit filmischen Mitteln zuwege brachten. Darüber hinaus läßt die Monopolstellung einiger weniger Hongkonger Filmfirmen der individuellen Begabung wenig Raum. Trotz allem Gerede zeigen die Hongkonger Filmmagnaten wenig Ehrgeiz, die Weltmärkte zu erobern. Vielmehr sind sie mit den zur Zeit gescheffelten Millionen vollkommen zufrieden. Dennoch, Hongkong ist eine lebendige, interessante Gesellschaft, und spannende Filme (d. h. amerika-

[4] Hongkong und seine Filmindustrie, siehe I. C. Jarvie und Agassi (1969 a) sowie J. H. Weakland (1971).

[5] Selbst einer der Ehrenretter Chinas wie Jay Leyda (1960) vermag hier nicht viel zu beschönigen.

nische wie chinesische) haben hier viel Erfolg. (Desgleichen aus politischen Gründen bestimmte Filme aus beiden China.) Der Markt ist jedoch zu klein, um kreative Experimente zuzulassen, die sich gewinnbringend auswirken könnten.

Ich möchte mich an dieser Stelle auf H. J. Gans und seine Auffassung berufen, daß unsere pluralistische Gesellschaft mit ihren vielen Subkulturen eine Ausrichtung des Films auf solche Zielgruppen nahelegt. Auch in Hongkong gibt es Subkulturen, doch sind sie insgesamt zahlenmäßig so klein und unter sich so gespalten, daß sie der Produktion eher hinderlich als förderlich sind. Denn in Hongkong-China ist die Entstehung der Subkulturen durch unterschiedliche Dialekte bedingt: In Hongkong werden das Mandarin, Shanghaiisch, Amoy, Fukien, Hoklo sowie verschiedene kantonesische Mundarten gesprochen. Viele dieser Gruppen können sich nicht einmal miteinander verständigen. Daher werden chinesische Filme häufig mit Untertiteln versehen – mit chinesischen! Die Herstellung von Filmen in Amoy-Dialekt zum Beispiel hat sich zwar nicht als Verlustgeschäft erwiesen, doch scheint die Unterteilung und das Zurechtstutzen der Produktion, wenn der Markt ohnehin klein ist, ein ausbalanciertes Wachstum der Industrie zu verhindern. Dies ist nicht leicht zu erklären, insbesondere im Hinblick darauf, daß, wie schon erwähnt, die kulturell „dürftigsten" und beschränktesten Filme, wie beispielsweise der Western oder Ozus Filme aus der japanischen Mittelklasse oder Satyajit Ray's aus dem Leben bengalischer Bauern, sich des breitesten und universalsten Zuspruchs erfreuen. Bei den „unechten" internationalen oder kosmopolitischen Filmen ist dies nur selten der Fall. Denn man kann nicht damit rechnen, daß in Gemeinden, für die das Kino eine neue, wiewohl dominante Form der Unterhaltung ist, subkulturelle und kulturelle Schranken so schnell abgebaut werden können. Nur ein Publikum, das auch alternative Möglichkeiten der Freizeitbeschäftigung kennt, wird den exotischen Appeal eines Films, der einem ganz anderen Kulturkreis entstammt, zu würdigen wissen.

Zur genaueren Erklärung: Gans' Argument, man solle Filme auf Subkulturen programmieren, d. h. bewußt für bestimmte Zielgruppen herstellen und nicht für ein Quer-durch-den-Garten-Publikum, wird durch die Tatsache erhärtet, daß gerade solche Filme, die einer bestimmten Gesellschaft das eigene Bild auf ihr verständliche Weise vorhalten sollen, und von denen ihre Produzenten meinen, daß die übrige Welt nichts mit ihnen anfangen können wird, oft unerwartet weltweiten Erfolg haben. Eine Programmierung auf Zielgruppen ist jedoch, wenn sie zu klein sind, nicht möglich. Und eine Erweiterung dieses zu kleinen Marktes infolge einer Überwindung der subkulturellen Schranken wird mächtig erschwert, wenn auch noch sprachliche Barrieren bestehen. Bei höherem filmischen Bildungsstand ist dies indes kaum noch ein Problem (z. B. erfreuen sich amerikanische Filme weltweiter Beliebtheit).

An diesem Punkt stellt sich eine weitere Frage, die sich vor allem angesichts der für den inländischen wie den überseeischen Markt von den unwahrscheinlichen Shaw Brothers (Run Run und Run Me Shaw) in Hongkong und Singapore produzierten chinesischen Filme aufdrängt. Alle diese Filme, angefangen bei den Technicolor und Breitwand-Epen, die ihren Weg in die Kinos von San Francisco und New York machen, bis zu den eilig in einer Woche in schwarz-weiß abgedrehten Filmkomödien sind unerträglich theatralisch, artifiziell und öde. Man könnte entgegnen: für den westlichen Geschmack.

Nach den Kasseneinnahmen zu urteilen, denkt der Asiate darüber anders. Selbst wenn wir die berüchtigte Schwierigkeit der Interpretation von Kasseneinnahmen ignorieren[6], bleibt ungeklärt, warum neben diesem langweiligen Kitsch auch die amerikanischen Filme so populär sind. Hypothese: Das Publikum, das diese chinesischsprachigen Filme liebt, ist nicht identisch mit dem, das sich für *The Guns of Navarone/Die Kanonen von Navarone* (England 1960) begeistert[7]. Meiner Beobachtung zufolge kommt das chinesische Produkt bei einem Mittelklasse- und Familienpublikum gut an; es entspricht jenem Publikum unserer Kultur, das in Scharen in Disney-Filme oder in Filme wie *The Sound of Music* pilgert, – ein Publikum, das im Fernen Osten regelmäßiger ins Kino geht, da das Kino dort noch die gewohnheitsmäßige, dominante Massenunterhaltung ist. Stimmt diese Hypothese, ergibt sich die Frage: Welche Befriedigung gibt der kitschige chinesische Film dem chinesischen Publikum?

Dies ist eine spezielle Version der allgemeineren Fragen: Welche Funktion erfüllen die Konventionen des Films, und weshalb sehen Menschen sich Filme an? Wie bereits angedeutet, dienen Konventionen der Artikulierung von bestimmten Inhalten. Die Menschen wollen Wunschvorstellungen dieser oder jener Art im Film verwirklicht sehen (Gans 1959 a). Für die Schichten des jungen ostasiatischen Publikums, die amerikanische Filme mögen, haben sie buchstäblich die gleiche Funktion wie für das englische Publikum (Gans 1959 a). Sie verherrlichen die Vorstellung der Arbeiterklasse vom Weg nach Oben. Das industrielle England schätzt diese Filme im gleichen Maß wie das industrielle Asien. In den amerikanischen Filmen bekommt die Arbeiterschaft eine Welt zu sehen, in der normale Leute in einem Komfort und in einem Luxus leben, die sie sich vor diesem Jahrhundert nicht einmal im Traum vorzustellen vermochte.

Wie ist es mit dem Publikum für das chinesische Produkt bestellt? Aus welchen Schichten setzt es sich zusammen? Ob in Hongkong oder in Übersee, es besteht aus ausgewanderten, desorientierten Landarbeitern – sie wären sonst in China geblieben –, die unter Heimweh und Unsicherheit leiden. Die chinesischen Filme Hongkonger Provenienz spielen in einer klassischen Vergangenheit oder einer unbestimmbaren Zwischenkriegszeit oder, allgemeiner ausgedrückt, in „einem China, das nicht mehr existiert, oder vielleicht auch nie existiert hat, und dessen mythischer Charakter sich von der territorialen Wirklichkeit sehr unterscheidet“ (I. C. Jarvie und J. Agassi, 1969 a). Diese Filme von der Vergangenheit stillen für ein paar Stunden ihre Nostalgie und gewähren ihnen ein Gefühl der Sicherheit (die Chinesen identifizierten sich noch kollektiv mit ihrer Kultur, nicht als Einzelpersönlichkeit). Dieser chinesische Film übernahm die Konventionen des klassischen chinesischen Theaters und der chinesischen Gesangsposse und verstärkte dadurch seine eigene Funktion. Er läßt eine untechnisierte, moralische Welt nach dem Bild erstehen, das sich dieses Publikum von der Vergangenheit macht.

Dies ist kein Einzelfall. Der hervorragende amerikanische Film *Meet Me in St. Louis/Triff mich in St. Louis* (USA 1944) überwindet zwar mit Leichtigkeit alle subkulturellen Barrieren. Doch seine emotionelle Zugkraft verdankt auch er dem Heimweh nach einer

[6] Statistiken über Kassenergebnisse erfassen nicht ein potentielles verlorenes Publikum, erfassen nicht die Enttäuschten und solche, die die Vorstellung vorzeitig verlassen und auch nicht das Verhältnis von gewohnheitsmäßigen, gleichgültigen Zuschauern zu selektiven Filmbesuchern.

[7] Siehe I. C. Jarvie (1963).

nobleren und sichereren Zeit. Diese Zeit mag durchaus nur Legende sein, doch die Nachbildung der Main Street in Dixieland, die Titelblätter der *Saturday Evening Post* – seit Dekaden im gleichen Stil – bezeugen das fast archetypische dieser Legende. Auch in Amerika und England stellt man eine äußerst primitive, derbe Sorte von Lustspielen her, die der Kritik aber nie vorgeführt werden, und die, sofern es sich um die ebenfalls diesem Genre zuzurechnenden amerikanischen Country Comics handelt, auch niemals in Städten laufen. Tatsächlich, würde ich sagen, sind die angelsächsische Country Music und der „Beverly Hillbilly" in Stil und Gefühlslage der chinesischen Gesangsposse gar nicht so unähnlich. Auch erfüllen sie die gleiche Funktion.

3. Identifikation und Flucht

Eine der bekanntesten Theorien zur Begründung der Publikumspräferenzen, – sie befaßt sich mit der Frage, warum die Leute manche Filme mögen oder nicht mögen oder warum sie dem Film vor anderen Medien den Vorzug geben oder weshalb es überhaupt Filmstars gibt und worin das Filmerlebnis in erster Linie besteht, – geht davon aus, daß der Zuschauer sich mit den im Film dargestellten Personen und Situationen „identifiziere". Dieser Identifikationstheorie zufolge erklären sich die Zuschauerreaktionen weitgehend aus der *Identifikation* mit einem bestimmten Typ oder mit einem Star oder mit irgendeiner anderen, mit einer bestimmten Situation konfrontierten Person. Wie ich schon andeutete, geht diese Theorie zu weit. Indes, der kommerzielle Mißerfolg fast aller naturalistischen Filme sowie auch der Ende der 50er Jahre einsetzenden Welle von Arbeiterproblemfilmen [8] ermutigten zur Entwicklung einer weiteren Theorie: der Fluchttheorie, derzufolge die Menschen vor allem ins Kino gehen, um ihrem freudlosen Alltag zu entfliehen. Ob ihr Leben wirklich so freudlos ist, oder ob sie sich dies überhaupt eingestehen, oder ob sie nicht, anstatt ihm zu entfliehen mit ihm fertig zu werden trachten, diese Frage stellt man sich nicht: Es wird einfach vorausgesetzt, daß die Menschen ihr Leben, die Verhältnisse, ihre Probleme so unerträglich finden, daß sie dieser Wirklichkeit entfliehen müssen. Für bestimmte Bevölkerungsschichten der Industrienationen mag dies in den 30er Jahren zur Zeit der Weltwirtschaftskrise zugetroffen haben. Aber darf man generell solche Schlüsse ziehen? Schließlich gehen Angehörige der Mittelklassen ebenso gerne ins Kino. Wollen auch sie irgendwelchen unterträglichen Problemen entfliehen? Ist auch ihr Filmbesuch als Flucht zu verstehen? Außerdem war es, genau genommen, der billige Eintrittspreis, weniger der Filminhalt, der so wesentlich zur Popularität des Films beitrug, – zumindest sah es in den frühen Tagen zur Zeit der Filmmagnaten vom Schlage eines William Fox so aus. Das Kino war eine billige Unterhaltung – oder soll etwa der Eskapismus-Theorie zufolge jegliche Form der Unterhaltung als eskapistisch abqualifiziert werden? Dies riecht mir zu sehr nach protestantischem Muff. Man wird zugeben müssen, daß es eine Vielzahl von Motiven für das Bedürfnis nach Unterhaltung gibt.

Von den 50er Jahren an, als die USA, Großbritannien und die Länder des gemeinsamen Marktes sich als „Wohlstandsgesellschaft" zu verstehen begannen, mußte man

[8] Vielleicht mag der starke Romantizismus dieses Filmgenres, verbunden mit seinen unterschwelligen sexuellen Bezügen, daran schuld sein, daß sie keinen Erfolg hatten.

vielleicht mit einem gewissen Rückgang des Filmbesuchs rechnen. Doch ist der tatsächliche Rückgang nicht allein auf diesen Faktor zurückzuführen, sondern in sehr wesentlichem Maß auf die mächtige Wirkung des Fernsehens. Nehmen wir für den Augenblick einmal an, daß beide, Film wie Fernsehen, tatsächlich dem verfremdeten Massenmenschen den Weg zur Flucht aus der Wirklichkeit weisen, wovor sollten denn die Bürger einer Wohlstandsgesellschaft fliehen wollen? Obwohl ihr Leben im großen und ganzen angenehm und auskömmlich ist – *und sie sich dessen bewußt sind* – sitzen sie noch immer in Scharen vor den Medien. Lautet die Antwort auf unsere Frage am Ende: sie wollen der *Anomie* und der inneren Leere entfliehen?

Hier muß ich Protest erheben. Von innerer Leere ist in der ursprünglichen Eskapismustheorie nicht die Rede sein – es sei denn insoweit, als gewisse Arten der Industriearbeit infolge der Massenproduktion zermürbend langweilig, frustrierend, erschöpfend, gesundheitsschädlich und so weiter geworden und auch schlecht bezahlt sind. Die Langeweile der Gutsituierten ist eine andere Sache. Für sie müssen wir die Ablenkungstheorie erfinden. Die Menschen wollen von ihren Problemen oder von ihrer Langeweile oder der Tatsache, daß sie nichts zu tun haben, *abgelenkt* werden.

All diese Theorien stützen sich auf eine Reihe von wackligen psychologischen Vorstellungen. Kann man auf sie verzichten? Der Film ist ein dramatisches Erlebnis, und als Ausgangspunkt für die soziologische Betrachtung genügt es, unser Verlangen danach sowie die vielen Möglichkeiten zur Befriedigung dieses Verlangens als gegeben anzuerkennen. Überdies nehmen diese Theorien nicht zur Kenntnis, daß es Unterschiede der dramatischen und filmischen Qualität gibt. Diese Unterlassung ist keine zufällige, und ist man wie viele Kritiker der Massengesellschaft von vornherein der Meinung, daß der populäre Film Kitsch sei, dann wird man an dieser Meinung nicht zweifeln, solange man sich keine populären Filme ansieht. Man glaubt zu wissen, was Kitsch ist, auch ohne sich ihnen exponiert zu haben. Selbst wenn man zwischen Kitsch und Qualitätsfilm unterscheiden will, – das Massenpublikum kann es bestimmt nicht: Seine kulturelle Rezeption funktioniert nur über den „Kitsch", – ein Beweis dafür sind die grauenhaften Formen der Werbung, die selbst zum „Verkaufen" von „Qualitätsfilmen" unerläßlich sind.

Die Überheblichkeit der Kritiker der Massenmedien ist um so bedauerlicher, als sie von falschen Prämissen ausgeht. Wiewohl man mir widersprechen wird, ich bleibe dabei: Das Massenpublikum *versteht* durchaus *zu unterscheiden,* und auch die beliebtesten Stars und reichliches Material zur Flucht aus der Wirklichkeit werden es nicht für den Besuch eines Films erwärmen können, wenn sich herumgesprochen hat, daß der Film „nichts ist". Kassenschlager wie *Gone With the Wind/Vom Winde verweht* (USA 1939), *The Guns of Navarone* und *The Sound of Music* zeichnen sich durch ihren Perfektionismus aus. Gewiß, diese Filme dienen nur der Ablenkung; sie ermöglichen uns sogar Identifikation, wenn wir sie wünschen. Signifikanter ist, daß sie uns eine überzeugende und bezaubernde Filmwelt eröffnen, die wir schon um ihrer selbst willen genießen. Doch keiner dieser Filme ist mehr als „gut gemacht". Daß sie dem Publikum gefallen, ist verständlich, und es verdient nicht, daß man es deshalb verachtet. Sicherlich haben andere Filme mehr Tiefe, sind meist weniger aufwendig, dafür weit subtiler und intelligenter gestaltet; vielleicht sagen sie Wesentlicheres über die in ihnen dargestellten Welten aus. Alle drei Filme aber haben den Beigeschmack der minderen Konvention: den Hautgout des Klischees. Im Blick auf ihre künstlerische Imagination kann man sie kaum mehr als mittelmäßig bezeichnen. Die Mehrzahl der Menschen jedoch, die nicht so oft ins Kino gehen, die Filme nicht in Erinnerung behalten oder ein zweites Mal ansehen, denen nichts von der schöpferischen Intelligenz seiner Macher bewußt wird, deren Sensitivität nicht genügend entwickelt ist, um solche Feinheiten wahrzunehmen, sind mit diesen Klischeewelten vollauf zufrieden. Die Qualität des Rezensenten hingegen wird sich daran erweisen, daß er imstande ist, auf der Ebene des Mittelmaßes zu werten, ohne dabei seine Fähigkeit zur Rezension anspruchsvollerer Filme einzubüßen.

4. Die Film-Welt

Mit der Aufgabe des Films, den Zuschauer in eine andere Welt zu versetzen, wollen wir uns noch eingehender befassen. Sie ist zum Beispiel der Grund für die Attraktivität der Filmkonventionen. Will man die Welt der aristokratischen Südstaatler nachzeichnen, wie in den Filmen *Gone with the Wind* oder *Raintree Country/Das Land des Regenbaums* (USA 1957), so bedarf es einigen Aufwands. Den Verfall dieser Gesellschaften filmisch darzustellen, – in *The Sound and the Fury/Fluch des Südens* (USA 1959), *Baby Doll/Baby Doll* (USA 1956), *A Streetcar named Desire/Endstation Sehnsucht* (USA 1951), – ist ebenfalls eine komplizierte Sache. Will man hingegen andeuten, daß ein Film im alten Westen, unter Gangstern oder Spionen spielt oder daß es sich um einen Gesangs- und Tanzfilm handelt, bedarf es nur weniger suggestiver Striche, um mit Hilfe des jeweiligen Sets von Konventionen die jeweiligen Welten vor Augen zu zaubern. Autoren und Regisseure können sich die Auseinandersetzung mit bestimmten Problemen ersparen, indem sie sich der Konventionen wie einer Art Stenografie bedienen. Die Japaner zum Beispiel glaubten eine Zeitlang, daß ihre Filme nicht exportfähig seien, da sie japanische Gesellschaft, japanische Kultur und Sitten und japanisches Denken und Empfinden widerspiegelten, – Dinge, die man im Westen nicht verstehen würde. Gewiß muß der Mensch der westlichen Welt sich erst an die Konventionen eines so exotischen Genres wie beispielsweise des chinesischen Opernfilms gewöhnen, da er nicht über den notwendigen Bezugsrahmen verfügt. Hier gibt aber das Können des Regisseurs den Ausschlag. Jacques Demy versetzt einem zwar mit dem reinen Gesangsfilm *Les Parapluies de Cherbourg/Die Regenschirme von Cherbourg* (Frankreich 1963) zunächst einen Schock. Doch wenige Minuten später hat er uns in seinen Bann gezogen und sanft in die Konventionen des Genres hinübergeleitet. In Wirklichkeit erfassen die Filmbesucher der westlichen Welt die Konventionen der japanischen Gesellschaft sehr rasch: es wurde ihnen dadurch erleichtert, daß die japanischen Filmemacher sich der universell gültigen Konventionen des Films bedienten.

Die Theorie, derzufolge der Film eine gesonderte Welt schafft, ist soziologischer, nicht psychologischer Natur. Denn diese Welt erwacht bekanntlich erst zum Leben, wenn der Film einer *Gruppe* von Menschen vorgeführt wird. Solche Überlegung führt zu der Einsicht, daß man die Vorstellung von einem unstrukturierten Publikum revidieren muß. Ehe man aber eine Gruppe als Publikum bezeichnen kann und diese mit der Filmwelt in Quasi-Interaktion zu treten vermag, muß sie gelernt haben, gewisse Anforderungen an die Rezeptionsfähigkeit zu erfüllen. Wie erwähnt, verstehen primitive Völker oft nicht, die Bilder zu „lesen". Wir, die Filmgewohnten, können es nicht nur mühelos, wir verstehen sogar die Bilder und Zeichen einer suggerierten, nicht wirklichen Welt zu entschlüsseln. Der Film regt auf seine Weise die menschliche Fantasie dazu an, Fortgelassenes zu ergänzen. Primitive, im Filmsehen Ungeübte (1895 duckten sich viele erschreckt, als Lumières *L'Arrivée du Train* ... gezeigt wurde) glauben zum Beispiel manchmal, eine neue Szene vor sich zu sehen, während sich nur die Kameraperspektive geändert hat und so fort.

Zu gewissem Grad muß die im Film dargestellte Welt einem bestimmten Image, das sich das Publikum von ihr macht, entsprechen. In einem unter Samurai spielenden Film müssen die Samurai vor allem Japaner sein (es sei denn, J.-P. Melville drehe den Film!). Gangster haben in Amerika zu leben; wenn ein Gangsterfilm nicht in Amerika spielte, wären wir konsterniert. Zum Teil haben sich die internationalen Konventionen des Gangstertums nach dem amerikanischen Modell ausgerichtet; wo dies nicht geschah, bedarf es erst umständlicher Darlegungen, wobei die Konvention nicht mehr als Stenografie benutzt werden kann. Samurai werden für uns nur als Samurai kenntlich, wenn sie Japaner sind. Sähen wir Menschen sich wie Gangster verhalten, ohne zu wissen, daß der Film in Amerika spielt, würden wir meinen, sie kämpften in einem Bürgerkrieg. Besonders aufschlußreich ist es, Filme zu sehen, die Gepflogenheiten einer anderen Kultur widerspiegeln. Es ist faszinierend, einen Blick in die Welt der Konventionen des japanischen oder des amerikanischen (Teenager-) Sexfilms zu tun. Was in diesen Filmen als selbstverständlich gilt oder in allen Einzelheiten dargestellt wird, ist nichts anderes als eine Funktion der jeweiligen Kultur oder Subkultur, die ein soches Muster entwickelte. Ebenso lehrreich ist es, die in den Hongkonger Filmen geschilderte Welt der modernen, westlich gekleideten Chinesen kennenzulernen. In dieser Welt spielt sich das Geschehen entweder zu einer unbestimmbaren Zeit zwischen den Kriegen ab; dann tragen die Männer Pyjama-Anzüge, die Frauen den Cheongsam, alte Männer immer Bärte, während dicke Ehemänner ebenso wie Lispeler und Stotterer zu den komischen Figuren gehören. Dabei geht es meistens um Familienangelegenheiten oder um interfamiliäre Auseinandersetzungen. Oder: die Handlung spielt in der Jetztzeit, die Personen sind nach westlicher Mode gekleidet, die Charaktere handeln nach westlichen Motiven, fahren in schnellen Wagen und reisen im Flugzeug, spicken ihre Sprache mit Anglismen und zu guter Letzt handeln sie nach den gleichen Anstandsregeln, die auch in der anderen Kategorie von Filmwelt gelten. Für Outsider, zu denen auch ich gehöre, bleibt unerforschlich, wie weit diese Konventionen dem wirklichen chinesischen Leben entsprechen oder zu den Mythen seiner Subkulturen zählen.

Auch in anderer Hinsicht wird einem der eigene Mangel an Bildung bewußt. Als ich 1968 im siebenten Jahr meines Auslandsaufenthalts über den gleichen Film schreiben wollte, merkte ich, daß ich mal wieder nach England zurückkehren und meinen Gegenstand in der Praxis studieren mußte, wollte ich auch nur einigermaßen über die neuen Trends – Realismus, Atmosphäre, emotionelle und visuelle Wahrheitstreue etc. – auf dem Laufenden bleiben. Der Aufstieg des „Swinging London" während meiner Abwesenheit mochte einen neuen Menschentyp mit besonderen Reaktionen, Phänomenen und ritualisierten Interaktionen hervorgebracht haben, von dem ich nichts wußte und daher nicht miteinbeziehen würde. Nachher stellte ich fest, daß in Wirklichkeit der Film diese neue Welt zu kreieren versuchte: Swinging London mußte erst an sich selbst verkauft werden.

Vor allem aber ist diese Welt, in die der Filmbesucher hineinblickt, mit Stars bevölkert. Stars sind nicht, wie das gebildete Publikum irrigerweise annimmt, *nur* Schauspieler. Oft sind sie nicht einmal das. Es gibt Stars, die überhaupt nicht spielen können wie Erroll Flynn oder Victor Mature. Und es gibt hervorragende Schauspieler, die niemals ein wirklicher Star wurden (Peter Ustinov, Alec Guiness). Andererseits sind Stars nicht etwa durch Glück das geworden, was sie sind. Das entscheidende Charakteristikum auf das es ankommt, ist das „gewisse Etwas". Der Star muß dieses gewisse Etwas besitzen, – nennen wir es Glamour, intensive Wirkung vor der Kamera, eine Ausstrahlung auf der Leinwand, die sofort den Blick des Zuschauers einfängt. Diese Eigenschaft läßt sich nicht künstlich entwickeln, wie die vielen vergeblichen Anstrengungen, Stars „aufzubauen", beweisen. Man muß über sie verfügen, ebenso wie über die Eigenschaft, fotogen zu sein. Überdies kann offenbar niemand im voraus sagen, wer sie besitzt und wer nicht. Um das festzustellen, sind zumindest Probeaufnahmen, besser noch eine Filmrolle notwendig.

Für das innerberufliche Image des „Startums" ist folgendes von besonderer Bedeutung: So gut wie keiner braucht zu glauben, daß nie ein Star aus ihm wird, solange er es nicht. versucht hat. Insofern haftet dem Begriff des Startums etwas Egalitäres an. Da Begabung, Intelligenz, Disziplin und Technik allein offensichtlich nicht entscheiden, wird die in dieser Hinsicht bestehende menschliche Ungleichheit aufgehoben. Natürlich verfügt umgekehrt auch nicht jeder über „Stareigenschaften". Aber ohne einen speziellen Test läßt sich dies nicht feststellen. Und die Probeaufnahme ist ein Teil des Gesamtprozesses, den man „getting the breaks" (glückliche Umstände), nennt. Zudem hat das den Vorteil, daß der Mißerfolg einer Probeaufnahme oder einer kleinen Rolle den „bad breaks", unglücklichen Umständen, zugeschrieben werden kann. Einige haben es dennoch geschafft, obwohl sie zuerst an diesen Hürden gescheitert waren. Am Egalitarismus des Systems ist also nicht zu zweifeln. Jeder kann sich in der Illusion wiegen, daß auch er selbst über die undefinierbaren „Stareigenschaften" verfüge und ebenso „gut" sei, wie irgendein Star. Das ist ein Trost: In diesem Sinn steht man mit dem bewunderten Star auf einer Stufe.

Stars sind aber auch über die Maßen verehrte Götter und Göttinnen, der Inbegriff von Schönheit, Ausdrucksfähigkeit und Eleganz und was nicht noch alles. Und nur miteinander treiben sie es, hoch oben da auf der silbernen Leinwand. Sie beziehen enorme Gagen, werden schwer bewacht, leben in palastähnlichen Behausungen, reisen kreuz und quer durch die Welt zu Festivals und Premieren, haben Liebesaffären, lassen sich scheiden, und überall werden sie von ihren Fans angebetet. Das Leben des Stars ist zahllosen Halbwüchsigen zum Wunschbild der „höchsten Erfüllung" geworden[9]. Einerseits

[9] In der Glanzzeit Hollywoods zielten die Herausgeber der Fan-Magazine (letztere ein weiteres Thema für eine Abhandlung) darauf ab, aus dem realen Hollywood und der Welt auf der Filmleinwand ein und dasselbe zu machen: Sie berichteten von angeblichen Verhältnissen oder Liebesaffären der Stars, die sie fast ausnahmslos nur mit anderen Stars hatten, – natürlich mit ihrer aller stillschweigender Duldung. Das ging so weit, daß ihr Lebens- und Liebesstil

ist der Star deshalb ein Star, weil er oder sie etwas hat, was jeder haben könnte: „Starqualität" und „breaks". Andererseits werden er oder sie für den Besitz dieser Eigenschaften mit einem halbgöttlichen Status sowie, damit verbunden, dem Ritual von Luxus, Verhimmelung und Aufhebens belohnt. So stellt der Gegensatz zwischen Starkult und dem Gefühl „Das könnte auch ich schaffen" keineswegs ein Problem dar, sondern erweist sich als Kraft, die den Mythos „Jeder von uns ist ein potentieller Gott" speist. Aber darüber, welche Neurosen, welche „Egomanie", welche Strapazen mit dieser Lebensweise verbunden sind, über die tiefe Sinnlosigkeit, lediglich aufgrund seiner Existenz angeschwärmt zu werden, verliert niemand ein Wort. Und obwohl es wahrhaftig regelrechte „Star-Anhänger" und Fan-Klubs gibt, sollte man zur Kenntnis nehmen, daß sie zahlenmäßig klein genug sind, um eher auf eine neurotische als auf eine normale Verfassung der Gruppenglieder schließen zu lassen. Dies beweist schon die Tatsache, daß eine Starbesetzung allein oft nicht genügt, um einen schlechten Film zu retten. (Was unter „schlechtem Film" in diesem Kontext zu verstehen ist, werde ich im Zusammenhang mit dem Film *Cleopatra* an anderer Stelle erläutern.)

Vom Magnetismus auf seine Anhänger und der Anzahl von Personen, die er zur Kasse lockt, abgesehen, erfüllt der Star im Film eine Funktion, die nur selten gewürdigt wird. Man könnte den Star als den ruhenden Punkt in der Flucht der erregenden Erscheinungen des Mediums bezeichnen. Ein paar Beispiele: Sieht man einen Film mit Gary Cooper in der Rolle des wortkargen Helden, erlebt man Cooper weit intensiver, da man ihn schon in einer Reihe von Filmen als wortkargen Helden gesehen hat. Der Zuschauer setzt also in bestimmte Filme einen Komplex von Erwartungen, die der Filmemacher erfüllen oder enttäuschen kann. Aber wichtiger noch, Gary Cooper war die sichtbare Verkörperung all dieser Erwartungen und daher in der Lage, seine Filmrollen sehr ökonomisch aufzubauen, indem er diese Erwartungen ausnutzte. Würde John Wayne in einem Film singen und tanzen oder gar einen Bösewicht darstellen, wären wir ganz verdutzt. Ist er dagegen wie gewohnt der schlagkräftige Held, so vertrauen wir dieser Gestalt und wissen im voraus, daß sie alle Gefahren heil überstehen wird, was unseren im Lauf seiner langen Karriere hervorgerufenen Erwartungen entspricht. Selbst ein seriöser Schauspieler, wie Marlon Brando kann es sich nicht leisten, die Erwartung seines Publikums, ihn als aggressiven Neurotiker zu sehen, zu enttäuschen, – von gelegentlichen Abweichungen von diesem Schema abgesehen (in *Guys and Dolls/Schwere Jungen, leichte Mädchen* (USA 1955) und in *Mutiny on the Bounty/Meuterei auf der Bounty* (USA 1961); und auch Shirley MacLaine spielt in *The Loudest Whisper/Infam* (USA 1962) eine abweichende Rolle: eine Lesbierin, die sich das Leben nimmt). Solche „atypische" Rollenbesetzung kann ebenfalls ein Mittel zur Ausnutzung von Publikumserwartungen sein.

Diese Funktion des Stars, die ein wesentlicher Teil der dem Filmemacher zur Verfügung stehenden ökonomischen Sprache der Konventionen ist, mag der Grund für das Phänomen des „type-casting" sein, das Festlegen des Schauspielers auf einen bestimmten Typ oder ein bestimmtes Rollenfach (der wortkarge anständige Kerl, der finstere

---

(Gewohnheiten, Behausungen etc.) mit der Rolle in der Filmwelt weitgehend übereinstimmen mußte. Siehe J. P. Sisk (1955).

Bösewicht, die reine Unschuld, das leichte Mädchen etc.). Verständlicherweise lehnen ambitionierte Schauspieler sich gegen solche Methoden auf, nicht zuletzt deshalb, weil, von ein oder zwei stets wiederkehrenden Grundtypen abgesehen, bei einer Veränderung der Geschmacksrichtung der jeweilige spezielle Typ abgewirtschaftet haben könnte, wodurch der Star arbeitslos wird. Zudem ist es öde, die im Grunde immer gleiche Rolle zu spielen. Mit dem Niedergang der großen Filmstudios verschwand auch das „typecasting", – zusammen mit anderen Attributen der Hollywood-Massenproduktion. Nur im sogenannten Charakterfach hat man es noch beibehalten.

Im allgemeinen sind die an männliche Stars geknüpften Erwartungen größer als die weiblichen gegenüber gehegten. Bei Bette Davis und Joan Crawford ist man nie ganz sicher, ob sie sich im Film als Heldin oder Schurkin entpuppen, – bei Doris Day freilich weiß man immer, daß sie durch und durch anständig ist. Dem Leinwandhelden ist eben meist eine längere Karriere beschieden. Viele weibliche Stars reifen nie zu Matronenrollen heran, vielmehr verschwinden sie von der Leinwand. Hingegen können Männer noch in ihren Sechzigern weiter den Liebeshelden von unbestimmbarem Alter verkörpern.

Die gleichbleibenden Erwartungen, die man mit dem Star verknüpft, unser Vertrauen in ihn oder sie, mag Filmemacher dazu veranlaßt haben, sich an Themen zu versuchen, die ihnen sonst zu riskant erschienen wären. So nutzte zum Beispiel Alfred Hitchcock die Erwartungen seiner Zuschauer aus, als er im Film *Psycho* die Darstellerin Janet Leigh, ruhmreicher Star und durchaus sexy, schon nach dem ersten Drittel des Films brutal ermorden ließ. Ähnlich machte Michelangelo Antonioni es in *L'Avventura/Die mit der Liebe spielen* (Italien 1959): Jedermann glaubte, daß die faszinierende Lea Massari der Star dieses Films sei. Nach einer halben Stunde etwa verschwindet sie von der Bildfläche und taucht nicht wieder auf. Das Publikum bleibt dennoch gefesselt, weil es darauf rechnet, daß sich das Geheimnis um sie aufklären wird – was nicht geschieht. Eine andere Nutzanwendung des Starsystems besteht darin, einem noch unbekannten Star eine Starrolle zu übertragen, um zu sehen, ob er sie durchhalten kann und ob er oder sie, wiewohl sie nicht zu den Arrivierten gehören, Publikumserwartungen zu erwecken vermögen.

Das Starsystem hat also eine eigene, objektive Logik. Die allgemein anerkannte Theorie über die Wirkung des Stars jedoch geht von der Behauptung aus, daß das Publikum sich mit ihnen identifizieren wolle. Götter und Göttinnen, Helden und Heroinen, sie seien was wir gern wären, in Wirklichkeit wie auf der Leinwand; und unsere Vorliebe für den einen oder den anderen gäben Aufschluß über unsere geheimen Wunschträume.

Um es kurz zu machen: Diese Theorie läßt sich nicht verallgemeinern. Das alberne Beispiel vom armen Ladenmädchen, das sich aus seinem trübseligen Dasein in die üppige Traumwelt der Elizabeth Taylor flüchtet, ist reichlich ausgeklügelt und zudem noch verletzend. Menschen sind nicht so simpel, und Ladenmädchen sind auch Menschen.

In einer Hinsicht jedoch hat die Identifikationstheorie nicht ganz unrecht: nämlich in bezug auf die Tendenz junger Menschen, jeweils aktuelle Stars im Stil zu kopieren. Rita Hayworth, Betty Grable, Ava Gardner, Marilyn Monroe, Brigitte Bardot, Audrey Hepburn, Julie Christie, – sie brachen vervielfacht über die Welt herein: überall sah man plötzlich Kopien von ihnen. Bisweilen fragte man sich: Wie kann das möglich sein?

Unzählige Mädchen hatten – als Audrey Hepburn zum Star aufrückte – ebenso knabenhafte Figuren und Elfengesichter wie sie. Aber natürlich gibt es eine ganz einfache Erklärung für diese Metamorphose.

Eine der Funktionen des Stars besteht in der Kreierung eines bestimmten Schönheitstyps, wodurch wiederum Zuschauern eines bestimmten Typus die Identifizierung der eigenen Erscheinung ermöglicht wird. Als Audrey Hepburn als Star arrivierte, geschah nichts anderes, als daß allen Mädchen auch nur entfernt ähnlichen Typs ein Licht aufging, das heißt, sie begannen bestimmte Charakteristika auf die gleiche Weise zu ihrem Vorteil zu nutzen wie die Hepburn es tat. Sie legten sich Kleider zu, die sie überschlank machten, kämmten sich die gleiche Frisuren und erzielten durch Verwendung von Augen-make-up den gleichen schmelzenden Blick. Hinzu kam, daß auch die Männer nach Frauen suchten oder sich nach Frauen umdrehten, die wie Audrey Hepburn aussahen. Die Hepburn verkörperte und popularisierte den Sex-Appeal eines bestimmten Typs. Ähnliches kann man auch quer durch die Subkulturen beobachten: Kunststudentinnen legten sich den Joan Baez-Look zu, Fotomodelle (und solche, die es werden wollen oder sich einbilden, es zu sein) zielen auf den Jean Shrimpton- beziehungsweise Twiggy-Look ab. Nicht nur bemühen sich viele Mädchen in England, wie Julie Christie auszusehen während ich diese Zeilen schreibe, oder haben viele von ihr gelernt, was sie vorteilhaft ins Licht rücken können, vielmehr repräsentiert die Christie einen „Look", der bei englischen Mädchen bereits einige Zeit im Schwange war, ehe ein Filmstar ihn kreierte. All dies muß man mit in Rechnung ziehen, will man mit dem Problem der sogenannten Identifikationstheorie fertig werden.

Meine eigene Theorie des Stars ist trotz ihrer oberflächlichen Ähnlichkeit mit der Identifikationstheorie weit objektiver als diese: Ich meine, ein Star zu sein, sei es im Film, in der Fußballarena oder in der akademischen Welt, ist ohne Begabung nicht denkbar. Nun läßt sich kaum definieren, worin eigentlich „Filmtalent" besteht. Aber daß sich etwas schwer definieren läßt, heißt nicht, daß es nicht existiert. Nicht ohne Grund trennt man die Schafe von den Böcken. Als Faktoren, die das Filmtalent ausmachen, dürfte man in zufälliger Reihenfolge folgende nennen: exzeptionell fotogene Erscheinung, schauspielerische Fähigkeiten, Ausstrahlung auf der Leinwand, Kamera-Präsenz, Charme und Persönlichkeit, Sex-Appeal, angenehme Stimme und Haltung. Diese Eigenschaften sind rar, insbesondere in Kombination; entdeckt man sie, werden sie hoch bezahlt. Weil er in mehr als einer dieser Hinsichten große Erwartungen an ihn (oder sie) knüpfen kann, sieht der Fan sich den Film mit dem Star an. Doch der Star ist nur Teil des Gesamtbildes, das dem Zuschauer durch den Film vermittelt wird. Und aufgrund dieses Bildes kann er sich, unabhängig vom Star, dennoch betrogen fühlen. Dies werde ich in Teil Vier aufgreifen.

XI. Western und Gangsterfilm: Zur Soziologie gewisser Legenden

„... hat etwas romantisches an sich. Er verbringt sein Leben zu Pferde wie der Beduine, kämpft zu Pferde wie die alten Ritter ... er flucht wie ein Landsknecht, säuft wie ein Fisch, ist verkleidet wie auf der Bühne und schlägt sich wie der Teufel."

Jack Webb (1931)
(zit. nach Kenneth Allsop, 1967, S. 77)

1. Legenden und ihre Bedeutung

Filme lassen sich – wie auch die populären Fiction-Produkte aller anderen Medien – unterschiedlichen Kategorien zuordnen, die sich teilweise überschneiden. Es sind dies das Musical, der „Familien"-Film, die Liebesgeschichte, der Super-Monster-Film, der Kriegsfilm, der Western, der Gangsterfilm und andere mehr. Daß man einen Film der einen oder der anderen Gruppe zuordnet, besagt noch nichts über den Film selbst; es erleichtert aber dem Autor die Ordnung und Gliederung seines Materials, vor allem dann, wenn er vergleichende Untersuchungen vornehmen will. Ich nehme an –, doch kann ich es nicht beweisen, – daß auch viele Filmproduzenten in diesen Kategorien denken. Dann würde diese Gruppierung zusätzlich Gewicht erhalten, da sie, wie Herbert Gans (1959 a) und Lawrence Alloway (1964) behaupten, es rechtfertigen, daß wir uns ganze Filmzyklen, aber auch Einzelfilme ansehen.

Aufschlußreich ist, daß Western und Gangsterfilm mitsamt ihren Helden anscheinend im Lauf der Zeit einen gewissen ritualisierten und legendären Charakter erhielten. Diese Entwicklung verdanken sie sicherlich nicht allein dem Kino. Western- und Gangstergeschichten gab es – schon vor der Erfindung des Kinematographen – in gedruckter Form, wiewohl nicht in solcher Vielzahl. Nichtsdestoweniger haben die Film-Western und Film-Gangstergeschichten spezielle Charakteristika, die sie an sich schon interessant machen, so daß ich mich mit ihrer literarischen Gattung nur am Rande befassen werde. Interessant ist, daß bestimmte Vorgänge und Personen, nach denen die Filmlegenden und Mythen dieses Genres entstanden, vor relativ kurzer Zeit noch lebendige Wirklichkeit waren und daher dokumentiert sind. Die Western spielen zeitlich stets etwa zwischen 1840 und Anfang 1900. Nur selten bekommt man einen Film über den alten Westen zu sehen, der vor dieser Zeit oder nach ihr spielt. Die Gangsterfilme handeln ausschließlich zur Zeit der Prohibition oder in jüngerer Vergangenheit bis in die Gegenwart. Dank der Historizität dieser Gattungen erhalten wir die einmalige Gelegenheit, die Entstehung eines Mythos oder einer Legende verfolgen zu können.

Meine These, der ich dieses Kapitel widme, lautet: Simplizität, Verständlichkeit und damit verbunden Ritualisierung dieser beiden Story-Typen sind Grund genug für die Anziehungskraft, die sie auf Filmhersteller wie Publikum ausüben. Ich werde zeigen, daß beide Typen, insbesondere der Western, zur Formel gewordene Simplifikationen beziehungsweise ein Rahmenwerk sind, dessen sich der Drehbuchverfasser zur Darlegung der ausgefallensten, tiefschöpfendsten allegorischen oder ethischen Gedanken bedienen kann, die sonst, in mehr oder weniger „direkter" Form industriell und kommerzionell nicht tragbar wären. Diese beiden Genren haben die größte Ähnlichkeit mit homerischen Dichtungen: Sie berichten von Helden und von ihren Heimsuchungen

und Prüfungen. Sie weisen reale Züge auf, die jedoch legendenhaft verändert und überhöht wurden.
Meiner Meinung nach findet in diesen Konventionen das Drama seinen zeitgemäßen Ausdruck (Rieupeyrout 1952), und bezeichnend ist, daß es sich der Mittel des Films – einer populären Kunstform – bediente.
Daß Western- und Gangstermelodramen so beliebt sind, verdanken sie der Formalisierung und der Simplizität von Schauplatz und Handlung. Und infolge dieser Formalisierung und Simplifizierung ist es möglich geworden, selbst äußerst komplexe moralische Fragen klar und einfach darzustellen.
Anschaulichkeit und Überzeugungskraft dieser dramatischen Konventionen sind weitgehend dem Umstand zu verdanken, daß sie allen vertraut sind. Und daß sie allen vertraut sind, rührt daher, daß die Massenmedien sich ihrer so häufig bedienen. Die Gattung des sogenannten „psychologischen“ oder Edelwestern entstand erst viele Jahr-Jahrzehnte später. Der Gangster- und Kriminalfilm dagegen hatte in den 30er Jahren einen seriöseren Vorläufer: die Kriminalromane von Dashiell Hammett und Raymond Chandler, von denen letzterer die Gattung zur Literatur anhob. Eine ähnliche Entwicklung ging gleichzeitig beim Film vor sich. Denn fast von Beginn an wurden im Gangsterfilm auch die Verhältnisse untersucht und beleuchtet, in denen man die Ursache für das Gangstertum zu erkennen glaubte.
Western und Gangsterfilm, weit davon entfernt, durch Überstrapazierung abgenutzt zu sein, bieten dem Filmdrama immer neue Möglichkeiten; Problematik und Themenkreis erweitern sich noch fortgesetzt. In alten Zeiten hätte man nur mit Hilfe einer mächtigen oralen Tradition so vielen Menschen entsprechend entlegene Gegenden, deren Bewohner und Probleme nahebringen können. In unserer anonymen Gesellschaft indes wird die traditionelle mündliche Überlieferung fast ausschließlich von den Massenmedien übernommen[1]. Helden und Schauplätze des Western und der Gangstergeschichten waren zum großen Teil schon zu ihrer Zeit legendär. Die Erweiterung der Grenzen oder später die unwahrscheinlichen Schandtaten der Chicagoer Gangster waren seinerzeit in aller Munde, – ein Verdienst der Presse: Denn in der Kriminalreportage, in der Enthüllung gewissenloser Aktivitäten hat die amerikanische Journalistik seit altersher Exzeptionelles geleistet.
Buffalo Bill, Davy Crockett, Jesse James, Wyatt Earp, Al Capone, Baby Face Nelson, Legs Diamond, Dutch Schultz, John Dillinger, Bonnie und Clyde, sie waren schon immer „Volkshelden“ der Englisch sprechenden Welt; ihre Taten, die wirklichen und die erfundenen, wurden in zahllosen Geschichten, Liedern und Balladen beschrieben, in unzähligen populären Romanen aufgezeichnet, damals wie auch heute. Wie läßt sich dieses Durcheinander aus bösartig Kriminellen und Robin Hood-Typen erklären? Zunächst einmal, auch Robin Hood war ein Verbrecher, ein Gesetzloser. Die Auffassung von diesen Typen scheint unterschiedlicher Natur gewesen zu sein. Da gibt es den simplen Robin Hood-Appeal: eines Mannes, der die Ungerechtigkeit einer korrupten Welt ausgleichen will. Viele Westernhelden, angefangen bei *Shane,* sind nach diesem

---

[1] Bei der Weitergabe von (unanständigen) Witzen, Skandalgeschichten und Klatsch hat man freilich noch überwiegend an der oralen Tradition festgehalten.

Muster geschnitten. Ferner gibt es den Antihelden-Appeal: des Mannes, der etwas Böses tut, noch dazu mit Genuß, etwas das wir insgeheim auch gern mal versuchen würden. Schließlich gibt es noch eine dritte Auffassung: Richard Whitehalls (1964 a) entwickelte marxistische Theorie, derzufolge die kapitalistische Gesellschaft zur Zeit der Serienverbrechen der Chikagoer Unterwelt derart korrupt gewesen sei, daß die Gangster nicht anders gekonnt hätten, als dem Diktat der rücksichtslosen Durchsetzung des Eigeninteresses, der Profitgier um jeden Preis Folge zu leisten. Das Gangstertum sei ein Symptom der in Wahrheit in der „freien" Gesellschaft herrschenden Zustände; das Gangstertum habe in der Weltwirtschaftskrise floriert, als Millionen zu leiden hatten, – Millionen, die angeblich nur den einen Wunsch kannten, daß auch sie genug Mut hätten, es den Gangstern gleichzutun.

Interessant ist die Unglaubwürdigkeit der Begründung des Anti-Helden-Appeal, daß nämlich die Mehrzahl der Menschen den Wunsch verspüren soll, Kneipenbesitzer zusammenzuschlagen, Frauen herumzustoßen, Bomben zu werfen, Maschinengewehrsalven abzufeuern und profitable Überfälle zu arrangieren. Bietet sich im Krieg Gelegenheit, einige dieser Handlungen auszuführen, bringen viele Männer unserer westlichen Kultur sie nicht fertig, – zumindest nicht ohne Schaudern. Ich sehe nicht, wie sich diese Erklärung erhärten läßt, es sei denn, man mache sich Bertrand Russels Theorie zu eigen, wonach dem Menschen ein Maß an Aggression angeboren sei, das sich Luft machen müsse. Meiner Meinung nach sollten wir diese Erklärung insoweit modifizieren, als wir gelten lassen, daß einige Elemente dieser Filmkategorien, zum Beispiel das Zureiten wilder Pferde, der Schuß auf den Bösewicht aus blitzschnell gezogenem Colt, der Reichtum des Bosses einer kriminellen Bande, als Ersatzerlebnis eine gewisse Befriedigung geben.

Der Whitehallschen Erklärung fehlt es nicht an Substanz, sie fordert jedoch Kritik heraus. Sie würde erklären, warum Gangsterfilme während der Weltwirtschaftskrise populär waren, nicht aber, warum sie es heute noch sind, und auch nicht, weshalb auch die Bösewichter der Westerner, wie die James Brothers oder Billy the Kid so beliebt sind.

Ich komme noch einmal auf die Simplizität zurück. Sicherlich sind im wirklichen alten Westen, sofern es ihn gab, und im wirklichen Leben, sofern es das gibt, weder Streitfragen noch Menschen so simpel gewesen. Interessant ist auch, daß die Filmemacher im Lauf der Jahre, und je selbstverständlicher das Publikum sich in diesen Genren zurechtfand, ihre Filme mehr und mehr mit detaillierteren Milieu- und Personendarstellungen anreicherten und immer komplexere Bilder der Probleme und der in sie verwickelten Personen zeichneten. Andererseits bestand schon im alten Westen und in Chikago die Tendenz zur Simplifizierung, da die Betroffenen klare Leitlinien für ihr Handeln brauchten. Auf welcher Seite des Gesetzes sie auch stehen mochten, sie befanden sich in Situationen, die sie zu handeln zwangen, in denen ein Zögern ihnen verhängnisvoll werden konnte. Idealisierung und Simplifizierung mögen also schon durch die Vorgänge selbst bedingt worden sein.

Diese gesamte Tradition möchte ich als „Volks"tradition bezeichnen, da sie in erster Linie von der populären Kunst weitergeführt wurde. Nirgends, weder in England noch in Amerika, kommen zum Beispiel Wildwest- oder Gangsterlegenden im Schulunterricht vor. Die Verbreitung von Informationen (oder Fehlinformationen) auf diesem

Gebiet hatte stets informellen und populären Charakter. Populär meiner Meinung nach insofern, als Probleme der Zeit durch die Dramatisierung vereinfacht wurden. Die Simplizität hat den Vorteil, daß einfache Fragen, anders als komplizierte, sich leicht lösen lassen. Wie weit die im Western und im Gangsterfilm dargelegten Probleme zu unseren zeitgenössischen in Beziehung stehen, kann ich erst später behandeln.

Auffallend ist, daß es bei diesen dramatisierten, wirklichen Vorkommnissen vorwiegend um moralische und soziale Streitfragen geht. Deutlich läßt sich die Entwicklung von den frühen Wildwestromanen und -filmen bis in unsere moderne Zeit verfolgen, eine Entwicklung, die einen unglaublichen Reichtum an Stoffen erkennen läßt. Während die Handlungen des Western zunächst ganz einfach aus Raubüberfällen und Abwehrkämpfen gegen die Indianer bestehen [Porters *The Great Train Robbery* (1903), Griffiths *The Massacre* (1912)], schilderten die frühen Gangsterfilme den Aufstieg und Fall des Verbrechers [*Public Enemy/Öffentlicher Feind* (USA 1931), *Little Cäsar/Der kleine Cäsar* (USA 1930)]. Beide Genren wurden nach und nach komplizierter. Mit *Broken Arrow/Der gebrochene Pfeil* (USA 1950) wurde eine neue Ära des Western eingeleitet, in der die Indianer die zu Unrecht Verfolgten sind. Ein oder zwei Jahre später sah ich eine Reihe von B-Western, deren Titel ich völlig vergessen habe, bei denen die Handlung sich vorwiegend um die Machenschaften korrumpierter indianischer Geheimagenten dreht, die die unschuldigen Indianer praktisch auf den Kriegspfad nötigen. Auch vom Thema: Gemäßigte gegen Extremisten, sowohl auf indianischer Seite wie unter den Weißen, wurde eingehend Gebrauch gemacht [*Run of the Arrow/Hölle der tausendMartern* (USA 1957), *The Searchers/Der schwarze Falke* (USA 1956), *The Unforgiven/Denen man nicht vergibt* (USA 1960), *Taza,* Son of *Cochise/Taza, der Sohn des Cochise* (USA 1953)][2]. Die Moralität der Indianerkriege wurde wieder und wieder in Frage gestellt, angefangen bei *The Massacre* über *Fort Apache/Bis zum letzten Mann* (USA 1947) bis zu *Wagonmaster/Westlich St. Louis* (USA 1950) und unzähligen anderen Western. Ebenso befaßte man sich mit der Frage der Moralität und Psychologie der Ehre sowie der des Banditen; und der These, daß es manchmal das Richtige ist, einen Mann von hinten zu erschießen, wurde ein ganzer Film gewidmet [*The Tin Star/Der Stern des Gesetzes* (USA 1957)]. In *Vera Cruz/Vera Cruz* (USA 1954) herrscht zu Anfang Zynismus und Anarchie; der Film endet jedoch in einem hohen Lied auf die Ehre. *Guns in the Afternoon (Ride the High Country)/ Sacramento* (USA 1961) ist eine brillante Untersuchung des Konflikts zwischen Männern, die in einem primitiven Goldgräberlager Wache halten. Stets wiederkehrendes Thema ist der Kampf und die Erhaltung von ‚Law and Order': der Kampf des Einzelnen, der von furchtsamen Kleinstädtern im Stich gelassen wurde [*High Noon* (USA 1952)], der Kampf gegen organisiertes Verbrechertum [*3.10 to Yuma/Zähle bis drei und bete* (USA 1957)], [*Day of the Outlaw/Tag der Gesetzlosen* (USA 1959)], der Kampf gegen das „hohe Tier" des Ortes [*Law of the Lawless/Das Gesetz der Gesetzlosen,* (USA 1963)], gegen lynch-wütige Tyrannen [*The Ox-Bow Incident/Der Ritt zum*

[2] „Radikal ist der Umschwung der Einstellung in der Tat: Rothäute beißen noch immer ins Gras, doch nicht mehr von ihnen als von den Weißen. Taza, kein nackter edler Wilder, vielmehr ein orthodoxer, demokratischer Athlet mit anspruchsvollen moralischen Prinzipien, wirkt eher sonnengebräunt als rothäutig." (Monthly Film Bulletin, 1954, 21, S. 91.)

Ox-Bow (USA 1942)], gegen verbrecherische Terroristen [*The Man Who Shot Liberty Valance/Der Mann, der Liberty Valance erschoß* (USA 1961)]. Dann gab es eine ganze Reihe von Chroniken des sogenannten *range-war*, des gewaltsamen Kampfes der Viehzüchter gegen die Farmer um die Erhaltung der Prärien. Beispiele dafür sind *Shane* – Alan Ladd stellt den Retter der Farmer, Jack Palance einen schwarz-gekleideten Schützen der Viehzüchter dar – sowie *Man without a Star/Mit stahlharter Faust* (USA 1955) (mit Kirk Douglas und Stacheldraht) und Samuel Fullers großartiger und überraschender Film *Forty Guns/Vierzig Gewehre* (USA 1958), in dem Barbara Stanwyck den weiblichen Boss der Viehzüchter darstellt. Darüber hinaus hat man ins Endlose Filme nach Biographien großer Helden und großer Verbrecher gemacht: *Gunfight at OK Corral/Zwei rechnen ab* (USA 1957) (Wyatt Earp und „Doc" Holliday), *The James Brothers of Missouri* (USA 1950), *Kansas Raiders/Reiter ohne Gnade* (USA 1950) – (die Quantrell Bande) –, *Rancho Notorious/Engel der Gejagten* (USA 1951), *Johnny Guitar/Johnny Guitar, gehaßt, gejagt, gefürchtet* (USA 1954) und so fort.

Doch wie ich schon sagte, waren Westerner schon zu ihrer Zeit Legende, und Legenden werden nach meiner Meinung geschaffen. Weshalb wurden diese geschaffenen Legenden so dankbar aufgenommen? Im Grunde genommen wohl deshalb, weil Amerika damals zugleich Schmelztiegel wie ein Land ohne gesetzlich festgelegte Grenzen darstellte, eine Gesellschaft, die auf eine revolutionär neue, dennoch auf Stabilität abzielende Weise organisiert war, – eine Gesellschaft mit Zukunft, doch ohne Vergangenheit. Wollte sie überleben, mußte sie eine Vergangenheit oder etwas zum Aufblicken haben. Eines war Gesetzlosen wie Neuankömmlingen gemeinsam: Sie brauchten etwas, womit sie sich identifizieren konnten, wonach sie ihr Leben und ihre Ziele ausrichteten. Das junge Amerika schuf sich seine Legenden und fand damit seine Identität; das ist ein wichtiger Punkt. Der Westen, die Grenze, der Gangster wurden im Augenblick ihres Entstehens Legende, – ein kontemporäres Goldenes Zeitalter, könnte man meinen. Doch bei näherer Betrachtung stellt sich heraus, daß dies nicht stimmt. Viele Filme behandeln zum Beispiel das Problem des Frauenmangels im Neuland. Frauen gingen nicht gern dorthin: Das Leben war hart, gefahrvoll und unzivilisiert. Doch ohne Frauen, die kochten und Kinder bekamen, waren die Männer zum Aussterben verurteilt. So übte der Westen auf Männer eine romantische Anziehungskraft aus, während Frauen ihn wenig romantisch fanden. Frauen, die dennoch in den Westen gingen, waren entweder meist geldgierige Flittchen oder von zähem, selbstsicherem Schlag, der das harte Leben mit Gleichmut ertrug. Wie oft hat man doch in B-Filmen städtisch gekleidete Dämchen aus der Postkutsche in den Staub des primitiven Grenzstädtchens steigen sehen, wo sie sich dann unkomfortabel und unglücklich fühlten und oft eine lächerliche Figur machten.

Nicht viel anders war es, möchte ich annehmen, bei den Gangstern. In Chikago zu leben, insbesondere in den Vorstädten, in denen Al Capone sein Unwesen trieb, war weder romantisch noch komisch[3]. Dennoch hatte Capone für viele einen Robin-Hood-Appeal. Er war ein Gesetzloser; doch die Gesetze, die er mißachtete, waren zunächst nur die Gesetze gegen den Alkohol, – Verbote, die später auch auf das Glücksspiel und

---

[3] Kenneth Allsop (1961) führt an, daß Al Capone dem Staat Illinois jährlich für 150 Millionen Dollar Schaden verursachte. (S. 281)

die Prostitution ausgedehnt wurden. Die meisten Gesellschaften haben keine hohe Meinung von Bordellbesitzern und Schankwirten. Wenn aber das Gesetz sämtliche Quellen zu verstopfen sucht, gelten diese Quellen plötzlich als anständig. Im Grunde genommen waren Al Capone und Genossen nichts anderes als Lieferanten eines Produkts. Die Empörung der Öffentlichkeit erregten sie erst, als ihre Skrupellosigkeit und Gewalt alle Grenzen und Vorstellungen überstieg (zum Beispiel im Massaker am St. Valentinstag).

2. Der Western – Legende und Wirklichkeit

Soviel über den allgemeinen Charakter dieser Legenden. Ich wende mich zunächst dem Western zu und lasse den Gangsterfilm für das nächste Kapitel[4]. Zunächst einmal, was ist ein Western? Traditionsgemäß gilt Edwin S. Porters *The Great Train Robbery* als erster Western; obwohl er eine einfache Kriminalhandlung schildert (einen Raubüberfall auf einen Zug), wird er, weil er im alten Westen spielt, zu den Western gezählt. Doch ein Western wird nicht nur durch seinen Schauplatz, sondern durch bestimmte Themen und Streitfragen mit denen wiederum eine bestimmte Art von Männern konfrontiert wird, gekennzeichnet. Daher ließ sich Kurosawas japanischer/fernöstlicher Western *Die sieben Samurai* ohne weiteres in einen richtigen Western umwandeln: in *The Magnificent Seven/Die glorreichen Sieben* (USA 1960). Die englische Filmindustrie produzierte Western, die in Australien spielen [*The Overlanders/Das große Treiben* (1964), *Eureka Stockade/Goldgräber* (1948) oder auch in Südafrika *(The Hellions/ Platznehmen zum Sterben* (1969)]. Auch Japaner, Deutsche und Italiener machen eigene „Cowboy"-Filme. So ergibt sich eine bunte Mischung: Western deutscher, italienischer und japanischer Herkunft, die im amerikanischen Westen spielen, Western europäischer Herkunft, die nicht im amerikanischen Westen spielen, und östliche Western, die im Fernen Osten spielen, aber nichtdestoweniger dem Geist nach und thematisch der Gattung Western zugehören. All dies ist ein Beweis für die Vitalität des Western; er ließe sich sonst nicht so vielfältig variieren und kombinieren, ohne von seinem universalen und bezwingenden Wesen einzubüßen.

Die Figuren des Western sind: wettergegerbte Scouts und Trapper [*The Big Sky/Der weite Himmel (Der große Horizont)* (USA 1962)], edle oder grausame Indianer [*Taza,*

---

[4] Als ich mit meinen Recherchen für dieses Buch begann, stand ich unter dem Eindruck, daß es eine Menge Literatur über den Western gäbe. Dennoch suchte ich in *Sequence, Sight and Sound, Film Quarterly* und *Film Culture* vergebens nach definitiven Informationen. Es gibt natürlich anderswo den einen oder anderen Artikel, insbesondere in *Films and Filming,* die Mehrzahl aber, zum Beispiel die von Warshow, war in literarischen Zeitschriften verstreut. Weiteres Durchsehen ergab, daß zwar viel über den Western geschrieben worden war, doch fast ausschließlich in Form einzelner Rezensionen. Dadurch ergab sich die nahezu unmögliche Aufgabe, die Literatur danach durchzugehen, wieviel von dem, was ich sagen will, bereits antizipiert wurde, – ich nehme an, eine ganze Menge. So erhebe ich lediglich den Anspruch, es hier erstmals in einiger Breite zu sagen. Über den Gangsterfilm gibt es keinerlei analytische Arbeiten irgendwelcher Art, mit Sicherheit keine, die sich mit Rieupeyrouts und Fenins vergleichen lassen. Dieses Genre wurde von nur wenigen ernst genommen, – eine Ausnahme macht wiederum Warshow.

Son of Cochise, Apache/Massai (USA 1954)], einsilbige treffsichere Schützen, mächtige Viehbarone, nimmermüde Soldaten im blauen Rock, alleinstehende beziehungsweise unverheiratete Frauen, bisweilen ersetzt durch das „saloon"- oder „dancing girl" als Belohnung, die die Helden erwartet: eine Fülle von Charakteren.

Der Western befaßt sich darüber hinaus mit den verschiedenen Situationen, die die Landnahme im alten Westen mit sich brachte, von den Kämpfen gegen die Indianer der Prärie bis zum Goldrausch in Kalifornien und in Yukon. In den vielen Jahren, die ich ins Kino gehe, habe ich mehr Western gesehen als Filme anderer Gattungen, Kriegs-, Gangster- und Horrorfilme eingeschlossen. Meine Erlebnisse reichen somit vom Gene Autry-, Tex Ritter-, Hoppalong Cassidy-Schund bis zu dem anspruchsvollen Western eines Ford *(Wagonmaster* und *The Searchers),* den psychologisierenden Hustons *(The Unforgiven)* und Stevens' *(Shane)* sowie dem großartigen, kühnen doch weit unterschätzten Wyler-Film *The Big Country/Weites Land* (USA 1958) und Robert Aldrichs meisterlichem *Vera Cruz).* Westernfilme werden weit zahlreicher produziert als jedes andere Filmgenre; nach wie vor scheinen sie auf Autoren, Regisseure, Schauspieler und Publikum eine gewaltige Faszination auszuüben. Ich finde, daß man diesen Filmen eine Unmenge von soziologischen Aufschlüssen über den alten Western entnehmen kann, wie er gewesen ist, aber auch wie er von Filmemachern interpretiert wird. Um hierzu aufs Geratewohl einige Beispiele herauszugreifen: Anscheinend war es üblich, daß die Räuber bei Überfällen auf Postkutschen stets die Postkutsche passieren ließen, ehe sie hinter ihr dreinjagten. Von diesen Konventionen ist man allerdings in jüngerer Zeit abgewichen: statt dessen entdeckte man endlich den Hinterhalt. Noch etwas anderes erfährt man: Die beste Methode zur Bekämpfung von Indianern bestand darin, im Kreis Aufstellung zu nehmen und abzuwarten, bis die Indianer zu Pferde von allen Seiten herangekommen sind, um sie dann einzeln abzuknallen. Ferner „lernt" man, daß manche Indianer nicht gern des Nachts angreifen, weil ihre Seelen im Fall ihres Todes sonst nicht in die Ewigen Jagdgründe finden würden. Und dann sah man Filme wie *The Unforgiven,* in denen Ahnungslosen gerade des Nachts die Kehle durchgeschnitten wird. Auch erhält man den Eindruck, daß der Saloon ein ziemlich elegantes Lokal zu sein pflegte, wo bildhübsche Mädchen auftraten, die sangen und tanzten und Kennern dabei ihre Beine zeigten. Ferner erfuhr man, daß keiner je auf den Gedanken kam, einem Bösewicht das Pferd unter dem Leib wegzuschießen; Pferde kamen wahrhaftig stets auffallend unversehrt aus allem davon. Und wenn Männer andere Männer jagten, – so erfahren wir, – pflegten sie sie aus noch gut hundert Metern Entfernung mit ihren Pistolen aufs Korn zu nehmen. Man „wußte", daß sie aus der Hüfte schossen, und daß Kugeln sofort tödlich waren. Ebenso „weiß" man, daß es gefährlich war, als „fast gun", als schneller Schütze zu gelten, da weit und breit jeder grüne Junge besonderen Spaß daran finden würde, seine Geschicklichkeit an einem solchen Könner zu erproben.

Von dieser Art Unsinn hat man uns ziemlich viel aufgetischt. Dennoch enthalten die Western auch ernstzunehmende Informationen, zum Beispiel, daß der blutige Kampf gegen die Indianer und die willkürliche Einzäunung von Land bei vielen Menschen auch erhebliche Bedenken auslösten. Und daß es ein gefährlicher und langwieriger Job war, Recht und Ordnung in den neuen Territorien einzuführen. Offenbar gab es mindestens zwei Einstellungen dem Indianer gegenüber: Die eine Partei folgte der Devise „der einzige gute Indianer ist der tote Indianer", die andere vertrat den Standpunkt „sie waren schon vor uns hier, und wenn sie auch nicht das ganze Land brauchen, so sollte man sie doch anständig behandeln", was hieß: man muß ihnen Schulen bauen. Diese beiden Parteien bekämpften sich in Washington, in der Armee und unter den Grenzern selbst.

Dann gibt es noch eine Reihe von Filmen, in denen die Neuankömmlinge den indianischen Scout mit tiefstem Mißtrauen betrachten. Und offensichtlich benötigten die Viehzüchter ausgedehnte Gebiete sowie freien Zugang zu den Wasserlöchern, und keine Stacheldrahtzäune, an denen das Vieh sich verletzen konnte. Washington zeigte für diese Situation nicht das geringste Verständnis: kleine Farmer erhielten mitten in der Prärie Land zugewiesen, bekamen aber nur wenig bundesstaatliche Rückendeckung (in Gestalt von Soldaten) zur Wahrung ihrer Rechte. Und hatten sich erst einmal Gesetzlosigkeit und Schnelljustiz in einer Gegend breitgemacht, war es außerordentlich schwierig, dort ein formaleres Rechtssystem durchzusetzen. Die traditionelle Sitte, das Schießeisen zu ziehen, war offensichtlich der Ersatz für Law and Order. Streitigkeiten mußten geregelt werden, und am einfachsten ließen sie sich auf diese Weise entscheiden. Solange das gang und gäbe war, konnten die simpelsten verbalen Beschimpfungen bereits eine Schießerei auslösen (siehe zum Beispiel die hektische Szene in *Shane*). Befand sich ein Mann in der Situation, allein einer feindlichen Welt gegenüberzustehen, konnte er eine Schmälerung seiner Ehre nicht zulassen. Desgleichen wurde einfacher Diebstahl, sei es, daß sich jemand nur etwas „organisierte" oder daß er Pferde stahl, mit dem Tode bestraft: denn dies gefährdete bereits die wirtschaftliche und gesellschaftliche Struktur. Ein Mann ohne Vieh war ruiniert, ein Mann ohne Pferd hilflos.

Dem Western konnten wir auch entnehmen, daß die Vereinigten Staaten die Abkommen mit den Indianern nicht hielten, ihre Reservate beschnitten und bewaffneten Weißen gestatteten, sie zu durchqueren. Wir sahen, daß Kaufleute und Inhaber von Kneipen mit den Gangs der Postkutschen- und Eisenbahnräuber unter einer Decke steckten und ihnen gegen „heißes" Geld Kapital oder Zäune beschafften, daß sich im Gefolge der Sezessionskriege – und auch schon vorher – Bitterkeit angestaut hatte, die sich in Fehden und gegenseitigem Abschlachten Luft machte [in *Shenandoah/Der Mann vom großen Fluß* (USA 1964), *Invitation to a Gunfighter/Treffpunkt für zwei Pistolen* (USA 1964), *Major Dundee/Sierra Charriba* (USA 1964)]. Wir erfuhren, daß die Landverteilung gelegentlich aufgrund eines Wettrennens – wer zuerst kommt, mahlt zuerst – vor sich ging [in *Cimmaron/Cimmaron* (USA 1960)]. Daß Goldsucher von Revolvermännern abgeknallt wurden, die dann den Claim mit dem Gold für sich absteckten. Wir wissen, daß das Leben sehr hart war im Westen, daß Frauen Seltenheitswert hatten und Alkohol hochprozentig konsumiert wurde, und daß es Söldner gab, die von jedem, der sie bezahlte, Aufträge entgegennahmen oder die sich als Bounty Hunters betätigten, das heißt, sich ihren Lebensunterhalt damit verdienten, die laut Plakataufruf „Gesucht – tot oder lebend – hohe Belohnung" – Geächteten zur Strecke zu bringen. Wir wissen auch, daß es die verschiedensten Sorten von Indianern gab, „feindliche", friedliche und harmlose; ebenso daß die Indianer sich auch untereinander bekämpften und nicht nur den

weißen Mann, sowie schließlich, daß manche Leute deshalb in den alten Westen gegangen waren, um ihre Vergangenheit zu vergessen oder auszulöschen.
Die Liste ist bereits umfangreich, und für den, der kein Western-Fan ist, mag sie langweilig sein. Jedoch glaube ich, mit ihrer Hilfe meine Auffassung klargemacht zu haben, daß man schon dem üblichen Western eine Menge von Informationen entnehmen kann, die auf historischen Begebenheiten beruhen und nun in Legendengestalt den Weg auf die Leinwand gefunden haben. Natürlich wurden sie im Verlauf dieses Prozesses zum Teil entschärft oder romantisiert. Doch möchte ich behaupten, daß sie seit Ende des 2. Weltkriegs von dieser schützenden Hülle Stück um Stück abgelegt haben und etwas mehr davon aufzeigen, wie es wirklich gewesen sein dürfte. Oder, um es philosophisch präziser zu fassen, sie zeichnen die Realität des Wilden Westens im Sinn unseres heute besser fundierten Konzepts jener Realität. Ich möchte in diesem Zusammenhang auf *Guns in the Afternoon* verweisen: die primitive, schlecht beleuchtete Bar der Goldgräberstadt, die hoffnungslos betrunkenen Goldgräber, die Farce der Trauung in einem Bordell durch einen von Whisky beduselten Priester, – das ist das Ende des Romantizismus [5].
So viel also über die Dinge, die wir dem Western entnahmen. Zwar zielten die Schöpfer des Westens keineswegs darauf ab, uns zu bilden, doch ist an ihm noch etwas Formales interessant: Aus ein paar einfachen Grundsituationen und -typen – Cowboys, Indianern, Männern zu Pferde, Fehden um Ranchgebiete – ließ sich eine Fülle der verschiedensten Geschichten entwickeln. Der frühe Western war meist ganz simpel und noch nicht typisch. In *The Great Train Robbery* zum Beispiel wird der Überfall auf einen Zug sozusagen im Westernkostüm geschildert. Nicht viel anders ist es mit vielen der *tworeeler* (etwa 700 Filmmeter) Wildweststummfilme. In der Tat hatten sie noch viel von den Konventionen des viktorianischen Melodrams. Doch schon in den 20er Jahren, und vor allem seit dem Wiederaufleben des Western in der Tonfilmära um 1939 enthalten sie zunehmend Geschichten, die ohne die spezielle Situation des alten Westens keinen Sinn hätten: bestimmte Einstellungen zur Frau, die Korruptheit indianischer Spitzel, die taktischen Manöver der Reiterkavalkaden, die Gebietskriege, die Sicherung des Goldes und der Pony Express (Postschnelldienst), sie alle waren für den alten Westen typisch.
Umgekehrt herrscht in jüngerer Zeit die Tendenz, alles mögliche im Rahmen des Western passieren zu lassen, angefangen beim Inzest [*The Last Sunset/El Perdido* (USA 1960)] bis zur Prostitution und Vergewaltigung *(Guns in the Afternoon)*. Dies schadet ihm aber nicht, bereichert ihn eher. Doch um so beachtlicher ist, daß er die Besonderheit und Identität der Situation und des Genres trotz dieser Zutaten bewahrt hat.
Was den absoluten Realismus des Gezeigten betrifft, und eingedenk meiner Animosität gegen diesen Begriff überhaupt, halte ich den frühen Western in Dekor und Aufmachung („Kerle" haben groß und flapsig, Revolver lang zu sein und zu rauchen, und Bars müssen rustikal und schmuddelig sein) für realistisch, nicht aber seinen Inhalt, der oft oberflächlich und nicht sehr westernmäßig ist. Später wurden zwar die Geschichten realistischer (situationsbedingter und motivierter), dagegen verschönte man Dekor und Ko-

---

[5] Vgl. F. Woods (1959) über die Realität des „romantischen" Westens.

stüm, die damit einen weit unrealistischeren Charakter erhielten. Die Konventionen des Western der 40er Jahre waren absurd: saubere Kleidung, prächtige Hemden, Trommelrevolver mit Silberperlen auf dem Griff. Dann setzte mit *Broken Arrow* die Reaktion ein: Der Western wurde intellektueller und in jeder Beziehung realistischer [*Shane, The Hangmann/Der Henker* (USA 1959), *Guns in the Afternoon,* – trotz romantischer Randverzierungen –] und zugleich flexibler. Sehnsucht nach der Vergangenheit *(The Man Who Shot Liberty Valance)* und sogar Satire paßten nun durchaus ins Konzept *[The Pale Face/Sein Engel mit zwei Pistolen* (USA 1948), *Red Garters* (USA 1954), *Ruggles of Red Gap* (USA 1935), *4 for Texas/Vier für Texas* (USA 1963), *Cat Ballou/ Cat Ballou* (USA 1965)].

Der Wildwest-Film läßt sich generell in etwa fünf Kategorien (in zeitlicher Folge) einteilen. Die erste können wir „Pionierzeitgeschichten" nennen; sie handeln von Jägern und Trappern, die den noch unerforschten Westen durchstreifen, von Wagentrecks, die ihn zu durchqueren versuchen, und von Viehzüchtern und Ranchern. Sie kreisen meist um das Thema „Mensch kontra Natur", um den Kampf mit naturgegebenen klimatischen Härten sowie um den Kampf gegen brandschatzende Indianer.

Die zweite Kategorie könnte man unter die Überschrift „Erweiterung der Grenze" setzen. Hier finden wir die Geschichten von den Postkutschen und vom Pony-Express, vom Bau der Eisenbahnlinien, allen physikalischen und anderen Gefahren zum Trotz und natürlich den Konflikt zwischen Sharecroppers, denen die Regierung Land verkauft hatte, und Ranchern, die glaubten, sie könnten das ganze Land in Beschlag nehmen. In dieser Etappe begegnen wir zum ersten Mal dem professionellen Killer.

Eine dritte Kategorie würde ich die „Einführung des Gesetzes" titulieren. Hier dreht sich die Handlung um die staatlichen und territorialen Differenzen, um das Problem der unterbesetzten Polizeistationen – ein Scheriff, allein für ein riesiges Gebiet –, um die Sorgen und Nöte der neuen Städte, die sich von bösen Elementen befreien mußten, ehe ihre Bürger ein anständiges Leben führen konnten, von Bösewichten und Bounty Hunters, von riesigen Viehherden, die heil zur Eisenbahnstation zwecks Verladung gebracht werden mußten, sowie vom Abebben der Indianerkriege und der Befriedung gelegentlicher Indianerrevolten.

Die nächste Kategorie könnte man „Das Gesetz tritt in Kraft" nennen. Diese Filme befassen sich weniger mit den physikalischen und ökonomischen Verhältnissen im amerikanischen Westen als mit den moralischen und gesetzgeberischen Problemen, die sie mit sich brachten. Trotz der Befriedung der Indianer, trotz der Einführung des Gesetzes stieg die Kriminalität in diesen wilden Zeiten noch an. Das spezielle Thema dieser Filme sind der gute und der böse Revolvermann und wie man sie gegeneinander ausspielte. Durchweg gelten diese Filme der moralischen Frage, wie weit sich Gut und Böse auseinanderhalten läßt.. In *The Hangman* läßt der Sheriff einen Verdächtigen laufen, den er für unschuldig oder zumindest für gebessert hält, weil er nicht auf einen fairen Prozeß hoffen kann. In dem Film *The Tin Star* muß ein junger Scheriff einsehen, daß man notfalls einen Mann von hinten erschießen muß, wenn man selbst überleben und sein Amt weiter ausüben will. In *High Noon* ist ein Scheriff gezwungen, sich allein gegen vier Killer zu verteidigen, die an ihm Rache nehmen wollen. Da die Bewohner des Städtchens zu feige sind, ihm beizustehen, überwindet sich seine junge Frau, eine

Quäkerin, ihren Mann mit der Waffe zu verteidigen, als sie ihn unmittelbar bedroht sieht. In *Shane* überwindet ein geheimnisvoller Fremder die Mächte des Bösen, das stärker ist als das Gute.

Die letzte Kategorie würde ich den „psychologischen Western" nennen. Dieser Genre ist „zeitlos", taucht aber erst nach dem 2. Weltkrieg auf. Neben relativ unkomplizierten Filmen dieser Art, die von neurotischen Helden oder von eindeutigen Bösewichtern handeln, gibt es andere, in denen es allein um die Psychologie der Charaktere geht. In *The Searcher* wird ein Mann dargestellt, dessen kleine Tochter von Indianern entführt wurde. Jahrelang verfolgt er diesen Trupp, um sein Kind wiederzufinden, wobei sein Widerwille gegen alles Indianische mit der Zeit immer stärker wird. Als er seine Tochter schließlich entdeckt, hat sie sich längst angepaßt und ist eine indianische Squaw geworden. Voller Abscheu wendet er sich von ihr ab. In *The Unforgiven* ruft die Entdeckung, daß die weibliche Hauptfigur indianisches Blut hat, neurotische Reaktionen bei fast allen anderen Personen hervor, auch bei ihrem Bruder, dessen inzestuöse Neigung zu ihr sich in Haß verwandelt. Und der neurotische Held in *The Last Sunset* läßt sich, als er entdeckt, daß er im Begriff ist, Inzest zu begehen, absichtlich im Kampf von seinem Gegner niederschießen. Die meisten der in jüngerer Vergangenheit oder Gegenwart spielenden Western haben stark psychologisierenden Charakter, insbesondere *Apache*, die Geschichte des letzten Apachenkriegers, und *Lonely are the Brave/Einsam sind die Tapferen* (USA 1961), die Geschichte eines Mannes, der vergebens versucht, die westliche Tradition eines krassen Individualismus aufrechtzuerhalten, und schließlich auch *Hud/Der Wildeste unter tausend* (USA 1962), ein moderner Western, der den Generationenkonflikt behandelt.

Die Frage, warum gerade der amerikanische Westen sich so gut als Bühne für die verschiedensten Arten von Dramen eignet, ist nicht leicht zu beantworten. Meine Hypothese ist folgende: Amerika war eine neue Nation, mit Idealen aber ohne Geschichte. Ideale lassen sich schwer konkretisieren; ihnen kann man nicht nacheifern, wohl aber den Heldentaten der Landsleute. Könnte es sein, daß die Anfangszeit, sobald Amerika ein bißchen Geschichte gemacht hatte, erst für den Massenkonsum verherrlicht wurde? Warum glorifizierte man aber nicht auch die Zeit des Unabhängigkeitskrieges? Schwer zu sagen, – ich würde dies auf ideologische Strömungen zurückführen: Der Unabhängigkeitskrieg war weit weniger geeignet, den individualistischen Trend zu verdeutlichen als der Wilde Westen. Und gerade in jener heroischen Zeit der Eroberung, Besiedlung und Etablierung des Westens klingt jener individualistische Grundton auf, der dem Leben des Auswanderers und seinem harten Kampf um das Glück seine Note gab, – eine kurze Periode, die bald vorüber war. Interessant ist, daß die im Westen entwickelte dramatische Form einen weltweiten Appeal hatte. Engländer, Franzosen, Deutsche, Japaner, – sie alle lieben den Western. Deutsche und Japaner kopierten ihn; die Japaner ließen sich sogar bei der Herstellung ihrer Samurai-Filme von seinem Vorbild leiten. Ob nicht in der Universalität des Individualismus der Grund dafür liegt? Die Grandeur seiner Form findet man in einer Reihe von guten japanischen Filmen wieder: vor allem in Kurosawas Meisterstücken *Yojimbo/Die Leibwache* (Japan 1961) und *Sanjuro* (Japan 1962) – ein herrenloser Samurai räumt in korrupten Städten auf –, in Kenneto Shindos *Onibaba/Onibaba – die Töterinnen* (Japan 1965) – der Kampf ums

Dasein und um die Liebe wird auf seinen elementaren Kern reduziert –, sowie in der Serie der schönen Zato-Ichi-Filme – der blinde Meister-Schwertkämpfer Zato-Ichi ficht allein gegen das Böse und gegen die, die ihm nach dem Leben trachten –. Zato-Ichi ist ein sehr westlicher Held: rauh und einfach, liebt er seinen Sake und verdient sich seinen Lebensunterhalt als Masseur und Kämpfer für Geld, er ist dem Spiel verfallen. In *Zato-Ichi* (Japan 1962), in *Zato-Ichi Nidangiri* (Japan 1964) und *Zato-Ichi Senryokubi* (Japan 1964) wurde eine Art Robin Hood geschaffen, – brillant aber verletzlich. Obwohl diese einfachen Grundbestandteile des Western so weltweiten Widerhall fanden, sollte man nicht vergessen, daß diese Glorifizierung von Ereignissen aus der kurzen Geschichte der USA im Film mit einer leidenschaftlichen Intensität erfolgte, die beispielsweise den englischen historischen Filmen fehlt. Amerikas Ringen, seine Kriege und seine Tragödien nähren noch heute den Patriotismus eines Landes, das seine endgültige Identität noch nicht gefunden hat.

Das Fernsehen übernahm den Western und bediente sich in atemberaubender Quantität seiner Konventionen und seiner Kulisse. Ich aber halte den Film-Western noch immer für intelligenter und aufregender. Das kleine Format des Bildschirms kann die Großartigkeit der Landschaft, zum Beispiel der Mesa, den Reiz der Städtchen mit ihren Holzhäusern, den winzigen Reiter in der Weite des Buschlands nur unvollkommen wiedergeben. Außerdem wirkt sich die zeitliche Beschkränkung auf höchstens eine oder anderthalb Stunden Dauer nachteilig für den Aufbau der Spannung oder das Entstehen einer Atmosphäre aus, die man im Kino viel stärker erlebt, – ganz zu schweigen davon, daß der Autor nicht genügend Spielraum für ein Ausspinnen des Plots und die Entwicklung der Charaktere erhält.

Der Wildwest-Film erzählt eine große und bewegende Story und ich finde, daß die lange Reihe der hervorragenden Wildwestfilme zu den besten Leistungen des amerikanischen Films zu zählen ist. Fast alle großen Hollywood-Regisseure haben einmal „im Sattel gesessen“, doch der Western ist eine so starke Form, daß oft auch unbekannte oder unbedeutende Regisseure und Autoren vorügliche Western hervorbringen[6]. Im Western finden sie eine Disziplin vor, die ihnen ein Format ermöglicht, das sie in einem anderen Genre nie hätten erreichen können.

XII. Verbrecher und Spione

1. Der Reichtum an Formeln

Der Gangsterfilm ist eine Untergruppe der allgemeinen Kategorie des Kriminalfilm-Melodramas, dessen Held ein (Geheim-)Polizist oder ein Privatdetektiv etc. ist. Im Gangsterfilm hat entweder der Gangster die Heldenrolle inne oder ein Polizeiagent, der vorgibt, ein Gangster zu sein. Formel des Plots: entweder Aufstieg und Fall des Gangsters, oder, wenn der Gangster in Wirklichkeit Polizeiagent ist, sein Eindringen in die Verbrecherorganisation und ihre Vernichtung durch ihn. Bei Benutzung der ersten Formel erhält der Film eine düstere Stimmung: Wir sehen der Brutalisierung eines

---

[6] Zum Beispiel Walsh, Boetticher, Mann, Daves.

jungen Mannes und seiner Entwicklung zum Full-time-Gangster zu. Die Anwendung der anderen Formel erzeugt eine Atmosphäre ständiger Gefahr und Bedrohung. Der Gangsterfilm ist der interessantere, charakteristischere von beiden, denn angefangen bei *Little Cäsar* bis zu *The Rise and Fall of Legs Diamond/J. D. – der Killer* (USA 1959) kann man ihn, in Anbetracht der Sicherheit, mit der die Nemesis den Helden ereilen wird, fast mit der griechischen Tragödie vergleichen. Wie das Milieu des Western zeigt auch das des Gangsterfilms – überwiegend spielt er in Chikago – folkloristische Elemente, und wie der Western hat auch er realistische Züge. Wie gelang es, diese beiden Genren miteinander zu verbinden? Durch Betonung des Romantischen: Held cum Bösewicht. Fraglos war die Welt der Gangster trist und voller Gefahren, wie der alte Westen, und die in die Folklore Eingegangenen dürften de facto weit weniger charmant gewesen sein, als impliziert wird. Doch will ich diese Art der Manipulation noch gelten lassen: in ihrer besten Form soll sie Empathie, nicht Sympathie erwecken. Auch schärft sie den Blick für die Logik der Situation, die den Jungen kriminell, den Kriminellen bösartig und den Polizisten rachsüchtig werden läßt. Es gibt eine allgemeine, für den Western, den Gangsterfilm, den Spionagefilm, den Kriegsfilm gleicherweise gültige Regel: Schauplatz, Plot und Charaktere haben halb-dokumentarischen Charakter; in bezug auf den Individualismus sind sie romantisch, das Spannungsmoment des Abenteuerlichen muß aber dominieren. Überdies basieren sie auf nur ein oder zwei Grundplots, was bisweilen darauf hinausläuft, daß bestimmte Stars stets das gleiche Rollenstereotyp verkörpern. Ihrer Popularität ist das sehr zuträglich.

Wie Pauline Kael (in ihrer Kolumne in *The New Yorker* vom 16. November 1968) feststellt, sieht das Publikum sich den Western deshalb an, weil er bestimmte Freuden verheißt, selbst wenn er nichts taugt: Freude am Background und an der Landschaft, am Klischee, das keine Anstrengung fordert, an der Bestätigung simpler Werte. Hinzu kommt das stets unterschätzte Vergnügen, den einen Film mit dem anderen vergleichen zu können. Dies gilt, *mutatis mutandis,* auch für andere archetypische Formeln des populären Films: für den Gangster-, den Kriegs- und den Spionagefilm sowie für das Musical – und auch für das hauptsächlich weibliche Zuschauer ansprechende Rührstück. Auf dieser Anwendung von Formeln beruht eine der allgemein unterschätzten Stärken der populären Kunst. Ganze Fernseh-Serien basieren auf solchen Formeln. Am striktesten wurden sie wohl in der Perry Mason-Serie angewandt; neuerdings ist auch eine neue „Mission undurchführbar"-Formel aufgetaucht. Auffallend an der Perry Mason-Formel ist ihre geringe Realitätsbezogenheit, denn die Tätigkeit eines Strafverteidigers entspricht in keiner Weise folgendem: erster Teil Ermittlungen, zweiter Teil Gerichtssaal – wobei der Zuschauer völlig im Dunkeln gelassen wird, bis Mason im Kreuzverhör zu guter Letzt durch einen überraschenden Coup die wahren Zusammenhänge enthüllt, – ein oberflächliches Bild, das den Rechtsanwalt als eine Art Magier erscheinen läßt. Die „Mission undurchführbar"-Formel ist auf ihre Weise ebenso wirklichkeitsfern. Die schuljungenhafte Vorstellung, wie es bei der Instruktionserteilung an Agenten zugeht, die sich stets rechtzeitig einstellenden genialen Einfälle, die in jedem nur erdenklichen Fall doch noch zum Sieg führen, erfüllen lediglich insofern ihren Zweck, als sie über die Apparatur (des Geheimdienstes) Aufschluß geben.

Entscheidend an den Formeln von Western und Gangsterfilm ist ihre Flexibilität; sie können zu universal menschlichen Erfahrungen in Beziehung gesetzt werden. Flexibel insoweit, als man mit ihrer Hilfe den Film je nach Wunsch mehr oder weniger wahrheitsgetreu und realistisch machen kann, ohne von der Formel abzuweichen; universal in dem Sinn, daß sie sich nicht nur auf ausschließlich die westliche Welt betreffende Themen anwenden lassen, sondern auch auf solche, die in allen Gruppen der Menschheit eine Rolle spielen. Der Kreative wird sich weder durch Klischee noch Ritual einengen lassen, im Gegenteil können sie ihm als Instrument dienen, – zur Herausforderung oder zur Überraschung des Publikums.

2. *Über die Popularität der Gangsterfilme*

Die Entwicklung des Gangsterfilms wurde viel bewußter betrieben, als die des Western. Seine Geschichte läßt sich nicht so leicht nachzeichnen, wie die Western-Legende, die eine Funktion in Amerikas sozialem Schmelztiegel zu erfüllen hatte und für die der Film ein willkommenes Vehikel war. Zunächst einmal, das Gangstertum entstand erst im Gefolge der 1920 in den USA erlassenen Prohibitionsgesetze, zu einer Zeit als die ethnischen Gruppen schon bis zu einem gewissen Grad miteinander verschmolzen waren. Zum anderen, die ersten Gangster*filme* kamen Ende der 20er Jahre heraus: *Underworld/Unterwelt* (USA 1927) machte den Anfang. Das Gangster-Epos hatte sofort Erfolg, der mit der Einführung des Tonfilms enorm anwuchs, als man auch noch den Knall der Pistolen und das eisigen Schrecken verbreitende Geknatter der Maschinengewehre akustisch zu reproduzieren vermochte.
Wie Kenneth Allsop in *The Bootleggers* plastisch darstellt, entwickelte sich das Gangstertum großen Stils in Chikago während der Ära der Prohibition. Seine Entstehung war auf verschiedene Ursachen zurückzuführen, – auf eine politische: das Verbot der Herstellung, des Verkaufs und der Einfuhr von Alkoholika jeglicher Art nach den USA, ganz schwache Biere ausgenommen; auf eine soziale: den aktiven Widerstand weiter Kreise der Öffentlichkeit gegen diesen puritanischen Gesetzeserlaß; und schließlich auf eine wirtschaftliche Ursache: der aktive Widerstand äußerte sich in effektiver Nachfrage. Man war bereit, sich seinen Widerstand etwas kosten zu lassen. Um dieser Nachfrage zu entsprechen, wurden mit Billigung der öffentlichen Meinung illegale Organisationen gegründet. Sie verdienten riesige Gelder. Die Gangs, die am organisierten Alkoholschmuggel gelernt hatten, machten von ihrer Sachkenntnis nun bei der Nutzung anderer verbotener Vergnügen Gebrauch: sie übernahmen Spielhöllen und Bordelle und kommerzialisierten das Glücksspiel, – Organisationsformen, die die bereits reichen und mächtigen Alkoholkriminellen unauffällig ins Untergrundsystem einpassen konnten. Das Geld war derart verlockend, daß die Gangs sich gegenseitig wahre Vernichtungsschlachten um die „Kontrolle“ bestimmter „Gebiete“ lieferten; auch „kauften“ sie öffentliche Beamte, damit sie ihren Aktivitäten gegenüber ein Auge zudrückten.
Nach Aufhebung der Prohibition blieben diese Männer, die soeben noch bewundert worden waren, weil sie die durstende Öffentlichkeit mit Alkoholika versorgten und über die man sich amüsiert hatte, als sie einander abschlachteten, weiterhin bei ihrer kriminellen Tätigkeit. Beamte des öffentlichen Dienstes wurden bestochen, um Prostitution und Zuhälterei, Glücksspiel und Rauschgifthandel vor ihrem Zugriff zu schützen.

Außerdem wurde die noch aus der Prohibitionszeit stammende Praxis der „Protektion“ [1] fortgesetzt. Nunmehr wurden Männer wie Al Capone, die man zuvor belächelt hatte, nicht mehr als Volkshelden betrachtet. Daher muß man sich fragen, wie es zu erklären ist, daß das Genre so populär war und die Filmhersteller sich so dafür interessierten.

Ich habe mehrere Hypothesen hierzu bereit: Zum einen wird im Gangsterfilm häufig Kritik an bestimmten Aspekten der amerikanischen Gesellschaft geübt oder sogar dagegen Protest erhoben. Der Gangsterfilm ist eine interessante, noch dazu verkäufliche Formel für die Bekundung von Protest. Zweitens bietet die Gangsterfilm-Formel wunderbare Möglichkeiten, das Individuum im Kampf gegen eine übermächtige Gewalt zu studieren; freilich, die sorgfältig geplanten Verbrechen, das Maß an Verrat und Betrug, – einmal aus der Perspektive des Polizeispitzels, ein andermal aus der des Verbrechers gesehen, – sind meist Übertreibung der Mächte, gegen die das Individuum in der Gesellschaft anrennt. Doch bieten sie Autoren und Regisseuren ein Rahmenwerk für die Dramatisierung dieser Probleme wie auch zur Reflexion über sie.

Die dritte Hypothese ist mehr allgemeiner Natur: Der Gangsterverein ist eine Geheimgesellschaft; sie ist eine Welt, die die wirkliche Welt widerspiegelt, deren Werte bisweilen übernimmt, meist aber korrumpiert. Die Gangsterwelt hat die gleiche Attraktivität, die alle angeblich konspiratven Gruppen der „Verschwörungstheorie der Gesellschaft“ zufolge auszeichnet [2]. Wenn solche geheimen Verschwörungen, denen man die Schuld an vielen Übeln unserer Gesellschaft zuschreibt, – die aber ihren Mitgliedern ein Handeln ermöglichen, dessen auch wir insgeheim gern fähig wären, – tatsächlich existieren, so ist es nur logisch, daß sie dann im Brennpunkt der Neugier stehen oder gar als romantisch empfunden werden. Dies trifft auch auf die neuerdings populär gewordenen Agentenfilm-Series zu. Allerdings kämpfen hier Verschwörer und Gegenverschwörer im Schatten des Geheimen gegeneinander: die einen sind die guten, die anderen die bösen Jungens. Dies mag in unserem unsteten Zeitalter noch anziehender, romantischer und spannender sein. Bei Western und Gangsterfilmen ging es meist um gewisse einfache, für jedermann faßliche Wertvorstellungen. Der Agententhriller dagegen erlebt seinen steilen Aufstieg zu einer Zeit, da die etablierten Werte in Frage gestellt und gründlich überprüft werden. Offensichtlich handelt er die Streitfragen auf subtilere, anspruchsvollere Weise ab (obwohl er in Wirklichkeit auf so althergebrachte Werte wie Vaterlandsliebe zurückgreift).

Ebenso sollte hinzugefügt werden, daß Western und Gangsterfilm eines gemeinsam ist: Taten zählen mehr als Worte. Hinsichtlich dieser Maxime sind beide ausgesprochen fotogen. Ich möchte jenen zustimmen, die der Meinung sind, daß ein guter Plot und eine spannende Handlung notwendige Ingredenzien für einen Filmerfolg sind. Die Theorie, daß Aktion und visuelles Erlebnis das *Wesen* des Films ausmachen, ist für mich nicht akzeptabel, da ich nicht weiß, was das Wesen ist, und da es überdies viele bedeu-

---

[1] „Protektion“: Zahlung einer Schutzgebühr an Kriminelle, die den Zahlenden vor anderen Kriminellen zu beschützen versprachen, tatsächlich aber lediglich selbst sich der Aggression gegen den Zahlenden enthielten.

[2] Erläuterungen dieses Terminus siehe K. Popper, op. cit., Bd. II, S. 119.

tende Filme gibt, die wenig Aktion aber viel Dialog enthalten. Generell jedoch, zur Charakterisierung manch populären Films, mag sie zutreffen.

Die ersten wirklich wichtigen Gangsterfilme waren *Little Cäsar* (1930) und *Public Enemy/Öffentlicher Feind* (USA 1931). Ihre wüste Handlung, ihr Schauplatz, die Verwendung von Ton und die Besetzung mit zwei neuen großartigen Gangsterdarstellern (Edward G. Robinson und James Cagney) machen sie zu einem Markstein in der Geschichte des Films. Zuvor waren Gangsterfilme nicht viel mehr als verjazzte Versionen von Verbrechergeschichten gewesen und hatten die Auffassung an den Mann bringen wollen, daß Verbrechen nicht lohnt. Oder zumindest bekundeten sie dies nach außen hin. Tatsächlich forderten sie jedoch dazu auf, sich der Macht und des stolzen Gefühls zu erfreuen, die der Gangster auf dem Gipfel seiner Laufbahn genoß, und ebenso seines verdienten Untergangs, und froh zu sein, daß alles nur im Film passierte und nicht in Wirklichkeit. Diese frühen Bemühungen galten lediglich der Milieudarstellung sowie der Ausnutzung des Milieus, und es mußten erst einige Jahre vergehen, ehe William Wyler 1936 in *Dead End/Dead End* darauf hinwies, daß der Verbrecher das Produkt einer „kriminellen Umwelt", der Armut und des Umgangs mit Kriminellen ist. Und noch später erst spielte Cagney seine letzte große Gangsterrolle in *White Heat/Sprung in den Tod/Maschinenpistolen* (USA 1949), ein Film, der den Gangster als gepeinigten Psychopathen darstellt.

Das Genre des Gangsterfilms und der Mystery Story, der geheimnisvollen Geschichte, gingen in jenen frühen Tagen noch weitgehend ineinander über; Raymond Chandlers Filme, oder Hustons *Maltese Falcon/Die Spur des Falken* (USA 1941), oder *Key Largo/Hafen des Lasters/Gangster in Key Largo* (USA 1948) und *Asphalt Jungle/Asphalt Dschungel* (USA 1950) lassen sich schwer klassifizieren. Meiner Meinung nach ist diese Art Gangsterfilm eine spezielle Mischung von Kriminal- und Mystery Story, an der Gangs beteiligt sind und die für gewöhnlich nicht viel Mysteriöses hat: meist geht es nur um die aufregende Frage, wer gewinnt. Vielleicht identifiziert man diese Filme am besten nach ihren Stars: zuerst wurden die Gangster von Edward G. Robinson und James Cagney dargestellt, später auch von Humphrey Bogart, George Raft und Richard Widmark. Natürlich haben auch andere Darsteller, wie Paul Muny und Rod Steiger Gangsterrollen gespielt, doch erstere spezialisierten sich eine Zeitlang darauf, und so bleibt das Genre mit ihrem Namen verbunden.

Allgemein werden die 30er und 40er Jahre für die große Zeit der Gangsterfilme gehalten, und gewiß kamen damals viele wunderbare Streifen heraus[3]. Man sollte aber darauf hinweisen, daß Mitte der 50er Jahre eine völlig revidierte Art von Gangsterfilm entstand, mit neuartigen Themen und damit voll neuen Lebens. Es begann ganz allmählich mit Kriminalfilmen wie Richard Quine's *Pushover/Schachmatt* (USA 1954) und *Drive a Crooked Road* (USA 1954), Phil Karlson's *Five Against the House* (USA 1955), Fritz Lang's *The Big Heat/Heißes Eisen* (USA 1953), Jack Webb's *Pete Kellys Blues/Es geschah in einer Nacht* (USA 1955), ging mit *Black Tuesday/Schwarzer Freitag* (USA 1954), *Kiss me Deadly/Rattennest* (USA 1955) über Corman's *Machine Gun Kelly*, über William Witney's *The Bonnie Parker Story/Die Höllenkatze* (USA 1959),

[3] Einen kurzen Überblick siehe z. B. bei Ph. French (1967).

Irving Lerner's *Murder by Contract/Der Tod kommt auf leisen Sohlen* (USA 1958) zu *Baby Face Nelson/So enden sie alle* (USA 1957), *Al Capone/Al Capone* (USA 1959), *Pay or Die/Zahl oder stirb* (USA 1959, und *The Scarface Mob/Die Schande von Chikago* (USA 1959) weiter in die 60er Jahre, in denen eine wahre Flut solcher Filme herauskam: Robert Wise's *Odds Against Tomorrow/Wenig Chancen für morgen* (USA 1959), Budd Boetticher's *The Rise and Fall of Legs Diamond* (USA 1959), William Asher's *Johnny Cool/Die Rache des Johnny Cool* (USA 1962), Sam Fuller's *Underworld USA/Alles auf eine Karte* (USA 1960), Don Siegel's *The Killers/Der Tod eines Killers* (USA 1964), Ralph Nelson's *Once a Thief/Millionenraub in San Francisco* (USA 1964), René Clément's *Les Félins/Wie Raubkatzen* (Frankreich 1964), Arthur Penn's *Bonnie and Clyde/Bonnie und Clyde* (USA 1967), Roger Corman's *The St Valentine's Day/Chikago Massaker* (USA 1967), John Boorman's *Point Blank/Point Blank* (USA 1967) und Peter Yate's *Bullitt/Bullitt* (USA 1968).

In dieser Reihe fallen sofort einige neue Regisseure auf, die vom Fernsehen kamen. Sie brachten eine andere Note herein, eine besondere Härte, einen Hang zum Bizarren und Bösartig-Scheußlichen. Robert Aldrich bediente sich in *Kiss me Deadly* beider Stile: Sein Held ist ruchlos, sogar sadistisch, der Film voll von moderner Kunst, schreckenerregenden Ellipsen und beißendem Humor [4]. In *The Killers* spielt der jüngere der Mörder mit Kinderspielzeug und muß zwanghaft kichern; in *Once a Thief* ist der Typ eines heroinsüchtigen, blutlosen Gangsters dargestellt, der sich stets einer – enervierend dumpf klackenden – Pistole mit Schalldämpfer bedient.

Die gefeiltesten und in mehrfacher Hinsicht perfektesten Filme dieser Art sind *Johnny Cool, Underworld USA* und *Point Blank (Bonnie and Clyde* hat Pauline Kael (1968) bereits hinreichend analysiert). Johnny Cools Mordideen sind wahrhaft spektakulär: Eines seiner Opfer, Jim Backus, verliert auf dem Bahnhof sein Leben, oder in einen Swimmingpool wird eine Bombe geworfen, oder mit der Maschinenpistole wird die doppelte Spiegelglasscheibe eines Penthouse auf einem Wolkenkratzer durchlöchert. Entsprechend schaurig ist die Nemesis: Über seinem eigenen Sarg hängend erleidet Johnny, furchtbare Schreie ausstoßend, Qualen der Todesangst. Dieser Film enthält keinerlei soziale oder moralische Prätentionen; sein Held ist ein Killer, und das Mädchen interessiert sich nur seiner ungewöhnlichen Eigenschaften wegen für ihn. Der Film *Underworld USA* wirkt wie ein verfilmter, dramatisierter Zeitungsbericht: Zu Beginn sieht ein Junge mit an, wie sein Vater zu Tode geprügelt wird; zum Schluß, nachdem der junge Mann den Tod seines Vaters gerächt hat, sieht man ihn zwischen Mülltonnen zusammensacken. Bei dieser letzten Szene wird der Film angehalten: Das Filmbild wirkt wie ein vergrößertes, auf die Leinwand projiziertes Zeitungsfoto. Die Ermor-

---

[4] Siehe Jarvie 1961 a), wo ich mich eingehend mit Aldrich befasse. Seine späteren Filme waren kommerziell erfolgreicher, doch nicht mehr ganz so interessant *Last Sunset/El Perdido* (USA 1960), *Sodom and Gomorrah/Sodom und Gomorrha* (1961), *Whatever Happened to Baby Jane/Was geschah wirklich mit Baby Jane?* (1962), *Four for Texas/Vier für Texas* (1963), *Hush Hush Sweet Charlotte/Wiegenlied für eine Leiche* (1964), *The Flight of the Phoenix/Der Flug der Phoenix* (1965), *The Dirty Dozen/Das dreckige Dutzend* (1967), *The Legend of Lylah Clare/Große Lüge Lylah Clare* (1967), *The Killing of Sister George/Das Doppelleben der Sister George* (1968).

dung des kleinen Mädchens auf dem Fahrrad (durch einen inszenierten Verkehrsunfall), die Art und Weise, wie Gela fertig gemacht wird und der Kampf um Leben und Tod am Rande des Schwimmbeckens, – das sind Szenen, die man nicht vergißt. In *Point Blank* wurde die Heldenrolle mit dem hoch gewachsenen Lee Marvin – hervorragend – besetzt. Zäh und unbeirrbar ist er hinter der Beute her, um die ihn seine Frau und sein Partner geprellt haben. Zeitsprünge und andere Raffinessen beweisen, daß die Experimente eines Resnais auch in einem kommerziellen Film durchaus am Platz sind. Wie Marvin endlos durch den Flughafen von Los Angeles schreitet, oder wie er einen nagelneuen Wagen willentlich zu Bruch fährt, wie Angie Dickinson in der eleganten Dienstwohnung sämtliche elektrischen Lampen anknipst und Apparaturen in Gang setzt, die glatte, beamtenhaft-respektable Erscheinung des Mannes, der ihn betrog, und zum Schluß die entscheidende Konfrontation, als der Bösewicht im Begriff ist, Angie Dickinson zu verführen, das Ganze in gleißendes kalifornisches Sonnenlicht getaucht, – das ist schon sehr eindrucksvoll und intelligent gemacht. Es steht fest, daß auch Marvin ein Könner von hohen Graden ist, und alle Anstrengungen, ihm weiszumachen, er sei überholt und viele könnten es besser, werden im Sande verlaufen. Mit *The Killers*, mit *Bonnie and Clyde* und *Point Blank* erhielt der Gangsterfilm ein neues, erfolgreiches Kolorit.
In diesen drei von mir geschilderten Filmen treten die Außenwelt oder „das Gesetz" überhaupt nicht in Erscheinung. Sie beschränken sich ausschließlich auf die Situation der Kriminellen und ihre Interaktionen sowie auf deren Charakter. Man kann nun nicht mehr simpel in „Held" oder „Bösewicht" klassifizieren, denn man wurde eingeladen, mitanzusehen und zu verstehen, – freilich nicht, mit diesen Leuten zu sympathisieren und ihnen zu vergeben. Und Lee Marvin wird in der Tat nicht genügend gewürdigt.

3. Die Entstehung von Spionagefilmen

Was läßt sich über die Bedeutung des Gangsterfilms im weiteren Sinn sagen? Der moderne Gangsterstreifen will ausdrücklich nicht sozial engagiert sein und keine Botschaft mitteilen oder gar einen sozialen Kommentar abgeben. Er zeichnet vielmehr das Porträt einer Unterwelt, die vor allem in bezug auf ihre peniblen geschäftlichen Arrangements mit der anständigen amerikanischen Gesellschaft viel Ähnlichkeit hat, jedoch ihre eigene erbarmungslose Disziplin und ihre eigenen Regeln besitzt. Praktisch kein einziger der von mir angeführten Filme befaßt sich mit dem „Verhältnis" des Gangsters zur Öffentlichkeit. Und fast alle handeln von Konflikten der Gangster untereinander und Blutvergießen aus Rache oder aus allen möglichen anderen Gründen. Ich halte es nicht für besonders signifikant, daß diese Welt solche Anziehung auf das Publikum ausübt. Es erscheint mir ganz natürlich: Wir alle sind gespannt, wenn es darum geht zu erfahren, was sich in unserer Umgebung abspielt, noch dazu wenn es sich um sensationelle Vorgänge handelt, von denen wir kaum etwas wußten. Aus diesem Grund haben die besten Gangsterfilme so gut wie keinen äußeren Bezugsrahmen; die Unterwelt mit ihrem Gesetzeskodex ist eine in sich geschlossene autochthone Gesellschaft.
Die Philosophie des Gangsterfilms, wie man sie bezeichnen könnte, hat eine interessante

Entwicklung durchgemacht, die zu gewissem Grad parallel zur Vertiefung unseres soziologischen Wissens verlief. Der Film *Dead End* sollte verdeutlichen, daß das Leben im Slum und schlechte Vorbilder Schuld am Verbrechen haben, und so kommt in vielen Gangsterfilmen der 30er Jahre der anständige Junge auf die abschüssige Bahn. In den 40er und 50er Jahren lag die Betonung auf den psychologischen Problemen des Gangsters, insbesondere dem Verhältnis zu seiner Mutter. Die modernen Gangster hingegen sind keine Slumkinder und Neurotiker mehr, sondern Mitglieder einer Unterklasse mit eigenen abweichenden Normen. Deutlich läßt sich verfolgen, wie die sogenannte Logik der Situation nach und nach immer geschickter dargelegt wurde. Zufolge der Theorie „guter Junge, falscher Weg" ist der Gangster als das Opfer der Situation anzusehen und nicht als ihr Verursacher. Die Neurotiker-Theorie hält den Gangster für seelisch verkrüppelt und sieht oder beschreibt seine Situation daher von Grund auf verkehrt. Nach heutiger Auffassung befindet der Gangster sich in einer speziellen, mehr oder weniger im Blick auf die Realisierung seiner Ziele selbst gewählten Situation. Soziologisch treffen alle drei Erklärungen nur teilweise zu, doch die letzte ist der Wahrheit näher.

Dieser Faszination einer andersgearteten Welt würde ich es zuschreiben, daß auch der Spionagefilm so großen Anklang fand. Natürlich, Hitchcock hat schon lange Spionagefilme gemacht, aber das heutige Genre ist anders. Die meisten Filme der neuen Gattung können ihre Herkunft von James Bond-007 nicht verleugnen. Ian Flemings in den 50er Jahren erschienene Romane hatten in England und Amerika enormen Erfolg. Dann wagte einer den Sprung und verfilmte die Geschichte mit Dr. No. Der Film wurde ein internationaler Erfolg; der Bond-Kult konnte beginnen. Die Bond-Imitationen hießen dann 117, 017, x 18 und so fort. Viele dieser Imitationen, mit Stars wie Eddie Constantin oder Ken Clark, kamen aus Frankreich. Auf Bond folgte Napoleon Solo – der Mann vom UNCLE – drei Filme, deren Erfolg noch weitgehend auf Bond zurückzuführen war. Dann kamen Patrick McGoohan als Danger Man, Patrick McNee als John Steed, der Rächer. Len Deighton's namenloser Agent in *The Ipcress File/Ipcress-Streng geheim* (England 1964), *Funeral in Berlin/Finale in Berlin* (England 1963), *The Billion Dollar Brain/Das Milliarden-Dollar-Gehirn* (England 1967), dann die Verfilmung von J. Le Carré's Smiley und Leamas mit *The Spy Who Came in From the Cold/Der Spion, der aus der Kälte kam* (England 1965) und *The Deadly Affair/Anruf für einen Toten* (England 1966), dann Peter O'Donnell's *Modesty Blaise/Die tödliche Lady* (England 1965), *The Silencers/Leise flüstern die Pistolen* (USA 1965) (mit Matt Helm), schließlich *The Liquidator/L – der Lautlose* (USA 1965) und viele mehr. *Our Man Flint/Derek Flint schickt seine Leiche* (USA 1965), *In Like Flint/Derek Flint – hart wie Feuerstein* (USA 1966) und *Licensed to Kill/Unser Mann vom Secret Service* (England 1965) schließlich sind halb Parodie, halb Lust am Sadismus – amerikanische beziehungsweise englische Bemühungen, Bond in den Schatten zu stellen. Flint, nicht nur enorm reich, Karateexperte und Ballettconnaisseur, fliegt sein eigenes Flugzeug, hat drei Geliebte und einen Zigarettenanzünder, mit dem man so gut wie alles machen kann. Vine, ebenfalls ein Typ nach Bondschem Muster, führt eine Pistole mit einem 18 inch-Schalldämpfer sowie einen zweieinhalb Zentimeter kleinen Revolver in Gestalt eines Kravattenclips mit sich. In seinen Filmen gibt es überaus spannende Momente, und die verwirrende Serie von Doppelspionage und Betrug wird zuguterletzt atemberaubend.

Ich finde, daß im Film der Spion den Platz eines Gangsters einnehmen sollte. Wenn das Publikum heute nach mehr Gewalt, mehr Sex und nach einem Anti-Helden verlangt, der stets ungestraft davonkommt, dann wäre der bravouröse Agent der richtige Mann. Alle seine Taten lassen sich als Teil eines Jobs rechtfertigen, eingeschlossen Beziehungen zu mehreren Frauen. So betrachtet, hat Fleming wohl später mit der Bevorzugung exzentrischer Bösewichte den falschen Weg eingeschlagen. Gerade der Schlafzimmer-Touch, den Fleming so wenig ernst zu nehmen vorgab, die Bondsche Art im Umgang mit Frauen, der Luxus, der ihn umgibt, machen die Bond-Filme so populär. Recht seltsam ist diese Manie, die Helden der Agententhriller mit allen erdenklichen Segnungen der Technik und technischen Kinkerlitzchen auszustatten.

Wie weit geben diese beiden Filmgattungen, der Western einerseits und zum anderen der Gangster- und Spionagefilm, meinen Ideen über die Sozialstruktur der dargestellten Welt recht? Der Western ist offensichtlich eine echte dramatische Form, die bei Publikum wie bei Künstlern gleichermaßen Anklang findet. Gangster- und Spionagefilm haben nicht diese Grandeur. Thematisch geben sie zwar eine ganze Menge Garn zum Spinnen her; meist sind sie sehr sehenswert, doch wenig ernst zunehmen, – und das in zunehmendem Maße. Der Gangsterfilm entstand wie der Spionagefilm in Reaktion auf eine definitive Nachfrage. Für die 30er und 40er Jahre kann man ihn noch als Dramatisierung einer Periode des Wahnsinns gelten lassen, die in den 20er Jahren in Chikago geherrscht hat. In den 50er Jahren jedoch verwandelt er sich immer mehr in Explorationen der *Sitten und Bräuche* einer anderen Welt, die neben der gewohnten Welt existiert. Der Agent ist die Krone dieser Schöpfung: der Mann, der gefährlich leben, ruchlos handeln und dafür bewundert werden darf. Es gibt zwei Kategorien von Spionagefilmen, eine überzeugende, glaubwürdige: *Pay or Die, Underworld USA, Once a Thief, Ipcress File, The Spy Who Came in From the Cold,* und eine ganz und gar unwahrscheinliche: *Johnny Cool, Kiss me Deadly,* die Bond- und die UNCLE-Filme. Dennoch ist das Genre irgendwie aus einem Guß.

Die plötzliche Flut des Angebots ist zweifellos der Hypersensitivität der Filmindustrie für neueste Trends zu verdanken. So wie ein besonderes Anzeigen-Design oder das spezielle Layout eines Magazins plötzlich Mode wird und dann überall auftaucht, ist es auch mit Filmen und Büchern. Doch die Tatsache der schier unersättlichen Nachfrage läßt sich nur aus den allgemeinen gesellschaftlichen Tendenzen erklären. Edward Shils' Mahnung eingedenk, daß man einem Film nichts über sein Publikum „ablesen" könne, fragen wir uns, ob nicht doch ein Wandel des Publikums einen Wandel des Geschmacks, und ein Wandel des Geschmacks einen Wandel des Films nach sich zieht. Viele Soziologen haben darauf hingewiesen, daß das Publikum sich in den vergangenen zwanzig Jahren differenziert habe; der Rückgang des Puritanismus, der wachsende Wohlstand, die totale Wirkung des Fernsehens signalisiere eine neue Art Film. Vielleicht stimmt das. Ich neige allerdings zur Umkehrung dieser Kausalität und möchte behaupten, daß das Filmpublikum schon immer pluralistisch und mannigfaltig gewesen ist, die Lieferanten des Produkts und die Filmemacher sich jedoch, so lange eine Verkäufermarktsituation herrschte, nicht darum kümmerten. Leute mit Sinn für raffiniertere (und gewaltträchtigere) Filme waren im Publikum schon vorher vertreten. Erst die Konkurrenzsituation aber bot den Filmemachern die Chance, auch diesen

Teil des Publikums zu erfassen. Auf längere Sicht spielen natürlich ein höherer Bildungsstand und die vermehrte Urteilsfähigkeit hierbei eine bedeutende Rolle; doch sind fünfunddreißig Jahre des Gangsterfilms eine zu kurze Zeit, als daß dieser säkulare Trend sich bereits ausgewirkt haben könnte.

XIII. Das Musical

1. Die Verfilmung von Musicals

Das Musical [1] gehört einem Film-Genre an, von dem es viele Varianten gibt, zum Beispiel: die verfilmte Operette (mit Jeanette MacDonald und Nelson Eddy), die Komödie mit Musik (mit Mae West), das Zeichentrickfilm-Musical [*Snow White and the Seven Dwarfs/Schneewittchen und die sieben Zwerge* (USA 1937)] und, in Ermangelung einer besseren Beziehung, das Familien-Kinderstar-Musical [Bright Eyes (USA 1934) mit Shirley Temple, *One Hundred Men and a Girl/Hundert Männer und ein Mädchen* (USA 1937) mit Deanna Durbin, *Copacabana/Die Jazzsänger* (USA 1946) mit Gloria Jean]. Man hat auch versucht, regelrechte Opern oder Ballett zu verfilmen – mit mäßigem Kassenerfolg *(One Night of Love* (USA 1934), *The Red Shoes/Die roten Schuhe* (England 1948), *Tales of Hoffmann/Hoffmanns Erzählungen* (England 1951), *The Beggars Operal/Die Bettleroper* (England 1952). Um den Rahmen abzustecken, muß ich vermerken, daß mein Interesse in erster Linie dem Film-Musical gilt, bei dem große Teile der Story oder des Themas aus Gesang und Tanz bestehen. Während gewisse Komponenten des Musical aus Ballett und Oper, der „hohen" Kunst, übernommen wurden, andere aus der profanen Kunst der reinen Unterhaltung der Music-Hall, ist doch die Form des Musicals als solche relativ neu. Das Musical ist ein typisches Produkt jenes Amerika, wo Komponisten wie George Gershwin, Cole Porter, Irving Berlin und Rogers und Hart es zu einem erstaunlich flexiblen Genre entwickelten, bei dem Song und Tanz nicht mehr Zwischenspiel sind, sondern von vornherein in die Story integriert werden. Im Film reifte diese Form nur langsam heran; unverständlicherweise meinte man für Gesang und Tanz einen „Vorwand" haben zu müssen. Es begann damit, daß man Bühnenshows auf primitive Weise und ohne jede Fantasie abfilmte oder den Film nach Art einer Bühnenshow inszenierte. Nach dieser Facon waren *Broadway Melody of 1929, Hollywood Review of 1929, Glorifying the American Girl* (USA 1929) und *Cocoanuts* (USA 1929) mit den Marx Brothers gemacht. Vielleicht ist die neue Form der Integrierung von Songs und Tanz in die Filmstory Regisseuren wie Ernst Lubitsch und Rouben Mamoulian zu verdanken, deren (jeweilige) Filme *The Love Parade/Die Liebesparade* (USA 1929), *One Hour with You* (USA 1932) und *Love me Tonight/Lieb mich heute nacht* (USA 1932) schon sehr weit vervollkommnet waren. Auch in Deutschland unternahm man Versuche in dieser Richtung: *Drei von der Tankstelle* (1930), *Der Kongreß tanzt* (1931) und die *Dreigroschenoper* (1931). Jedoch von *Roman Scandals* (USA 1933) – einer sehr erfreulichen Ausnahme

[1] Für kritische Hinweise in bezug auf diesen Abschnitt 1 bin ich meinem ebenfalls an den populären Künsten interessierten Kollegen Brian Sanders, Lehigh University, zu Dank verpflichtet.

abgesehen –, handelten die frühen Musicals meistens im Theatermilieu, was so blendende Tanz- und Gesangsnummern wie „Shuffle off to Buffalo“ in *42nd Street/42. Straße* (USA 1933) oder „Dancing on the Ceiling“ in *Evergreen* (USA 1934) oder die völlig abstrakten Tanz-Szenen eines Busby Berkeley nicht ausschloß. Selbst in den so erfolgreichen Musicals mit Fred Astaire und Ginger Rogers kommt es selten vor, daß Songs und Tanz nicht in irgendeiner Weise etwas mit dem Showbusiness zu tun haben.

Was die Beziehung zwischen Musical und bestimmten Umweltvorgängen betrifft, wird selbst in Standardwerken manches nicht richtig dargestellt. Besonders scheint der Umstand Verwirrung gestiftet zu haben, daß das erste Goldene Zeitalter des Musical in die Weltwirtschaftskrise fiel. So behaupten Richard Griffith und J. P. Mayer (1953) sogar, daß die Weltwirtschaftskrise dem frühen Musical 1930 den Garaus gemacht habe (S. 253), es dann aber 1933 (S. 302) wieder aufgelebt sei. Diese Behauptung wird schon durch das von Griffith und Mayer gebrachte Fotomaterial widerlegt. Es kam zu keiner Unterbrechung der Musical- und Gesangsfilmproduktion, wie die beiden – von den Autoren selbst angeführten – Beispiele aus dem Jahre 1932 beweisen: *Safe in Hell* und *The Kid from Spain* (mit den Goldwyn Girls).

Den obskuren Versuchen, die Popularität eines Film-Genres mit Verallgemeinerungen über eine „Wirtschaftsdepressionspsychologie“ zu explizieren, bin ich bereits mit meiner früheren Kritik am Eskapismus entgegengetreten. Dies Beispiel hier macht erneut deutlich, daß man so gut wie alles mit Eskapismus erklären kann.

Dennoch stellt sich hier eine echte Frage. Das Musical ist eine artifizielle, konventionelle, nicht sehr bedeutende, doch überaus populäre Kunstform, und lange Zeit, in den 30er, 40er und 50er Jahren stammten die meisten Schlager der Hit-Parade, – (dieser so aufschlußreichen Einrichtung,) – aus Musicals. Viele Jahre hindurch stand das Musical bei den Ergebnissen der Hollywooder Meinungsumfragen an der Spitze, in der Krisenzeit der 30er wie auch während des Krieges und bis Ende der 40er Jahre. So liegt die Versuchung nahe, einen Zusammenhang zwischen dem Erfolg dieser frohen beschwingten Gattung und der schlechten Weltlage zu sehen.

Plausibler ist indes folgendes: Da alle Welt sich darauf stürzte, aus der Umstellung auf den Tonfilm Kapital zu schlagen, wurden Musik, Tanz und Gesang im Film fast über Gebühr strapaziert. Nach diesem Ansturm setzte natürlich ein Rückschlag ein; man begann überlegter vorzugehen. Die Musical-Produktion wurde zwar gebremst, doch nicht unterbrochen. Denn die Anziehungskraft des Musicals für die Filmemacher beruhte, wie wir später noch darlegen werden, auf seiner besonderen Eignung für den Einsatz künstlerischer Mittel. Die Einführung des Tons und der Beginn der großen Wirtschaftsdepression fielen rein zufällig in die gleiche Zeit. Das verlangsamte Tempo der Musikherstellung war eine Folge der sinkenden Einnahmen, der beginnenden Wirtschaftskrise sowie des zu erwartenden Bankrotts mehrerer führender Filmgesellschaften, – Vorsicht war geboten. Als die Einnahmen wieder zu steigen begannen, faßte man auch neuen Mut. Dem Musical drohte auch durch das Hays-Office und seinen Zensur-Code Gefahr, da einige Stücke recht gewagt waren. Nach der Einführung rigoroser Zensurbestimmungen gehörte der Musicalfilm zu den wenigen Formen, in deren Rahmen immer noch relativ unverblümte erotische Anspielungen möglich waren.

Der Film hatte sich schon lange vor der Weltwirtschaftskrise als *die* populäre Kollektivunterhaltung konsolidiert. Es ist erstaunlich, daß solch eine stets gleichbleibende Nachfrage für den Film bestand; sie läßt sich bestenfalls mit der steten Nachfrage nach Schuhen vergleichen. Aber Filme gehören nicht in gleicher Weise zum täglichen Bedarf wie Schuhe. Oder doch? Sicherlich bedürfen wir kollektiver Entspannung und Freuden, und während der Wirtschaftsdepression brauchte man sie erst recht, – man hatte mehr Zeit; sie mußten billig sein, was der Filmbesuch immer war. Gewiß mögen auch eine eskapistische Komponente oder das Bedürfnis nach Ablenkung dabei eine Rolle gespielt haben, und diese Komponente mag in Zeiten des sozialen Streß' schwerer ins Gewacht fallen. Doch ist sie keine gesonderte Kategorie, auf die man sich zur Erklärung berufen könnte.

1944 kam mit Vicente Minnelli's *Meet Me in St. Louis* eine neue Art Musical heraus. Dieser bezaubernde Film spielt in einer amerikanischen Kleinstadt um die Jahrhundertwende und wurde mit all jenem mittlerweile in Disneylands Main Street tiefgefrorenen Lokalkolorit ausgestattet. Gesangs- und Tanznummern sind einfach aneinander gereiht, das heißt ohne jede Rechtfertigung durch eine verbindende Handlung. Judy Garlands „Have Yourself a Merry Little Christmas“ ist ein Schlummerlied, das sie der Schwester singt (dargestellt von Margaret O'Brien), und der „Trolley Song“ ist nichts anderes als der Gesang übermütiger Kinder, die eine Fahrt mit dem Pferdebus genießen, und so fort. Unmittelbar danach machte Minnelli – der das amerikanische Musical entscheidend beeinflußte – den extravaganten, surrealistischen Film *Ziegfeld Follies/ Broadway Melody 1950* (1945), eine realisierte Traum-Vorstellung: wie es bei den Ziegfeld Follies mit ihrer verschwenderischen Pracht zugehen mag.

Einige andere Musicals, die Minelli für MGM machte, hatten Backstage-Themen zum Inhalt (was hinter den Kulissen und rund um die Aufführung eines Stückes vor sich geht): [*The Pirate* (USA 1964), *Easter Parade/Easter Parade* (USA 1948), *Summer Stock* (USA 1950) oder *If You Feel Like Singing*], doch die beiden Meisterwerke Minnellis nicht: *An American in Paris/Ein Amerikaner in Paris* (1951), das ein klein wenig durch die Inkongruenz zwischen dem verfeinerten, kultivierten Minnelli und dem frischen, etwas showhaften Gene Kelly beeinträchtigt wird, sowie das hervorragend gemachte *Bandwagon/Vorhang auf* (1953), – das erlesenste Beispiel des Genres. *Bandwagon* stellt freilich immer noch eine Backstage-Geschichte dar, wobei Song, Tanz und Story allerdings hervorragend ineinander verflochten wurden. Wie Fred Astaire im Gehen „By Myself“ singt, sein Pas-de-Deux mit Cid Charisse im Central Park sind exquisite, ohne restlose Harmonie zwischen Regisseur und Schauspielern nicht denkbare Leistungen. Und die Mickey Spillane-Ballettpersiflage, wiederum mit Astaire und der Charisse, ist eine der witzigsten Einfälle des ganzen Genres.

Betty Grable, Doris Day, Virginia Mayo, Ester Williams, Jane Powell, Howard Keel, sie waren Stars des zweiten Goldenen Musical-Zeitalters, als viele, bei größeren Studios unter Vertrag stehende Regisseure sich an Musicals versuchten. Hier möchte ich nur kurz auf das Werk Stanley Donen's, insbesondere auf seine kurze Partnerschaft mit Gene Kelly, eingehen.

On the Town/Heute gehen wir bummeln (USA 1949) ist Kelly's und Donen's gemeinsame Version des von Leonard Bernstein verfaßten Bühnenmusical über drei Matrosen, die in New York ihren Landurlaub verbringen, ein kesses Stück mit schwungvollem

Tempo – trotz der wenig einprägsamen Musik. Ihr zweites Musical *Singin' in the Rain/Du sollst mein Glücksstern sein* (1951) war ein Triumph und zugleich Höhepunkt der Gene Kelly-Musicals. Dies ist zum großen Teil auch dem geschliffenen und witzigen Skript von Betty Comden und Adolph Green, den Songs von Arthur Freed und den weiteren Darstellern – Donald O'Connor, Debbie Reynolds, Jean Hagen –, zu danken. Der besondere Witz des Films dürfte auf der selbstironischen Darstellung eines Hollywood in der Zeit des aufkommenden Tonfilms beruhen.
Donen machte dann noch das überschätzte und etwas zu dick aufgetragene Musical *Seven Brides for Seven Brothers/Eine Braut für sieben Brüder* (USA 1954) und, noch ein letztes Mal mit Kelly, *It's always Fair Weather/Vorwiegend heiter* (USA 1955) bei dem Dan Dailey und Michael Kidd mitwirkten – drei Soldaten auf dem Bummel. Gene Kelly machte in England in eigener Regie noch einen reinen Tanzfilm, *Invitation to the Dance/Einladung zum Tanz* (1953), der niemals in seiner ganzen Länge gezeigt wurde. Donens letztes Musical war das romantische und wehmütige *Funny Face/Ein süßer Fratz* (USA 1957) mit Fred Astaire und Audry Hepburn, – voll großartiger Ideen. Natürlich gab es auch schwache Stellen, doch insgesamt zeichnete sich der Film durch Stil und Qualität aus.

2. *Überlebenschancen des Musicals*

Damit war es nun – was den Film betrifft – beinahe aus mit dem Musical. Im Zuge des Niedergangs der Großfirmen löste auch die Metro Goldwyn Mayer, die alle Minnelli und Donen/Kelly Musicals finanziert und herausgebracht hatte, sich auf. Die Gruppe begabter Designer, Autoren, Regisseure und Stars, von denen die besten Musicals stammten, zerstreute sich. Kelly und Donen machten seitdem keine Musicals mehr, Minnelli nur ein paar blasse Versuche *[Kismet/Kismet* (USA 1955), *Gigi/Gigi* (USA 1958), *Bells are Ringing/Anruf genügt, komme ins Haus* (USA 1959)]. Statt dessen hatte mit dem Aufstieg der unabhängigen Produzenten das Packaging-System die nachteilige Folge, daß lediglich ein paar schwache Bühnenmusicals verfilmt wurden. Der Film *Gigi, vom My Fair Lady*-Team gemacht, ist ohne Tanz. *My Sister Eileen/Meine Schwester Eileen* (USA 1955), *The King and I/Der König und ich* (USA 1956), *Oklahoma/Oklahoma* (USA 1955), *Guys and Dolls, West Side Story/West Side Story* (USA 1960), *My Fair Lady/My Fair Lady* (USA 1963), *Pyjama Game/Picknick im Pyjama* (USA 1957), *Damn Yankees* (USA 1958), *Funny Girl/Funny Girl* (USA 1967), *Camelot/Camelot* (USA 1967) etc. behielten trotz Verfilmung ihren Bühnencharakter; es mangelt ihnen an filmischer Poesie. Den Versuch, ein richtiges Filmmusical zu machen, unternahm 1967 Jacques Demy, Frankreich, mit *Les Demoiselles de Rochefort/Die Mädchen von Rochefort,* – sehr reizend, doch was den Gehalt betrifft, ohne Pfeffer. Ein Vorteil der großen Filmstudios hatte darin bestanden, daß sie die verschiedensten Arten von Talent aufspürten und aufbauten, wobei sich auch Sänger, Tänzer und Choreographen auf die Leinwand spezialisierten. Seit ihrer Auflösung fand man dafür keinen Ersatz, denn die große ausgebildete Einzelbegabung, die ein filmisch-konzipiertes Musical zustande bekommt, gibt es anscheinend nicht. Das Musical *Star/Star* (USA 1967) (von Robert Wise) ist seit langem wieder das erste filmgerechte Musical; vielleicht wird es ein Klassiker.

In ihrem interessanten Buch *Preface to Film* äußern Raymond Williams und Michael Orrom die Ansicht, daß die Mittel des Mediums Film, was Sprache, Gesang und Tanz betrifft, noch kaum ausgenutzt worden seien; sie könnten doch für seriöse, rein expressive Zwecke eingesetzt werden. Nach meiner Meinung wird das Musical von diesen Autoren, die es ignorieren, bedenklich unterschätzt, – natürlich deshalb, weil sie zur Gesellschaft der Hochgestochenen gehören, die „Kunst ernst nehmen".

Für mich gehört das Musical zu den erfreulichsten Gattungen des Films: hier kommt die Filmrezeption dem rein sensuellen Genießen, das die Dichtkunst vermittelt, am nächsten. Das Film-Musical ist meiner Meinung nach insofern soziologisch interessant, weil es trotz bewußter Anwendung verfeinerter künstlerischer Mittel sich meist außerordentlicher Popularität erfreut. Selbstverständlich würde es ohne Ton nicht existieren. Und ebenso selbstverständlich setzt es die Tradition des Bühnen-Musicals fort, dem wir so viele populäre Songs verdanken.

Dennoch konnte jener Zauber von Farbe, Ton und Bewegung, der gute Musicals auszeichnet, nur im Film erreicht werden (bei den Dreharbeiten nimmt man sich so lange Zeit, bis man ihn richtig heraus hat). Im völlig abgedunkelten Filmtheater kommt er auch am besten zur Geltung. Es ist das Musical, an dem sich die Schafe von den Böcken sondern. Auch in P. Rothas *The Film till Now* wird es kaum erwähnt. Einige Kritiker, die das Musical offensichtlich liebten, versuchten dennoch, etwas anderes aus ihm zu machen: Illusion, Volkskunst oder gar Realismus (Kracauer 1960). Aber in Wirklichkeit besteht das Musical *sui generis,* und an der Reaktion auf das Musical läßt sich die Reaktion auf das Medium als solchem messen: Musicals soll man nicht nach Plot oder sozialer Aussage beurteilen; es hieße, sie ihrer eigentlichen Substanz zu berauben. Was wiederum nicht bedeutet, daß sie ein tiefes Erlebnis vermitteln – ein Wort, das ich seines philosophischen Untertones wegen nicht mag. Ich halte in der Tat das Film-Musical für ein Mittel, das ebenso subtil, ebenso für die Übermittlung von Ideen geeignet ist, wie beispielsweise die Oper oder das Ballett. Das Musical ist dabei jedoch ausgesprochen einfach und populär, – meist handelt es sich um eine allgemein verständliche Liebeshandlung. Einem Rezensenten, der kein Verständnis für diese Art Film hat, fehlt es meiner Meinung nach überhaupt an Empfänglichkeit für das Medium. Und mangelnde Aufnahmefähigkeit für das Medium mag auch mangelnde Aufnahmefähigkeit für „die Botschaft" in sich begreifen.

Teil 4

Zur Soziologie der Film-Wertung: Wie lernt man Filme richtig kennen? Welche Wertmaßstäbe sind anzulegen?

In diesem Teil wenden wir uns der Frage zu, auf welche Weise wir lernen und werten. Die Antwort lautet, ein wenig vage: auf jegliche Weise und fortgesetzt. Werturteile finden zunächst Eingang in die Filmherstellung, indem man auf einen gewissen Kassenerfolg spekuliert, – obwohl man sich dieser Tatsache nicht allgemein bewußt ist. Wir lernen bekanntlich durch Versuch und Irrtum, durch „trial and error", durch Tun und Vergleich. Gehen wir von dieser Tatsache aus, gelangen wir zu einer Theorie der sich kumulierenden wertenden Traditionen sowie zu einer Syntax mit einem ständig reicher werdenden Vokabular der Wertung, die dem Rang des Films als einer ausgereiften Kunstform gerecht werden.

XIV. Werturteile und ihre Bedeutung für den Film

1. Der endlose Prozeß der Wertung

Die Wertung ist ein kontinuierlicher, den Werdegang des Films begleitender Prozeß. Er beginnt bereits bei der Konzeption, setzt sich während der Produktion des Films fort und reicht noch über seine Freigabe hinaus, – dann nämlich, wenn der Film ein Alter erreicht hat, das ihn als möglichen „Klassiker" für eine erneute Bewertung in Betracht kommen läßt. Während der Film in unserer Kultur eine zunehmende Wirkung entfaltet, – da wir ja über den Film eine Fülle von Informationen aufnehmen, – und während sein Code oder seine Sprache uns immer geläufiger werden, gewinnt auch dieser kontinuierliche Prozeß der Wertung entsprechend an sozialer Bedeutung. Vor diesem Hintergrund gesehen ist es alles andere als unwichtig, daß gerade Schul- und Lehrfilme einen notorischen Mangel an Qualität aufweisen: Es wird vom Betrachter erwartet, daß er die schlechte Qualität zugunsten des angeblich wichtigeren Zweckes des Films ignoriert. Schon dies impliziert eine Wertung. Ferner erfolgen Wertungen durch verschiedene Personengruppen, weitmöglichst nicht immer durch ein und dieselbe: sowohl durch das Filmpublikum wie durch die darauf spezialisierte Schar der Filmkritiker und schließlich durch Leute aus der Filmindustrie und zwar zum einen durch solche, die am Zustandekommen des jeweiligen Films selbst beteiligt waren, zum anderen auch durch eine Jury strenger Kollegen.
Worauf es mir ankommt ist, den Begriff der Wertung breiter anzuwenden als sonst. Damit will ich der bei Filmbesuchern wie bei Filmemachern gleicherweise herrschenden Meinung zu Leibe rücken, daß Wertung erst beginnt, wenn die Kritik den Film ansieht. Zu Recht betont Herbert Gans (1957), wie stark sich Wertung und Feedback (Effekt ihrer Rückwirkung) bereits auf den kreativen Prozeß auswirken. Daher wollen wir hier die verschiedenen Stadien der Bewertung Revue passieren lassen.
Zunächst einmal: die Bewertung eines Films durch die Industrie. An früherer Stelle haben wir schon erörtert, daß ein Projekt bereits prognostisch gewertet wird, ehe man

es überhaupt in Angriff nimmt, jedoch nach ausschließlich kommerziellen Gesichtspunkten. Oder vielleicht doch nicht ausschließlich? Zumindest wird das Projekt in diesem Sinn an die Geldgeber herangetragen. Aber ebenso sicher ist auch, daß manche Produzenten wie zum Beispiel John Houseman, David Susskind und Stanley Kramer – was immer man von den Endergebnissen ihrer Bemühungen halten mag – aufrichtig nach Projekten und Persönlichkeiten Ausschau halten, die etwas zu sagen haben und bei denen Aussicht besteht, daß sie Besonderes leisten. Was letztlich für ihre Entscheidung und ihre Wahl den Ausschlag gibt, bleibt ihr persönliches Geheimnis. Daß sie allein nach Renomée urteilen, kann nicht sein, da sie es bisweilen mit neuen Talenten versuchen. Meistens jedoch sind sie über die betreffende Begabung im Bilde und bauen darauf, daß sie gute Arbeit leistet.

A. H. Howe (1965) betont, daß die eigentlichen Geldgeber – die Banken – nicht das Projekt werten, sondern die Sicherheit für das Darlehen. Hat ein Produzent ein Projekt an der Hand, muß er an einen Verleih herantreten, der es bewertet. Aufgrund seines Urteils wird der Verleih der Bank gegenüber die Abnahme garantieren oder sich zur Zahlung einer bestimmten Summe nach Fertigstellung des Films verpflichten. Im letzteren Fall muß der Produzent noch eine dritte Partei für das Projekt gewinnen, die für seine Durchführbarkeit bürgt, was ebenfalls eine Wertung in sich begreift. Diese Completion Guarantors (Garantiegesellschaften) werden wie auch die Verleihe einem Mann, dessen frühere Projekte (wenigstens in jüngerer Zeit) Geld einbrachten, einem Unbekannten gegenüber den Vorzug geben. Auf anderen Gebieten ist es ja ebenso. Die Produzenten hingegen dürften spezifischere Faktoren wie die Qualität der Story, des Skripts, die Fähigkeiten des Regisseurs sowie seine Eignung für den betreffenden Stoff, und so fort, in Rechnung ziehen.

In jedem Stadium seiner Herstellung wird der Film weiterhin, von den in der Filmindustrie Tätigen, gewertet. Es kommt vor, daß die Tagesausbeute der Produktion in Anwesenheit von Autoritäten wie auch von Freunden und anderen zufällig Dazugebetenen, die ihr Urteil abgeben sollen, wieder und wieder abgespielt und diskutiert wird. Bei Schnitt und Montage geht die Debatte weiter. Ist der Film fertig, wird er den Verleihern vorgeführt, die seine Verkaufschancen werten. Ab und an ist ein Film so vielversprechend, daß die Verleihfirma ihn schon vor seiner Fertigstellung buchen. Sonst aber stellen sie Überlegungen an, wie er sich am besten verkaufen lassen wird, oder aber, wenn er ihnen finanziell wenig aussichtsreich zu sein scheint, ob sie ihn überhaupt übernehmen sollen.

Entscheidend an all diesen Wertungen bis zur endgültigen vorführungsreifen Kopie ist die Frage, wie weit sie sich *„konstruktiv“* auswirken, das heißt, wie weit die Meinungen am Film noch etwas *ändern*. Späterhin werden natürlich noch so viele Wertungen (von einem begrenzt möglichen Neu-Schnitt oder einer Neu-Montage abgesehen, die noch an der letzten Kopie vorgenommen werden können), keine Änderungen mehr bewirken. Welchem Zweck kann die Wertung des fertigen Films dienen? Nun, sie mag den beteiligten Künstlern gewisse Fingerzeige geben oder Lehren erteilen, die sie bei späteren Arbeiten vielleicht berücksichtigen werden. Sonst aber geschieht sie von nun an weitgehend zum Nutzen des Publikums.

Nachdem die Filmkopien an die Verteiler gegangen sind, werden Pressevorführungen vor geladenem Publikum abgehalten. Hier sucht ein Teil der Zuschauer, nicht viel anders als die Verleiher, nach gängigem Material, mit dem die Seiten unkritischer Blätter, Illustrierten und Zeitschriften gefüllt werden können. Aus diesem Grund wird ein Teil der Presse solche Filme, die das breite Publikum weniger ansprechen, von vornherein ignorieren. Er bewertet den Film danach, ob er – nach seiner Meinung – ein Kassenerfolg werden wird. Andere Rezensenten, die freilich ebenfalls an diesem Aspekt nicht uninteressiert sind, verstehen ihre Aufgabe anders: Sie wollen den Leser aufgrund ihrer Besprechung in die Lage setzen, selbst entscheiden zu können, ob er den Film sehen will oder nicht.

Schließlich gelangt der Film an die Öffentlichkeit. Das Publikum wertet den Film nicht, indem es zur Kasse geht. Die Kinokasse ist stumm. Und obwohl sich der Spruch „das Publikum hat immer recht" wunderschön anhört, dürfte dies zutiefst daher rühren, daß das Publikum gar nichts sagt. Wie sollte es auch? Wenn die Leute ihr Geld ausgeben, haben sie den Film noch nicht gesehen, und Einrichtungen, um unzufriedenen Kunden ihr Geld wiederzugeben, wurden noch nicht erfunden. Doch das Publikum wertet den Film mit Sicherheit; es wird sich seiner erinnern und mit anderen über ihn diskutieren. Da aber dieser Prozeß ausschließlich *post hoc* vor sich geht, – soll sich der Produzent deshalb Gedanken machen? Hierin liegt ein echtes Problem. Mir ist kein Fall bekannt, daß man eine Menge Menschen ins Kino und an die Kasse zu locken vermochte, die nachher allesamt enttäuscht und daher böse gewesen wären. Dies mag mit dem relativ niedrigen Eintrittspreis zusammenhängen: er bewegt sich noch im Rahmen einer zu verschmerzenden Geldverschwendung. Wenn man tatsächlich mit Publicity große Publikumserwartungen erwecken und sie dann enttäuschen würde, müßte man doch gelegentlich einen Aufschrei vernehmen. Beweist dies nun, daß Publicity unwichtig ist, oder vielmehr, daß es an einem Apparat fehlt, diesen Schrei hörbar zu machen? Meiner Image-Theorie zufolge, die ich nachher darlegen werde, ist die Publikumsbewertung bereits in dem Image enthalten, das dem Film zum Verkauf verhilft; auch haben diejenigen, die ihn verkaufen wollen, keine Kontrolle über dieses Image. Die Theorie des Image ist eine Theorie der Koordination zwischen Filmemachern und Filmpublikum. Um dies erläutern zu können, muß ich das Problem der Koordination darlegen.

2. *Zwei Koordinationstheorien*

Erhalten die Filmbesucher, was sie sich wünschen? Ja, sagen die Filmgesellschaften, – seht, wieviel Geld wir verdienen. Nein, sagen schöngeistige Intellektuelle unter den Rezensenten, Profit ist kein Maßstab. Beide Ansichten sind anfechtbar.

Während ich der Meinung bin, daß an der Filmindustrie samt und sonders Kritik geübt werden kann, finde ich doch, daß an Hollywood weniger auszusetzen ist, als an Moskau. Daher habe ich mehr gegen Hollywood-Kritiker einzuwenden als gegen Hollywood, denn sie wissen Hollywods Überlegenheit über Moskau nicht genügend zu würdigen.

Den Filmgesellschaften könnte man antworten, daß manche Firmen Geld machen, andere aus dem Geschäft ausscheiden, und wir daher nicht sicher gehen, daß das Publikum stets bekommt, was es will, – sofern wir am Profit messen. Hierauf ließe sich entgegnen, daß Geschäft mit Risiko verbunden ist und sich offensichtlich nicht alle Risiken auszahlen. Wollten die Filmfirmen in dieser Weise argumentieren, würden sie sich ein wenig widersprechen, da sie zugäben, daß doch eine gewisse Koordination besteht zwischen dem, was sich das Publikum wünscht, und dem, was es bekommt, und daß die freie Marktwirtschaft den Kinogängern die Macht gibt, Gesellschaften, deren Filme sie nicht mögen, auszuschalten. Also wird das Publikum bisweilen Filme vorgesetzt bekommen, die es nicht will, was heißt, daß Mittel an die Produktion nicht gewünschter Filme vergeudet werden.

Den Highbrows kann man entgegenhalten: Wenn Gewinn und Popularität kein Maßstab sind, wonach sollen wir dann urteilen? Der Highbrow könnte erwidern, nach den Einnahmen könne man sich nur bei einem perfekt funktionierenden Markt richten, der aber in diesem Fall nicht existiere; die Leute hätten keine echte Wahl, und so wüßte man nicht, was sie sehen wollen. Dem könnten wir entgegnen, daß mancherorts doch eine Möglichkeit der Wahl bestehe: Ein Filmtheaterring bucht einen anspruchsvollen Film, oder es gibt in der Nachbarschaft eine billige Cinemathek. Weshalb ziehen die Menschen unter solchen Gegebenheiten weiterhin den anspruchslosen Film vor? Hier wird der Highbrow seine Position modifizieren: Er wird das Versagen des Publikums auf die Korrumpierung des Publikumsgeschmacks, auf seinen angeblichen Hang beziehungsweise auf seine Erziehung zum Klischee zurückführen. Vielleicht wird er sogar die Ansicht vertreten, daß die Dinge sich auch dann nicht ändern würden, wenn die Produzenten andere Produkte anböten, – es sei denn, sie (oder irgend jemand anderes) ergriffen Maßnahmen zur Änderung dieses Publikumszustands – was anscheinend niemandes Amt ist.

Diese beiden gegensätzlichen Positionen sind es, die im Zentrum der Diskussion dieses Buches standen. Von ihrem Blickpunkt aus sind wir nacheinander auf die Industrie, auf das Publikum, den Filminhalt und die Filmkritik eingegangen. Beide Parteien machen sich der Übertreibung schuldig, – die einen der Über-Komplizierung. Doch mag die Gegenüberstellung ihrer Ansichten an den Tag bringen, was daran wahr ist, und zu einer ausgewogeneren Beurteilung der Lage führen.

Die Filmgesellschaften behaupten, – wie bereits erwähnt – daß das Publikum bekommt, was es will, und daß das Angebot der Nachfrage entspricht. Nun aber kann man fragen: Wenn die Anbieter wirklich darauf aus sind, die Wünsche des Publikums zu erfüllen, weshalb versorgen sie es dann nicht reichlicher mit Obszönitäten, die der Popularität doch so zuträglich sein sollen? Sie würden wahrscheinlich erwidern, daß eine doppelte Zensur, die der Behörden wie auch die ihres Gewissens, ihnen verböte, aus solchen Geschmacksrichtungen Gewinn zu ziehen. Damit hätten sie sich erneut widersprochen: Sie gäben zu, daß sie nicht immer das liefern, was das Publikum verlangt und wofür es Geld ausgeben würde, sondern daß sie gewisse Rücksichten nehmen. Nur im Rahmen bestimmter Grenzen wollen sie das Publikum mit dem versorgen, wonach es verlangt.

Wir haben einen verschlungenen Weg zurückgelegt. Von der Frage ausgehend, ob das Publikum bekommt was es haben will und über die Antworten „ja“ und „nein“ sind wir zu der Auffassung gelangt, daß das Publikum nicht immer haben darf, was es möchte, und daß es nach Meinung der Highbrows gar nicht weiß, was es möchte. Kurios ist, daß beide Parteien sich in ihren Positionen versteifen. Der Produzent sagt, er wisse es am besten, und da er Geld mache, sähe er keinen Grund zur Veränderung. Der hochgestochene Kritiker beruft sich darauf, daß die Mehrzahl der Menschen blind sei, daß man ihr aber, da ihr Geschmack bereits verdorben sei, nur schwerlich die Augen öffnen könne. Die Überzeugung des ‚Highbrows' ist ebenso unerschütterlich, wie die des Produzenten. Der eine urteilt nach Geld, der andere nach seiner intuitiven oder aber seiner intellektuellen Erkenntnis.

Selbstverständlich ist an beiden Koordinationstheorien etwas Wahres. Geld ist eine nur zu handgreifliche Sache, und an der hervorragenden Qualität einiger großartiger Filme, die eine Pleite waren, ist ebenfalls nicht zu zweifeln. Wo liegt der Fehler? Meiner Vermutung nach in der falschen Voraussetzung, von der beide ausgehen: der Voraussetzung, daß das Publikum für Gutes keinen Sinn habe.

Der Produzent hält das Publikum für korrumpiert und glaubt, daß es mit einer Diät aus Sex und Gewalt oder gar Pornographie zufriedenzustellen sei, – wäre er nur bereit, es damit vollzustopfen. Der Highbrow meint, Beeinflussung und Verbildung hätten die natürliche Abneigung gegen solche Dinge erstickt. Beide haben miteinander gemein, daß sie den Geschmack ihres Publikums verachten. Der eine glaubt, man müsse ihn kontrollieren, der andere, man müsse ihn „korrigieren" (durch Um-Erziehung vielleicht?) Diese grundlegende Voraussetzung ist es, gegen die ich mich wende. Ich glaube nicht, daß die Menschen geistig anspruchslos sind und nicht, daß sie gelenkt und kontrolliert werden müssen. Ebensowenig glaube ich, daß die Menschen von Natur aus Highbrows sind, und daß man ihnen erst die Augen öffnen muß, damit sie dessen gewahr werden. Gleichzeitig halte ich aber auch nicht den *status quo* unkritisch für gut.

Wir wollen nun einmal sehen, was geschieht, wenn wir dem Publikumsgeschmack vertrauen, anstatt ihn zu verachten. Zunächst einmal, die Zahlung des Eintrittsgeldes gibt noch keine Gewähr für eine positive Publikumsresonanz: Nach diesem Akt des Vertrauens kann noch so manches passieren. Wer hat noch nie miterlebt, wie sich ein gewitztes Vorstadtkino-Publikum über einen pompösen oder prätentiösen Film lustig machte? Schließlich hatten alle diese Leute dafür Geld ausgegeben, ihn zu sehen. Ist ein Film ein Erfolg oder läuft er sehr lange, darf man annehmen, daß sich der Film herumgesprochen hat. Hier erhebt sich die noch kaum erörterte Frage nach dem geheimen „Nachrichtendienst" der Kinogänger: auf welche Weise Mitteilungen über den Film verbreitet werden, ob durch Werbung, Weitersagen oder Starkult, und was diese Nachrichten beinhalten [1]. Meiner Meinung nach wirken alle drei an der Entscheidung eines Image – im werbetechnischen Sinn dieses Wortes – mit, und dieses Image ist es, das den Film verkauft: Es erweckt Erwartungen oder Hoffnungen, die das Publikum dazu veranlassen, das Eintrittsgeld herauszurücken [2].

---

[1] Das einzige, aber ausgezeichnete Buch zu diesem Thema ist das von E. Katz und P. Lazarsfeld (1955), das sich ausschließlich mit der öffentlichen Meinungsbildung befaßt. Das Kopfkapitel ist XIII, in dem von „Kino-Meinungsführern" die Rede ist. Kritisch äußert sich G. Schulmann (1965) zu diesem Werk.

[2] *The Image:* diesen gleichen Titel haben zwei antagonistische Bücher: Boorstin beklagt, daß Image und andere Pseudo-Tatsachen in unserer realen Welt solchen Einfluß haben. Boulding findet nichts dabei, daß unsere Handlungen von unserem Image von der Welt bestimmt werden, obwohl dieses Image beträchtlich von der Wirklichkeit abweichen kann. Boorstin ist noch ganz prä-McLuhansch eingestellt: er hat wirklich die Vorstellung von einer realen Welt des

Gehen wir nun davon aus, daß die Publikumsresonanz zwar wichtig ist, den Kasseneinnahmen aber nicht unbedingt entspricht, müssen wir unsere bisherige Interpretation des Problems: bekommen die Kinogänger, was sie möchten? in Frage stellen. Ich kann mir nicht denken, daß jemand im Ernst behaupten wird, das Publikum wolle nur gute Filme sehen oder es mache ihm viel aus, für einen schlechten Film Geld auszugeben. Es erfreut sich auch an schlechten Filmen, braucht sie vielleicht, – als Kriterium für den Vergleich mit besseren Filmen. Die Qualität dessen, was das Publikum sich ansieht, hat nichts mit dem Grund zu tun, der es veranlaßt, ins Kino zu gehen. Die Kasseneinnahmen sind ein genereller Maßstab für die Bedeutung des Kinos als einer sozialen Institution und nicht für den Wert der gezeigten Filme. Schwankungen im Besuch der einzelnen Filme halte ich für eine Folge des Image-Making. Wenn ein Mensch sich an der Kinokasse ein Billett ersteht, verfolgt er meiner Meinung nach zweierlei Ziele: das eine, ins Kino zu gehen, das zweite, gerade in dem Augenblick zu gehen, in dem seine Neugier aufgrund des Image, das er sich von diesem speziellen Film gemacht hat, geweckt ist. Wenn ihm der Film nicht gefällt, steht ihm nur eine Möglichkeit offen: es weiterzusagen. Aber ich habe noch nie etwas von einer mündlichen Kampagne gegen einen Film gehört, von ein oder zwei organisierten Boykotts durch fanatische Anti-Kommunisten in der Ära des McCarthyismus abgesehen[3]. Meistens messen die Leute dem, was ihre Freunde oder was Kritiker von dem Film meinen, kein Gewicht bei und sind unkritisch in bezug auf Vorschauen; hat das Image erst einmal ihre Neugier gereizt, sehen sie sich den Film an. Meine These lautet: spielt ein Film nur wenig Geld ein, hat er kein gutes oder überhaupt kein Image. Besteht ein gewisses Angebot (in Orten mit weniger Kinos wechselt das Programm häufiger, so daß das wöchentliche Angebot größer ist) kann solch ein Mangel an Image tödlich wirken. Wenn aber die jährlichen Gesamteinnahmen zurückzugehen beginnen, wie es beim Aufkommen des Fernsehens der Fall war, ist der Grund dafür in einem Wandel des sozialen Verhaltens und nicht in schlechten Filmen zu suchen.

Die Auffassung des Highbrow muß neu formuliert werden: weshalb verleibt sich das Publikum so viel Schund ein? Die Antwort lautet a) weil das Kino eine wichtige Institution ist, die die Funktion hat, auf eine bestimmte Weise die Zeit zu vertreiben, was auch schlechte Filme tun, b) weil nur wenigen Menschen die Möglichkeit zuteil wurde, ihren Geschmack zu bilden. Dennoch sind die Menschen nun einmal im Stande, ihren Geschmack zu entwickeln; in diesem Punkt sind wir optimistisch und vertrauen ihnen. Ist die Antwort a) wirklich befriedigend? Vielleicht geht das Publikum nicht ins Kino, um gute Filme zu sehen; was ein guter Film ist, mag, wie die Frage was ein gutes Leben sei, eine persönliche Sache sein, die mit Koordinaton nicht viel zu tun hat. Aber ebenso sicher gehen die Leute doch nicht ins Kino, um Schund zu sehen? Mit „Schund" meine

---

Lesens und Sehens, die durch eine Pseudo-Welt der Medien und Images bedroht wird. Dennoch erkennt er, daß diese Vorstellungsbilder sich selbst realisieren, zieht aber nicht daraus den Schluß, daß auch *sein* Denken in Wirklichkeit auf solche Images oder Vorstellungsbilder zurückzuführen ist, die er mit anderen teilt und die auch sein Handeln bestimmen (F. A. Hayek, 1955).

[3] Die alte Legion of Decency pflegte vor den Theatern für den Boykott von Filmen, die von ihr verurteilt worden waren, zu demonstrieren. Für gewöhnlich genügte diese Drohung schon, um die Zurückziehung des Films oder Schnitte zu bewirken. Das ist heute alles passé.

ich nur ganz einfach schlechte Filme, was wiederum eine ziemlich vage Kategorie sein dürfte. Ich denke dabei an Ergebnisse purer Unfähigkeit: an kümmerlich aufgenommene, schlecht montierte, schlecht gespielte Filme ohne rechten Plot oder Sinn. Wie kommen Produzenten mit so etwas durch? Zeigt der Produzent damit Verachtung für sein Publikum? Wäre es nicht möglich, daß der Produzent mit seinem Publikum einig ist und schön findet, was er macht? Denken wir an Cecil B. de Mille, der in seiner Autobiographie (1960) vollkommen aufrichtig war. Aber wir reden jetzt vom *wirklichen* Schund, nicht von schlechten Filmen, sondern von solchen, die von ihren Schöpfern verleugnet werden. Beweisen sie damit Verachtung für das Publikum? Meine Antwort ist „nein“, denn für gewöhnlich ist das Zustandekommen von Schund auf einen Mangel an Zeit und Geld zurückzuführen. Es gibt nur wenige Filmemacher, die unwissentlich Schund produzieren oder die nicht fähig wären, bei genügend Geld und Zeit etwas Anständiges hervorzubringen. Und wie kommen sie nur mit dem Schund durch? Wahrscheinlich dank der sozialen Rolle des Kinobesuchs, insbesondere in der Zeit, als das Kino noch das Haupt-Massenunterhaltungsmittel und daher unersättlich war. Nachdem es nun Konkurrenz bekommen hat, wurde es anders mit dem Schund. Alberne Serien und idiotische Wildwestfilme werden heute nur noch in Kindervorstellungen vorgeführt, weil man (irrigerweise) annimmt, daß Kinder so etwas nicht merken. Darüberhinaus erscheint auch viel Schund im Fernsehen; es rutscht aus dem gleichen Grund mit durch: dank der Rolle, die das Fernsehen in der Gesellschaft spielt. Zurzeit ist es das Fernsehen, dessen Nachfrage unersättlich ist; es sucht verzweifelt nach Material, um sein Programm zu füllen.

Ich bin nicht des Glaubens, daß weder das Filmpublikum noch Kinder merken, was Schund ist. Doch werden sie auch nicht so pausenlos damit konfrontiert, daß sie am Ende darauf verzichten könnten, gewohnheitsmäßig ins Kino zu gehen. Außerdem habe ich miterlebt, daß das Publikum es ablehnte, sich von einem biblischen Epos oder einem prätentiösen französischen Film beeindrucken zu lassen. Das bestärkt mich in meiner Meinung, daß, wenn es so etwas wie Filmbildung gäbe, der Geschmack sich entwickeln ließe. Und woher rührt dieser Mangel an Filmbildung? Warum müssen wir feststellen, daß die Intelligenz der Menschen in bezug auf den Film gering ist? Weil der wichtigste Weg zur Bildung in diesem Sinn, *via* die Rezensenten, von diesen verbaut wird. Die Kritiker sind zu hochgestochen: Anstatt die Filmhandlung in einfachen Worten zu umreißen, und dann darzulegen, warum sie den Film für gut oder für schlecht halten, anstatt konkrete Beispiele zu nennen und Argumente anzuführen, geben sie sich möglichst gescheit, – meist auf Kosten des Films. Schlimmer noch, hat ihnen ein Film gefallen, was selten vorkommt, da sie fortgesetzt Filme sehen müssen und noch dazu hochtrabend sind, schreiben sie meist unverständliches Zeug.

Was den Nachrichtendienst aus anderen Quellen, wie Werbung und Mundpropaganda betrifft, ist er, den Erfahrungen und Tatsachen nach nicht sehr wirksam. Tatsache ist, daß weder Werbung noch mündliche Information (noch die Kritik übrigens) einen Film durchzusetzen oder kaputtzumachen vermögen. Im Großen und Ganzen ist das Publikum auf Draht und hält Ausschau, meine ich, – wonach, weiß ich nicht genau. Mir scheint, daß große Teile des Publikums aus Leuten bestehen, die nicht regelmäßig ins Kino gehen. Die durchschnittlichen Einnahmen und Besucherzahlen lassen damit Schlüsse auf die Bedeutung der Institution zu, nicht auf die Qualität der Filme beziehungsweise auf fehlende Qualität. Denn das Ansehen des Films ist soziologisch betrachtet nur ein Teil des Kinobesuchs. In dem Bemühen, den übrigen Teil in einer soziologischen Bedeutung zu analysieren, sind die anderen Kapitel dieses Buches entstanden.

Führen diese Feststellungen irgendwie weiter? Wenn wir auch nicht wissen, worin eigentlich gute Kunst besteht, erkennen wir doch mit Sicherheit den Schund. Ist der Hersteller schlechter Filme wirklich korrupt? Gehört er nicht selbst zur Öffentlichkeit, ist klug genug zu beobachten, was das Publikum mag, aber auch einzusehen, daß Tadel und Zensur ihn ruinieren würden, wenn er dessen Wünsche rückhaltlos erfüllte? Ja und nein. Die Hammer Films produziert mit vollem Bewußtsein miese Filme, rühmt sich ihrer, und erhält dann auch noch die Queen's Award for Industry. De Mille war integer und hielt seine Filme aufrichtig für gut. Keiner von beiden aber leistete *schlechte Arbeit.*

Wir sind uns also darüber einig, daß auch miese Filme produziert werden, und daß das Volk hingeht und sie sich ansieht. Warum besucht es diese Filme? Aus sozialen Beweggründen. So sind wir wieder bei der Frage angelangt, ob das Publikum sieht, was ihm gefällt, oder ob ihm gefällt, was es sieht, oder keines von beiden. Man darf behaupten, daß der Publikumsgeschmack sich verbessert hat. Ich finde den Durchschnittsfilm der 60er Jahre in gewisser Hinsicht besser, als beispielsweise den der 40er Jahre (siehe Ch. Higham und J. Greenberg [1968]). Aber dies läßt sich nur mittelbar auf das Publikum zurückführen; es ist vielmehr einer Änderung der sozialen Gepflogenheiten zuzuschreiben: An die Stelle des gewohnten Kinobesuchs trat die Gewohnheit des Fernsehens im eigenen Heim. Dadurch gingen die Firmen, die die schlechtesten Filmsorten herstellten, Republic, Allied Artists, RKO sowie alle Hersteller von B-Filmen ein. Die großen Stars, Drehbuchautoren und Regisseure überlebten indes unbeschadet und leisteten weiterhin gute Arbeit. Daß diese sich als genügend zugkräftig erwies, um das Publikum zu halten oder weiterhin anzulocken, ist indirekt dem Publikum anzurechnen. Es könnte hier der Eindruck entstehen, daß ich mit dieser ziemlich optimistischen Ansicht, die bessere Filmqualität sei teilweise dem Publikum zu verdanken, etwas zu weit gehe. Da gibt es zum Beispiel Filmrezensenten, die an der Popularität der James Bond-Filme oder der Carry On-Serien Anstoß nehmen. Nun, ohne sich für die einen oder die anderen engagieren zu wollen, (ich meinerseits finde die Bond-Filme recht unterhaltend, die Carry On-Filme aber nicht komisch), läßt sich nicht übersehen, wie puritanisch solche Kritik ist. Die von Bond verkörperten Werte sind Snobismus und Gewalt, die der Zuschauer stellvertretend genießt. Die Carry On-Filme sind unverblümt vulgär, ritualistisch und sentimental. Dennoch sollte man weder die einen noch die anderen moralisch verurteilen. Hier haben weder der Kritiker noch der Philosoph noch der Priester das Wort. Jegliches Moralisieren enthält eine unerträgliche Anmaßung: die Anmaßung, über andere Erwachsene zu richten. Man kann hierzu sagen: Snobismus und Gewalt sind zwar zu verurteilen, nicht aber Filme, in denen Snobismus und Gewalt vorkommen, – es sei denn, sie propagieren Snobismus und Gewalt. Die Bond-Filme aber zeichnen sich durch eine bedeutsame Nuance aus: Sie mokieren sich über Snobismus und Gewalt, und die gezeigte Gewalt ist noch dazu völlig irreal und unseriös. Sie propagieren Gewalt nicht mehr, als beispielsweise Charly Chaplin, wenn er in seinen Filmgrotesken jemand verstohlen in den Hintern tritt. Was Vulgarität und Sentimentalität betrifft, kann man nur eines sagen: sie tragen speziellen Geschmacksrichtungen Rechnung. In den Carry On-Serien [*Carry On Spying, Carry On Cleo,* (England 1964) *Carry On Cowboy/Rumpo Kid bittet zum Duell,* (England 1965)] geschieht dies mit einem gewissen Ideenreichtum. Vergleicht man diese Filme aber mit den albernen Witzlosigkeiten der Filme mit Abbott und Costello oder The Three Stooges oder Old Mother Riley, läßt sich ein Fortschritt nicht leugnen.

XV. Film-Wertung im Hinblick auf die Absatzchancen

1. Image und Kassenerfolg

Das erste Problem, das ich hier aufgreifen möchte, besteht in der Frage, warum die Menschen sich gerade diejenigen Filme ansehen, die sie sich ansehen. Anschließend werde ich mich mit den von der Filmindustrie zur Beeinflussung dieser Wahl ersonnenen Mitteln und Wegen befassen.

Untersuchen wir die Kassenerträge näher, stellt sich etwas Faszinierendes heraus: Zuweilen wird ein Film völlig unvorhergesehen zum Kassenschlager, oft war dies auch vorauszusehen; häufig aber erweisen sich alle diesbezüglichen Voraussagen als falsch. Eines der eklatantesten Beispiele solcher Fehlprognose war der Film *Cleopatra.* Seine phänomenalen Kosten wurden nur deshalb genehmigt, weil das Studio mit astronomischen Einnahmen rechnete. Sie waren denn auch tatsächlich sehr hoch, doch dauerte es – trotz erhöhter Eintrittspreise und einer aufwendigen Werbe-Kampagne – geraume Zeit, bis der Film auch nur seine Kosten eingespielt hatte. Inzwischen haben auch nicht besonders kostspielige Filme, wie *Dr. No, West Side Story* oder *The Sound of Music* oder *The Graduate,* Filme ohne „große Namen" (d. h. Schauspieler, die mehr als 250 000 Dollar pro Film plus prozentuale Gewinnbeteiligung erhalten, zum Beispiel Cary Grant, William Holden, Gregory Peck, James Stewart, Kirk Douglas, Elizabeth Taylor etc.) das Geld, das ihre Herstellung kostete, um ein Vielfaches eingespielt. Das größte Rätsel in dieser Hinsicht bleibt nach wie vor *Gone with the Wind.* Obwohl schon 1939 hergestellt, dann alle fünf Jahre wiederaufgeführt, blieb dieser Film bis in jüngste Zeit der größte Kassenschlager aller Zeiten. Warum wohl? Warum sehen die Leute sich einen bestimmten Film an? Drei bekannte Theorien zu dieser Frage werden bereits durch meine Beispiele widerlegt: Theorie 1: sie gehen, um bestimmte Stars zu sehen (was auf *Dr. No* oder auf *Birth of a Nation* nicht zutrifft); Theorie 2: sie besuchen gerne Kolossalfilme (Griffiths *Intolerance,* der kolossalste aller Filme, war finanziell ein Mißerfolg); Theorie 3: sie sehen sich Filme an, die mit größter Geschäftstüchtigkeit angepriesen werden (alle Publicity vermochte *Cleopatra* nicht zum schnellen Durchbruch zu verhelfen, während andere Filme ohne besondere Werbeanstrengungen zu Kassenschlagern wurden). Generell läßt sich sagen: Für den Erfolg eines Films sind Stars nicht nötig, andererseits reicht ihr Auftreten allein für den Erfolg eines Films nicht aus; nicht jeder Kolossalfilm muß ein Erfolg werden; Publicity mag notwendig sein, ist jedoch nicht ausschlaggebend für den Erfolg.

Wie also läßt sich der Erfolg eines Films erklären? Meine eigene, etwas vage und provisorische Hypothese geht von etwas aus, das ich das „Image" eines Films in der Vorstellung der Öffentlichkeit nenne. Dieses Image kann auf der Vorstellung beruhen, daß große Stars großartig spielen, oder einfach darauf, daß die Story des Films sehr fesselnd oder der Film sehr aufregend oder daß er noch nie dagewesen oder gar spektakulär sei. Eine ganze Filmgesellschaft, die Cinerama (Rank), konnte sich zehn Jahre lang aufgrund des letzteren Image halten. Einen im Cineramaverfahren hergestellten Film zu sehen, ist tatsächlich überwältigend. Daher gaben die Leute nur zu gern ihr Eintrittsgeld für unbegabt gemachte Dokumentarfilme und alberne Spielfilme wie *How the West Was Won/Das war der Wilde Westen* (USA 1961) aus. Mit *The Battle of the Bulge/Die letzte Schlacht* (USA 1968) und *2001: A Space Odyssey/2001: Odyssee im Weltraum* (England 1965–68) war die Cinerama-Filmtechnik ausgereift.

The Longest Day/Der längste Tag (USA 1961) verdankte seinen Erfolg einem blendenden Thema: Die Landung der Alliierten im 2. Weltkrieg, – viel realistische Action und Spannung und dazu noch der Spaß, die Stars auszumachen. Dieser Film hatte ein ausgezeichnetes Image. Mit großem Reklameaufwand wurde *Psycho/Psycho* (USA 1960) wie manch anderer Film als „Schocker" lanciert. Da er genial gemacht war, erfüllte er die Erwartungen derer, die ihn sich ansahen, und sie machten dann mündlich für ihn Propaganda. Mit *My Fair Lady, West Side Story* und *The Sound of Music*, Verfilmungen sehr populärer Bühnenmusicals, konnte man bereits gewonnenes Publikum leicht zufriedenstellen.

Meine These lautet: ein Image läßt sich nicht willentlich schaffen, da es aus einer Wechselwirkung zwischen Werbung, Film und Publikum entsteht. Anstrengungen, einen mittelmäßigen Film um jeden Preis verkaufen zu wollen, bringen noch kein Image hervor. Auch Stars machen noch kein Image; es gehören die passende Geschichte und der entsprechende Schauplatz dazu. Ich möchte behaupten, daß ein mit der Vorstellung von „Kolossalem" verbundenes Image im Verein mit einer guten Werbekampagne für den Erfolg vieler Filme unerläßlich sind.

Das Image scheint auf folgende Weise zustandezukommen: Man hat einen Film gemacht oder man ist dabei, einen Film zu machen. Man wählt gewisse Elemente dieses Films aus, die man für zugkräftig hält, und gewisse Elemente sind es tatsächlich (der Grad der Koinzidenz dieser Gruppen könnte ein Maßstab für „Werbe-Talent" sein). Man beginnt, diese Elemente in der Presse und in anderen Massenmedien herauszustellen. Dann wird der Film in Test-Vorführungen auf seine Publikumswirkung geprüft. Entspricht der Film jenem Image, wird die Werbung (inklusive Kritik) zusammen mit der Mundpropaganda dieses Image verbreiten.

Die Frage ist nun, was ein Image „gängig" macht. Dies läßt sich nur schwer bestimmen, doch zweifle ich kaum daran, daß Stimmungen und Moden hier mitsprechen. Während des Krieges waren Kriegsfilme erstaunlich populär, unmittelbar nach ihm aber überraschend unpopulär. Zur Zeit des Koreakrieges stieg ihre Popularität erneut an, danach nahm sie wieder ab, Anfang der 60er Jahre stieg sie noch einmal an. Das Musical machte anscheinend Ende der 50er Jahre ein Tief durch, lebte aber Anfang der 60er Jahre wieder auf, wiewohl in einer anderen Form. Western hingegen sind Dauerbrenner. Doch gerade bei ihnen können wir die Wirkung des Image deutlich beobachten: Der Durchschnittswestern findet sein Durchschnittspublikum. Einige andere Western hingegen, wie *High Noon, Shane, The Big Country, Cat Ballou/Cat Ballou* (USA 1965) haben etwas Besonderes an sich, – eine exzeptionell straffe Konstruktion, eine geradezu epische Breite, oder aber etwas Grandioses oder gar etwas Possenhaftes. Infolgedessen hatten sie alle Erfolg. Im allgemeinen jedoch scheint erwartungsgemäß das Image des Spannenden, Geheimnisvollen, des Horrors oder der fesselnden Story usw. das erfolgreichste zu sein. Beim Aufbau des Image darf eines nicht übersehen werden: die häufig entscheidende Bedeutung des Titels. Der Titel sollte prägnant doch verlockend sein, nicht aber unverständlich (z. B. *Behold a Pale Horse* (USA 1964) (deutscher Titel: *Deine Zeit ist um),* obwohl die jüngst Mode gewordenen langen wortreichen Titel dem jeweiligen Film keinen Abbruch taten *(Dr. Strangelove: Or How I Learned to Stop Worrying and Love the Bomb, It's a Mad, Mad, Mad, Mad World* (USA 1962), deutsch: *Eine total, total verrückte Welt*). Bestimmte Stars können verbunden mit dem Titel bereits den Erfolg garantieren, so der Name Peter Sellers und *The Pink Panther,* – ein Titel, der zum Filminhalt nicht die geringste Beziehung hat. Das stärkste Image ist zur Zeit, da ich diese Zeilen schreibe, James Bond: dieses Image besitzt soviel Zugkraft, daß es einen unbekannten Darsteller, Sean Connery, zum großen Star machte. Seine normalen Filme, *Woman of Straw/Die Strohpuppe* (England 1963) und *The Hill/Ein Haufen toller Hunde* (England 1965) hatten zweifellos durch sein Mitwirken mehr Erfolg, als ihnen sonst beschieden gewesen wäre. Das Bond-Image und dessen Charisma hatten auf ihn „abgefärbt".

Die Rolle, die der Star im Film-Image einnimmt, läßt sich nur schwer genau abstekken. Der erste Bond-Film, *Dr. No,* war mit lauter Unbekannten besetzt; auch alle ausländischen Filme oder Disney-Cartoons kommen ohne Stars durch. Also sind Stars nicht unbedingt für ein gängiges Image vonnöten. Reicht eine Starbesetzung für die Image-Bildung aus? Unter keinen Umständen: man könnte Dutzende von kostspieligen Mißerfolgen anführen, die von Stars gleichsam überquollen. Da der Star den Erfolg weder bedingt, noch ihn garantiert, ist die Position des Stars höchst unklar. Ich sehe die Sache so: Stars haben Anhänger, die keine Mühe scheuen, um sich die Filme mit ihren Favoriten ansehen zu können. Aber insgesamt betrachtet bilden die Anhänger nur einen kleinen Teil des für einen Erfolg notwendigen Publikums, – Staranhängerschaften sind nützlich, reichen aber nicht aus. Befaßt man sich mit der Imagebildung, bedarf es etwas mehr als „Anhängerschaft". Zum Teil wird die Anziehungskraft eines Images auf dem Appeal des Stars beruhen. Hier kommt man ohne Begriffe wie (das spanische) *simpatico* und „Aversion" nicht aus. Kinogänger werden mit ganzen Scharen von Stars konfrontiert, von denen einige ihnen sympathisch sind, andere in ihnen Abneigung erwecken. Je nach dem, was die Besucher den betreffenden Stars gegenüber empfinden, tragen sie zur emotionellen Zugkraft des entstehenden Image bei. Da das Image dem Einzelnen angeboten wird oder er es selbst produziert, wird seine jeweilige Reaktion auf Namen von Stars, die ihm bekannt sind, eine bedeutsame Rolle spielen.

Man darf behaupten, daß die Stars als Fixpunkte für die Kinogänger fungieren[1]. Das

[1] „Die Bedeutung der Stars bei der Erweckung bestimmter Erwartungen hängt nicht nur von seiner persönlichen Popularität ab, sondern auch von dem Rollentyp, den er für gewöhnlich verkörpern muß, sowie von dem Filmgenre, in dem er zu sehen ist." (Federation of British Film Makers [1963], S. 45).

Image, das dieser sich von einem neuen Film macht, ist offensichtlich bestenfalls vage. Spielen aber Stars mit, wird er in die Lage versetzt, seinen Erwartungsspielraum genauer abzugrenzen: wenigstens weiß er jetzt, wie die Darsteller aussehen und wie ihre Stimmen klingen werden. Man sollte nicht vergessen, daß das Publikum die Stars zu Stars macht, gegen den Widerstand der Industrie. Selbst in der Sowjetunion, wo die Opposition gegen den Personenkult im Film geschichtlich älter ist als die Opposition gegen den politischen Personenkult, konzentriert sich die Vorliebe des Publikums auf bestimmte Schauspieler. Das Starsystem ist ein Charakteristikum aller dramatischen Künste, und so möchte ich behaupten, daß die generelle Funktion, die es im Film ausübt, bei allen dramatischen Künsten wirksam wird.

Die Posse lebt heute in einer Weise wieder auf, wie man es seit *Hellzapoppin/In der Hölle ist der Teufel los* (USA 1943) im Film nicht mehr erlebt hat. Einer der Gründe dafür mag eine Teenager-Marotte sein, der auch mit Filmen wie *Cat Ballou, What's New, Pussycat?/Was gibt's Neues, Pussy?* (USA 1964), in den Bikini-Strand-Komödien usw. Rechnung getragen wurde. In den letzten Jahren erst kann man die Tendenz unter den Produzenten beobachten, bis an die äußerste Grenze des Erlaubten vorzustoßen. Vorüber sind die Tage des Production Code, der Selbstzensur mit ihren Regeln. Nachdem der Geschmack an einer nahezu allzu harten Gewalt mit den Morddarstellungen in *Psycho* oder an der expliziten Darstellung von Sex-Szenen in *Liaisons Dangereuses/Gefährliche Liebschaften* (Frankreich 1959), *Bambole/Die Puppen* (Italien 1964) und *The Servant/Der Diener* (England 1964) geweckt wurde, werden wir Zeuge, wie Filmschöpfer sich immer angestrengter bemühen, den Zuschauer zu schocken oder sexuell zu erregen. Sicherlich wurden in *Repulsion/Ekel* (England 1964) schaurige Morde und außergewöhnliche sexuelle Details (man hört den Geschlechtsakt im Off mit) in einer Weise kombiniert, die die Grenze dessen erreichte, was für den Augenblick ratsam schien. Wenn man es fertig bringt, noch ein wenig darüber hinauszugehen, und der Film unabhängig davon noch Unterhaltungsqualität hat, wird dies allem Anschein nach zum Bestandteil des Image, noch dazu eines oft sehr verkäuflichen Image. Ingmar Bergmans *Tystnaden/Das Schweigen* (Schweden 1963), pessimistische und tiefgründige Studie der Einsamkeit, der Verzweiflung und der Versagung, sahen sich viele Leute nur aus dem Grund an, weil die Sex-Szenen so lebhafte öffentliche Diskussionen entfesselten – unter anderem auch darüber, zu welchen Schnitten sich die Zensur in den einzelnen Ländern verpflichtet gefühlt hatte usw. *The Dirty Dozen* und *Bonnie and Clyde* gingen mit der Gewaltdarstellung noch ein oder zwei Schritte weiter. Nachdem der Boden auf diese Weise bereitet war, konnte Sam Peckinpah es sich leisten, den Film *The Wild Bunch/Sie kannten kein Gesetz* (USA 1969) zu machen, – übrigens eine meisterhafte Meditation über Gewalt und Moralität.

2. Wie das Image zustande kommt

Wir befassen uns nun mit dem Problem der Struktur der Imagebildung. Der Aufbau des Image erfolgt in der Hauptsache durch einen Publicity-Apparat. Diese Einrichtungen sind eine Sache für sich und haben nichts mit den Werbeagenturen zu tun, deren sich andere Industrien bedienen. Zunächst einmal verfügen diese Public-relations-Apparate über eine große Zahl von speziell entwickelten Außenstellen. In den großen Filmstudios sind das besondere Abteilungen; bei den selbständigen Produzenten wird die Öffentlichkeitsarbeit für gewöhnlich in Zusammenarbeit mit den Public-relations-Abteilungen der Verleihfirmen und der Kinobesitzer durchgeführt. Dem Apparat stehen folgende Kanäle zur Verfügung: die Trailer (kurze, mit Kommentar unterlegte Auszüge aus dem jeweiligen Film, die bis zum Tage der Uraufführung als Vorschau im Rahmen der Kinoprogramme gezeigt werden); die Fan-Zeitschriften (Monatsmagazine, die überwiegend oder ausschließlich Klatsch, Interviews und Vorbesprechungen von in der Produktion befindlichen Filmen enthalten. Der Klatsch befaßt sich vor allem mit Stars, aber auch mit Produzenten und Studiomanagern. Auch Radio und Fernsehen bringen Magazinsendungen dieser Art). Ferner die Tagespresse (Interviews, periodische Veröffentlichungen, Artikel und Features werden in Zeitungen und Zeitschriften untergebracht, bisweilen werden sie von freiberuflich tätigen Publizisten verfaßt, manchmal von Redaktionsmitgliedern oder freien Mitarbeitern der Zeitschriften mit Unterstützung der Filmgesellschaft); inoffizielle Erstaufführungen zu Testzwecken (sneak previews) und Gala-Premieren (Sondervorführungen vor einem speziellen geladenen Publikum); Besprechungen durch eine Vielzahl von Zeitungs- und Zeitschriftenrezensenten; und schließlich Bücher über den Film oder nach dem Drehbuch verfaßte Romane sowie Schallplatten mit Filmmusik. All diese Wege dienen dazu, dem Film weite Publizität zu verschaffen. Die meisten lassen sich zu gewissem Grade manipulieren. Selbst Kritiker können durch Umwerben und Schmeicheleien und andere Mittel beeinflußt werden. Da ihr Einfluß im allgemeinen gering ist, wird auf sie nicht viel Anstrengung verwandt. Last not least bedient man sich der Plakatwerbung aller Art, vielfach auf besonderen Anschlagbrettern. Welcher dieser vielen Kommunikationskanäle benutzt wird und auf welche Weise ist Sache des jeweiligen Publicity-Fachmannes und seines Stabes. Für Trailer (Vorschauen) und Plakate wird stets gesorgt. Stanley Kramer holte Journalisten per Flugzeug aus der ganzen Welt zur Pressevorführung seines Films *It's a Mad, Mad, Mad, Mad World* nach Hollywood. Premieren finden gleichzeitig in verschiedenen Weltstädten statt; Illustrierte Broschüren werden verteilt, „Oskars" verliehen (entgegen der allgemeinen Auffassung haben diese Ehrungen in erster Linie Publicity-Wert), Film-Festivals veranstaltet, Partys gegeben und so fort.

Eine Struktur jedoch entsteht völlig absichtslos und entzieht sich der Kontrolle des Public-relations-Mannes: die simple Information von Mund zu Mund. Wie ich schon sagte, bin ich der Meinung, daß für jeden Film Mundpropaganda gemacht wird, vorausgesetzt er besitzt Unterhaltungswerte, erhält wirksame Förderung und erfüllt die Erwartungen. Diesen letzten Faktor halte ich für besonders wichtig: Ein Film mag noch so geschickt an den Mann gebracht werden, – enttäuscht er die Leute durchweg, werden sie ihm kaum ihren Freunden empfehlen. Im Gegenteil: sie werden sagen, er sei überschätzt worden oder er sei nicht besonders gut. Ich kenne kaum einen Fall, in dem die Mund-zu-Mund-Information allein einen Film verkauft hätte, – ohne daß für ihn Publicity gemacht oder ein Image geschaffen worden wäre. Zwar gibt es einige solcher Fälle; in der Branche nennt man sie „sleeper": Ein nicht der Förderung für wert erachteter Film hat unerwartet überwältigenden Publikumserfolg, so daß man sein Image zu kultivieren beginnt und er zu guter Letzt doch noch viel Geld einspielt.

Ihre Publicity-Methoden übernimmt die Filmwirtschaft von anderen Industrien, die ja ebenfalls Werbekampagnen veranstalten und honorieren. Den Prozeß der Wertung hingegen, bei dem die Kritik auf den Plan tritt, gibt es in anderen Industrien nicht. Die inoffiziellen Erstaufführungen (sneak-previews) haben nichts damit zu tun. Eine solche inoffizielle Veranstaltung wird nicht einem Publikum aufgezwungen, das etwas anderes erwartet. Vielmehr ist vorn am Schirmdach vor dem Eingang ein Schild angebracht, auf dem zu lesen steht „major studio preview tonight". Ebensowenig haben Gala-Premieren, Oskars und Festivals unmittelbar mit Fragen der Bewertung zu tun. Erstere sind Prominenten- oder Wohltätigkeitsveranstaltungen; auf den anderen gibt die Industrie ihre Stimme ab, die vor allem nach den Kasseneinnahmen zu urteilen geneigt ist. Bei Oskar-Verteilungen und Festivals verleihen freilich eine Jury oder auch Krtiker die Preise. Jedoch die Vorauswahl wird von der Industrie oder den Festival-Behörden kontrolliert, deren Motive entschieden „gemischt" sind. Die Kritik ihrerseits ist eine besonders privilegierte Gattung. Für sie werden die spät-vormittäglichen „Pressevorführungen" veranstaltet. Da sitzen dann ein paar Mann in einem halbleeren Kino, die Hände um Stöße von Werbematerial geklammert, und versuchen sich ihre Meinung über den Film zu bilden, der am nächsten Tag anlaufen soll. Bisweilen werden sie nachher noch mit Drinks traktiert, wobei sie den drängenden Fragen ihrer Gastgeber „Was halten Sie von dem Film?" auszuweichen trachten. Die Mehrzahl der Zeitungen und Zeitschriften im Lande haben einen speziellen Rezensenten für die Filmkritik eingestellt. Integre Blätter lassen ihn oder sie ohne Rücksicht auf mögliche Anzeigeneinbußen schreiben, was sie denken. Seltsam ist, daß diese Vorführungen von einer Industrie veranstaltet werden, die fest davon überzeugt ist, daß die Kritik auf den Kassenerfolg wenig oder gar keinen Einfluß hat. Darüber hinaus bin ich persönlich der Meinung, daß die Industrie in dieser Annahme nicht fehl geht. Es gibt so und so viele Filme und so und so viele Filmrezensenten, die an so und so viel Tagen für so und so viele Zeitungen schreiben, daß man nicht damit rechnen kann, irgendeiner im Publikum werde sich davon beeinflussen lassen, es sei denn, er sei speziell interessiert. Die wenigen, die sich danach richten, sind oft Anhänger des einen oder anderen Rezensenten, an dem sie eine spezielle Affinität zu erkennen glauben. Berühmte Wochenmagazine indes wie *Time* und *Newsweek* üben natürlich einen gewissen Einfluß aus. Dennoch erweisen ihre Filmrezensenten sich oft als kompromißlos, hochgestochen und unfähig, den Publikumsgeschmack zu lenken, – mögen sie einen Film noch so erbarmungslos herunterputzen.

Dennoch: Ist das Kino als Medium des künstlerischen Ausdrucks und zugleich als eine der größten Institutionen zu betrachten, hat auch die Kritik große Bedeutung. Denn die Funktion der Kritik ist es, auseinanderzusetzen, warum Werke gut oder schlecht sind. Sie wirkt also bildend und aufklärend. Uns geht es um die Entwicklung des Unterscheidungsvermögens, um die Errichtung von Standards; sonst wird man den Film nicht ernst nehmen. Ob dieser Anspruch auf Anerkennung seiner Seriosität zu recht besteht, kann hier nicht eingehender erörtert werden, da diese Studie soziologischen und nicht ästhetischen Aspekten gewidmet ist. Jedoch möchte ich noch einige soziologische Bemerkungen zur Filmkritik anfügen, die ihre Geschichte und Entwicklung sowie ihren Grad an Objektivität betreffen. Ich halte sie für geeignet, den Band abzuschließen, weil sie den Anspruch auf Anerkennung des Mediums Film stützen. Dies scheint mir angesichts des Umstands, daß die Jugend bislang auf Schulen und Universitäten über Film ganz unzulänglich unterrichtet wurde, dringend geboten.

XVI. Zur Objektivität der Filmkritik

Die Geschichte der Filmkritik ist die Geschichte eines Spätentwicklers. Es scheint mir kaum angebracht, hier noch viel Tinte auf eine Erörterung der Kurzfilme des primitiven Aktualitätenkinos der Frühzeit zu vergeuden. Obwohl man sich bereits in den 10er Jahren unseres Jahrhunderts regelrecht mit dem Film auseinandersetzte, erhielt doch die Filmrezension erst aus den theoretischen Schriften der großen russischen Regisseure Eisenstein und Pudowkin einen kraftvollen Anstoß. Ihnen sind zudem eine Reihe von Theorien der Filmästhetik zu verdanken. Schon in den 20er Jahren hatte man begonnen, regelmäßige Filmkolumnen in den Zeitungen und Zeitschriften einzurichten; in den 30er Jahren wurden sie fast allgemein üblich. Seltsam ist, daß *Filmbesprechung* und *Filmkritik* etwa zur gleichen Zeit entstanden. Sie lassen sich leicht unterscheiden: Ziel der *Besprechung* ist es, möglichst direkt und begründet die Frage zu beantworten, ob der Film sehenswert ist oder nicht. Die *Kritik* hingegen will den Film nach strengen Maßstäben oder an Hand eines – interessanteren – Prüfungsverfahrens bewerten: Der Kritiker sucht zu erklären, worin die Qualität eines Films oder worin seine Mängel bestehen.

1. Die Entwicklung der Filmkritik

Zu den ermutigenden Anzeichen für die Entwicklung der Filmbesprechung gehört, daß sie sich allmählich die von der Kritik erarbeiteten Maßstäbe zu eigen macht. Die besten Filmbesprechungen der englischsprachigen Welt legen sehr hohe Maßstäbe an, die sie der kristischen Diskussion verdanken. Darum werde ich die Entwicklung der Filmkritik beleuchten und im einzelnen nicht darauf eingehen, wie weit sie sich auf die Filmrezension ausgewirkt hat. Die Filmrezension der frühen Jahre kannte, wie die unzulängliche heute noch, so gut wie keine Maßstäbe.

Damals mußte die Filmkritik mit zwei Problemen zugleich fertig werden: zum einen wollte sie die Anerkennung des Films als seriöses Medium durchsetzen, zum anderen mußte sie diesen Anspruch durch Darlegung von Maßstäben begründen. Durch die Vermengung beider Probleme entstand naturgemäß einige Konfusion: Antworten auf das erste Problem wurden irrigerweise für Antworten auf das zweite gehalten, und dabei blieb es dann. So begegnen wir folgender, lang und breit dargelegter Argumentation: Der Film ist eine Kunst, weil er die Realität zu erfassen imstande ist; da die Realität ernstgenommen werden muß, ist auch der Film ernst zu nehmen[1]. Plausibler ist folgendes Argument: Der und der Film hat zweifellos Weltformat, daher muß auch das Medium ernstgenommen werden. Dieses Argument wurde dann auf den Kopf gestellt, als es versuchsweise hieß: Der und der Film ist ein bedeutendes Kunst-

[1] Siehe oben Kapitel X, 1.

werk, *weil* er Realität einfängt. Natürlich trugen noch viele andere Fragen zu diesem Durcheinander bei; so verwechselt man zum Beispiel Wahrheit mit Realität usw.
Die erste ernsthafte kritische Theorie aber besagte: Der Film ist in unvergleichlicher Weise geeignet, das materielle Leben wiederzugeben, wie es ist: Hier konnte der Film Anspruch auf den Rang einer wahren Kunst erheben. Jedoch wertfreies Registrieren und Beobachten der Kamera ist noch kein Realismus. Schon Eisenstein hatte erkannt, daß man mit Hilfe der *Montage* selektiv vorzugehen vermochte: Man konnte die Realität zerlegen, eine Auswahl treffen oder bestimmte Aspekte hervorheben. Auslese und Hervorhebung hatten nach seiner Auffassung die Funktion, das momentane Erleben zu reproduzieren sowie freizulegen, was sich dem Blick entzieht. Der Sturz eines Pferdes von einer aufsteigenden Zugbrücke ließ sich per Zeitlupenaufnahme lebendiger vermitteln; der Umsturz überalterter Traditionen konnte durch berstend zusammensinkende Statuen oder durch die auf den Kopf gestellte Aufnahme einer Kirche zum Ausdruck gebracht werden; Kerenskys Aufstieg an die Macht wurde symbolisiert indem man den Darsteller eine lange Treppenflucht hinaufsteigen ließ.
Diese Theorie geht von bestimmten Voraussetzungen aus, nämlich, daß der Film seinem Wesen nach ein visuelles Medium sei und daher den visuellen Realismus anstreben müsse. Mit der Einführung des Tons, den die Theoretiker zunächst zu ignorieren versuchten, brachen diese beiden Postulate zusammen[2]. Unterdessen sind mehr als fünfunddreißig Jahre vergangen, in denen der Film sowohl als sichtbares wie hörbares Medium Bestand gehabt hat. Doch unabhängig davon, gibt es noch andere Argumente dagegen, daß Realismus das Wesen des Films sei. Irgendwo müssen ja auch Zeichentrickfilm, Horrorfilm, Historischer Film und Musical einzuordnen sein. Man wird es sicher wenig befriedigend finden, wenn man zu hören bekommt, daß sie *essentiel* nicht filmisch seien. Das heißt nur, mit willkürlichen Definitionen operieren, und der Sieg ist lediglich verbal[3]. Zudem können wir uns auf das Gegenbeispiel der Czinnerschen Opern- oder Ballettfilme oder die kantonesischen Filmopern berufen, die für meinen Geschmack zwar sehr bühnenhaft und langweilig sind, ihren Zweck aber hervorragend erfüllen. Darüber hinaus sind sie getreue audio-visuelle Reproduktionen von echten Bühnenaufführungen. Diese wiederum bilden einen Teil des realen Lebens der Menschen; sie sind nicht mehr und nicht weniger wirklich als Familienbeziehungen, Job, Existenzkampf, etc. Warum also werden diese Art Filme nicht als Leinwandkunst aufgefaßt?
Die Forderung nach Realismus zeitigte überdies noch unglückselige Konsequenzen. Zum Beispiel hatte sie zur Folge, daß man Wert auf die Aufrichtigkeit und Integrität des Filmschöpfers legt. Da dies aber ein Zustand des Schöpfers wäre, ist er in gewissem Sinne für das Kunstwerk als solches nicht relevant. So braucht zum Beispiel sich die Wertung und Interpretation des Werkes keineswegs an den Intentionen des Filmschöpfers zu orientieren. Außerdem sind Kamera und Tonband Instrumente, mit denen

---

[2] Vgl. Raymond Spottiswood (1935), sowie P. Rotha (1963), S. Eisenstein (1943), (1949), A. R. Manvell (1944), S. Kracauer (1960) und I. Montagu (1964). In einigen dieser Werke wird die Existenz des Tons kaum zur Kenntnis genommen; andere qualifizieren ihn als irrelevant ab.

[3] Vgl. Pauline Kael (1965) über Kracauers *Theorie des Films* (1960).

man ebenso selektiv umgehen kann, wie mit Feder und Pinsel. Und doch, – trotz all dieser auf der Hand liegenden Einwände blieb es bei dieser Theorie: Realismus war Trumpf.

2. Der Film als Spiegel der Natur

Wiewohl ich jenen Theoretikern nicht zustimmen kann, die behaupten, der Film habe eine besonders intime Beziehung zur Realität, so meine ich doch, daß er auf interessante Weise die Gesellschaft widerspiegelt. Stets habe ich mich gefragt, warum an Filmen so heftige Kritik deshalb geübt wird, weil sie Gewalt, Sex, wüste Parties usw. zeigen. Denn diese sind real, und sie dienen auch anderen Medien als Stoff – zum Beispiel der Presse. Das Standardargument, mit dem man den Film zum Sonderfall stempeln will, gründet sich auf die Vorstellung, daß der Film die Trends, die er darstellt, auch fördere – als wolle man behaupten, der Film würde Neigungen und Vorkommnisse damit, daß er sie in den Brennpunkt rückt oder sachlich abhandelt, für immer fixieren – Vorkommnisse und Tendenzen, von denen die Kritiker wünschen, es gäbe sie nicht. Diese Furcht, daß etwas darstellen, es auch heraufbeschwören heißt, scheint mir noch der Wort-Magie verhaftet: Von einem Ding zu sprechen, insbesondere es beim Namen zu nennen, bedeutet, daß das Flüchtige Gestalt annimmt, unausweichliche Macht erhält; es ignorieren, nicht davon sprechen hingegen läßt der schwachen Hoffnung Raum, daß es nicht existiere. In unserer modernen Kultur macht man es mit Worten wie „Tod“, „Sex“ und „Krebs“ nicht viel anders.

Liest man bei H. B. Stephens (1926) wie schrecklich es sei, daß im Film Petting-parties vorkommen, wird einem klar, daß es in Wirklichkeit die Petting-parties sind, die er mißbilligt, und nicht Filme über Petting-parties. Zwar informiert der Film über Petting-parties; aber das gleiche geschieht auch durch andere Medien oder mündlich. Es stimmt nicht, daß der Film diese Art Parties gutheißt, zu ihrer Nachahmung anregt und die Gesellschaft mit einem bösen Zauber verhext. Vielmehr kann der Film ein Spiegel der Menschennatur sein: sie reflektieren, sie im Vergrößerungsglas zeigen, ja, sogar auf sie einwirken. Filme spiegeln nicht nur die Gesellschaft nach ihrem Bild, sie können umgekehrt wirken, indem die Gesellschaft sich nach dem Bilde des Films richtet.

Eine den Realismus ablösende Theorie, die von der Richtung des dokumentarischen Films vertreten wurde, forderte dann, daß der Film die „schöpferische Interpretation der Wirklichkeit“ zu sein habe. Diese Theorie lehnte zwar das „Die Kamera ist selektiv-Argument“ ab. Doch auch sie hielt an der Auffassung fest, daß es etwas als „Realität“ oder „reales Leben“ zu Bezeichnendes gäbe, das einzufangen gerade der Film besonders geeignet sei. Bezieht man jedoch die Kreativität mit ein, ergeben sich neue Schwierigkeiten für die Verfechter dieser Theorie. Die großen nazistischen Dokumentarfilme der 30er Jahre, *Olympia, Triumph des Willens* (Deutschland 1934) oder *Blitzkrieg im Westen* (zusammengestellt aus deutschen Wochenschaustreifen, 1940), die großen pro-kommunistischen Filme der Russen aus den 20er Jahren, Eisensteins *Statschka/Streik* (UdSSR 1925), *Bronenosez Potjomkin/Panzerkreuzer Potemkin* (UdSSR 1925) sowie die patriotischen englischen und amerikanischen Propagandafilme aus dem 2. Weltkrieg, sie alle wären dann gleicherweise als Kunst zu betrachten, da ja auch sie die Wirklichkeit schöpferisch interpretieren; vermutlich sollten diese Filme allen Ernstes und aufrichtig die Realität so wiedergeben, wie ihre Schöpfer (und deren Sache) sie sahen. Aus irgendeinem Grund erregte diese Folgerung nicht gerade Entzücken. Anders läßt sich die progressive Tendenz vieler Publikationen über den Film nicht erklären. Sie dauert in Frankreich noch an – das Filmjournal *Positif* ist mehr oder weniger offen marxistisch – desgleichen in England, wo die Free Cinema Bewegung der Mitt-50er Jahre ein Bestandteil des nach der Suezkrise entwickelten Links-Syndroms war, wie auch in Amerika, wo lange Zeit Richard Griffith als ihr Prophet fungierte.

Möglicherweise in Reaktion auf diese Schwierigkeiten stellte man in den 50er Jahren eine weitere Realismus-Theorie auf: Der Film müsse sich für die wirklichen Verhältnisse *engagieren.* All diese Theorien, – das muß hier gesagt sein, – waren dazu gedacht, zu erklären, warum weltweit anerkannte Meisterwerke des Films eben Meisterwerke waren. Wie weit man diese Theorien jedoch auch nur einen Augenblick ernst nehmen konnte, scheint weitgehend von den zu ihrer Erläuterung herangezogenen Beispielen abhängig gewesen zu sein. Ich persönlich teste sie an folgenden Filmen: Gilt sie auch für Griffiths *Birth of a Nation,* Buster Keatons *The Navigator,* Welles' *Citizen Kane,* Milestones *A Walk in the Sun,* Kurosawas *Rashomon,* Bressons *Journal d'un Curé . . .,* Cocteaus *Orphée,* Minnellis *Bandwagon,* Antonionis *L'Avventura* und Bergmans *Tystnaden* (Das Schweigen)? Ich muß hier noch weitere fragliche Fälle anführen: gewisse Zeichentrickfilme und Cartoons, Horror-, Gangster-, Spionage-Filme und Western. Das Schlimme ist, daß die Theoretiker sich anscheinend nur an bestimmte Paradigmen halten – beginnend mit D. W. Griffith über die russischen Stummfilme, die englische Dokumentar-Bewegung bis zum italienischen Neo-Realismus der Nachkriegszeit. Das alles ist gut und schön; aber diese Filme gehören bereits ein und derselben Art an insofern, als Hauptabsicht eines jeden war, die Realität einzufangen. Meine Liste enthält Filme, deren Schöpfer auf Wahrheit bedacht waren. Doch wie es mit ihrer Realität aussieht, oder mit ihrem Mangel daran, ist eine verzwickte Sache.

Kehren wir zu den 50er Jahren und der damals vorherrschenden Theorie zurück: zur Theorie des Engagements. Diese, die in Sartres obskurem Begriff *engagement* ihren Ursprung zu haben scheint, bewertete einen Film danach, ob er *engagé* sei oder nicht. Dies wiederum scheint eine Gegenbewegung auf die von den *Cahiers du Cinéma* vertretene Theorie der *politiques des auteurs* gewesen zu sein, nach der nur eines zählte: der kreative Künstler, der dem Ganzen Gestalt gab. Nun läßt sich dieser *auteur* in den von mir oben zitierten Fällen ganz leicht identifizieren. Die *politiques* aber dienten für die Beurteilung amerikanischer Filme als Maßstab und spielten Leute wie Samuel Fuller, Budd Boetticher, Raoul Walsh, Howard Hawks, Leo McCarey, Nicholas Ray, Frank Tashlin und andere hoch. Die *politiques*-Theoretiker vergötterten den Schalk Alfred Hitchcock geradezu. Als man entdeckte, daß er römisch-katholisch war und eine Schwäche für Blondinen (Madaleine Caroll, Ingrid Bergman, Grace Kelly, Kim Nowak, Eve Marie Saint, Tippi Hedren) hatte und daß er auch seriösere Filme *(I Confess/Ich beichte/Zum Schweigen verurteilt)* zustande brachte und für französische Filmkritiker verwirrende und tiefsinnige Bemerkungen – wie „der Film ist ein Stück Kuchen, nicht ein Stück Leben" – von sich gab, machte man den metaphysischen, tiefgründigen Forscher des Mediums aus ihm. Die Theoretiker der „politiques" befanden zudem, daß jeder Film eines *auteur* mehr wert war, als der gelungene Film eines Unbekannten. So verschwendeten sie viel Zeit auf alberne Filme wie Howard Hawks *Hatari/Hatari* (USA 1961) oder Nicholas Ray's *King of Kings/König der Könige* (USA 1960) oder sein *The Savage North/Im Land der langen Schatten* (amerik.-franz.-ital. Gemeinschaftsproduktion 1959/60), während alles, was ein Wyler oder Zinnemann hervorbrachten, für sie *inutile de se déranger* (nicht der Mühe wert) war.

Die Engagement-Theoretiker jedoch huldigten dem entgegengesetzten Extrem und werteten Filme nach ihrem Engagement. Seltsamerweise konnte kein Engagement-Rezensent je auf die naheliegende Frage: „Engagement wofür?" Antwort geben. Jedoch am Pantheon der Engagement-Helden läßt sich ersehen, daß man sich für die Armen, die Unterdrückten, die Einfachen und Friedfertigen etc. einsetzte. Selbst innerhalb ihres eigenen Rahmens führte diese Theorie zum Absurden: Die Meinungen waren von vornherein schon derart festgelegt (denn immerhin wird bereits ein Skript oder die Zusammenfassung eines Plots für gewöhnlich erkennen lassen, in welcher Weise ein Film engagiert ist), daß die amateurhaften Free Cinema-Filme in höchsten Tönen gelobt, ihre Unzulänglichkeiten aber übergangen wurden, während man einen Film wie Lewis Milestone's *Halls of Montezuma* als chauvinistisch abtat. In den Bond-Filmen entdeckte man faschistische Tendenzen, desgleichen in *On the Waterfront.* Es war ein Spielchen, eine Art umgekehrter McCarthyismus, doch kaum eine hilfreiche Theorie. Und welches Engagement verfolgten zum Beispiel Minnelli oder Walt Disney? Wiederum hatte man verstanden, eine überzeugend klingende Definition anzubringen; die Theorie aber bot keine Erklärung für Gegenbeispiele.

In dieser Theorie war noch eine andere verpackt: daß es rein formale Qualitätsmaßstäbe nicht gäbe, auch in anderen Künsten nicht; daß gute Technik noch lange keinen guten Film mache, ebenso wenig wie meisterliche Beherrschung der Verskunst schon ein gutes Gedicht. An dieser Auffassung ist viel Wahres. Doch an einem war nicht zu rütteln: während leere Stilübungen und unfähiges, aber um so leidenschaftlicheres Eintreten für eine Sache beide von Übel sind, haben erstere den Vorteil, zumindest weniger langweilig und peinlich zu sein. Hier scheiden sich wohl die Geister: Die einen scheinen Mängel in der Darstellung in Kauf zu nehmen, wenn nur die Sache gut ist; die anderen bleiben dabei, daß man nicht das Recht habe, für eine Sache einzutreten, wenn man nicht in der Lage sei, sie künstlerisch zu artikulieren. Dennoch, obwohl dem so ist, muß derjenige auf einem Auge blind sein, der Leni Riefenstahls Film von den Olympischen Spielen nicht künstlerisch würdigt. Hier haben Konzentration und Konsequenz, die bewundernswerte Formulierung eines Standpunkts, – mag man auch noch so wenig mit ihm übereinstimmen, – mehr Gewicht als die persönliche Geschmacksrichtung. Man kann sich vernünftigerweise diesem Werk ebensowenig verschließen, wie, sagen wir, einem Werk des Aristoteles oder Thomas von Aquin, die man ebenso wenig als „schlecht" bezeichnen würde, weil man ihre Philosophie nicht billigt. Ein Werk kann man selbst dann wegen seiner logischen Darstellung und seines klar und präzise entwikkelten Gesichtspunktes bewundern, wenn man diesen Gesichtspunkt von A bis Z nicht teilt.

Das Wunder oder die Schönheit eines Kunstwerks hängt nicht davon ab, ob sein Inhalt wahr ist, ebensowenig wie die Wahrheit seines Inhalts seine künstlerische Qualität garantiert. Ein Kunstwerk ist ebensowenig ein Agent der Moral wie ein Stein; daher kann es weder gut noch schlecht, noch wahr oder falsch sein. Was es mitteilt, mag ganz unabhängig von seinem künstlerischen Wert moralisch wahr oder falsch oder faktisch wahr oder falsch sein. Kunstwerke, die sich mit Themen à la Marquis de Sade befassen, sind nicht *ipso facto* schlecht, ebensowenig wie Kunstwerke, die freimütige sexuelle Darstellungen enthalten, – wie jeder bezeugen wird, der das japanische Shunga kennt. Was macht es schon aus, ob *The World of Suzie Wong/Die Welt der Suzie Wong* (USA 1960) auf Hongkong zutrifft oder nicht? Gewisse Fakten der ökonomischen und sozialen Struktur der Prostitution stimmen nur zu genau; Psychologie und Emotionen der am Geschäft der Prostitution Beteiligten hingegen geben ein falsches Bild. Können wir umhin, zu dem Schluß zu gelangen, daß es einen autonomen ästhetischen Bereich geben muß, von dem aus betrachtet ein Kunstwerk *zuallerletzt* danach beurteilt wird, was es darstellt? Müssen wir uns nicht sagen, daß die Meisterung der Form die notwendige Vorbedingung aller guten Kunst ist, obwohl sie allein nicht genügt? Trifft dies nicht auch auf den Stoff zu, und nicht nur darauf, ob wir ihn akzeptabel oder wahr oder attraktiv finden? Humanität und Verständnis wird man sich von menschlichen Wesen wünschen, doch sehe ich nicht, wie man sie von Kunstwerken fordern kann.

Ehrlich gesagt glaube ich nicht uneingeschränkt an das Argument, das ich soeben vorbrachte, und ich weiß auch nicht, wie ich es modifizieren soll. Manche Menschen sind blind für faschistische Kunst, so wie ich mit Hegel oder Wagner nichts anfangen kann. Kunst läßt sich logischerweise von ihren moralischen und politischen Dimensionen nicht trennen. Und so fürchte ich bisweilen, daß meine Fähigkeit, mich in den masochistischen römisch-katholischen Geist eines Films wie *Le Journal d'un Curé de Campagne* oder in den ritualistischen faschistischer Filme zu versetzen, ein Warnsignal ist; meine Sympathien mit deren Ideen sind nur oberflächlich.

Nachdem ich hier ziemlich subjektiv und autobiographisch vorgegangen bin, werde ich nunmehr versuchen, der Filmkritik aus der Klemme zu helfen.

3. Für eine rationale Filmkritik

„Die Notwendigkeit einer rationalen Tradition" schreibe ich, weil ich mir bewußt bin, daß sich mit einem kurzen Abschnitt im letzten Teil eines schmalen Bandes noch keine Tradition gründen läßt. Es geht mir darum, hier darzulegen, daß die Filmkritik allein auf der Basis der Tradition einer *kritischen Diskussion,* einer rationalen Tradition also, rational und objektiv sein wird. Ich möchte die Idee widerlegen, daß Filmkritik notwendigerweise *subjektiv* sein muß und werde versuchen zu zeigen, daß sie in einem bestimmten Sinn als objektiv bezeichnet werden kann, dann nämlich, wenn sie der gleichen Tradition folgt, die unseren Lernprozeß bestimmt[4].

1961 hatte die Alte Garde der Filmkritik in England – aufgrund einer allgemeinen Unzufriedenheit mit der damaligen Filmkritik – sich erneut in die Engagement-Debatte von 1956/57 verstrickt. Während man beipflichten wird, daß an der Filmkritik weitgehend etwas nicht stimmte, muß man doch bedauern, daß die Diskussion so bald sich in Nebengleisen, wie Form *kontra* Inhalt oder Engagement *kontra* freie Themen festfuhr.

---

[4] Eine mehr technisch philosophische Begründung dieser Ansicht enthält I. C. Jarvie (1967a).

Im folgenden versuche ich zu rekonstruieren, wie die ganze Konfusion um die Engagement-Theorie zustande kam. Die Vorstellung, es gäbe zuverlässige, nachweisbare Regeln und Prinzipien für die Kunstkritik, läßt sich angesichts der Tatsache, daß alle in Frage kommenden Regeln sich als höchst anfechtbar erweisen, nicht aufrechterhalten. Aufgrund dieses Mankos, daß sich verläßliche Regeln nicht *nachweisen* lassen, wird zu unrecht gefolgert, daß es keine verläßlichen Regeln gäbe und man sich mit der Subjettivität und Relativität der Meinungen abfinden müsse. Das einzige aber, das sich zu recht ableiten läßt, ist ihr Nicht-manifest-Sein: Es ist keineswegs abwegig, wenn Leute, die sich über dieses Ausweichen ins Irrationale entsetzen, ihm zu entgehen trachten. Sie suchen den Relativismus zu überwinden, indem sie das subjektivistische Argument dahingehend einschränken, daß Kriterien nicht *nachweisbar* stimmig sind, – eine These, die sie jedoch (irrigerweise) so auslegen, als ob es *zuverlässige* Kriterien eben nicht *gebe* und es somit eine willkürliche und persönliche Angelegenheit sei, für welche man sich entscheide. Dieses Sich-Entscheiden für einen bestimmten Set von Kriterien setzt dem Subjektivismus allerdings auch Grenzen, denn hat man ihn erst einmal übernommen, kann man die zugehörigen Kriterien objektiv anwenden. In Wirklichkeit aber schiebt man die irrational subjektive Entscheidung nur vor sich her – der Zwang zur Entscheidung lauert noch immer im Hintergrund. Deshalb, und weil man sie durch ein Irrationales zu überwinden glaubte, finden wir in der Filmkritik so viele moralische und politische Vorurteile, die in der fanatischen Überzeugung ihrer Unfehlbarkeit (siehe Lindsay Anderson mit seinem „Stand Up! Stand Up!“) vorgetragen werden.
Dennoch, der Subjektivist hat recht mit der Ansicht, daß es kein Rezept gibt für gute Filmkritik (und ebensowenig für gutes Filmemachen), dies daher essentiell eine individuelle Angelegenheit ist, und daß Engagement für eine bestimmte Sache oder fehlendes Engagement nicht unbedingt in diesem Rezept enthalten sein müssen. Andererseits folgt aus der Tatsache, daß zuverlässige Kriterien nicht nachweisbar sind, noch nicht, daß alle Kriterien gleicherweise unzuverlässig sind.
So wollen wir noch einmal von vorn beginnen und von der Prämisse ausgehen, daß an der gegenwärtigen Filmkritik etwas nicht stimmt. Wie ich es sehe, hat sie drei Kardinalfehler: sie ist romantisch, orakelnd und literarisch. Wie sie nach meiner Ansicht sein sollte, wird deutlich werden, wenn ich auseinandersetze, wie sie *nicht* sein sollte.

4. Die romantische Ablehnung der Vernunft

Der Romantiker sieht im Filmemacher ein besonderes, von mysteriösen „Inspirationen“ besessenes Wesen, von dem er annimmt, daß es lediglich die Flut dieser Eingebungen festzuhalten brauche. Diese Vorstellung vom Künstlertum reicht mindestens bis Homer zurück, – der buchstäblich die Muse anrief, damit sie durch ihn spreche, – und ist noch in der primitiven Idee verwurzelt, daß in außergewöhnlichen Menschen, Heiligen und Wahnsinnigen Geister (spirituelle Wesenheiten, daher das Wort „Inspiration“) hausten. Zum Unglück für den Romantiker ist der moderne Rationalist überzeugt, daß er bei der Filmkritik ohne den Glauben an Musen und Geister auskommen kann. Immerhin sind Poeten, die ihre Dichtungen, und Philosophen, die ihre Werke aus dem Handgelenk zu Papier bringen (Bertrand Russell) ebenso selten, wie Filmemacher, die ihre

Filme aus dem Stegreif produzieren (Jean-Luc Godard). Für gewöhnlich erfordert der Schaffensprozeß weit mehr Nachdenken und Überlegung, als der Romantiker zugeben mag, – unter anderem auch das rationale Wissen um die Möglichkeiten des Mediums und mehr noch um seine Grenzen. Ein Film ist nicht unmittelbare persönliche Aussage, vielmehr die Frucht der Kombination von diversen Talenten diverser Menschen, die unter der Führung eines mehr oder minder mächtigen Leiters (des Regisseurs) zum Zweck der Herstellung eines zusammenhängenden Films aufeinander abgestimmt werden müssen. Film ist eine Sprache, die sich nur von einer Gruppe von Menschen und mit Hilfe einer Vielzahl von Ausrüstungsgegenständen artikulieren läßt. Diese Begrenzung ist mindestens ebenso gewichtig wie die „Inspiration" des Leiters.

Viele Menschen bekommen blitzartig Einfälle, manche aber haben mehr und/oder bessere Ideen als andere. Der Filmkünstler wird beurteilt nach dem, was er bei dem Bemühen, seine Ideen in ein nur teilweise verbales Medium zu transponieren, zustande bringt. Dieser kreative Prozeß geht nach dem Prinzip von Versuch und Irrtum, von Entwurf und Revision vor sich. Was hieraus entsteht, und nicht der innere Wert der Ursprungsidee ist es, das zählt. Schon häufig hat man versucht, mit filmischen Mitteln darzustellen, wie sich sozialer Druck auf die Liebe auswirkt, – ein nobles und bedeutendes „Anliegen". Aber es gibt nur einen *Muerte di un ciclista/Der Tod eines Radfahrers* (Spanien 1955) und nur ein *L'Avventura.* Warum wohl? Weil nur ein Bardem oder ein Antonioni solch ein Thema zu meistern verstand. Die Besprechung dieser beiden Filme könnte sich als Tummelplatz für unzulängliche Kritik erweisen: Eine Zusammenfassung des Plots würde ihrer auffallenden Ähnlichkeit nicht gerecht werden; eine Beschreibung des Themas (die Wirkung des sozialen Drucks auf die Liebe) würde auf größere Ähnlichkeit schließen lassen, als tatsächlich besteht. Lediglich eine sich auf das speziell Filmische beschränkende Kritik könnte zur Lösung des echten Problems beitragen, vor das sie den Kritiker stellen: inwiefern diese Filme zu den größten zählen, die je gedreht wurden.

Ist das Schaffen ein rationaler Prozeß, können wir auf die unheilvolle romantische Vorstellung verzichten, daß Kunst persönlicher Ausdruck des Künstlers sein soll, – eine Theorie, die man üblicherweise der kommunistischen und anderen Theorien entgegenstellt, die in der Kunst lediglich eine subtile Form der Propaganda sehen. Wie E. Wind in seinen Vorlesungen (1963, S. 57, 26 ff.) darlegt, ist die Auffassung, Kunst habe nichts mit Denken zu tun und solle lediglich dem Empfinden des Künstlers Ausdruck verleihen, erst jüngeren Datums. *Vor* der Wende zur Romantik sah man eine der primären Funktionen der Kunst gerade in der Erhellung und Wiedergabe „nicht-künstlerischer" Ideen. Auch hat Wind deutlich gemacht, daß solche irrige Scheidung zwischen gedanklichem Inhalt und Kunst ein Produkt der romantischen Revolte gegen den Verstand ist: Gemüt und Emotionen sollten mehr gelten als das Denken. Aber jeder Künstler hat auch außer-künstlerische Ideen, und deshalb zeugt auch seine Kunst davon (wenn auch nur von der metakünstlerischen Idee, daß Kunst frei von nicht-künstlerischen Ideen sein sollte). Insbesondere der Film ist nicht – wie Tanz à la Isadora Duncan – persönlicher Ausdruck, vielmehr das Resultat einer Transponierung der verschiedensten Ideen in das Medium unter Einsatz von Fantasie wie auch von Wissen um seine Möglichkeiten, Effekte und – wichtiger noch – um seine Grenzen. Diese Begrenzung steht sicherlich im Widerspruch zur Selbstausdruck-Theorie: Die Grenzen des Mediums *zwingen* den Künstler zur Adaptation und unter Umständen sogar zur Abänderung seiner ursprünglichen Vorstellungen, so daß die endgültige Form unter Umständen mit der ersten „Inspiration" nicht mehr viel Ähnlichkeit aufweist.

Die Herstellung eines Films hat mehr mit der Errichtung eines Bauwerkes gemein, als mit dem Herstellungsprozeß eines Gemäldes (von dem man konventionellerweise irrtümlich annimmt, der Maler habe es im Schwung der „Inspiration" geschaffen). Zwar folgt man beim Bauen der originalen Konzeption des Architekten. Doch ehe sie realisiert werden kann, müssen erst Bauland, Geld, Materialien, Maschinen und Arbeitskräfte beschafft und eingesetzt werden. Wie der Architekt sieht sich auch der Regisseur zur Anpassung an Material und Gegebenheiten benötigt. Die Vorstellung, daß der Regisseur für alles und jedes im Film verantwortlich sei, wie manche Kritiker glauben, ist naiv. Selbst der bemittelte Amateur muß sich den vom Material gesetzten Grenzen und dessen Eigenart sowie dem Talent seiner Freunde, der Zeit, dem Wetter und der Gunst der Verhältnisse anpassen. Also ist ein Film das Resultat eines Kompromisses zwischen konzeptionellen Ideen und Umständen. Der Künstler erstrebt die bestmögliche Lösung dieses Problems: wie gerade diese Ideen in Film umzusetzen sind, wie er durch Imagination die Umstände meistern oder sie gar für seine Zwecke nutzen kann. Die Lösung mag er auf intuitivem Wege finden; seine Absicht aber, das Problem so gut wie möglich zu lösen, ist rational. Daß die Kritik diesen Grad an Rationalität würdigt, ist das mindeste, was der Künstler von ihr erwarten darf. Und wenn aus dieser Anpassung ein schöner, zusammenhängender und bewegender Film hervorgegangen ist, sollte alles Warum und Weshalb mit dem Respekt analysiert werden, der dem Triumph des menschlichen Geistes über die Umstände gebührt.

5. Orakel und Sprüche der Weisen

Filmkritiker verstehen sich allzu oft als Orakel, als Inbegriff der Weisheit, die sich vor zwei Fragen gestellt sehen: Welche Absicht hat dieser Film (oder wovon handelt er), und ist er in irgendeiner Hinsicht gut? Wie ein Orakel verkünden sie ihre Antwort, und damit basta. Die Tatsache, daß andere Orakel andere Aussprüche tun, läßt sich für sie folgendermaßen erklären: entweder (1) ist die ganze Angelegenheit Ansichtssache (womit es letztlich keine Orakel gäbe), oder (2) die anderen Orakel sind Schwindel. Nehmen wir uns zuerst diese zweite, *ipse dixit*-Einstellung vor: (2) Nicht nur exponiert sich der Vertreter dieser Ansicht einem *tu quoque,* sie ist auch unglaublich unbescheiden und utopisch. Unbescheiden in der Annahme: „ich" allein erkenne die Wahrheit. Hier fehlt es an intellektueller Demut, an der Bereitschaft zu lernen, an Sinn dafür, wie schwierig es ist, einer komplexen und geheimnisvollen Schöpfung des menschlichen Geistes – einem Kunstwerk – mit dem unzureichenden, schwerfälligen Mittel der Sprache gerecht zu werden. Wir werden mit der kühnen Behauptung konfrontiert: „Ich" weiß ein für allemal, wie das Werk zu interpretieren ist, welchen Wert es hat. Diese Behauptung ist insofern utopisch, da es irrig ist, anzunehmen, wir würden die letzte Wahrheit, wenn wir sie zufällig entdeckten, auch als solche erkennen; für die Ergründung der Wahrheit reichen weder Leben noch Ewigkeit aus. Die Geschichte des

Denkens hat uns gezeigt, daß wir Tag für Tag mehr und mehr lernen, was auf Kunst und Film ebenso zutrifft, wie auf die Wissenschaften. An einem bedeutenden Filmwerk entdecken wir immer wieder neue Absichten (obwohl zugleich im Lauf der Zeit andere seiner Absichten an Bedeutung verlieren). Und mittels Diskussion und Reflexion lernen wir nach und nach ihren Wert besser zu taxieren. Bisweilen lernen wir dies durch Austragen unserer eigenen Argumente mit uns selbst; manchmal lernen wir es, indem wir uns lesend und reflektierend mit den Ansichten anderer über Absicht und Wert eines Films auseinandersetzen. Orakel aber gibt es nicht. Man kann nur versuchen, sich auf rationalem Wege über einen Film klar zu werden: durch kritische Diskussion, die, wird sie aufrechtgehalten, als *kritische Tradition* bezeichnet werden kann. Solche Traditionen wirken zum Beispiel in der Weise, daß man in der Literaturkritik mehr oder weniger in der Frage zur Übereinstimmung gelangte, welches die größten englischen Dichter sind. In ähnlicher Weise scheint auch die Filmkritik einem Einvernehmen zuzustreben, wenn man ihr zur Auflage machen würde, die Filme zu benennen, die sie für die bedeutendsten hält. Dabei werden wir keineswegs Sklaven der Tradition sein: Sie fordert ja dazu auf, Urteile und Interpretationen in Frage zu stellen. Wir dürfen allgemein anerkannte Urteile und Interpretationen kritisieren und zu stürzen versuchen, – doch nicht alle zugleich. Das hieße ein Chaos, den Zusammenbruch der Rationalität herbeiführen.

Allein durch einen freien Gedankenaustausch im Rahmen einer institutionalisierten Tradition der Debatte vermögen wir lernend voranzuschreiten. Auch in der Filmkritik sollte man vorgehen wie in der Wissenschaft – zur Lösung bestimmte Theorien aufstellen, sie diskutieren und möglicherweise sogar widerlegen. Man sollte Interpretationen und Werturteile unterbreiten, sie mit Argumenten kräftigen, dann auf Kritik und Gegenargumente hören und *sich bemühen, daraus zu lernen.*

Wiewohl ich der Meinung bin, daß die objektive Beurteilung von Filmen erlernbar ist, wäre es ein Irrtum anzunehmen, daß ich damit sagen will, es gäbe eine Formel, die man nur kennen müsse, um zu richtigen Ergebnissen zu gelangen. Es gibt kein Rezept für Kritik, und ebensowenig ein System von Kriterien, dessen man sich wie einer Maschine bedienen könnte, in welche man auf der einen Seite Filme einfüttert, die auf der anderen geordnet nach alpha, beta, gamma, delta usw. wieder herauskommen. Dies wäre ebenso fehl am Platz wie die Erwartung, es könnte für die Wissenschaft einen Induktionsapparat geben. Wie Kunst und Wissenschaft läßt auch Kritik sich nicht programmieren, da sie menschlich und fehlbar ist. Hingegen scheint es durchaus möglich, innerhalb der kritischen Tradition zu einer Art Einvernehmen zu gelangen, so daß aus dem Nichtvorhandensein von spezifiizierten Kriterien noch nicht folgt, daß es keine Kriterien gibt. In der Tat, wenn wir lernen zu urteilen und uns mit unserer Beurteilung einander anzunähern oder gar übereinzustimmen, sind es wahrscheinlich gerade solche Kriterien, zu denen wir gelangen.

Um noch auf (1), den orakelnden Subjektivismus einzugehen: man äußert damit nichts anderes als persönliche subjektive Geschmacksrichtungen. Wenn wir aber lernen können, Absicht und Wert des Films zu beurteilen, so lernen wir etwas außerhalb unserer selbst, das heißt etwas Objektives. Lernen wir aber etwas Objektives, so ist der orakelnde Subjektivismus falsch.

6. Die literarische Untugend

Man könnte behaupten, es gereiche aller Kunstkritik zum Fluch, daß sie sich des Wortes bedienen müsse, während doch die meisten Künste dies nicht tun. Ebensowenig wie man mit Worten angemessen auszudrücken vermag, worin die Größe von Bartoks Viertem Streichquartett besteht, kann man mit Worten erklären, was Bardem mit *Muerte di un ciclista* oder Antonioni mit *L'Avventura* geleistet haben. Unglücklicherweise ist der Film in diesem Zusammenhang ein inadäquates Beispiel: Filme enthalten Dialoge wie auch Synopsen. So findet der Kritiker, der sich des Wortes bedient, es einfacher, über diese anderen Worte zu sprechen, als über die filmische Realisierung der Ideen, – nicht viel anders als der Literaturkritiker, der sich lieber über Inkonsequenzen der Shakespearschen Plots verbreitet, anstatt auf die Shakespearsche Anwendung expressiver und struktureller Sprachmittel zur Gestaltung von Ideen und Empfindungen einzugehen. Es ist leichter, bei der Filmkritik nach einem willkürlich konfektionierten System von Kriterien vorzugehen, als um die Erkenntnis der wahren Kriterien zu ringen, – und leichter auch, als besser und immer bessere Filmresenzion anzustreben in dem Wissen, daß dies vergebens ist; denn die vollkommene Rezension ist eine Chimäre.

Es gibt keine Endgültigkeit, da es keine kritischen Offenbarungen gibt, oder wenn es sie gäbe, so wüßten wir nie, *wem* sie zuteil wurden. Denn das *Hinzulernen über Absichten und Werte eines Films ist ein mühseliger Denkprozeß, der erst durch die Wechselwirkung zwischen Kritik und Gegenkritik ausgelöst wird.*

Der Film und die Kommunikation von Werten[1]

Es kann ein starkes Erlebnis sein, einen Film zu sehen. Oft hinterläßt es nachhaltigen Eindruck, zumal dann, wenn das Erlebnis bedrückend oder bestürzend ist: Es mag die Wertvorstellungen der Menschen in Zweifel stellen. So ergibt sich die Frage, welche Werte ein Film vermittelt, woher er sie bezieht und ob er (eventuell unbeabsichtigt) Gewalt propagiert. Andere Fragen schließen sich an: Wie weit zielt die Filmindustrie darauf ab, nur des Geldes wegen wertlose und möglicherweise korrumpierende Ab lenkung zu fabrizieren? Leistet der Film der Apathie und Passivität Vorschub und begünstigt er *Anomie* statt Gemeinschaft? Stimmt es, daß Filme sich fast ausnahmslos in Idealisierungen, Klischees und Übersimplifizierungen ergehen, daß sie den Geschmack verderben und das Unterscheidungsvermögen für gut und böse trüben? Sollte nicht die Gesellschaft angesichts der Breitenwirkung der Massenmedien ein gewisses Maß an Kontrolle über die durch den Film injizierten Wertvorstellungen ausüben? Ich werde hier auseinandersetzen, daß der Film kein Sonderfall ist, daß wir sehr wohl wissen, woher Filme ihre Wertvorstellungen beziehen und wie sie in ihren präsentiert werden. Sofern Filme Propaganda machen, – und diese Frage ist voller Tücken –, läßt sich das Problem nicht durch Kontrolle lösen, sondern durch Pluralismus.
Meine Darlegungen werde ich folgendermaßen gliedern: der Reihe nach gehe ich auf die Werte der *Filmindustrie,* ihre Wirkung auf das *Publikum,* auf das *Erlebnis,* das sie vermitteln und schließlich auf die *Bewertung des Endprodukts* ein.

1. Werte und Filmindustrie

In ihrem Buch *Picture,* einer bissigen Darstellung, wie John Hustons Film *The Red Badge of Courage* zustandekam, gibt Lillian Ross zwei Gespräche mit dem legendären Firmenchef Louis B. Mayer wieder. In seinem mit cremefarbener Täfelung, cremefarbenem Mobilar und cremefarbenen Dekorationen ausgestatteten Büro legte Mayer großspurig seine Wertvorstellungen dar. *Ninotschka,* meinte er unter anderem, habe die Kritik entzückt; der aufrechte liebenswerte Charakter der Andy Hardy-Serie hingegen sei zwar ein Kassenerfolg, nicht aber Gegenstand lobender Kritiken gewesen. Es wäre meiner Meinung nach nur fair, zu erwähnen, daß die MGM-Filme unter Mayers Regiment tatsächlich solche sentimentalen und hausbackenen Wertvorstellungen widerspiegelten. Jedoch machte man in Hollywood seinerzeit sehr viele Filme, und hätten sie alle die relativ harmlosen Anschauungen der Geschäftsführung wahrheitsgetreu wiedergegeben, wäre es wohl kaum zu so großen Meinungsverschiedenheiten in bezug auf den sozialen Wert der Hollywoodfilme oder über die Lehren, die sie in Sex und Gewalt

[1] Revidierte Fassung eines im März 1968 vor dem Centre for Culture and Technology, University of Toronto, gehaltenen Vortrages. Die Äußerungen von Joseph Agassi, John O'Neill und der Mitglieder des Centre waren mir von besonderem Nutzen.

erteilen, gekommen. Da gerade sie in Frage gestellt wurden, müssen wir hier weiter ausholen und dürfen uns nicht auf die Erörterung der Wertideen von Managern beschränken.

Was die in der Industrie vertretenen Werte betrifft, ergeben sich folgende Fragen: Gibt es Leute, die in der Lage sind, ihre speziellen Wertvorstellungen in der Industrie durchzusetzen? Und verkörpert die Industrie als solche bestimmte Wertvorstellungen, unabhängig davon, ob diese auch von anderen Personen in der Industrie geteilt werden? Die erste Frage muß man noch dahingehend erweitern, ob Management und Mitarbeiter dieser Industrie irgendwelche sozio-ökonomischen, ethnischen, religiösen, politischen Bindungen oder Bindungen an das Establishment haben.

Der Film war und ist eine Großindustrie – in den 30er Jahren eine Zeitlang die drittgrößte der USA. Und auch heute noch gehört sie dort, bezieht man das Fernsehen mit ein, zu den bedeutendsten Industrien. In Japan, Ägypten, Hongkong, Indien und Italien spielt sie im Verhältnis zum Bruttosozialprodukt jener Länder eine bedeutende Rolle. Welche Werte verkörpert die Industrie? Dies kann man aus unterschiedlichen Blickwinkeln betrachten. Aus wem zum Beispiel setzt sich die Industrie zusammen: Woher stammt ihr Personal und welche Wertvorstellungen vertritt es? Diese Fragen kann ich nur in bezug auf Großbritannien und die Vereinigten Staaten beantworten, doch sehe ich keinen Anlaß dazu, anzunehmen, daß das Bild in anderen Ländern erheblich abweicht, ausgenommen vielleicht in Kambodscha, wo zu den Leiden von Diplomaten gehört, sich Filme ansehen zu müssen, die das Staatsoberhaupt Prinz Sihanuk „in eigener Regie“ herstellte.

Die Filmindustrie ist seit jeher, bezeichnenderweise, eine klassenlose Industrie gewesen. Tatsächlich rekrutiert sie sich überwiegend aus den unteren sozio-ökonomischen Schichten. Viele der mächtigsten Manager der großen amerikanischen Filmstudios entstammten jenem Einwanderergetto, dem New York um die Jahrhundertwende. Die Chefs der 20th Century Fox, der MGM, Columbia, Paramount stiegen aus dem Nichts empor. Sie waren Selfmade-Männer, für gewöhnlich Juden, die in die Industrie eingestiegen waren, als sie noch jedermann offenstand; sie überlebten die verschiedenen Zusammenschlüsse, Fusionen und Krisen. Zum Teil wurden die Kämpfe sehr rücksichtslos geführt[2]. So war einer der Gründe dafür, daß die Industrie von New York nach Hollywood verlegt wurde, daß man den von Edison und anderen angestrengten Verfahren wegen Verstoßes gegen das Patentrecht ausweichen wollte: Hollywood hatte den Vorteil, von New York drei oder vier Tagereisen per Zug, von der mexikanischen Grenze aber nur wenige Stunden entfernt zu sein. Darüber hinaus hatte es zufälligerweise günstiges Wetter und die Mieten waren nicht hoch[3].

Sofern diese Manager der Frühzeit über Erfahrung im Showbusiness verfügten, beschränkte sie sich in der Hauptsache auf Wanderschausteller und Varieté. In der Frühzeit des Kinos stellten die Apparatebau-Gesellschaften zugleich auch die Filme her, doch reichten Produktion und Qualität zur Deckung des Bedarfs bald nicht mehr aus,

---

[2] Siehe William Fox' Darstellung, wie man ihn ausbootete in *Upton Sinclair Presents William Fox* (1933).

[3] Am besten wird diese Geschichte von R. Ramsaye (1926 a) erzählt.

ebensowenig die vorhandenen Kopien. Denn das Publikum begann, schon lange ehe die Kopien abgespielt waren, sich bei der Wiederholung immer der gleichen Streifen zu langweilen. Als der Besuch nachließ, wurde den Kinobesitzern klar, daß sie neue Programme anbieten mußten. Doch die Geldmittel lagen in Kopien fest, die ihre Zugkraft überdauert hatten. Man löste das Problem, indem man die Kopien umlaufen ließ, anstatt sie zu verkaufen. Das Kapital war jedoch immer noch knapp, und so begann man, Filme abzudrehen, die wenig Geld und Zeit kosteten, die man dann rasch verkaufte, um die investierten Summen wieder flüssig zu machen, so daß man neue Filme machen konnte. Wenn die Kinos Filme leihen und die Produzenten Filme verkaufen wollten, bedurfte es eines Absatzmittlers, eines Verteilers. Darüber hinaus gab es die Lösung der vertikalen Verzahnung von Produktion und Theaterketten.

Unsere Vorstellung von der „billigen" Unterhaltungsform der Nickelodeons der Film-Frühzeit ist nur zu berechtigt. Dennoch war die reorganisierte Industrie kaum zehn Jahre später bereits so reich geworden, daß Chaplin 1916 einen 600 000-Dollar-Vertrag abschließen konnte. Bald darauf, gegen Ende des 1. Weltkrieges, begann das Kino etwas mehr Ansehen zu gewinnen. Diese Aufbesserung des Image, scheint mir, war der Leistung Chaplins sowie Griffith's *Birth of a Nation* (1924) zu verdanken. Die Herstellung von Griffith's Film hatte zwar viel Geld gekostet, doch spielte er große Gewinne ein. Griffith wie Chaplin fanden mit ihren Werken auch beim großen Publikum Anklang, – was ein Beweis dafür war, daß Filme anspruchsvoll, ja, sogar Kunst sein konnten. (Für beide Künstler bedeutete die Erweiterung des künstlerischen Bewußtseins indes das Ende ihrer Filmkarriere.)

Im Lauf der Jahre fanden die Filmgesellschaften Zugang zu den New Yorker Banken zwecks Finanzierung, so daß sie nun ständige Filmateliers, Lager für Filmreserven usw. einrichten konnten. Anders als die Produktion siedelten die Finanziers nicht nach Hollywood über; diese Stellen befinden sich heute noch in New York. Dies geht uns hier nicht weiter an, da die „New Yorker moneys boys" – mochte ihr Risiko hoch sein oder nicht – die Produktion voll und ganz den Hollywoodbossen überließen. Ganz große wie Adolph Zukor, Louis B. Mayer, Sam Goldwyn, Harry Cohn, Spyros Skouras, Irving Thalberg, Jack Warner etc. brachten es denn auch fertig, lange Zeit steigende Gewinne vorzuweisen. Erst Ende der 40er, Anfang der 50er Jahre, als das Fernsehen und andere Umstände das Gewinnmachen erschwerten, begannen die New Yorker Finanziers ernsthaft, sich in die Herstellung einzumischen.

Mayers Wertvorstellungen, wie Lillian Ross sie darstellt, mögen besonders platt gewesen sein; dennoch kann man sich nicht des Eindrucks erwehren, daß die Wertvorstellungen eines Goldwyn, Zukor oder Skouras sehr viel anders aussahen. Warner und Cohn dagegen waren kühner und nicht so spießig, was die Tatsache beweist, daß die Columbia und die Warner Brothers stets auch Filme herstellten, die sich von Klischees wie beispielsweise dem am Krankenbett seiner Mutter betenden Andy Hardy distanzierten. Wie aus der Biographie von Cohn (B. Thomas, 1967) ersichtlich wird, verfügten diese Männer über gewaltigen persönlichen Einfluß. Konnten sie sich dazu entschließen, gute Filmemacher einzustellen, hatte das zur Folge, daß sie viele überdurchschnittlich gute Filme herausbrachten.

Von vornherein muß man damit rechnen, daß für die Unternehmensspitze kommerzielle

Erwägungen entscheiden. Schwerer läßt sich indes feststellen, wie weit diese Mächtigen wirklich finstere politische Zwecke verfolgen oder zweifelhafte Wertvorstellungen indoktrinieren. Immerhin gehören auch sie jener fast militärisch organisierten großindustriellen Machtelite an, der man, angefangen bei der Suggerierung von Verbraucherentscheidungen bis zum Voraus-Verkauf des Vietnamkrieges so gut wie alles Böse nachsagt. Die Reaktion Hollywoods auf die „Aufmerksamkeiten" des „Ausschusses für unamerikanische Umtriebe" (Un-American Activities Committee) war ein ziemlich düsteres Kapitel, eine Epoche des Verrats, der schwarzen Listen und Kompromisse. Hollywood hat sich in dieser Hinsicht in Verruf gebracht; aber es steht damit nicht allein. Etwa zur gleichen Zeit vollführten auch die Universitäten die peinlichsten Verrenkungen, um ihre Loyalität zu bekunden.

Wie es auch immer mit seinen Werten bestellt sein mag, – zu recht könnten wir es als *Aufgabe* des Spitzenmanagement verstehen, auf kommerzielle und politische Vorgänge empfindlich zu reagieren. Seine Wertideen werden für uns als Filmbesucher aber erst relevant, wenn sich zeigt, daß sie bis in die Schreibmaschinen der Autoren, die Studios und Schneideräume durchgesickert sind – dorthin, wo das Produkt hergestellt wird. Dies zu beweisen ist jedoch eine heikle Angelegenheit, da die Menschen dazu neigen, sich hierbei auf Dinge zu berufen, die gar nicht existieren. Und so stimmt es, daß Hollywood den Film erst noch produzieren muß, der den Kommunismus oder die Vivisektion oder die Strategie der verbrannten Erde propagiert. Aber warum sollte es das? In dieser Hinsicht besteht für es keine Verpflichtung. Denn auf kommunistische Filme haben sich die kommunistischen Länder spezialisiert. Anders sieht die Sache aus, wenn Hollywood oder Amerika zu verhindern trachten, daß kommunistische Filme auf den Markt gelangen.

Ein weiteres Problem in Verbindung mit der Frage, wie weit die Werte der Unternehmensspitze auf die Produktion abfärben, ist die Legende, daß Filme – anders als Bücher, die von einer Person verfaßt werden – notwendigerweise von mehreren Leuten gemacht werden müßten. Damit erhielte die Rolle des Koordinators, der aus bestimmten Personen ein Team zusammenstellt, entscheidende Bedeutung – eines Koordinators, der von oben unter Druck gesetzt werden kann, auf eine Weise zu koordinieren, die bestimmten Wertpräferenzen automatisch Vorrang geben würde. Es ist jedoch ein Irrtum anzunehmen, daß Filme von einem Kollektiv produziert werden *müßten.* Heutzutage kann eine Person allein ohne fremde Hilfe einen Film herstellen. Es ist also relativ leicht, an die Produktionsmittel zu gelangen. Obwohl ein Mann allein mit einer Spezialkamera eigene Filme machen kann, geschieht dies, allgemein gesagt, bei der professionellen Produktion nicht, da sich die Arbeitsteilung für den Film, wie für die meisten dramatischen Künste, günstig auswirkt. Ein großartiger Regisseur mag beim Verfassen realistischer Dialoge kein Talent zeigen, ein genialer Kameramann wird möglicherweise außerstande sein, den Schauspielern Regieanweisungen zu erteilen. Doch ist all dies eine Frage des Grades. Wo hört die Arbeitsteilung auf und wo fängt die eigenmächtige Einmischung oder Abänderung an? Es wirkt heute erheiternd, sich bei der Betrachtung von Rembrandts „Nachtwache" vorzustellen, welche Aufregung dieses Gemälde einst bei den Auftraggebern hervorrief; sie bedrängten den Maler, Änderungen nach ihrem Geschmack vorzunehmen. Rembrandt war einer der ersten Künstler, der solchen Druck als Unrecht empfand, dem man im Namen der Integrität Widerstand zu leisten habe. Nie werden wir erfahren, ob Hustons *The Red Badge of Courage* wirklich schlecht war, wie Zuschauer der inoffiziellen Vorführungen behaupteten. Denn er wurde daraufhin neu geschnitten, erheblich gekürzt und mit einem Kommentar versehen, – und das alles, nachdem Huston längst nach Afrika abgereist war, um *The African Queen zu* drehen. Einige Regisseure zogen ihren Namen von Werken zurück, bei denen man ihnen in ähnlicher Weise hineingepfuscht hatte; doch meiner Meinung nach entstanden solche Probleme nur während einer bestimmten Entwicklungsphase der Industrie. Heute kommt so etwas kaum vor: Die Gewerkschaft der Regisseure hat dafür gesorgt, daß das Ausmaß an Kontrolle über das Endprodukt (oder die mangelnde Berechtigung dazu) *vor* Annahme des Auftrags rechtlich festgelegt wird. Angeblich werden Filme um des kommerziellen Erfolges willen geändert, – aber oft ist dies nur ein Täuschungsmanöver. Als der geschäftstüchtigste aller Produzenten, Joseph E. Levine, den kommerziell erfolgreichsten aller Filme, *The Carpetbaggers,* nach dem kommerziell erfolgreichsten aller Romane gleichen Titels herstellte, wurde ihm ein großes Maß an Publicity zuteil, weil Carroll Baker in einer Szene nackt auftrat. Aus der endgültigen, in alle Länder gegangenen Fassung aber wurde diese Szene herausgeschnitten. Die Begründung dafür: sie hätte den Film künstlerisch nicht zusätzlich bereichert. Das ist, wie ich die Dinge sehe, alles andere als eine rein kommerzielle Erwägung.

Das Schlüsselproblem ist hier vielleicht, wer die Arbeitsteilung beim Film koordinieren sollte und wer es in Wirklichkeit tut. Intellektuelle setzen voraus, daß der Regisseur der Koordinator sei, und wo er es nicht ist, es doch sein sollte. Von seiten der Industrie wird sie dem Produktionsleiter zugeschrieben. Nichts liegt in der Natur des Prozesses, das den Regisseur zum naturgegebenen oder rechtmäßigen Koordinator bestimmte. Und ist die Filmindustrie so strukturiert, daß der Produktionsleiter stets das letzte Wort hat, erweist sich die Klage des Regisseurs über die Unvereinbarkeit von Kunst und Geschäft als das was sie ist: eine Taktik im Machtkampf um eine Änderung des Systems, die den Regisseur zum Koordinatur machen soll. Ältere Regisseure nehmen oft selbst die Produktion ihrer Filme in die Hand, doch um dies zu erreichen, müssen sie erfolgreich sein, das heißt auch kommerzielles Geschick bewiesen haben. Worauf ist der Regisseur in diesem Kampf aus? Auf Befreiung von kommerziellem oder politischem Druck vielleicht? Aber das wäre naiv: wie auch immer die Struktur der Produktion beschaffen sein mag, – kein Künstler kann vernünftigerweise die Kontrolle über Ressourcen seiner Gesellschaft in Höhe von Millionen Dollar fordern und gleichzeitig verlangen, daß er weder kommerzielle noch politische Rücksichten zu nehmen brauche. Nein, eher könnte man sagen, er will nichts anderes, als daß die Entscheidungen über die Zuteilung von Geldmitteln aufgrund von ästhetischen und nicht von kommerziellen oder politischen Erwägungen getroffen werden. Hierbei geht er aber von der Voraussetzung aus, daß künstlerische Erwägungen sich fein säuberlich von Geldfragen trennen und, wenn es um Geldzuteilungen geht, wieder vereinen lassen. Es ist nicht klar, wie diese Transaktion durchgeführt werden kann; und wäre sie möglich, könnte sie auch umgekehrt funktionieren, derart, daß finanzielle Entscheidungen in künstlerische umgewandelt werden. Welche Wahl besteht zwischen beiden Methoden? Schon allein sie zu trennen, ist suspekt. Der Künstler wendet sich gegen den Mann, der alle Fragen, auch ästhetische, nach kommerziellen Gesichtspunkten entscheiden will, indem er sich dafür einsetzt, alle Fragen, auch kommerzielle, nach ästhetischen Gesichtspunkten zu entscheiden. Beide vergessen die Gesellschaft, die intervenieren und sagen könnte, da *sie* ja die Mittel aufbringe und besitze, es *ihr* obliege, über die Zuteilung von Mitteln zu entscheiden, – und zwar politisch. Keine Filmindustrie vermochte bislang, soweit mir bekannt ist, diese Probleme zu aller Zufriedenheit zu lösen. Daher würde es mir übel anstehen, zu verkünden, auf welcher Seite das Recht ist.

Abgesehen davon, daß Wertvorstellungen von oben nach unten durchsickern, können sie auch von unten nach oben gelangen. Produzenten, Regisseure, Autoren, Fotografen, Schauspieler etc., sie alle haben einen unterschiedlichen sozialen Background, wiewohl kaum einer unter ihnen den oberen Gesellschaftsschichten entstammt. Eine besondere Kategorie von Filmschaffenden sind einmal die Schauspieler, deren Neurosen nahezu typisch sind, und zum anderen die Drehbuchautoren, die für gewöhnlich, nach den Maßstäben der Industrie gemessen, über höhere Bildung verfügen. Solange Schauspieler, um mit Hitchcocks unsterblichen Worten zu reden, nur als durch einen Siebenjahresvertrag an das Studio gekettetes „Vieh" dienten, war dem Produkt von ihren Neurosen kaum etwas anzumerken. Seitdem heute so viele selbst Filme produzieren und besitzen, allgemein gesagt, seit der Zunahme an sogenannten unabhängigen Produzenten, sind die Filme weit weniger homogen. So etwas wie der „MGM-Firnis" gehört der Vergangenheit an. Statt dessen gehen dank der Kontrolle durch Darsteller die Wertvorstellungen dieser Darsteller mit ihnen durch: Die endlosen Großaufnahmen von Marlon Brando in seinen letzten Filmen, über die weitgehend er die Kontrolle hatte, gehören leider der Gegenwart an. Wird nicht durch solchen Narzißmus die Theorie, derzufolge gute und wahre Kunst etwas mit persönlichem Ausdruck zu tun habe, eklatant widerlegt?

Die anscheinend Erbittertsten und Unzufriedensten unter den Filmschaffenden sind die Autoren: Ihr Status ist niedrig, ihre Selbsteinschätzung hingegen hoch[4]. Sind alle Filme *über* Hollywood deshalb fast ausnahmslos so bitter, weil die Drehbuchverfasser verbittert sind? Und wie kommt es, daß acht von den zehn von der HUAC auf die schwarze Liste gesetzten Hollywoodleute Autoren waren?[5] Gibt es, von der allgemeinen Unzufriedenheit abgesehen, stichhaltige Beweise dafür, daß Hollywood Filmsujets nach politischen oder anderen Wertaspekten beurteilte? Das hängt jeweils vom Studio ab, – man vergleiche beispielsweise MGM mit Warner Brothers[6]. Im ganzen gesehen hat Hollywood zu allen Zeiten kritische, bizarre, explosive Filme produziert. Und

---

[4] Eine Fundgrube für diesbezügliche Informationen ist L. Rosten (1941), Kap. 14.

[5] Hierzu siehe G. Kahn (1948).

[6] Das Faktum, daß MGMs Produkte durchweg „leichte Ware" sind, vielleicht das wichtigste Faktum dieses Studios, wird von B. Crowther in *The Lion's Share,* the story of an Entertainment Empire (1957) nicht einmal am Rande erwähnt. Wenn nicht dieses Buch, so hätte doch ein solcher Lapsus Crowthers Autorität als Kritiker (der New York Times) mehr in Frage stellen sollen, als es der Fall war. Wenn man bedenkt, daß Lillian Ross wegen ihrer Darstellung in *Picture* der Zutritt zu den Ateliers von MGM für immer verboten wurde, kann man nur vermuten, daß Crowther sich weitgehende Unabhängigkeit leisten konnte. Man vergleiche mit S. 149 ff. in P. Mayersberg, *Hollywood, The Haunted House* (1967).

wenn es einmal Versuche zur Vorzensur machte, waren sie in einmaliger Weise erfolglos[7].

Hat das glanzvolle, etravagante Image der Industrie als Ganzes irgendeine wertmäßige Bedeutung? Wirkt es korrumpierend? Flößt es falsche Werte ein? Ist es Wirklichkeitsflucht? Solche Fragen sind unfair. Gewiß, eine Zeitlang verdrängte das Wunschbild vom schnell erreichten Starruhm das andere vom Weg aus der Blockhütte zum Weißen Haus als Erfüllung des ‚American dream'. Heutzutage ist das weniger der Fall, würde ich sagen; all das Gerede über das „Nachtleben der Götter" hat sich gegeben, während der englisch-amerikanische Puritanismus an Strenge einbüßte. Einen Schallplatten-Hit zu erzielen, Fotomodell oder Fotograf zu sein ist sehr viel zeitgemäßer. Die Regale mit den Fan-Magazinen haben heute schon etwas altmodisches an sich.

2. *Werte und Publikum*

Auf der Publikumsseite hatte der rasche Aufstieg des Kinos eine rasche Veränderung der Freizeit-Verhaltensmuster zur Folge. Als William Fox mit dem Aufbau seiner Kinoketten begann, so berichtet er, war die Eckkneipe das soziale Zentrum des Stadtviertels. Eine ausschließliche Domäne der Männer, bot sie Anlaß zu Geldverschwendung und anderem sozialschädlichen Verhalten: zur Trennung der Männer von deren Familien, zu Trunkenheit und Gewalt. Im Lauf der Jahre, heißt es bei Fox weiter, verlagerte sich der Brennpunkt; nun wurde das lokale Kino zum sozialen Zentrum des Viertels. Der zweimal wöchentliche Filmbesuch mit Frau und Kindern erforderte keine großen finanziellen Ausgaben; Familientrennung, Trunkenheit und Schlägereien hörten auf. Wie sich die Muster ändern! Heute ist der Kinobesuch mit Familie eine Seltenheit geworden. Die Mehrzahl der regelmäßigen Kinogänger sind unverheiratete junge Leute. Beim Kinobesuch darf so manches nicht fehlen: Das Interieur großer Filmpaläste ruft Reminiszenzen an Kirchenarchitektur, wenn auch eine vulgarisierte, wach; viele dieser großen Kinos waren mit Orgeln ausgestattet, die magisch aus dem Orchestergraben aufstiegen, während langsam das Licht verlöschte. Das ganze Ritual, – Stille tritt ein, Kinoreklame, Kurzfilm, Vorschau, dann Hauptfilm, – war alles in allem buchstäblich Liturgie. Man könnte meinen, die Filmstars seien Gegenstand der Anbetung, oder sogar die im Film vertretenen Werte und Ideen seien es. Ebenso mag der Filmbesuch als solcher im Mittelpunkt gestanden haben, wenn ich mich recht erinnere, war die Frage „Was gibt's im Kino?" in jenen glücklichen Tagen der 30er und 40er Jahre eines der Hauptgesprächsthemen. Das Ritual des Filmbesuchs ist eine reine Form dessen, was Durkheim als Kollektivdarstellung bezeichnete: er ist selbst sein einziger ideologischer Inhalt. Seitdem das Fernsehen den Filmbesuch als Gesprächsthema verdrängt hat, wurde bezeichnenderweise das Ritual in den lokalen Kinos drastisch vereinfacht beziehungsweise beschnitten.

Das Kinopublikum bildet ein exemplarisches Beispiel dafür: „das Medium ist die

---

[7] Z. B. versuchte man es, war aber sehr ungeschickt. Versuche, anti-kommunistisch zu sein, siehe K. Reisz, „Hollywood's anti-red Boomerang", *Sight and Sound*, 1953; welche Folgen im Kriege Versuche hatten, sich pro-russisch zu gebärden, siehe op. cit. Fn. 5. Selbst in den 50er Jahren unter Eisenhower kamen einige kritische Filme heraus.

Botschaft" (McLuhan). Was der Zuschauer effektiv auf der Leinwand sieht, hängt vom impliziten sozialen Wert des Kinobesuchs als solchem ab, und das heute mehr denn je, da sich zahlreiche Alternativen für Unterhaltung, Ablenkung und Anregung bieten. Wie das Theater ist auch das Kino ein Kollektiverlebnis, das außer Hause stattfindet. Doch im Gegensatz zum Theaterbesuch braucht man sich beim Kinobesuch nicht zu „zeigen", zum Beispiel was Kleidung oder Begleitung betrifft. Anders als im Theater kann man im Kino etwas futtern, Händchen halten und andere Zärtlichkeiten tauschen oder sich einfach vor Kälte, Regen oder Hitze hineinflüchten. Im Vergleich zum Theater ist das Kino billig und darüber hinaus auch klassenlos. Der Theaterbesuch ist eben „fein", ausgesprochen Middle und Upper class; Varieté und Revue dagegen sind weniger „fein", eher Lower class. Doch selbst das „feinste" Kino ist klassenlos.

Das heißt zweifellos ein wenig simplifizieren. Es stimmt zwar, daß es keine Filmvorstellungen mit zwei Hauptfilmen mehr gibt; statt dessen aber hat sich der Film mit Überlänge zum höheren Preis eingeführt. Preise, die sonst nur in Premierenkinos in Großstadtzentren üblich waren, – womit man das Theater imitieren wollte, – muß man heute für bestimmte Filme in allen Kinos zahlen. Andererseits runzelt niemand mehr die Stirn, wenn jemand im Theater in Jeans und offenem Kragen erscheint. Die Klassenidentifizierung beider Medien wird zum Glück mehr und mehr abgebaut.

Hieraus ergibt sich, daß die üblichen Untersuchungen über die Wirkung des Films auf das Publikum, insbesondere des jugendlichen, völlig abwegig sind und am entscheidenden Punkt vorbeizielen. Mein McLuhanismus ist radikal genug, mich dazu neigen zu lassen, all diese Geschichten von jugendlichen und anderen Delinquenten, die behaupten, sie hätten es getan, weil sie es im Kino so sahen, von vornherein abzutun. Wir kommen der Sache weit näher, wenn wir uns klar machen, daß bereits existierende Banden von Jugendlichen es fertigbringen, in ein Kino einzudringen und anderen Leuten den Genuß durch Lärmen, laute Zwischenrufe und unter Umständen gar tätliches Vorgehen zu verderben. Und daß das Kino eine Art soziale Institution ist, die es ihnen ermöglicht, einigen ihrer bereits ausgebildeten Abweichler-Sitten zu huldigen, – bis die Polizei eintrifft. Das Fernsehen dagegen spielt sich zu Hause ab und ist in jedem Fall schwerer zu stören, – was die in irgendeiner Ecke des Lokals wenig beachtet vor sich hinflimmernden Fernsehgeräte beweisen. Der Film ist ein „heißes" und harmloses Medium. Was an seinen Inhalten ansteckend wirkt, sind eher bestimmte Moden, zum Beispiel in *Bonnie and Clyde*. Sie aber werden ebenso durch Fotos, Plakate und offene wie versteckte Werbung in Zeitschriften propagiert.

Das soll nicht heißen, daß Lenin und die Nazis irrtümlich den Film als Propagandamittel so hochschätzten. Aber dem Film exponiert man sich nur sporadisch sowie in seiner ganzen Vielfalt, und die Botschaft des einen wird durch die des nächsten wieder verwischt. Lediglich eine lange Reihe von Filmen mit immer der gleichen Botschaft könnte sich wirklich im Sinne des Propagandisten auswirken[8]. Dafür gibt es Beispiele,

---

[8] Untersuchungen haben ergeben, daß der Propagandaerfolg etwas mit der primären Bezugsgruppe zu tun hat. Wenn diese an den attackierten Werten festhält, bleibt die Propaganda, solange die Struktur der Primärgruppe intakt ist, relativ wirkungslos. Siehe Riley und Riley (1959). Siehe auch R. K. Merton, *Social Theory and Social Structure*, Glencoe (The Free Press) 1957, S. 509–528.

deren Wirkung in keinem der Fälle beabsichtigt ist. Zum Beispiel all jene Filme, die das Leben des Durchschnittsamerikaners als sonnig, gesichert und problemlos darstellen. Ein anderes Beispiel ist das hartnäckige Übergehen der Realität des gewaltsamen Todes im Krieg, in Wild-West, durch Kriminalität und durch Unfall. Dieserart Filme sollen die wenigen kritischen oder problemorientierten Filme entgegenwirken. Doch die Neigung der Leute, „beunruhigende" oder „unerfreuliche" Filme zu meiden, sorgt für den Fortbestand einer großen Gruppe, die an liebgewordenen Illusionen über Leben und Tod festhält, – soweit sie sich allein von Filmen leiten läßt.

Propaganda setzt voraus, daß man das Publikum beeinflussen kann. Jedoch gibt es in gewissen Publikumsgruppen Elemente der positiven Selbst-Selektion, und dies führt uns wieder auf die Frage zurück, ob das Publikum bekommt, was es will, oder ob es mag, was es bekommt. Ich meine, daß dieses Problem heute gelöst ist. Denn wir haben gesehen, daß der Film es mit der Konkurrenz des Fernsehens aufzunehmen vermag. Erst im Jahr 1968 stellte die letzte amerikanische Filmwochenschau ihre Produktion ein, und das war an der Zeit: Auf diesem Gebiet hat das Fernsehen das Kino vollkommen überflüssig gemacht. Die Filmindustrie mußte sich gesund schrumpfen und umstrukturieren. Nachdem sie dies hinter sich hat, macht sie ihre Sache gut oder sogar besser denn je. Einige der größten Kassenerfolge aller Zeiten sind in den vergangenen zehn Jahren entstanden[9], was ich für einen *prima facie*-Beweis zugunsten des Arguments halte, daß die Leute im großen und ganzen das zu sehen bekommen, was sie wollen. Wenn nicht, wüßte ich keinen Weg, wie man sich hierüber Klarheit verschaffen könnte. In einer Marktsituation findet die Abstimmung an der Kasse statt. Zwei diesbezüglich häufige Einwände lassen sich vielleicht hier widerlegen: Man kann argumentieren, daß die Kasse zwar ein Maßstab für die Nachfrage ist, die Nachfrage jedoch nicht entscheide, wie weit die Geldmittel schlecht verteilt seien oder nicht. Doch Filme sind billig wie Brot; deshalb sollte man die Kasse als Indikator für den Publikumsgeschmack nicht geringschätzen. Andere behaupten, wir wüßten ja nicht, ob – wenn das Filmangebot besser wäre und der Geschmack der Leute behutsam kultiviert würde – es dann nicht eine andere Wahl träfe. Solche Hypothesen sind unergiebig, zumal das Angebot auf dem Markt zur Zeit groß genug ist, um Geschmacksbildung zu begünstigen. Ein Beweis dafür ist die Zunahme an Filmkunsttheatern und Reprisenkinos, die Urteilsfähigen zur Verfügung stehen.

Es ist recht instruktiv, die Filmindustrie Großbritanniens und der USA in bezug auf ihre Anpassung an den Geschmackswandel miteinander zu vergleichen. Trotz ihrer Größe hat die amerikanische Industrie sich angesichts der Konkurrenz erfolgreicher regeneriert als die englische. Beide hatten einen Zustrom an neuem Talent zu verzeichnen: in den USA kam er vom Fernsehen, in Großbritannien vom Theater. Dennoch kann sich die britische Produktion, was Stil und Mannigfaltigkeit anbelangt, wie sie für Hollywood heute typisch sind, mit der amerikanischen nicht entfernt messen. Einige der hervorragendsten neuen Leute erhalten beim englischen Film lange Zeit hindurch

---

[9] Siehe die nützliche Tabelle in *Cahiers du Cinéma,* Bd. 24, Nr. 150–151, Dezember 1963/Januar 1964, S. 236–240. *The Sound of Music* hat mehr Geld eingespielt als *Gone with the Wind,* da aber seine Produktionskosten höher waren, ist sein Gewinnanteil nicht so hoch.

nichts zu tun, während zur gleichen Zeit wertlose Filme in Massen produziert werden, und dies trotz der Auflösung der alten Großunternehmen Rank und A. B. C. An Talenten mangelt es also nicht. Ich erkläre mir dies mit dem eingefleischten Konservatismus der englischen Gesellschaft: Angesichts der Konkurrenz verlangt sie nach Schutzmaßnahmen, anstatt auf Konkurrenzfähigkeit bedacht zu sein und sich anzupassen. Die Regeneration des Films in Amerika kostet sehr vielen Menschen ihren Job, vielen Firmen die Selbständigkeit oder die Existenz usw. In Großbritannien hingegen scheinen noch die gleichen Leute in der Industrie am Ruder zu sein wie vor fünfzehn Jahren, und sie bringen nichts anderes zuwege, als neue Anträge auf Subventionen und Protektion. Natürlich ist in der Soziologie „eingefleischter Konservatismus" nur eine oberflächliche Kategorisierung. Doch geht es mir lediglich darum, zu zeigen, daß zwischen der englischen Filmindustrie, der schlechten Lage der englischen Industrie insgesamt und der mangelnden Fähigkeit der Gesellschaft, sich zu wandeln und auf neue Bedingungen zu reagieren, ein Zusammenhang besteht.

Auf lange Sicht gesehen wird die Industrie nicht umhin können, sich umzustellen. Solche Anpassungen werden Aufschluß geben über die Auswirkung des Films auf das, was McLuhan „das bevorzugte Wahrnehmungs- und Erkenntnismodell" der Kulturen nennt. So etwas mag es in der Tat geben. Sollte es aber dem Film gelingen, in Koexistenz mit dem Fernsehen zu überleben, neige ich dazu, McLuhans Auffassung beizupflichten, daß wir mit jedem entwickelten neuen Medium unsere sensoriellen Wahrnehmungsmöglichkeiten erweitern; es dominiert längst nicht mehr nur einer unserer Sinne. Es trifft zu, daß die Schrift, dann der Druck sich entscheidend auf unseren Sinnesapparat auswirkten, und ich bin überzeugt, daß auch der Film eine eigene Auswirkung hat. Will man indes einen Überblick über das sensorielle Wahrnehmungsmodell des Films für die Zeit seiner Blüte von 1914 bis 1950 geben, scheint mir Vorsicht geboten. Zudem spricht das Medium Film nicht nur einen unserer Sinne an, sondern zwei: Gesicht und Gehör. Mag der Ton auch von vielen in der Stummfilmära Aufgewachsenen als nebensächliches Attribut aufgefaßt werden, ist dies doch ein Fehler: Die Konventionen des Tonfilms sind ganz andere als die des Stummfilms. Man erinnere sich, wievielen Starlaufbahnen durch die Einführung des Tons ein Ende gemacht wurde. Heutzutage muß ein Star nicht nur ein Gesicht, sondern auch eine Stimme haben. Beides ist überdies in Kombination größer, als die Summe seiner Teile. Zu den ästhetischen Erlebnissen, die unser Sensorium am stärksten elektrisieren, gehören jene Augenblicke im Kino, da einen Tanz, Musik und Kamera vereint in Euphorie versetzen, – ein Sinneserlebnis, das einem kein anderes Medium vermitteln kann.

3. *Werte und Filmerlebnis*

An früherer Stelle sagte ich, daß ich zur Filmgeneration gehöre. In welcher Weise hat der Film auf unseren Sinnesapparat eingewirkt? Der Film ist natürlich ein lineares Medium, das Auge wie Ohr anspricht. Er ist „heiß", detailreich, fesselnd und erfordert nur ein geringes Maß an Beteiligung oder Ergänzung seitens des Zuschauers. Was ist er noch? Es gab einmal eine Zeit, in der man glaubte, man hätte mit ihm das Höchstmaß an Realität erreicht. Es gibt eine ganze – völlig fehlgeleitete – Schule der Filmtheorie und des Filmemachens, die das Wesen des Films als „schöpferische Interpretation der Wirklichkeit" begreift. Daher war die Aufregung der Russen über den Film so groß; in den 20er Jahren, in einem Wahnsinnsaugenblick, schien er eine Antwort der Geschichte auf die Forderung nach einem sozialistischen Realismus in der Kunst zu sein. Rückblickend nehmen die russischen Stummfilme und die Filme der englischen Documentary Movement sich wie schöne Nebenlinien aus, die im Grunde filmfremd sind. Seinen stärksten Ausdruck fand der Film in hochgradig formal und konventionell gestalteten Gattungen wie Musical und Cartoon sowie in der speziellen Form des Western-, Horror- und Gangsterepos. Der springende Punkt ist hier die strikte Anwendung von Konventionen zur Mitteilung dessen, was gesagt werden soll oder bezweckt wird. Es dauerte eine Weile, bis man schließlich einsah, daß Kameras ebensowenig Aufnahmemaschinen sind, wie Computer Denkmaschinen, vielmehr Apparate, die sorgfältig präzisierte, streng begrenzte Aufträge ausführen. Diese Aufträge aber spiegeln unsere Interessen und Wertvorstellungen wider.

Sehen wir die Grimassen und Posen in Eisensteins Filmen, können wir uns kaum des Lachens erwehren, um so mehr, wenn wir uns vor Augen halten, daß man all dies einst für realistisch und wahrhaftig hielt. Es sind die Konventionen, die uns so erheitern. Der erste Western, *The Great Train Robbery*, hergestellt 1905, wirkt heute ebenfalls komisch. Vielleicht wird es dem Film *Shane* in fünfzig Jahren ebenso ergehen. Auf uns heute wirkt es großartig und unheimlich, Jack Palance ganz in Schwarz in die Stadt reiten zu sehen. Die schlammige Straße, der niedrige Himmel; sie sind überzeugend; so muß es wirklich gewesen sein. Oder simplifizieren wir, sind wir naiv? Wie wirklich ist *Bonnie and Clyde?* Oder umgekehrt, wie unwirklich ist *Bonnie and Clyde?* Oder befindet man sich mit den Kategorien wirklich und unwirklich bei *Bonnie and Clyde* ebensosehr auf dem Holzweg wie bei anderen Kunstwerken?

Wie ich schon sagte, halte ich den Film für ein eigenständiges Medium, für mehr als die Summe seiner Teile, dessen Stärke in der Anwendung genau festgelegter Konventionen beruht. An diese Konventionen dachte McLuhan, als er beschrieb, wie afrikanische Eingeborene auf Film reagieren: „Wenn jemand von der Bildfläche verschwindet, will der Afrikaner wissen, was mit ihm geschehen ist." Der Film ist eine Sprache, deren man sich ähnlich bedient wie des Drucks, – freilich nicht in der Art, wie man Prosa druckt, sondern eher, wie man Verszeilen absetzt. Wenn im Film Zusammenhänge offenbleiben, oder wenn die Kamera sich auf bestimmte Objekte oder Vorgänge konzentriert, so ist das poetisches Handwerk im wahren Sinn des Wortes, – nicht minder das Vorgehen nach genau festgelegten Regeln zur Erzielung einer bestimmten Struktur, eines bestimmten Tempos, im Umgang mit Zeitsprüngen und vieles mehr.

Nach McLuhan wirkt das Medium – mehr oder weniger – unabhängig vom übermittelten Inhalt auf uns ein. Für ihn ist Film ein „heißes", detailreiches, intensives Medium; das Medium Fernsehen hingegen sei weniger detailreich, erfordere mehr Mitwirkung des Konsumenten. Ich stimme dem zu. Ich meine, der Film sollte die ganze Umgebung total einbeziehen: Je breiter die Leinwand und je größer die Lautstärke, desto mehr wird man das Empfinden haben, vollkommen im Film aufzugehen. Es heißt, daß viele sich mit den Personen, die im Film dargestellt werden und mit dem, was ihnen widerfährt, identifizierten. Im Fernsnhen ist dies weniger der Fall, und schon gar nicht bei Einzelsendungen. Dies ist auch der Grund, weshalb alte Filme im Fernsehen ein entscheidend andersartiges Erlebnis vermitteln als im Kino. Obwohl ich zahllose alte Filme im Fernsehen gesehen habe, bin ich, wenn ich über Filme schreibe, seltsamerweise nach wie vor der Meinung, ich hätte sie nicht *wirklich* gesehen, und könne nicht mit dem gleichen Recht über sie schreiben wie über solche, die ich mehrmals im Kino sah[10]. Dies ist auch die Erklärung dafür, warum das Fernsehen so viele Sendereihen bringt: „Dr. Kildare", „Coronation Street", „The Avengers", „Star Trek"[11]. Das Medium ist eben „kühl"; das Publikum braucht wiederholte Dosierungen, ehe es mit den Personen vertraut und von den Situationen gepackt ist.

Aus diesen Gedanken ergeben sich neue[12]. Der Film hat demnach nur dann erzieherischen Wert, wenn der Stoff dramatisch und fesselnd ist und Rückwirkung und Partizipation seitens des Publikums unwichtig sind. Es ist nur wenig von jenen wissenschaftlichen Encyclopaedia Britannica-Filmen in meinem Gedächtnis haften geblieben, die uns allwöchentlich in der Schule gezeigt wurden. Dennoch sollen die Lehrfilme der amerikanischen Armee wie auch Filme über VD (Victory Day) sehr effektiv sein; dann ist eben ihr Gegenstand dramatisch. Vermutlich würde Mathematikunterricht, theoretisch betrachtet, gut vom Medium Fernsehen übernommen werden können. Doch fast alle bildenden Fernsehsendungen sind nichts anderes, als im Fernsehen gezeigte Filme. Dies ist keine Rederei. Ein Film von einem vortragenden Mann wirkt qualvoll; selbst Oper und Ballett können verfilmt todlangweilig sein. Doch Fernsehoper, Fernsehballett und Fernsehvorträge erfüllen oft durchaus ihren Zweck.

McLuhans Ideen lassen die Frage auftauchen, ob Diskussionen über Film nicht dasselbe sind, als wolle man beim Autofahren nur in den Rückspiegel blicken. Die Antwort ist: ja. Meine Generation war die letzte vom Film geprägte Generation. Heutzutage werden die Kinder ebenso sehr durch ihre Sensibilität für das Fernsehen geprägt, wie wir durch unsere für den Film. Als das Fernsehen noch etwas Neues war, übte es – eine permanente Filmvorführung in der Wohnzimmerecke, – hypnotische Wirkung aus. Unterdes haben wir mehr Abstand dazu, und für die Jugend von heute ist die Samstagvormittags-Cartoon-Sendung ebenso selbstverständlich, wie für uns der regelmäßige Samstagvormittagsgang in den örtlichen „Filmklub". Sogar vom Entstehen des „globalen Dorfes" (McLuhan) war in unserer Zeit schon etwas zu spüren. Jean-Luc Godard, der vielleicht genialste unter den jungen französischen Regisseuren, widmete seinen Film *A Bout de Souffle/Außer Atem* (Frankreich 1959) der Monogram Pictures, einer längst eingegangenen Hollywood-Firma, die sich in den 40er Jahren auf die Herstellung zweitklassiger Western spezialisiert hatte. Ich teile Godards sentimentale Gefühle

---

[10] Hierüber gibt es einen wichtigen Aufsatz von Amerikas Meisterkritikerin Pauline Kael: „Movies in TV", *New Yorker*, 3. Juni 1967. (Er ist auch in ihrem Buch [1968] enthalten.)

[11] Michael Burrage von der London School of Economics machte mich darauf aufmerksam, daß man auch deshalb so viele Serien bringe, weil sie weit weniger Vorausbesprechungen neuer Programme, weniger Vorschauen und Plakat- oder Zeitungswerbung erfordern.

[12] Ein anderer – McLuhan verpflichteter – Versuch zur Darstellung dieser Ideen siehe B. Day (1967).

für Gene Autry und den Tex Ritter-Western, für den B-Film à la Monogram, Republic etc., vielleicht sogar für jenes fast vergessene künstlerische Mittel, das Cinecolor[13]. Indem er auf jene gemeinsame Erlebnisse anspielte, erweckte er bei all denen, die der Filmgeneration angehören, eine spezielle Resonanz.
Indes, gerade das „Heiße“ des Mediums Film gestattet mir, guten Gewissens eine Analyse nicht nur der Botschaft des Mediums, sondern auch der, die seine Gestalter mit ihm vermitteln, zu wagen. Der ungeheure Einfluß des Films auf die Mode, auf Gepflogenheiten beim Rendezvous, Redeweisen, Art des Humors, auf Sitten und Gebräuche überall dort in der Welt, wohin dieses Medium vordrang, ist gerade dem „Heißsein“ zuzuschreiben. Man kann in Hongkong Liebespaare beobachten, die sich wie Liebende in einem amerikanischen Film aufführen. Wer die USA besucht, wird auf das unlösbare Problem „Henne oder Ei“ (wer war zuerst da?) stoßen: Verhalten sich Kellner und Kellnerinnen oder Taxichauffeure wie ihre Ebenbilder auf der Filmleinwand, oder sind die Ebenbilder nach der sogenannten Wirklichkeit gestaltet? Nicht nur japanische Gangsterfilme, auch japanische Gangster orientierten sich am amerikanischen Gangsterfilm. Amerika selbst spiegelt sich in seinen Filmen wider und wird zugleich von ihnen geprägt in einem Maße, das vom Fernsehen bislang nicht erreicht wurde.
Auf welche Weise dies geschieht und die Botschaft des Mediums in der Praxis entschlüsselt wird, läßt sich wie folgt kurz umreißen:
Das Erleben des Films ist dank des „Heiß“-Seins des Mediums das Gegenteil dessen, was bei der Brechtschen Verfremdung vor sich geht. Es ist auch nicht Flucht: Im Kino hängt man nicht Träumen oder Phantasien nach; man wird gepackt und mitgerissen, zum Teilnehmen und Erleben veranlaßt. Beim Horrorfilm erleben wir die dem Schaudern, Entsetzen und Schrecken zugrundeliegende Ambivalenz dieser Gefühle stets aufs neue. Aber wir identifizieren uns nicht auf irgendeine simple Weise: Der Film bietet nicht die Gelegenheit, sich als Killer, als Vampir, als Cowboy zu fühlen. Natürlich gibt es Ansätze dazu. Doch zum Beispiel Fred Astaire und Cyd Charisse tanzen zu sehen, ist ein Erlebnis, das sich erheblich von dem unterscheidet, das man haben würde, wenn man selbst da oben umher spränge. Der Film ist entschieden ein Medium der dritten Person; die meisten Versuche zu einer subjektiven Kameraführung schlagen fehl. Selbst wenn wir ausschließlich eine Person im Film verfolgen, empfinden wir uns als ihren Gefährten und nicht als sie selbst. Verliert einer im Film das Gedächtnis, wird das stets durch den Anblick aufschlußreicher Gegenstände oder herannahender Bösewichte aus einer Perspektive kenntlich gemacht, die der Held nicht haben kann. Der Film vermittelt uns Nähe, nicht aber Identifikation, – eher das Erlebnis des Voyeurs: Der Schauer, den man empfindet, wenn man Held und Heldin im Bett zuschaut, ist der des Voyeurs, nicht der eines der Partner der Vereinigung.
Zweifel am Voyeurismus sind es, die mich ermutigen, Konventionen so hoch einzuschätzen. Musicals zum Beispiel sind gewöhnlich nichts anderes als einfache, entzückende Liebesgeschichten. Ihr Wert besteht allein in der Macht des Ausdrucks von Tanz und Gesang. Über die Regeln des Gangsterfilms will ich mich nicht weiter auslassen; meistens dienten sie als Vehikel für Sozialkritik und Reinigungskampagnen. Der Gipfel

---

[13] I can’t stand films in sepia. And about films in Cinecolor, I am even cynicaller. Ken Tynan.

des Absurden wurde mit dem Übermaß an Großaufnahmen eines Bierfässer mit der Axt zertrümmernden Eliot Ness erreicht.
Im Western begegnen wir wohl dem reichhaltigsten System von Konventionen, den der Film hervorgebracht hat. Die Macht dieser Konventionen ist so groß, daß man sie überall in der Welt übernommen hat. Jedermann weiß, daß es italienische, deutsche, sogar jugoslawische Western gibt; wer aber weiß etwas von den japanischen? Selbst im japanischen Schwerterkampf-Film übernahm man Konventionen des Western. Der amerikanische Westen verkörpert eine kurzlebige, wenn auch archetypische Ära der Landnahme, der harten Lebensbedingungen, des tiefgreifenden sozialen Wandels und der gewaltigen Belastung des Individuums, – ein perfekter Rahmen für Dramen über folgende Themen:

Die Einheit der Menschheit
Der Ort der Gewalt
Die Herrschaft des Gesetzes
Das Verbrechen aus Leidenschaft
Die Einsamkeit des Menschen
Freundschaft
Opfer
Die Buße der Feiglinge
Loyalitätskonflikte
etc.

4. Die Bewertung von Filmen

Zum Abschluß dieses Überblicks möchte ich noch kurz auf den künstlerischen Rang von Filmen eingehen, insbesondere auf Fragen, die den Geschmack des breiten Publikums sowie den des Intellektuellen betreffen und schließlich auch die Kunst. Seltsamerweise gibt es bei Filmen keinen wirklichen Unterschied zwischen dem Anspruchsvollen und Anspruchslosen. Einige der in jeder Hinsicht besten Filme sind bei allen Arten von Leuten gleichermaßen beliebt, so zum Beispiel der Western *Shane*, der auch finanziell ein Erfolg war. Zudem sind bewußt kultivierte Filme, zum Beispiel Verfilmungen von Bühnen-, Opern- und Ballettaufführungen oft unerträglich langweilig und unfilmisch. Natürlich entsprechen Erfolg und Qualität sich nicht immer: Orson Welles ist ein Filmemacher von hohen Graden, der erst noch einen Kassenschlager produzieren muß; Hitchcock hingegen, ein ebensolches Filmgenie, machte unter fünfzig Filmen nicht mehr als ein oder zwei Nieten. Es sieht in der Tat so aus, als könne es nicht nur *das* Filmpublikum geben, – es müssen verschiedene Publika existieren. Wie sonst soll man sich erklären, daß ein Werk wie *The Sound of Music*, das reinste Zuckerwasser, ebenso großen Erfolg hatte wie der herbe Film *Bonnie and Clyde*, – noch dazu in aufeinanderfolgenden Jahren?
Intellektuelle haben in der Mehrzahl entsetzlich snobistische und puristische Ansichten in bezug auf den Publikumsgeschmack und über Kunst im allgemeinen. Sie halten das Fernsehdrama für etwas Gutes und das Fernsehrührstück eo ipso für schlecht. Olivier in *Richard III/Richard III.* (England 1955) gefällt ihnen, nicht aber Lana Turner in

Imitation of Life/So lange es Menschen gibt (USA 1959) oder Joan Crawford in *Mildred Pierce/So lange ein Herz schlägt* (USA 1945). Solche Einstellungen beruhen auf Mißverständnissen und Ignoranz. Um ein paar Vergleiche zu ziehen: nehmen wir die Malerei. Sie umfaßt alles, – vom Kalenderbildchen über die mittelmäßige und „seriöse" bis zur unbestreitbar hohen Kunst. Innerhalb der Kalenderbild-Kategorie gibt es bessere, schlechtere und eben belanglose Werke. Unter den Groschenheft-Krimis gibt es armselige, mittelmäßige, seriöse und sogar großartige. Ebenso ist es bei Filmen: es gibt alles, – vom oberflächlichen Kintopp über den B-Film und den ernstzunehmenden Film bis zur Filmkunst. Jede Kategorie weist Gutes und Schlechtes auf, und der Kenner versteht durchaus zwischen ihnen zu unterscheiden. Ob man aber unter den Kategorien selbst eine Rangordnung aufstellen kann, – daran zweifle ich. Man liegt jedoch eindeutig falsch, wenn man aufgrund der Abneigung gegen eine Kategorie das Medium als Ganzes gering schätzt. Das wäre das gleiche, als wollte man Prosa schlecht machen, weil man Krimis mißbilligt.

Wie das heitere Gedicht oder die leichte Muse in der Literatur ihren Platz finden, so haben auch die Serie, die Quizsendung, die Soap-opera, das nur für den Star konzipierte Melodram, der Tränendrücker, der Kintopp etc. im Bereich des Films ihre Berechtigung. Was vielleicht am Publikumsgeschmack und an den Massenmedien auszusetzen wäre, ist nicht, daß sie ein so großes Gebiet umfassen, – obwohl sie alles in allem ihre Sache recht gut machen, – vielmehr, daß das *Publikum* dazu neigt, sich nur auf das eine oder das andere Genre zu kaprizieren. Grundsätzlich kann der Leser von Detektivgeschichten es lernen, gute von schlechten zu unterscheiden. Ebenso wird ein Anhänger von Joan Crawford-Filmen dahinter kommen, welche besser und welche weniger gut sind. Wir sollten nicht an jenen Kritik üben, die kein Interesse für andere Genren zeigen. Außerdem wäre es ein recht unfreundlicher Akt, zu verunglimpfen, was sie schön finden. Meine eigene Ansicht ist durchaus optimistisch. Es gibt handfeste Beweise, daß der Geschmack des breiten Publikums vielseitiger und differenzierter zu werden beginnt: In England rief es allgemeine Verblüffung hervor, daß das Fernsehpublikum ein Stück von Pinter goutierte, das man ihm unter die übliche Kost aus Quizsendungen und Western gemischt hatte. Und dies nur zehn Jahre später, nachdem es ein großes Geschrei gegeben hatte, als „1984" von George Orwell im Fernsehen gebracht worden war. Die Breite des Filmangebots scheint mir in unseren Großstädten buchstäblich nichts zu wünschen übrig zu lassen, von einem ausgeprägteren Interesse für Historisches vielleicht abgesehen. Das Fernsehen ist freilich nicht so gut dran, aber aus einem einfachen Grund. Wie vor zwanzig Jahren für den Film, besteht für das Fernsehen noch ein Verkäufermarkt, auf dem nur geringer Wettbewerb herrscht. Die Zeit wird kommen, daß die Konkurrenz schärfer wird. Dann muß das Fernsehen sich wieder bemühen, die Programme mannigfaltiger zu gestalten, wie zu der Zeit, als es erst anfing und sich sein Publikum schaffen mußte.

Warum das Kino gegen die Angriffe von Intellektuellen und Schöngeistern verteidigen? Aus Gründen der Fairneß. Denn die Intellektuellen finden auch nichts dabei, daß ein enormer Prozentsatz der alljährlichen literarischen Publikation trivial ist, da ja zugleich eine Menge anspruchsvolles Material erscheint, – darunter ebenfalls ein nicht geringer Teil, der nichts taugt. Ich behaupte, daß es beim Film ganz ähnlich ist. Von einigen Ausnahmen abgesehen, machen alle derzeit noch tätigen Filmregisseure Filme, die auch gezeigt werden. In gewisser Weise gibt es für überragende Filme wie *Bonnie and Clyde* kaum eine Parallele in der Welt der Literatur, wo große Kunst selten ein Bestseller ist.

In Anbetracht der sehr hohen Produktionskosten ist es erstaunlich, wie viel schöpferische Freiheit es beim Film gibt. Und heute, da es jedem möglich ist, selbst Filme zu drehen, erblicken wir in der neuen Form des Underground-Films eine Warnung: ein Schreckensbild dessen, was passieren kann, wenn der sogenannten künstlerischen Freiheit alle Schleusen geöffnet werden. Wie jedes Kunstmittel, erfordert auch der Film fachliches Können, – und dieses erwirbt man nicht durch Introspektion. Der kreative Filmer muß Selbstkritik lernen, zu der wechselseitige Beeinflussung durch Zusammenarbeit mit seinesgleichen wie auch indirekt die Publikumsreaktion beiträgt; so wird er herausfinden, wie er das, was er vermitteln möchte, auch wirklich verständlich machen kann. Aber natürlich rede ich in den Wind; denn die Theorie, derzufolge Kunst im persönlichen Ausdruck des Künstlers bestehe, ja gar das wirkliche Leben ausschließlich der Selbstdarstellung des Individuums zu dienen habe, wird von Tag zu Tag populärer.

Ein paar Gedanken noch zu der Frage, warum manche Filme Erfolg haben und andere nicht. Die Theorie, das Publikum ließe sich durch den Publicity-Apparat manipulieren, wird widerlegt durch den nur geringen Eindruck, den *Cleopatra* hinterließ. Die Theorie, das Publikum liebe das Schlechte, ist angesichts des Erfolges von Filmen wie *Shane*, *The Apartment/Das Appartement* (USA 1959), *Psycho* und *Bonnie and Clyde* nicht aufrecht zu halten. Die Theorie, es gäbe eine Konstante im Publikumsgeschmack, wird durch das schnelle Abflauen des Booms in Spionagefilmen entkräftet. Ein schleppender Film wie *Goldfinger* war ein Erfolg, während der weitaus bessere, *Ipcress File,* nur mäßigen Anklang fand.

Wie in der Mode, ist der Erfolg von Filmen einem Image zuzuschreiben, das jeweils das Publikum in seinen Bann schlägt. Anfang der 60er Jahre war der Gangster sehr populär, desgleichen auch Horrorgestalten, später der Spion und der Schwindler und manchmal beide im Verein. Dies kann man natürlich nur im nachhinein feststellen, – eine Theorie, die vielleicht wiederum durch *The Sound of Music* widerlegt wird. Ich möchte annehmen, daß dies nicht der Fall ist, weil nachweislich viele Menschen, die sonst nie ins Kino gehen, – die gleiche Gruppe, an der auch Walt Disney verdient, Schulen, Familien, Nonnen usw. – sich *The Sound of Music* ansahen. Und dieses Publikum ist nicht gerade das empfänglichste für Mode. Der eigentliche Vorgang besteht darin, daß der Film ein sogenanntes Image entwickelt, das in erster Linie mündlich angepriesen wird. Bekanntermaßen haben die Kritiker wenig Einfluß. Das Image mag Werte einschließen oder auch nicht; wenn doch, werden sie für gewöhnlich mit den Werten des Films identisch sein, das heißt mit Werten wie „erschütternd“, „aufregend“, „gruselig“ und so weiter. Damit sind wir wieder bei meinem Hauptpunkt angelangt, daß der Film sich automatisch selbst speist: Nicht die Botschaft im konventionellen Sinn ist es, was jeden interessiert, sondern die Botschaft als Film, – die Frage „Was für ein Film?“

Fassen wir zusammen: Wie steht's mit dem Film und der Kommunikation von Werten durch ihn? Theorien, die dem Film einen korrumpierenden Einfluß zuschreiben, sind größtenteils Humbug: Die Menschen tun nichts, was sie nicht tun wollen, auch nicht unter Hypnose. Und jede imaginative Kunst kann nur denen Ideen eingeben, die bereits nach ihnen suchen. Diejenigen, die behaupten, daß der Film es sei, der sie auf böse Gedanken brächte, könnten diese ebensogut aus unzähligen anderen Quellen erhalten. Die Menschen sind keine Behälter, deren Inhalt man austauschen kann. Sie sind vielmehr zugleich Sender und Empfangsgeräte, die sich mit Hilfe ihrer Technik entwickeln und anpassen. Die Medien verderben den Menschen nicht, sie verändern ihn. Der Film als Mittel der Kommunikation wirkt auf unstrukturierte Gruppen ein. Die Gruppe Kinopublikum ist relativ unstrukturiert, ebenso wie jene Gruppe, die den Film herstellte. Der Film ruft beide Gruppen ins Leben und verbindet sie; er gibt ihnen ein Gefühl der Identität und der gemeinsamen Erfahrung. Das Publikum seinerseits erlangt eine seltsame Befriedigung aus dem Beieinandersein und dem gemeinsamen Erleben, was die Beklommenheit beweist, die man in einem fast leeren Kino empfindet. Soweit diesen Gruppen durch den Film eine Propaganda allgemeiner Natur übermittelt wird, ist sie von der Art, wie McLuhan sie in folgender Anekdote aus *Understanding Media*[14] beschreibt:

„Da die beste Methode, an den Kern einer Sache zu gelangen, darin besteht, ihre Wirkung in anderer Umgebung zu sehen, wollen wir uns merken, was Präsident Sukarno von Indonesien 1956 einer Schar von Hollywoodbossen gegenüber erklärte: Für ihn seien sie politische Radikale, – Revolutionäre, die den politischen Wandel im Osten erheblich beschleunigt hätten. Der Ferne Osten bekomme im Hollywoodfilm eine Welt zu sehen, in der alle einfachen Leute Autos, Elektroöfen und Kühlschränke besäßen. Seitdem betrachte der Asiate sich als einfacher Mann, dem man sein angestammtes Recht vorenthalte."

---

[14] (p. 294). Titel der deutschen Ausgabe: *Die magischen Kanäle*, Düsseldorf 1968, Frankfurt 1970. D. Ü. bringt das Zitat in eigener Fassung.

Bibliographie

Als ich mit den Recherchen für dieses Buch begann, wußte ich nur zu gut, daß Material in Fülle vorhanden war. Da es an den unwahrscheinlichsten Stellen verstreut war, mußte man es nur auszugraben verstehen. Es wäre leichtfertig zu behaupten, es sei mir gelungen, alles existente Material beizubringen. So hoffe ich, daß der Leser, dem Material unter die Hände kommt, das nach seiner Meinung hier Aufnahme hätte finden sollen, es mir zukommen läßt, – im Hinblick auf mögliche weitere Auflagen.
Über die in der anschließenden Liste aufgeführten Bibliographien hinaus fand ich noch andere zweckdienliche Bibliographien in folgenden Werken: *G. Bluestone* (1957), *M. L. De Fleur* (1966), *St. Hall* und *P. Whannell* (1964) m. Komm., *L. Jacobs* (1939), *J. T. Klapper* (1961), *S. Kracauer* (1947, 1960), *A. R. Manvell* (1944, 1966) m. Komm., *P. Mayersberg* (1967) m. Komm., *B. Rosenberg* und *D. M. White* (1957), *W. Schramm, W. Lyle* und *E. B. Parker* (1961) m. Komm., *W. Stephenson* (1967), *D. M. White* und *R. Averson* (1968).
Im übrigen habe ich alle Titel, auf die ich Bezug nehme, sowie alle, auf die ich stieß, und die mir einen Beitrag zum Thema dieses Buches zu leisten schienen, in der anschließenden Bibliographie aufgeführt. Wo es möglich war, habe ich versucht, den Leser durch die Literatur zu führen. Das Fehlen von Anmerkungen sollte indes nicht dahingehend gedeutet werden, daß das betreffende Werk nicht relevant sei. Einfügungen wurden in eckige Klammern gesetzt.

Adler, Mortimer, New York 1937, *Art and Prudence.*

Untertitel: ‚A study in practical philosophy'. Eine vernichtende Kritik an den Payne Fund Studies (1933–35). Adler, der den Film für eine populäre Form der Dichtung hält, verteidigt ihn gegenüber Moralisten, Pädagogen und Soziologen und weist nach, daß sie von verschwommenen Prämissen ausgehen. Vertritt eine ziemlich aristotelische Auffassung über die Beziehung zwischen Moralität und reiner Kunst.

Agee, James, 1949, 'Comedy's Greatest Era', *Life,* 27, S. 70–82.

Denny und Meyersohn: ‚Eine Studie über die dramatische Rolle, die Chaplin, Langdon und andere in der American custard-pie period (etwa: *Periode des Sahnetorten-Schmeißens*) spielten, aus der Feder eines hervorragenden Schriftstellers und Kritikers'. Abgedruckt in J. Agee (1958).

– – New York 1958, *Agee on Film,* 2 Bde.

Der eine Band enthält fünf Skripts, nicht in Szenario-Form, der andere eine Auswahl aus Agee's unberechenbaren, teils begeisterten, teils scharfen Kritiken für *The Nation, Time* etc. Obwohl sie ein wenig zu literarisch sind, verraten sie dennoch ein feines Gespür für Medium und Stars.

Agel, Henri, Paris 1963, *Romance Américaine.*

Enthält ein Essay über den amerikanischen Film mit einigen Filmanalysen sowie ‚Un Héros de Notre Temps: Humphrey Bogart'. „Wie lange noch wird es eine Ausnahme bleiben, daß hohe Beamte, Juristen und Universitätsprofessoren sich offen zu ihrer Vorliebe für den amerikanischen Film bekennen? Ich wage zu behaupten, daß die Bedeutung Hollywoods zu verkennen ein beunruhigendes Symptom für Vitalitätsverlust und kulturellen Verfall ist. Menschlichkeit,

Tragik, Poesie und religiöses Gefühl sind in Amerika ausgeprägt, dank der Dynamik des amerikanischen Volkes, das gewiß weder frei von Vandalismus noch von intellektueller Schematisierung ist, sich aber – im Gegensatz zur Mehrzahl unserer Regisseure, sei es der ancienne oder der nouvelle vague – ein beträchtliches Maß an Naivität, an überschäumender Vitalität und an schöpferischen Reserven bewahrt hat" S. 175–176.

Albert, R. S., 1957, 'The Role of Mass Media and the Effect of Aggressive Film Content Upon Childrens' Aggressive Responses and Identification Choices'. *Genetic Psychology Monographs*, 55, S. 211–285.

Gelangt zu achtzehn Schlußfolgerungen, u. a.: der Cowboy-Film reduziert die Aggressivität bei allen Versuchspersonen; unkonventionelle Filme wirken sich nicht wesensverändernd aus; Filme ohne Schluß wirken sich ebenfalls aggressionsmindernd aus; je niedriger der IQ der Versuchsperson, desto eher wird sie beeinflußt; je jünger sie ist, desto größer der Einfluß; mehr oder minder aggressive Versuchspersonen identifizieren sich gleich stark, wenn es sich um einen konventionellen Film handelt, unterschiedlich stark bei unkonventionellen Filmen.

Allen, K. S., 1955, 'Golden Aniversary', *Films and Filming*, 1, September, S. 10.

Über das erste Nickelodeon, 1905.

Alloway, Lawrence, 1964, 'Critics in the Dark', *Encounter*, 22. Februar, S. 50–55.

Eine Besprechung über Agee (1958), Talbot (1959), Hughes (1962) und Morin (1960), die sich zu einem großartigen Essay über die Unzulänglichkeit der Filmliteratur auswächst. Auf S. 53 legt der Verfasser dar, daß Filmzyklen eine Einrichtung seien, aufgrund derer „das Publikum mit Hilfe flexibler, stets wiederkehrenden Konventionen in die Lage versetzt wird, einen Komplex von Erwartungen und Kenntnissen zu entwickeln, die der Filmemacher in seine Rechnung einbeziehen kann." Morin wird zu recht wegen seines Übermaßes an – in eine andere Sprache nicht übertragbaren – Vokabular verrissen. „Hughes geht von der fundamentalen Voraussetzung aus, daß es überall in der Welt ehrliche Filmemacher... und überall in der Welt ehrliche Menschen im Publikum gibt, die auf die Botschaften dieser Filmemacher warten... Das heißt, schöpferische Tätigkeit wird ungeachtet geschäftlicher Erwägungen oder aller Mechanisierung spontan bei denen positive Reaktion hervorrufen, die reinen Herzens sind, welcher Hautfarbe sie auch sein mögen. Allerdings wird dieses Idealbild der Kommunikation dadurch beeinträchtigt, daß das Publikum weiterhin in die falschen Filme geht. Geschieht das, weil das Publikum passiv ist und Schund akzeptiert, oder ist das Publikum an sich korrumpiert?... Vielleicht ist es nur der Filmkritik möglich, davon auszugehen, daß so dehnbare Okey-Worte wie „Ehrlichkeit" und „Realität" generell als kritischer Maßstab dienen." S. 54–55. Präzise formuliert und sarkastisch. Ein wesentlicher Aufsatz.

Allsop, Kenneth, London 1961, *The Bootleggers.*

Chikago in den 20er Jahren.

– – London 1967, '*Hard Travellin*'.

Die Geschichte des Trippelbruders.

Alpert, Hollis, 1956, 'Sexual Behaviour in the American Movies', *Saturday Review*, 39, S. 9–10.

Der Production Code, wie auch Zaghaftigkeit erschweren die ungeschminkte Darstellung von Sex. Stevens ließ sich in *A Place in the Sun* freilich nicht daran hindern. Alle anderen sagen es mit Kerzen, Feuerwerk, Brandung, Fontänen oder Lana Turners Nasenflügeln. Die weiblichen Spitzenstars verkörpern zu gewissem Grad die Idealvorstellungen der Studiochefs.

-- New York 1962, *The Dreams and the Dreamers.*

Faszinierende Essays über Stars (z. B. Marlon Brando, Jean Seberg), Produzenten (Hecht- Hill-Lancester, Ross Hunter), Regisseure etc. In ‚Film und Theater' vertritt der Verf. den Standpunkt, daß der Film die beste dramatische Form abgäbe. Dieser Autor überzeugt; wischt Theoretikern, die dem Stummfilm nachtrauern, eins aus; kritisiert Eisensteins prätentiösen Stil (p. 234) und demonsrtiert bis ins einzelne, inwiefern das Theater die Fantasie einengt.

Altenloh, Emilie, Jena 1914. *Zur Soziologie des Kinos.* Die Kino-Unternehmung und die sozialen Schichten ihrer Besucher.

Teil I befaßt sich mit der Produktion, Teil II mit Filmpublikum und -öffentlichkeit. Erschienen in einer von Alfred Weber herausgegebenen Reihe. Überholt natürlich, aber nichtsdestoweniger interessant.

Ambler, Eric, 1949, 'The Film of the Book', *Penguin Film Review,* 9, S. 22–25.

Auch Autoren werden umgekehrt von den Intentionen eines Produzenten angeregt. Große Hoffnungen in dieser Hinsicht schwanden jedoch dahin (Amblers persönliche Erfahrungen).

Anast, P., 1964, 'Self-Image, a Determinant of Vicarious Need', *Psychology,* L, S. 8–10.

Hypothese: Je höher die Selbsteinschätzung, desto weniger bedarf man des Ersatzerlebens. Je weniger man von sich selbst hält, desto stärker die Wirkung der Identifikationsmechanismen. Restversuche waren statistisch sehr aufschlußreich in bezug auf die Männer, nicht aber auf Frauen. Die Masenmedien wirken auf die Geschlechter verschieden, vielleicht deshalb, weil den Männern mehr Betätigungsmöglichkeiten offenstehen.

-- 1967, 'Differential Movie Appeals as Correlates of Attendance', *Journalism Quarterly,* 44, S. 86–90.

Verf. testete und bestätigte die Meinung, daß häufige Kinobesucher 1) mehr an Erotik wie auch an zwischenmenschlicher Gewalt interessiert sind, 2) zwischen Film und Wirklichkeit weniger unterscheiden, 3) sich stärker an Filmhelden oder -heldinnen orientieren. Menschen mit großem Aktivitätsdrang, eingeschlossen Abenteuerlust und Leistung, gehen sehr selten ins Kino.

Anderson, H., Kopenhagen 1924, *Filmen i Social og Okonomisk Be lysning.*

Anderson, J. L. und *Richie, D.,* Tokio und Rutland 1959, *The Japanese Film.*

Maßgebliche englische Untersuchung über die Entwicklung der japanischen Industrie. Enthält auch eine „Genealogie" der japanischen Regisseure.

Anderson, Lindsay, London 1952, *Making a Film.*

Tagebuch eines Beobachters der Herstellung von *The Secret People,* Regie Thorold Dickinson, beginnend mit den Drehbuchkonferenzen, endend mit dem Schnitt. Das Buch wurde am Tage der Filmpremiere veröffentlicht, so daß es dem Verfasser nicht möglich war, darüber Aufschluß zu geben, wie weit die Schwächen und Vorzüge des Films aus Produktionsverhältnissen oder aus Produzentenentscheidungen resultierten. Daher ist es weniger aufschlußreich als Ross (1957) und Kael 1968).

Anger, Kenneth, Phoenix 1965, *Hollywood Babylon.*

Hollywoodklatsch-Kompendium, vieles zweifellos wahr. Fan-Magazin-Stil wird vorzüglich glossiert.

Annals of the American Academy of Political and Social Science, Philadelphia 1926, 'The Motion Picture in Its Economic and Social Aspects', hrsg. v. Clyde C. Kunz und Frank A. Tichener, 128.

Viele dieser Dokumente sind uninteressant, – betreffen lediglich Ausstattung, technische Fragen, Feuergefahr, Wochenschauen, Schulfilme etc. Lohnend sind hingegen: Ramsaye (1926), Johnstone (1926), Young (1926) und Stephens (1926).

– – Philadelphia 1947, 'The Motion Picture Industry', hrsg. v. G. W. Watkins, 254.

Untertitel: Entwicklung der Filmindustrie; kaufmännische und finanzielle Aspekte; Quellen und Produktion von Filmen; Wirkungen des Films; Film und Öffentlichkeit; Zensur und Selbstkontrolle; Forschungsgebiete.
Kommentar von Denny und Meyerson: ‚Interessant ist ein Vergleich zwischen dieser Nummer und der gleichen aus dem Jahr 1926: heute pessimistisch, Zweifel in bezug auf die Macht der Industrie; vorzügliches soziologische Material.' Jedem Aufsatz ist ein kurzes Resümee mit Verfassernamen angefügt.

Anonymous, 1950, 'The Art of Our Age', *Sight and Sound,* 19, S. 89 ff.

Der Künstler wird von der Industrie erdrückt, und das Volk hat nicht mitzureden bei dem, was gemacht oder gezeigt wird.

– – 1963, 'An International Survey on the Film Hero', *International Social Science Journal,* 15, S. 113–119.

Bericht von einer Tagung in Sestri Levante zum Zwecke vergleichender Untersuchungen der Filmhelden. Französische, jugoslawische und polnische Daten werden analysiert: ‚es sieht so aus, als ob sich die Filmthemen wie auch die Züge der Leinwandhelden weit schneller ändern, als man annehmen möchte.' S. 118.

Arab Cinema and Culture, 3 Bände: 1964, 1965, 1965, Round Table Conference Under the Auspices and with the Participation of the UNESCO, Beirut, October 1962, 1963, 1964.

Zu den Goldkörnchen unter viel Stuss zählt ‚Viability of a Cinema Born Weak versus a Television born Gigantic' von F. Mazzawi, Band 3.

Arnheim, R., London 1958, *Film as Art* (Arnheim, B., Berlin 1932, Film als Kunst).

Vorwiegend ein Nachdruck seines Buches *Film,* 1933. In einer Vorbemerkung zur Ausgabe, datiert 1957, heißt es: „Der Leser dieses Buches wird feststellen, daß für mich der Film ein einzigartiges künstlerisches Experiment auf dem Gebiet der visuellen Künste ist, mit dem man sich in den ersten drei Jahrzehnten unseres Jahrhunderts befaßte. In Reinkultur findet es nur noch in den Bemühungen einiger weniger mutiger Privatpersonen seine Fortsetzung. Und nur selten flackert noch einmal ein Licht auf – Reminiszenz einer großen Vergangenheit –, die Düsternis der industriellen Massenproduktion erhellend, die das neue Medium zur Technik populären Geschichtenerzählens werden läßt. Dementsprechend hat auch der Autor sich verwandelt, – in einen Einzelgänger, der sich nur noch wenige Male im Jahr vor der Filmleinwand an den Leistungen intelligenter Künstler erfreut." S. 11–12. Siehe auch Rotha und Griffith (1963). (Übers. nach der engl. Fassung.)

Arvidson, Linda (Mrs. D. W. Griffith), New York 1925, *When the Movies were Young.*

Die charmanten, anekdotenreichen Memoiren einer jungen „Naiven" aus San Francisco, die D. W. begegnete, ihn heiratete und zusammen mit ihm 1908 bei der Biograph Company eintrat, wo er zunächst als Schauspieler, ab Mitte des Jahres 1908 als Regisseur tätig war. Berichtet auch von anderen Schauspielerinnen und Leuten aus dem Metier sowie über Aufenthalte in Los Angeles während der Winterszeit und schließlich über den Bruch mit der Biograph und den Eintritt bei der Mutual Company. Mit der Fertigstellung von *The Birth of a Nation* schließt das Buch. [1968 neu aufgelegt, ist es anderen wertvollen Schriften über die Stummfilmzeit: z. B. Ball, Balshofer, Brownlow, Lahue, Pratt, Ramsaye und Wagenknecht gleichzustellen.]

Asheim, Lester, 1947, 'The Film and the Zeitgeist', *Hollywood Quarterly,* 2, S. 414–416.

Entgegnung auf Houseman's Kommentar zu *The Big Sleep* (1947).

-- 1949, 'From Book to Film', Ph. D. Thesis, University of Chicago, unveröffentlicht.

-- 1953, 'From Book to Film', in B. Berelson und M. Janowitz, Hrsg., *Reader in Public Opinion and Communication,* Glencoe, S. 299–308.

Teil seiner Doktorarbeit (1949). Nach Romanen gedrehte Filme sind meist ähnlich deskriptiv, berücksichtigen die Einheit des Ortes, der Zeit und der Handlung, sind aber weniger gewalttätig, brutal, sadistisch. Meist erscheinen sie unter dem Originaltitel des Romans.

Ashley, W., London 1934, *The Cinema and the Public.*

Ganz und gar nicht das, was man nach dem Titel erwartet, aber, seinem Untertitel zufolge ‚eine kritische Analyse von Ursprung, Bildung und Kontrolle des British Film Institute'.

Australien. Parliamentary Papers, 1928. *Report of the Royal Commission on the Moving Picture Industry in Australia,* Canberra.

Aydelotte, W. O., 1949, 'The Detective Story as a Historical Source', *The Yale Review,* 39, S. 76–95, abgedruckt in Deer (1967).

Die Detektivgeschichte verdankt die Popularität, die sie genießt, ihren speziellen Konventionen. Untersucht man diese Literatur genauer, lassen sich Rückschlüsse auf die Leser ziehen, für die sie bestimmt ist, sowie auf deren unerfüllte Sehnsüchte (S. 134). In der Detektivgeschichte erscheint das Leben als angenehm, ermutigend, einfach, verständlich, sinnvoll und sicher. Ihre Probleme sind simpel und finden simple Lösungen. Sie verherrlicht den Alltag, z. B. die Großstadt. In ihr ist das Universum überschaubar und festgelegten Gesetzen unterworfen: Der Detektiv siegt immer. Durch ihre Schilderung des Todes verringert sie die Todesfurcht. Bisweilen ist der Tod des Opfers zum Besten aller. Die Lösung befreit jeden von Schuld. Der Leser ist passiv – wie auch alle Personen der Handlung mit Ausnahme des Detektivs. [Nach Wolfenstein und Leites (1950b) ist sogar der Detektiv passiv: die Vorgänge passieren ihm.] Die Detektivgeschichten sind Tagträume von Abhängigkeit und Aggression, d. h. sie sind totalitaristisch. Der Schurke kann jeder sein, d. h. es herrscht paranoides Mißtrauen. Der Detektiv simplifiziert das Leben, gibt ihm Sinn. Er ist stark, konservativ, jedoch ein Diktator, – ein Supermann.

Babitsky, P. und *Rimberg, J.,* New York 1955, *The Soviet Film Industry.*

Die klassische, maßgebliche Studie.

Bächlin, P., Paris 1947, *Histoire Economique du Cinéma.*
(*Bächlin, P.*, Basel, 1945, *Der Film als Ware.*)
Fundierte marxistisch-zeitkritische Studie der Filmindustrie. Führt nicht zu simplen Lösungen, jedoch zu der Schlußfolgerung, daß das kapitalistische System, von wenigen Ausnahmen abgesehen, den Film an der Realisierung seiner Möglichkeiten hindere.

Bailyn, Lotte, 1959, 'Mass Media and Children: A Study of Exposure Habits and Cognitive Effects', *Psychological Monographs,* 73, S. 1–48.

Untersucht die Stereotypenbildung, das Gefühl der Bedrohung (durch unverstandene Kommunikationen), das Selbstbild und die Vorliebe für passive Beschäftigung infolge von Exposition. Massenmedien dienen nur bestimmten Jugendlichen unter bestimmten Umständen zur Weltflucht. Sie können auch andere Funktionen haben: den Horizont erweitern, informieren, entspannen. Weltflucht läßt sich feststellen bei Jugendlichen mit unbewältigten psychologischen Problemen sowie bei solchen, die zu Projektionen und Rebellion neigen und sich den Medien häufig exponieren. Diese entwickeln Stereotypen, während ihr Selbstbild sich an den Medien orientiert. Passivität wird ausgedehnter Nutzung der Medien zugeschrieben, ist aber nicht als Mangel an Initiative oder als Wunsch aufzufassen, in der sozialen Situation eine Nehmerposition innezuhaben: Häufige Exposition wird genossen, schränkt jedoch den Betätigungsdrang auf anderen Gebieten ein. Kommunikationen scheinen sich nicht im Sinn einer Bedrohung auszuwirken. Die betreffenden Gruppen sind nur klein: 3 % nutzen Medien recht häufig, dies tun auch 12 % mit unbewältigten Problemen, 11 % sind aufsässig und exponieren sich häufig. Keine dieser Zahlen trifft auf Mädchen zu. Bei ihnen sind Projektion und Rebellion selten.

Balaban, Carrie, New York 1942, *Continuous Performance.*

Autobiographie des Gründers der Kinokette Balaban und Katz (A. J. Balaban), die später von Zukors Paramount Public Corporation übernommen wurde, – von ihm selbst seiner Frau erzählt und von ihr wiedergegeben. Die übliche Story von den hektischen Anfangsmühen (diesmal in Chikago), dem beinahe ruinösen Rückschlag und schließlichen Aufstieg zu unvorstellbaren Höhen. Sieht sich als Wohltäter der Öffentlichkeit, die er mit Unterhaltung versorgt. Die endgültige Eliminierung von Varieté-Nummern aus dem Kinoprogramm ergab sich von selbst, als die Filmvorführung hohe Gewinne abzuwerfen begann. Enthält weder etwas über die soziologische Bedeutung der Filmvorführung noch über die Beziehungen zwischen Kinobesitzern und Hollywood.

Balasz, B., London 1952, *Theory of the Film.*
(*Balasz, Bela, Der Film,* Werden und Wesen einer neuen Kunst, Wien, 1961.)

„Die Kunst des Stummfilms hörte auf zu bestehen, die Technik des Tonfilms trat an ihre Stelle, sie hat sich jedoch heute, zwei Jahrzehnte später, noch nicht im erhofften Ausmaß vergeistigt und verfeinert ... Sie wurde ... nicht zu einer neuen Kunst ..." (Übers. Alex. Sacher-Masoch.) In seinem früheren Band, *Der Geist des Films,* Halle 1930, vertritt Balasz die Ansicht, der Film werde nur Geltung erlangen, wenn er revolutionären Zwecken diene.

Balcon, Michael, London 1950, *Film Production and Management.*

Skizziert die Entstehung von Filmen unter besonderer Berücksichtigung der verschiedenartigen Fabrikations- und Geschäftspraktiken.

Baldell, Pio, Rom 1963, *Sociologia del Cinema.*

Ganz und gar keine soziologische Analyse. Der Film ist moderne Volkskunst.

Ball, R. H., London 1968, *Shakespeare on Silent Film.*

Eine Fallstudie, die auf zwanzigjähriger Forschung basiert: wie man eine Episode der Filmgeschichte aus Fragmenten zusammenflicken kann. Filmkopien existieren nicht mehr oder sind unzugänglich gelagert, Filmzyklen sind lückenhaft, Drehbücher stehen unter Copyright und können nicht untersucht werden. Alles in allem ein phänomenales Unterfangen.

Ballantine, W. M., London 1945, *Discussion Circle No. 4.*

Die Broschüre, betitelt *If I Owned a Factory and Other Topics* enthält *N. Wilsons* „Do We Get the Films We Want?". Seine Antwort: Nicht genug. Grund: niedriges Publikumsniveau, Druck der Industrie, das Doppelprogramm-System (mit zwei Spielfilmen). Die Lösung sei nicht Verstaatlichung, sondern mehr Bildung.

Balshofer, Fred F. und *Miller, Arthur C.*, Berkeley und Los Angeles, *One Reel a Week.*

Zwei Kameraveteranen erinnern sich.

Bandura, A., *Ross, D.*, und *Ross, S. A.*, 1963, 'Imitations of Filmmediated Aggressive Models', *Journal of Abnormal and Social Psychology*, 66, S. 3–11.

Ausgehend von der Skala: wirkliche Personen, Personen im Film, Personen des Cartoons, – geordnet also nach geringer werdender Wirklichkeitsnähe bei Zunahme der Erfindung, – gelangen die Autoren zu folgender Prognose: „Je weiter das Vorbild von der Wirklichkeit entfernt ist, desto geringer wird die Tendenz der Vp (Versuchsperson) sein, das Verhalten des Vorbilds zu imitieren" (S. 3), „... viele Anzeichen sprechen dafür, daß Aggression im Film auf Jugendliche aggressivitätssteigernd wirkt" (S. 9). Sie stellten keine signifikanten Unterschiede in der Wirkung lebender Vorbilder und der von Filmvorbildern, oder der Wirkung von Filmvorbildern und Cartoonvorbildern fest. Die krude und verallgemeinernde Konzeption dieser Untersuchung tritt besonders in Banduras populärem Artikel für *Look*, abgedruckt bei Larsen (1968), S. 123 bis 130, zutage.

Banton, Michael, London 1965, Roles.

Bardeche, Maurice und *Brasillach, Robert*, New York 1938, *History of Motion Pictures.*

Übersetzung der klassischen französischen Geschichte des Films durch ein fähiges Team. Englische liberale Kritiker entdecken stets „faschistische Tendenzen" in deren Werken.

Barisse, Rita, 1955, 'New Life – New Films' und 'The Chinese Way', *Films and Filming*, 1, März/April, 5, S. 8–9.

Umriß der Filmindustrie in Rot-China.

Barker, W. J., 1955, 'The Stereotyped Western Story', *Psychoanalytic Quarterly*, 24, S. 270–280.

Der Cowboy-Held verkörpert den ewigen Sohn, der zwangsläufig archetypischen Fantasievorstellungen entsprechend handeln muß. Der Schurke = böser Vater, der schwache Sheriff = guter Vater. Das Pferd ist der Phallus, die Ranch die Mutter, die Schießereien seien Ausdruck von Kastrationsangst. Sorgsam kaschiert erzähle der Western die stets gleiche Geschichte von der Liebe des Knaben zu seiner Mutter und dessen Wunsch, den Vater zu töten. „Man darf annehmen, daß diese Legenden eine integrative erzieherische Funktion ausüben, vor allem am jungen Menschen; sie sind keineswegs nur passiver, regressiver oder unnützer Zeitvertreib.

Wie der militärische Befehlshaber seine Truppe im Manöver und mit einem simulierten Feind auf die Schlacht vorbereitet, so präpariert der Western den Knaben antizipatorisch für seine Probleme und verhilft ihm zu sozial akzeptablen Lösungen, die sein Ich zu tolerieren vermag. Spielzeugpistolen und Cowboy-Anzug tun beim Nachspielen der im Kino gesehenen Geschichte das Ihre." S. 278.

Barnouw, E., New York 1956, *Mass Communicaiton:* Television, Radio, Film, Press; die Medien und ihre Praxis in den USA.

Häufig zitierte Autorität.

Barnouw, E. und *Krishnaswamy, S.*, New York 1963, *Indian Film.*

Sehr informative, soziologisch ausgerichtete Darstellung der Geschichte der indischen Filmproduktion sowie ihrer derzeitigen Situation. Details über die Berücksichtigung weitverzweigter Familienbeziehungen beim Zustandekommen vieler Produktionen sowie über die enorme Beliebtheit bestimmter Stars und Song-Dichter. Tiefgreifendere strukturelle Durchleuchtung dieser Phänomene wird nicht versucht, obwohl vielleicht Material dafür vorläge.

Bateson, Gr., 1943, 'Cultural and Thematic Studies of Fictional Films', *Transactions of the New York Academy of Science*, Serie 11, Bd. 5, S. 72–88.

Analyse des nationalsozialistischen Films „Hitlerjunge Quex" zeigt, daß Nazismus Zerstörung der Familie bedeutet. Auf Wechselbeziehungen zwischen Unsauberkeit und Selbstverachtung und Sauberkeit und Selbstachtung schließen zu wollen, ist gefährlich.

Battock, G., New York 1967, *The New American Cinema.*

Eine Auswahl von Kritiken, von denen nur wenige kritisch sind.

Bauer, R. und *Bauer, A.*, 1960, 'America, Mass Society and Mass Media', *Journal of Social Issues*, 16, S. 3–66.

Problem: Wie ists mit der Beziehung der Gesellschaft zu ihrem Kommunikationssystem bestellt? These: Die Theorie von der Massengesellschaft, von den Massenmedien sowie von der Allmacht der Massenmedien in der Massengesellschaft widerspricht den Ergebnissen der Medienforschung. Massenkommunikation pflastert dem Totalitarismus keineswegs den Weg, wie die Pessimisten befürchten. Zunächst einmal, die *nicht-rekreativen, nicht kulturellen* Aspekte ihrer Auswirkung: 1) Die Kommunikation innerhalb der Primärgruppe ist in der „Massengesellschaft" alles andere als verkümmert. 2) Weit davon entfernt, durch die Medien „atomisiert" zu werden, „kontrollieren" die zwischenmenschlichen Beziehungen den Medienkonsum. 3) Es besteht keine simple Kausalverbindung zwischen Inhalt und Wirkung. Das Publikum läßt sich nicht einfangen; ebenowenig verhält es sich exklusiv. Die Wirkung der Medien mag zunächst minimal sein; im Laufe der Zeit nimmt sie zu. Was die *rekreativen und kulturellen* Auswirkungen betrifft: Nach anfänglicher Abwendung bei Aufkommen des Fernsehens ist heute eine Rückkehr zum Kino zu beobachten. Flucht aus dem Alltag? Ersatzbefriedigung? Mehr Wirklichkeitsillusion? Amerikaner sind nicht passiver, krimineller, seelisch kränker als andere Völker. In der Massengesellschaft sind Künstler elitär, Intellektuelle sind Sozial-Pessimisten. Die Gesellschaft wirkt homogenisierend; und dennoch läßt sie mehr Abweichungen zu als die früheren Volkskulturen. Die Theorie der Massenmedien kommt einer erklärten Ablehnung unserer heutigen Gesellschaft gleich. (Dieselbe Ausgabe des Journal enthält hierzu einen Kommentar von Parsons und White, die zu dem Schluß gelangen, daß der Film durch die Konkurrenz des Fernsehens besser und die Rezeption des Publikums differenzierter geworden ist.)

Bauer, R., 1963, 'The Obstinate Audience', *American Psychologist*, 19, S. 319–328.

Zum Teil wird das Publikum von dem beeinflußt, was es aus dem Angebot auswählt (das ihm präsentiert wird, weil man mit dieser Wahl rechnet), teilweise bedeutet die Kommunikation für es eine Art Lebenshilfe in der Auseinandersetzung mit seinen Problemen (z. B. der Selbstbestätigung, der zwischenmenschlichen Beziehungen, der Maximierung des Gewinnes).

Baxter, John, London 1968, *Hollywood in the Thirties.*

Außerordentlich aufschlußreicher Überblick (u. a. in bezug auf die Klassen-Images der Filme des jeweiligen Studios); lehnt die orthodoxe Auffassung ab, Hollywood-Regisseure seien ein armseliger Haufen von Mietlingen. Schätzt Curtis ebenso hoch, wie Higham und Greenberg (1968) es tun.

Baxter, R. K. N., 1948, 'The Structure of the British Film Industry', *Penguin Film Review*, 7, S. 83–90.

Eine allzu kurze Darstellung der britischen Produktionsorganisation sowie von Distributionssystem (Verleih) und Vorführung in England.

Bazin, André, Paris 1959–1962, Qu'est ce que le Cinéma?, I–IV.

Posthum veröffentlichte Sammlung von Schriften des führenden Jungtürken der französischen Filmkritik. Bd. III, 'Cinéma et Sociologie', besteht überwiegend aus Besprechungen, zusammengefaßt unter Überschriften wie „Kindheit und Mythos", „Erotik", „Mythos und Gesellschaft". Am bemerkenswertesten ist der Abschnitt über den Western wie auch die sehr hohe Bewertung des Boetticher-Films *Seven Men from Now/Der Siebente ist dran* (USA 1956). Ausgewogene Besprechung von Quéval, *Sight and Sound*, 1961, 30, S. 153. Eine englische Auswahl erschien 1967 unter dem Titel *What is Cinema?*

Bell, Daniel, 1962, 'Modernity and Mass Society: On the Varieties of Cultural Experience', *Studies in Public Communication*, 4, S. 3–34.

An die Kritiker der Massenkultur gerichtete allgemeine soziologische Entgegnung; Verf. zeigt, daß sie sich soziologischer Kategorien bedienen, wenn sie ästhetische Werturteile fällen. Ergänzung zu Shils (1961).

Bell, Olivier, 1939, 'Sociological Aspects of the Cinema', *Nature*, 144, S. 520.

Bericht über eine Tagung der British Association in Dundee am 31. August. Fordert intensivere Publikums-, Geschmacks-, Motiv- und Wirkungsforschung.

Bellour, R. und *Brion, P.*, Paris 1966, *Le Western*, Ursprünge, Themen, Mythologien, Autoren, Akteure, Filmographien.

Eine tour de force. Enthält vier einführende Essays, siebenundfünfzig Darstellungen mythischer Musterbeispiele (Indianer [sic] überfallen Wagentreck, Raubüberfall etc., – allerdings alles andere als erschöpfend) denen eine Enzyklopädie der Regisseure und Schauspieler, ein alphabetisches (annähernd 40 Seiten starkes) Register von Western sowie eine Aufstellung der – nach der Meinung von mehr als einem Dutzend Kritikern – jeweils besten zehn Filme angefügt ist.

Benedict, Ruth, Boston 1946, *The Chrysanthemum and the Sword.*

Beracha, S., Paris 1947, *Le Miracle du Cinéma.*

Untertitel: „Einführung in Ästhetik und Soziologie der siebenten Kunst." Eine journalistische, und „sozialem" Gesichtspunkt betrachtete Abhandlung der Frage „Ist Film eine Kunst?". Legt dar, daß er eine universelle Kunst ist und nicht nur ein Vehikel der Amerikanisierung. Der Staat sollte ihn subventionieren.

Berelson, Bernard, 1961, 'The Great Debate on Cultural Democracy', *Studies in Public Communication,* 3, S. 3–14.

Diskussion zwischen akademischen Medienrezensenten, empirischen Medienforschern und Medienpraktikern über die Vermittlung von Werten durch die Medien. Der Autor gelangt zu dem Schluß, daß jeder den anderen matt setzen kann, da sie allesamt nur Attitüden einnehmen. Keiner ist ernsthaft daran interessiert, eine Kompromißlösung zu finden, neues zu lernen und Ideen anhand von Erfahrungen zu revidieren, sich wirklich mit den Problemen auseinanderzusetzen.

– – und *Janowitz, H.,* Hrsg., Glencoe 1953, 1966, *Reader in Public Opinion and Communication.*

Ausgezeichnetes Sammelwerk, erste Ausgabe enthält einen Beitrag von Asheim (1953), die neueste nicht. Und nur in dieser findet man Wilensky (1964) sowie eine umfangreiche Bibliographie.

Bergman, Ingmar, New York 1960, *Four Screen Plays of Ingmar Bergman.*

Die Drehbücher zu *Sommernattens leende/Das Lächeln einer Sommernacht* (Schweden 1955), *Det Sjunde insegle t/Das siebente Siegel* (Schweden 1956), *Smulstromstället/Wilde Erdbeeren* (Schweden 1957), *Ansiktet/Das Gesicht* (Schweden 1958).

– – London 1967, *A Film Trilogy.*
(– – Hamburg 1962, Cinémathek 2, 1965, Cinémathek 2.)
Drehbücher zu *Sasom i en Spegel/Wie in einem Spiegel* (Schweden 1961), *Nattvardsgästerna/Licht im Winter* (Schweden 1961), *Tystnaden/Das Schweigen* (Schweden 1963).

Berkowitz, Leonard, New York 1962, *Aggression: A Social Psychological Analysis.*

Im Kapitel „Gewalt in den Massenmedien" geht es um die Frage, ob Medien eine Schule der Gewalt seien und durch moralische Rechtfertigung von Gewalt zu gewalttätigem Handeln anregen. Doch andere Faktoren sind hier bestimmend: wie weit die Person an sich „aggressiv" ist, zu welchem Grade die Medien Feindseligkeit in ihr wachrufen, wie weit das Gesehene mit den Situationen des Lebens vor und nach der Exposition in Verbindung gebracht wird sowie die Intensität der durch das Gesehene hervorgerufenen Schuld- und/Angstgefühle. Wenn sich auch nur wenige durch die Medien zu gesellschaftsfeindlichem Verhalten anregen lassen, nimmt doch bei stärkerer Dosierung die Wahrscheinlichkeit zu, daß einige daraufhin aggressive Handlungen begehen.

– –,*Corwin, R.* und *Heironimus, M.*, 1963a, „Film Violence and Subsequent Aggressive Tendencies", *Public Opinion Quarterly,* 27, S. 217–229.

„Die Befunde ... sind wenig tröstlich für Vertreter der Ansicht, daß fiktive Aggression sich notwendigerweise günstig auswirke ... Gewalt im Film erhöht nur die Wahrscheinlichkeit, daß einige aus dem Publikum später (bald danach) aggressive Handlungen begehen. Hat es (im Film) den Anschein, daß die fiktive Aggression berechtigt ist ... mag dies einen Abbau der entsprechenden Hemmungen zur Folge haben ... Aufgestachelte Publikumsmitglieder werden voraussichtlich eher zur der Auffassung tendieren, es sei nur recht und billig, auch im wirklichen Leben gegen ‚Schurken' gewaltsam vorzugehen ..." (S. 229).

-- und *Rawlings, E.*, 1963b, 'Effect of Film Violence on Inhibition Against Subsequent Aggression', *Journal of Abnormal and Social Psychology*, 66, S. 405–412.

Testversuch: Ein männlicher Graduierter beleidigt eine Gruppe von Studenten (oder beleidigt sie nicht); eine weibliche Graduierte gibt eine kurze Inhaltsangabe zu einer anschließend gezeigten Boxkampfszene, die diese rechtfertigt (oder auch nicht). Daraufhin werden die Studenten aufgefordert, sich zum Verhalten des Graduierten zu äußern. Weit davon entfernt, ihre Emotionen durch das Mitansehen des Boxkampfes abreagiert zu haben, hatten sie weniger Hemmungen, während ihr Zorn gewachsen war.

-- 1964, 'The Effects of Observing Violence', *Scientific American*, 210, S. 35–41.

Kritik an der Katharsis-Theorie. Vertritt die Ansicht, daß die befreiende, entspannende Wirkung des Films eher auf Ablenkung und Zerstreuung zurückzuführen sei. Gewaltdarstellungen in Filmen könnten möglicherweise gefährlich sein. Insbesondere wenn die Handlung spontan im Zuschauer Zorn auslöse, nehme die Wahrscheinlichkeit zu, daß Gewalt im Film zur Aggressivität führt.

-- und *Geen, R. G.*, 1966, 'Film Violence and the Cue Properties of Available Targets', *Journal of Personality and Social Psychology*, 3, S. 525–530.

Eine andere Gruppe von Studenten, denen man die Kampfszene aus *Champion/Zwischen Frauen und Seilen* (USA 1949) vorführte (vgl. Berkowitz et. al. (1963a, b), danach einem Elektroschock aussetzte und ihnen erlaubte, dem „Schocker" ihrerseits einen Schock zu versetzen, machten davon um so ausgiebiger Gebrauch, wenn man ihnen sagte, er hieße „Kirk", und weniger wenn sie glaubten, er sei „Bob", oder wenn man ihnen eine andere, nicht aggressive Filmszene vorgeführt hatte. „Gesehene Aggression ... hat nicht notwendigerweise offene Agression anderen gegenüber zur Folge. Wahrscheinlich würde sie sich gegen bestimmte Ziele richten, und zwar auf Objekte, die eine entsprechende, Aggressivität auslösende Stichwort-Funktion haben" (S. 529).

Bertrand, Daniel, Washington 1936, *The Motion Picture Industry.*

Siehe United States Government Office of National Recovery Administration, Division of Review, Industry Study Section, Februar 1936.

Bertrand, Daniel, Evans, W. D., und *Blanchard, E. L.,* Washington 1941, *The Motion Picture Industry – A Pattern of Control.*

Aufschlußreiche Struktur-Analyse der monopolisierten Kontrolle über Vertrieb und Vorführung, wie sie in den USA ausgeübt wurde. Verf. behauptet, daß diese Handelsbeschränkungen nicht auf Kostensenkung, sondern auf Eliminierung der Konkurrenz abzielten.

Bessie, Alvah, New York 1966, *The Symbol.*

Dieser Bestseller (Roman) eines der Hollywood Ten (siehe G. Kahn 1948) enthält die genaueste Darstellung der Laufbahn der Marilyn Monroe.

Beuick, M. D., 1927, 'The Limited Social Effect of Radio Broadcasting', *American Journal of Sociology*, 32, S. 615–622.

Zum Rundfunkhören braucht man sich nicht unter Menschen zu begeben; es kann daher in punkto Geselligkeit nicht mit Theater, Konzert, Kirche oder Kino konkurrieren.

Blesh, Rudi, New York 1966, *Keaton.*

Maßgebende Biographie des größten Genies der Stummfilmkomödie, doch mehr technisch als kritisch orientiert, eher eine Plauderei als eine Analyse.

Blistein, E. M., Durham, N. C., 1964, *Comedy in Action.*

Selbst vorgeschlagener Alternativ-Titel: 'A Modern Inquiry into the Nature of the Comic and the Laughable, with Some Animadversions on the Pretensions of the Comic Theorists, and Some Appreciation for the Creators and Actors of Comedy'. Komödie ist Wahrheit. Steht weit über Theater, Literatur, Film, Radio. Wie die meisten Bücher über Humor ist auch dieses nicht komisch.

Bloom, S. W., 1956, 'A Psychological Study of Motion Picture Audience Behaviour: A Case Study of the Negro Image in Mass Communication', Diss., University of Wisconsin, unveröffentlicht.

Im Laufe von 45 Jahren ist das Image des Negers im Film merklich besser geworden. Folgt Hollywood hiermit einer allgemeinen Tendenz oder übernimmt es selbst die Führung? Es folgt einem Trend. An die Stelle des Neger-Bildes in *The Birth of a Nation* tritt das des kindlichen Clowns. Wie in *Lost Boundaries/Wenn Eltern schweigen* (USA 1949), hier eingehend untersucht, pflegt auch der seriöse Film die Probleme zu überspielen. Man will die Gefühle von Weißen nicht verletzen und bemüht sich um neutralen Realismus ohne erhobenen Zeigefinger. Der Film ist ambivalent.

Bluestone, George, Baltimore 1957, *Novels into Film.*

Eine ausgewogene vorurteilsfreie Studie über die Adaptation von Romanen an das Medium Film, demonstriert an *The Informer/Verräter* (USA 1935), *Wuthering Heights/Stürmische Höhen* (USA 1939), *Pride and Prejudice, Grapes of Wrath/Früchte des Zorns* (USA 1940), *The Ox-Bow Incident/Der Ritt zum Ox-Bow* (USA 1942) und *Madame Bovary* (USA 1949). Da der Film eine eigenständige Kunstform ist, darf man mit dem Roman verfahren, wie mit irgendeinem anderen Rohmaterial.

Blumer, H., New York 1933, *Movies and Conduct.*

R. Moley (1938) bemerkt zu diesem Buch: Blumer bedauert, daß „der Film sich nicht um die Determinierung und Beeinflussung von Verhalten bemüht". S. 36.

-- 1936, 'The Moulding of Mass Behaviour Through the Motion Picture', *Publications of the American Sociological Society*, 29, S. 115–127.

Am Massenverhalten können Menschen aller gesellschaftlichen Schichten beteiligt sein; solch kollektives Verhalten ist als Teilaspekt anzusehen und muß sowohl vom Verhalten kleiner Gruppen (Familie etc.) wie von kulturell bestimmtem Verhalten unterschieden werden. 1) Massenverhalten ist dem „Volksleben" bzw. den Verhaltensweisen von Bauerngemeinden etc., konträr. 2) Die Masse setzt sich aus abgeschiedenen, entfremdeten Individuen zusammen, hat keine Kultur, keine etablierten Verhaltensregeln oder Handlungsformen, kein System der (gemeinsamen) Erwartungen oder Ansprüche; daher kann Kontrolle ihres Verhaltens nur auf dem

Wege unmittelbaren Ansprechens erfolgen; 3) Ihr Handeln beruht auf einem Konglomerat individuell ausgerichteter Aktionen; es kann irregulär, unberechenbar, töricht oder aber gelassen, überlegt oder durch alte Gewohnheit bestimmt sein. Die Masse verhält sich von Grund aus selektiv. Das Kinopublikum ist eine (unübersehbare) Masse. Filme wirken lebendig, und die Anwendung von Nahaufnahmen verringert die physikalische wie die soziale Distanz, wodurch sie intime Identifikation und Partizipation ermöglicht. „Solche Absorption oder Identifikation des Zuschauers ist das erklärte Ziel der Filmhersteller; und dieses Erlebnis ist es, das sich das Durchschnittspublikum ersehnt S. 123. Die allgemeine Wirkung des Films beruht auf der „*Bestätigung fundamentaler menschlicher Wertvorstellungen bei gleichzeitiger Untergrabung der Sitten*“ S. 124. Erweitert darüber hinaus den Horizont, schafft Stereotypen und gestattet Tagträume. „... Da die Masse der Kinogänger sich über ausgedehnte unbegrenzte Gebiete erstreckt, hat sie keine (gemeinsame) Kultur, die ihr die Interpretation des Filmerlebnisses und seine Einordnung in das jeweilige Volksleben erleichtert; es bleibt ohne übergreifendes Muster entfremdet. Dieses Fehlen einer verbindenden, Definition ermöglichenden Kultur ist es, das den Film oft zum Gegenstand moralischer Bedenken macht“ S. 125 „...Volkssagen bekräftigen die ‚Volkskultur‘, da sie ein integrierter Bestandteil der Volkskultur sind, während Filme keiner Kultur integriert sind“ S. 126. „Die wechselnden Tendenzen der Spielhandlungen kann man durchaus als Reaktion auf das selektive Verhalten der Masse deuten, – als unbewußtes Bemühen, neu entstehende Geschmackstendenzen und Aspirationen zu ermitteln und damit zur Prägung eines dauerhaften Lebensmodells beizutragen“ S. 127.

– – New York 1946, ‘Collective Behaviour’ in A. M. Lee, Hrsg., *New Outline of the Principles of Sociology*, S. 167–222.

– – and *Hauser, P. M.*, New York 1933, *Movies, Delinquency and Crime.*

Moley sagt es sarkastisch an ihrerstatt: „Wir nahmen uns vor, die Wirkungen von Filmen auf Kriminelle zu untersuchen. Viel Material bekamen wir nicht zusammen, und das meiste taugte nichts. Dennoch, das wenige beweist, daß der Film einer von verschiedenen Delinquenz verursachenden Faktoren ist. Aber auf jeden Fall, selbst wenn es dies nicht beweist, so beweist es doch das eine, daß der Film Delinquenten nicht davon abhält, delinquent zu werden.“ (S. 22.)

Boll, André, Paris 1941, *Le Cinéma et son Histoire.*

Teil IV befaßt sich mit der „Sozialen Bedeutung des Films“. Der Film schaffe Mythen, sein Einfluß sei unermeßlich. Manche Filme reussieren, manche scheitern. Was der Film bewirke, hänge vom Menschen ab.

Borde, R. und *Chaumeton, E.*, Paris 1955, *Panorama du Film Noir Américain* (1941–1953).

Erschöpfender, detailliert aufgegliederter Überblick über den *film noir*, – Psychologie des Verbrechers, Kostüm-Kriminalfilme, Gangster- und Polizei-Dokumentarfilme, sozialkritische Tendenzen. Typisch für die alte Liebe der französischen Kritik zum kommerziellen amerikanischen Film – die sie wiederentdeckte, als er nach der Besatzung wieder in Massen auf Frankreichs Leinwänden erschien.

Borneman, Ernest, 1946, ‘Rebellion in Hollywood. A Study in Motion Picture Finance’, *Harper’s* 193: 337–43 (October).

Schildert die Entwicklung der freien Filmproduktion in Hollywood infolge des Zusammenbruchs der traditionellen Filmfinanzierungstechnik. Das heutige System der sogenannten „unabhängigen“ Produktion geht auf die Jahre zurück, in denen man teils als Resultat der Antitrust-Prozesse der amerikanischen Regierung gegen die „integrierten“ Filmgesellschaften (d. h.

Firmen, die gleichzeitig Atelierbesitzer, Filmverleiher und Kinobesitzer waren), teils im Hinblick auf mögliche Steuerersparnis, zur Einzelproduktion mit geborgtem Geld und ohne festen Angestelltenstab überging. Dies hatte die nachteilige Folge, daß die Produzenten in noch höherem Maße von Filmverleihern und Banken abhängig wurden. Gibt Aufschluß über das Bürgschaftssystem durch spezielle Garantiegesellschaften und andere komplexe Arrangements.

– – 1950, 'United States versus Hollywood', *Sight and Sound,* 19, S. 418 ff.

Darstellung der nach Erlaß der Antitrust Act eingeleiteten Verfahren (wegen Verstoßes gegen diesen Erlaß), mit denen die großen Filmgesellschaften schließlich zum Verkauf ihrer Filmtheaterketten gezwungen wurden.

Bose, A., 1963, 'Mass Communication: the Cinema in India', *Indian Journal of Social Research,* 4, S. 80–82.

Wenig bemerkenswerte Beschreibung des Films in der indischen Gesellschaft. 60 Hindu-Filme werden in ihrer Wirkung an 400 männlichen Vp untersucht. Die Publikumswahl erfolgt in erster Linie aufgrund von Mundpropaganda und der Stars. Die Filme spielen meist in der Stadt; ebenso ist das Publikum ein städtisches. Jeder Film bringt im Durchschnitt 7,2 Songs!

Boughey, Davidson, London 1921, *The Film Industry.*

Populäre Schilderung der Filmherstellung.

Bower, Dallas, 1937, 'Film in the Social Scene' in Bower, Herring und Bryher (1937), S. 23–31.

Einerseits ... „(sei) der moderne Unterhaltungsfilm ein Narkotika, oft ein außerordentlich schädliches" (S. 27). Zum anderen aber sei der amerikanische Unterhaltungsfilm dem Dokumentarfilm vorzuziehen: „Die ‚Aktualität' der kontemporären amerikanischen Szene entspricht der durchschnittlichen europäischen weitgehend, was wiederum dem Film zu verdanken ist".

– – *Herring, R.* und *Bryher, W.*, London 1937, *Cinema Survey.*

Von Nicht-Experten verfaßte kritische Essays. Der interessanteste stammt von Bower (1937).

Box, F. S., London 1937, *Film Publicity.*

Über die Nutzung des Films zu Publicity-Zwecken, nicht über die Prinzipien der Film-Publicity.

Box, K., London 1947, *The Cinema and the Public.*

32 % der Erwachsenen gehen einmal wöchentlich ins Kino oder mehr. 13 % gehen öfter als einmal die Woche ins Kino. 24 % gehen nie. 65 % der Kinder im Schulalter gehen einmal wöchentlich, 5 % gehen nie ins Kino. Ältere Leute gehen öfter als jüngere, Frauen öfter als Männer. Erwachsene und Kinder der oberen Arbeiterschicht gehen am häufigsten. 70 % der Kinogänger (worunter die zu verstehen sind, die sich einmal monatlich oder öfter einen Film ansehen) gehen regelmäßig, einer von dreien stets in das gleiche Kino, zwei von dreien suchen sich ihr Kino aus.

– – und *Moss, L.*, London 1943, *The Cinema Audience.*

Ergebnisse des Wartime Social Survey; sie stimmen mit Box (1947) überein: Im Kinopublikum sind größere Teile der Bevölkerung repräsentiert als unter den Zeitungs- und Buchlesern.

Brady, Robert A., 1947, 'Monopoly and the First Freedom', *Hollywood Quarterly*, 2, S. 225 bis 241.

Sehr kritische Besprechung des Buches von M. L. Ernst (1946). Nicht an der Größe einer Gruppe lasse sich die Gefahr für die Demokratie messen. Gefährlich sei die kleine, verantwortungslose Eigentümer-Manager-Clique. Tritt für Verstaatlichung des Films und anderer Sektoren der Wirtschaft ein.

-- 1947b, 'The Problem of Monopoly', *Annals* (1947), S. 125–136.

Wenn auch die Filmindustrie kein Monopol, wie es im Schulbuch steht, innehat, besteht doch ein „Halb-Zwangskartell". Die Großfirmen kooperieren miteinander und nicht mit dem kleinen Unabhängigen, während die Verleiher das Terrain unter sich aufteilen und sich gegenseitig ihre Filme auf der Basis des *quid pro quo* zeigen. Koordinierungsinstrument ist die MPAA, – insofern ein ideales Monopol, als 1) es das naturgegebene Monopol des Prestige-Films mit Star und Ausstattung kontrolliert, 2) das Publikum dazu neigt, den teuren Film vorzuziehen, d. h. das Monopol des hochbezahlten Stars wird gestärkt, 3) der Erfolg des Produkts kurzlebig ist und es vor allem um den Verkauf geht, 4) auch das Copyright ein Monopol darstellt, 5) jede Absatzstelle nur ein Produkt auf einmal verkauft, 6) die Regierungserlasse nur auf die Trennung von Produktion und Distribution/Vorführung abzielten. Vom Produktionsmonopol nahm das Gericht keine Notiz.

Branch, Douglas, New York 1926, *The Cowboy and His Interpreters.*

In Kapitel 14 wird die Entwicklung des Western aus albernen Bühnen-Shows und billigen Romanen geschildert, wobei der Western sich mehr und mehr von der Realität entfernte. „Die charakteristischen Züge des Leinwand-Epos über den Westen entstanden in aller Naivität und unbeabsichtigt. Viele entlehnte man aus der Literatur; andere beruhten auf den Improvisationen von aus den Kulissen der Musikkomödie oder aus Aktiengesellschaften in der Provinz hervorgegangenen Regisseuren." S. 232. H. S. Dragos Vorwort zur Neuauflage von 1961 enthält noch häßlichere Bemerkungen: „Der Western war Schund und wurde bewußt als solcher nach uraltem Rezept und im Blick auf möglichst großen Profit hergestellt. Er konnte immer dasselbe und immer gleich gemacht sein, wobei nur der Schauplatz, die Namen und die Stars wechselten. Der Western perpetuierte sich selbst, und was wir heute im Fernsehen an Wildwestfilmen sehen, sind seine schäbigen, jedoch legitimen Abkömmlinge: Plots, Charaktere sowie die völlige Mißachtung auch nur annähernderer Historizität sind sich gleich geblieben." (S. ii)

Braun-Larrieu, André, Paris 1938, *Le Rôle Social du Cinéma.*

Flüchtige Abhandlung der Themen Film und Kind, internationaler Einfluß des Films, Film und Tourismus, Film und Arbeiter.

Brecht, Bertolt, New York 1964, *Brecht on Theatre,* übers. v. J. Willett.
(*Brecht, Bertold*, Frankfurt 1963, *Schriften zum Theater.*)

British Film Academy London 1950, *The Film Industry in Great Britain,* Besprechung in *Sight and Sound,* 1950, 19, S. 175, v. James Morgan.

British Intelligence Objectives Sub-Committee, London 1947, *German Scientific Films.*

Untertitel: 'Report on the use of educational, medical and industrial Films in Germany'. Diese Rekonstruktion aus der Nachkriegszeit skizziert die Zentralisierung der Filmproduktion gemäß den Propaganda-Erfordernissen des Dritten Reichs.

'British Youth Dislike Love in the Movies', 1931, *Literary Digest,* 3, S. 22–25.

Denny und Meyersohn's Urteil: „Untersuchung der Neigungen und Abneigungen jugendlicher britischer Kinobesucher. Beklagt, daß die Filme nicht bildender seien. Unbedeutend."

Brod, Max und *Thomas, R.,* Giessen 1930, *Liebe im Film.*

Seiner Zeit voraus (vgl. de Beauvoir [1960], Lo Duca [1957, 1960, 1962]). Großartige Fotos und Kapitelüberschriften, schon damals „Der infantile Typ", „Das Girl nach dem Geschmack Amerikas" und „Der schwache Körper des Kind-Mächens, von Liebe überwältigt". Sehr amüsant, sarkastisch.

Brodbeck, A. J., San Francisco 1955, 'The Mass Media as Socializing Agents', Vortrag vor der American Psychological Association, September 1955.

Auszüge in Schramm, Lyle und Parker (1961). Vor kurzem noch einmal mimeographisch vervielfältigt.

Brodsky, Jack und *Weiss, Nathan,* 1964, 'The Cleopatra Papers', *Esquire,* August, S. 33–41.

Broghan, D. W., 1954, 'The Problem of High Culture and Mass Culture', *Diogenes,* 5, S. 1–13.

Widerlegung des Papers von Dwight Macdonald (1954).

Brooker, Floyd E., 1947, 'Motion Pictures as an Aid to Education', *Annals* (1947), S. 103–109.

Filme sind im Klassenzimmer und für die Armee nicht nur von Nutzen, sondern auch billig, – trotz der nicht geringen Anschaffungskosten. Darüber hinaus ein neues Mittel, um historische Ereignisse und Zeitabläufe usw. anschaulich zu machen.

Brooks, Richard, London 1952, *The Producer.*

Ein authentischer Hollywood-Roman aus der Feder eines „Insiders".

Browne, Michael, 1951, 'Survey of the Hollywood Entertainment Film During the War Years 1941–1943', Magister-Arbeit, unveröffentlicht, UCLA.

Befaßt sich ausschließlich mit der Anwendung von Propaganda. Gar zu wenig Filme befaßten sich mit Kriegsthemen, und wenn, dann auf dem Niveau: Wir kämpfen für Mutterns Blaubeertorte, Würstchen und Ice cream-Soda am Strand, gedenke Pearl Harbor's. (In amerikanischen Kriegsfilmen geht es weniger um die Frage, warum kämpfen wir, als darum, auf was würden wir verzichten müsen, wenn wir zu kämpfen aufhörten?)

Brownlow, Kevin, London 1968a, *How it Happened Here.*

Amüsante Schilderung der Zwischenfälle, die bei der Herstellung des ehrgeizigen Amateurfilms über die Besetzung Englands durch die Nazis passierten: *It Happened Here.*

– – New York 1968b, *The Parade's Gone By.*

Großartiges Panorama der Stummfilmzeit, überwiegend in Amerika, aufgrund eingehender Interviews. Vollgepackt mit Informationen, Liebesgeschichten und vielen seltenen Szenenfotos, gehört es zu der Handvoll wesentlicher Bücher. Seine These, die Stummfilm-Ära sei der Gipfel gewesen und seither sei es nur noch bergab gegangen, ist nichtsdestoweniger absurd.

Brouwer, Marten, 1962, 'Mass Communication and the Social Sciences: Some Neglected Areas', *International Social Science Journal,* 14, S. 303–319.

Übt Kritik am Begriff „atomisiertes Publikum" sowie an der Vernachlässigung europäischer Arbeiten zum Thema. „Es wäre verkehrt ... den homogenisierenden Einfluß lediglich als störenden Faktor zu betrachten ... vielmehr darf man ihn als einen der Charakteristika der Publikumsrezeption bezeichnen. Überdies dürften manche Publika heterogener sein als man annimmt, z. B. wenn Mitglieder mit geringerem Status entgegengesetzte Reaktionen zeigen als solche mit hohem Status ... scheint das Individuum nicht mehr nur eine (konstituierende) Einheit zu sein." S. 308. Verf. behauptet, daß Lazarsfelds Zwei-Stufen-Hypothese und Festingers Theorie von der kognitiven Dissonanz bereits von Kurt Baschwitz vorweggenommen wurde.

Bruner, J. und *Fowler, G.,* 1941, 'The Strategy of Terror: Audience Response to *Blitzkrieg im Westen*', *Journal of Abnormal and Social Psychology,* 36, S. 561–574.

Ein Drittel des Publikums hielt im Verlaufe des Films Widerstand für vergebens, nachher weniger. Verfasser hält Gegenpropaganda für erforderlich.

Brusendorff, O., und *Malmkjaer, P.,* Kopenhagen 1965, *Erotik I Filmen.*

Gleiche Richtung wie Brod und Thomas (1930), Osten und Lundkvist (1950) und Lo Duca (1957, etc.). In Kopenhagen erschienen, enthält es Abschnitte und Fotos, die in den meisten Ländern als pornographisch gelten würden.

Buckle, G. F., London 1926, *The Mind and the Film.*

Dilettantische „psychologische" Untersuchung, wie die Filmtechnik das Verfolgen der Filmhandlung fördert und Emotionen anheizt.

Burnett, R. G. und *Martell, E. D.,* London 1932, *The Devil's Camera,* Menace of a Film-ridden World.

„Gegen die Filmkamera haben wir nichts einzuwenden, wohl aber gegen ihre Prostituierung durch Erotomanen und zynische Finanziers." Tritt für Zensur ein.

Burton, Howard A., 1953, 'High Noon: Everyman Rides Again'. *Quarterly of Film, Radio and Television,* 8, S. 80–86.

Analyse von *High Noon:* Filmversion des Sittenstücks *Everyman.*

Bryne, R. B., Hrsg., Madison (Wis.) 1966, *The Film Issue, Arts in Society,* Sonderausgabe, 4, Nr. 1.

Ziemlich willkürlich zusammengestellte Kollektion von Artikeln, Interviews und Rezensionen. Versucht eine Gesamtübersicht über die Filmwelt von heute.

Cahiers du Cinéma, Paris 1951 bis dato.

Die französische Monats(film)zeitschrift. Gelehrt, exzentrisch, enorm enthusiastisch. Artikel und Rezensionen oft unergründlich oder bizarr. Sehr bekannt durch die Einführung von André Bazin's Prinzip der „politique des auteurs" (Politik der Autoren).

Cahudhuri, Arun, 1951, 'A Study of the Negroes' Problems in the Post-War-Movies', Mag.-Arbeit, USC, unveröffentlicht.

Calder-Marshall, A., London 1937, 'The Film Industry', in C. D. Lewis, Hrsg., *The Mind in Chains.*

Das Buch huldigt der Ansicht, daß der Geist in Ketten liege, „geschmiedet von einem sterbenden Sozialsystem" (das den Herausgeber immerhin noch zum poet laureate ernannte); in der Sowjetunion seien diese Ketten gesprengt worden (S. 17). Der den Film betreffende Teil ist ein wirres Kompendium von Thesen über extravagantes Verhalten, Flucht ins Fantastische, Big Business als Schwarzer Mann, wie wunderbar und wahr und human und real die russischen Filme seien im Vergleich zu den unaufrichtigen, artifiziellen, Star-reglementierten, finsteren kapitalistischen englischen und amerikanischen Filmen. Enthält Blüten wie: „Die Behauptung, der sozialistische Film sei propagandistisch, gilt für den kapitalistischen Film erst recht. Die sozialistische Interpretation der Gesellschaft trägt den Tatsachen Rechnung und erklärt sie ohne Entstellungen. Ein Film mit einer sozialistischen Ideologie ist natürlich ebenso propagandistisch wie ein Film mit einer kapitalistischen Ideologie. Der Unterschied zwischen beiden beruht indes auf dem Unterschied zwischen Wahrheit und Lüge" (S. 75).

Canada, Ottawa 1931, *Investigation into an alleged combine in the motion picture industry in Canada:* report of commissioner.

Siehe White (1931).

Cantril, Hadley und *Allport, Gordon W.,* New York 1935, *The Psychology of Radio.*

Der Film beschere intensiveres, lebendigeres, unmittelbareres Erleben als das Radio; er erleichtere die Identifikation. Der Star erhalte akustische wie auch visuelle Dimension. „Da das Filmpublikum zwangsläufig eine „Gemeinde" ist, wird es, was sein Verhalten betrifft, sich nach den traditionellen Konventionen richten müssen. Obwohl weder Rundfunk- noch Tonfilmpublikum mit den Darstellern in Interaktion treten, machen sich im Kino die konventionellen sozialen Einflüsse stärker geltend. Beide, Radio- und Tonfilm sind mechanischer in der Wirkung als das Theater." (S. 15.) Der Film bietet Gelegenheit, häuslichen Zwängen für eine Weile zu entfliehen und ist daher weniger eine „moralische Anstalt". Das Radio appelliere mehr an das Interesse, der Film späche unterdrückte Sehnsüchte und Fantasien an. „Beim Theaterbesuch sind weit mehr soziale Konventionen zu beachten, als beim Radiohören. Betreten wir ein Filmtheater, unterzeichnen wir damit ein ungeschriebenes Gesetz, das uns zur Befolgung bestimmter Verhaltensregeln verpflichtet. Da wir nur zu gern unsere Aufmerksamkeit auf den Film konzentrieren möchten, nehmen wir diese Verpflichtung freudig auf uns und denken nicht daran, vor der schimmernden Leinwand zu singen, zu lesen oder Bridge zu spielen, wie wir es vor dem Lautsprecher zu tun pflegen. Als Mitglieder eines Publikums sind wir uns dessen bewußt, daß wir inmitten anderer Individuen sitzen. Ihre gespannte Aufmerksamkeit, ihre Gefühlsäußerungen steigern die unseren, was uns veranlaßt, uns dem Geist des Ortes entsprechend zu verhalten. Dies läßt unsere persönliche Reaktion selbstverständlicher, weniger banal, weniger unsozial erscheinen." S. 261. „Das auffälligste psychologische Charakteristikum des Tonfilms ist, daß er Hunderten von Zuhörern und Zuschauern auf einmal den gleichen standardisierten Tagtraum zu bescheren vermag. In dem vagen Bewußtsein, daß auch der Nachbar sich in ähnlicher Weise über den abenteuerlichen und amourösen Unternehmungen der Filmhelden vergißt, fühlt der Einzelne sich geschützt und bestätigt. Häufig hat man an dem unsozialen Charakter manch attraktiver Vorgänge auf der Leinwand Anstoß genommen. Paradoxerweise bildeten sich Konventionen zur Sanktionierung des Zuschauers heraus, die ihn vor Schuldgefühlen angesichts solch antisozialer Fantasien bewahren. Während Scharen seiner Mitbürger ihm Gesellschaft dabei leisten, kann er den frevelhaftesten Tagträumen nachhängen, –

Themen, die er für gewöhnlich aus seinem sozialen Bewußtsein verdrängt. Das Radio hingegen fordert selten zu einem derart extremen Grad von Identifikation des Zuhörers mit dem Akteur heraus, und was er sendet, erfährt durch die häuslichen Gepflogenheiten gewisse Abstriche. Kurz, man kann sagen, daß die durch Radio geförderte Art der sozialen Partizipation den bewußten moralischen Normen integriert ist, während der Sprachfilm tieferen, weniger sozialisierten Schichten des Unterbewußtseins Ausdruck gewährt.“ S. 261.

Carmen, Ira H., Ann Arbor 1966, *Movies, Censorship and the Law.*

Geschichte der Zensur in den USA (vgl. Hunnings, 1967).

Carpenter, E. und *McLuhan, H. M.*, Hrsg., Boston 1960, *Explorations in Communication.*

Auswahl aus der eingegangenen McLuhan-Zeitschrift *Explorations,* überwiegend kurze Artikel und sehr McLuhansch.

Carter, Everett, 1947, 'A Short Inquiry Into a Form of Popular Poetry', *Penguin Film Review,* 4, S. 52–68.

Eine ausgezeichnete Sammlung kluger, durch Fußnoten ergänzter Kommentare zu Dichtung und Literatur. Zugleich eine vorzügliche Analyse einiger Hauptthemen der Pop-Songs, angereichert mit vielen köstlichen Zitaten.

Carter, Huntly, London 1930, *The New Spirit in the Cinema.*

Untertitel: 'An Analysis and Interpretation of the Parallel Paths of the Cinema, wich have led to the present Revolutionary Crisis forming a Study of the Cinema as an Instrument of Sociological Humanism.' Thema: Niedergang und Auferstehung des Films. These: „Genau betrachtet ist der Film in erster Linie ein organischer Bestandteil des sozialen und menschlichen Lebens ... ein hochgradig sensitives Instrument der Darstellung und Interpretation, mit dem der Mensch zu spielen versteht und mit dessen Hilfe er auf der Suche nach einem das Leben erträglich machenden System das Erlebte zu begreifen und zu beleuchten vermag“ (S. XVI bis XVII). Ziel: den Weg von der Oberhoheit des Geldes zur Oberhoheit des menschlichen Geistes zu weisen. Der Niedergang des Films und seine Auferstehung werden zum Niedergang des Menschen in Parallele gesetzt. Huntly faßt zusammen: die gute Absicht (echte und anständige Filme zu machen) und die schlechte Absicht (der böse Dämon sitzt in der Kasse) ringen miteinander um die Gunst des Zauberers im kleinen schwarzen Kasten. Die schlechte Absicht kommt durch ihre eigene Gier um. Carter, voll heftiger anti-amerikanischer Ressentiments, sieht England und Deutschland als Flügel, die Hollywood emportrugen. Den Neuen Geist glaubt er in Rußland zu sehen – wegen der russischen Synopse von der organischen und nationalen Einheit. Man ersetze mechanische Kraft mit Untertanen-Kraft, bei Eisenstein et al., verdoppele die Quote usw.

Carter, S. B., London 1945, *The Films* WEA topics Nr. 6.

Eine frühe Version seiner späteren Arbeit (1948).

– – London 1948, *Ourselves and the Cinema,* WEA topics, Nr. 17.

Der Film als Flucht. (Gut gemeinte Erörterung verschiedener Filmfragen für WEA-Publika.)

Cartoons and Animation, 1956, Sonderausgabe von *Films and Filming,* 3, November, S. 6–12. Aufsätze von John Halas (über die Vielseitigkeit des Mediums), R. Manvell (Geschichte des Cartoons), B. Kiesling (über Hanna-Barbera) und B. Orna (über Trnka).

Carver, Mary Vida, 1967, 'The Critical Evaluation of Films by Repertory Grid: Value-patterns of working and middle class youths compared with those of professional critics', Diss., University of London, unveröffentlicht.

Sie ließ fünfzehn Kritiker, dreißig Sechst-Kläßler und dreißig Lehrlinge zehn Filme eigener Wahl nach einer Zwanzig-Punkte-Skala klassifizieren, um ihre Perzeption und ihre Wertung zu testen. Gelangt zu dem Resultat, daß Geschmacksunterschiede weder auf unterschiedliche Wahrnehmungsfähigkeit noch auf unterschiedliche kritische Wertung zurückzuführen sind, sondern auf eine komplexe Wechselwirkung zwischen beiden. Die Reaktionen auf den am häufigsten erwähnten Film – *Goldfinger* – werden in den Tabellen auf S. 123 und S. 183 vorsichtig analysiert. Die Konzepte (Konstruktionen) von Kritikern sind differenzierter, – „wie in Wirklichkeit" erweckt bei ihnen weit mehr Assoziationen und beinhaltet zahlreichere Unterscheidungen. Demnach bestünde der erste Schritt auf dem Weg zum guten Geschmack in der Erlernung der Sprache der Unterscheidung. Gute Bibliographie.

Cassady, Jr., Ralph, 1933, 'Some Economic Aspects of Motion Picture Production and Marketing', *Journal of Business of The University of Chicago,* 6, S. 113–131.

Umriß der ökonomischen und industriellen Struktur unter besonderer Berücksichtigung der monopolistischen Tendenzen. In dieser unorthodoxesten der Industrien ist das Produktionssystem mit dem geringsten Kostenaufwand nicht unbedingt auch das ökonomischste. (S. 127.)

– – 1958, 'Impact of the Paramount Decision of Motion Picture Distribution and Price Making', *Southern Californis Law Review,* 31, S. 150–180.

Dies ist die sorgfältigste Dokumentation der Auswirkungen des Anti-Trust-Urteils, durch das die Produktionsfirmen gezwungen wurden, sich von ihren Theaterketten und Erstaufführungskinos zu trennen. Die Entscheidung war einer der Hauptursachen für den Zusammenbruch des Verkäufermarktes (die andere Ursache dafür war das Fernsehen). Cassady stellt fest, daß heute eine wechselnde, überwiegend offene Marktsituation mit flexiblen, allgemein den Vorschriften entsprechenden Verleihvereinbarungen besteht. [Eine der wenigen Arbeiten, die tiefer in das Labyrinth der verzwickten Filmwirtschaft mit all ihren Details eindringt.]

Casty, Alan, 1968, 'The New Style in British Rebels and Their Films', *Midwest Quarterly,* 9, S. 139–153.

Von *Look Back in Anger* bis *Alfie* porträtiert der britische Film mannigfache Formen der Rebellion. In letzter Zeit hat sich der Trend verlagert: von offener Rebellion auf die Kultivierung eines veränderten Bewußtseins.

Catrice, P., 1961, 'Problèmes Juifs à Travers le Cinéma', *Revue de Psychologie des Peuples,* 16, S. 391–416.

Untersucht das Problem, wieweit der Film zum Verständnis des Judentums, seiner Zivilisation, seiner Religion und seines derzeitigen Dramas beitragen kann. Wird er die jüdisch-christliche Freundschaft festigen helfen? Verf. befaßt sich mit: Filmen über die Katastrophe, über Antisemitismus, über jüdisch-christliche Zusammenarbeit, bringt einen langen, wenig relevanten Exkurs über Bibel-Verfilmungen mit der Begründung, daß es sich dabei um Israel und um Juden handelt. Konzentriert sich mehr auf die „menschlichen" Aspekte des Films und weniger auf die ästhetischen. Enthält einen Abschnitt über Konversionen zum jüdischen Glauben in Hollywood. Folgert: Der Film fördere die jüdisch-christliche Freundschaft. Zum Verständnis jedoch gehöre etwas mehr. [Zweckdienlicher, wenn auch unvollständiger Überblick, – manche Filme scheint der Verfasser offensichtlich nicht selbst gesehen zu haben.]

Catton, W. R., 1960 'Changing Cognitive Structure as a Basis for the Sleeper Effect', *Social Fores*, 38, S. 348–354.

Während selektive Wahrnehmung und Primärgruppenkommunikation den Einfluß der Massenmedien vermutlich einschränken, kann er sich doch noch auf dem Wege des Sleeper-Effekts geltend machen. Experimentelle Untersuchungen (an Hand des Films *Neighbours*) bewiesen, daß der Film die kognitive Struktur verändern kann, jedoch nicht unbedingt im gleichen Maß auch die gehegten Meinungen. Letztere können sich nachträglich noch ändern, so daß es sich hier tatsächlich um einen Sleeper-Effekt handeln könnte.

Cauliez, A.-J., Paris 1956, *Le Film Criminel et le Film Policier.*

Verteidigt das Genre. Dazu etwas von der üblichen unverständlichen französischen Metaphysik.

Cawelti, J., 1962, 'Prolegomena to the Western', *Studies in Public Communication*, 4, S. 57–70.

Western sind *Kunst.* Der Schlüssel zu dieser Kunst findet sich in den Mustern oder Formeln, nach denen sie gemacht sind. Warshow behauptet, die Klarheit ihrer Moral entspreche der Klarheit der rauhen Landschaft, in der sie spielen. Auch müsse man fragen, in welcher Situation die Rezeption erfolge und welche Beziehungen zwischen Herstellern und Publika bestünden. Smith's Studie (1950) war ein Erfolg. Der Western ist einer von vielen Aspekten unseres Bestrebens, dem Erlebten Sinn zu verleihen. Als populäre Form liegt ihm – im Gegensatz zu komplexeren, individuelleren Werken – ein relativ wenig flexibles, konventionelles, großen Gruppen verständliches Muster zugrunde.

Ceram, C. W., New York 1965, *Archaelogy of the Cinema.* (Ceram, C. W., Reinbek 1965, *Eine Archäologie des Kinos.)*

Einige Rezensenten waren der Meinung, dieses Buch müßte *„Mythologie des Prä-Kinos"* heißen.

Chambers, R. W., 1947, 'Need for Statistical Research', *Annals*, S. 169–172.

Theater, Film und Publikum sowie Auslandsgeschäfte bedürfen der Erforschung. Hierzu werden gerade die ersten Schritte getan.

Chandler, Raymond, 1945, 'Writers in Hollywood', *Atlantic*, November, abgedruckt in Gardiner, D., and Walker, K. S., Hrsg., *Raymond Chandler Speaking.* London 1962.

Schriftsteller sind (nur) Angestellte der Produzenten, dennoch gäbe es ohne sie keinen Film. Wie selten gibt man den Begabten Gelegenheit, etwas Gehaltvolles zu machen. „Das Beste in jedem Film, künstlerisch betrachtet, ist stets das, was man mechanistisch betrachtet am ehesten fortlassen könnte ..." „Wer meint, schlechte TV-Shows würden unsere Jugend verderben, der schaue sich an, was in unseren Highschools vor sich geht" (S. 125). [Dieser sarkastische Ton wird beibehalten:] „Es bedurfte einiger Anstrengung, ins Kino zu gehen. Man brauchte jemanden, der bei den Kindern blieb. Man mußte den Wagen aus der Garage holen. Das war harte Arbeit. Dann mußte man fahren und parken. Bisweilen hieß es dann noch einen halben Block weit zu Fuß zum Kino zurückzulegen. Lesen war physisch weniger anstrengend, doch immerhin mußte man sich dabei ein wenig konzentrieren, selbst wenn es sich nur um einen Krimi oder eine Wildwestgeschichte oder einen jener sogenannten historischen Romane handelte. Und alle Augenblicke stolperte man über ein dreisilbiges Wort, was das Gehirn anstrengte. Radio war sehr viel besser, doch gab es da nichts zu sehen. Der leere Blick schweifte im Zimmer umher, was dazu führen konnte, daß man an etwas anderes zu denken begann, – an das man nicht denken wollte. Man brauchte etwas Fantasie, um sich bildhaft vorzustellen, was per Ton vor sich ging.

Fernsehen jedoch ist vollkommen. Man dreht ein paar Knöpfe ... lehnt sich zurück und befreit sich von allen Gedanken. Da sitzt man nun und sieht zu, wie aus dem Urschlamm Blasen aufsteigen, – braucht sich weder zu konzentrieren, noch zu reagieren noch zu erinnern. Man vermißt sein Gehirn gar nicht, weil man es nicht braucht." S. 125.

Chaplin, Charles, London 1964, *My Autobiographie.*
(Chaplin, Charles, Frankfurt 1964, *Die Geschichte meines Lebens.)*

Ein wenig prätentiös. Chaplin ist mehr daran interessiert, seine Reminiszenzen an berühmte Leute zu pflegen als daran, das Wesen seiner Kunst zu erläutern oder eingehender nach den Gründen für die ungeheuere Wirkung des Kinos zu fragen.

Chaplin, Lita Grey, New York 1966, *My Life with Chaplin.*

Eine von Chaplins Ehefrauen rächt sich dafür, daß sie in seiner Autobiographie ignoriert wird. Im „Blick-durch-das-Schlüsselloch-ins-Schlafzimmer"-Stil geschrieben, enthält ihr Buch, dennoch manch interessante Information über das frühe Hollywood und die Rolle der Mama's (Vgl. Moore [1968]).

Charters, W. W., New York 1933, *Motion Pictures and Youth.*

1) Der Film hat große Wirkung als Erziehungsmittel; 2) für Kinder ist der Inhalt der Filme nicht gut, – für eine ausgewogene Diät zu viel Sex and Crime und Liebe; 3) der Film ist nur einer von vielen Einflüssen. Wie mächtig dieser im Vergleich mit anderen ist, wurde nicht in den Payne Fund Studies untersucht.
Diese Zusammenfassung der Ergebnisse der Payne Fund Studies wird auch bei Schramm, Lyle and Parker (1961) angeführt. Fearing (1950) bemerkt über sie: „Viele dieser Untersuchungen scheinen von der verbreiteten Auffassung auszugehen, daß der Film potentiell ‚schlechte' Wirkungen zeitige und daher irgendwelchen Restriktionen unterliegen müsse ... Die ausgedehnte Kontroverse, die über die Payne Fund Studies entbrannte, wird bei Mortimer Adler, 1937, in einer detaillierten Analyse reflektiert. Adlers Kritik findet sich zusammengefaßt und in popularisierter Form bei Raymond Moley, 1938."

Cherry, Colin, Cambridge (Mass.) 1966, *On Human Communication.*

Untertitel: „Übersicht, Überblick und Kritik". Eines der grundlegenden, gültigen klassischen Werke.

Chevallier, J., et al., Paris 1963 hrsg., *Regards Neufs Sur le Cinéma.*

Anthologischer Mischmasch: Über das Wesen des Films, über die Industrie, über den individuellen Film, über theoretische und technische Fragen usw. Die Mehrzahl der ausgewählten Aufsätze ist sehr kurz.

Chevanne, A., Bordeaux 1935, *L'Industries du Cinéma ... le Cinéma Sonore.*

Nützlicher Überblick über die Produktion von 1933. Vergleicht die Industrien verschiedener Länder.

Chiattone, A., Mailand 1949, *Il Film Western.*

Eingehende historische Übersicht über den wirklichen Wilden Westen und den in Filmen – Schauspieler, Regisseure, Kleidung, Utensilien, Ambiente usw.

Chimet, Iordan, Bukarest 1966, *Western,* Filmele Vestului Indepartat.

Büchlein über das Genre. Verfasser ist den in der Bibliographie angeführten Autoren sehr verpflichtet; selbst die Fotos scheinen nachgedruckt zu sein. Aufschlußreich im Blick auf die Universalität des Western.

Churchill, W., 1929, 'Peter Pan Township of the Films', *Daily Telegraph,* 30. Dezember.

Ein Reisebericht, in dem Winston Churchill u. a. eine Rundreise durch Californien und die seltsamste Fabrik der Welt kurz nach ihrer Umstellung auf den Ton beschreibt.

Cinéma Fantastique, Paris 1936, *L'Epouvante,* Sonderausgabe von *Bizarre,* Nr. 24/25.

J.-C. Romer macht intressante Bemerkungen über Tod Browning und James Whale; gibt auch Überblick über die Laufbahnen von Bela Bugosi und Boris Karloff.

Cinema 1950, Harmondsworth 1950, R. Manvell und R. K. Nielson-Baxter, Hrsg.

Cinema 1951, Harmondsworth 1951, R. Manvell und R. K. Nielson-Baxter, Hrsg.

Cinema 1952, Harmondsworth 1952, R. Manvell und R. K. Nielson-Baxter, Hrsg.

Jahreszeitschrift, Nachfolger der *Penguin Film Review.* Bringt relativ fundierte Artikel. Mitte der 50er Jahre kam es zu einem Tiefpunkt in der Publikation von Filmliteratur, auf dem Mitte der 60er Jahre ein Wiederaufstieg folgte.

Cirlin, B. D., und *Peterman, J. N.,* 1947 'Pre-testing a Motion Picture: A Case History', *Journal of Social Issues,* 3, S. 39 ff.

Beschreibt die Anwendung des Cirlin Reactograph, wobei Publikumsglieder, je nach dem ihnen eine bestimmte Szene gefällt oder mißfällt, auf einen entsprechenden Knopf drücken. Diese Reaktionen werden tabellarisch ausgewertet.

Clarens, Carlos, New York 1967, *An Illustrated History of the Horror Film.*

Regelrechte Chronologie mit Überblick und einigen seltenen Fotos.

Cocteau, Jean, London 1950, *Diary of a Film.*
(*Cocteau Jean,* Paris 1946, Journal d'un Film *[La Belle et la Bête].*)

Notizen über die Herstellung des Films *La Belle et la Bête/Es war einmal* (Frankreich 1945).

-- London 1954, *On the Film,* ein Interview, aufgezeichnet von André Fraighean.

Cocteau wird über seine Filme bis zu Orphée (1950) befragt. Seine Bemerkungen sind tiefgründiger und mystifizierender denn je.

Cohen, Elliot, 1947, 'Letter from a Movie Maker', *Commentary,* 4, S. 344–349.

Briefwechsel mit Doré Schary über die gegenteilige Wirkung, die ein anti-antisemitischer Film wie *Crossfire/Kreuzfeuer* (USA 1946) haben könnte.

Cohen-Séat, G., Paris 1946, *Essay Sur Les Principes d'une Philosophie du Cinéma,* Bd. I, *Introduction Générale,* Paris.

(*Cohen-Séat, G., „Film und Philosophie"*, ein Essai, Gütersloh 1962, übers. v. Chr. Rudolph.)

Sozio-psychologische und phänomenologische Analyse des Filmerlebnisses. „In letzter Analyse bietet der Film der *Teilnahme* eine objektive und absolute Realität an, losgelöst von den Geistern, die mit ihr im voraus in Kontakt getreten waren, oder die mit ihr noch in Kontakt treten werden. Der filmische Tatbestand ist Dolmetscher zwischen einer platonischen *Idee* moderner Art und dem Inhalt der „Ideen", die ihm in den Köpfen der Menschen entsprechen müssen (wie auch Kategorien von Gegenständen einem exemplarischen Typ entsprechen)." (S. 116.)

Collard, Charles, Brüssel 1919, *La Cinématographie et la Criminalité Infantile.*

Commission on Educational and Cultural Films, London 1932, *The Film In National Life.*

„... Bericht über eine von der Kommission durchgeführte Untersuchung, wie weit der Film der Bildung und dem sozialen Fortschritt dienen könnte." Empfiehlt die Gründung einer Organisation, des späteren British Film Institute (vgl. Ashley, 1934).

Commonwealth Club of California, San Francisco 1913, *Public Recreation,* Transaction 8, Nr. 8.

Die Seiten 250–272 betreffen Filme.

– – San Francisco 1921, *Censorship,* Transaction 16, Nr. 6. „Ist Filmzensur notwendig?" Filme suggerierten Sexualität und Verbrechen. „Zu viele Filme stellten Verhaltensweisen als alltäglich dar, die nicht der Norm entsprächen, zum Beispiel, daß eine anständige Frau einen Mann ohne Begleitung in dessen Wohnung aufsucht", S. 94. Doch solches Gezeter im Großen und Ganzen ziemlich muffig. Symptomatisch für die 20er Jahre, in denen das Hays Office und der Production Code ins Leben gerufen wurden.

– – San Francisco 1925, *Motion Pictures and the Public,* Transactions, 20, Nr. 3.

„Was ist los mit dem Film?", siehe S. 90.

The Community and the Motion Picture, 1929, Report of National Conference on Motion Pictures Held at the Hotel Montclair, New York City, 24.–27. September 1929.

Eine von Hays veranstaltete Konferenz, an der Vertreter nationaler, bürgerlicher und religiöser Vereinigungen aus allen US-Bundesstaaten teilnahmen und auch selbst die Diskussionsthemen zum Vorschlag brachten. Das Resultat, – Vertretung sämtlicher organisierter Frauen durch eine Delegierte, die Anregung, ein Handbuch zur Erzielung besserer Filme sowie eine Liste von Filmen zusammenzustellen, die für morgendliche Kindervorstellungen geeignet seien, und schließlich die Ernennung eines Komitees, das die Möglichkeiten der Verwendung von Filmen für die religiöse Erziehung untersuchen sollte, – läßt den Aufwand kaum gerechtfertigt erscheinen.

Conant, Michael, Berkeley und Los Angeles 1960, *Antitrust in the Motion Picture Industry.*

Geschichte der Trust- und Antritrustbestrebungen in der Filmindustrie.

Confédération Nationale de Cinéma Francais, Paris 1954, *L'Industrie du Cinéma.*

Amtliche Analyse und Statistik der französischen Filmindustrie.

Conrad, Derek, 1959, 'Two Feet in the Air', *Films and Filming,* 6, 11–13, S. 28, 35.

Über Fred Astaire.

Consiglio, Alberto, 1937, 'Le Rôle Intellectuel du Cinéma, in *Rôle Intellctuel du Cinema* (1937), S. 167–193.

Der Film sei eine Sprache. „Auch der Film vermag eine hohe Aufgabe zu erfüllen, die bislang ausschließlich der verbalen Sprache vorbehalten war: philosophischem Denken Ausdruck zu geben." S. 169. S. 177: „Allein dem Film ist es gelungen, Fiktionen sehr wirklichkeitsnah zu realisieren, und das so vollkommen, daß nur der geübte Blick eine dokumentarische Sequenz von einer komponierten zu unterscheiden versteht." Der Rest des Essays befaßt sich mit der Wechselwirkung zwischen Kino und Publikum und trifft einige politische und soziologische Feststellungen, u. a. daß der Film die Klassenschranken überwinde und eine Angleichung von Sitten und Gebräuchen herbeiführe.

Cooke, Alistair, New York 1940, *Douglas Fairbanks: The Making of a Screen Character.*

Sohn eines Rechtsanwalts, versuchte Fairbanks sich in den verschiedensten Berufen und Jobs, bis er schließlich ein kleinerer Broadwaystar wurde und 1915 einem Angebot von Hollywood, Gage 2000 Dollar wöchentlich, folgte. Verfasser analysiert das Verhältnis zwischen athletischem, extrovertiertem Typ des wirklichen Fairbanks und dem Typus des „Doug", – einem zunächst heiteren Ironiker, der sich später in einen säbelrasselnden Helden verwandelte. Meint, daß dies auf den Krieg und den Wunsch zurückzuführen sei, der Gegenwart entweder nach rückwärts oder nach vorwärts zu entfliehen. Fairbanks „brachte es als erster zustande, . . . Publikum und Schauspieler eins werden zu lassen, so daß das Publikum im Film . . . seine eigene Schöpfung, die Verkörperung seiner mächtigsten Triebkräfte sieht", S. 31.

Cooper, Eunice und *Dinerman, Helen,* 1951, 'Analysis of the Film *Don't Be a Sucker:* A Study in Communication', *Public Opinion Quarterly,* 14, S. 234–264.

Enthält eine Menge Beweise für den Bumerang-Effekt. Die antideutsche Botschaft von der faschistischen Gefahr kam nicht an: Die Menschen sind nicht in der Lage, die Erfahrungen Deutschlands auf amerikanische Verhältnisse zu übertragen, da Deutschland mit Glanz geschlagen wurde. Generalisierte, nicht explizite Botschaften werden ebenfalls nicht rezipiert.

Coughlan, Robert, 1951, 'Now it is Trouble that is Supercolossal in Hollywood', *Life,* 31, S. 102–114, 13. August.

Schildert die Auswirkung des Fernsehens auf das Filmgeschäft. Zu einer Zeit verfaßt, da es bereits 15 Millionen Fernsehgeräte in den USA gab, das Filmgeschäft aber selbst in jenen Gebieten zurückging, in denen das Fernsehen noch nicht so verbreitet war. Sieht bereits damals voraus, daß Hollywood überleben wird, teils durch Verkauf seiner Filme an Cinematheken, teils dadurch, daß das Fernsehen mehr Filme braucht, prohezeit jedoch, daß die großen Filmstudios eingehen würden.

Cranston, Maurice, 1949, 'The Pre-Fabricated Day-Dream', *Penguin Film Review,* Nr. 9, S. 26–31.

Filme sind Mythen von heute, – „die wahre Volksunterhaltung unserer Zeit".

Cressey, P., 1932, 'The Social Role of Motion Pictures in an Interstitial Area', *Journal of Educational Sociology,* 6, S. 238–244.

Bericht über eine von den New York University Researchers in einem Boys Club durchgeführte Untersuchung.

-- 1934, The Motion Picture as Informal Education, *Journal of Educational Sociolgy*, 7, S. 504–515.

Kinder werden vielen Filmen exponiert und entnehmen ihnen eine Menge Informationen. Im Gegensatz zum Schulunterricht ist der Filmbesuch nicht obligatorisch, man kann sich die Filme auswählen. Was davon rezipiert wird, hängt allein von der Fähigkeit der Industrie ab, Aufmerksamkeit zu erregen und zu fesseln. Überdies sind die Spielwelten der Kinder und Halbwüchsigen bevölkert mit Filmfiguren, Stars, Situationen, beliebten Produkten usw. Halbwüchsige und im Anpassungsprozeß begriffene Kinder von Einwanderern sind Einflüssen besonders zugänglich. Der Filmeinfluß auf Delinquente erfolgt aufgrund spezieller Faktoren ihrer Herkunft und Situation. Der Film ist da um zu bleiben; daher ist die ablehnende Haltung der Schulen ihm gegenüber verfehlt.

-- 1935–36, 'The Influence of Moving Pictures on Students in India', *American Journal of Sociology*, 41, S. 341–350.

Eine Befragung von 233 indischen Collegschülern ergab, daß ihnen hauptsächlich an Erholung und Bildung durch den Film gelegen ist. Ausländischen Filmen verdanken sie vermehrtes Verständnis für Europa und Amerika, doch beeinflussen solche Filme ihre allgemeine Einstellung und ihr Verhalten nur wenig. Weibliche Studenten lassen sich etwas weniger beeinflussen, selbst wenn sie häufiger ins Kino gehen. Der Typ Film, der das Interesse der jungen Leute erweckt, sowie der Grad des Filmeinflusses steht mit der Häufigkeit des Filmbesuchs in unmittelbarem Zusammenhang. Kulturelle Unterschiede und ein Gefühl des sozialen Abstands vermindern den generellen Einfluß ausländischer Filme.

-- 1938a, 'A Study in Practical Philosophy', *Journal of Higher Education*, 9, S. 319–328.

Besprechung von Adler (1937). Cressey, der darauf hinweist, daß Adler für künstlerische Freiheit eintritt und Zensur nur soweit billigt, als sie sich auf die Publikumsrezeption beschränkt, und der dem Film kathartische Wirkung zuspricht, verurteilt Adlers Kritik an den Payne Fund Studies (siehe Adler, M., S. 205); Verunglimpfungen von Personen wechselten ab mit Zitaten aus Thomas von Aquin, der als Autorität in diesen Fragen betrachtet werde, sowie mit unzureichend behandelten soziologischen Interpretationen und Ergebnissen. Da die Resultate nur provisorisch seien, täte Adler sie als für den Fachmann nutzlos ab. Trotz dieses Tenors kämen die meisten Untersuchungsergebnisse bei Prüfung durch Adler ziemlich gut weg. „Man hat zu gewissen Grade demonstriert, daß der Fiktions-Film ein ziemlich mächtiges Mittel der informellen Erziehung ist“, S. 328.

-- 1938b, 'The Motion Picture Experience as Modified by Social Background and Personality', *American Sociological Review*, 3, S. 516–525.
(Deutsch: Cressey, Paul G.: Der soziale und psychische Hintergrund der Filmerfahrung, D. Prokop Hrsg., *Materialien zur Theorie des Films*, München 1971, übers. v. Hella Leicht u. Dieter Prokop).

„Strenggenommen ist die Kinosituation weder gänzlich sozial noch gänzlich nichtsozial; sie ist außersozial ... Statt die soziale Interaktion zu fördern, wirkt das Kino hauptsächlich auf die Fantasie. Die Teilnahme in der Fantasie ... ist im Kern soziale Teilnahme, wie Studien über Rollenübernahme und Personifikation gezeigt haben ... Wenn man die Formulierung der Sozialpsychiatrie verwendet, lassen sie sich als Projektion, Introjektion und Substitution beschreiben ... (es ist) notwendig, daß der Film nicht zu realistisch oder zu mühsam wird. Da der Spielfilm vor allem ein Unterhaltungsmedium ist, ist es von größter Bedeutung, daß eine entsprechende bzw. die größte psychische Distanz zwischen Filminhalten und den ständig wechselnden Publikumsinteressen aufrechterhalten wird ... Was er (der Zuschauer) auf der Leinwand wahrnimmt oder wahrzunehmen versäumt, ... was er nachahmt oder nicht, ist durch seinen sozialen Hintergrund und seine Persönlichkeit ebenso sehr oder mehr beeinflußt als durch das unmittelbare Filmerlebnis ... soziale Einstellungen werden durch das Wechselspiel von sozialem und persönlichem Hintergrund neu geformt. Das Publikum ist nicht passiv. (Ein gescheiter und kritischer Artikel).

– – und *Thrasher, F. M.*, New York 1933, *Boys, Movies and City Streets.*

Crichton, Charles, 1948, 'Children and Fantasy', *Penguin Film Review,* 7, S. 44–49.

Die Fähigkeit der Kinder, sich in ein erfundenes Erlebnis hineinzuversetzen und dies zu genießen, wirkte sich für die Dreharbeiten des Filmes *Hue an Cry/Die kleinen Detektive* (Engld. 1946) sehr vorteilhaft aus.

Crist, Judith, New York 1968, *The Private Eye, The Cowboy and the Very Naked Girl.*

Sammlung von Rezensionen einer sehr gewitzten kenntnisreichen, aber im Grunde unbedeutenden Journalistin. Enthält nur kurze Stücke. Ihre Verurteilungen lassen sich zwar gut lesen, geben aber kaum darüber Aufschluß, warum dieser oder jener Film nicht gut ist. Auch ihr Lob trifft bisweilen etwas daneben.

Crow, Duncan, 1954, 'The First Golden Age', *Sight and Sound,* 23, S. 149 ff.

– – 1954, 'The Advent of Leviathan', *Sight and Sound,* 23, S. 191 ff.

Beide Artikel berichten über die Auswirkungen des Tons auf die britische Filmindustrie, durch die sie sich in eine „Oligarchie" verwandelte, was sie seitdem geblieben ist.

Crowther, Bosley, New York 1946, 'The Movies', in J. Goodman, Hrsg. *While You Were Gone,* A Report on Wartime Life in the United States, S. 511–532.

Vermittelt einen Überblick über die Spiel- und Dokumentarfilmproduktion, über den Kriegseinsatz von Hollywoodleuten und sogar über die Hauptskandalgeschichten. Mehr Leute hatten mehr Geld, so daß die Einnahmen der Kinokassen noch nie dagewesene Höhen erreichten. Daher ging Hollywood auf Nummer sicher (ein *nonsequitur* auf einem Verkäufermarkt...) S. 513. Hollywoodfilme gäben „kein zusammenhängendes oder zuverlässiges Bild der Kriegszeit" S. 519.

– – New York 1957, *The Lion's Share.*

Geschichte der Metro Goldwyn Mayer-Filmgesellschaft (MGM); hagiographisch.

– – New York 1960, *Hollywood Rajah.*

Biographie von Louis B. Mayer; ebenfalls hagiographisch.

Cuippers, P. M. H., Utrecht 1967, *Sociologie van de film,* unveröffentlicht. Mms.

Versuch einer systematischen Filmsoziologie unter Verwendung des Standard-Kommunikationsmodells mit Feedback.

Cunningham, R., 1954, 'A Sociological Approach to Esthetics: An Analysis of Attitudes Toward the Motion Picture', Diss., Iowa State University.

Der Geschmack hängt von sozialen und psychologischen Faktoren ab. Halbwüchsige und junge Leute gingen deshalb als Publikum verloren, wenn sie heranreiften, da sie hauptsächlich aus

Statusgründen das Kino besuchten und sich nunmehr an anderen Statusfaktoren zu orientieren begännen.

Cutts, John, 1963, 'Bye Bye Musicals', *Films and Filming,* 10, November, S. 42 ff.

Das angekündigte „Wiederaufleben" des Musical habe nur bühnenhafte und derivative Filme hervorgebracht *(Gigi, West Side Story, My Fair Lady),* die den Elan der Astair- und Kelly-Vehikel nicht entfernt erreichten.

Dadek, W., 1960, 'Der gegenwärtige Stand der Filmsoziologie', *Kölner Zeitschrift für Soziologie und Sozialpsychologie,* 12, S. 516–533.

Die Filmsoziologie läßt sich in folgende relativ eigenständige Gebiete gliedern ...: 1) in eine filmische Produktionssoziologie, 2) eine Publikumssoziologie und 3) eine Theorie des Filmmediums als Ergebnis der Zusammenarbeit von Filmästhetik, Filmpsychologie und Filmsoziologie. Die Aufmerksamkeit des Soziologen wird dem mehrstufigen arbeitsteiligen Produktionsprozeß und den damit verbundenen verschiedenen Tätigkeitsarten, der Organisation des Zusammenwirkens einer Vielzahl personeller und materieller Faktoren sowie dem Stil kombinierter künstlerischer und industrietechnischer Herstellung gelten. Von besonderem Interesse ist das Verhältnis von künstlerischen und technisch-unternehmenswirtschaftlichen Kräften, – Faktoren, die vielfach als antagonistisch angesehen werden. Die Publikumsforschung hat einen stark soziometrischen Einschlag; an empirische Studien dieser Art schließt sich die Frage nach der Funktion des Kinopreises an. Gewichtige Aufschlüsse auf dem Gebiet der Kommunikationsforschung sind erst aus einer fortgeschrittenen vergleichenden Analyse der Masesnkommunikationsmittel zu erwarten. Dadek geht dann auf verschiedenartige soziologische Literatur ein: J. P. Mayer, P. L. Lazarsfeld, auf den PEP (Political and Economic Planning)-Report, auf H. Powdermaker J. Durand u. a.

Dale, Edgar, New York 1933, *How to Appreciate Motion Pictures.*

Sein Vorschlag: Reduzierung der Produktion und längere Laufzeiten der Filme, Ausschaltung des Profitdenkens, Programmierung in Ausrichtung auf Subkulturen, Ausbildung der Filmschaffenden an Filmschulen.

– – New York 1935a, *Children's Attendance at Motion Pictures.*

Das typische Filmpublikum enthält zu 2,8 % aus Kindern unter 2, zu 11,8 % aus Kindern zwischen 7 und 13 Jahren, zu 22,1 % aus Jugendlichen zwischen 14 und 20 und zu 63,3 % aus Erwachsenen über 21 Jahren. 53 % der Jugendlichen vom 4. bis zum 12. Schuljahr gehen mindestens einmal wöchentlich ins Kino, 22 % gehen nie. Jungens gehen öfter ins Kino als Mädchen, ein Drittel der Kinobesuche fällt auf die Nachmittags-, zwei Drittel auf die Abendvorstellung. Jugendliche gehen öfter mit Freunden als mit ihren Eltern ins Kino.

– – New York 1935b, *The Content of Motion Pictures.*

Kritisiert Ersatzleben und Eskapismus durch Filme. In Jones (1942) heißt es hierzu, Dales Ergebnisse seien wissenschaftlich nicht haltbar, da er nicht wertfrei vorgehe; zudem hätte er die Filme nicht selbst gesehen, sondern stütze sich bei seiner Klassifizierung auf die Lektüre von Film-Digests. Tatsächlich aber hat Dale sich Filme angesehen, jedoch nur solche, die ihm ins Konzept paßten.

Davidson, Bill, New York 1962, *The Real and the Unreal.*

Eine Menge „Intimitäten" über Hollywood und seine Einwohner.

Davis, Bette, London 1963, *The Lonely Life.*

Intelligente und lesbare Autobiographie der großen Darstellerin. Gibt Aufschluß darüber, wie das Hollywooder Kontraktsystem funktionierte.

Davison, W. P., 1959, 'On the Effects of Communication', *Public Opinion Quarterly,* 23, S. 343–360.

„Die Kommunikation dient als Bindeglied zwischen Mensch und Umwelt, und ihre Wirkungen lassen sich aus ihrer Rolle erklären: Sie setzen den Menschen in den Stand, befriedigende interpersonale Beziehungen herzustellen und schaffen darüber hinaus die Grundlage allen soziokulturellen Geschehens" S. 344. „Für unsere Zwecke" mag es am nützlichsten sein, auf vier der für den Menschen erfahrbaren Umweltaspekte einzugehen: auf den physischen und den sozialen, auf das Erwartete und auf das Vorgestellte" S. 346. „Von einer bestimmten Situation, die in der Umwelt besteht, erhält das Individuum durch Kommunikation Kenntnis; sie dient ihm als Mittel der Verhaltenssteuerung und Umweltanpassung" S. 353. Die Kommunikation kann Neues enthalten oder uns an etwas erinnern, oder sie kann uns neue Muster für die Gestaltung unserer Umweltbeziehungen darlegen (z. B. bei religiöser Bekehrung). „Das Publikum des Kommunikators ist alles andere als ein passiver Rezipient ... es besteht aus Individuen, die etwas von den Kommunikationsmedien erwarten, denen sie sich exponieren und sich diejenigen aussuchen, die ihnen vermutlich am nützlichsten sein werden". S. 360.

Dawson, A. H., 1948, 'Motion Picture Economics', *Hollywood Quarterly,* 3, S. 217–240.

Was ihr Geschäftsvolumen betraf, rangierte die Filmwirtschaft 1937 an 45ter Stelle, 1944 an 35ter Stelle. Ihre Gesamtinvestitionen beliefen sich auf rund 2 Milliarden Dollar. Prognose: 1) das Überangebot an Arbeitskräften bliebe bestehen; 2) mit dem Entflechtungsurteil sei zu rechnen; 3) mit England würden Handelsabkommen getroffen werden; 4) es werde zu Handelsbeschränkungen kommen; 5) ebenso zu politischen Unstimmigkeiten; 6) die Macht der Arbeiterschaft könne Rückschläge erleiden; 7) die Banken würden weiterhin Darlehen gewähren. Unter Heranziehung der üblichen Quellen (Hampton, Klingender und Legge, Huettig, Temporary National Economic Committee) skizziert der Verf. den Teufelskreis Monopol – ruinöser Konkurrenzkampf – Monopol. Die Filmindustrie sei stabiler als die Wirtschaft insgesamt; am stabilsten wären die Löhne, die jetzt eine Spitze erreicht hätten. [Das US-Embargo, Gegenmaßnahme gegen die englische Steuerpolitik, wird nicht vorausgesehen.] Siehe auch den Vergleich zwischen den Lohntarifen der britischen und der amerikanischen Industrie, S. 241–247.

– – 1948a, 'Hollywood's Labour Troubles', *Industrial and Labor Relations Review,* 1, S. 638–647.

Hollywood geht an Gewerkschaftsauseinandersetzungen und -schwächen, an hohen Löhnen und hohen Arbeitslosenunterstützungssätzen kaputt. Es wird eine gewerkschaftliche Dachorganisation für die gesamte Filmindustrie gefordert.

– – 1950, 'Patterns of Production and Employment in Hollywood', *Hollywood Quarterly,* 4, S. 338–353.

Enthält wichtige Zahlen und Analysen der wöchentlichen Produktion von 1937–1940 und von 1945–1948. Die Zahlen für die ersten drei Monate des Jahres lassen den niedrigsten Ausstoß erkennen. Jahreskonferenzen werden abgehalten. Zum 31. März, in Kalifornien Steuertermin, erreichen die Produktionsziffern ihren niedrigsten Stand. Befaßt sich mit der Notwendigkeit der Zentralisierung und der Abschaffung der Gelegenheitsarbeit.

Day, Barry, 1967, 'Too Hot Not to Cool Down', *Sight and Sound,* 37, S. 28–32.

Sympathisierende Darstellung der Ideen McLuhans.

Dearden, Basil und *Relph, Michael,* 1966, 'Two on a Tandem', *Films and Filming,* 12, S. 26–33.

Wie es ist, soundsoviele Jahre als Produzent und Regisseur miteinander zu arbeiten.

De Beauvoir, Simone, London 1960, *Brigitte Bardot and the Lolita Syndrome.* (Französische Originalausgabe wurde zurückgezogen.)

Ein Essay zu Lob und Preis der naturhaften Kind-Frau, die auf falschen Hemmungen und Heuchelei beruhende Schranken durchbricht.

De Becker, Raymond, Paris 1959, *De Tom Mix à James Dean.*

Zum Ausgleich für die Ignorierung der Filmsoziologie, die für ganze Bände typisch ist, werden hier bedeutungsschwere französische Leseübungen betrieben, denen zufolge den Images der Leinwandhelden Aufschlüsse über künftige Entwicklungen zu entnehmen seien.

Deer, I. und *Deer, H. A.,* Boston 1965, *The Language of the Mass Media,* Boston.

Eine Reihe von Essays, die für unser Thema nicht relevant sind.

– – New York 1967, *The Popular Arts,* A critical reader.

Enthält Aufsätze von Aydelotte (1949), Warshow (1962), Highet (1957), Hunt (1964), Agee (1958) und eine Bibliographie.

De Fleur, Melvin L., New York 1966, *Theories of Mass Communication.*

Nützliches kleines Handbuch. Kapitel über den Film ziemlich enttäuschend; Film wird nicht ernst genommen; bricht abrupt ab. Gibt guten Überblick über die Theorien. Medien sollten als soziale Systeme betrachtet werden.

Delcol, Guy, Brüssel 1967, *Essai de Bibliographie Belge du Cinéma* (1896–1966), Diplomarbeit.

Erschöpfende Aufstellung aller in Belgien oder von Belgiern publizierten Arbeiten über Film.

De *Mille, Cecil B.,* London 1960, *Autobiographie.*

Sehr weitschweifige aber detaillierte Darstellung des „Gründers von Hollywood". Nicht immer in Hochform. Dennoch sehr fesselnd, mit Filmographie.

De Mille, W. C., New York 1939, *Hollywood Saga.*

Reminiszenzen eines populären Broadway-Bühnenautors, der von seinem Bruder Cecil B. 1914 dazu überredet wurde, nach Hollywood zu kommen und dann zwanzig Jahre dort blieb. Bildhafter Stil, im Plauderton gehalten. Politische und finanzielle Komplikationen werden geflissentlich ignoriert. Macht sich dafür stark, daß Kinogänger mit ihren Füßen für oder gegen Filme votieren, der Glamour eines Stars etwas Geheimnisvolles sei und Produzenten „Loyalität" nur einseitig auffaßten. Konflikte zwischen Autor und Regisseur gab es schon 1914. Berichtet, daß von 10 000 unaufgefordert eingesandten Schreibmaschinen-Manuskriptseiten nur eine Handvoll den kostspieligen Aussiebeprozeß wert waren. Verfasser betätigte sich später als Regisseur. Interessante Episoden über die Auwirkung des Tons.

Denney, Reuel, Chikago 1964, *The Astonished Muse.*

Ein weitschweifiges und bisweilen unverständliches Werk über die Massenmedien, das aber eine Menge von Geistesblitzen enthält, unter anderen die Unterscheidung zwischen Participative Purist, Spectatorial Purist und Reality Purist (Wissenschaftler ,die sich jeweils ausschließlich für den einen Aspekt, – Partizipation, Zuschauer, Realität, – interessieren). Den Standpunkt des Verfassers könnte man folgendermaßen zusammenfassen: „Die Hervorbringungen der Populärkultur ... sind es wert, im Blick auf ihre künstlerische und konventionelle Form betrachtet zu werden, und zwar dahingehend, wieweit diese es möglich oder zumindest wahrscheinlich machen, daß sie diese oder jene Wirkung auf das Publikum haben ... Nahezu alle Aspekte der amerikanischen Populärkultur leiden an der Bindung an einen bestimmten Stil oder eine bestimmte Form, das heißt, sie nehmen sie zu genau ...“ Der Verfasser versucht auch andere Fragen zu klären: Aktivität oder Passivität beim Konsum von Freizeitunterhaltung, angefangen bei Fiction bis zu den Bildenden Künsten, S. 255–256.

Dexter, L. A. und *White, D. M.,* Glencoe 1964, *People, Society and Mass Communications.*

Sehr nützliches Sammelwerk. Gehört zur gleichen Gruppe wie Berelson und Janowitz (1966). Keiner der einzelnen Artikel befaßt sich speziell mit Film; das Buch enthält jedoch auch Beiträge von Fearing (1962) und Katz (1960).

Dickinson, Thorold, 1950, 'The Filmwright and the Audience', *Sight and Sound,* 19, S. 20–25.

Disney, Walt siehe Morkovin.

Doob, Leonard, New York 1948, *Propaganda and Public Opinion.*

Fearing (1950) bemerkt dazu: „interpretiert die Resultate von Untersuchungen über Armeefilme dahingehend, daß sich Kenntnisse eher verändern ließen als Einstellungen, und daß letztere vielleicht nur als ‚Prä-Aktions-Reaktionen' aufzufassen seien, obgleich sie nicht unbedingt zur Aktion führen müßten“, S. 498–527 (über Film).

Doscher, Luelyne, 1947, 'The Significances of Audience Measurements in Motion Pictures', *Journal of Social Issues,* 3, S. 51–57.

Überblick über die Schwierigkeiten bei der Interpretierung von Ergebnissen aus Experimenten nach Art der von Cirlin und Petermann (1947). Zu viele Vortests können eine Schematisierung der Filmproduktion zur Folge haben; sie übersimplifizierten die Reaktionen, ignorieren das Verhalten außerhalb des Kinos: „Die Bedeutung des Films hängt auch davon ab, in welchem Maß er die Grundeinstellung der Publikumsmitglieder oder ihren Lebensraum widerspiegelt“, S. 55. Ist der Film wirklich im gleichen Sinn ein Produkt wie Brot und Butter?

Drinkwater, John, New York 1931, *The Life and Adventures of Carl Laemmle.*

Die von einem englischen Autor verfaßte Biographie eines deutschen Einwanderers, der zuerst Nickelodeonbesitzer war, dann auch in den Vertrieb einstieg und, zum Größten im Lande geworden, 1908 den entscheidenden Entschluß faßte, die Monopolstellung der Motion Picture Patents Company anzufechten. Nach langen erbitterten Konkurrenzkämpfen strengte die Regierung 1912 ein Anti-Trust-Verfahren an, was schließlich zur Niederlage des Trusts führte: 1917 wurde die Patents Company für ungesetzlich erklärt. Mittlerweile hatte Laemmle zusätzlich selbst eine Produktion gestartet. Seine „Independent Film Co.“ schloß er 1912 mit mehreren anderen Gesellschaften zur „Universal“ zusammen, aus der 1946 in Verbindung mit der „International Pictures“ eine neue Gesellschaft, die heutige „Universal International Production Company“ hervorging. Höhepunkt des Buches ist die Schilderung der Herstellung von Lewis Milestons Meisterwerk *All Quiet on the Western Front.*

Durand, Jacques, Paris 1958, Le Cinéma et son Public.

Beschränkt sich auf die wirtschaftliche und statistische Untersuchung von Angebot und Filmnachfrage, Kino-Frequenz und Publikumspräferenzen. „Grundlegende Fragen: 1) Warum geht man ins Kino? 2) Welche Faktoren geben den Ausschlag, mehr oder weniger oft hinzugehen? 3) Welche Faktoren entscheiden darüber, ob man sich lieber diesen oder jenen Film ansieht?“ Der Filmmarkt ist insofern besonderer Art, als das Publikum mit dem Verkäufer nicht unmittelbar in Kontakt tritt, sondern nur über einen Absatzmittler, den Kinobesitzer, der nicht einmal die Filme verkauft, sondern nur das Recht, sie zu sehen. Die Anzahl der Sitzplätze ist aber begrenzt, daher werden Angebot und Nachfrage nach verschiedenen Einheiten gemessen und können nicht eines zum anderen in Vergleich gesetzt werden. Das heißt, die Nachfrage wird weniger vom Angebot bestimmt als von anderen Faktoren. Die Schwankungen in der Filmnachfrage sind aber relativ gering und lassen sich nicht am Preis messen, weil die Ausgaben des Publikums für Kinobesuch genau begrenzt sind (durch das Familienbudget). Theorien, denen zufolge der Film einem Bedürfnis des Publikums entgegenkomme oder die Bedürfnisse durch das Angebot geweckt werden, sind gleicherweise fragwürdig. Durand spricht von einer spontanen Geburt des Films, die auf der Konjunktur verschiedener Elemente aufbaut. Die Natur der Sache bestimmt die Struktur der Situation ebenso, wie menschliche Faktoren.

Durgnat, R., 1951, 'Ways of Melodrama', *Sight and Sound,* 21, S. 34 ff.

– – 1963, 'Epic', *Films and Filming,* 10, S. 9 ff.

– – 1964, 'Vote for Britain', *Films and Filming,* 10, April S. 9 ff., Mai S. 10 ff., Juni S. 38 ff.

Über die Selbstdarstellung der Briten in ihren Filmen. Vgl. Jarvie (1969 b).

– – 1965–66, 'Raymond Durgnat's World of Comedy', *Films and Filming,* 11, Juli, S. 8–13, August, S. 10–15, September, S. 8–12, Oktober, S. 16–20, November S. 14–19, Dezember, S. 42–48, Januar, S. 40–46.

– – London 1966. *Eros in the Cinema.*

Neufassung seiner Aufsätze aus *Films and Filming,* 1961–62. Umfassender Überblick über verschiedene erotische Themen und ihre Behandlung im Film. Ab und an trockener Humor. Vgl. Knight und Alpert (1965–69).

– – London 1967, *Films and Feelings.*
Artikel-Kollektion, einige davon scharf, andere unklar, gelegentlich prätentiös mit albernem Vokabular, – Gefasel.

Duvillars, P., Paris 1950, *Cinéma, Mythologie du XXe Siècle.*

Dyer, P. J., 1957, 'Censored', *Films and Filming,* 3, S. 11–13, Februar/März, S. 9–11, April, S. 11–14.

– – 1957/59, 'Patterns of Cinema', *Films and Filming,* 4–6, s. Register in 6, Dezember 1959.

Einundzwanzig-teilige historische Übersicht über den Film, großenteils der Sekundärliteratur entnommen, infolgedessen weitgehend orthodox interpretiert.

Dysinger, W. S., und *Ruckmick, C. A.*, New York 1933, *The Emotional Responses of Children to the Motion Picture Situation.*

Moley (1938) faßt es folgenermaßen zusammen: „Die realistische Darstellung lebensnaher Szenen hat eine emotionelle Wirkung auf die, die sie sehen, und ... diese mag beträchtlich oder aber auch unbedeutend sein", S. 33.

Eaton, Walter, 1915, 'Class Consciousness and the „Movies"-, *Atlantic Monthly*, 115, S. 48–56.

Das Kino ist insofern eine proletarische Institution, als das qualifizierte Theater zu teuer ist. Daher fördere das Kino das revolutionäre Klassenbewußtsein des Proletariats. Um etwas gegen die korrumpierende Wirkung schlechter Filme auszurichten, müßte das dramatische Theater, wie Museen und Bibliotheken, jedermann für wenig Geld zugänglich sein.

Edwards, Roy, 1953, 'The Fifth Columnists',*Sight and Sound*, 23, S. 12 ff.

In manchen Filmen zeigt sich, daß Kinder alles andere als unschuldige Lieblinge sind.

Eisenstein, Sergej, London 1943, *Film Sense.*

– – New York 1959, *Film Form.*
(*Eisenstein, Sergej*, Zürich 1960, [Arche, Samml. Horizont], Vom *Theater zum Film*, nach „The Film Sense" und „The Film Form", deutsch von Marie Pörtner.)

Elkin, Fred, 1949, 'God, Radio and the Movies', *Hollywood Quarterly*, 5, S. 105–114.

Inhaltsanalyse des Films *The Next Voice You Hear* (USA 1950). Weist auf die selbstzufriedene inaktive Mittelklasse-Einstellung des Films in religiösen und sozialen Fragen hin, führt seine Popularität darauf zurück, daß Gefahr und Unvollkommenheit der Welt von 1948 von breiten Kreisen empfunden wird.

– –1950, 'The Psychological Appeal of the Hollywood Western', *Journal of Educational Sociology*, 24, S. 72–86.

[Kurz vor Beginn der Edel-Western-Welle verfaßt.] 25 % der Hollywood-Spielfilmproduktion sind Westerner. Sie vertreten christliche Werte: Gut = Recht, Böse = Unrecht. Nur in einem Punkt weicht der Western von den christlichen Werten ab: das Menschenleben ist nicht heilig. Stehen in bestimmten Situationen Gesetz und Gerechtigkeit in Konflikt, tritt der Western für die Gerechtigkeit ein. Reichtum und Macht werden im Rahmen des Gesetzes zwar akzeptiert, jedoch der Held darf nicht reich sein. Probleme entstehen durch böse Menschen, und nicht aus sozialen oder ökonomischen Verhältnissen. Der Sieg ist der Tapferkeit oder dem Verdienst zu verdanken, nicht dem Glück oder einem Wunder. Der Ethos des Western ist egalitaristisch, der Held nüchtern und anständig. Die Heldinnen sind entweder pflichtbewußt oder sehr selbständig, die Schurken betrügerische Städter oder gewalttätige Rohlinge. Komische Figuren werden von den Schurken gehänselt, sind aber Freunde der Helden.
Das Kind, da es sich identifiziert, fühlt sich erleichtert, wenn es Zuflucht nehmen kann zu einer Welt, die einfach und klar ist, wo man mit der Bedrohung fertig wird, wo Raum und Freiheit vorhanden sind, wo aggressives Verhalten Zustimmung findet, sogar Bewunderung und Liebe einbringt und nicht Schuldgefühle hervorruft, und wo die Helden nicht den Eltern gleichen. Das Pferd symbolisiert Macht, ist aber auch Lieblingstier; über den Komiker darf man lachen, obwohl er ein Erwachsener ist. Den Schurken kann das Kind mit seinem Gegner identifizieren. Bei ländlichen Publika findet der Western besonderen Zuspruch, da er die Landbevölkerung glorifiziert und den Städter herabsetzt. Wie weit das Kind vom Western beeinflußt wird, hängt mehr vom Kind und seiner sozialen Umwelt ab als vom Western selbst.

-- 1951, 'A Study of the Relationship Between Popular Hero-Types and Social Class', Diss., University of Chicago, unveröffentlicht.

Helden können die Werte einer Gesellschaft verkörpern. „Die Mehrzahl der Filmstars verdanken ihren Ruhm weniger ihren schauspielerischen Fähigkeiten als den Symbolen, die sie darstellen“, S. 11. Betty Grable ist das Mädchen von nebenan, einfach aber sexy. Greer Garson, kultiviert, keine Amerikanerin, rangiert eine Stufe über dem Durchschnitt, nimmt ihren Beruf ernst (war dennoch dreimal verheiratet). Bette Davis, eine seriöse Schauspielerin, ist eine Karrierefrau der oberen Mittelschicht, hat ein offenes, energisches, eigenwilliges Wesen. Rita Hayworth: sexy, feminin, smarte Kleidung und Umgebung; Katherine Hepburn: aparter Typ, bisweilen exzentrisch, neuenglische upper-class. Lauren Bacall: maskulin/feminin, im Rollentyp wie in Wirklichkeit. Clark Gable: der männliche, nette einfache Mann. James Stewart: kleinstädtische Mittelschicht, Normaltyp, arglos, der Führerschaft und Tapferkeit fähig, doch niemals hinter Mädchen her. Humphrey Bogart: herbe, bisweilen rauh, doch mehr nach Art des upper class-Rebellen. Errol Flynn: romantischer Abenteurer, ein Satyr... Starpräferenzen wechseln je nach Klassenzugehörigkeit und Klassenimage des Stars.

-- 1954, 'The Value Implications of Popular Films', *Sociology and Social Research,* 38, S. 320–322.

Indirekt vermittelt der Film uns die verschiedensten Informationen gesellschaftlicher wie auch wertender Natur. Damit stellen sich viele Fragen, zum Beispiel danach, wie andere uns sehen, wie der Film als soziale Kontrolle funktioniert.

-- 1955, 'Popular Hero Symbols and Audience Gratifications', *Journal of Educational Psychology,* 29, S. 97–107.

Von der Voraussetzung ausgehend, daß positive wie negative Reaktionen auf bestimmte Stars funktionell bedingt sind, weist der Verfasser nach, – durch einen Test, bei dem Stars und ihr Image in neun Gruppen klassifiziert wurden, – daß Frauen diejenigen anziehend finden, die ihre eigenen Werte symbolisieren und bestätigen, durch die sie sich nicht gefährdet sehen wie auch, daß sie für Stars, die dieser Qualifikation nicht entsprachen, meist nichts übrig haben.

-- 1966, 'Censorship and Pressure Groups', *Phylon,* Spring, S. 71–80.

Zensur werde ständig geübt; sie sei eine Sache des Grades und ein Mittel der sozialen Kontrolle, zu dem Zweck, daß fundamentale Werte oder die Gruppe selbst nicht in Frage gestellt werden oder Schaden leiden. Theoretisch wird vorausgesetzt, daß es ohne Stimulus keine Wirkung geben kann.

Emery, F. E., 1959, 'Psychological Effects of the „Western“-Film', *Human Relations,* 12, S. 195–232.

Mary Carver (1967) schreibt dazu: „Die Erinnerung der Kinder an einen Film, den sie vor einem Monat gesehen hatten, war, wie sich bei der Niederschrift herausstellte, unterschiedlich gut... Typischerweise tendierten Abweichungen von der Handlung zu einem übereinstimmenden „Western“-Stereotyp. Siehe auch Emery und Martin (1957).

-- und *Martin, D.,* Melbourne 1957, *Psychological Effects of the „Western“ Film,* A study in television viewing.

1. Der Anklang, den der Western findet, ist seinen latenten Themen (Gut kontra Böse, Über-Ich kontra Es), nicht seinen manifesten Themen zuzuschreiben; 2. das Sehen von Western invol-

viert selektive Vorgänge (der Identifikation und Interpretation) zum Schutz gegen furchterweckende Aspekte; 3. es kann zeitweilig das Selbstbild eines Individuums im Verhältnis zu seiner sozialen Umwelt verändern, bewirkt aber keine systematische Veränderung des Aggressionstriebs; 4. der Zuschauer wird Haltung und Wortschatz des Filmhelden übernehmen.

Encyclopaedia of the Social Sciences, 1933, 'Motion Pictures – Industrial Development and Social Implications', 11, S. 58–69.

Siehe Lewis (1933 b) und Orton (1933).

England, Leonard, 1951 a, 'The Critic and the Box-office', *Sight and Sound,* 20, S. 43 ff.

„Der Geschmack des Kinobesuchers unterscheidet sich von dem des Rezensenten weit weniger, als man allgemein annimmt... Wenn Divergenzen auftreten, sind sie meist darauf zurückzuführen, daß nach unterschiedlichem Maßstab gewertet wird, was nicht heißt, das Publikum verstünde innerhalb dieser Grenzen nicht zu unterscheiden" S. 44.

-- 1951 b, 'Popular Taste in the Cinema', in R. Manvell, Hrsg., *The Cinema 1950,* S. 115–123.

Über die Beziehungen zwischen Publikumsgeschmack und Kasseneinnahmen unter besonderer Berücksichtigung der Stars. Gelangt zu dem Schluß, daß zwischen den Präferenzen der Kritiker und den sogenannten Kassenerfolgen weniger Unterschied besteht, als man annimmt. Weist auf den großen Kassenerfolg einiger Filme hin, die auch von der Kritik gerühmt wurden. Ist der Meinung, bessere Publikumsforschung würde verhindern, daß Filmemacher Geschmack und Intelligenz des Publikums weiterhin beleidigten.

Ennis, P. H., 1961, 'The Social Structure of Communications Systems: A Theoretical Proposal', *Studies in Public Communications,* 3, S. 120–144.

Ein programmatisches Papier [das ich erst zu Gesicht bekam, nachdem dieses Buch in Druck gegangen war] über die Gründe für die Individuum-zentrierte Tendenz der Kommunikationsforschung sowie über die Fruchtbarkeit einer Neuorientierung zur Gruppentheorie hin, womit die Masse-Minorität-Dichotomie überwunden werden könne. Publika seien als Sozialsysteme zu studieren, als potentielle oder bereits bestehende Gruppen; man müsse das Verhältnis herausschälen, in dem Produzenten, Distributoren, Publikum, Inhalt und Kritik zueinander stehen. [In mehrfacher Hinsicht entspricht dieser Band dem Ennis'schen Programm, soweit dies bei den vorhandenen Data über den Film möglich war.]

Ernst, Morris L., New York 1946, *The First Freedom.*

Kapitel VI richtet sich gegen Film-Monopole.

-- und *Lindey, Alexander,* New York 1940, *The Censor Marches On:* recent milestones in the administration of the obscenity law in the United States.

In Kapitel V und VI wird ein Überblick über die Entwicklung der Zensur gegeben und der Vorschlag gemacht, sie abzuschaffen. Pro-Zensur-Eingestellte könnten Listen der für Jugendliche geeigneten Filme veröffentlichen.

-- und *Lorenz, Pare,* New York 1930, *Censored:* the private life of the movies.

Amüsanter, anekdotenhafter Überblick über die US-Zensur und ihre regionalen Abweichungen (in Pennsylvania „verboten" ist ein stets widerkehrendes Motiv).

– – und *Schwartz, Alan U.*, New York 1964, *Censorship:* The search for the obscene.

Kapitel 22, über den Film, enthält lange Zitate aus Earl Warrens (Oberster Richter) Entgegnungen, der mit der Entscheidung des Obersten Gerichtshofes, die Zensur aufrecht zu erhalten, nicht einverstanden war.

– – und *Seagle, W.*, New York 1928, *To the Pure:* a study of obscenity and the censor.

Enthält nur wenige Seiten über Filmzensur.

Ervine, St. John, London 1934, *The Alleged Art of the Cinema.*

Heftige Beschimpfung des Kinos: es sei eine Droge für die abscheulichen Massen, Künstlerische Absichten werden mit der Begründung disqualifiziert, daß eine Vielzahl von Personen am Zustandekommen des Films beteiligt ist.

Escudero, J. M. B., Madrid 1958, *Cine-Social.*

Vergleichende Untersuchung des „sozialen Films". Der Autor ist sich offensichtlich nicht bewußt, daß alle Filme soziale Filme sind.

Evans, Peter, New York 1968, *Peter Sellers: the Mask Behind the Mask.*

Populäre Biographie des Darstellers, mehr an den Widersprüchlichkeiten und Komplikationen im Wesen des Künstlers interessiert als an seiner künstlerischen Leistung, die nicht erwähnt wird. Kein Verzeichnis der Sellers'schen Rollen, nicht einmal ein Register.

Everson, W., 1953, 'The Stock-Shot Habit', *Sight and Sound,* 22, S. 183–184.

Klassischer Aufsatz. Detaillierte Beschreibung, wie Sequenzen aus einem Film in einen anderen eingeflickt werden und bisweilen ganze Filme aus übernommenen Sequenzen entstehen.

– – New York 1963, *The American Movie.*

Der amerikanische Film wird von einem englischen Filmfan enthusiastisch gefeiert.

– – New York 1964, *The Bad Guys.*

Bilderbuch über Bösewichte.

Eyles, A., London 1967, *The Western.*

Lister der wichtigsten Westerner in alphabetischer Reihenfolge mit Besetzung und Produzenten.

Fabregat, Cuneo R., 1957, 'El proceso del cinema en el mundo yen la cultura y la deformation de los temas culturales al traves del cine', *Revista de Mexican Sociology,* 19, S. 387–404.

Analyse der Veränderungen, die kulturelle Themen in Filmen erleiden; Interpretation ihrer Beziehung zu den Publikumsinteressen.

– – 1958, ‚Principales influencias del cine sobre el publico', *Revista de Mexican Sociology,* 20, S. 27–55.

Theoretische Analyse des Filmeinflusses, in bezug auf Suggestion, Nachahmung und bildungsmäßige Konsequenzen.

Fadiman, William J., 1947, 'The Sources of Movies', *Annals,* (1947), S. 37–40.

In den Story Departments der Filmstudios werden jährlich rund 20 000 Manuskripte und Ideenvorschläge gesichtet, 40 bis 75 davon erworben, 20 bis 50 für Filme verwendet. Sie werden umgeschrieben und auf die Stars zugeschnitten. Stars sind das wichtigste „Kapital" eines Studios.

– – 1960, 'The Typewriter Jungle', *Films and Filming,* 7, Dezember, S. 8, 36, 42.

Über die Position der Autoren in Hollywood, – ihre Zuordnung zu bestimmten Kategorien von Filmen und zu bestimmten Arten des „script-doctoring" (Herumdoktorn an Drehbüchern etc.).

– – 1964 a, 'Cowboys and Indies', *Films and Filming,* 7, März, S. 51–52.

Übersichtliche Darstellung der Produktionsstruktur der Hollywooder „Unabhängigen" und ihre Methode des „packaging".

– – 1946 b, 'The Talkies', *Films and Filming,* 10, July, S. 48 ff.

Obwohl die Hollywoodgrößen viele Brillante und Gebildete zu den ihren zählen, sind sie nur langweilige Gesprächspartner.

– – 1965, 'But Compared to the Original', *Films and Filming,* 11. Februar, S. 21–23.

Am unliebsamsten ist die Art von Filmkritik, die den Film mit seiner Quelle, – dem Roman, der Story oder dem Bühnenstück – vergleicht. Dies ist unfair dem Medium gegenüber.

Falewicz, J., 1964, 'Effect of Film Criticism on Urban Film Tastes', *Polish Sociological Bulletin,* 1, S. 90–95.

Stars und die Kritik haben, verglichen mit Mundpropaganda oder Filmgenre, auf die Filmwahl des polnischen Publikums nur geringen Einfluß. In Frankreich hingegen geben die Stars, einem Überblick von 1958 zufolge, in dieser Hinsicht den Ausschlag. Die Kasse gibt keinen Aufschluß über die Bewertung. Je gebildeter und filmorientierter die Leute sind, desto mehr wird ihr Geschmack (ihre Wertung) mit der Meinung des Rezensenten übereinstimmen. Die Meinungsführer vermitteln zwischen Kritik und Publikum, was sich auf die Wertung auswirkt, nicht aber auf die Kasse.

Farber, Manny, 1952, 'Movies Aren't Movies Any More', *Commentary,* 13, S. 560–566.

Konfuse Attacke gegen Filme, deren langsames Tempo, übergewichtige Technik und emphatischer Symbolismus den Einfluß von Welles' theaterhaftem (sic) Film *Citizen Kane* verrieten.

– – 1957, 'Underground Films', anthologized in Talbot (1959).

Eine Lobrede auf Hollywoods vernachlässigte, unprätentiöse Actionfilm-Regisseure: den frühen Ford, Hawks, Kieghley, Mann, Walsh, Wellmann, – „männliche" Filmemacher.

Faure, E., Genf 1963, *Fonction du Cinéma.* De la cinéplastique a son destin social.

In Kapitel V, 'Introduction à la mystique du cinéma, heißt es: „Der Film ist wie der Tempel ein anonymes Werk. Wie der Tempelbau stützt auch das Filmkollektiv sich auf finanzielle

Mittel, die die Kapazität des einzelnen übersteigen, bedient sich einer Vielzahl von Statisten (die den Mauern des Tempels entsprechen), der Schauspieler (deren Mimik der Wirkung der Statuen gleichen), der Regisseure und Techniker (den Nachfolgern der alten Meister), der standardisierten und technisierten Verfahren (als deren Entsprechung man die Funktion des Kreuzgewölbes oder die Konstruktion des Schiffes bezeichnen kann). Der eine wie der andere sind für die breite Menge bestimmt." S. 48–49.

Fearing, F., 1944, 'The Interpretative Process', in *Writers Congress* (1944), S. 508–523.

„... Der Mensch sucht Gelegenheit, unter Nutzung aller ihm zur Verfügung stehenden symbolischen Praktiken sich über alles, was ihm zu schaffen macht, mitzuteilen und Mitteilungen aufzunehmen. Er tut dies in dem Bemühen, sich die Kontinuität seiner stabilen und konstanten Welt zu erhalten und sein Handeln danach auszurichten, – ein Prozeß, der dazu dient, mit der Realität fertig zu werden" S. 516.

– – 1947, 'Influence of the Movies on Attitudes and Behaviour', *Annals* (1947), S. 70–79.

Für den Filmbesucher ist der Film ein Mittel, um sich mit seiner Umwelt im weiteren Sinn auseinanderzusetzen. Seine diesbezüglichen Ziele, Dispositionen und Probleme wirken sich entscheidend darauf aus, welchen Gewinn man aus dem Film zieht. Andere Ansichten des Verfassers: 1. Filme seien reine Unterhaltung; doch unterhaltend sei alles, was die Aufmerksamkeit fesselt; 2. Filme wirkten sich nachweisbar auf die Einstellungen aus, und zwar im Sinn der Tendenz des Films; 3. der Film reflektiere die Bedürfnisse des Publikums sowie den Druck, dem es ausgesetzt sei; 4. der Film reflektiere das kollektive Unbewußte. Keine dieser Ansichten sagt uns etwas daüber, warum Menschen ins Kino gehen. Schlußfolgerung des Verfassers: „Wahrscheinlich ist es unmöglich, eine Reihe von audio-visuellen, menschliche Aktion und Interaktion betreffenden Bildern zu schaffen, ohne zugleich ideologisch Stellung zu diesen zu beziehen" S. 78. Der Film helfe dem Individuum bei der Strukturierung seiner Welt.

– – 1947 a, 'Films as History', *Hollywood Quarterley*, 2, S. 422–427.

Ein Artikel über Kracauer (1947). Kritisiert, daß für Gruppen die gleichen Gesetze gelten sollen wie für Individuen, lehnt den mystischen Charakter der resultierenden Erkenntnisse ab. Kracauer stütze sich, (ebenso wie Mayer [1946]) und Powdermaker (1950), auf Lévy-Brühls ‚participation mystique' (mystische Partizipation) für die Filmanalyse ein unangemessenes Instrument.

– – Berkeley und Los Angeles 1950, *Motion pictures as a medium of instruction and communication:* an experimental analysis of the effects of two films.

Bericht über Wirkungstests an zwei militärischen Lehrfilmen; der eine sollte die Soldaten zu ritterlichem Verhalten nach dem VD anregen, der andere informierte über Malaria. Es wurde beträchtliche Wirkung festgestellt.

– – 1950, Besprechung von Wolfenstein und Leites (1950 b) in *Hollywood Quarterly*, 5, S. 101 ff.

„Wolfenstein und Leites befassen sich mit dem gleichen Problem und gehen im wesentlichen nach der gleichen Methode vor wie Siegfried Kracauer in *From Caligari to Hitler.* Vor allem geht es ihnen um die Beziehung der Filminhalte zu den bestehenden Kulturmustern. Ihre Methode besteht darin, die offen zutage liegenden Filminhalte auf typische oder wiederkehrende Themen zu analysieren. Sie gehen von der Behauptung aus, daß diese Themen Tagträume sowie bewußte und unbewußte Wünsche des Massenpublikums widerspiegeln, und daß die Produzenten dieses Material irgendwie angezapft hätten."

-- 1951, 'A Word of Caution for the Intelligent Consumer of Motion Pictures', *Quarterly of Film, Radio and Television,* 6, S. 129–142.

Forschungsergebnisse haben bewiesen, daß die Auswirkungen des Films gering sind. *Home of the Brave/Die Heimat der Tapferen* (USA 1949) sei von nicht vorurteilsfreien Leuten besprochen worden, die das in ihm gesehen oder aus ihm ausgewählt hätten, was sie sich zu sehen wünschten. „Ich meine, daß das Publikum der Massenmedien, weil es groß ist, noch nicht amorph oder gesichtslos zu sein braucht oder bereitwillig alles akzeptiert, was man ihm aufoktroyiert", S. 139.

-- 1953, 'Towards a Psychological Theory of Human Communication', *Journal of Personality,* 22, S. 71–88.

Die Relation Bedürfnis–Wertsystem ruft Unstabilität und Ungleichgewichtigkeit der Interaktion mit der Umwelt hervor, was die Spannung im Individuum vermehrt. Die Prozesse der kognitiven Wahrnehmung strukturieren die Umwelt dahingehend, daß diese Spannung vermindert wird. Sehr wichtige, aber rein fachwissenschaftliche Schrift.

-- Chicago 1954, 'Social Impact of the Mass Media of Communication' in N. B. Henry, ec., *Mass Media and Education – Fifty-third Yearbook of the NSSE,* Kap. VIII.

Gegenüberstellung der Eine-Art-(Lern)Theorie mit seiner eigenen Zwei-Arten-Theorie, die neben der Perzeption auch die Situation einbezieht. Die perzeptorische Reaktion ist ein Prozeß, mit dessen Hilfe das Individuum sich über seine Umwelt klar wird, indem es nach der Bedeutung der Zeichen sucht und sich bemüht, seine Erfahrung in seinen kognitiven Bezugsrahmen einzubauen. „Klarheit" garantiert nicht, daß die Botschaft „ankommt", – jeder Kommunikationsinhalt ist zu gewissem Grade mehrdeutig. Daher kann Propaganda unerwünscht den Bumerang-Effekt haben. Medien können zur Bekräftigung oder für den Transfer von Werten benutzt werden, was auch der Tagtraum-Theorie entspräche, oder sie können zum Erwerb von Erfahrungen oder zur Lösung von Problemen beitragen. Der Bumerang-Effekt wird damit erklärt, daß der Perzipient die Tendenz hat, seinen kognitiven Bezugsrahmen so wenig wie möglich zu verändern.

-- 1962, 'Human Communication', *Audio-Visual Communication Review,* 10, S. 78–108, siehe auch Dexter und White (1964).

Zur Kommunikationssituation (gehören): 1. die Absicht, auf Verhalten einzuwirken oder es zu lenken oder eine Beziehung herzustellen, 2. Mitteilungen oder Signale, auf die ihrem Sinn entsprechend reagiert wird, 3. Einigkeit in bezug auf deren Bedeutung, 4. Abhängigkeit von der Gesamtkultur sowie von Persönlichkeitsfaktoren, was 4. die Transfer-Theorie der Kommunikation widerlegt. 5. Bei der Kommunikation treten Menschen zueinander und zur Umwelt in bestimmte strategische Beziehungen, 6. sie benutzen Zeichen, Symbole und symbolische Handlungen, 7. mittels derer 2. sie maximale Möglichkeiten zur Erfahrung, zum Erreichen bestimmter Ziele, zur Erlangung von Einsicht und zur Meisterung der Umweltbedingungen schaffen. 8. Zeichen, Symbole und Materialien sind den perzeptorischen Prozessen unterworfen. Ein Symbol steht als Zeichen für ein Zeichen.

Federation of British Film Makers, London 1963, *Cinema Going in Greater London.*

Eingehende, finanziell geförderte Untersuchung der Einstellungen und Verhaltensweisen zu dem Zweck, festzustellen, welche Veränderungen in der Publikumsstruktur vor sich gingen. Vergleichbar mit Handel (1950), wenn nicht besser.

Feldmann, Erich, München/Basel 1962, *Theorie der Massenmedien.*

Wichtige Essay-Sammlung, unter anderem über die Einordnung der Bildkünste in das System der Wissenschaften. Versuch einer epistemologischen Begründung der Wissenschaft von Film und Fernsehen. Der Film als kultureller Faktor, die Situation des Filmbetrachters usw. Einziger Mangel: Übergeht Fearing und Gans.

– – und *Hagemann, Walther,* Emsdetten 1955, *Der Film als Beeinflussungsmittel*; Vorträge und Berichte der Deutschen Gesellschaft für Filmwissenschaft.

Enthält einen Aufsatz von Feldmann: „Der Film als Kulturfaktor".

– – und *Meier, Ernst,* Hrsg., Gütersloh 1963, *Film und Fernsehen im Spiegel der Wissenschaft.*

Aufsätze verschiedener Autoren, darunter A. Silbermann ‚Die soziologischen Untersuchungsfelder der Massenkommunikation'.

Fenin, G. N., 1955, ‚Motion Pictures and the Public', *Film Culture,* 1, Januar, S. 15–18.

Hollywood braucht Geld, und gerät es in eine Krise, ignoriert es die Öffentlichkeit. Auch Filme sollten wie Produkte behandelt werden; Marktforschung und Produktentwicklung könnten Verbesserungen bewirken. Die übliche Nörgelei über den Kommerz.

– – 1956, 'The Western – Old and New', *Film Culture,* May/Juni, S. 7–11.

– – und *Everson, W. K.,* New York 1962, *The Western,* from silents to cinerama.

Angeblich eine Geschichte des Western, tatsächlich ein Lobgesang auf William S. Hart. An der Zeit nach der Stummfilm-Ära haben die Autoren kein Interesse mehr, und so werden die besten Western (die nach 1940 entstanden) nur flüchtig behandelt.

Fernow, D. L., 1952, 'The Treatment of Social Problems in the Entertainment Film', Dissertation, USC, unveröffentlicht.

„...Absicht, irgendeine Beziehung aufzudecken zwischen sozialen, ökonomischen und politischen Stimmungen und Zeitumständen und dem Erscheinen von Filmen, die lebenswichtige soziale Themen zum Inhalt haben" S. 2–3. Betrachtet in der Hauptsache die Story und den thematischen Gehalt. In schlechten Zeiten gäbe es mehr und realistischere Filme zu sozialen Themen; in guten Zeiten seien wir nicht an ihnen interessiert. Dies sei der Vorherrschaft der Sozialpsychologie zuzuschreiben.

Feyerabend, P. K., 1967, 'The Theatre as an Instrument fort he Criticism of Ideologies, *Inquiry,* 10, S. 298–312.

Field, Martin, 1948, 'Type-Casting Screen Writers', *Penguin Film Review,* 6, April, S. 29–32.

Hollywood praktiziert das type-casting (auf einen bestimmten Typus festlegen) nicht nur an den Schauspielern, sondern auch an den Schriftstellern, d. h. es wählt sie nach ähnlichen Gesichtspunkten für bestimmte Filmhandlungen aus. Da es kein „Branchenverzeichnis" für Autoren gibt, werden sie aufgrund früherer Arbeiten oder Filminhalte oder der Struktur ihrer Spezialisierung nach Typen kategorisiet (vgl. Fadiman [1960]).

-- 1949, 'Hollywood Report on a „Trend"', *Penguin Film Review,* 9, S. 100–102.

Der „Trend" der Filmautoren geht dahin, Regisseur zu werden: Sturges, Huston, Odets, Seaton, Nichols, Hecht, Daves, Wilder, Brackett, Rossen, Mankiewicz, Krazna, Trotti, Nunally Johnson und Welles. Doch ist dies trotz aller Publicity noch immer die Ausnahme und nicht die Regel.

Field, Mary, (1945 (?), 'The Child Mind and the Screen', Schreibmaschinenmanuskript, unveröffentlicht.

Bericht über Filmklubs. Kinder machen sich lustig über alberne oder nicht überzeugende Filme.

-- London 1952, *Good Company.*

Geschichte der Produktion spezieller Kinderfilme in England, und wie man das Mißtrauen der Kinder überwand.

-- Dunfermline 1954, *Children and Films:* a study of boys and girls in the cinema.

Eingehende Untersuchung der Reaktionen von Kindern aufgrund von Infrarot-Filmaufnahmen, die während der Vorführung speziell ausgewählter Cartoon-, Serien-, Kultur- und Spielfilme von ihnen gemacht wurden. Keine beunruhigenden Resultate. Der Verfasserin war in erster Linie an Aufschlüssen gelegen, was bei der Produktion von Jugendfilmen zu beachten ist.

-- 1958, 'Children in the Cinema', *Films and Filming,* 4, April, S. 9–10.

Es ist nicht ratsam, Kindern eine einseitige Kost aus Fantasieprodukten vorzusetzen, denn vom siebenten Jahr an wird das Kind für die Wirklichkeit aufgeschlossener. Filmesehen muß wie eine Sprache erlernt werden, – übermäßig komplizierte Konstruktionen und Requisiten sind dabei nicht von Nutzen. Konzentrationsfähigkeit und Interessensgegenstände der Kinder sind unterschiedlich. Die Grenze zwischen demonstrativen Filmen zur Erziehung zu sozialer Verantwortlichkeit und propagandistischem Material läßt sich schwer abstecken.

Fielding, R., 1959, 'Mirror of Discontent: the „March of Time" and its Politically Controversal Film Issues', *Western Political Quarterly,* 12, S. 145–152.

Schildert die Kontroverse um *Inside Nazi-Germany-1938,* der vielleicht am stärksten von der Zensur verstümmelte Film, den es je gab, denn das Publikum argumentierte darüber, ob er pro oder kontra sei.

The Film in National Life, London 1934, Protokoll einer Konferenz des Britisch Film Institute in Exeter, April 1943.

Nüchterne, wenn auch nicht umwerfende Diskussion über Halbwüchsigenprobleme; etwas snobistische Beschreibung der psychologischen Momente des Filmbesuchs: Das Publikum bekäme den Film, den es verdiene, ändern wir also das Publikum. Gut gemeint, aber oberflächlich.

Film Quarterly (früher *Quarterly of Film, Radio and Television,* früher *Hollywood Quarterly*), 1947 bis dato, Berkeley und Los Angeles.

Vor langer Zeit bei weitem die beste Filmzeitschrift; ausführliche, fundierte und gedankenreiche Artikel im Blick auf die sozialen Aspekte des Films enthaltend, ist sie heute lediglich ein sehr gutes Organ der Filmkritik.

Films and Filming, London 1954 bis dato.

Aus kleinen Anfängen, zunächst etwas unsicher in bezug auf ihr Niveau, wurde diese Monatszeitschrift im Lauf der Zeit zu einer unentbehrlichen Fundgrube von Informationen und Kommentaren. Wenig literarisch und scheußlich aufgemacht, hat sie nichtsdestoweniger ihren festen Platz.

Fisher, David, 1953, 'The Saint in the cinema', *Sight and Sound,* 23, S. 93 ff.

Warum gibt es so wenige gute religiöse Filme?

Fiske, M., und *Handel, L.,* 1946, 'Motion Picture Research: Content and Audience Analysis', *Journal of Marketing,* 11, S. 129–134.

Überblick über die von Dale, Peters und Jones durchgeführten Forschungen, bemängelt die zu geringe Zahl an Daten über Größe und Zusammensetzung des Publikums.

Fitzgerald, F. Scott, London 1949, *The Last Tycoon.*

Roman, qualvoll, nicht abgeschlossen.

Fletcher, J. G., Seattle 1929, *The Crisis of the Film.*

„Der amerikanische Film mußte als Propaganda herhalten für die in den USA übliche emotionelle Dürftigkeit, für naive Moral, unechten Luxus, Verstöße gegen die Etikette sowie für die bis zum Grotesken übertriebene Komik und Sentimentalität, von Akrobatik zu schweigen."

Floherty, J. J., Garden City 1935, *Moviemakers.*

Populäre bebilderte Darstellung, wie Filme gemacht werden, – zusammengestellt nach einem Besuch in den MGM Studios. Niemand ist genau zu identifizieren. Geschrieben im Tenor ehrfurchtsvoller Dankbarkeit.

Ford, Charles, Paris 1964, *Histoire du Western.*

Fundierte Geschichte des Western mit einer Aufstellung echter Western-Typen und deren Hauptfilmen.

Ford, Richard, London 1939, *Children in the Cinema.*

Englischer Wälzer, der sich mit dem gleichen Fragenkomplex befaßt wie die Payne Fund Studies (q. v.) und das Kompendium von Charters und Forman (q. v.). Kollationiert britische Fakten und Zahlen, da die Modelle und sozialen Gewohnheiten wie auch die Zensursysteme in Großbritannien anders sind als in den USA. Gelangt zwar zu ähnlichen Schlüssen wie Payne, doch spielen Kinder-Filmmatineen und -Filmklubs nicht die gleiche Rolle. Schildert die in England zentralisierten Bemühungen, wirklich passende Programme für Kinder zusammenzustellen, die dem Rechnung tragen, was Kinder nicht nur mögen, sondern was auch gut für sie ist. Bis zum Alter von zehn bis zwölf Jahren ist „Liebe" für Kinder langweilig, nicht „korrumpierend".

Forman, H. J., New York 1933, *Our Movie Made Children.*

Populäre Zusammenfassung der Payne Fund Studies (q. v.). Wiewohl der Verfasser einräumt, daß Kinder vielerlei Einflüssen ausgesetzt seien und daß es auch gute Filme gäbe, beklagt er doch, daß in den meisten Filmen Sex, Verbrechen und unwerte Lebensziele Darstellung fänden. Kinder werden von der Erinnerung an das Böse verfolgt, es stört ihren Schlaf, ihre Einstellungen lassen sich manipulieren; sie können dem Film die Schuld für ihr delinquentes Verhalten geben (Imitation). Andererseits können sie von ihm auch moralisch und religiös profitieren.

Fortune, 1937 a, 'Paramount Pictures, Inc.', 15, S. 86–96, 194–212.

– – 1937 b, 'Warner Brothers Pictures, Inc., 16. Dezember, S. 110–113, 206–220.

– – 1939, 'Loew's Inc.', 20. August, S. 25–31, 104–106, 110, 114.

Eingehende, witzige Untersuchung der wichtigsten Filmfirmen. Im Fall der Paramount werden vor allem Bankrott und Wiederaufbau geschildert, im Fall Warners und MGM, wie sie unversehrt die Weltwirtschaftskrise überstanden.

– – 1946, 'Movies: End of an Era?', 34, April, S. 98–102, 135–150.

Prophetische Vorhersage des Absinkens der Kasseneinnahmeziffern, das 1948–49 denn auch eintrat.

– – 1947, 'Paramount: Oscar for Profits', 35, Juni, S. 90–95, 208–221.

Skizziert den Wiederaufstieg der Paramount nach ihrem Bankrott sowie ihre Bosse Balaban und Ginsberg, und Griffis, der die Finanzen wieder in Ordnung brachte, schließlich noch wie die Koordination der East Coast-West Coast Produktion funktioniert. 1945 betrugen ihre Gewinne 17,9 Millionen, stiegen 1946 auf 44 Millionen $. Fox erzielt dagegen 22 Millionen, Warners 19 Millionen, MGM 18 Millionen und RKO 12 Millionen $.

– – 1949, 'End of an Era?', 39, April, S. 99 ff.

Bei abgesunkenen Kasseneinnahmen, Wegfall der Auslandseinnahmen, Händeringen der Rezensenten, Schrumpfen des Fan-Publikums, bei bevorstehender Umorganisierung und drohender Fernsehkonkurrenz könnte die Filmindustrie an einem historischen Wendepunkt angelangt sein.

Fox, C. D., New York 1925, *Mirrors of Hollywood.*

Einer von mehreren Bänden des gleichen Autors. Beginnt mit einem deskriptiven Porträt der Stadt und einer Tour durch eine Reihe von Studios, geschrieben in einem Ach-gucke-mal-wer-ist-denn-da?-Stil. Schließt mit dem Abschnitt: Die Bedeutung der neuen Sprache des Films und die damit verbundene Verantwortung. Angefügt sind Hunderte von *Who's Who*-Notizen über Stars. Nach seiner Schätzung beschäftigt Hollywood 10 000 Menschen, stellt Produkte im Wert von 75 Millionen $ her, zahlt 40 Millionen $ an Löhnen und Gehältern und gibt 20 Millionen $ für Material und anderen Bedarf aus.

Franklin, Eliza, 1952, 'Westerns, First and Lasting', *Quarterly of Film, Radio and Television*, 7, S. 109–115.

– – H. B., New York 1927, *Motion Picture Theatre Management.*

French, H., 1955, 'How Films Work', *Films and Filming*, 1, April, S. 6–7; Mai, S. 8; Juni, S. 12. Detaillierte Untersuchung der britischen Filmindustrie.

French, Philip, 1967, 'Incitement Against Violence', *Sight and Sound,* 37, S. 2–8.

Überblick über die Serien von Gangsterfilmen, ausgehend von *Bonnie and Clyde* und *The Valentine's Day Massacre* und wieder mit ihnen schließend.

– – London 1969, *The Movie Moguls.*

Nach Sekundärliteratur verfaßte Kurzhistorie der Tycoons, Konzis aber ungezwungen geschrieben. Zeichnet ihren Aufstieg und Fall und sucht nach einer Erklärung dafür. Enthält nützliche Kurzbiographien und eine mit Anmerkungen versehene Bibliographie.

Freour, P., Serise, M., und *Coudray, P.,* 1945, „La Possession" par le Film: Préliminaire à une Etude Psychologique du Cinéma', *Hygiène Mentale,* 48, S. 289–307.

Der mächtige Einfluß des Films auf die Entwicklung von Wertvorstellungen und Verhaltensweisen wäre ohne das totale In-Anspruch-genommen-werden – „possession" – durch das Medium schwer zu erklären. Doch auch bei relativer Distanziertheit und Passivität des Zuschauers kann solche Wirkung erfolgen.

Frewin, Leslie, London 1955, *Blond Venus.*

Eine Biographie von Marlene Dietrich, – leichte Kost.

Friedson, Elliot, 1952, 'An Audience and it's Taste', Diss., Universität Chikago, unveröffentlicht.

Versucht aufzuzeigen, daß Inhalt, Medium, Persönlichkeit, soziale Definition und soziale Kontaktsituation einerseits und die Präferenz bestimmter Inhalte oder Arten von Inhalten andererseits in Beziehung stehen, und wie diese Faktoren am Prozeß der Geschmacksbildung beteiligt sind. Hält die soziale Situation des Medienkonsums für wesentlich; eine Gleichsetzung von Medium und Inhalt sei daher nicht möglich. Da der Film vor allem von Gleichaltrigen (peergroups) besucht wird, müsse man Störungen durch laute Bemerkungen und sogar Lärmen während der Vorführung in Kauf nehmen. *Keiner* von denen, die mit der Familie ins Kino gehen, wird dies *lieber* tun. Die Einstellung zu den Medien entspricht den jeweiligen Definitionen: Die Cliquen sind pro Medien, Familien, Schulen, Kirche kontra sie eingestellt, was sich auf die jeweiligen Reaktionen auswirkt, wobei die Meinungen wichtigerer Personen mehr Gewicht haben als die anderer. „Von der zweiten Klasse an hat die Meinung der Erwachsenen immer weniger Einfluß auf die Geschmacksbildung der Kinder. Von der vierten Klasse an beginnen die meisten Kinder von den Erwachsenen mißbilligte Inhalte vorzuziehen, und in der sechsten Klasse sind überwiegend gerade solche Inhalte besonders beliebt, die von den Erwachsenen ausdrücklich verurteilt werden" S. 113. Erwachsene bedienen sich moralischer Argumente, die Peers berufen sich auf soziale und ästhetische. Geschmack korreliert nicht mit Persönlichkeit. „Geschmack ist eine auf erinnerte und antizipierte Inhalte ausgerichtete Reaktion auf frühere Erlebnisse" S. 190. Der Geschmack entwickelt sich unabhängig von persönlichen Definitionen. Der Inhalt ist für die Gratifikation emotioneller Bedürfnisse nicht relevant, da die Selektion von sozialen Umständen beeinflußt wird."

– – 1953 a, 'Adult Discount: an Aspect of Children's Changing Taste', *Child Development,* 24, S. 39–49.

Die Geringschätzung der Erwachsenen mindert die Erregbarkeit des Kindes, vermehrt ihr Interesse an der Entwicklung der Handlung als solcher, wie auch die Fähigkeit, den Handlungsablauf vorauszusagen; sie hat eine distanziertere Einstellung zur Folge. Dies erklärt den Wandel des kindlichen Geschmacks: von der Vorliebe für Action bis zu Überraschungseffekten, Gruselgeschichten, Komödien usw." ... Die Geringschätzung des Erwachsenen scheint die Fähigkeit des kindlichen Zuschauers, dramatische Vorgänge in seiner Fantasie zu verarbeiten, einschneidend zu beschränken, so daß seine Beteiligung nicht mehr ausreicht, um eine emotionelle Entlastung herbeizuführen. Dies sollte bei allen Spekulationen über die Wirkungen oder die Natur der Massenmedien, oder bei dem Versuch, sie zu erforschen, in Rechnung gezogen werden", S. 49.

– – 1953 b, 'Communications Research and the Concept of the Mass', *American Sociological Review*', 18, S. 313–317.

Lazarsfeld und auch Blumer (1936) irren sich, wenn sie im Publikum eine Masse sehen. Nationales Publikum versus lokales Publikum: nur das erstere ist Masse. Dies läßt sich am lokalen Publikum deutlich machen. In ihm kann das Individuum seine Situation definieren." ... Das Publikumsverhalten ... ist Teil eines komplexen Geflechts von lokalen sozialen Aktivitäten. Beschäftigung mit den Massenmedien oder Unternehmungen in Verbindung mit ihnen wird an bestimmten Tageszeiten, bestimmten Tagen, bestimmten Jahreszeiten für angemessen gehalten. Oft geschieht dies in Begleitung von anderen Angehörigen der gleichen sozialen Gruppe. Dabei partizipiert das Individuum an einem komplizierten System von Wechselwirkungen unter den Zuschauern ...", S. 315.

– – 1953 c, 'The Relation of the Social Situation of Contact to the Media in Mass Communication'. *Public Opinion Quarterly*, 17. S. 230–238.

Ein Publikum hat 1. bestimmte Vorstellungen über den Anlaß und den Vorgang, Mitglied eines Publikums zu werden, 2. ist selbst unmittelbarer Rahmen. Das Kino heißt: Kontaktsituation mit *peers* (Gleichgesinnten/Gleichaltrigen), das Fernsehen: mit der Familie, Comics hingegen: Alleinsein. Da Heranwachsende weniger familien- und mehr *peer*-orientiert sein werden, dürften sie dem Film vor dem Fernsehen den Vorzug geben; den gleichen Trend gibt es allerdings in bezug auf Comics nicht. Dies erlaubt den Schluß, daß das Medium in erster Linie anhand der ihm inhärenten Eigenarten definiert wird und nicht nur aufgrund der Situation. Die Teilnahme an der Massenkommunikation ist ein Bestandteil des organisierten sozialen Lebens.

Fülöp-Miller, René, Zürich 1931, 'Das Amerikanische Kino' in *Das amerikanische Theater und Kino*, Zwei kulturgeschichtliche Abhandlungen, hrsg. v. J. Gregor und R. Fülöp-Miller. Mit schönen Illustrationen.

– – –New York 1938, *The Motion Picture in America.*

Funk, Alois, München 1934, *Film und Jugend*, Eine Untersuchung über die psychischen Wirkungen des Films im Leben der Jugendlichen.

„Die ... immer wiederkehrenden Ausdrücke der Jugendlichen, daß sie sich ganz in die Handlung „hineindenken", von ihr „mitgezogen werden", daß sie alles „miterleben", sich selbst als „Held des Stückes fühlen" usw. lassen keinen Zweifel darüber, daß sie die Filmhandlung mit starker innere Anteilnahme begleiten" (S. 69). „Die Identifizierung mit einzelnen Personen des Stückes scheint sich nur auf wenige Jugendliche zu beschränken" (S. 72). Die Beliebtheit bestimmter Filmarten beruht auf technischen Errungenschaften, die Gegenstand der Spielhandlung sind oder in ihr vorkommen „Zahlreiche Spielfilme enthalten kleinere oder größere Partien aus dem Reich der Technik" (S. 129).

Gans, Herbert J., 1957, 'The Creator-Audience Relationship in the Mass Media: An Analysis of Movie Making', in Rosenberg und White (1957), S. 315–324.

(*Gans, H. J.*, Frankfurt 1972, 'Die Beziehungen zwischen Produzent und Publikum in den Massenmedien. Eine Analyse der Filmproduktion', in Dieter Prokop, Hrsg., *Massenkommunikationsforschung* 1, S. 212–219.)

Kinokartenkäufer „gehören" zu mehreren Publikumsgruppen, jeder Film spricht mehrere dieser Publika an. Filmhersteller machen sich eine Vorstellung von den Publikumsreaktionen oder gehen, sowohl bei künstlerischen wie bei finanziellen Entscheidungen, von bestimmten Erwartungen in dieser Hinsicht aus. Jeder von ihnen macht sich aufgrund seiner eigenen Lebensgeschichte ein anderes Publikumsbild. Ross' Buch (1950) ließe sich ohne weiteres anders fassen: als Darstellung einer Reihe von Konflikten, die aus widersprechenden Publikumsbildern resultieren. Der Grund für die diesbezügliche Unsicherheit auf seiten der Hersteller – einige wenige Spitzenkräfte ausgenommen – beruht auf der Tatsache, daß Publikumsbilder und tatsächliches Publikum oft zu wenig miteinander gemein haben.

-- 1959, *American Films and Television Programmes on British Screens:* A Study of the Functions of American Popular Culture Abroad, unpublished report of the Institute for Urban Studies, Universität Pennsylvania, Philadelphia.

Dieses Büchlein ist so inhaltsreich, daß ich hoffe, es eines Tages doch noch veröffentlicht zu sehen. Grob gesprochen, stellt der Verf. fest, daß amerikanische Filme bei der Arbeiterklasse und dem jüngeren Publikum am beliebtesten sind, und diese bilden bei weitem die Überzahl. Während die populäre Kultur Amerikas auf die Aspirationen und Fantasien der Arbeiterschicht abziele, orientiere die britische Produktion sich an denen der Mittelschicht und der Leute mittlerer Jahre. Hieran hielte man fest, weil die „Quote" keinen besonderen Anreiz zur Änderung biete und es einen Komplex von Traditionen und Auffassungen gäbe, angefangen bei denen, die ihre Mittelstandskultur bedroht sehen, bis zu jenen, die meinen, das Publikum werde die Verzerrung der Wirklichkeit durch Action, Tempo und Spannung (vide Bond) der in Britannien hergestellten Filme nicht akzeptieren. Während Hollywood in Tuchfühlung mit seinem Publikum steht, sind die englischen Produzenten eine großstädtisch orientierte, aus Londonern bestehende Peer Group. Die amerikanischen Filme *nähren* den Anti-Amerikanismus nicht, sie *brauchen* ihn, damit sie zunächst der Befriedigung der Aspirations-Fantasien dienen, dann aber vom Individuum zur Stützung seines Selbstgefühls abgelehnt werden können. Bessere amerikanische Propaganda würde wenig bewirken, da das Publikum an solchen Filmen uninteressiert ist. Amerikanische Filme werden nicht als Eindringlinge empfunden, vielmehr füllen sie eine Lücke in der englischen Kultur. Der Anti-Amerikanismus der Mittelklassen unterscheidet sich insofern von dem der Unterschicht, als jene sich *bedroht* fühlen.

-- 1959, 'The Social Structure of Popular Culture', unveröffentlicht.

Die komplexe Gesellschaft setzt sich aus einer Anzahl von Subkulturen zusammen, deren Rangfolge durch Status oder Snobismus bestimmt wird, die aber über eigene Kriterien verfügen. Da das Geschmacksniveau im gesunden Sozialsystem nur geringfügig variiert, sollte mehr Gewicht auf eine Produktion für bestimmte Subkulturen gelegt werden, desgleichen auf eine Filmbewertung im Blick auf die angesprochene Subkultur.

-- 1960, 'The Relationship between the Movies and the Public, and Some Implications for Movie Criticism and Movie Making', unveröffentlicht.

Das Publikum betreffend gibt es: 1. die „subkutane Injektions"-Theorie: das Publikum sei passiv und nehme auf, was Filmemacher ihm injizieren; 2. die Theorie der selektiven Wahrnehmung: der Mensch nähme von dem Geschehen oder zu Sehenden nur das auf, was seine eigenen Auffassungen, Erfahrungen, Aspirationen reflektiere. Den Filmemacher betreffend: 1. Es wird impliziert, daß der Filmemacher die Macht habe, den Publikumsgeschmack zu heben oder zu manipulieren; 2. es wird impliziert, daß primär das Publikum bestimme, – Filmemacher hätten dem Publikum zu geben, was es haben wolle. Der Film diene mehr zur Zerstreuung als zur „Flucht". Die „Injektions"-Theorie wird durch Gans' Theorie widerlegt: Das Publikum stellt nicht die Filme her, folglich *haben* Filmemacher einen gewissen Einfluß, da sie die Auswahl des

Angebots bestimmen. Subkulturen. Produkt-zentrierte kontra Publikums-zentrierte Wertung: die eine sieht den Film als Selbstzweck, die andere seine Wirkung auf das Publikum. Mag der Betrachter Niveau haben oder nicht, der Film wird stets seine Erfahrung erweitern. 1. Die Bewertung sollte die bildungsmäßigen Möglichkeiten und Leistungen des Zuschauers in Betracht ziehen; 2. hohe Kultur ist besser als geringe, Bildung besser als Unbildung. Dies alles bedarf freilich noch weiterer Erforschung.

-- 1961, 'Pluralist Aesthetics and Subcultural Programming: A Proposal for Cultural Democracy in the Mass Media', *Studies in Public Communications*, 3, S. 27–35.

Wir sollten davon ausgehen, daß Erwachsene aller Bildungsebenen und aller Sensitivitätsgrade stets eine ästhetische Wahl treffen. Das sollte bei der Programmgestaltung der Massenmedien berücksichtigt werden. Zwischen Highbrow und Lowbrow lassen sich mindestens fünf Stufen unterscheiden: *Lowbrow, lower, middle, uppermiddlebrow* und *highbrow*. Diese Subkulturen sind die wahren Bezugsgruppen für die Programmgestaltung. Kassenstatistiken geben keinen Aufschluß über den Grad der Satisfaktion durch den Filminhalt.

-- 1962, 'Hollywood Films on British Screens: An Analysis of the Function of American Popular Culture Abroad, *Social Problems*, 9, S. 324–328.

Welchen Umständen verdanken amerikanische Filme ihre Popularität? 1. Der wirtschaftlichen Schwäche der englischen Filmindustrie im Vergleich zur amerikanischen; 2. Hollywood verkauft der Arbeiterschicht den Mittelschicht-Lebensstil. Der Action-Film verkörpert die Aspirationen der Jugendlichen und die Ideale der Arbeiterklasse. Englische Filme sind neunzehntes Jahrhundert, zielen auf die Mittelschicht und auf das mittlere Lebensalter ab. Da in der englischen Industrie der Mittel- bis obere Mittelschicht-Typ dominiert, konnten Filme wie *Room at the Top* und *Saturday Night and Sunday Morning* bei der Unterschicht lebhafte Reaktion hervorrufen, bezeichnenderweise steckte amerikanisches Geld dahinter. Ob wohl die englische Industrie ihrerseits auf die neuerdings gutsituierte Arbeiterschicht reagieren wird?

-- 1963, 'America's New Sexual Idols', *Twentieth Century*, Herbst, S. 86–92.

Das britische Image hat sich in den USA gewandelt, ein Reflex der in Amerika vor sich gehenden Veränderungen. Das Image vom vornehmen Gentleman muß dem Image eines Skeptikers und Sextyps aus der Arbeiterschicht weichen: Vorzeichen einer neuen, sexuellen Freizügigkeit, der Entdeckung der Armen und einer neuen politischen Kritik in den USA. Der britische Einfluß auf die USA vermag sich trotz der machtpolitischen Konstellationen auszuwirken.

-- 1964, 'The Rise of the Problem Film: An Analysis of Changes in Hollywood Films and the American Audience', *Social Problems*, 11, S. 327–336.

Die Formeln der Filmstory basieren auf vier Haupt-Mythen: es gelingt dem Individum, Gerechtigkeit für sich und seine Sache zu erwirken; die Jugend überwindet das Böse oder das Alter und wird dafür belohnt; die Liebe siegt immer; man kann erfolgreich sein, ohne sich zu korrumpieren. Bei allen vier sind die Männer heroisch aber scheu, die Frauen erotisch aber gut. In den 50er Jahren kam der Problemfilm auf, der sich mit Delinquenz, Familienkonflikten, McCarthyismus, Atomkrieg usw. befaßte. Mittlerweile sind sowohl die Formen wie auch die von den Stars dargestellten Personen komplizierter geworden; sie sind nicht mehr so makellos. Aber immer noch interveniert der Held wie durch Zauberei zur rechten Zeit. Soziale Fragen wie Rassentrennung und Konflikte des täglichen Lebens werden im Film nicht behandelt. Dies ist einem Wandel des Publikums zuzuschreiben, nicht nur dem Fernsehen oder dem Umstand, daß heute mehr Gebildete im Filmmanagement sind (man holte sie wegen der neuen Publikumsansprüche). Das Publikum der Frühzeit war arm, lowbrow, darunter viele Einwanderer; daher reflektierten die Formeln die Wirklichkeit und die Wertvorstellungen jener Menschen. Im neuen Publikum überwiegen Lower-Middlebrows und Leute mit Highschool-Bildung; sie lieben Filme, die Probleme auch anderer Klassen behandeln, aber nur dann, wenn sie nicht die Frage einer institutionellen oder moralischen Umwälzung anschneiden. Das heutige Upper-Middlebrow und Highbrow-Publikum schätzt ausländische Filme, insbesondere, wenn sie Identitätsprobleme und die Unfähigkeit zu lieben behandeln. Filme für Halbwüchsige enthalten Erwachsenenprobleme und Sex. Heutzutage werden mehr spektakuläre Filme gemacht und mehr Romane verfilmt, – weitgehend eine Folge des Ausfalls der Großstudios. Die Filmemacher betreiben keine Marktforschung mehr und können anhand der Klassenziffern nicht feststellen, wie weit das Publikum die Standardklischees akzeptierte oder es wählerisch war. Gans (1957) zufolge vermindert sich die Kluft zwischen Filmherstellern und Publikum. Während die vernachlässigten Highbrows sich wenigstens an ausländische Filme halten können, gibt es für die vernachlässigten Lowbrows weder Filme noch eine Filmkritik. Integrität, Vielfalt des Produkts und Marktforschung tun not, denn der Problemfilm hat Hollywood zu einer wichtigen Quelle des sozialen Kommentars gemacht.

-- 1965, 'Some Changes in American Taste and Their Implications for the Future of Television', in S. T. Donner, Hrsg., *The Future of Commercial Television*, 1965–1975, Stanford.

Die Geschmacks-Patterns sind dauerhafter als die Geschmacksmoden, da sie Teil der von einer Geschmacksgruppe (Subkultur) vertretenen Geschmackskultur sind. Die Geschmacksgruppen sind stabil, da sie von Einkommen, Bildung, Klasse usw. geprägt werden. Infolge des absoluten wie auch des relativen Wachstums der Gruppen mit verfeinertem Geschmack und des Schrumpfens der mit niedrigerem Geschmacksniveau ist eine Veränderung der Geschmacks-Patterns zugunsten des anspruchsvolleren Geschmacks eingetreten.

-- New York 1966, 'Popular Culture in America: Social Problem in a Mass Society or Social Asset in a Pluralist Society?' in H. S. Becker, Hrsg., *Social Problems: A Modern Approach*, S. 549–620.

Die Kritik an der Massenkultur ist eine Ideologie, die einer Kulturelite zur Verteidigung ihres hohen Status und ihrer Macht dienen soll, indem sie deren Werte und Geschmacksrichtungen für universell gültig erklärt und bestreitet, daß verfeinerte Kultur nichts anderes ist, als eine unter anderen Subkulturen unserer pluralistischen Gesellschaft. Gans bringt hier noch einmal seine Analyse (1959 b) der Geschmacks-Subkulturen. In der demokratischen Gesellschaft sollte jedem aufgrund seiner wirtschaftlichen Situation oder seines Bildungsstands der Zugang zur höheren Subkultur möglich sein, oder aber es müßte ihnen allen gleicher Status und gleiche Behandlung zustehen. Dabei würde sich herausstellen, daß wirklich zur Klage berechtigt nicht die Highbrows, sondern die von den Medien vernachlässigten Lowbrows wären, denen nicht die Möglichkeit gewährt wird, ihre Normen und Geschmacksrichtungen in der Öffentlichkeit vertreten zu sehen.

-- 1967, 'Audience Preferences for „Reality" or „Fantasy" in Mass Media Fare: Some Attitude Data From East Harlem Residents', unveröffentlicht.

Zielt das Publikum auf Unterhaltung oder auf Bildung ab? Die Harlemer Data lassen keine Präferenz für „Flucht" erkennen.

Geduld, Harry M., Bloomington 1967, *Film Makers on Film Making.*

Enthält nur recht und schlecht überwiegend aus Zeitschriften zusammengetragene Interviews und Erklärungen von Regisseuren. Überflüssig zu sagen, daß Künstler nicht notwendigerweise die besten Interpreten ihres eigenen Werkes sind.

Geen, R., und *Berkowitz, L.*, 1966, 'Name-Mediated Aggressive Cue Properties', *Journal of Personality*, 34, S. 456–465.

Nachdem eine Anzahl von Vp Elektroschocks erhalten und man ihnen „aggressive" Filmszenen gezeigt hatte, in denen einer der Schläger angeblich ebenso hieß wie ihr Peiniger (der ihnen den Elektroschock gegeben hatte), durften umgekehrt die Vp den Schockauslöser schocken, womit sie ihrer Beurteilung seiner Leistung Ausdruck geben sollten. Dabei zeigte sich, daß diejenigen, die den Film sahen und bei denen man die Namensassoziation hervorgerufen hatte, weit heftiger auf die Schocktaste drückten als die Vp, denen der Film zwar gezeigt worden war, jedoch ohne daß man den Namen des Schockauslösers mit der Szene in Verbindung brachte, oder als solche, denen der Film überhaupt nicht gezeigt worden war. „Die Wahrscheinlichkeit, daß Personen von jemandem, der unter dem Eindruck von Gewalt steht, angegriffen werden, ist am größten, wenn diese Personen irgendwelche Merkmale haben, die Aggressivität auslösende Assoziationen erwecken (cue-properties)" S. 463.

Gentile, T., Rom 1963, *Cinema e Societa.*

Germany, Bad Godesberg-Mehlem 1953, [Allied Occupying Powers, 1944–1953, US Zone] Office of the US High Commissioner for Germany, Office of the Executive Secretary, Historical Division. *Press, Radio and Film in West Germany*, 1945–1953, by H. P. Pilgert.

Acht Jahre nach Kriegsende schritt die Entflechtung der UFA nur langsam voran; die Industrie war wenig stabil; HICOG stellt düstere Prognosen in bezug auf eine Entwicklung gemäß den genehmigten Richtlinien.

Gerson, W., 1963, 'Social Structure and Mass Media Socialization', Diss., Universität Washington, unveröffentlicht.

Massenmedien fördern die Sozialisierung bei Typen, die Integrationsschwierigkeiten in Familie und Schule haben wie auch bei solchen, die in die Familie, nicht aber in die Schule integriert sind.

Gessner, Alexander, Köln 1928, *Film und Wirtschaft*, Versuch einer umfassenden theoretischen Grundlegung.

Gessner, Robert, New York 1968, *The Moving Image*, A guide to cinematic literacy.

Versuch einer Filmästhetik auf der Basis von Drehbüchern.

Gilbert, Edwin, London 1949, *The Squirrel Cage.*

Filmroman, siehe *Cinema 1950*, S. 205.

Gladstone, Gabriel, 1955, 'Hollywood, Killer of the Dream', *Dissent*, 2, S. 166.

Seltsame Analyse von *It's a Womans World/Die Welt gehört der Frau*, (USA 1954). Hollywood sei ein Gegner des amerikanischen Traums von einer offenen und mobilen Gesellschaft, was sich in diesem Film zeige, der den von Natur aus Überlegenen eine mysteriöse x-plus-Qualität zuschriebe.

Godfrey, Lionel, 1970 a, 'A Heretic's Look at Musicals', *Films and Filming*, 13, März, S. 5–10.

Musik und Tanz sind es, die zählen, nicht die großen theatermäßigen Verfilmungen (*My Fair Lady, West Side Story, The Sound of Music*); sie können sich nicht messen mit *Bye, Bye, Birdie, Kiss me Kate, Bells are Ringing.*

– – 1967 b, 'It Wasn't Like That in the Book', *Films and Filming*, 13, April, S. 12–16.

Untersucht das Verhältnis von Buch zu Film bei *A Fine Madness, The Moving Target, A Patch of Blue, Inside Daisy Clover, The Blue Max,* etc.

– – 1967 c, 'A Heretic's View of Westerns', *Films and Filming*, 13, Mai, S. 14–20.

Es gäbe zu viele Western und die meisten wären schlecht. Charaktere und Ideen seien ebenso wichtig wie Action. John Sturges wird höher bewertet als John Ford.

Godwin, H., 1931, 'Sociology, Fate, Form and Films', *New Republic*, 67, S. 72–73.

Diskussion um den russischen Film *Shanghaisky dokument* (A Shanghai Document, UdSSR 1928), der wie andere „soziologische" russische Filme, z. B. *Goroda i Gody* (Cities and Years, UdSSR 1930), in dem der Held seinen besten Freund exekutiert, als Propaganda abgetan wurde. Godwin meint, *Shanghaisky dokument* wirke filmisch und überzeugend. Sachen, wie die Verstümmelung von Dreisers Roman bei der Verfilmung, der Streß, dem die Darsteller ausgesetzt sind, das deus ex businessman ließen in bezug auf Amerika soziologisch tief blicken. [Gutes Beispiel für die Identifizierung von „sozologisch" mit links-radikal.]

Goldberg, A., 1956, 'The Effects of Two Types of Sound Motion Pictures on the Attitudes of Adults Towards Minorities', *Journal of Educational Sociology*, 29, S. 386–391.

Ein dramatischer Film beeinflusse die Einstellung erheblich, ein Dokumentarfilm nicht im geringsten.

Golden, Milton M., New York 1960, *Hollywood Lawyer.*

Entschuldigung für einen Riesenskandal; alles unter Decknamen, die Tone-Payton-Neal-Affäre ausgenommen.

Goldmann, Anne, und *Leenhardt, Jacques,* 1967, 'Essais de Sociologie du Cinéma: *Morgan* ou l'impossible Révolution, *Blow-Up:* Essay d'Analyse', *L'Homme et la Société,* 6, S. 171–179.

Die Methode der soziologischen Analyse ist neu. *Morgan, a Suitable Case for Treatment/Protest* (Engl. 1960) läßt sich auf diese Weise interpretieren: Der Held ist ein besiegter Revolutionär, besiegt nicht nur vom Kleinbürgertum, sondern auch von seinen Mit-Revolutionären, die durch den Besitz der Macht und/oder die starken Kräfte des Status Quo und der Reaktion korrumpiert wurden. In *Blow-Up* geht es um die Machtlosigkeit des Helden angesichts der nicht zu erschütternden Indifferenz der Gesellschaft, die weiterhin an einem Leben des Scheins und der Fassade festhält. Die Entdeckung des Verbrechens wird irrelevant durch die Gleichgültigkeit der Umwelt.

Gombrich, Ernst, H., New York 1960, *Art and Illusion.*
(*Gombrich, Ernst H.*, Köln 1967, *Kunst und Illusion*).

Goode, J., Indianopolis und New York 1963, *The Story of 'The Misfits'.*

Ein Tagebuch-Bericht über die Herstellung von *The Misfits/Nicht gesellschaftsfähig* (USA 1960) aus der Feder eines nicht sehr gut Informierten... Die Dreharbeiten verlaufen glatt, nach Zeitplan, doch ehe der Film freigegeben werden kann, ist Gable gestorben und Monroe hat sich von Arthur Miller getrennt.

Goodman, Ezra, New York 1961, *The Fifty Year Decline and Fall of Hollywood.*

Erinnerungen eines *Time*-Journalisten, geschrieben in einer Zeit als es so aussah, als pfeife Hollywood auf dem letzten Loch. Gute Information über D. W. Griffith und Marylin Monroe, vieles nur Schnipsel aus den Notizbüchern eines *Time*-Autors. Altmodisch in der Beurteilung.

Goodman, Walter, 1955, 'How Not to Produce a Film', *New Republic,* 133, S. 12–13.

Geschichte eines gescheiterten Films über Youth Workers (Erzieher) unter jugendlichen Delinquenten, der von Arthur Miller geschrieben werden sollte, was aber abgeblasen wurde, weil Politiker Anstoß an Millers politischer Vergangenheit nahmen.

Gordon, J. E., 1951, 'There's Really No Business Like Show Business', *Quartely of Film, Radio and Television,* 6, S. 173–185.

Plädoyer zugunsten einer individuelleren, ehrlicheren Filmwerbung in Verbindung mit Werbeagenturen.

Gough-Yates, Kevin, 1965–66, 'The Hero', *Films and Filming,* 12: Dezember, S. 11–16, Januar, S. 11, 16, Februar, S. 25–30, März, S. 25–30.

– – 1966, 'The Heroine', *Films and Filming,* 12, Mai, S. 23–27, Juni, S. 27–32, July, S. 39–43, August, S. 45–50.

Gow, Gordon, 1966, 'Novel Into Film', *Films and Filming,* 12, Mai, S. 19–22.

– – 1967, '*Thrill a Minute*', *Films and Filming,* 13, S. 5–11.

Grace, H. A., 1952, 'Charlie Chaplin's Films and American Culture Patterns', *Journal of Aesthetics,* 10, S. 352–363.

Hypothesen: Chaplin-Filme „reflektieren die amerikanischen Kulturmuster zur Zeit der Freigabe des Films"; „die amerikanische Kultur nimmt Sexangelegenheiten und wirtschaftlichen Besitz sehr wichtig"; „stellen die amerikanische Frau als nur scheinbar, nicht tatsächlich hilflos dar, sie reagiert mehr auf Mitleid als auf Liebe"; „schildern das Verhaltensmuster der ärmeren Bevölkerung als vulgär, gewalttätig, antiautoritärer als das der Mittelschicht"; „porträtieren das Pattern amerikanischen Hochgefühls als ‚amerikanischen Traum' oder den verschwindenden Mann."

– – 1955, 'The Taxonomy of American Crime Film Themes', *Journal of Social Psychology,* 42, S. 129–136.

Der Film „gewährt tiefen Einblick in die soziale Dynamik unserer Kultur", und der Wandel der Themen „verläuft weitgehend parallel zu den hauptsächlichsten Wandlungen der amerikanischen Kultur im Verlauf der letzten fünfzig Jahre".

Grant, Cary, 1961, 'What it Means to be a Star', *Films and Filming,* 7, Juli, S. 12–13 und 42.

Oder „was einem Star zufällig durch den Kopf geht".

Griffith, H., 1932, 'Films and the British Public', *Nineteenth Century,* 112, S. 190–200.

Britischer Schriftsteller schildert, wie man in einem Quickie seine Heldin rein und das Ende happy machte. Statt daß London den Ton angäbe, täten dies bedauerlicherweise Wigan und die Vororte.

Griffith, Richard, New York 1959, *Anatomy of a Motion Picture.*

Deskriptive, nicht analytische Darstellung der Produktion von *Anatomy of a Murder/Anatomie eines Mordes* (USA 1959).

– – und *Mayer, Arthur,* New York 1957, The Movies.

Dem Anschein nach ein illustrierter Band, in Wirklichkeit ein sehr gescheiter, informativer Text, – gut gegliedert und voll beißender Ironie. Fast ausschließlich über den amerikanischen Film.

Gundlach, Ralph, 1947, 'The Movies: Stereotypes or Realities?', *Journal of Social Issues,* 3, S. 26–32.

Vielfältiger Druck verstärkt die Tendenz, eskapistische Filme nach üblichem konventionellen Schema zu liefern: Idealisierung, Ersatzerleben, Katharsis. Doch werden zunehmend auch realistischere und objektivere Filme hergestellt.

Hafez, M. A., 1950, 'Psychology of Films', *Journal of Educational Psychology,* 8, S. 14–22.

Dieses Übel des zwanzigsten Jahrhunderts sei schwer zu bekämpfen weil das Publikum, eingelullt von Gemeinschaftserleben und einer leicht hypnotisch wirkenden Beleuchtung, mit Sex überschwemmt werde, was sittliche Delikte, Aufsässigkeit und Jugendkriminalität zur Folge habe. Es ertränke seine Bedenken, werde dickfellig und stumpf. [Dieses triviale und naive Schriftstück ist ein Vorläufer des ähnlichen India (Report) (1951). Die Bemerkungen über alles, was mit Sex zu tun hat, muß man im Blick auf die indische Zensur verstehen, die nicht einmal Kußszenen gestattet.]

Hagen, Ray, 1966, 'The Day of the Runaway Heiress', *Films and Filming,* 12, April, S. 40–43.

Über frivole Filme zur Zeit der Weltwirtschaftskrise.

Haley, Jay, 1952, 'The Appeal of the Moving Picture', *Quarterly of Film, Radio and Television,* 6, S. 361–374.

Der Artikel endet mit folgender Zusammenfassung: „Ob es sich um Film, Rundfunk oder Fernsehen handelt, Spielhandlungen finden nicht allein deshalb Anklang, weil sie den Menschen in eine andere Welt versetzen, sondern auch, weil sie ihm seine Welt erträglicher machen. Sie sind ein Schnellführer durch eine zunehmend komplexer werdende Umwelt. Indem sie dem Individuum helfen, in sich Ordnung zu schaffen, tragen sie zur Aufrechterhaltung der sozialen Ordnung bei, wie einst, – es ist schon viele lange Kriege und Wirtschaftskrisen her – die Religion, als die Gesellschaft noch unkomplizierter war" S. 374.

Hall, Stuart, und *Whannel, Paddy,* London 1964, *The Popular Arts.*

Ein gut gemeintes Lehr-Handbuch für Schule und Erwachsenenbildung, auf Anschauungen und Präferenzen bedacht, um Seriosität, Begründung und Unterscheidung bemüht, jedoch orthodox und schwunglos. Das Buch zeichnet sich durch die übliche Humorlosigkeit aller Exkurse über Populärkultur aus.

Halliwell, Leslie, 1967–68, 'Merely Stupendous', *Films and Filming,* 13, Februar, S. 5–12; März, S. 49–56; April, S. 44–52; desgl. 14: Januar, S. 11–15; Februar, S. 39–44; März S. 43–47; April, S. 49–53.

Wiederaufwertung der Filme der 30er Jahre.

-- London 1967, *The Filmgoer's Companion.*

Ein unentbehrliches Nachschlagewerk.

Halsey, Edwin, 1951, 'The Defective as Movie Hero', *Commonwealt,* 55, S. 445–446.

In *A Place in the Sun, A Streetcar named Desire* und *Death of a Salesman* stehen Charaktere im Mittelpunkt der Handlung, die unrealistisch sind und nicht überzeugen. Sie leiden an einem geistigen Defekt, sind Opfer, nicht verantwortlich Handelnde. Solche Dramen bewirken keine Katharsis.

Hampton, Benjamin B., New York 1931, *A History of the Movies.*

Der Kenner findet hier *die* Geschichte des frühen Films, vor allem was die Entwirrung der korporativen und finanziellen Aspekte betrifft. Denny und Meyersohn: „Gute Frühgeschichte des Films, insbesondere mit Blick auf die Anfänge der Filmpsychologie zu lesen."

Handel, Leo A., 1947, 'The Social Obligations of Motion Pictures', *International Journal of Opinion and Attitude Research,* 1, S. 93–98.

Eine Zusammenfassung von Inglis (1947).

-- 1948, 'A Study to Determine the Drawing Power of Male and Female Stars Upon Movie-Goers of their own Sex', *International Journal of Opinion and Attitude Research,* 2, S. 215–220.

Hundert Personen wurden befragt: dreiviertel der männlichen und die Hälfte der weiblichen bevorzugten Stars ihres eigenen Geschlechts. Hauptgründe: bewußte Identifikation, emotionale Affinität und die Meinung, das eigene Geschlecht weise die besseren Schauspieler auf.

-- Urbana 1950, *Hollywood looks at Its Audience.*

Schilderung der Hollywooder Publikumsforschung. [Sehr dünn.]

Hansen, Harry L., 1945, 'Hollywood and International Understanding', *Harvard Business Review,* 25, S. 28–45.

Was kann Hollywood tun, um die Gefühle ausländischer Publika nicht zu verletzen und dennoch weiterhin ein ausgewogenes Bild von den USA zu vermitteln? Dem McMahon Report zufolge verlange die Durchführung des Production Code mehr Personal. Es müsse mehr Forschung betrieben werden. Die Bezeichnung „ausgewogen" sei zwar vage, doch könnten zumindest Verstöße vermieden werden. Irgendeine Zusammenarbeit mit dem State Department werde vielleicht von Nutzen sein.

Harding, U. E., Evangelist, Grand Rapids 1942, *Movie-Mad America.*

„Wir diffamieren unsere Moral, verderben die Jugend und unsere Halbwüchsigen, schaffen Prostituierte und Verbrecher durch das Kino."

Harlan, Veit, Gütersloh 1966, *Im Schatten meiner Filme.*

Der Regisseur des berüchtigten Films *Jud Süß* schildert in seiner Autobiographie, was für ein guter Deutscher er stets gewesen sei.

Harley, J. E., Los Angeles 1940, *World Wide Influences of the Cinema.*

Eine Studie der amtlichen Zensur und der kulturellen Aspekte des Films auf internationaler Ebene.

Harley, Neil P., 1968, 'Using Motion Pictures to Aid International Communication', *Journal of Communications*, 18, S. 97–108.

Harrington, Curtis, 1952 a, 'Ghoulies and Ghosties', *Sight and Sound*, 21, 157 ff.

Klassische Studie des Horrorfilms. Berücksichtigt besonders die Stummfilmzeit, in der so viele seiner Konventionen entstanden.

-- 1952 b, 'The Erotic Cinema', *Sight and Sound*, 22, S. 67 ff.

Überblick über die verschiedenen Arten von Erotik im Film; gewährt E. v. Stroheim und Marlene Dietrich gehörigen Raum. Weitere Darstellungen, wie die von Lo Duca, Durgnat und Knight und Alpert sind anderen Quellen verpflichtet.

Harris, T., 1957, 'The Building of Popular Images: Grace Kelly and Marylin Monroe', *Studies in Public Communication*, 1, S. 45–48.

Für das Star-Image ist es günstig, wenn das Privatleben der Leinwandhelden möglichst weitgehend ihrem Rollentyp entspricht. Beim Image-Aufbau machte man gerade in diesen Fällen in bemerkenswertem Ausmaß von den jeweiligen Background-Fakten Gebrauch.

Hauser, Arnold, 1938, 'Notes on the Sociology of the Film', *Life and Letters Today*, Dezember, S. 80–87.

Das Filmpublikum besitze kein Unterscheidungsvermögen. Es reagiere auf Eindrücke, und zwar solche, durch die es sich hinsichtlich seiner Lebensbedingungen bestätigt oder aber verunsichert sähe. Nur eine junge Kunst könne populär sein; im Laufe ihrer Entwicklung werde sie esoterisch. Filme romantisierten die gesellschaftlichen Verhältnisse, z. B. verherrlichten sie das Social climbing (soziale Aufsteigen).

-- 1948, 'Can Movies be Profound?', *Partisan Review*, 15, S. 69–73.

Können Filme tiefgründig sein? Psychlogisch nicht. Doch gebe es eine Menge große Kunst, die nicht „tief" ist.

-- London 1951, '*The Social History of Art*', Bd. 4, Kap. II der Paperbackausgabe (1962): 'The Film Age'.

Von seinem absurden Marxismus abgesehen (z. B. „Überwiegend ist der Erfolg der Filmproduktion der Einsicht zu verdanken, daß die kleinbürgerliche Mentalität der psychologische Treffpunkt der Masse ist" S. 239), gibt der Verf. manch wertvollen Einblick: Der Film: eine kollektive Kunst. Das Publikum: eine unstrukturierte Gruppe. In Rußland entwickelte Filmtechniken wurden in aller Welt übernommen, was erkennen läßt, daß Filmkonventionen auch „ohne ihren ursprünglichen ideologischen Hintergrund" angewandt werden können, S. 242.

Hellmuth, W. F., New York 1950, 'The Motion Picture Industry', in W. Adams, Hrsg., *The Structure of American Industry*, S. 360–402.

Überblick eines Wirtschaftlers. Investitionen werden auf 2,8 Milliarden Dollar geschätzt. Die Geschichte der Filmindustrie läßt sich in vier Phasen gliedern: 1896–1908 „herrschte eine nahezu perfekte Wettbewerbssituation". 1903 wurde das erste selbständige Verleihunternehmen, die Miles Brothers Exchange, ins Leben gerufen. 1907 existierten bereits 150 solcher „Börsen". 1908 konnten die Nickelodeons 10 000 Besucher (in USA) verbuchen. 1908–1930: „Kampf um die Marktkontrolle". 1909 kam es mit der Gründung der Motion Picture Patents Company (MPPC) erstmals zu einer vertikalen Integration. Dieser Trust führte einen rücksichtslosen Kampf gegen die Unabhängigen. Die Unabhängigen verbesserten den Film, lancierten ihre Stars und unterstützten den Kampf gegen die MPPC durch Kreditgewährung, und entzogen sich deren Zugriff, indem sie sich fern von New York in Hollywood niederließen. 1914 war die Macht der MPPC gebrochen; andere machten sich die Kontrolle streitig. Die Produktion aufwendigerer Spielfilme verlangte die Errichtung besser ausgestatteter Filmtheater. 1917 führte die Paramount das System des Blockbuchens ein. Die Kinos schlossen sich zusammen, um ihre Position zu stärken. 1921 kaufte die Paramount 303 Filmtheater auf. 1922 wurde die Motion Picture Producers and Distributors of America (MPPDA) gegründet. Der große finanzielle Erfolg der von den Warner Brothers herausgebrachten Tonfilme zwang die anderen Produzenten, sich auch auf Tonfilm umzustellen. Die Tonapparaturen herstellende RCA (Radio Corporation of America) wurde von der ATTC (American Telegraph and Telephone Company) blockiert, die den Markt durch den Besitz der wichtigsten Tonfilmpatente beherrschte. Die RCA verband sich daraufhin mit anderen Gesellschaften zu einem neuen Filmkonzern der RKO (Radio-Keith-Orpheum Corp.) und reichte Klage ein wegen gesetzwidriger Handelsbeschränkung, – ein Streit, der 1935 außergerichtlich beigelegt wurde. 1943 belieferte RCA 60 % der Industrie mit Toneinrichtungen. 1931–48: „Industrie-Oligopol", 1948: „Umschwung, beginnender Rückgang".

Hendricks, Gordon, Berkeley und Los Angeles 1961, *The Edison Motion Picture Myth.*

Versucht Ramsey zu korrigieren (1926 a). W. H. L. Dickson gebühre der Verdienst für die – gewöhnlich Edison zugeschriebene – Erfindung des Kinos.

Herzog, Herta, 1941, 'On Borrowed Experience', *Studies in Philosophy and Social Science,* 9, S. 65 ff.

Die Soap-opera gewährt drei Artei der Gratifikation: 1. emotionelle Entlastung, 2. Wunschprojektion, 3. Anpassung begünstigende Ideologie und Rezepte.

Heuer, Federico, Mexico City 1964, *La Industria Cinematograficana Mexicana.*

Dem Anschein nach maßgeblicher ökonomischer statistischer Überblick über die mexikanische Filmindustrie.

Heusch, Luc De, Paris, UNESCO 1962, *The Cinema and Social Science:* a survey of ethnographic and sociological films.

Higham, Charles, und *Greenberg, Joel,* London 1968, *Hollywood in the Forties.*

Anschauliche kritische Darstellung der Blütezeit Hollywoods. Viele Urteile sind nicht stichhaltig. Längst fällige Aufwertung von Regisseuren wie Curtiz, Goulding und Farrow. Gehört in eine Reihe mit Robinson (1968) und Baxter (1968).

Highet, Gilbert, New York 1957, *Talents and Geniuses.*

Enthält „History on the Silver Screen": Hollywood mangele es an geschichtlichem Sinn. Zudem mißachte es das Publikum.

Hildebrand, H. P., 1967, 'We Rob Banks', *Mental Health*, 26, S. 15–17.

Psychoanalyse von *Bonnie and Clyde.*

Hill, Derek, 1955, 'Napoleon' 55', *Films and Filming*, 1, März, S. 10–11.

Die Film-Napoleons von 1906 bis 1955.

Himmelweit, Hilde, Oppenheim, P., und *Vince, P.*, London 1958, *Television and the Child.*

Fundierte Untersuchung der Auswirkungen des Mediums Fernsehen auf Kinder; gelangte nicht zu alarmierenden Schlußfolgerungen.

Hodgkinson, A. W., Paris 1964, *Screen Education.* A Critical Approach to Cinema and Television, UNESCO Reports and Papers on Mass Communication, Nr. 42.

Herbert Read's Vorstellung, daß künstlerische Bildung die Grundlage aller Bildung sein müsse, bezieht auch die Filmkunst mit ein. Sieht die Kunst als Dienerin der Gesellschaft.

Hoggart, Richard, London 1957, *The Uses of Literacy.*

Holaday, P. W., und *Stoddard, G. W.*, New York 1933, *Getting Ideas from the Movies.*

Moley: „Begabtere und leicht lernende Kinder konnten sich am besten an Filme erinnern... Weniger gut konnten sie sich an Alkoholschmuggel, Trinken und geschäftliche Vorgänge erinnern, besser an Sachen, die ihnen aus dem täglichen Leben vertraut waren. Kinder konnten sich durchweg besser an das im Film Gesehene erinnern, als Erwachsene", S. 38.

Holland, N., 1964, 'The Puzzling Movies: Three Analyses and a Guess at their Appeal', *Journal of Social Issues*, 20, S. 71–96.

Warum genießt eine bestimmte Art von anspruchsvollen Filmen – die zu der Frage veranlassen: „Und worum ging es eigentlich dabei? – eine beträchtliche Popularität? Analyse der Filme *Detsjunde Insiglet* (Das siebente Siegel), *La Dolce Vita* und *L'Anné Dernière à Marienbad.* „Im Endeffekt sind diese verschlüsselten Filme nichts anderes als eine intellektuelle Parallele zu den biblischen Filmen de Mille's: das Mitansehen heidnischer Orgien kommt geheimen sexuellen Wünschen entgegen", S. 91. „Solche verwirrenden Filme bieten ihrem intellektuellen Publikum die Möglichkeit, durch Erwachsenen-Defensivhaltungen mit kindlichem Kopfzerbrechen fertig zu werden", S. 94. Weshalb halten viele Menschen das Filmsehen für etwas „Passives"? Es ist es nicht mehr als Lesen oder ein Theaterstück sehen. Vielleicht deshalb, weil die Darsteller sich nicht wehren können, oder weil der Zuschauer, welcher Art sein Erlebnis auch sei, es nicht einfach per Knopfdruck abschalten könne [er kann ja das Kino verlassen]. Wie alle Kunst wirkt auch der rätselhafte Film bestätigend. Diese Art Filme seien regressiv.

Hollywood Reporter, Hollywood 1947, *Facts About Hollywood, USA.*

Eine Untersuchung ergab, daß 30 % in Management und Verwaltung, 16 % als Schauspieler, 14,3 % als Produzenten etc. tätig waren. 71 % hatten ein College besucht, 35,5 % waren Universitätsabsolventen.

Holmes, J. L., 1929, 'Crime and Press', *Journal of the American Institute of Criminal Law and Criminology,* 20, S. 6–59, S. 246–293.

Abschnitt VII, S. 266 ff.: „Regt der Film zum Verbrechen an?" Die Mehrzahl der von ihm Befragten (Richter und Polizeibeamte) waren der Meinung, es sei nicht der Fall. Das jugendliche Publikum sei nicht so zahlreich, auch zeige es keine Sympathie mit den Bösewichtern im Film.

Holstius, E. Nils, London 1937, *Hollywood Through the Back Door.*

Holstius, Schriftsteller und Geschäftsmann, ging nach Los Angeles, um sich beim Film zu bewerben. Er nahm in einer einfachen Gegend Quartier und begann, sich als Unbekannter um Aufträge zu bemühen; er wollte wissen, wieviel er – ohne Beziehungen – wert sei. Trotz aller Zusagen und Versprechungen, trotz Bekanntwerden mit einer Reihe von Stars und Direktoren putzte er in Hollywood nur immer die Klinken. Jeder war freundlich und zeigte sich interessiert; kam jedoch nie auf ihn zurück. Das Hollywood-System sah vor, daß niemand Aufträge bekam oder beschäftigt wurde, der nicht schon seine Sporen in der Branche verdient hatte, doch konnte man sie sich nicht verdienen, wenn nicht jemand den Anfang machte und einem einen Auftrag erteilte. Die Tatsache, daß er offensichtlich keine Arbeit hatte, seine naive Aufrichtigkeit in bezug auf sein Anliegen, sein Mangel an „Angabe", – sie sorgten dafür, daß die Türen geschlossen blieben. Am Schluß des Buches wird klar, was der Leser schon vermutete: Hollywood ist ein Sozialsystem mit starr vorgeschriebenen Zugangskanälen. Dennoch scheint der Verfasser nicht rechtzeitig begriffen zu haben, daß sein Vorhaben aussichtslos war und er es anders versuchen mußte: mit Hilfe seiner Konnektionen hätte er sich fraglos verkaufen können, freilich nur, wenn er sie hochgespielt hätte. Dieses System wirkt selektiv und soll den Zugang erschweren, wie auch die Direktoren schützen vor Scharen von Leuten, die „rein" wollen. Dadurch daß der Verf. nicht von seinem Bekanntsein mit Leuten Gebrauch machte, die „in" waren, scheiterte er, verlor schließlich den Mut und kehrte nach England zurück.

Homans, P., 1961, 'Puritanism Revisited: An Analysis of the Contemporary Screen-Image Western', *Studies in Public Communication,* 3, S. 73–84.

Western-Filme sind Mythen mit einer verborgenen Bedeutung – für die Easterner, nicht für die Westerner. Der Held zieht als letzter, damit die Verantwortung für die Vernichtung des Bösen dem Bösen selbst zufällt. „In Wahrheit ist der Western eine Geschichte voll puritanischer Moral: der Retter und Held erlöst die Gemeinschaft von den Versuchungen des Teufels", S. 83. Kann man Popularitätsperioden des Western mit religiöser Wiederbelebung vergleichen? Verf. versucht, einen Idealtyp des Western zu zeichnen.

Honigmann, J. J., und *van Doorslaer, M.*, Chapel Hill 1955, *Some Themes from Indian Film Reviews,* University of North Carolina, Institute for Research in Social Science, Studies in Pakistan National Culture, Nr. 2.

Analyse von Besprechungen aus der Zeitschrift *Screen* (Bombay). [Ein reductio ad absurdum, diese Fragen untersuchen zu wollen, ohne die Filme gesehen zu haben.]

Horton, Donald, und *Wohl, R. R.*, 1956. 'Mass Communication and Parasocial Interaction', Psychiatry, 19, S. 215–229.

Ein wichtiger Artikel. Medien vermitteln die Illusion einer persönlichen Beziehung von Mensch zu Mensch. Wir reagieren auf die Darsteller, als gehörten sie unserer Primärgruppe an. Doch können wir nicht wirklich in Interaktion mit ihnen treten, und so kapseln wir uns von der Außenwelt ab. Radio und Fernsehen dienen mal als Forum der Öffentlichkeit, mal als Theater; sie kreieren bestimmte Medien-Persönlichkeiten oder „personae". Die Darstellung der persona bleibt in der Schwebe und braucht daher eine relativ spezifische, antwortende Rolle zu ihrer Ergänzung (S. 219). Solche Rollen eignet der Darsteller, während er seine Rolle erarbeitet, sich mit der Zeit an. „Was für junge Menschen die antizipatorische Darstellung ihrer künftigen Rollen sein mag, kann für ältere Personen ein Wiedererleben oder eine Neubewertung ihrer tatsächlichen oder vorgestellten Vergangenheit bedeuten" (S. 222). „Die Massenmedien und die (von uns erörterten) Inhalte haben die Funktion, Verhaltensmuster, die wir zum Verständnis unserer Mitmenschen und für den Umgang mit ihnen brauchen, wie auch jene Muster zu exemplifizieren, die für uns selbst gelten" (S. 222). Ob Stars unsere Helden sind oder stellvertretend für uns erleben, – sicherlich haben wir eine parasoziale Beziehung zu ihnen. „Es besteht keine solche Diskontinuität zwischen Alltag und parasozialen Erlebnissen, wie es nach der bei Beobachtern dieser Medien üblichen Praxis – ihrem Wesen nach dramatische Stücke werden als analog mit Fantasie oder Traum interpretiert, – erscheinen mag. Unserer Ansicht nach wird die Beziehung zum Star von seinem Anhänger ebenso real erlebt, wie eine echte soziale Beziehung und bildet daher einen Teil des Geflechts seiner tatsächlichen sozialen Beziehungen" (S. 228). Auch diese Autoren halten das Publikum nicht für passiv.

Houlton, Bob, 1966, 'Hollywood: The New Dream Merchants', *The Sunday Times,* 11. November, S. 33.

Schildert Fusionen, Aufkäufe und andere Strukturveränderungen der amerikanischen Filmindustrie, die dem alten Hollywoodsystem ein Ende machten.

Houn, Z., 1957, 'Motion Pictures and Propaganda in Communist China, *Journalism Quarterly,* 34, S. 481–492.

Trotz der bis Oktober 1954 vorgenommenen Verstaatlichung und Umorganisierung produzierte China nur 108 Spielfilme, 60 davon noch im Jahr 1950. Allem Anschein nach entdeckte man an *The Biography of Wu Hsün,* – die Lebensgeschichte eines Mannes, der sein Leben damit verbrachte, für die Armen zu betteln, – nach anfänglichem Lob iodeologische Irrtümer, denn alle, die damit zu tun und alle, die ihn zuvor gerühmt hatten, bekannten sich öffentlich zu Fehlern und übten Selbstkritik. Die Folge war, daß die Schriftsteller so gut wie keine Stories mehr verfaßten und die Spielfilmproduktion steil absank. Der Film steht in Rotchina unter strenger ideologischer Kontrolle. Die Produktionszellen müssen alle Vorschläge beim Büro für Filmkunst im Ministerium für kulturelle Angelegenheiten genehmigen lassen, und ist die Produktion fertig, kann sie erst gezeigt werden, nachdem Büro und Ministerium sie begutachtet haben. Wichtigere Filme müssen der Propagandaabteilung des Zentralkomitees vorgeführt werden. Infolgedessen, wahrscheinlich, sind die Filme, trotz vermehrter Kinos und Vorführungseinrichtungen, langweilig und werden schlecht besucht. Amerikanische und englische Filme unterdrückt man, russische werden gefördert.

Houseman, John, 1947, 'Today's Hero: A Review', *Hollywood Quarterly,* 2, S. 191 f.

Eine seltsamerweise gringschätzige Analyse des Films *The Big Sleep,* desgleichen von Detektiv-Helden. Siehe Entgegnungen bei Asheim (1947) und bei J. H. in 3, S. 89–90.

-- 1950, 'The Lost Enthusiasm', *Harper's,* 200, S. 50–59. (April), und 'Hollywood Faces the Fifties', und 'Battle Over TV', 200, S. 51–59 (Mai).

Die derzeitige Krise löse weniger Panik aus, als die von 1946: Die Streiks von 1945 und die ständige Gefahr der Verfolgung wegen unamerikanischer Aktivitäten schadeten dem Film moralisch; hinzu kam die UK-Steuer in Höhe von 75 % bei einem Rückgang der Bruttoeinnahmen. „Im Laufe des Winters 1947–48 tauchte in den Büchern der amerikanischen Firmen ein abscheuliches, fast in Vergessenheit geratenes Relikt der Vergangenheit auf: ein Film, der buchstäblich ein Verlustgeschäft war“ (S. 52). Dieses Unheil mag Hollywood zu seinen Bemühungen um einen universellen Film, der niemandem weh tat, veranlaßt haben. Das Fernsehen und die Abtrennung (der Kinoketten von Produktion und Distribution infolge der Entflechtung) würden Wirkungen haben. Hollywood werde sich mit dem neuen Medium einigen müssen, welches, was Personal, Technik und Copyright betreffe, über beträchtliche Aktiva verfüge.

Houston, Penelope, 1950, 'Mr. Deeds and Willie Stark', *Sight and Sound*, 19, S. 276 ff.

Hollywood sei zwar imstande, sozialkritische Filme zu machen, doch das Geschäft erfordere eine begütigende Lösung, das Happy end.

– – Harmondsworth 1963, *The Contemporary Cinema.*

Ein atemberaubendes Rennen rund um die Welt des Films ab 1945, alles zusammenhängend, doch weniger interessant bebildert als Manvell (1967 und 1968). Siehe meine kritische Besprechung, in der ich mangelnde Argumente, ungeprüfte übernommene Voraussetzungen sowie falsche Akzentuierung nachweise: Jarvie (1964 b).

Hovland, Carl I., Lumsdaine, A. A., and *Sheffield, F. D.*, Princeton 1949, *Experiments in Mass Communication* (Studies in Social Psychology in World War II, Bd. III).

Detaillierter Bericht über eine Reihe von während des zweiten Weltkriegs in der amerikanischen Armee durchgeführten Untersuchungen der Wirkungen von Propagandafilmen auf die Einstellungen von Soldaten. Es zeigte sich, daß der Wirkungsgrad je nach vorherigem Bildungsstand, intellektueller Begabung, dem Grad der Partizipation unterschiedlich war. Daraus ergaben sich Schlüsse, die für die Herstellung solcher Filme von Nutzen sind.

– – New York 1954, 'Effects of the Mass Media of Communication' in Gardner Lindsay, Hrsg., *Handbook of Social Psychology*, Bd. II.

Ziemlich schwerfällige Literaturbesprechung, angefügt eine umfangreiche Bibliographie über experimentelle Untersuchungen der Wirksamkeit von Massenkommunikationsmedien.

Howard, Jack, 1952, 'The Film in India', *Quarterly of Film, Radio and Television*, 6, S. 217–227.

Skizze der indischen Filmindustrie.

Howard, Leslie Ruth, New York 1959, *A Quite Remarkable Father.*

Eine Biographie des Schauspielers Leslie Howard, verfaßt von seiner Tochter.

Howe, A. H., 1965, 'A Banker Looks at the Picture Business', *The Journal of the Screen Producer's Guild*, Dezember, S. 9–16.

[Howe, damals Vizepräsident der National Division der Bank of America, Los Angeles Headquarters, besaß zwanzigjährige Erfahrung in der Filmfinanzierung und war seit 1959 mit ihr betraut. Was er in diesem Artikel sagt, ist besonders wichtig: es stammt von einer unanfechtbaren Autorität.] Was die Filmfinanzierung betrifft, bedürfen zwei Legenden der Korrektur: 1. Stars sind nicht bankfähig; Spitzenstars bedeuten auch hohe Kosten. „Jeder Film ist ein neues Wagnis, und die Darlehen müssen auf eine Weise abgesichert sein, daß sie auch im Fall eines Mißerfolges zurückgezahlt werden können“, S. 10. „Dar Bankier versucht nicht einmal, auf Produktionsentscheidungen Einfluß zu nehmen. Ihn interessiert lediglich die Sicherheit für das Darlehen. *Die Entscheidungen überläßt er den Leuten vom Fach*... der Produzent sollte möglichst den Nimbus des Erfolgreichen haben". 2. Die Banken üben keinen Einfluß auf die Unternehmen, es sei denn, sie gerieten finanziell in Schwierigkeiten; selbst Anlagebanken sind nur Berater. Die Risiken und wer sie trägt? Nicht die Banken. In den vergangenen fünfzehn Jahren sind die Kosten um das Zehn- bis Hundertfache gestiegen, die Risiken sind größer, die Verluste schwerer geworden seit Erlaß des „consent decree". Der einzelne Film jedoch bringt mehr ein denn je... Die Banken investieren nicht um des Beteiligungsgewinnes willen (das wäre ungesetzlich), sie sind ausschließlich am Zinsgewinn und an Rückzahlung interessiert. Sie prüfen die Kreditwürdigkeit in gleicher Weise wie bei anderen Ausleihungen. In diesen fünfzehn Jahren ging man davon aus, daß nicht jeder Film seine Produktionskosten einspielen würde: daher lehnen die Banken jegliches Risiko ab. Das Risiko wird zu 90 % von den Verleihfirmen getragen; *sie* diktieren wie der Film beschaffen sein soll. Die restlichen 10 % des Risikos sind Sache der Produzenten und verschiedener Kapitalgeber. Die Bank gibt nur soviel Bargeld, wie die Risikoträger freigeben. Am besten erfolgt die Finanzierung durch eine große Garantiefirma, deren Zinssatz 1 % höher liegt als der der Banken. Die Garantiegesellschaften mögen sich nur unter der Bedingung zur Übernahme des Risikos bereit erklären, daß auch ein befriedigendes Resultat (ein Film) zustande kommt. In solchem Fall ist noch eine 'completion gurantee', eine Fertigstellungsgarantie erforderlich. Dieses Geld ist teuer, stammt meist von privaten Geldgebern und kann auch den Anspruch auf Gewinnbeteiligung mit einschließen. Keine der auf die Übernahme solcher Risiken spezialisierten Firmen in den USA hatte bisher große Gewinne. Reicht die Fertigstellungsgarantie nicht aus, müssen zusätzliche Geldquellen erschlossen werden. Ist der Geber der Fertigstellungsgarantie nicht flüssig genug, kann er die Bankeinlage in Höhe von etwa 15 % des Gesamtbudgets mit sicheren Wertpapieren leisten. Die Rückzahlung des Darlehens wird für gewöhnlich zwei Jahre nach Auszahlung der ersten Darlehensrate fällig. Der Produzent muß seine Besitzverhältnisse am Betrieb nachweisen, einen detaillierten Kostenvoranschlag sowie einen Verleihvertrag und eine schriftliche Zusage der Bürgschaftsgesellschaften vorlegen etc.... Vor- und Nachteile des Produzierens im Ausland: Das Risiko ist höher, jedoch sind Fertigstellungsbürgschaften in England aufgrund des Subventionierungssystems leichter zu erlangen.

Huaco, George A., New York 1965, *The Sociology of Film Art.*

Der Titel ist irreführend. In Wirklichkeit handelt es sich hier um eine Studie über das Ansteigen und Abflauen dreier „Wellen" der Filmkunst, „die sich mit der Realität (des Lebens) auseinandersetzten: die Anfang der zwanziger Jahre in Deutschland einsetzende Welle des expressionistischen Films (für den 'Realität' das subjektive emotionelle Erlebnis von Schrecken, Angst, Erniedrigung, Sadismus, Masochismus und Unterdrückung" bedeutete, S. 16, – Filme wie *Der Golem, Das Kabinett des Dr. Caligari* bis zu *Der blaue Engel* und *M* –), die Welle des expressiven Realismus im Rußland der zwanziger Jahre, für den 'Realität' die Veränderung einer unerfreulichen menschlichen und außermenschlichen Umwelt in eine erfreulichere unter Einsatz des Willens, der Vernunft und durch Revolution bedeutete, S. 17, – mit Filmen wie *Streik* und *Matj/Die Mutter* (UdSSR 1926) bis zu *Generalnaja Linija/Die Generallinie* (UdSSR 1929) und *Semlja/Die Erde* (UdSSR 1930) – und schließlich die Welle des italienischen Neo-Realismus der vierziger Jahre (für den ‚Realität' Armut, Arbeitslosigkeit, Hunger" bedeutete, S. 17, – in Filmen wie *Roma, citta aperta/Rom, offene Stadt* (Italien 1945) und *Sciuscia/Schiuschia* (Italien 1953) und *Il tetto/Das Dach* (Italien 1955) –). Der Autor, mit Marx und Smelser einer Meinung, daß die Filmkunst letztlich von außerkünstlerischen Strukturen und Kräften bestimmt werde (oder zumindest deren Wellen), – z. B.: „Sie verdanken ihr Entstehen und ihre Dauer speziellen, historisch bedingten sozio-ökonomischen Verhältnissen, der Art der sozialen Organisation, den politischen und rechtlichen Normen sowie den künstlerischen Traditionen der betreffenden Gesellschaften" (S. 19), – behauptet: „Diese Studie will zeigen, daß ein kausaler Zusammenhang besteht zwischen dem Ansteigen und Abflauen der drei im Stil gleichartigen Wellen der Filmkunst und dem Vorhandensein beziehungsweise dem Fehlen von vier strukturellen Faktoren: 1. einem Kader von Filmtechnikern, 2. den entsprechenden industriellen Einrichtungen, 3. einer

günstigen Organisationsform der Filmindustrie, 4. einem die Welle begünstigenden politischen Klima. Der Charakter dieser Faktoren wird gesondert an Hand historischer Daten ermittelt. Dann werden wir die den Filmhandlungen zugrundeliegende Ideologie untersuchen sowie die Frage, wie weit die Organisation der Industrie und das politische Klima der Entwicklung einer bestimmten Ideologie günstig waren. Ferner werden wir im weiteren künstlerisch-literarisch-dramatischen Zusammenhang Aufschlüsse über die Herkunft des jeweiligen Stils gewinnen. Schließlich werden wir die sozialen Charakteristika jeder Gruppe von Regisseuren untersuchen und einigen dieser Charakteristika zu den spezifischen ideologischen oder artistischen Aspekten der jeweiligen Filmwelle in Beziehung setzen" (S. 22).
Die Grenzen: „Wir wissen nichts über die Publika" (S. 22); Individuen und heterogene Wellen zu untersuchen ist soziologisch betrachtet nicht lohnend (S. 2); „Über die Ideologie einer Welle ... wird eine Inhaltsanalyse des Films Aufschluß geben" (S. 20).

Huettig, M. D., Philadelphia 1944, *Economic Control of the Motion Picture Industry.*

Eine gute Zusammenfassung der Geschichte der Industrie. Kritische Schilderung der Situation im Jahr 1944. Gibt für die Beträge, die an L. B. Mayer, A. Rubin und I. Thalberg bei MGM in den Jahren 1927–33 zur Auszahlung gelangten, folgende Zahlen an:

Gehalt	$ 4,292,500
Gewinnanteil	$ 14,470,900
(Wert der) Bezugsrechte	$ 2,696,078
	$ 21,459,478

Doch gehörten diese Vergütungen noch zu dem Preis für einen früheren Zusammenschluß, und da die Gesellschaft zweifellos florierte, bildete der hohe Gewinnanteil einen starken Anreiz, dafür zu sorgen, daß es so weiterginge. Nach Meinung der Verfasserin herrsche in bezug auf Talente etc. ein lebhafter Wettbewerb. Für die Distribution bestehe ein Verkäufermarkt, die Kinos aber machten sich Konkurrenz, wiewohl die großen miteinander kooperierten. „Wirtschaftlich am bezeichnendsten für die Filmindustrie ist, daß fünf Firmen durch den Besitz einer relativ geringen Anzahl von Filmtheatern in nicht ganz zwanzig Jahren die Kontrolle über eine ursprünglich aus Tausenden von selbständigen Unternehmen bestehende, drei unterschiedliche Industriezweige bildende, geographisch weit verstreute und völlig unorganisierte Industrie fest in den Griff bekamen", S. 5–6.

Hughes, R., Hrsg., New York 1959, *Film: Book 1, The Audience and the Film Maker.*

Eine Sammlung von Aufsätzen aus der Feder von Kracauer (siehe sein [1960]) und Knight, einige Antworten auf eine Befragung (überwiegend vernünftig, z. B. Kazan, Lean, S. Ray) sowie ein paar irrelevante Füller.

-- New York 1962, Film: Book 2, *Films of Peace and War.*

Zweckdienliche Aufsätze zur Verwendung von Kriegsfilmen in Amerika (Young) und Osteuropa (Morris). Dazu interessante Interviews, insbesondere mit Huston über seine großen Dokumentarfilme *The Battle of San Pietro/Die Schlacht von San Pietro* (USA 1944) und *Let There Be Light/Es werde Licht* (USA 1945), (angefügt ein vollständiges Drehbuch des letzteren).

Hulett, J. E. jr., 1949, 'Estimating the Net Effect of a Commercial Motion Picture on the Trend of Local Public Opinion', *American Sociological Review,* 14, S. 263–275 und 550–552.

Wie wirkte sich der Film *Sister Kenny/Schwester Kenny* (USA 1946) bei seiner Vorführung in Champaign-Urbana auf die öffentliche Einstellung in bezug auf die Behandlung der Kinderlähmung aus? Nicht sehr stark: 1. Der Film sprach nur eine kleine Gruppe an; 2. seine Argumente waren an sich nicht überzeugend; 3. „Gebildeten-Propaganda". Auf den Seiten 550–551 versucht Seisel an Huletts Statistiken nachzuweisen, daß die Wirkung erheblich war, während Hulett selbst erwidert, daß er bei seinen Berechnungen den „Drift"-Effekt miteinbezogen habe.

Hummel, R. E., 1964, 'A Study of Motion Picture Production Management in the Major Studios', MA-Arbeit, UCLA, unveröffentlicht.

Eine Untersuchung des Managements der einzelnen Filmstudios sowie aller anderen Funktionen bei der Herstellung und deren Organisation. Eine gute Analyse.

Hunnings, N. M., London 1967, *Film Censors and the Law.*

Von einem Juristen verfaßte vergleichende Darstellung der Filmzensur an Hand einer Reihe von Rechtsentscheidungen. Ausgezeichnete Biographie.

Hunt, Albert, 1964, 'The Film' in D. Thompson (1964).

Kritik an *Guns of Navarone* (geschmacklos und unmoralisch), *The Young Ones* (korrumpierend) und *The Angry Silence* (schwelgt in Gewalt). Diese Filme simplifizierten die Dinge, gingen von Vorurteilen aus, plagiierten die Massenmedien. „Eine solche Tendenz, menschliches Erleben auf Formeln zu reduzieren, die den plattesten Ansprüchen genügen, kann letzten Endes nur dazu beitragen, genau definierte Grenzen des Geschmacks und des Bewußtseins zu fixieren. Alles, was diese platten Ansprüche in Frage stellt oder die Imagination herausfordert, wird sich wahrscheinlich nicht durchsetzen." Die Reaktion des konventionellen Films auf menschliches Erleben sei „unzulänglich". Der Massenmarkt erschwere das Einsetzen von Risiken. Die Darstellung von Schlägereien beweise, daß der Geschmack einer Minderheit populär werden könne.

Hunter, Allan A., 1947, 'A Clergyman Looks at the Movies', *Annals* (1947), S. 95–97.

Der Verf. meint, die in vielen Filmen verkündete Moral stehe in offenem Gegensatz zur versteckten Propaganda und zu dem, was ihre Stars in Wirklichkeit seien. Auch erhielten Ausländer ein falsches Bild von den USA.

India, Kalkutta 1928, *Report of the Indian Cinematograph Committee 1927–28.*

Gibt ein Bild der Geschichte der indischen Produktion. 1928 gab es erst 300 Kinos in Britisch-Indien und weitere 60 in den indischen Staaten. Frauen gehen selten ins Kino, Kinder nur vereinzelt. In Indien gibt es einundzwanzig Filmkonzerne. Dem Filmschauspieler haftet dort ein Stigma an. Die inländische Produktion sollte durch eine Beschränkung der Einfuhr gefördert werden. Alle Bemühungen zur Erlangung einer Marktkontrolle werden ausdrücklich abgelehnt.

– – Neu Delhi 1951, *Report of the Film Enquiry Committee.*

Dieser maßgebliche Bericht gibt für die indische Filmproduktion folgende Zahlen an:

1939	167	1947	283
1940	171	1948	264
1946	200	1949	289

Vervollständigung der Geschichte des indischen Films, siehe Report von 1928, auf ihren derzeitigen Stand. Gibt Einblick in rechtliche und soziale Aspekte sowie in die Reproduktion, Distribution, Vorführung, in Rohmaterial und Industrie. Gipfelt in folgender langer Aufzählung von Empfehlungen, was alles bei der Reorganisation berücksichtigt werden müßte: „Kurz, das planlose Wachstum der Industrie nach dem uneingeschränkten Modus des Laissez-faire – von sporadischer Kontrolle während des Krieges abgesehen –, das Fehlen einer umsichtigen und geeigneten Planung, von Dezentralisierung und Verteilung, das Fehlen eines speziellen Paten in den Regierungsabteilungen, das Übermaß an Vertrauen, das man in das Individuum anstatt in kollektive Initiative und Anstrengung setzt, die zu geringe Berücksichtigung der künstlerischen Aspekte bei zu viel Unterstützung falscher Auffassungen von Unterhaltung, die Bürde der Besteuerung, das Besetzen von Schlüsselpositionen mit Eigenbrödlern und ‚Ungeeigneten', ‚Professionalismus' auf seiten der Künstler statt Sinn für kontraktliche Bindungen, der Würgegriff der Finanziers, fehlende Organisation und Kooperation, das Fehlen jeglicher Politik von Regierungsseite hinsichtlich der Leitung, Zielsetzung und Regulierung der Industrie, die Vielzahl der sich einmischenden Behörden, die auf seiten des Staates und der Ministerien herrschende Verwirrung angesichts reiner Existenzansprüche der Industrie, deren Abhängigkeit vom Auslandsmarkt, die Schwierigkeit mit dem ausländischen Film zu konkurrieren, der von einer anderen Lebenshaltung, anderen moralischen Vorstellungen und geistigen Werten ausgehe, dabei über bessere Organisation und Herrschaft über größere Märkte, mehr Begabung, mehr Mittel verfüge bei weniger strengen Zensurvorschiften – all dies sind wichtige Faktoren gewesen, die sich auf die Entwicklung der Industrie zu ihrem gegenwärtigen Stand ausgewirkt haben ...", S. 171. Hier entsetzt sich ein auf Ordnung bedachter sozialistischer Bürokrat über die chaotisch wuchernde Welt des Films. Zunächst herzerwärmend bis zu der Stelle, wo Worte wie „Ungeeignete" und „Zielsetzung seitens der Regierung" fallen und man erkennt, worum es ihm wirklich geht.

Inglis, Ruth A., Chicago 1947, *Freedom of the Movies*, A report on Self-Regulation from the Commission on Freedom of the Press.
(*Inglis, Ruth A.*, Nürnberg 1951, *Der amerikanische Film*, eine kritische Studie.)

Schildert historische Entwicklung der Filmindustrie sowie das Zustandekommen und die Arbeitsweise der Selbstkontrolle. Befürwortet eine „verbesserte" Selbstkontrolle, die auch das Problem der monopolistischen Kontrolle lösen würde, S. 317. Siehe Besprechung in *Penguin Film Review*, Nr. 7, S. 125 ff., v. R. K. Nielson-Baxter.

1947 a, 'Need for Voluntary Self-Regulation', *Annals* (1947), S. 153–159.

Im März 1942 wurden die Bestimmungen der Production Code Administration dahingehend geändert, daß nur noch die Herstellung und der Vertrieb von Filmen, die gegen diese Bestimmungen verstießen, durch Geldbußen geahndet wurde, die Vorführung jedoch nicht. Da keine offizielle Verlautbarung erfolgte, war dieser Beschluß in der Filmindustrie nicht allen bekannt, – bis Howard Hughes *The Outlaw/Geächtet* (USA 1943) herausbrachte, (der zunächst den Prüfungsvermerk erhalten hatte, was aber wegen Beanstandungen gegen die Werbung wieder rückgängig gemacht wurde). Die Geldstrafe sollte die Unabhängigen einschüchtern und dem Production Code unterwerfen. Gebraucht werde ein liberaler und flexibler Beratungsausschuß.

Inkeles, Alex, Cambridge 1950, *Public Opinion in Soviet Russia.*

Kapitel 19 gibt Überblick über geschichtliche Fakten, Organisation, technische Grundlagen, Publikumsstrukturen sowie über die politische Kontrolle, der die russische Filmindustrie unterworfen ist. Diese Studie diente Rimberg (1959) als Ausgangsbasis.

Institute de Sociologie Solvay, Brüssel 1960, *Le Cinéma fait social.*

Konferenzbericht, Arbeitspapiere und Diskussionsprotokolle. Enthält u. a. nochmalige Überlegungen Morin's über Stars („Ich würde sagen, das Phänomen „Star" entspringt einem anderen Phänomen: Die Industrie des 20. Jahrhunderts trachtet danach, die Seele des Menschen zu kolonisieren; daher hat man ‚Traumfabriken' geschaffen", S. 94), Davay's Gedanken über Mythen,

Dumazedier's Betrachtungen über Populärkultur („Psychologen und Soziologen sind allgemein der Ansicht, daß Kino das Publikum passiv mache. Aber was ist denn passiv und was aktiv? Manche halten den Zuschauer im Kino für passiv, den im Theater für aktiv; das ist aber eine a priori Definition", S. 194), und schließt mit einem Kommentar von Cohen-Séat.

Instituto 'Agostino Gemelli' Per Le Studio Sperimentale Di Problemi Sociali Dell Informazione Visiva (ISPSIV), Mailand 1965.

Ein filmologisches Dokument der psychologisierenden Auffassung, daß der Zuschauer sich identifiziere, sein Geist im Dämmer versinke, und da die normalen Schutzmechanismen nicht funktionierten, sei er traumatischen Stimuli schutzlos preisgegeben (S. 27–29). Die anderen Arbeiten sind überwiegend technischer und psychologischer Natur; einige enthalten englische Tabellen.

International Educational Cinematographic Institute, Rom 1934 (?), *The Social Aspect of the Cinema.*

Ein Band der von IECI (Völkerbund) herausgegebenen Bände; dieser resulierte aus einer Befragung. Betont reformistisch, defensiv, humorlos, in seltsamer Weise noch neunzehntes Jahrhundert. Enthält nichts von Belang.

Irvine, Keith, 'The Film You Won't See: Unofficial Censors at Work', *Nation,* 181, S. 109–110.

Le salaire de la peure/Lohn der Angst (Frankr. 1952) wurde von den zaghaften Verleihen um zweiundzwanzig Minuten gekürzt, so daß alle kritischen Betrachtungen, sozialen und politischen Stellen, die Kontroversen hätten auslösen können, entfielen.

Irwin, Will, Garden City 1928, *The House that Shadows Built.*

Aufschlußreiche, in populärem Stil verfaßte Biographie des Produzenten und Regisseurs Adolph Zukor und seiner Hauptmitarbeiter, anscheinend unter Mitwirkung eines der Beteiligten entstanden. Schildert Zukors unbezähmbares Bedürfnis, die Dreharbeiten zu üerwachen, sowie seine Unfähigkeit, sich nicht um Gelddinge zu kümmern. Enthält eine interessante Darstellung: wie die Vereinigten Staaten im Weltkrieg I die Kontrolle über den Weltmarkt erlangten. „Selbst wenn Europa, zu der Zeit, da der Film noch im Prozeß der Selbstfindung begriffen war, gleichgestellt und ohne Fesseln in Konkurrenz mit uns hätte treten können, würden wir – dank unseres Erzähltalents, der weltweiten Akzeptierung des amerikanischen Typus, dank unseres riesigen Binnenmarkts und unseres Reichtums – ebeso die Welt erobert haben", S. 240. „Ohne es zu ahnen, haben jene Pelzhändler, Konfektionäre, kleinen Ladenbesitzer und Varietékünstler, als sie das Kino aus den Hinterhöfen herausholten, die erste Weltsprache geschaffen", S. 243. Der Tonfilm setzte dem wieder ein Ende.

Jacobs, L., New York 1939, *The Rise of the American Film.*

Maßgeblich und fundierte Geschichte des amerikanischen Films; nicht frei von der konventionellen Neigung des amerikanischen Intellektuellen, solche Filme hervorzuheben, die soziale Probleme behandeln oder radikale Ansichten vertreten. Dennoch weit weniger extrem als Griffith.

– – 1960, New York *Introduction of the Art of the Movies.*

Ein brauchbare Auswahl hauptsächlich formaler Analysen.

Jacobs, N., Hrsg., New York 1961, *Culture for the Millions?*

Enthält Aufsätze von Shils (1961), Löwenthal, Arendt, van den Haag, Handlin, Rosten (1961),

Stanton, Sweeney, Jarrell, Berger, Baldwin, Hyman, Hughes und Schlesinger. Schließt mit lebhafter Debatte der Autoren.

Jacobson, Herbert L., 1953, '*Cowboy, Pioneer and American Soldier*', *Sight and Sound*, 22, S. 189 ff.

Der Western hat zur Wahrung der militärischen Tradition Amerikas nicht unerheblich beigetragen dank seines Princips, daß der gute Held gewinnt, wenn er nur lange genug durchhält. Der Western erlebte 1939 eine Wiederbelebung und noch einmal Anfang der 50er Jahre, – jedesmal zu einer Zeit, da Amerika sich mit dem Schwerte gürtete. Im Kampf um den amerikanischen Westen, der 1890 vorüber war, starben mehr Menschen an Ruhr als an Indianerpfeilen.

Jain, R. D., Delhi 1961, *The Economic Aspects of the Film Industry in India.*

Ungewöhnlich viele Details aus der indischen Filmindustrie (angereichert mit jenen verborgenen Kleinodien, die anscheinend in indischen Werken nicht fehlen dürfen). Mangelnde Distribution niedrige Gewinne, Konservativismus, langzeitliche Verluste. „Die Produzenten investieren ihre Gewinne aus der Filmherstellung in der Mehrzahl nicht wieder in neuen Filmen. Bisweilen werden sie in andere Unternehmungen gesteckt, in vielen Fällen jedoch auf der Rennbahn oder bei ähnlichen Aktivitäten ausgegeben", S. 93. Im Grunde habe man die Industrie übermäßig mit Labors und Studios ausgestattet, ohne sich viel Gedanken um die Kosten zu machen. Die Folge: permanente Unsicherheit.

Janowitz, M. und *Schulze, R.*, 1959, 'Trends in Mass Communication Research', in *World Congress of Sociology, Transactions*, 3, S. 129–149.
(*Janowitz, Morris* und *Robert Schulze*, ‚Neue Richtungen in der Massenkommunikationsforschung' in *Rundfunk und Fernsehen*, VIII, 1960, S. 13.)

Kurze Geschichte der Massenkommunikationsforschung unter Zuhilfenahme der Laswellschen Formel: „Wer sagt was zu wem und mit welcher Wirkung?" Verf. stellen oligopolitische Tendenzen bei den Massenmedien fest. Die weiterverbreitete Ansicht von der unheilvollen Wirkung der Medien steht in krassem Widerspruch zu den Ergebnissen der Forschung, denen zufolge die Wirkungen geringfügig sind. Meint, dieser Widerspruch sollte ebenbfalls Gegenstand der Forschung sein. Die Massenkommunikation ist ein Mittel der sozialen Kontrolle.

Jarvie, I. C., 1961 a, 'Hysteria and Authoritarianism in the Films of Robert Aldrich', *Film Culture*, 22–23, S. 95–111.

– – 1961 b, 'Towards an Objective Film Criticism', *Film Quarterly*, 14, S. 19–23.

– – 1963, 'Hongkong Notes', *Sight and Sound*, 33, S. 22.

– – London 1964 a, *The Revolution in Anthropology.*

– – 1964 b, 'The Celluliod Revolution', *The Bulletin*, 86, S. 41–42.

Eine Besprechung über Houston (1963) und Taylor (1962).

– – 1966, Besprechung über Schickel (1966) in *The Bulletin.*

– – und *Joseph Agassi*, 1967, 'The Problem of the Rationality of Magic', *British Journal of Sociology*, 18, S. 55–74.

-- 1967 a, 'The Objectivity of Criticism of the Arts', ('Die Objektivität der Kunstkritik', *Ratio,* 9, S. 67–83.)

-- 1967 b, 'On the Theory of Fieldwork and the Scientific Character of Social Anthropology', *Philosophy of Science,* 34, S. 223–242.

-- London und New York, 1969 a, *Hong Kong: A Society in Transition.*

-- 1969 b, 'Media and Manners', *Film Quarterly,* 22, S. 11–17.

-- Santa Barbara 1969 c, 'The Logic of the Situation', in *Critical Essays on Sociological Explanation,* hrsg. v. Zollschan.

Jennings, G., New York 1963, *The Movie Book.*

Jobes, Gertrude, 1966, *Motion Picture Empire.*

Geschichte der Filmgesellschaften in den USA bis zum Jahr 1960. Von den 372 Buchseiten sind nicht mehr als 39 dem Zeitabschnitt von 1934–60 gewidmet. Anzeichen lassen darauf schließen, daß ein altes Manuskript vom Staub befreit wurde, wobei man nicht die Energie aufbrachte, es auf den neuesten Stand zu bringen. Weniger gut als Ramsaye (1926 a) oder Hampton (1931).

Johnson, Ian, 1964, 'Merely Players', *Films and Filming,* 10, April, S. 41 ff.

Über Shakespeareverfilmungen.

Johnston, Alva, New York 1937, *The Great Goldwyn.*

Enttäuschend anekdotische Schilderung der Laufbahn von Samuel Goldwyn. Es fehlt eine Analyse seines Erfolges, seines Verbleibens am Schalthebel der Macht, – trotz seines streitsüchtigen Wesens.

Johnston, E., 1947, 'The Motion Picture as a Stimulus to Culture', *Annals* (1947), S. 98–102.

Der Film – eine Volkskunst, wie das Theater der alten Griechen – hat den Provinzialismus überwunden und zur Völkerverständigung beigetragen.

Johnston, W. A., 1926, 'The Structure of the Motion Picture Industry' in *Annals of the American Academy of Poilitical and Social Science,* 128, S. 20–30.

Übersicht über Produktion, Distribution und Vorführung. Die Produktionskosten gliedern sich pro Dollar folgendermaßen auf:

Darsteller	0,25
Regisseur, Kameraleute, Assistenten	0,10
Drehbuch, Vorlagen	0,10
Bauten, Dekor	0,19
Studiounkosten	0,20
Kostüme	0,03
Außenaufnahmen, Mieten	0,08
Filmmaterial	0,05
Insgesamt	1,00

Johnston, Winifred, Norman (Okla.) 1939, *Memo on the Movie,* War Propaganda 1914–1939.

Behauptet, friedliebende Völker hätten von den von Wall Street und den großen Filmtrusts konstruierten, auf Rußland abzielenden Kriegspropagandafilmen genug.

Johnstone, J. W. C., 1959, 'Social Context and Mass Media Reception', *Studies in Public Communication,* 2, S. 25–30.

Sozialer Druck wird in mehr als einer Beziehung oder auf mehr als einer Ebene ausgeübt: 1. auf der Ebene kleiner Gruppierungen (Cliquen) nach Alter, Geschlecht, Beruf, Bildungsstand und Klasse. Wiewohl keine richtigen Gruppen, sind sie doch signifikant: jüngere Kinder müssen das Fernsehen, ältere (10–12) das Kino vorziehen; Halbwüchsige haben sich für Popmusik zu interessieren. Die Massenmedien dienen nicht nur zum Erlernen von Rollenverhalten, sie sind auch untrennbar mit den Rollenerwartungen der Clique verbunden; 2. auf der Ebene der Sekundärgruppen: Highschool-Schüler gruppieren sich z. B. aufgrund ihrer Vorlieben, je nach bevorzugter Popband, Sportart, etc. Auf beiden Ebenen dienen die Medien zur Definierung der Identität wie auch der Erhaltung des Status; 3. auf der Ebene der Primärgruppen (s. Katz und Lazarsfeld [q. v.]) und 4. auf Ebene der Masse.

Jones, Dorothy B., 1942, 'Quantitative Analysis of Motion Picture Content', *Public Opinion Quarterly,* 46, S. 411–428.

„... untersuchte 100 Hollywood Spielfilme aller Arten, die zwischen April 1941 und Februar 1942 freigegeben wurden. Die Schwierigkeit dieser Aufgabe zeigt sich an dem Faktum, daß diese so gewissenhafte Studie nur als kleiner Schritt auf dem Wege zu einer adäquaten Inhaltsklassifizierung betrachtet werden kann" (Fearing, 1950).

-- 1945, 'The Hollywood War Film: 1942–1944', *Hollywood Quarterly,* 1, S. 1–19.

Von 1313 Filmen befaßten sich 374 mit dem Krieg. Sehr kritische Inhaltsanalyse; im großen und ganzen der Meinung, Hollywood sei nur langsam herangewachsen und habe viele Rückschritte gemacht. Sein soziales Verantwortungsgefühl sei größer geworden.

-- 1950, 'Quantitative Analysis of Motion Picture Content', *Public Opinion Quarterly,* 14, S. 554–558.

Man ist nicht nur so gut wie sein letzter Film, vielmehr wird man auch bald vergessen. Analyse der gesamten, aus 1026 Spielfilmen bestehenden Produktion einer ungenannten Großfirma. Von wem handeln diese Filme? Von Männern und Frauen im Verhältnis 2:1. In drei von fünf Fällen waren sie Erwachsene von „unabhängigem" Charakter (im wirklichen Leben selten). Die Hälfte war sehr begütert, ein Drittel nur mäßig, 17 % lebten im Elend. Zwei von fünf waren weder arm noch reich, 11 % deklassiert. Sieben von zehn waren ledig, zwei von zehn verheiratet, vier von fünf Amerikaner. *Wovon* handeln die Filme? „Boy meets girl". Vier von fünf der dargestellten Personen wünschten sich Sicherheit, Einkommen oder Achtung. 68 % wollten Liebe; 26 % verlangten nach Ruhm, Ansehen, Prestige; 18 % nach Sicherheit; 14 % nach einem way of life; 10 % wünschten sich Geld oder Güter; 9 % wollten ihre Pflicht erfüllen. 61 % bekommen, was sie sich wünschten, 10 % nicht; 14 % erhalten dies oder das, anderes wieder nicht.

-- 1955, *The Portrayal of China and India on the American Screen,* 1896–1955, report of the MIT Center for International Studies.

Inhaltsanalysen von Hunderten von Filmen, – sehr wichtig. Ein Anhang (II) zu diesem Bericht soll bei der Veröffentlichung entfallen sein.

Joweit, Garth S., 1969, 'Acceptance of the Motion Picture in America, 1895–1910', unveröffentlicht.

Zwei Probleme: die Neuerung und ihre Übernahme. Es war insofern wichtig, daß die beweglichen Bilder kamen, als der Guckkasten wirtschaftlich wenig einbrachte und der Bühnenrealimus seine Grenzen erreicht hatte. Das Kino war billig, universell, leicht zu handhaben.

-- 1970, 'The Concept of History in American Produced Films: An Analysis of the Films made in the Period 1950–61', *Journal of Popular Culture,* in Vorbereitung.

Analysierung von Filmen nach historischen Perioden und nach der Haupttendenz ihrer Abhandlung. Sie bekräftigen das derzeitige amerikanische Wertempfinden. Der amerikanische Freiheitskrieg und der Sezessionskrieg werden seltsamerweise vernachlässigt. Die meisten Filme spielen zur Zeit der Erschließung des Westens von 1865–90.

Jungersen, F. G., Kopenhagen 1968, *Disney.*

Kael, Pauline, 1956, 'Movies, the Desperate Art', in D. Talbot Hrsg., *Film: An Anthology,* Berkeley und Los Angeles 1959, S. 51–71.

Eine bittere Attacke auf Hollywood und die *avant-garde,* verfaßt während des Tiefpunktes in den fünfziger Jahren, doch völlig disproportioniert. Mit Recht in ihren beiden Anthologien (1965, 1968) nicht enthalten.

-- New York 1965, *I Lost it at the Movies.*

Aggressiv und provozierend. Eines der best-argumentierten Stücke der Filmliteratur. Die Urteile meist treffsicher; wenn sie daneben gehen (z. B. bei Antonioni), gehen sie erheblich daneben. Enthält ihre üblichen Haßliebe-Tiraden betreffs Hollywood sowie Aufsätze, die ein gesundes Mißtrauen gegenüber europäischen Prätentionen verraten (‚Fantasies of the Art House Audience'). Ebenfalls enthalten: ihr vernichtendes Urteil über Kracauer (1960) (Is There a Cure for Film Criticism?) und eine herrvoragende Analyse des Propagandafilms (‚Morality Plays Right and Left').

-- 1967, 'Movies on Television', *The New Yorker,* 43, 3. Juni, S. 120–134.

Warum reagieren wir auf alte Filme, die wir im TV zum zweitenmal sehen, anders als beim erstenmal im Kino? Antwort: Weil wir mit der Kultur, die sie prägten, und deren Ausdruck sie sind, – mit der wir groß wurden und die wir inzwischen ausgewachsen haben – nicht mehr sympathisieren; weil nur selten anspruchsvollere Filme gesendet werden, und wenn, dann selten solche, die sich kritisch mit der Umwelt befassen. Auf jüngere Zuschauer wirken diese Filme wie ein indifferenter Strom, wie der Verkehr, der sie umgibt, ein Strom, durch den die ältere Generation hindurch mußte. Nachdruck in Kael (1968).

-- New York 1968, *Kiss, Kiss, Bang Bang.*

Eine Sammlung weiterer wertvoller Aufsätze, darunter der meisterliche ‚The Making of *The Group*', der besser ist als Ross (1951). Auch (1967).

-- 1969, 'Trash, Art and the Movies', *Harpers,* Febr., 239, S. 65–83.

Auch wertlose Filme können sehr amüsant sein; oft stehen sie der Kunst näher als bürgerlich wohlanständige oder seriöse „anspruchsvolle" Produkte. Der Film soll unserem Vergnügen dienen. Man frage daher nicht, ob der Regisseur seine Absicht verwirklichen konnte, sondern wie weit es ihm gelang, etwas Annehmbares zustande zu bringen. Schmarren sind wenigstens ehrlich, nicht prätentiös. Kinder müßten ihre Reaktion auf das Wertlose zunächst intellektuell verarbeiten. Sie hätten noch keine Erinnerungen, hätten das nicht „alles schon längst gesehen" und stellten daher geringere Ansprüche. Jene, die das alles schon x-mal gesehen haben, seien ohnehin eine Minderheit – der Grund, weshalb alte und neue Rezensenten streikten, weshalb Schund Appetit macht auf Kunst, d. h. auf das, „was wir immer am Film gut fanden, nur mehr davon: Die um sich greifende Geste der Revolution, das verlängerte Spannungsmoment, – erweitert erhalten sie neue Bedeutung" (S. 76).

Kahn, Gordon, New York 1948, *Hollywood on Trial.*

Geschichte der Anklageerhebung gegen die Hollywood Ten, die sich geweigert hatten, mit dem HUAC zu kollaborieren. Heiterkeit erregt Ginger Roger's Mutter.

Kallen, H. M., New York 1930, *Indecency in the Seven Arts,* and other adventures of a pragmatist in aesthetics.

„... hier einzugreifen ist nicht gesunde Politik, sondern die Aktivität kranken Geistes", S. 50.

Katz, E., 1960, 'Communication Research and the Image of Society; Convergence of Two Traditions', *American Journal of Sociology,* 65, S. 435–440.

Das Modell von der atomisierten Gesellschaft mußte aufgegeben werden, da sich herausstellte, daß die Massenmedien weit weniger wirksam sind, als man angenommen hatte. Der Grund hierfür: Das Netz der zwischenmenschlichen Beziehungen. Die ländliche Soziologie ging stets von diesen Voraussetzungen aus; möglicherweise ist der Unterschied zwischen ländlicher und städtischer Soziologie gar nicht so groß.

– – und *Foulkes, D.,* 1962, 'On the Use of the Mass Media as Escape: Clarification of a Concept', *Public Opinion Quarterly,* 26, S. 377–388.

Analyse des Begriffes „escape" (Wirklichkeitsflucht). Weisen nach, daß leichtfertig damit umgegangen wird: es gibt verschiedene Wege der Flucht – Drogen, Alkohol, Suizid, Schlaf –, von denen der Mediengebrauch nur einer ist. Die Flucht kann wohltätige Wirkungen haben, und es ist nicht notwendigerweise „schlecht", die Dinge für eine Weile vergessen zu wollen.

– – und *Lazarsfeld, P.,* Glencoe 1955, *Personal Influence.*

Klassisches Modell: die Wirkungsmechanismen des Einflusses in der Gesellschaft, der Rolle der „Meinungsführer" und ihrer besonderen Stellung innerhalb der Gruppen, über die Hypothese des „zweistufigen Kommunikationsflusses" und die entscheidende Bedeutung der Interaktion innerhalb der Primärgruppen.

Kaufmann, Stanley, New York 1966, *A World on Film.*

Gesammelte Kritiken eines ziemlich langweiligen Kritikers. Nur zum Teil lesenswert.

Keir, Gertrude, 1949, 'Psychology and the Film', *Penguin Film Review,* 9, S. 62–72.

Interessante Kritik an Tyler's Freudianismus, an Kracauer und Mayer.

Kelen, H., 19, 'Hollywood in India', *Travel,* 62, S. 36–38.

Kelly, T., et al., London 1966, *A Competitiva Cinema.*

Von der Bow Group zusammengestellter und vom Institute of Economic Affairs veröffentlichter Bericht, der zu mehr Wettbewerb in der britischen Filmindustrie anregen will.

Kennedy, Joseph P., Hrsg., New York 1927, *The Story of the Films.*

Die Einleitung besteht aus amüsanten Charakterskizzen von Hays, Lasky, Zukor, Kent, Cochrane, Giannini, Fox, Loew, Warner, Katz, DeMille, Hammons, Sills. Die Filmindustrie ist bei Investitionen von anderthalb Milliarden Dollar die viertgrößte Industrie Amerikas. Das Buch enthält eine Reihe von in Harvard gehaltenen Vorträgen mit anschließender Fragenbeantwortung. Giannini schildert die Anfänge der Bankfinanzierung, als man noch persönliche Darlehen aufnahm, gegen Kreditprovisions-Haie und die allgemeine Indifferenz der Banken ankämpfen mußte. Im Laufe von 15 Jahren „habe er zu keiner Zeit in diesem Geschäft Verluste gehabt", S. 83.

Kerr, A., 1945, 'The Influence of German Nationalism and Militarism Upon the Theatre and Film in the Weimar Republic', unveröffentlichtes Maschinenmanuskript aus den Akten des BFI, London.

Der Einfluß der Rechten auf Film und Theater führte zur allmählichen Eliminierung liberalen Gedankenguts. „So lang das Umerziehungsprogramm von einem falsch verstandenen Christentum und mißverstandener Humanität ausgeht, wird sich am militaristischen Geist der Deutschen nichts ändern."

Kezich, Tullio, Hrsg., Triest 1953, *Il Western Maggiorenne.*

Aufsätze, verschiedene Aspekte behandelnd, und eine elfseitige Bibliographie.

Klapp, O. E., 1954, 'Heroes, Villains and Fools as Agents of Social Control', American Sociological Review, 19, S. 56–62.

Helden, Schurken und Narren... 1. „fungieren als Norm für die Selbsteinschätzung, als Vorbild oder als Abschreckung"; 2. dienen zur Organisation und Simplifizierung von Kollektivreaktionen und nicht-rationalem Konsensus, als Sündenbock oder Held, zur Stützung der Moral; 3. sie dienen dem Ritual der Bekundung von Solidarität und der Bestätigung von Normen; 4. „sie dienen der Aufrechterhaltung kollektiver Wertvorstellungen und der notwendigen Ressentiments".

Klapper, J. T., 1958, 'What We Know About Mass Communication: the Brink of Hope', *Public Opinion Quarterly,* 21, S. 453–474.

Die Probleme der Wirkung von Gewaltdarstellungen, der Wirkung auf den Geschmack, der Überzeugungskraft der Medien geben manches Rätsel auf, da die Forschung alle Ansichten bestätigt. Bei der Vermittlung des Einflusses der Massenmedien wirken sich eine ganze Reihe von Faktoren aus: die Prädisposition des Zuschauers, seine persönliche Wahl, seine selektive Wahrnehmung, die kontextuelle Organisation des Medieninhalts, das Publikumsbild des Informanten, der Zeitfaktor, die Gruppenzugehörigkeit des Publikumsmitgliedes und der Wert, den er dieser Zugehörigkeit beimißt; die Tätigkeit der Meinungsführer, die sozialen Aspekte der Situation des Konsumenten während und nach dem Mediengebrauch und seine Rolle in der Gruppe während des Mediengebrauchs, die Persönlichkeitsstruktur, die soziale Schicht sowie der Grad der Frustration; die Natur der Medien in einer Gesellschaft mit freier Wirtschaft, wie auch das Vorhandensein von sozialen Wirkungsmechanismen, die eine Realisierung der Impulse erlauben. Die Anzahl der Faktoren ist so groß, daß „nahezu jeder Aspekt im Leben des Konsumenten und jeder Aspekt der Kultur, innerhalb derer die Kommunikation erfolgt, in irgendeiner Hinsicht der Wirkung des Kommunikationsprozesses zugänglich zu sein scheint" (S. 445). Die Ersetzung der Injektionstheorie der Massenkommunikation durch eine Situationstheorie, derzufolge die Medienwirkung nur ein Einfluß unter anderen ist, vermehrt die Schlüssigkeit der Analyse. Folgerungen: 1. Die Massenkommunikation ist weder eine notwendige noch eine ausreichende Ursache für soziale Vorgänge, vielmehr wirkt sie neben anderen Faktoren und durch sie; 2. diese anderen Faktoren haben zur Folge, daß die Massenkommunikation eher Mittel der Bestätigung der bestehenden Verhältnisse als Mittel zu ihrer Veränderung ist; 3. wenn Massenkommunikation dennoch Wandel herbeiführt, treten entweder andere Faktoren nicht in Aktion, so daß die Medien unmittelbar Einfluß erhalten, oder andere Faktoren, die normalerweise stabilisierend wirken, werden ebenfalls zu Veränderung tendieren. 4. In residuellen Situationen wirkt die Massenkommunikation unmittelbar und erfüllt psychophysische Funktionen; 5. ihre Wirksamkeit wird bestimmt vom Kontext des Medieninhaltes, von den Aktionskanälen und so fort.

-- Glencoe 1960, *The Effects of Mass Communication.*

Die maßgebliche Studie zu dieser Frage. Bereits im vorangegangenen Abschnitt mitabgehandelt. Erschöpfender Literaturhinweis

-- 1963, 'Mass Communications Research: an old road resurveyed', *Public Quarterly,* 27, S. 515–527.

Funktionelle Untersuchungen an Stelle von dychotomischen seien vielversprechender. Fort von der Dychotomie des Ja oder Nein in der Frage des „Mediengewalt verdirbt". Psychologen (Bandura, Berkowitz, Lövaas) gelangen zu guter Letzt zu dem Schluß: Manche *Art* von *Gewaltdarstellungen* wird auf aggressiver Ebene auf *manche* Kinder unter *manchen Bedingungen manche Art* Wirkung haben" (S. 518). Die Leute fragen ja auch nicht, ob Szenen, die im Krankenhaus spielen, Kinder dazu anregen, Blinddarmoperationen auszuführen; andererseits wissen wir nicht, was an solchen Szenen das Publikum fesselt. Welches Element gewährt Gratifikation? Der Inhalt, der Vorgang oder die durch das Medium vermittelte Meinung? Eine Anregung wird erst dann zur Funktion, wenn ihre Konsequenzen sich als funktional erweisen. Was die Medien den Menschen tun, mag sich als untrennbar erweisen von dem, was die Menschen mit den Medien tun. Wie wäre es mit einem Versuch, auf das Geschmacksniveau der Kinder beim Gebrauch von Medien Einfluß zu nehmen.

Klingender, F. D., und *Legge, S.,* London 1937, *The Money Behind the Screen.*

Ein Exposé der Filmfinanzierung in England. Keine klare Aussage über den Zweck der Übung, doch gibt hierüber vielleicht die Wahl eines linken Verlegers sowie Grierson's militante Einleitung Aufschluß... Doch mit der Arbeit will man vorankommen: „Unsere Sorge ist die Sorge der kreativ Tätigen um das Medium, in dem sie tätig sein müssen", S. 8.

Knepper, Max, 1950, 'Hollywood's Barkers', *Sight and Sound,* 19, S. 395 ff.

Sarkastische Kritik an Fan-Magazinen.

Knight, Arthur, 1949, 'The Two-Reel Comedy – It's Rise and Fall', *Penguin Film Review,* 9, S. 39–46.

-- 1953, 'The Reluctant Audience', *Sight and Sound,* 22, S. 191 ff.

Tournee-Verkaufstechniken machten den Film *Henry V* bezahlt. Hollywood's Massenpublikum ist nur eine (Massen)Minderheit von einem Drittel der Weltbevölkerung.

-- 1956, 'Myths, Movies and Maturity', *Saturday Review,* 39, 7. April, 7–8 und 38–40.

„Bedrängt von ‚Familienpublika', steigenden Kosten, alternden Stars, Production Code und Zensurbeschränkungen, Interessenverbänden aller Klassen, Bekenntnissen und Ideologien, ist es ein Wunder, daß Hollywood weiterhin so viele anerkennenswerte Filme produziert, wie es der Fall ist" (S. 40). Von den zehn einträglichsten Filmen wurden sieben in den letzten vier Jahren herausgebracht. Niemand weiß, auf welche Weise ein Film sich herumspricht – von Publicity-Kampagnen abgesehen.

-- New York 1959, *The Liveliest Art.*

Eine sehr lebendige moderne Geschichte des Films.

-- und *Alpert, Hollis,* 1965–69, 'A History of Sex in the Cinema', in *Playboy,* wie folgt:

Teil I, April 1965, 12, S. 127 ff., vor 1910.
Teill II, Mai 1965, 12, S. 134 ff., 1910–1920.
Teil III, Juni 1965, 12, S. 155 ff., USA in den 20ern.
Teil IV, August 1965, 12, S. 114 ff., Europa in den 20ern.
Teil V, September 1965, 12, S. 170 ff., Sex Stars der 20er.
Teil VI, November 1965, 12, S. 150 ff., USA in den 30ern.
Teil VII, Februar 1966, 13, S. 134 ff., Europa in den 30ern.
Teil VIII, April 1966, 13, S. 142 ff., Sex Stars der 30er.
Teil IX, August 1966, 13, S. 120 ff., USA in den 40ern.
Teil X, September 1966, 13, S. 172 ff., Europa in den 40ern.
Teil XI, Oktober 1966, 13, S. 150 ff., Sex Stars in den 40ern.
Teil XII, November 1966, 13, S. 162 ff., USA in den 50ern.
Teil XIII, Dezember 1966, 13, S. 232 ff., Europa in den 50ern.
Teil XIV, Januar 1967, 14, S. 95 ff., Sex Stars in den 50ern.
Teil XV, April 1967, 14, S. 136 ff., Experimentelle Filme.
Teil XVI, Juni 1967, 14, S. 124 ff., Die Nudies.
Teil XVII, November 1967, 14, S. 154 ff., Der Junggesellen-Film.
Teil XVIII, April 1968, 15, S. 138 ff., USA in den 60ern.
Teil XIX, Juli 1968, 15, S. 130 ff., Europa in den 60ern.
Teil XX, Januar 1969, 16, S. 157 ff., Sex Stars der 60er.
Teil XXI, November 1969, 16, S. 168 ff., Sex im Film 1969.
Teil XXII, Dezember 1969, 16, S. 206 ff., Sex Stars von 1969.

Diese literarische und gut recherchierte Mammutserie ist in erster Linie eine Chronik der wechselnden Mode der Körperscheinheit und ihrer Enthüllung. Enthält ein paar herrliche Szenenfotos aus Filmen, über Regisseure nur wenig.

Kobal, John, London 1968, *Marlene Dietrich.*

Ein ernsthafter Versuch zur Aufklärung einer Legende.

Koch, Howard, 1950, 'A Playwright Looks at the Filmwright', *Sight and Sound,* 19, S. 210–214.

Koenigal, Mark, New York 1962, *Movies in Society* (sex, crime and censorship).

Eine ungenaue, naive Attacke auf das Kino mit Ruf nach Zensur. Filme müßten zensiert werden, weil jugendliche Delinquenten sie zu Gesicht bekommen könnten. Kostproben: „Sehen wir uns die letzten Statistiken über das geistige Niveau [sic] der Weltbevölkerung an, werden wir überrascht sein: 25 % besteht aus geistig oder seelisch Anomalen...", S. 51. Viele (Filme) seien nicht wert, auf unseren Leinwänden zu erscheinen, insbesondere Tarzan-Filme, Western und Thriller. Eine große Anzahl hätte keinerlei künstlerische Qualitäten, sie richteten bei Halbwüchsigen, ja sogar bei Erwachsenen mehr Schaden an als Nutzen, S. 189. Tarzan erregt den speziellen Zorn dieses brasilianischen Herrn.

Kracauer, Siegfried, 1934, 'The Conquest of Europe on the Screen: The Nazi Newsreel 1939–40', *Social Research,* 10, S. 337–357.

Beschreibt, wie die Nazis nach Beginn des Polenfeldzuges die Wochenschauen anders aufzuziehen begannen: sparsamer Kommentar, der erst einsetzte, wenn der Film schon lief, und von dem überhaupt nur Gebrauch gemacht wurde, wenn das Bild zur Schilderung der Vorgänge allein nicht ausreichte. Mit Hilfe solcher Techniken, zu denen eine kontrapunktische Untermalung mit Ton gehörte, entstanden optisch und klanglich zusammenhängende Szenen, die sich zu einem effektvollen Ganzen fügten. Die Alliierten müßten sich anstrengen, um Schritt zu halten.

-- New York 1942, *Propaganda and the Nazi War Film.*

Seinem Buch (1947) als Anhang beigegeben.

-- 1946, 'Hollywood's Terror Films', *Commentary,* 2, S. 132–136.

Hollywoods sadistische Horrorfilme, die wie gefilmte Wahnzustände wirkten, paßten zu den vielen Filmen, in denen Psychiater, Priester und „Heilende" eine Rolle spielen.

-- Princeton 1947, *From Caligari to Hitler: A Psychological History of the German Film.* (-- Hamburg 1958, *Von Caligari bis Hitler.* Ein Beitrag zur Geschichte des deutschen Films.)

Der Faschismus (und die Sehnsucht nach Rückkehr in den Mutterschoß) habe sich lange vor Hitler im deutschen Film angekündigt. Rätselhaft ist, daß dieses Buch so ernstgenommen wurde. Bei Denny und Meyersohn heißt es darüber: „Psychologische Geschichte des deutschen Films von 1919–1933 zwecks Bestimmung der dominierenden Einflüsse. Der Film dient als Index zur Untersuchung des Massenverhaltens. Faszinierend, aber überspannt." Vesselo (1947) meint: Der deutsche Film „reflektiert eine fatale Spaltung" der Kollektivmentalität des deutschen Volkes... den Konflikt entgegegengesetzter psychologischer Tendenzen, die d. Verf. als Hang zum Chaos einerseits und zur Autorität (und Tyrannei) andererseits bezeichnet. Mit Hitler trug die völlige Unterwerfung unter die Autorität endgültig den Sieg davon." Fearing (1950) über Kracauer: „Seiner These zufolge lassen die zu dieser Zeit in Deutschland produzierten Filme bereits das Vorhandensein bestimmter Tendenzen erkennen, die sich schließlich in Gestalt des Nazismus manifestierten. Er geht von der grundlegenden Voraussetzung aus, daß die Massenkommunikationsmedien unbewußte Bedürfnisse und Fantasien des Publikums zum Ausdruck brächten, – dem Wesen nach eine Freudianische Interpretation. Auf gleiche Weise, wie Freud einen Traum analysiert, deutet der Verf. den Film, d. h. als habe dieser sowohl einen manifesten wie auch einen latenten Inhalt. Obwohl Kracauers Filmanalysen sehr gescheit sind, bleibt er doch den objektiven Beweis dafür schuldig, daß die von ihm diesen Filmen zugeschriebenen Bedeutungen sich auf den Zuschauer auswirkten. Ebensowenig gibt es einen objektiven Beweis, daß die Hersteller die Filme so meinten, wie Kracauer sie deutet. Dennoch ist seine Studie als Versuch, den Film im Kontext mit einem spezifischen Kulturmuster zu verstehen, sehr wichtig. Sie leidet indes unter den gleichen Schwächen, die der Freudschen Methode und Theorie innewohnen, zumal sie obendrein der Interpretation kultureller Manifestation dienen soll. In diesem speziellen Fall bleibe nichts anderes übrig, als anzunehmen, daß unbewußte geistige Tendenzen der Produzenten in Filmen mit einer verborgenen Bedeutung resultierten, die ihrerseits wieder auf das Unbewußte des Massenpublikums einwirkten" (S. 107). Siehe auch Fearing (1947 a).

-- 1948, 'Those Movies with a Message', *Harper's,* 196, Juni, S. 567–572.

In *Crossfire, The Best Years of our Lives/Die besten Jahre unseres Lebens* (USA 1946) *Farmer's Daughter, Gentlemen's Agreement/Tabu der Gerechten* (USA 1947) befänden Liberale und Liberalismus sich in der Defensive. Die einfachen Leute werden als dem Denken unzugänglich, Liberale als wortreich dargestellt. Wohingegen *Païsan* (Italien 1946) nicht seinesgleichen hat „im Erfassen des menschlich Wesentlichen", S. 571. Der fehlorientierte Durchschnittsmensch schließt die Augen. Gefährlich.

-- 1949, 'The Mirror Up to Nature', *Penguin Film Review,* 9, S. 95–99.

Entwurf zu seinem Buch (1960)?

-- 1950, 'National Types as Hollywood Presents Them', in *The Cinema* 1950, S. 140–169.

Beginnt mit seinem klassischen Argument, es könne nicht stimmen, daß Hollywood dem Publikum etwas aufdränge, was es nicht haben wollte; da Hollywood Profit machen müsse, sei es genötigt, auf die Wünsche der Leute, vorhandene oder noch schlummernde, einzugehen. Wenn also das Publikum bekommt, was Hollywood will, daß es wollen sollte, würden Hollywoods Wünsche, was das Publikum wollen sollte, auf die Dauer von den Pubkliumswünschen bestimmt. Erwähnt, daß in den 30er Jahren kaum Filme, die Deutschland berührten, und nach dem Krieg gleicherweise kaum Filme, die Rußland thematisch berührten, hergestellt wurden. Erst als allen klar geworden war, daß die Nazis gestoppt werden mußten, erst als die öffentliche Meinung Amerikas sich in puncto Russen versteift hatte, konnten wieder Filme über Nazis, bzw. Russen erscheinen. Wie ließe sich nun erklären, daß es in der Nachkriegszeit keine Filme über das Thema England gab? *Ad hoc:* Die Labour Regierung habe einen dem American Way of Life entgegengesetzten Lebensstil propagiert. US-Filme stellten den Briten als Snob dar, in deutschen Filmen dagegen sei er der rücksichtslose Heuchler. Der Markt diktiere, und insofern drückten sie subjektive Meinungen aus. Es sei schwer, zu objektiven Ansichten zu gelangen, denn sie würden den Intentionen zuwiderlaufen: *Ruggles of Red Gap* (USA 1935) entspräche ebenso wie *Mrs. Miniver* nicht der Wirklichkeit. Lediglich vor dem Kriege seien ein oder zwei Filme über Rußland herausgekommen, die noch dazu Satiren waren. Im Krieg hingegen wurden viele pro-russische Filme gegeben, nach dem Krieg anti-russische. Filme könnten nur dann zur Veränderung der Einstellungen des Publikums beitragen, wenn diese bereits im Wandel begriffen seien. Die Filmindustrie müsse die Publikumsstimmung erraten.

-- New York 1960, *Theory of Film*
(-- Frankfurt 1964, *Theorie des Films*)

Kael legt in (1965) enthaltener Besprechung dar, und sie hat recht, wie absurd diese Bemühungen um eine verlorene Stellung sind: um die Aufrechterhaltung einer Theorie des Films, derzufolge der Film Realität einzufangen vermöge. Kracauers rührende Tugend ist seine große Liebe zum Film; so groß ist sie, daß er hektische Anstrengungen zur Aufstellung einer Theorie unternimmt, die den Film auf die Ebene der legitimen Kunst hebt.

Kunz, Clyde C., and *Tichener, Frank A.,* 1926, *The Motion Picture in Its Economic and Social Aspects.* See: Annals of the American Academy of Political and Social Science (1926).

Laffay, Albert, Paris 1964, *Logique du Cinéma,* création et spectacle.

Existentialistische Auffassung: „Der Film errichtet somit vor unseren Augen eine quasi-reale Welt aus wechselseitig voneinander abhängenden Pseudoobjekten, die sich wie wirkliche Objekte durch reziproke Exklusion definieren, ein jedes an seinem Ort sich mit aller bei einer wechselseitig bedingten Existenz zur Verfügung stehenden Kraft zu behaupten trachten. Dem Schatten gefügter Bildmosaike gewinnen sie einen Schatten der Wirklichkeit ab“, S. 31. „Der Film ist also eine Poesie des Raums. Sein Bilderkaleidoskop regt uns zu der Erkenntnis an, daß die Geschäfte des Lebens uns nicht die Muße gewähren, um aus dem nötigen Abstand gerade jenes Angebot an Raum zu genießen, auf das sich unsere Freiheit stützt“. Doch könnten wir nicht die Härte der Welt (in doppeltem Sinn des Wortes) empfinden, wenn wir nicht dieser Welt so verhaftet wären. Wer sich an die Wahrheit klammert, ist der Wahrheit nahe. COMTE's Konzeption vom „theologischen Stadium“ läuft darauf hinaus..., daß der Mythos das Denken des Menschen erst möglich machte. Die Fabel scheidet den Menschen vom Tier. Und bei *Whitehead* steht irgendwo, es sei wichtiger, interessante Ideen zu haben, als richtige“, S. 170–171.

Lahue, Kalton C., Norman, Oklahoma 1964, *Continued Next Week,* a history of the moving picture serial.

Geschichte des amerikanischen Serienfilms.

-- Norman, Oklahoma 1966, *World of Laughter,* the motion picture short, 1910–1930.

Eingehende fundierte Geschichte der amerikanischen Kurzfilm-Groteske.

-- und *Brewer, Terry,* Norman, Oklahoma 1968, *Kops and Custards,* the legend of Keystone films.

Eingehende Studie über Keystone, Produzent vieler der frühen Filmkomiker, Chaplin, Arbuckle, the Keystone Kops, etc.

Lake, Beryl, Oxford 1959, 'A Study of the Irrefutability of Two Aesthetic Theories', in W. Elton, Hrsg., *Aesthetics and Language.*

Der Anschein von Objektivität der Ästhetik Croces, der Collingwoods und Bells trügt: Im Bereich des Möglichen gäbe es eben kein Beispiel, das gegen sie spräche.

Lamarr, Hedy, New York 1966, *Ecstasy and Me.*

Erstaunlich „freimütige“ Autobiographie, mit der sich d. Verf. zu Geistlosigkeit und Nymphomanie bekannt. Alle Anzeichen lassen auf eiliges Ghost-writing schließen. Die Autorin hat einiges davon widerrufen und bestritten und strengte mehrmals Klage an.

Lambert, Gavin, 1950, 'A Line of Experiment', *Sight and Sound,* 19, S. 144 ff.

Studie über den neuen Realismus des amerikanischen Gangsterfilms.

-- 1952, 'Further Notes on a Renaissance', *Sight and Sound,* 22, S. 61 ff.

Gedanken über den italienischen Nachkriegsfilm.

-- New York 1959, *The Slide Area.*

Geschichten aus Hollywood, die des Engländers heftige Reaktion auf die Bizarrerien Südkaliforniens erkennen lassen.

-- New York 1963, *Inside Daisy Clover.*

Roman über ein Hollywood-Kind, das zum Star gemacht wird.

Landau, Jacob M., Philadelphia 1958, *Studies in the Arab Theatre and Cinema.*

Umriß der mächtigen Wirkung des westlichen Theaters und später des Films auf die Araber, sowie der einheimischen Entwicklung. Recherchen wurden anscheinend in Israel und den USA betrieben. Filme werden thematisch analysiert: Farcen, historische Melodramen und Dramen, Komödien, politische Filme. Besonders interessant: „Es gibt kaum einen arabischen Film, der nicht sehr viel Musik enthält", S. 199.

Lapierre, Marcel, Paris 1948, *Les Cents Visages du Cinema.*

Umfängliche Geschichte des Films, die erste Hälfte davon Frankreich betreffend; die übrigen Kapitel behandeln fast alle anderen Länder der Welt. Einige Aufmerksamkeit wird auch dem sozialen Hintergrund und der Zensur gewidmet. Von Frankreich abgesehen; ziemlich oberflächlich und wenig anspruchsvoll.

Larabee, Eric, New York 1962, *The Self-Conscious Society.*

Essays leichteren Genres über amerikanische Kultur; enthält unter anderem einen nüchternen Beitrag zur Massenkultur-Debatte: Massenkultur wirkte der Klassenkultur entgegen, da sie einer breiten Schicht die Möglichkeit der Auswahl biete.

– – und *Meyersohn, R.*, Glencoe 1958, *Mass Leisure.*

Ein Reader über Freizeit und ihren Gebrauch, angefügt eine reiche Bibliographie. Wolfenstein verbreitet sich wieder über 'The Emergence of Fun Morality', S. 86–96.

Larsen, Otto N., Chikago 1964, 'Social Effects of Mass Communication', in Paris, R. E. L., Hrsg., *Handbook of Modern Sociology.*

Gibt einen ausgezeichneten allgemeinen Überblick. Unterscheidet zwischen effektiver und erfolgreicher Kommunikation, je nachdem ob sie „ankommt" oder darüber hinaus einen Bekehrungsprozeß auslöst. Erörterungen und Kommentare zu Klapper (1961) und Berelson (1961).

– – Hrsg., New York 1968, *Violence and the Mass Media.*

Von den dreißig Aufsätzen dieses Readers befassen sich nur vier mit Film, doch sind alle von höchstem Interesse, unter anderem auch die faszinierende Gegenüberstellung Klapper-Berkowitz-Wertham.

Lauritzen, E., New York 1962, *The Swedish Film.*

Notizen über ausgewählte schwedische Filme, 1909–1957.

Lawson, J. H., 1946, 'Hollywood – Illusion and Reality', *Hollywood Quarterly*, 1, S. 233.

Das Hollywood-Stereotyp (nach Autoren wie Chandler, Rosten, Isherwood) ist kein Zufallsprodukt. Solange der Durchschnittsbürger Hollywood als glamouröses Narrenhaus sieht, wird er sich schwerlich vorstellen können, daß man sich dort um das Vertrauen der Öffentlichkeit, um die Wahrung der Gedanken- und Kommunikationsfreiheit bemüht.

Lazarsfeld, P. F., 1947, 'Audience Research in the Movie Field', *Annals*, (1947), S. 160–168.

Die Publikumsforschung befaßt sich in erster Linie mit folgenden Kategorien: der Kontrolle, dem Kommunikationsinhalt, dem Publikum und der Wirkung auf das Publikum. Die Definierung des Kinobesuchers birgt gewisse Probleme. Dominierender Publikumsfaktor ist das Alter, – mit ansteigendem Alter ist ein deutlicher Rückgang des Kinobesuchs zu verzeichnen; bei höherem Bildungsstand ist er allerdings geringer. Gründe: 1. Der Kinobesuch als soziale Aktivität ist für junge Menschen nur eine unter verschiedenen sozialen Aktivitäten; 2. der Kinobesuch ist mit Unbequemlichkeiten, d. h. mit Verlassen des Hauses verbunden; 3. die Filme werden auf den Geschmack der jungen Jahrgänge ausgerichtet. Auf dem Lande ist der Filmbesuch geringer – aus Mangel an Kinos. Die meisten gehen mit Freunden ins Kino. Sie ziehen Filme vor, die in ihrer eigenen Welt spielen und nicht im Widerspruch zu ihren Erfahrungen stehen. Entscheidend für die Diffusion ist die Empfehlung von Mund zu Mund. Die „Geschmacksbildner" zeichnen sich durch gewissen soziale Eigenschaften aus: 1. sie sind junge Menschen (unter 25); 2. die der gleichen Schicht angehören wie die Ratsuchenden; 3. und selbst häufig ins Kino gehen, Filmmagazine lesen, mehr Radio hören, ganz allgemein interessierter sind, mehr soziale Beziehungen haben; 4. ihre eigene Auswahl wiederum wird von Publicity, Magazinen usw. beeinflußt.

– – und *Kendall, P.*, New York 1948, *Radio Listening in Amerika.*

Bei einer Untersuchung des Rundfunkpublikums wurden Lese- und Kinopublikum miterfaßt: Rundfunk- und Kinointeresse scheinen sich zu ergänzen. Häufige Radiohörer gehen auch häufiger ins Kino, seltene Hörer besuchen selten das Kino. Interesse und Gelegenheit halten einander die Waage. Buchleser neigen mehr dazu, Kino-Fans zu sein; ihr Verhältnis zum Radio war nicht festzustellen. Ausnahme: Viele Filme basieren auf Bestseller-Romanen. Der Filmbesuch steht in Relation zum Alter; die Spitze wird von den 19-Jährigen erreicht. Sie haben mehr freie Abende, weniger Verantwortung, gehen gern aus, haben noch keine geregelten sozialen Aktivitäten. Alleinstehende gehen unabhängig von der Altersstufe häufiger ins Kino als Verheiratete, Männer öfter als Frauen (unverheiratete). Auf dem Lande ist der Filmbesuch geringer.

Filmbesuch in den vorangegangenen Monaten nach Altersstufe

Besucher	21–29	30–39	40–49	50–59	60 +
Keiner	19	31	36	51	73
Einer	15	18	16	15	9
Zwei oder drei	26	26	27	18	9
Vier oder fünf	23	16	14	11	6
Fünf und mehr	17	9	7	5	3
Insgesamt %	100	100	100	100	100

– – und *Merton, R. K.*, 1944, 'The Psychological Analysis of Propaganda" in *Writers Congress* (1944), S. 362–380.

Absicht: Propaganda-Analyse und Voraussage unerwarteter Reaktionen [*sic*]. In Wirklichkeit: Inhalts- und Reaktionsanalyse. Zitieren das berühmte Beispiel jenes Radiovortrages, mit dem die Hörer vor Röntgenbehandlung durch Quacksalber gewarnt werden sollen, der aber einen Bumerang-Effekt auslöste: von Nichtverstehen über Verärgerung bis zu Mißtrauen gegenüber allen Informationen über Röntgenbehandlungen durch lizensierte Fachleute überhaupt. Der Vortragende hatte psychologisch in ein Vakuum gesprochen, indem er die Mentalität seines Publikums nicht in Rechnung zog, – die sich erheblich von seiner eigenen unterschied. Während das Mißtrauen überwog, es könne sich „nur um Propaganda" handeln, bestand auch Bereitwilligkeit, die „Propaganda der Fakten" aufzunehmen.

Leloir, Maurice, Paris 1929, *Cinq Mois a Hollywood avec Douglas Fairbanks;* Max de Cuvillon, *Films Muets, Films Parlants.*

Charmante Erinnerungen eines vierundsiebzigjährigen Stil-Experten, der nach Hollywood gebeten wurde, um Ausstattung und Design von *The Iron Mask* zu überwachen. Lebendige, sympathische witzige Schilderung des Studiolebens in Hollywood; – in erster Linie nach dem Augenschein, da d. Verf. kein Englisch konnte. Im zweiten Teil behandelt sein Schwiegersohn technische Detailfragen der Filmproduktion.

Leprohon, Pierre, Paris 1945, *L'Exotisme et le Cinéma,* Les 'Chasseurs d'Images' a la Conquête du Monde.

Ausführliche und detaillierte Untersuchung über die Darstellung exotischer Themen und exotischer Schauplätze im Film, inbegriffen die vielen auf Forschungsexpeditionen aufgenommenen Filme.

Lerner, D., Glencoe 1958, *The Passing of Traditional Society.*

Leroy, M., und *Canfield, A.,* New York 1935, *It Takes More than Talent.*

Levant, Oscar, New York 1965, *Memoirs of an Amnesiac.*

Faszinierende Klatschgeschichten über die Herstellung einiger der berühmtesten Hollywood-Musicals. Zudem ein interessanter Lebensbericht.

Leweranz, A. S., 1929, 'An Analysis of the Academic Achievement and Mental Level of 257 Elementary School Pupils in Relation to Frequency of Attendance at Motion Picture Theatres', Los Angeles City School District, Psychological and Educational Research Division, Maschinenmanuskript, unveröffentlicht, USC Library.

„Es scheint, daß der Film der Schulleistung des Kindes nicht nützt, vielmehr daß exzessiver Filmbesuch seine Leistungen reduziert. [Filmbesuch in Maßen hat keine Wirkung?]

Lewis, H. T., New York 1930, *Cases on the Motion Picture Industrie, Harvard Business Reports,* 8.

Von einer Handelsschule angefertigte Analysen von Fallstudien, überwiegend Distribution und Vorführung betreffend; enthält aber einige Beispiele dafür, auf welche Weise Banken und Finanziers die Kreditwürdigkeit eines Produzenten prüfen.

– – New York 1933, *The Motion Picture Industry.*

Gescheite, übersichtliche Darstellung der Industrie; es werden die Beziehungen zwischen industrieller Struktur und Produktion untersucht. „Man darf wohl sagen: das in vieler Hinsicht zentrale Problem der Filmindustrie ist die Frage, welche Art Filme sie produzieren soll“, S. 81.

– –New York 1933, 'Motion Pictures – Industrial Development', *Encyclopaedia of the Social Sciences,* 11, S. 58–65.

Nicht gerade aufregende Geschichte der Industrie; weit weniger klar als die von Hellmuth (1950).

Leyda, Jay, 1960, 'A Chinese Adventure', *Films and Filming,* 6, September, S. 11 ff.

– – London 1961, *Kino,* A History of the Russian and Soviet Film.

Maßgebliche fundierte Geschichte des russisch-sowjetischen Films, – wenn auch etwas weitschweifig. Macht deutlich, daß man vor Eingliederung des Films in den ersten Fünfjahresplan mehr um die Organisation und weniger um eine stilistische Reglementierung bemüht war. In den zwanzig Jahren stalinistischer Herrschaft wurde die Industrie neunmal umorganisiert, bis sie schließlich fast ausnahmslos historische Verherrlichungen der Revolution produzierte, so daß im Jahr 1953 nur noch fünf Spielfilme entstanden. Siehe Besprechung bei Thorold Dickinson in *Sight and Sound,* 1960, 29, S. 202–203.

Lippmann, Max, Wangen 1967, *Film:* Ein sozialpsychologisches Phänomen. Die Darstellung des Jüdischen Menschen im Film.

Zwei im memoriam veröffentlichte Essays eines deutsch-jüdischen Filmkritikers.

Liu, A., 1966, 'Movies and Modernization in Communist China', *Journalism Quarterly,* 43, S. 319–324.

Schildert die Mobilisierung des Films für den Großen Sprung Vorwärts und dessen Zementierung. Filmvorführungen waren nichts anderes als reine „Agitprop"-Veranstaltungen mit einleitendem, begleitendem und abschließendem Vortrag. Die Produktion von Wochenschauen und Dokumentarfilmen wurde dezentralisiert.

Lo Duca, G. M., Paris 1957, 1960, 1962, *L'Érotisme au Cinéma,* 3 Bde.

Duca wetteifert auf dem Gebiet des Films mit Ashbee, jenem viktorianischen Bibliographen der Pornographie, nur hält Duca sich an pornographische Anspielungen in genehmigten Filmen. Wenn sein mit graphischen Darstellungen und Gleichungen versehener Text ernstgenommen werden will, so wäre das schlimm. Ich ziehe seine Erklärung vor, daß er die Absicht hatte, eine These zu erarbeiten, dann aber feststellte, daß Szenenfotos mehr sagten als Worte und daß sein Verleger, J. J. Pauvert, hierin mit ihm übereinstimmte!

Loos, Anita, New York 1966, *A Girl Like I.*

Glänzende Autobiographie der Autorin, die so gut wie jeden im Hollywood der 10er und 20er Jahre kannte.

Lounsbury, Myron O., 1966, The Origins of American Film Criticsm 1909–1939, Diss., University of Pennsylvania, unveröffentlicht.

1. Überwog in der amerikanischen Filmkritik stets ein liberaler Tenor, was das Thema betraf, oder ist dies erst eine Nachkriegserscheinung? 2. Hat die Filmliteratur sich je zuvor mit der Form-Inhalt-Debatte befaßt? Ja, lautet die Antwort in beiden Fällen. 1909 tauchten die ersten seriösen Besprechungen vorwiegend in Handels- und Unterhaltungsblättern auf. In den 20er Jahren erschienen bereits regelmäßige Besprechungen in Tageszeitungen und Magazinen, und es entstanden die ersten auf Film spezialisierten Zeitschriften. In den 30er Jahren geht die filmliterarische Produktion etwas zurück; Ende des Jahrzehnts kam Lewis Jacobs Buch (1939) heraus: die erste systematische Arbeit über Traditionen der Beurteilung und des Geschmacks. Bis 1909 wurde der Film als wissenschaftliches und ökonomisches Phänomen abgehandelt. Im Jahr 1909 veranlaßten Filme über den Thaw-Skandal den Polizeichef von New York noch zu Verwarnungen, so daß Drehbuchautoren zum Gegenangriff übergingen und die Zensur attackierten: der Film sei ein rein künstlerisches Medium, das sich im Lauf der Zeit noch herausmachen werde.

Lövaas, O. I., 1961, 'Effect of Exposure to Symbolic Aggression on Aggressive Behavior', *Child Development,* 32, S. 37–44.

Wenn man Kinder, denen man Zeichentrickfilme aggressiven Inhalts gezeigt hatte, unmittelbar danach vor die Wahl zwischen zwei Spielzeugen (Ball oder „aggressive" Puppen) stellte, entschieden sie sich für das aggressive Spielzeug (zwei Puppen schlugen sich bei Hebelbetätigung gegenseitig auf den Kopf), – im Gegensatz zu anderen Kindern, denen nicht-aggressive Filme vorgeführt worden waren. Entweder hatte sich ihre „Empfindlichkeit für Verhalten mit aggressiven Konsequenzen gesteigert" oder „der Film hatte ihr Unterscheidungsvermögen geschärft, so daß sie sich merkten, wann aggressives Verhalten gutgeheißen oder zumindest nicht bestraft wurde", S. 43.

Lovell, Alan, Hrsg., London 1968, *Don Siegel – American Cinema.*

Eine Studie über Siegel, die mit einer Befragung abschließt, der zu entnehmen ist, daß eine stattliche Anzahl englischer Kritiker den Hollywoodfilm unbeirrbar verteidigt.

Low, Rachel, und *Manvell, R.,* London 1948, *The History of The British Film,* Bd. I, 1896–1906.

– – London 1949, *The History of The British Film,* Bd. II, 1907–1914.

– – London 1951, *The History of The British Film,* Bd. III, 1914–1918.

Maßgebliche, sehr detaillierte, unter offizieller Schirmherrschaft (des British Film Institute und der British Film Academy) entstandene Geschichte des englischen Films.

Luchaire, Julien, 1924, 'Relations of the Cinematograph to Intellectual Life', memorandum submitted to the League of Nations Committee on Intellectual Co-operation, Abdruck in Seabury (1929), S. 235–264.

Richtet sich gegen „alberne Sentimentalität oder ... fantastische Abenteuer" im Film und hält Film für eine Kunst. Er sei heute zu ausschließlich auf das niederste Niveau ausgerichtet. Seabury hält es für „ein brillantes Memorandum". [Im Licht von Gans (1966) betrachtet möchte ich fragen: sind wir seitdem nicht ein ganzes Stück weitergekommen?]

Ludwig, Emil, 1946, 'The Seven Pillars of Hollywood', *Penguin Film Review,* 1, S. 90–95.

Wie Hollywood seine Begabungen ruiniert und zugrunderichtet; mangelnder Sachverstand werde seinen Fall herbeiführen.

Lunders, L., Brüssel 1963, *'L'Attitude Actuelle des Jeunes devant le Cinéma,* essai de synthése.

Reich dokumentierte und tabellarisierte katholische Analyse, die zu beweisen versucht, daß man mehr Familienfilme produzieren sollte, da sie mehr einbrächten als die üblichen Filme.

Luraschi, Luigi, 1947, 'Censorship at Home and Abroad', *Annals* (1947), S. 147–152.

Bei der Prüfung von Material sollten die betreffenden Studioabteilungen nicht nur davon ausgehen, wie weit es für Ankauf und Verfilmung in Frage komme, sondern darüber hinaus bestimmte Empfindlichkeiten des ausländischen Publikums in Rechnung ziehen. Es habe eine besondere Abneigung gegen 1. historische Filme, die zu den jeweiligen lokalen Ansichten über die gleichen Ereignisse in Gegensatz stehen, 2. gegen fast jede Hollywood-Darstellung des Zweiten Weltkriegs und seine Nachwirkungen, 3. gegen leichte Komödien, die in den USA spielen.

Maccann, R. D., 1951, 'Documentary Film and Democratic Government', an Administrative History from Pare Lorentz to John Juston. Diss., Harvard University (Government Dept.), unveröffentlichtes Maschinenmanuskript.

-- New York 1962, *Hollywood in Transition.*

Informativer Überblick über Hollywood's wichtigste strukturelle Veränderungen; ein großer Teil des Buches besteht aus aneinandergereihten kurzen Aufsätzen. Keine überraschenden Schlußfolgerungen.

-- New York 1964, *Film and Society.*

Ausgezeichnete Auswahl, die unter dem Mangel leidet, daß nicht genug informatives Material existiert. Enthält wenig über die soziale Organisation der Filmherstellung und Bewertung.

Maccoby, Eleanor, New York 1964, 'Effects of the Mass Media' in M. und L. Hoffmann, Hrsg., *Review of Child Development Research,* S. 323–348.

Nützlicher Überblick über die Literatur im Hinblick auf die Auswirkungen der Massenmedien bei Kindern. Vertritt u. a. das Argument, daß der übermäßige „Mediengebrauch" sozialpsychologisch ein Gefahrenzeichen sei, ist aber auch der Meinung, daß ihre Wirkungen durch die Unterweisung und das Beispiel der Menschen, die im Leben des Kindes einen wichtigen Platz einnehmen, abgeschwächt beziehungsweise ausgeglichen werden können.

--, *Levin, H.,* und *Selya, B. M.,* 1955, 'The Effects of Emotional Arousal on the Retention of Aggressive and Non-Aggressive Movie Content', *American Psychologist,* 10, S. 359 ff.

Die Hypothese, daß der Zuschauer, wenn er ohnehin schon zur Zeit des Filmansehens gereizt ist, eher dazu neigen wird, sich an 1. mehr aggressive und 2. weniger nicht-aggressive Vorgänge zu erinnern als andere Zuschauer, die in ausgeglichenerer Verfassung sind, bestätigte sich bei Testversuchen.

--, *Levin, H.,* und *Selya, B. M.,* 1956, 'The Effects of Emotional Arousal on the Retention of Film Content: „A Failure to Replicate"', *Journal of Abnormal and Social Psychology,* 50, S. 3–11.

Die von den gleichen Wissenschaftern 1955 vertretene These, derzufolge „es mehr von der emotionellen Verfassung der Kinder zur Zeit der Filmvorführung abhängt, welcher Art Filminhalt sie sich eine Woche später noch entsinnen, läßt sich nicht halten. Es zeigte sich, daß Kinder, die man künstlich in einen hochgradig frustrierten und aggressiven Zustand versetzt hatte, sich um ein weniges schlechter an aggressive Filminhalte erinnern konnten (als nicht gereizte Kinder). Die resultierende Hypothese: Entweder sind selektive Wahrnehmung (in aggressiver Stimmung rezipiert man in erster Linie das, was der eigenen Stimmung entspricht) oder aggressive Fantasien (die „Entladung" aggressiver Impulse herbeiführen) entscheidend für den Grad der „Erinnerungswahrscheinlichkeit".

-- und *Wilson, W.,* 1957, 'Identification and Observational Learning from Films', *Journal of Abnormal and Social Psychology,* 55, S. 76–87.

Lernen geschähe durch *Tun.* Dennoch lernten wir auch durch das Sehen von Filmen. Wir identifizierten uns, – entweder mit „einem von uns", was Gratifikation gewähre, oder mit einem, der sich abhebt, um Schuldgefühlen (durch Projektion) zu entgehen. „Wir vermuten, daß Kinder aus Angst vor der Darstellung von Agressionen lieber Tiere oder Raumfahrer als Filmhelden sehen", S. 77. Während der Zuschauer sich meist mit Angehörigen der angestrebten höheren sozialen Schicht identifiziere, sei seine Erinnerung an das Handeln der Idenfikationsperson relativ schwach, ausgenommen bei Aggressionen, was vielleicht mit selektiver Wahrnehmung aufgrund eines inneren Bedürfnisses zu erklären sei. Jeder identifiziere sich mit

Personen des eigenen Geschlechts: Knaben erinnerten sich mehr an aggressive Handlungen, Mädchen mehr an Girl Alone-Situationen oder an solche, die aus Interaktionen zwischen Frauen resultierten. „Das Erinnerungsvermögen an Filminhalte scheint sowohl von der Identifikation mit einer der Personen des Films als auch von der Bedürfnis-Relevanz eines bestimmten Filminhalts für den Zuschauer beeinflußt zu werden", S. 86.

– – und *Burton, R.*, 1958, 'Differential-Movie-Viewing Behaviour of Male and Female Viewers', *Journal of Personality*, 26, S. 259–267.

Es besteht ein Zusammenhang zwischen Bedürfnisrelevanz und Gleichgeschlechtlichkeit von Zuschauer und Identifikationsperson. Untersuchungen, bei denen man die Augenbewegungen der Zuschauer während einer Filmvorführung verfolgte, um festzustellen, ob sie tatsächlich diejenige Person beobachteten, mit der sie sich identifizierten, ergaben, daß männliche Zuschauer mehr auf männliche Darsteller achten, als Frauen auf weibliche.

McCormack, T., 1961, 'Social Theory and the Mass Media', *Canadian Journal of Economic and Political Sciences*, 27, S. 479–489.

Massenmedien dienen der Sozialisierung und der sozialen Kontrolle. Sie stellen Kohärenz, Gemeinsamkeit der Erfahrungen, ein Bewußtsein für das Ganze her.

– – 1966, 'Intellectuals and the Mass Media', *American Behavioral Scientist*, 9, S. 31–36.

Die Massengesellschaft ziehe die interpretierende der kreativen oder kritischen Information vor. Intellektuelle und Journalisten müßten hier kooperativer sein, da akademische Freiheit und Freiheit der Rede keine ausreichende Sicherheit gewähren.

MacDonald, Dwight, 1954, 'A Theory of Mass Culture', *Diogenes*, Sommer, 3, S. 1–17; Abdruck in White und Rosenberg (1957).

Enthält seine berühmte elitäre Theorie der Dreiteilung in Hohe Kultur, Volkskultur und Massenkultur, wobei letztere als bedrohlich für die anderen angesehen wird, da sie sich über sie ausbreite, dabei die Grenzen verwische und das Niveau herabdrücke. Massenkultur = Kitsch. „...Der Stummfilm hatte zumindest theoretisch die Möglichkeit, im Rahmen der Massenkultur künstlerisch signifikant zu sein, der Tonfilm innerhalb dieser Grenzen nicht", S. 8. Siehe die Entgegnung von Brogan in *Diogenes*, 5, 1954, S. 1–13.

McKechnie, Samuel, London 1932, *Popular Entertainment Through the Ages.*

Geschichtliche Darstellung, ein nützliches Korrektiv aller Vorstellungen über die Verderblichkeit der Massenkultur, etc. Das Kapitel über den Film endet mit dem Jahr 1907.

MacLiammor, M., London 1951, *Put Money in Thy Purse.*

Von Welles engagiert, in seinem Film *Othello* den Jago zu spielen, erlebte MacLiammor vor allem in Marokko alle Wechselfälle der Herstellung dieses Films mit. Eine Lobeshymne auf Welles außergewöhnliche Fähigkeit zum Überleben im Dschungel des Films, auf seine unverwüstliche schöpferische Tatkraft. Denn es kam trotz aller Widrigkeiten ein großartiger Film zustande.

McLuhan, H. M., New York 1951, *The Mechanical Bridge.*

– – Toronto 1962, *The Gutenberg Galaxy.*
(*McLuhan, Marshall,* Die Gutenberg Galaxis, Düsseldorf 1968.)

-- New York 1964, *Understanding Media.*

(-- Düsseldorf 1968, *Die magischen Kanäle.*)

-- New York 1967, *The Medium is the Message.*

-- und *Carpenter, E.*, Boston 1960, *Explorations in Communication.*

-- und *Fiore, Q.*, New York 1968, *War and Peace in the Global Village.*

Eine Sammlung von Werken McLuhans (und Stearnes [1967]), denen eine vollständige Bibliographie beigegeben ist, und Rosenthal (1968). Sie sind nicht schwer zu lesen und stellen den einzigen Weg dar, um in das Denken des Meisters Eingang zu finden. Meine eigene Nutzanwendung sowie einige Bemerkungen dazu, siehe im Anhang meines Buchtextes.

McPherson, Mervin, 1956, 'Memoirs of a Publicist', *Films and Filming,* 2, April, S. 6–7, Mai, S. 15, Juni, S. 16–17 und 34, Juli, S. 9.

McVay, D., London 1967, *The Musical Film.*

Liste amerikanischer Musicals in chronologischer Reihenfolge mit Kommentar.

McWilliams, Carey, New York, 1946, *Southern California Country.*

Kapitel XVI, „The Island of Hollywood", ist eine sarkastische soziologische und historische Analyse dieses Vorortes wie auch seiner Mentalität.

Maddison, J., und *Oldfield, R. C.*, 1947, 'The Social Science and the Cinema', BBC Third Programme, unveröffentlicht.

Rundfunksendung. Ein Gespräch anläßlich der von Cohan-Séat organisierten „filmologischen" Konferenz in Paris. Oldfield ging auf die – trotz einer Leinwand in beträchtlicher Entfernung und Größe – selektiven und rekonstruktiven Aspekte des Filmsehens ein. Maddison erwähnt, daß nigerianische Filmzuschauer bei einem einfachen Kameraschwenk ein Gebäude vorübersausen zu sehen glaubten.

-- und *Vesselo, A.*, 1947, 'The Cinema and the Narrative Arts', BBC Third Programme, unveröffentlicht.

Diskussion über eine zu literarische Behandlung des Films und seine thematischen Klischees. Der Film wird mit Theater und Roman verglichen. Vesselo verteidigt den Film und erhebt die Forderung, daß auch Filmversionen, von Klassikern in erster Linie filmische Qualität haben müßten.

Malraux, André, Paris 1946, *Esquisse d'une Psychologie du Cinéma.*

Enthält ziemlich dürftige Bemerkungen wie „Ein Bühnenschauspieler – ein kleiner Kopf in einem großen Saal; ein Filmschauspieler – ein großer Kopf in einem kleinen Saal", S. 34. Es fehlten Pausen. Der Film wird mit dem Roman, Sequenzen mit Kapiteln verglichen usw. Der amerikanische Film sei (etwa 1939 bei Entstehen des Essays) guter Journalismus, nicht aber Literatur. „Marlene Dietrich ist keine Schauspielerin im Sinne von Sarah Bernhardt, sondern ein Mythos wie Phryne", S. 51.

Manvell, A. R., Harmondsworth 1944, *Film.*

Meine Generation wurde mit der Milch seines toleranten Liberalismus, seiner noblen sozialen Haltung genährt. Dennoch mußten wir uns entwöhnen und nach handfesterer Kost verlangen, zu der – wie sich herausstellte – auch Ginger Ale gehörte (*Cahiers, Movie*) etc.

– – 1946 a, 'The Philosopher at the Cinema', *Sight and Sound*, 15, S. 18–20.

Anständige und ausgewogene Besprechung über Cohen-Séat (1946) und Mayer (1945).

– – London 1946 b, *A Survey of the Cinema and its Public.*

In Teil III, 'The Influence of the Film On Society', wird errechnet, daß ein Paar, wenn es regelmäßig zweimal wöchentlich ins Kino geht, etwa 24 Pfund im Jahr dafür ausgibt. Obwohl in Amerika manche vermuten (z. B. die Payne Fund Studies), daß Zusammenhänge zwischen Delinquenz und Film bestehen, hält Manvell sie für tiefer verwurzelt. Geht auch auf Stars und Dokumentarfilme ein.

– – 1953, 'Britain's Self-Portraiture in Feature Films', *Geographical Magazine, August*, S. 222 bis 234.

Regionalismus bereichert den Film; Understatement wird verlangt. Insofern kommt der Musik besondere Bedeutung zu (Bax, Vaughn, Williams, Walton, Bliss, Alwyn Rawsthorne); sehr viel Wert legt man auf gute Schauspieler. In den 30er Jahren gab es kaum Filme, die in England spielten. Die Kriegsfilme seien unterschätzt worden. Die Quintessenz eines Films, der Ausländern englisches Wesen verständlich machen kann, war *Brief Encounter/Begegnung* (Engl. 1945). In der Nachkriegszeit gab es einen naturalistischen und einen bühnenhaften Stil. Unsere besten Filme sind die, die in England spielen.

– – Harmondsworth 1955, *The Film and the Public.*

Exzellente, populär gehaltene Einführung in einige der soziologischen, hier in unserem Buch gestellten Fragen. Besonders gescheit sind Kapitel 3 über die Industrie und Kapitel 4 über das Publikum.

– – London 1967, *New Cinema in Europe.*

Ein eilig angefertigter Überblick über den europäischen Film seit 1945. Zu kurz um auf stilistische Fragen einzugehen. Befaßt sich statt dessen mit den verschiedenen Schulen und Filmplots. Gute Szenenfotos.

– – London 1968, *New Cinema in the USA.*

Ergänzung zu (1967). Unbeirrbar vertritt Manvell seinen Standpunkt: „Der Standard der amerikanischen Filmherstellung war nie so hoch wie in den 50er und 60er Jahren. Die anspruchsvolleren Filme haben eine größere Variationsbreite erhalten, sind individueller und kühner geworden. Auch ihre technische Präsentation ist eindrucksvoller als früher", S. 8. Behauptet auf S. 23 ff. das Hollywoodsystem sei unterminiert worden 1. durch *Huac*, 2. durch den Anti-Trust-Prozeß; 3. durch das Fernsehen. Zitiert Dilys Powell's Kubrick-Zitat (S. 26): „Das Übergewicht der Großen beruhte auf ihrer Fähigkeit, Geld zu machen. Als sie aufhörten, Geld zu machen, schickten sie nach den unabhängigen Produzenten." Seine Behauptung auf S. 25, „Hollywood hat den Filmemachern in den meisten Fällen geschadet" – durch scharfe Konkurrenz, durch Abseits-sein vom Hauptstrom des amerikanischen Lebens, durch seine enervierende

Sonne und seinen Smog – ist sicherlich falsch. [Konkurrenz ist ein Treibhaus; sie erzwingt Disziplin und sorgt für professionalistisches Niveau, dank dessen amerikanische Television und amerikanische Filme aller Konkurrenz noch immer überlegen sind. Das Buch scheint ziemlich rasch heruntergeschrieben zu sein, resümiert viele Filmhandlungen; es hört so abrupt auf, daß man den Eindruck erhält, der Platz habe nicht gereicht. Gute Szenenfotos.]

– – London 1969, *New Cinema in Britain.*

Margolis, Herbert F., 1947, 'The American Scene and the Problems of Film Education', *Penguin Film Review,* 2, S. 54–63.

Befaßt sich mit dem Problem des Publikumsgeschmacks und des Publikumsniveaus.

– – 1948, 'The Hollywood Scene: The American Minority Problem', *Penguin Film Review,* 5, S. 82–85.

Der Film *Crossfire/Kreuzfeuer* (USA 1946) gibt Anlaß zu ein paar Notizen über Hollywoods Umgang mit Themen wie Antisemitismus und Vorurteilen gegenüber Schwarzen; optimistisch in bezug auf die Zukunft.

Marlowe, Frederic, 1947, 'The Rise of the Independents in Hollywood', *Penguin Film Review,* 3, S. 72–75.

Daß unabhängige Produktionen wie Pilze aus dem Boden schießen, ist auf die hohen Profite (und damit geringen Risiken) zurückzuführen, ebenso auf den Wunsch von Regisseuren, Autoren und Darstellern, an diesen Gewinnen teilzuhaben; ferner auf Steuervorteile dadurch, daß Gewinne bis zu 25 % als Kapitalgewinne besteuert werden und nicht als Einkommen mit 90 %. Die Studios begünstigen auch die Entstehung von Unabhängigen-Zellen: De Mille und Wallis bei der Paramount, Bette Davis und Errol Flynn bei Warner's, Dudley Nichols und Leo McCarey bei RKO, Mark Hellinger und Mervyn Le Roy bei der Universal International. Detailliert schildert Marlowe die verschiedenen Vorzüge dieser Entwicklung und hofft sogar auf ein Nebenprodukt: mehr Poesie und Realismus.

Marx, Groucho, London 1959, *Groucho and Me.*

Mit funkelndem Witz und viel Intelligenz werden in Kap. 18 et seq. die Erlebnisse der Brüder Marx nach ihrer Ankunft in Hollywood im Jahr 1931 geschildert. Auf eine wirkliche Erklärung, warum sie sich trennten und aufhörten, Filme zu drehen, – ausgenommen vielleicht Grouchos Empfinden, daß er auch allein vorankommen werde – wartet der Leser vergebens.

Marx, Harpo, New York 1961, *Harpo Speaks.*

Für diejenigen, die Einblick in das Zustandekommen eines der komischsten Filme, die je gemacht wurden, erhoffen, ist das Buch eine Enttäuschung.

Mauerhofer, Hugo, 1949, 'Psychology of Film Experience', *Penguin Film Review,* 8, S. 103–109.

Im Kino werde die Situation ausschließlich von Licht und Ton bestimmt, die von der Leinwand ausgehen. Die Zeit scheint langsamer zu vergehen, der Raum werde anders erlebt. Der Zuschauer bedürfe gesteigerter Aktion und sei passiv wie im Schlaf. Filme seien Tagträume, privat und anonym; sie hätten eine psychotherapeutische Funktion.

May, M. A., und *Shuttleworth, F. K.*, New York 1933, *The Social Conduct and Attitude of Movie Fans.*

„Daß der Film Einfluß ausübt, daran ist nicht zu zweifeln. Doch unserer Ansicht nach differiert dieser Einfluß je nach Kind und Film. Der gleiche Film kann auf verschiedene Kinder entgegengesetzt wirken. So erscheint bei einem generellen Überblick, wie wir ihn hier geben, der Netto-Effekt gering ..."

Mayer, Arthur, New York 1953, *Merely Colossal.*

Amüsanter Bericht über das Filmbusiness von einem Mann, der schon von früh an dabei war.

-- 1956, 'Myths, Movies and Maturity', *Saturday Review,* 39, S. 7–8.

Läßt Hollywoods Krisis zur Zeit seiner stärksten Schrumpfung Revue passieren, als es sich genötigt fühlte, zu Mätzchen Zuflucht zu nehmen und sich auf die Produktion von Kolossalfilmen konzentrierte, wobei *Marty* als Ausnahme die Regel bestätigte. „... Hat sich erst einmal – bevor man es gemerkt hat – herumgesprochen, daß ein Film jenes undefinierbare Etwas, B. O. [Kassenerfolg] hat, sind alle Mühen, wie das Beschaffen von Babysittern, Parkplatzsuche und hoher Kartenpreis gleich Null ... Wie diese vorzeitigen Informationen durchsickern ist ein Geheimnis, das zu ergründen der Industrie in den ganzen fünfzig Jahren noch nicht gelungen ist", S. 8.

Mayer, Gerald M., 1947, 'American Motion Pictures in World Trade', *Annals,* (1947), S. 31–36.

Ein Drittel der Kosten für das fertige Filmnegativ kommt durch den Auslandsverkauf wieder herein. Trotz ihrer Popularität werden amerikanische Filme diskriminiert. Der Film ist nicht nur ein wirtschaftlicher, sondern auch ein kultureller Exportartikel.

Mayer, J. P., London 1945, *Sociology of Film Studies and Documents.*

Der Verf. ist mit Blumer (1933) der Meinung, daß es Kindern schwer fiele, das Filmerlebnis zu verarbeiten, da es sich um Darstellung von Extremen handele.
Denny und Meyersohn: „Ein ausgezeichneter Versuch, über das Publikum und den Filminhalt zur Filmanalyse zu gelangen. Interessant sind die Untersuchungen des Filmeinflusses hinsichtlich ihrer Ergebnisse, insbesondere die von dem Filmmagazin *Picturegoer* in England unternommene Befragung, die dem Einfluß des Films auf persönliche Entscheidungen und auf Träume galt."
Fearing (1950): „Da er sich auf die Doktrin festlegt, das Publikum reagiere nicht-rational und kindhaft auf Filme, wird jede Diskussion von vornherein vereitelt. Dabei stützt er sich auf Levy-Brühl, einen Philosophen und Anthropologen, und dessen Konzeption vom angeblich prä-logischen Denken des ‚primitiven Geistes'".
Auch Kay Mander äußert sich in der *Penguin Film Review,* 3, kritisch: die Arbeit sei zu weitschweifig und werte ziemlich willkürlich eine Leserbefragung von *Picturegoer* aus.

-- London 1948, *British Cinemas and their Audiences.*

Dies ist ein ziemlich dünner Aufguß seiner Arbeit (1945) unter noch ausgiebigerer Verwendung der *Penguin Review*-Befragungsdaten. Rezensiert in *Penguin Film Review,* 9, S. 121 ff. Nach seiner Meinung gehe aus den Data hervor, daß das Publikum nicht bekomme, was es wolle: er zitiert Box (1943).

Mayersberg, Paul, London 1967, *Hollywood, the Haunted House.*

Ein Buch über das Produzieren, Darstellen, Regieführen und Schreiben in Hollywood in Form kurzer Reisenotizen. Kommentare und ausgewählte Interviews mit ein paar kooperativen Hollywoodgrößen. Im Grunde ziemlich dünn; verfaßt von einem jungen Engländer, der ein paar Monate mit dem Schreiben eines Drehbuchs in Hollywood verbrachte.

Mead, Margaret, New York 1959, *The Study of Culture at a Distance.*

Eine Auswahl aus ihren Schriften, darunter Versuche, aus chinesischen Filmen anthropologische Aufschlüsse zu gewinnen.

Meadow, Arnold, New York 1944, *An Analysis of Japanese Character Structure,* Based on Japanese Film Plots and Thematic Apperception Tests on Japanese Americans, unveröffentlichter Report des Institute for Intercultural Studies.

Problem: eine Erklärung für den aggressiven Charakter der Japaner zu geben. Unter Anwendung „moderner" psycho-analytischer Ideen (Fromm, Horney, Kardiner) und sich auf sieben Filme plus Tests stützend, gelangt der Verf. zu dem Ergebnis, daß die Aggressivität der Japaner auf institutionelle Faktoren zurückzuführen sei, die schwere Konflikte und infolgedessen bedrohliche Frustration hervorriefe. [Für ihn existieren nur Plots; von Stil und Behandlung der Filme nimmt er keine Notiz: an dem, was der Film als Film sagt, ist er nicht im geringsten interessiert.]

Melucci, M., Newark (1942?), *Redemption in Hollywood,* A Translation of Movie-fanship into Philosophical Pathos.

Melucci nimmt in (1943) auf diese Arbeit Bezug. Es ist mir nicht gelungen, ein Exemplar aufzutreiben.

– – Newark 1943, *Political Cinematology,* How Motion Pictures and TV will shape the political destiny of America.

An die Adresse der Republikaner gerichtete Anregung, wie man Parteiversammlungen und Präsidentschaftskandidaten auf der Leinwand überzeugender zur Geltung bringen kann. Analysiert Wilkies miserable Präsentierung und warnt, man solle es bei Dewey besser machen. Das Erscheinen auf der Leinwand vermöge der Indifferenz entgegenzuwirken; sie enthülle in der Tat den wirklichen Mann.

Mendelsohn, Harold, New York 1966, *Mass Entertainment.*

Systematischer Versuch eines Sozialpsychologen, zu beweisen, daß Massenmedien durch Gratifikation, durch ihre sozialisierende Wirkung, als Kommunikatoren und potentielle Vehikel für Kultur von Wert sind. Hervorragende Bibliographie.

Mercey, A. A., 1947, Besprechung über Kracauer (1947) in *Annals,* (1947), S. 173–174.

Metzger, C. R., 1947, 'Pressure Groups and the Motion Picture Industry', *Annals,* (1947), S. 110–115.

Hollywood wird sowohl von innen wie von außen unter Druck gesetzt: vom Gesetz, von Kirche, Regierung, Gewerkschaften, Berufsgruppen, Rassen, internationalen Rücksichten, Handel, von politischen und anderen Gruppen.

Meyersohn, Rolf B., 1957, 'What do we Know About Audiences?', *Journal of Broadcasting*, 1, S. 220–231.

Vergleich zwischen Radio und Fernsehen, der beweisen soll, daß die hohen Kosten des letzteren Millionen mehr Zuschauer nötig machen als die geringeren Kosten des Ersteren. Daraus folgt, daß es viele Hörfunksender geben darf, die jeweils verschiedenen Geschmäckern entgegenkommen, wie auch, daß Radio das richtige Medium für den Unterricht ist.

–– New York 1961, 'A Critical Examination of Commercial Entertainment', in R. W. Kleemeier, Hrsg., *Ageing and Leisure*, S. 234–272.

Das Lesen von Büchern erfordert mehr geistige Anstrengung als das Film- und das Fernsehen. Bücher seien weniger „vorverdaut". Man täte besser, Unterhaltung selbst zu produzieren, anstatt zu konsumieren, Baseball zu spielen, statt zuzusehen. Kreativität = persönliche Kreativität ohne Rücksicht auf das Publikum. Das Massenpublikum sei wie das Massenmedienprodukt undifferenziert; bei ihnen gäbe es nur geringfügige oder rein kommerzielle Unterschiede. Das Fernsehen bringe keine Programme für ältere Menschen, da sie als gegenwärtige und künftige Teilnehmer nicht attraktiv seien. Television könnte dazu beitragen, die Kluft zwischen den Generationen zu überbrücken, was es aber nicht täte.

Michael, Donald M., Washington 1951, *Some Factors Influencing the Effects of Audience Participation on Learning from a Factual Film*, Human Resources Research, Laboratories, Headquarters Command, USAF, Technical Research Memorandum.

Praxis in der Beantwortung von Fragen nach dem Filminhalt ist weit wichtiger als die Motivation: wenn man *weiß*, daß man gefragt werden wird, erzielt man die beste Leistung.

–– und *MacCoby, N.*, 1953, 'Factors Influencing Verbal Learning from Films Under Varying Conditions of Audience, „Participation", *Journal of Experimental Psychology*, 46, S. 411–418.

Das Lernen aus Filmen wird durch Publikumspartizipation gefördert. Ist dies der erworbenen Übung im Behalten von Material zuzuschreiben oder einer stärkeren Motivation aufgrund des Wissens, daß man nachher den Film diskutieren wird? Experimente beweisen das erstere.

'Milestones of Musicals', 1956, *Films and Filming*, 2, Januar, S. 5.

Millard, W., 'A Study in the Sociology of Communication: Determinants and Consequences of Exposure to American Motion Picture Films in the Near and Middle East', Diss., Columbia University, Maschinenmanuskript, unveröffentlicht.

Untersuchungen in Griechenland, der Türkei, in Jordanien und im Libanon ergaben: Personen, die bereits westlich orientiert sind, unterscheiden sich in ihrem Filmbesucher-Verhalten von denen, die es nicht sind. Sozial wenig angesehene Gruppen (Jugend, Gebildetere, Frauen) neigen eher dazu, sich einem Medium zuzuwenden, das ihnen ein Bild des Lebens in anderen Ländern vermittelt, als die respektierteren und etablierteren Gruppen der sozialen Struktur. Filmbesuche lockern die Bindungen an traditionelle Werte und fördern den kulturellen Wandel. Häufiger Kinobesuch erhöht die Wahrscheinlichkeit, daß diese Menschen sich ein negatives Bild vom Amerikaner machen, das eines Spaßmachers, eines Frivolen, wenig an ernsten Gedanken Interessierten, der, rüde und unreif, moralisch ungefestigt, mehr nach Geld und einem guten Leben strebt als nach Tugend. Für sie hat es den Anschein, als machten die Amerikaner aus romantischer Liebe, dem „Beine-Zeigen" und der Gewalt einen Kult.

Mirams, G., 1951, 'Drop That Gun', *Quarterly of Film, Radio and Television*, 6, S. 1–20.

Ein neuseeländischer Zensor meint, im Film werde ein Kult des Todes und der Gewalt betrieben!

Mitnick, L., und *McGinnies, E.*, 1958, 'Influencing Ethnocentrism in Small Discussion Groups Through a Film Communication', *Journal of Abnormal and Social Psychology*, 56, S. 82–90.

Eine Gruppe, der ein anti-ethnozentrischer Film gezeigt wurde, sowie eine Gruppe, die ihn ebenfalls sah und ihn diskutierte, änderten ihre Einstellungen, im Gegensatz zu einer Kontrollgruppe (die den Film nicht gesehen hatte). „Der Einstellungswandel in Reaktion auf einen Tonfilm mit überredender Kommunikation war das gemeinsame Ergebnis von ursprünglicher Einstellung und der Möglichkeit, über den Film zu diskutieren. Prädisposition allein bewirkte keine Änderung der Einstellung", S. 87. Wirkungen zeigten sich schneller bei der Gruppe, die den Film lediglich gesehen hatte.

Mitry, Jean, Paris 1963, *Esthétique et Psychologie du Cinéma*, I, *Les Structures.*

Versucht, Arnheim zu aktualisieren, indem er, nach dem Wie und Warum fragend, noch über das simple Problem der Unterschiedlichkeit zwischen wirklichem Leben und Leinwand-Leben hinauszielt. Verbreitet sich darüber, inwiefern „der Autor" (die Vorlage) eine sich von Film zu Film, von Land zu Land ändernde Variable darstelle. „Man könnte sagen, der Film ist ein aus geometrischen Variablen gefügtes Ganzes, dessen Beweglichkeit auf einer arithmetischen Komposition des Konstanten. beruht."

Moellendorf, F., 1940, 'Remarks on the Popularity of Mickey Mouse', *American Image*, 3, S. 19–32.

Die Micky Maus sei ein Hermaphrodit, ein entsexualisierter Phallus. Sie lebe in einer Welt der Kindheitswünsche und -fantasien, wo die Erwachsenen und die Technik auf erheiternde Weise bezwungen werden. Handlung, wie sie im Traum vor sich gehe. Micky Maus sei eine Inkarnation des Lustprinzips.

Moley, Raymond, New York 1938, *Are We Movie-Made?*

Populäre Darstellung der von Adler (1937) vertretenen Argumente.

– – New York 1945, *The Hays Office.*

Sykophantische Darstellung der Selbstkontrolle der amerikanischen Filmindustrie.

Monopolies Commission, The, London 1967, *Films: A Report on The Supply of Films for Exhibition in Cinemas.*

Montagu, I., London 1929, *The Political Censorship of Films.*

Die Filmzensur hat sich sozusagen streng nach Brandverhütungsvorschriften entwickelt und wird dazu benutzt, die Herstellung politisch kontroverser Filme zu unterbinden oder sie zumindest nicht zu ermutigen. „Macht ohne Verantwortung bedeutet die Negation des Grundprinzips der englischen Verfassung. Das Bewußtsein für die Position muß ihre Überprüfung zur Folge haben", S. 21.

-- Harmondsworth 1964, *Film World.*

„Puristische" Betrachtung über den Film, die allein das Visuelle für wichtig hält aufgrund des Arguments, daß der Film, wenn Rede und Sprache seinen Rhythmus bestimmen, „langweilig, reizlos und sicherlich weniger packend" sei als ein gut gebauter „Stumm"film. Siehe Rotha und Griffith (1963).

Montani, A., und *Pietranera, G.*, 1946, 'First Contribution to the Psychoanalysis and Aesthetics of Motion Pictures', *Psychoanalytic Review,* 33, S. 177–196.

Zwischen Film und unterbewußtem Strom prälogischer und akausaler Bilder bestehe eine natürliche Affinität. Wenn es dem Regisseur gelänge, sie ohne Translation unmittelbar ins Literarische heraufzubeschwören – ein Quell der menschlichen Psyche, der schon lange darauf warte, angezapft zu werden – käme „reiner Film" zustande. „Der Film entspricht ... einer natürlichen expressiven Veranlagung des Menschen, die bis in unser Jahrhundert sie auf ein geeignetes technisches Mittel zur Konkretisierung ihrer Hervorbringung warten mußte... *Auf dem Grunde unseres unbewußten Denkens läuft ein psychischer Film ab*", S. 179. „Der Film sollte wie der Traum prälogisch ablaufen", S. 183. „Wie der Traum könne auch der Film ein Geschehen zeitlich komprimieren. Die Attraktivität seiner Bewegung und seines Rhythmus sei phallischer Natur. In Trivialfilmen identifiziere das Publikum sich mit den Stars, teile die Gleichheit der Masse, verfiele im Dunkel des Kinos der Regression zu einem infantilen Narzißmus. Wie sei dieses reine Kino des Unterbewußten zu verstehen? Es würde überhaupt keinen literarischen Sinn haben, doch eine ihm allein eigene Bedeutung, ähnlich des einer Symphonie. [Dieses wenig fundierte aber außergewöhnliche Schriftstück verdient einen Kommentar. Ihr entscheidender Irrtum beruht, nach meiner Ansicht, in der Auffassung, daß Kunst Selbstausdruck sei. Eine Symphonie erhält Sinn als gegliedertes, einer Disziplin folgendes Stück Musik, – für gewöhnlich Variationen nach einer Reihe von Themen. Das Aufsteigen von Bildern aus dem Unterbewußten hat nichts mit geordneter oder disziplinierter Kreativität zu tun – ist in der Tat das Gegenteil davon. Ich möchte behaupten, daß ihr pure cinema eine private und unverständliche Angelegenheit sein würde und nicht mehr „Kunst" dabei herauskäme als in den Resultaten von Exerzitien in freier Assoziation. Es stimmt zwar, daß Filme außerliterarischen Konventionen unterliegen, doch nicht in der Weise, wie es diese seltsame Theorie verlangt.]

Monthly Film Bulletin, London 1933 bis dato.

Wichtige Zeitschrift, in der sämtliche in England gelaufenen Spielfilme sowie eine Auswahl von Dokumentar- und Kurzfilmen besprochen werden. Enthält Indice nach Titel und Regisseur. Bringt in jüngster Zeit „check lists" aus der Arbeit bedeutender Filmschaffender.

Moore, Colleen, New York 1968, *Silent Star.*

Enthält viele gut Anekdoten und eine Menge Informationen über das Leben eines Filmschauspielers der Stummfilm-Ära. Daß die Schauspielerinnen alle sehr jung waren, wird damit begründet, daß das primitive Filmmaterial schonungslos jeden Makel enthüllte. In der Frühzeit scheint noch jedermann integer gewesen zu sein.

Morin, Edgar, 1954, 'Preliminaires à une Sociologie du Cinéma, *Cahiers Internationales de Sociologie,* 17, S. 101–111.

Plädiert für eine Anthropologie des Kinos, die alle Disziplinen der Sozialwissenschaft miteinschließt und nicht über der Dichotomie Kunst kontra Industrie ins Straucheln gerät.

-- Paris 1956, *Le Cinéma ou l'homme Imaginaire.*
(*Morin, Edgar,* Stuttgart 1958, *Der Mensch und das Kino.*)

Der Film enthülle den atavistischen Hang des modernen Menschen zum Magischen und Primitiven. Produkt eines technologischen Zeitalters, präsentiere diese siebente Muse eine archaische, halb imaginäre Realität: „Die Strukturen des Films sind magisch und entsprechen den gleichen imaginären Bedürfnissen wie die des Traums" (Zit. n. d. Übers. v. K. Leonhard).

-- New York 1960, *The Stars.*
(-- Paris 1957, *Les stars.*)

„Der Star ist ein typisches Produkt der kapitalistischen Zivilisation; dabei befriedigt sie (oder er) tiefe menschliche Bedürfnisse, die sonst in Mythos oder Religion Ausdruck finden. Die erstaunliche Koinzidenz von Mythos und Kapital, von Gottheit und Ware, ist weder zufällig noch widersprüchlich. Die Star-Gottheit und die Star-Ware sind zwei Gesichter ein und derselben Realität: des Bedürfnisses des Menschen im Stadium der kapitalistischen Zivilisation des zwanzigsten Jahrhunderts". (Nach der engl. Übersetzung.) S. 141. Chaplin und Dean sind spezielle Kapitel gewidmet. Unausgegoren, doch nützlich. Hervorragende Auswahl von Szenenfotos.

Morris, Lloyd, New York 1949, *Not So Long Ago.*

Auf Seite 16–127 findet sich eine informelle Sozialgeschichte Hollywoods und des Films, folgt bis 1926 weitgehend Ramsaye, überschneidet sich dann mit Hampton, Jacobs und Rosten. Einige eigene Recherchen, – frisch geschrieben.

Motion Picture Producers and Distributors of America, Inc., New York 1932, 'The Motion Picture Industry', in J. G. Glover und W. B. Cornell, Hrsg., *The Development of American Industries.*

Eine mit Eigenlob geschriebene oberflächliche Geschichte der Industrie; „Die soziale Bedeutung jeglicher Kunst, könnte man sagen, hängt weitgehend von der Anzahl von Menschen ab, der sie dient", S. 748. Der merkliche soziale Fortschritt der Leinwandkunst erweise sich daran, daß Boy Scouts und YMCA u. ä. viele Filme für Jugendliche und Familien empfohlen hätten. Ein indirekter Beitrag zur Welt des Business: „Der Kleidung nach ist ein Farmersjunge von einem Stadtjungen nicht zu unterscheiden... Sie kleiden sich... wie sie es auf der Leinwand sehen", S. 751. Das investierte Kapital beläuft sich auf 2 Billionen. Dieser Artikel kann sich mit Hellmuth (1950) nicht messen.

Mullally, F., London 1946, *Films: An Alternative to Rank,* An analysis of power and policy in the British film industry.

Attackiert die Rank Company und ihren Griff auf die Industrie sowie ihre vertikale Konzentration. Schlägt vor, eine staatliche Vertriebsagentur zur Stützung unabhängiger Produzenten einzurichten und auf diese Weise die finanzielle Dominanz amerikanischer Firmen in der britischen Industrie zum Scheitern zu bringen.

Müller, Hans, Zürich 1957, *Der Film und sein Publikum in der Schweiz.*

Eingehende Untersuchung der Schweizer Produktion und ihres Publikums sowie der anderer Medien an Hand einer Befragung.

Munsterberg, Hugo, New York 1916, *The Photoplay: A Psychological Study.*

1. Die durch das Medium gegebenen Grenzen sind für die freie und isolierte Darstellung von Dingen und Vorgängen von Vorteil, – eine von Arnheim entwickelte Theorie; 2. der Film habe eine spezielle Verwandtschaft mit menschlichen Bewußtseinsprozessen, – eine von Pudowkin, Eisenstein und Spottiswood vertretene Ansicht; 3. die Fotografie stehe in besonders intimer Beziehung zur „Realität".

Nathorst-Boos Jr., Ernst, Stockholm 1935, *Om Amerikas Filmindustrie.*

Ein Hollywood-Studio nach dem anderen wird hier beschrieben. Beigegeben sind interessante Fotos der Spitzenmanager jener Zeit.

National Council of Public Morals, London 1917, *The Cinema: Its Present Position and Future Possibilities,* Report of the Cinema Commission of Inquiry.

Geistliche, Lehrer, (höhere) Polizeibeamte, Sozialarbeiter und Zensoren fordern in einer außergewöhnlichen Anhäufung von kleinen Drucktypen straffere Zensur und hellere Beleuchtung im Kino – (z. B. „die moralische Gefährdung durch Dunkelheit", das Foyer „ein Ort der Gefahr für junge Mädchen") – sowie zartere Emotionen weckende Filme.

Neblette, C. B., 1926, 'The Place of the Motion Picture in Modern Life', *Photo-Era,* 57, S. 175–180.

Nelson, Donald M., 1947, 'The Independent Producer', *Annals* (1947), S. 49–57.

Alle Produzenten waren einmal unabhängig. Der Wunsch nach Unabhängigkeit ist weniger finanziell begründet als dem Drang nach Selbständigkeit zuzuschreiben. 1946 gab es in Hollywood rund 100 Unabhängige. Unverhältnismäßig viele der erfolgreichsten Filme entstanden in unabhängiger Produktion. Das Entflechtungsurteil werde den Unabhängigen zugute kommen.

Nielsen, Gerhard, Kopenhagen 1965, *Filmens Psykologiske Virkningen,* General Study.

Noble, Peter, London 1948, *The Negro in Films.*

Leidenschaftliches Résumé über die Rolle des Negers im Film und die jüngst in dieser Hinsicht eingetretene Besserung. Führt Rückständigkeit auf soziale Faktoren zurück. Argumentiert, daß eine bessere Einstellung auch ein besseres Geschäft sein könnte. Eine Fülle von Material über schwarze Darsteller und Background der Schwarzen.

– – London 1950, *Hollywood Scapegoat,* the biography of Erich von Stroheim.

– – London 1956, *The Fabulous Orson Welles.*

Nolan, W. F., New York 1965, *King Rebel.*

Lebendige Biographie John Hustons, ohne ernsthafte Intentionen zur Bewertung seiner Karriere oder zur Abschätzung der Auswirkungen des Hollywood-Disziplin-Verlustes auf seine Arbeit.

Nussbaum, M., 1960, 'Sociological Symbolism of the „Adult Western"', *Social Forces,* 39, S. 25–28.

„Jede Kultur hat in einem bestimmten Stadium ihrer Entwicklung eine volkskunsthafte Form hervorgebracht, – eine Folge ihres Ringens um Ausdruck ihres Wesens und Erfüllung eines inneren Bedürfnisses", S. 25. Aus welchem Grund geschieht dies heute auch bei uns? Der Western impliziert: 1. ein Äquivalent für ferne Abenteuer, 2. den heroischen Helden, 3. Individualismus, 4. ein unkompliziertes Verhältnis zur Natur, 5. eine Mischung aus Gut und Böse, wobei einige Charaktere auf der richtigen und andere auf der falschen Seite sind, 6. die Pistole als *deus ex machina.* Heute wirken sie wie eine Revolte gegen die Vernunft, gegen unsere Machtlosigkeit in einer Welt der Maschinen; Heisenberg und Godel. [Der Autor versäumt, seine eigenen Fragen zu beantworten.]

Odlum, Floyd B., 1947, 'Financial Organisation of the Motion Picture Industry', *Annals* (1947), S. 18–25.

Von jedem Dollar in der Kinokasse beanspruchen die Unkosten des Kinotheaters 0,83 Cents (z. B. für Gehälter 0,16, Miete 0,15, Betriebskosten 0,20, Leihmiete 0,32). Von den verbleibenden 17 Cents Gewinn schluckt die Steuer 6 Cents, so daß netto rund 11 Cents übrigbleiben. Von den 32 Cents Leihmiete gehen 12 für Druckkosten, Transport und Anzeigenwerbung ab, so daß Hollywood vom Einnahmedollar 20 Cents erhält. Diese 20 Cents gliedern sich folgendermaßen auf:

Filmproduktion

Drehbuch	0,01
Produzent	0,01
Mieten und Material	0,07
Darsteller	0,04
Gemeinkosten	0,04
	0,17
Steuern	0,01
Nettogewinn	0,02

Wiedereinspielquote (Inland)

43,0 % der Gesamtaufwendungen in 13 Wochen
73,5 % der Gesamtaufwendungen in 26 Wochen
annähernd 100 % in 60 Wochen.

In den Jahren 1942–45 betrug die Kapitalverzinsung (in der Filmindustrie) 14 % gegenüber 9,8 % in der gesamten Industrie. (Die Ware) Film unterliegt nur geringen Nachfrageschwankungen, d. h. die Nachfrage fluktuierte nur um nicht ganz 8 %, im frei verfügbaren Einkommen traten Schwankungen um 10 % auf (Department of Commerce). Während zwischen 1929 und 1933 die Ausgaben für zwei andre relativ nachfragestabile Artikel – Schuhe und Nahrungsmittel – um 41 bzw. 40 % absanken, gingen die Aufwendungen für Kinobesuch nur um 33 % zurück.

O'Flaherty, Liam, London 1935, *Hollywood Cemetry.*

Wüste Satire über Hollywood in Romanform...

O'Hara, Robert C., New York 1964, *Media for the Millions.*

Lehrbuch der Kommunikationsforschung, unter besonderer Berücksichtigung von Selektion, Simplifikation, Stereotypen- und Mythenbildung auf dem Gebiet der Medien. Befaßt sich nicht nur mit dem Fernsehen, sondern auch ausführlich mit dem Film.

Olsen, M., 'Motion Picture Attendance and Social Isolation', *Sociological Quarterly,* 1, S. 107 bis 116.

„Die Menschen gehen ins Kino, da sie keine Gelegenheit zu anderen persönlicheren Formen der Entspannung finden... Das Kino dient Menschen, denen es an freundschaftlichen Kontakten fehlt, als Ersatzentspannung", S. 108. Gemessen an der Bevölkerungszunahme, am Prozentsatz des Wohnungswechsels und der zunehmenden Verstädterung zeigt sich, daß soziale Isolierung und Filmbesuch korrelieren.

Orton, W. A., New York 1933, 'Motion Pitcure – Social Implications', *Encyclopaedia of the Social Sciences,* 11, S. 65–69.

Von einer von Juden für Dummköpfe betriebenen Massenkunst könne man keine hohe Zielsetzung erwarten. Es gäbe keine unparteiische Schirmherrschaft – ausgenommen in Rußland [sic]. Von den Filmgesellschaften unbeeinflußt „ist der kommerzielle Film... eher der Herdenmentalität gefolgt, als daß er die Führung übernommen hätte", S. 66. Die Industrie sei konservativ und darauf bedacht, Moralisten keine Angriffsflächen zu bieten. In Deutschland, Italien und Japan habe der Staat die Hand im Spiel. Auf Kinder wirke der Film sich nicht sehr aus; not täte eine konstruktive, nicht eine restriktive Politik. Der Filmexport könne Kultur verbreiten (ob eine höhere, sei noch die Frage), aber ebenso zur Verschärfung internationaler Spannungen beitragen.

Osten, Gerd, und *Lundkvist, Artur,* Stockholm 1950, *Erotiken i Filmen.*

Vorläufer von Lo Duca (1957, etc.), quantum vis.

Palache, Albert, London 1944, *Tendencies to Monopoly in the Cinematograph Film Industry: Report of a Committee Appointed by the Cinematograph Films Council.*

Palmer, Edwin O., Hollywood 1937, *History of Hollywood.*

Liebenswürdige aber belanglose Geschichte des „Dorfes" Hollywood von der Eiszeit bis zu den Oskar-Zeremonien, geschrieben von einem führenden Bürger aus Prä-Kinozeiten, einem Doktor-cum-Bankier. Enthält einige wertvolle Details über die frühe Filmherstellung, mehr jedoch über die Finanzierung von Krankenhausbauten.

Panofsky, E., 1947, 'Style and Medium in the Motion Pictures', *Critique,* 1, S. 5–18 und S. 27–28, Nachdruck in Talbot (1959).

Nützliche, völlig unsnobistische Schilderung der Kraft und Vitalität des Films. Weist darauf hin, daß Hollywood nach dem Grundsatz „gebt dem Publikum, was es will" vorgehe, während es ebenso gut nach der Maxime „das Publikum will, was immer wir ihm geben" verfahren könnte.

Patalas, Enno, Hamburg 1963, *Sozialgeschichte der Stars.*

Kapitalüberschriften u. a.: Jungfrauen, Femmes fatales, die Komischen, Flapper usw. Befaßt sich zuerst mit den Kategorien, behandelt dann einzeln die Stars, skizziert ihre Laufbahn, – angefügt sind genealogische Tafeln, auf denen die „Beziehungen" verschiedener Stars zu anderen dargestellt sind, das *reductio ad absurdum* all solcher Klassifizierungen.

– – Frankfurt und Hamburg 1967, *Stars, Geschichte der Filmidole.*

Vom Autor bearbeitete Ausgabe von (1963) für die Fischer Bücherei, mit einem Schlußwort, „Das Ende der Stars", doch ohne genealogische Tafeln und Bibliographie.

Payne Fund Studies, The, New York 1933–35.

Siehe bei Blumer (1933), Blumer und Hauser (1933), Charters (1933), Cressey and Thrasher (1933), Dale (1933), Dale (1935a, 1935b), Dysinger und Ruckmick (1933), Holaday and

Stoddard (1933), May und Shuttleworth (1933), Peters (1933), Renshaw, Miller und Marquis (1933), Thurstone und Peterson (1933). Diese Studien bezeichnen in gewisser Weise den Höhepunkt der in den 20er Jahren in Amerika begonnenen Agitationskampagne gegen die Unmoral Hollywoods und seiner Filme. Im Jahrzehnt der Prohibition versuchten die Produzenten mit verschiedensten Mitteln, sich der Welt als geeinte Front der Verantwortungsvollen zu präsentieren. Die Veröffentlichung der Payne Fund Studie erfolgte just in dem Jahr, in dem der Production Code aufgestellt wurde, – dem ersten von fast fünfundzwanzig Jahren, in denen eine spezielle Erfindungsgabe vonnöten war, um einen Code der Nuancen zur Übermittlung von Dingen zu entwickeln, die laut Production Code nicht dargestellt werden durften. Was diese Untersuchungen betrifft, faßte Adler (1937) es folgendermaßen zusammen: „Kurz, die geleistete wissenschaftliche Arbeit hat für den Sachverständigen geringen oder gar keinen praktischen Wert. In bezug auf den entscheidenden Punkt – den Einfluß des Films auf Moral und Verhalten – vermochte die Wissenschaft die bestehende Meinung weder zu korrigieren noch ihr etwas hinzuzufügen. In den paar Fällen, in denen gute wissenschaftliche Arbeit geleistet und mit der gebührenden wissenschaftlichen Zurückhaltung interpretiert wurde ... berechtigen die Ergebnisse nicht zu irgendwelchen moralischen Urteilen über die festgestellten Wirkungen. Wir müssen daher ohne den Segen der Wissenschaften fortfahren."

Penguin Film Review, Harmondswort 1946–1949.

Eine Halbjahreszeitschrift für Filmforschung und -kritik. Leider nur kurzlebig; gelehrt und nützlich. Zu hoch. Wurde von *Cinema* abgelöst.

Perlman, W. J., Hrsg., New York 1936, *The Movies on Trial,* The View and Opinions of Outstanding Personalities Anent Screen Entertainment Past and Present.

Weitere Beiträge zu der von den Payne Fund Studies entfachten Kontroverse; in Richtung von Moley und Adler. Einige Verfasser, z. B. Richter, finden Filme großartig; andere, z. B. Geistliche und Highbrows, bekommen Schaum vor den Mund. Dies ist der erste sozialwissenschaftliche Reader.

Perry, C. A., 1923, *'The Attitude of High School Students Towards Motion Pictures',* New York.

37500 Highschool Studenten wurden befragt. Es stellte sich heraus, daß sie weder zu häufig noch zu wahllos ins Kino gingen. Sie wurden zum Lesen angeregt, nicht davon abgebracht. Veröffentlichung des National Board of Review.

Peters, C. J., New York 1933, *Motion Pictures and Standards of Morality.*

Bewegt sich das im Film dargestellte Verhalten über oder unter der bisher geltenden moralischen Norm? Adler gelangt zu folgender Summa: „... läßt darauf schließen, daß das Kino verurteilt wird, unabhängig davon, was man feststellen oder nicht feststellen mag. Wenn der Film überhaupt abweicht, ist er schlecht; wenn er in einer mißbilligten Richtung abweicht, ist er ebenfalls schlecht; vielleicht ist er sogar schlecht, wenn er in gebilligtem Sinn abweicht; möglicherweise ist er auch dann schlecht, wenn er nicht abweicht, weil man wünscht, daß er in einer gebilligten Richtung abweichen sollte."

Peterson, T., Jensen, J. W., und *Rivers, W. L.,* New York 1966, *The Mass Media and Modern Society.*

Lehrbuch der Soziologie der Medien unter Berücksichtigung von Industrie, Publikum und Wirkungen. Gescheit, aber insofern kärglich, als unter den jeweiligen Überschriften sämtliche

Medien abgehandelt werden. Dem Thema Kino wird selten mehr als eine Seite im einzelnen Kapitel eingeräumt. Selektive aber nicht sehr brauchbare Bibliographie.

Phillippon, O., 'L'Influence du cinéma sur l'enfance et l'adolescence, l'enquête nationale française', *Nouvelle Revue Pédagogique*, 7, S. 526–530.

„Kinder oder Jugendliche, die mehr als einmal wöchentlich ins Kino gehen, brauchen psychiatrische Betreuung; man sollte sich um sie kümmern", *Psychological Abstracts*, 27, S. 7088.

Phillips, Gifford, Santa Barbara 1966, *The Arts in a Democratic Society.*

Pickford, Mary, New York 1956, *Sunshine and Shadow.*

Autobiographie des ersten und größten Stars; unglücklicherweise ein ähnlich süßliches Analgetikum wie die Life-is beautiful-Schmöker, die sie in eigener Produktion einst verfilmte.

Political and Economic Planning, London 1952, *The British Film Industry*, A report on its history and present organization with special reference to the economic problems of British feature film production.

Gültige wirtschaftliche und organisatorische Geschichte der britischen Filmindustrie. Es wird darauf verwiesen, daß die Verluste der Rank Filmgesellschaft von annähernd 3½ Millionen Pfund im Jahr 1948 die Industrie unvermeidlich von staatlichen Mitteln abhängig machten. Zu Verlusten in dieser Höhe war es deshalb gekommen, weil die britische Industrie ausschließlich auf die Produktion kostspieliger Filme eingestellt war. Der Bericht enthält ein wertvolles Kapitel mit Vergleichen. Die Kurzen Kapitel über Publikums- und Wirkungsforschung stützen sich hauptsächlich auf Regierungsstatistiken und auf Dale (1933 a). Luzide Darstellung der Finanzierungsmethoden (front money, end money, front part of the end money, completion guarantees, Fertigstellungsgarantien usw.).

Political and Economic Planning, London 1958, *The British Film Industry 1958.*

Der Bericht von 1952 wird angesichts des schwindenden Kinobesuchs und der unternommenen Anstrengungen zur Verhinderung, daß Filme im Fernsehen gezeigt wurden, auf den neuesten Stand gebracht. Ferner wird Kritik geübt an der Geheimhaltung der Einspielergebnisse englischer Filme in Übersee.

Popper, Karl R., London 1962, *The Open Society and Its Enemies.*
(*Popper, Karl R.*, Bern 1957, 1970, *Die offene Gesellschaft und ihre Feinde.*)

Positif, Paris 1957 bis dato.

Eine kritische Zeitschrift, die eine für gewisse französische Intellektuelle typische, unnachahmliche Mischung von Marxismus und Popkultur pflegt.

Powdermaker, Hortense, 1947, 'An Anthropologist Looks at the Movies‹, *Annals* (1947), S. 80–87.

Zum Zweck einer funktionellen Analyse muß auch der Anthropologe Filminhalte analysieren, Publikumsforschung betreiben und sich zudem informieren, wie Filme gemacht werden. Der Film wirke auf emotioneller Ebene, rufe Tagträume hervor. Schon der *Glaube* an einen Antagonismus zwischen Geschäft und Kunst schaffe Konflikte. Nicht etwa dominiere im Hollywoodfilm das Profitmotiv, nicht etwa Arbeit, Freundschaft oder Geldverdienen, sondern vor allem die Liebesgeschichte ist Thema. Das visuelle Erlebnis der Großaufnahme des Stars auf der Leinwand oder im Fan-Magazin diene als Ersatz für mangelnde persönliche Beziehungen in einer zunehmend unpersönlicher und einsamer werdenden Stadtgesellschaft. Das Kino: ein Fluchtmittel, ein Mittel zum Selbstverständnis, zum Zeit-Totschlagen, zum Ausruhen, – der Kinobesuch: ein neues Muster der Liebeswerbung.

– – New York 1950, *Hollywood, The Dream Factory.*

Kapitel I, Hypothese: „Das soziale System des Landes, in dem der Film hergestellt wurde, wirkt sich in signifikanter Weise auf Filminhalt und Bedeutung aus", S. 3; „Wie alle Institutionen, reflektiert auch der Film die Gesellschaft und wirkt sich zugleich auf sie aus", S. 15.
Kapitel II. Hollywood dominiert in Los Angeles und ist zugleich ihre eingewachsene Gemeinde. Die Gehälter sind dort sehr hoch, wiewohl Hollywood in Hollywood keine Konkurrenz hat. Von Sex wird viel geredet, doch wird er nicht exzessiv praktiziert. Der Konflikt hie Kunst, hie Kommerz basiert auf einer falschen Entweder/Oder Philosophie. Eine Industrie, die kreativer Menschen dringend bedarf, sollte dessen eingedenk sein, daß Industrialisierung für diese Anathema ist. Erfolg und Mißerfolg sind ansteckend. Es herrscht eine nicht künstlich geschaffene Krisenatmosphäre. Anti-Intellektualismus wird großgeschrieben. Zu den Mitteln sozialer Kontrolle gehören das Unter-Kontrakt-Nehmen von Stars, hohe Gehälter, Zensur, das „Gib-dem-Publikum-was-es-sich-wünscht" und der nicht gesicherte Job. Personalismus und Liebenswürdigkeit verbergen unpersönliche Manipulierungen. Hollywood könnte sozial anders organisiert sein; daß es so ist, wie es ist, schafft ein Problem. Kapitel III. Hollywood bedient sich bei der Massenproduktion bestimmter Formeln wie „Botschaften-Filme sind Verlustgeschäfte", „Im A-Film ist die Liebesgeschichte das wichtigste Element" oder „Kein Film darf von Berufsboxkämpfen handeln". [Powdermaker behauptet, nur der übliche Schema-Western bringe Geld ein, andere Schemata seien in dieser Hinsicht nicht gut, die Kinobesitzer klagten über sinkende Einnahmen. Vgl. die von Alloway (1964) und von mir vertretene entgegengesetzte These, daß die Serie Exploration und Erfindung fördern können: Resultiert die schlechte Qualität eines Filmes nicht eher aus kreativer Dürftigkeit als aus seiner Formel?] Bei der Produktion und der Montage sei der Meinungsforscher nicht der rechte Berater. Das Publikum könne nicht einen Film mögen, ehe es ihn nicht gesehen habe, und legte man dem kreativen Künstler irgendwelche Fesseln an, könne er nicht mehr schaffen. [Dennoch, räumt ihre These „mehr Aufklärung auf seiten des Publikums" wirklich dieses echte Problem für das Studio aus der Welt?] Bis 1946 wurde ein Drittel der Produktion von Unabhängigen bestritten (S. 51). Der grundlegende Konflikt der Massenproduktion: Uniformität ist billig, Originalität dagegen teuer. Zusammenfassung der Verbote des Production Codes S. 58–65: errichtet Tabus. Der Code sei puritanisch, „ist nicht von dieser Welt", S. 78, stehe im Widerspruch zum Christentum, wirke schöpferisch restriktiv und funktioniere dennoch nicht, ließe sich spielend umgehen. S. 71–72 enthalten eine generelle Attacke auf Hollywood-Klischees: Eine Reihe von Werten werde vom Code ignoriert, z. B. Wahrheit, Verständnis, Entscheidungsfreiheit; er sei ein Versuch, einer pluralistischen Gesellschaft mechanisch eine bestimmte Gruppe von Wertvorstellungen aufzuzwingen.
Kapitel IV ‚Front Office'. Die Leute des Front Office (Adäquat d. deutschen Produktionsbüro) werden schwerlich als Könner bewundert. Die Machtverhältnisse hätten feudalen Charakter: Menschen würden als Eigentum betrachtet, jeder habe seinen Preis. Hohe Gehälter, Verheimlichung der gemachten Profite, 100 %ige Gewinne seien an der Tagesordnung. Hinter dem hektischen Streben nach Kassenschlagern, – die einem „Instinkt" für die Publikumswünsche zugeschrieben werden, – verberge sich innere Unsicherheit. Das hektische Tempo rühre aus dem blinden Verlangen, jeden Erfolg mit einem neuen zu krönen.
Kapitel V. ‚Men Who Play God'/Männer, die Gott spielen: Manager und Verwaltungsfachleute huldigten dem Profit, nicht der Kreativität, und drangsalierten die Künstler.
Kapitel VI. ‚Lesser Gods But Colossal'/Geringere Götter aber immer noch kolossale: die

Produzenten. Sie sind Mittler zwischen Kreativen und Verwaltungspersonal und den „Supervisors“ der Geldinstitute mittlerweile entwachsen.
Kapitel VII, VIII und IX. ‚The Scribes‘, ‚Assembling the Script‘, ‚The Answers’: Lohnschreiber und Kompromißler stellten den größten Anteil der Autoren; diese Art Tätigkeit löse einen Dollarregen aus (S. 183). Reitet auf dem Problem herum, in welcher Hinsicht die Begabung des Drehbuchautors von der des Journalisten, Stückeschreibers und Romanciers differiere.
Kapitel X. ‚Directors‘. Der Regisseur sollte die Schlüsselposition innehaben, doch ist sie zumeist auf die eines „Verkehrspolizisten“ (der mechanisch und routinemäßig nach vorgegebenem Plan die Dreharbeit leitet [D. Prokop, 1970]) reduziert. Er habe lediglich das Recht auf den ersten Schnitt.
Kapitel XI und XII. ‚Acting in Hollywood‘, ‚Stars‘, ‚Actors are People‘. Schauspieler sind auch Menschen: Sie brauchen „the breaks“ (etwa Chancen) plus Talent. Starkontrakte = eine andere Form der Sklaverei. Stars seien Sex-Symbole, S. 252–253. Stars allein verkaufen einen Film noch nicht. Mehr Aussicht auf Kassenerfolg haben Zweite-Garnitur-Besetzung plus gutes Drehbuch. Filme ohne Star können auch ein Geschäft sein.
Kapitel XIV. ‚Emerging from Magic‘. „The breaks“: eine auf primitiven magischen, anti-intellektuellen Vorstellungen beruhende Philosophie, die nicht zum technischen Niveau der Hollywoodkultur passe.
Kapitel XV. ‘Hollywood and the USA‘: Hollywoods Herrschaftsattitüden, sein Interesse an Macht um der Macht willen haben totalitaristischen Charakter. Wird es sich zu demokratisieren vermögen?
[Alles in allem ein sehr nachdenkliches und informatives Buch. Die Verf. neigt dazu, nicht zu unterscheiden zwischen dem, was die Leute tun, und dem, was sie angeblich tun; zeigt freilich auch viel Eifer, uns vor furchtbaren drohenden Gefahren zu warnen (wie praktisch in allen ihren Veröffentlichungen zwischen 1935 und 1950).]

– – New York 1966, *Stranger and Friend.*

In dieser beruflichen Autobiographie bekennt die Anthropologin, daß Hollywood die schwierigste all ihrer Feldstudien – in Melanesien, Mississipi, Afrika – gewesen sei. Sie habe es nie geschafft, von der Gemeinschaft akzeptiert zu werden und fühlte sich stets als Fremde.

Pratt, G. C., Rochester 1966, *Spellbound in Darkness.*

Außerordentlich reiche Kollektion zeitgenössischer Kommentare über den Stummfilm.

Pratt, John, 1954, ‘In Defense of the Western’, *Films and Filming,* 1, November, S. 8.

Der Western als zentrale Tradition amerikanischen Filmemachens. Zwei Themen: das zentrale oder epische Thema der Eroberung des Westens, zum anderen das aufregende spannungsreiche menschliche Drama. Sie geben Einblick in die amerikanische Einstellung zur Kultur und bieten eine Fülle wechselnder Erlebnisse, die dem Western weltweiten Anklang verschafften.

Price, Byron, 1947, ‘Freedom of Press, Radio, and Screen‘, *Annals* (1947), S. 137–139.

Während des Krieges leisteten Presse, Hörfunk, Fernsehen und Film der Zensur und Regierung erfolgreich Widerstand. Dies müsse auch heute geschehen, „denn hat man eine der bürgerlichen Freiheiten erst einmal eingebüßt, ist sie nur schwer wiederzuerlangen“, S. 138.

Price, Ira, Cleveland 1938, *A Hundred Million Movie-Goers Must be Right.*

Wiewohl er energisch die Urteilssprüche der Kinokassen gegen die der Kritiker verteidigt, räumt er doch ein, daß der Film ab und an etwas seriöser sein dürfte.

Priestley, J. B., London 1937, *Midnight on the Desert,* A Chapter of Autobiography.

Kapitel X, S. 166–202, sind Reflexionen nach einer kurzen Tätigkeit in Hollywood. Priestley fragt sich, warum Hollywoodfilme zwar gut aber nicht besser seien. Die Erklärung dafür sieht er in der geographischen Isolierung Hollywoods, wo das Hauptinteresse dem Filmemachen gelte: dadurch seien sie gut, wiewohl Los Angeles nur eine aufgeputzte, ausgeuferte Kleinstadt ist. Doch verhindere seine Isolierung von der übrigen Welt, daß es auf andere Quellen zurückgreife als auf sich selbst. Die der Filmherstellung in Hollywood auferlegten ökonomischen Restriktionen würden sich, auf Bücher oder Bühnenstücke angewandt, katastrophal auswirken.

Prodolliet, Ernest, Zürich 1963, *Kleines Lexikon des Wilden Westens, Geschichte und Filme.*

Alphabetisch angeordnet.

Quigley, M., 1937, 'Public Opinion and the Motion Picture', *Public Opinion Quarterly,* 1, S. 129 ff.

In der Frühzeit erzählt der Film mehr über die Publika als er den Publika erzählte. Um dies zu korrigieren, wurden Pressure Groups wie die Legion of Decency ins Leben gerufen. Der Film beeinflußt die Mode und fördert den amerikanischen Export, und läßt man sie ungehindert auf dem Markt konkurrieren, haben amerikanische Filme in der Welt nicht ihresgleichen. Davon hat man bislang in erzieherischer Hinsicht wenig Gebrauch gemacht, doch bei sinkenden Kosten wird sich das ändern.

-- 1947, 'The Importance of the Entertainment Film', *Annals* (1947), S. 65–69.

Wortreiche Verteidigung zur Legalisierung der Ersatz- und Fluchtfunktion des Unterhaltungsfilms und des Production Code als „denkbar bestem Instrument" der Kontrolle.

-- Georgetown 1948, *Magic Shadows.*

Untertitel: *The Story of the Origin of Motion Pictures,* – ein Leitfaden zur Ermittlung von Prinzipien und Techniken des Films.

Quigley, Isabel, London 1968, *Charli Chaplin the Early Comedies.*

Rabil Jr., Albert, 1968, 'The Future as History and History as the End: An Interpretation of Marshall McLuhan', *Soundings,* 1, S. 80–100.

Sachkundige, einfühlsame Analyse, derzufolge McLuhan ein Sündenfall-und-Erlösung-durch-Apokalypse-Theoretiker ist. Verf. meint, er habe das Problem der Zielrichtung der Technologie ausgeklammert.

Ramsaye, Terry, New York 1926 a, *A Million and One Nights.*

Dieser dicke Band über die Geschichte des Films bis 1926 wird bisweilen als Standardwerk bezeichnet, was es nicht ist. Ein Großteil der Information stimmt, doch manches ist auch Legende: besonders in Frage gestellt werden die Geschichten um Edison. Die Geschichte der Industrie sollte genau mit der von Hampton (1931) und Jobes (1966) verglichen werden.

-- 1926 b, 'The Motion Picture' in *Annals of the American Academy of Political and Social Science,* 128, S. 1–19.

Stark komprimierte Zusammenfassung seines (1926 a).

– – 1947, 'The Rise and Place of the Motion Picture', *Annals* (1947), S. 1–11.

Die „Kunst des Volkes" kostet Millionen; so bleibt ihr nichts übrig, als sich der „breiten Masse" anzudienen. Wer gegen Zensur ist, erwartet von einem Familientheater, daß es den Normen des Kunstmuseums entspreche. Die Öffentlichkeit nehme am schwebenden Anti-Trustverfahren kein Interesse. Theater seien nur noch in den Metropolen anzutreffen und hätten ein anspruchsvolles Niveau entwickelt. So sei bei Einführung des Tons ein Schrei nach Zensur laut geworden, womit der Production Code über uns gekommen ist.

Ein *Rathbun, J. B.*, Chikago 1914, *Motion Picture Making and Exhibiting.*

Ein Handbuch aus damaliger Zeit über so gut wie alles, angefangen bei Muybridge's Bewegungsstudien bis zur Aufstellung von Kohlenbogenlampen.

Raynor, Henry, 1950, 'Nothing to Laugh At', *Sight and Sound*, 19, S. 69 ff.

Attacke auf die von *Sequence* so genannte „Huggetry" (nach den Familie Huggett-Filmen der Nachkriegszeit), das heißt, auf den Klassensnobismus britischer Filmemacher, der in ihrer amüsierten und gönnerhaften Haltung der Arbeiterklasse gegenüber zum Ausdruck kommt.

– – 1950, ‚Heaven Lies About Us', *Sight and Sound*, 19, S. 319 ff.

Der Anklang, den Filme, in denen Kinder vorkommen, bei Erwachsenen finden, ist auf Neigung zur Idealisierung zurückzuführen.

Reed, Rex, New York 1968, *Do you Sleep in the Nude?*

Gesammelte Interviews eines hoch begabten, jungen Schriftstellers mit Leuten aus dem Showbusiness. Seine Gespräche mit Ava Gardner und vor allem mit Warren Beatty bewegen sich im Bereich der *tours de force.*

Reid, J. H., 1961, 'Both Sides of the Camera', *Films and Filming*, 7, Februar, S. 15–16; März, S. 31–32 und S. 39.

Eine Analyse des filmischen Werkes von Otto Preminger.

Reid, L. R., New York 1938, 'Amusement: Radio and Movies', in H. E. Stearns, Hrsg., *America Now*, S. 3–35.

Hollywood sei auf die Mentalität von Zwölfjährigen ausgerichtet, und sein sonderbares Geschäftsgebaren, seine Extravaganz, das Gleichsetzen von Qualität mit Kostenaufwand seien schuld, daß es weit hinter den ihm – aufgrund seiner großartigen technischen Fähigkeiten – gegebenen Möglichkeiten zurückbleibe.

Reisz, Karel, 1951, 'The Showman Producer', *Cinema 1951*, S. 160–167.

Studie über de Rochemont, Hal Wallis: vergleicht England und USA und weist den Mangel an „showmanship" der englischen Produzenten auf.

– – 1952, 'Substance into Shadow', *Cinema 1952*, S. 188–205.

Diskussion über die Transponierung von Romanen in Film: *The Maltese Falcon, To Have and Have Not, Intruder in the Dust, A Walk in the Sun.*

– – 1953, 'Hollywood's Anti-Red Boomerang', *Sight and Sound*, 22, S. 132 ff.

Behauptet, die von Hollywood produzierten anti-kommunistischen Filme seien grenzenlos ungeschickt.

Renan, S., New York 1967, *An Introduction to the American Underground Film.*

Ein Führer durch die bestehenden Fakten, weniger ihre kritische Abhandlung.

Renshaw, S., *Miller, V. L.*, und *Marquis, D.*, New York 1933, *Children's Sleep.*

Moley: „... Kinder schlafen weniger ruhig, nachdem sie einen Film gesehen haben, als wenn sie keinen gesehen haben", S. 30. Adler dagegen: „Was diesen Gegenstand der Forschung betrifft, und im Licht unseres derzeitigen Wissensstandes, kann man nicht mehr sagen, als daß Filmesehen Änderungen der Bewegungshäufigkeit im Sinn eines ruhigeren oder eines unruhigeren Schlafes hervorruft. Was dies zu bedeuten hat, ... kann erst nach Durchführung intensiver Forschungen festgestellt werden und erst wenn wir mehr von der Physiologie des Schlafes und der Ermüdung sowie ihres Verhältnisses zueinander und zur Gesundheit überhaupt wissen", zitiert in Moley, S. 31.

Report of the National Recovery Review (Darrow) Board Relating to the Motion Picture Industry, Washington 1934.

Angeführt in einer Anzahl von Arbeiten. Bei Huettig (1944) unter den unveröffentlichten Data.

Rhode, E., und *Pearson, G.*, 1961, 'Cinema of Appearance', *Sight and Sound*, 30, S. 160–168.

Betrachtung des Films, à la Jung.

– – London 1966, *Tower of Babel.*

Gescheite Essays, vielleicht etwas zu hochgestochen-literarisch.

Rice, John, R., Grand Rapids 1938, *What is Wrong with the Movies?*

Antwort findet sich in Kapitel II unter dem Titel 'Movies are Made by Sinful, Wicked People, Unfit to be Examples'. Der Autor legt dar, warum er auf seine Gewohnheit (des Kinogehens) verzichtete, und daß *Snow White and the Seven Dwarfs/Schneewittchen und die sieben Zwerge* (USA 1937) schlecht sei: „Kinder gewöhnen sich daran, das Kino als eine geeignete Unterhaltungsstätte anzusehen", S. 13. Vgl. Harding (1942).

Richardson, Tony, 1961, 'The Two Worlds of the Cinema', *Films and Filming*, 7, Juni, S. 7 f., Abdruck bei Geduld (1967).

Reflexionen über die Industrie, unter anderem: „Ich bin heilfroh, daß ich da war, weil ich nun weiß, daß ich mir nie wieder wünschen werde, einen Film in Hollywood zu machen... Wenn man nach Hollywood kommen soll, wird einem Himmel und Erde versprochen, und man glaubt, daß man es mit seinen eigenen Waffen schlagen und mit diesen Leuten umgehen kann. Aber man kann's nicht, denn die Unterminierung geht nicht offen und dramatisch vor sich: Nicht daß es große Sachen wären, bei denen man sich weigert, schwarz oder weiß Kompromisse zu machen, – in jeder Kleinigkeit, in jedem Detail wird die Qualität des Films ausgelöscht, bis nichts mehr davon übrigbleibt. Zu keiner Zeit kann man sich in einer speziellen Frage durchsetzen, alles entgleitet einem unter den Händen. Die Produktion gleicht einer Fata Morgana, die sich nach und nach auflöst und einer schrecklichen Realität Platz macht.“ „Es ist unmöglich, unter den von den großen Studios diktierten Bedingungen in Amerika etwas Interessantes oder Anständiges zu machen.“

Richie, Donald, Tokio 1961, *Japanese Movies.*

Gut lesbarer, flott geschriebener geschichtlicher Überblick über den japanischen Film.

– – Berkeley und Los Angeles 1965, *The Films of Akira Kurosawa.*

Film für Film erhält man Einblick in die Karriere des vielleicht brillantesten Filmemachers der Welt.

– – Tokio 1966, *The Japanese Movie.*

Ein flüssiger Kommentar über Filme, die man gesehen haben muß. Überwiegend thematische, weniger stilistische Analysen. Begleiter zu Richie und Anderson (1959) und Richie (1961). In diesem Band wird verfolgt, wie sich die Geschichte des Denkens des japanischen Volkes, über es selbst, die Gesellschaft, Resignation oder Zustimmung, soziales Gewissen, die Fehler seiner Regierungen, die Emanzipation der japanischen Frau, das Ende des Feudalismus und die Behauptung der Individualität, im Film spiegeln.

Ricketson, F. H., New York 1938, *The Management of Motion Picture Theatres.*

Befaßt sich so gut wie mit allem, vom Publicity-Schlager bis zur Frage, wie oft die Ruheräume zu kontrollieren seien. Ein Extra-600-Worte Glossar, viele davon sehr esoterisch, z. B. brail, standee, shuttle-sheet, snipes, travel-ghost etc.

Riegel, O. W., 1938, 'Nationalism in Press, Radio and Cinema', *American Sociological Review,* 3, S. 510–515.

Die Medien sind die Kanäle des Nationalismus, und nur eine Modifizierung der ökonomischen und politischen Basis des Nationalismus wird hieran etwas ändern.

Riesman, David, 1956, 'The Oral Tradition, The Written Word, and the Screen Image', *Film-Culture,* 2, Nr. 3, S. 1–5.

Orale Gesellschaften sind Face-to-Face Gruppen. Imperien, räumlich und zeitlich größer, bedürfen der transportablen Information und dauerhafter Aufzeichnungen. Die orale Kommunikation tendiert zur Verhärtung sozialer Strukturen, wiewohl gelegentlich, von einem Propheten, ein Wandel herbeigeführt werden kann. Die post-literarische Gesellschaft ist strukturell instabil. Die orale Kultur wirkt menschenverbindend. Druck hingegen lockert die Bindungen, schafft Raum, wirkt sogar isolierend. Menschen, die mit Medien, z. B. Radio, in Berührung kommen, haben einen ganz anderen Erwartungshorizont.

– –, *Glazer, Nathan,* und *Denny, Reuel,* Abridged edition, New York 1955, *The Lonely Crowd.* (*Riesman, David, Denney, Reuel, Glazer, Nathan,* Reinbek 1961, *Die einsame Masse,* Eine Untersuchung der Wandlungen des amerikanischen Charakters.)

Voll von faszinierenden Nebenbemerkungen über den Film und die Medien, wobei der Filmbesuch und der Filminhalt den Theorien der Autoren über Gesellschaft und Persönlichkeitsbildung entsprechend gedeutet werden. Sie haben ein feines Gefühl für die Unterschiede der Medien und deren Auswirkungen, doch zeigen sie, wie oberflächlich sie sind, wenn sie – z. B.

bei der Erörterung der Familienprobleme des kleinen Mädchens in *Curse of the Cat People* (USA 1944) – sich hauptsächlich auf Kurzfassungen des Filminhalts stützen und den eigentlichen Kern des Films gar nicht zur Kenntnis nehmen.

– – und *E. T.*, 1952, 'Movies and Audiences', *American Quarterly*, 4, S. 195–202.

„... Der Film ist zu weit vervollkommnet (als Kunstmittel), bewegt sich zu rasch, als daß ältere Personen mithalten könnten ... Die Einsicht, daß Ältere daher eine neue Sprache erlernen müssen ... wäre ein erster Schritt zur Anerkenntnis gewisser Mehrdeutigkeiten der Kommunikation, mit denen sich der Film ebenso wie andere Medien auseinandersetzen müßte: der generationsbedingten Mehrdeutigkeit sowie der auf unterschiedlichen Einstellungen der Klassen und auf der Heterogenität der Rezipienten beruhenden", S. 195. „... junge Menschen ... gehen häufig ins Kino, um das komplexe Netzwerk der menschlichen Beziehungen besser verstehen zu lernen ... wobei ein Wandel ... vom ‚Nach-innen-Gerichtet-' zum ‚Nach-außen-gerichtet-Sein' eintritt", S. 196. Der Fortschritt der Hörfunk- und Fernsehforschung dürfte dem Interesse an „Werbefeldzügen" zuzuschreiben sein.

Reupeyrout, J. L., 1952, 'The Western: A Historical Genre', *Quarterly of Film, Radio and Television*, 7, S. 116–128.

„Weit von glamorisierter Fiktion entfernt, nähert sich der Western eher einer wahrheitsgetreuen Darstellung einer oft nicht als solche erkannten Realität. Er ist Ausdruck einer typisch amerikanischen Mythologie. Seine Heroen und Idole präsentieren uns Tausende epischer Bilder und verwandeln die Filmleinwände der Welt in eine neue, gigantische, farbenprächtige Bayeux-Tapisserie" (Übers. nach d. Engl.), S. 128. Befaßt sich vor allem mit Fords *My Darling Clementine* und *Fort Apache* und nimmt ihre historischen Freiheiten im Namen der Wahrscheinlichkeit in Schutz.

– – Paris 1953, *Le Western.*

(*Rieupeyrout, J. L.*, Bremen 1963, *Der Western,* Geschichten aus dem Wilden Westen, Die Geschichte des Wildwest-Films.)
Eine Historie des Genres.

– – Paris 1963, *La Grande Aventure du Western* (1895–1963).

Maßgebende und wichtige historische Analyse.

Riley, J. W., und *M. W.*, New York 1959, 'Mass Communication and the Social System', in Merton, Broom and Cottrell, Jr., Hrsg., *Sociology Today.*

Ein Umriß der Massenkommunikations-Forschung. Will man sich über den Rezipienten klar werden, muß man seine Motivation, seine Auswahl als Publikumsmitglied und seine selektive Wahrnehmung berücksichtigen. Betrachten wir den Rezipienten in Verbindung zu seiner Primärgruppe, können wir von der Bezugsgruppen-Theorie ausgehen, d. h. sein Verhalten wird in bezug stehen zu den Wertvorstellungen der Gruppen, denen er angehört. Im weiteren Verlauf können wir dann den Rezipienten im größeren gesellschaftlichen Kontakt betrachten, wobei im allgemeinen die soziologische Analyse anwendbar ist. Schließlich müssen wir uns auch dem Kommunikator und den verschiedenen Faktoren zuwenden, unter deren Einfluß er wiederum steht (S. 564). Es gibt einerseits instrumentelle Botschaften, andererseits expressive Botschaften. [In der Hauptsache handelt es sich bei diesem Aufsatz um eine Literaturübersicht, die auf die Artikulierung eines Programmes zur Soziologisierung der Massenkommunikations-Forschung abzielt.]

Rimberg, J., 1959, 'Motion Picture in the Soviet Union 1918–1952: A Sociological Analysis', Diss., Columbia University, unveröffentlicht.

„Filminhalt und Umfang der Filmproduktion werden in der Sowjetunion durch einen Prozeß des Kompromisses zwischen Parteifunktionären, Filmschaffenden und dem sowjetischen Publikum bestimmt, – letztere bilden in erster Linie den potentiellen Markt für die Vorführung des sowjetischen Films.“ Die Partei hat es auf politische Filme, die Künstler haben es auf das Kunstwerk abgesehen, das Publikum will Unterhaltung. Die meisten Autoren übersehen, daß es nicht nur zwei, sondern drei Gruppen gibt, die Macht haben, und daß sie diese auch ausüben.

-- 1960, 'Social Problems as Depicted in the Sovjet Film-Research Note', *Social Problems,* 7, S. 351–355.

Während der NEP (New Economic Policy d. Sowjetunion) behandelten 15 % der Filme überhaupt keine sozialen Probleme, und keine 50 % brachten Lösungen nach kommunistischem Geschmack. Später befaßten sich 100 % mit kommunistischen Lösungen. 1934–40 gab es wieder ein paar frivole Filme, doch brachten zwei Drittel sämtlicher Filme soziale Probleme mit kommunistischen Lösungen. Nach dem Krieg gab es überhaupt keine Filme mit ungelösten Problemen, 80 % zeigten Probleme mit kommunistischen Lösungen. Durchweg war es oft das Nicht-Partei- und das Nicht-Komsomol-Mitglied im Film, das die kommunistische Lösung herbeiführte.

Rivkin, A., und *Kerr, L.,* New York 1962, *Hello Hollywood.*

Gesammelte Aufsätze über Hollywood, überwiegend von Schriftstellern, viele sehr witzig und originell.

Road, Sinclair, 1946, 'The Influence of the Film', *Penguin Film Review,* 1, S. 57–65.

Roberts, J. M., Arth, M. J., und *Bush, R. R.,* 1959, 'Games in Culture', *American Anthropologist,* 61, S. 597–605.

-- und *Sutton-Smith, B.,* 1962, 'Child Training and Game Involvement', *Ethnology,* 1, S. 166 bis 185.

--, *Sutton-Smith, B.,* und *Kendon, Adam,* 1963, 'Strategy in Games and Folk Tales', *Journal of Social Psychology,* 61, S. 5–199.

Robinson, David, London 1968, *Hollywood in the Twenties.*

Erstklassiger Überblick der gleichen Serie wie Baxter (1968) und Higham and Greenberg (1968).

Robinson, W. R., Baton Rouge 1967, *Man and the Movies.*

Eine kühne Anthologie aus eigens verfaßten Aufsätzen akademischer Literaten, was ihr nicht schadet, angefangen beim Kintopp (Chappell) über den Wildwest-Film (McMurty) bis zu Antonioni und Bergman. Besonders gut auch Dillard über den Horrorfilm wie auch Peck über Film kontra Television, Robinson über das Filmerlebnis, Hardison über Hitchcook, Fiedler über Romane über Hollywood und Slavitt über Kritiken. Exzellente Bibliographie, zum Teil mit Kommentar. Sehr zu empfehlen.

Roche, Catherine de la, 1949 a, 'That „Feminine Angel“', *Penguin Film Review,* 8, S. 25–34.

Untersucht den angeblichen Frauenfilm, wie auch, was Frauen anspricht.

-- 1949 b, 'No Demand for Criticism', *Penguin Film Review,* 9, S. 88–94.

Umreißt Sozialstruktur und Wert der professionellen Kritik.

Rogers, Garet, New York 1963, *Scandal in Eden.*

Roman.

Rôle intellectuel du Cinéma, Le, New York 1937, Paris: Société des Nations, Institute International de Co-operation Intellectuelle.

Im ersten Teil ein Überblick über die Geschichte des Films in den einzelnen Ländern. Im zweiten Teil einige Arbeiten von verschiedenen Autoren über die intellektuelle Rolle des Films. „Da er Sprache ist, hat der Film alle Tugenden und Untugenden einer Sprache; sie dient zum Besten wie zum Schlimmsten. Puritanische Fehlersucher, die ihn blind verurteilen, sehen sein schimmerndes Antlitz nicht; die Beweihräucherer schließen vor seiner finsteren Seite die Augen." Arnoux, S. 163. Von besonderem Interesse sind die Essays von A. Consiglio und Walt Disney, die aus anderen Werken übernommen wurden.

Rosenberg, B., und *White, D. M.,* Glencoe 1957, *Mass Culture.*

Ein umfänglicher Reader, der sechs Arbeiten über den Film enthält: Gans (1957), Elkin (1950), Kracauer (1950), Powdermaker (1950), Wolfenstein und Leites (1950), Larrabee und Riesman über *Executive Suite/Die Intriganten* (USA 1954). Bibliographie (75 Gegenstände) auf S. 338 bis 340.

Rosenthal, Raymond, New York 1968, *McLuhan: Pro and Con.*

Auswahl von Schriften über McLuhan, einige davon sehr gut; keine deckt sich mit Stern (1967); doch fehlt eine Befragung des Meisters. Die Sekundärliteratur über McLuhan ist im Begriff, unüberschaubar zu werden.

Rosenthal, S. P., 1934, 'Changes of Socio-Economic Attitudes Under Radical Motion Picture Propaganda', *Archives of Psychology,* Nr. 166.

Rosenthal ging es um die Untersuchung der Wirkung von Propaganda auf eine breite Skala von Einstellungen. Ein Bildungsprogramm dient dazu, uns zu lehren, mit Daten umzugehen, Schlüsse zu ziehen und kritisch zu werten; Propaganda hingegen präsentiert Resultate, die man unbesehen schlucken soll. Psychologiestudenten zeigte man (zu Testzwecken) eine propagandistische russische „Wochenschau" aus der Stummfilmzeit. Daraufhin änderte eine Reihe von Studenten in vielen sozio-ökonomischen Fragen ihre Einstellung in der von der Propaganda angestrebten Richtung. Sie wirkte sich stärker aus auf Einstellungen, die das Thema des Films betrafen, als auf solche, die weniger direkt in Bezug dazu standen. Propaganda kann auch einen Bumerang-Effekt erzeugen. Abneigung gegen stereotype Begriffe läßt sich leichter hervorrufen als beseitigen. Zwischen Alter und Radikalismus besteht keine Korrelation, wohl aber zwischen Radikalismus und Intelligenz.

Ross, Betty, 1955, 'Back to the Golden Era', *Films and Filming,* 3, August, S. 7.

Über die mexikanische Filmindustrie. Es wird auf ein neues Buch, *Mexican Cinema,* Bezug genommen. Ich konnte nirgends eine Spur von ihm entdecken.

Ross, Lillian, New York 1950, *Picture.*

Entstehungsgeschichte des John Huston-Films *The Red Badge of Courage* in Hollywood im Jahr 1949, vom Skript bis zum endgültigen Schnitt. Ursprünglich für den *New Yorker* verfaßt, hatte diese Heiterkeit erregende Bloßstellung verständlicherweise zur Folge, daß die Verf. für immer aus den MGM-Studios verbannt wurde. Ihre These scheint darauf hinauszulaufen, wie restlos künstlerische Intentionen durch die Idiotie der Exekutiven vereitelt wurden. „Scheint", weil der Verf. Äußerungen in der ersten Person von irgendwelcher Tragweite vermeidet.

– – and *Ross, Helen,* New York 1962, *The Player.*

Selbstdarstellungen und Überlegungen – eine Reihe von Interviews mit Spitzenschauspielern von Bühne und Film.

Ross, Murray, New York 1941, *Stars and Strikes.*

Hollywoods Arbeiterbelegschaft ist etwa eine Viertelmillion stark; ihre Löhne belaufen sich auf insgesamt 400 Millionen Dollar. Die Gewerkschaften benutzten Hollywood als trojanisches Pferd, um in den „offenen Betrieb" Los Angeles vorzudringen. Zuerst versuchten sie 1916 die Handwerker zu organisieren, was die Bildung der Motion der Picture Alliance zur Folge hatte. Bis 1921 hatte es drei Streiks gegeben. 1925 nahmen die Streitigkeiten unter den Gewerkschaften ein Ende. 1926 unterzeichnete die MPA das Studio Basic Agreement. Es gab eine Menge juristische Probleme, auch bezüglich der Arbeitsverträge. The Academy of Motion Picture Art and Sciences war ursprünglich ein die ganze Industrie umfassender Arbeitnehmerverband und sehr erfolgreich gewesen. Später wurde er seiner gewerkschaftlichen Funktionen entkleidet. Central Casting war Trumpf. Die Leitenden Angestellten ignorierten die Handwerker aufgrund des „in Hollywood herrschenden zynischen Glaubens, daß wer nicht sehr hoch bezahlt ist, der Aufmerksamkeit und der Zeit der Filmmagnaten nicht wert sei...", S. 216. Der Umgang mit solchen Leuten wird an rangniederere Angestellte delegiert. Die NRA förderte die gewerkschaftliche Organisation. Gewerkschaften leisten Veränderungen Widerstand: Die Musiker führten im Namen der Theaterorchester einen heftigen Kampf gegen alle Arten von Musikkonserven (S. 218).

– – 1947, 'Labor Relations in Hollywood', *Annals* (1947, S. 58–64.

Die Geschichte der Arbeiterorganisation in der Filmindustrie nahm von Beginn an bis Anfang des Krieges, als Los Angeles gewerkschaftlich organisiert wurde, einen stürmischen Verlauf.

Rosten, Leo, New York 1942, *Hollywood, The Movie Colony, The Movie Makers.*

Denny und Meyerson: ‚Aus dreijähriger Forschung an Ort und Stelle in der Filmstadt, ging eine umfangreiche Darstellung des Lebens, der Praktiken und der Wertvorstellungen der Gemeinde hervor". Und nicht nur das; sie ist witzig und macht einer Reihe von Mythen den Garaus, u. a. dem Mythos, daß alle Darsteller hochbezahlt würden, sowie dem, daß gut bezahlte Filmschreiber den Mut hätten, zu „meckern".

– – 1947, 'Movies and Propaganda', *Annals* (1947), S. 116–124.

Als das HUAC die Hollywood-Propaganda (auf „unamerikanische Aktivitäten" hin) zu untersuchen begann, stellte sich die Frage: was ist Propaganda? Bücher und Zeitschriftenserien würden nicht der Propaganda bezichtigt, zumindest nicht mehr als der Zeitungsbericht. Doch beim Film seien Gruppen involviert. Die Filmproduzenten posierten als Lieferanten unpolemischer Unterhaltung, womit sie zwischen Unterhaltung und Propaganda einen deutlichen Trennungsstrich zogen. Propaganda setzt Intentionen und kontroverse Meinungen voraus, insofern geht es um das Publikum: In Rußland ist ein Film über freie Wahlen bereits Propaganda, in den USA nicht. Der Senat veranlaßte Untersuchungen über Kriegspropaganda im Film, woraufhin die Produzenten auf die ihnen verfassungsgefäß zugesicherte Freiheit pochten. Es bestehen signifikante Unterschiede zwischen Film, Zeitung und Hörfunk: 1. Der Film erzielt keine Gewinne aus Anzeigenwerbung; 2. er ist vom Votum der Massen (Kassenerfolg) abhängig; 3. seine Herstellung ist kostspieliger; 4. er ist auf den Export angewiesen; 5. er wendet sich nicht an ein „lokales" Publikum; 6. er besitzt keine „lokale" Identität; 7. die Filmindustrie kennt keinen Schachtelaufsichtsrat; es gibt keinen „Stadt-Film", d. h. der Film hat allerorts Konkurrenz. Doch sollten Filmemacher nicht den Verlockungen der Schmerzlosigkeit erliegen, d. h. Auseinandersetzungen aus dem Wege gehen, vielmehr die ihnen durch die Verfassung garantierte Freiheit nutzen.

-- 1956, 'Hollywood Revisited', *Look*, 20, S. 17–28, Nachdruck in Rivkin und Kerr (1962).

Seit seinem Buch von 1942 hätten sich vier bedeutende Veränderungen ausgewirkt: das Fernsehen, die Breitwand, die mittleren Jahrgänge und der Smog. Die Produzenten seien keine Götter mehr, statt dessen sachlicher, nüchterner; es gäbe weniger Nepotismus, weniger professionelle Schmeichler, und es würde nicht mehr so viel Geldaufwand getrieben. Freilich gäbe es noch immer beträchtliche Egozentrik, Wichtigtuerei mit dem Psychiater, aber nur noch wenige Nachtklubs. Die populärsten Fernsehprogramme stammten aus Hollywood, Disney z. B. produziere etwa das Äquivalant von vier Features die Woche für Television. 1945 standen noch 790 Darsteller unter Kontrakt, 1956 waren es nur noch 209. 1940 standen 240 Autoren unter Vertrag, 1956 nur noch 67. Nach dem Zweiten Weltkrieg brauchte Hollywood sich nicht mehr so anzustrengen, um jedermann von der Bedeutung des Films zu überzeugen. Die Verfolgungen durch das Komitee für unamerikanische Aktivitäten riefen in Hollywood Fehden hervor, die bis heute nicht überwunden sind.

-- 1961, 'The Intellectual and the Mass Media: Some Rigorously Random Remarks', in Jacobs (1961), S. 71–84.

Eine Common Sense-Verteidigung der Medien, der zu entnehmen ist, daß eine schuldbeladene Elite an den Medien Kritik übt (vgl. Shils 1957), daß der Fall *New York Times* kontra *Daily News* und der BBC kontra ITA Aufschluß über die wahren Präferenzen der Öffentlichkeit gegeben hätten. Der Verf. weist darauf hin, daß es an Stelle des berüchtigten Profitmotivs eine BBC hätte geben können, die einen Churchill unterdrückte, und die zusammengebrochen wäre, hätte sie den Krach über sich ergehen lassen müssen, den die CBS durchstand, als sie Chruschtschow interviewte. „Mir scheint, die Schrecken der Menschheitsgeschichte sind in der Mehrzahl nicht Skeptikern, Zynikern oder Realisten zu verdanken, sondern denen, die von deren Überlegenheit überzeugt waren", S. 79.

Rotha, P., und *Griffith, R.*, London 1963, *The Film Till Now.*

Jüngste Ausgabe der umfangreichen Geschichte des Films bis 1930 von Rotha, bis 1948 von Griffith (ziemlich verschroben) und in weiteren Ausgaben wieder, etwas oberflächlicher, von Rotha. Dieses Buch, wie auch die Bücher von Arnheim (1933), Balasz (1952) und Montagu (1964) sind das Werk intellektueller Kritiker, die die Ästhetik eines Eisenstein und Pudowkin unbesehen übernahmen und sich nie mit dem Tonfilm oder mit dem Triumph Hollywoods aussöhnen konnten. Mit ihren russischen Helden sind sie schwer totzukriegen, – Arnheim und Balasz haben in dreißig Jahren ihre Ansichten kaum geändert. Montagus Buch ist sicherlich auch in jenen Jahren verfaßt und dann schleunigst up-to-date gebracht worden. Zusammen mit Manvell (1944) und Jacobs (1939) bilden sie einen orthodoxen Kanon der Kritik.

Rowson, S., London 1935, *A Statistical Survey of the Cinema Industry in Great Britain in 1934.*

Weiter auch nichts.

Rule, J. T., 1953, 'Movies and TV: Murder or Merger', *Atlantic*, 192, S. 55–59.

Erörterungen über dreidimensionalen Film und Breitwand; der Verf. meint, daß sie, richtig angewandt, den Film retten könnten. Auch sagt er voraus, daß Filme im Fernsehen Mode werden würden, was dem Kino ebenso zugute kommen müßte, wie Schallplatten aus Filmen oder Bühnenstücke.

Safilios-Rothschild, C., 1968, '„Good" and „Bad" Girls in Modern Greek Movies', *Journal of Marriage and Family*, 30, S. 527–531.

Fünfundzwanzig Filme wurden analysiert: Durchweg folgen sie dem gleichen Pattern, der traditionellen griechischen Unterscheidung von „guten" Mädchen – unberührt in die Ehe – und „schlechten", die vorehelich Verkehr hatten, dadurch „entehrt" und als Ehepartner unakzeptabel sind. Gute Mädchen machen niemals einem Manne Avancen, sind immer treu, mütterlich, und verlangen keine Wechselseitigkeit solcher Güte. Schlechte Mädchen sind sexuell aggressiv oder legen eine „wenn-nicht,-laß-es-bleiben"-Haltung an den Tag. Gute Mädchen sind arm oder gehören der Arbeiterklasse an, schlechte Mädchen sind reich oder käuflich. Die reichen werden als exzentrisch, skrupellos, unbarmherzig dargestellt, – vielleicht deshalb, weil bis in die 50er Jahre der Weg der moralischen Konzessionen der einzige Weg zum Reichtum war. Nach Meinung der Verf. sind diese Stereotype a) zutreffend, b) selbstbestätigend, da arme Mädchen häufig von reichen ausgestochen werden (reiche Heirat ist eine der Wege nach oben). Das Happy-End für die Arme und Tugendhafte wirkt ermutigend.

Salumbides, V., Manila (,) 1952, *Motion Pictures in the Philippines.*

Gibt noch nicht einmal statistischen Überblick.

Sander, A. U., Berlin 1944, *Jugend und Film*, '„Das Junge Deutschland", Amtliches Organ des Jugendführers des Deutschen Reiches'.

Theoretischer Essay: nazistische Ideen über die Rolle des Films für die deutsche Jugend.

Sanders, Terry B., 1955, 'The Financing of Independent Feature Films', *Quarterly of Film, Radio and Television*, 9, S. 381–389.

Wertvolle Schilderung der Filmfinanzierung.

Sant'agata, C. R., 1966, 'Motion Picture Advertizing in the United States: A Study to Determine Its Changes', MA-Arbeit, UCLA, unveröffentlicht.

Geschichte der Werbetechnik. Schließt mit *West Side Story.*

Sarris, Andrew, Hrsg., New York 1967, *Interviews With Film Directors.*

„Leider gehen die meisten wissenschaftlichen Werke über den Film immer noch von überwiegend soziologischen Gesichtspunkten aus, und die meisten Regisseure sind nach wie vor vom Studio und vom Starsystem abhängig, die sie angeblich versklaven", S. III. Die Einleitung bietet guten Überblick über die Geschichte der Filmgeschichte und der Filmkritik; auch ist sie ein Plädoyer zugunsten des Regisseurs und von Hollywood. Die Interviews sind unterschiedlich, in der Mehrzahl prätentiös.

Schary, Doré, New York 1950, *Case History of a Movie.*

Schritt-für-Schritt-Bericht von der Herstellung des Films *The Next Voice You Hear.* Recht aufschlußreich (z. B. die Tatsache, daß der Regisseur William Wellmann bei den Besprechungen über den Schnitt zwischen Schary, der Chefcutterin Margaret Booth und dem Cutter Dunning nicht hinzugezogen wurde).

Schickel, R., New York 1964, *The Movies.*

Eine gute allgemeine Einführung. Siehe meine positive Besprechung (1966).

– – New York 1968, *The Disney Version.*

Hervorragende Studie über Disney und seine Liebesbeziehung zu einer illusionären Schönen, mit Namen Kleinstadt-Amerika. Diese feine Arbeit kam ohne Zutun Disneys oder seiner Gesellschaft zustande.

Schmidt, G., Schmalenbach, W., und *Bächlin, P.,* London 1948, *The Film,* Its Economic, Social and Aritistic Problems.
(*Schmidt, G., Schmalenbach, W., Bächlin, P.,* Basel 1947, *Der Film,* künstlerisch, wirtschaftlich, gesellschaftlich.)

Frucht einer Ausstellung in Basel im Jahr 1943, erfüllt dieses Buch mittels Bildern, Tabellen und Diagrammen eine ähnliche Funktion wie Manvell (1944). Seine Sicht ist die übliche, obwohl auch hier viel von der Passivität des der Tyrannei der Monopole ausgesetzten Zuschauers die Rede ist.

Schramm, W., Hrsg., Urbana 1948, *Communications in Modern Society.*

Eine Reihe von Vorträgen im Rahmen einer Konferenz, geben guten Einblick in die Grundlagen der Kommunikationsforschung. Angefügt eine Bibliographie mit Kommentaren.

– – Hrsg., Urbana 1949, *Mass Communications.*

– – Hrsg., Urbana 1955, *The Process and Effects of Mass Communications.*

Vorlesungen über Theorie und Wirkungen der Massenkommunikation. In allen wird der Film nur gestreift.

– – Stanford 1964 a, *Mass Media and National Development,* The Role of Information in the Developing Countries.

Der Informationsfluß spielt bei der Herbeiführung gesellschaftlicher Veränderungen eine wichtige Rolle; die Massenmedien sind wirksame Informationskanäle. Entwicklungsländer sollten sich ihrer in größerem Umfang bedienen, – wer weiß, welche Wunder das zur Folge haben würde.

– – Hrsg., Paris 1964 b, *The Effects of Television on Children and Adolescents,* UNESCO, reports and papers on mass communications, Nr. 43.

Bibliographie mit Kommentaren plus Einführung, die eine Zusammenfassung aller Untersuchungen bis heute darstellt.

– –, *Lyle, J.*, und *Parker, E. B.*, Stanford 1961, *Television in the Lives of Our Children.*

Ausgezeichnete Studie. Verlagert den Schwerpunkt von der Frage: Was tut das Fernsehen unseren Kindern? auf die Frage: Was tun Kinder mit dem Fernsehen? Die Gesamtresultate stimmen mit Himmelweit, Oppenheim und Vince (1958) überein. Wirklich gute Bibliographie mit Kommentaren.

Schulberg, Budd, 1949, 'Hollywood', *Holiday,* 5, S. 34–49, 126–129.

Hollywood-Porträt, gescheit, aber naiv. Nimmt keine Notiz davon, daß das Kino zu neuen ausgeklügelten Vorführmethoden, wie Cinemascope, Cinerama etc. Zuflucht nahm. Denny und Meyersohn: „Ein nützlicher Prüfstein für öffentliche und professionelle Ansichten über Hollywood in den Jahren 1946–49, als die Filmindustrie nach dem Krieg stärkstem Druck, sich zu reformieren, ausgesetzt war."

– – New York 1941, *What Makes Sammy Run?*

Der Aufstieg eines Filmmanagers aus tiefster Armut zum Reichtum.

Schulman, Cary, 1965, 'The Two-Step Flow Hypothesis of Mass Communication: A Reformulation Using Cognitive Dissonance Theory', Diss., Stanford University, unveröffentlicht.

Die Hypothese vom Zwei-Stufen-Fluß der Kommunikation sei ein schlechter Prophet, da sie existentieller Natur sei und nur bestätigt, nicht widerlegt werden könne. Die Menschen bedienten sich zur Herabminderung der kognitiven Dissonanz wie auch zur Vermeidung von Dissonanzzunahme der interpersonellen Kommunikation. Hier konnten Voraussagen gemacht werden, die sich bestätigten.

Schumach, Murray, New York 1964, *The Face on the Cutting Room Floor.*

Wissenschaftliche und lebendige Geschichte der Zensur in den USA.

Schwartz, D., 1955, 'Mary Pickford: The Little Girl in Curls', *New Republic,* 132, S. 17–20.

Besprechung von Pickford (1955) – Mary, die Kind-Frau mit der unterschwelligen Erotik. Clara Bow trat ihre Nachfolge an: „ein Zeichen für Hollywoods Sensitivität in bezug auf nationenweite Stimmungen sowie für seine schnelle Reaktionsfähigkeit", S. 18.

Schwartz, J., 1960, 'The Portrayal of Educators in Motion Pictures 1950–1958', *Journal of Educational Sociology,* 34, S. 82–90.

Von kurzen Inhaltsangaben von Filmen in *Variety* und *The Green Sheet* ausgehend, gelangt der Verf. zu dem Schluß, daß Lehrerinnen im Film stets frustriert, unattraktiv und unverheiratet sind. Liebesromanzen haben sie nur außerhalb des Berufs, entweder mit Outsidern oder nach Quittieren des Schuldienstes. Weibliche Erzieher werden meist als nett und hilfreich, männliche oft als heftig dargestellt.

Scott, E. M., 1957, 'Personality and Movie Preference', *Psychological Report,* 3, S. 17–19.

„Die Resultate scheinen die Hypothese zu bestätigen, daß der Kinobesuch in einigen Fällen zu zentralen Aspekten der Persönlichkeit in Bezug steht: a) die bevorzugten Filme dienen als Ersatzventile, b) bei der Wahl zwischen seriösem und weniger seriösem Film scheinen soziale Werte den Ausschlag zu geben", *Psychological Abstracts,* 32, 1958, 4129.

Seabury, W. M., New York 1926, *The Public and the Motion Picture Industry.*

Idealistische Bemühung auf Veranlassung des Völkerbunds; tritt dafür ein, daß aus der industriellen und kommerziellen Filmwirtschaft, dem „mächtigsten Instrument der Welt zur Pflege und Erhaltung des Weltfriedens sowie der moralischen, intellektuellen und kulturellen Entwicklung aller Völker“ (S. IX), eine öffentliche Einrichtung werden sollte.

– – New York 1929, *Motion Picture Problems:* the Cinema and the League of Nations.

Da in den USA produzierte Filme, von denen eine große Anzahl unbefriedigend und Amerikas unwürdig seien, in vielen Ländern ein Vorführungsmonopol bis zu neunzig Prozent hätten...“ (S. 13), eskaliert Seabury seine Öffentliche-Einrichtungs-Idee: Filme sollten der Kontrolle des Völkerbunds unterstellt werden. Gut gemeint, aber öde, – geht am Kern der Sache vorbei.

– – New York 1930, *The Futile Exhibitor:* how the industry shackles your lokal movie manager.

Seeman, Melvin, 1966, 'Alienation, Membership and Political Knowledge, A comparative Study', *Public Opinion Quarterly*, S. 353–367.

Unser Lernen steht im Einklang mit dem erwarteten Ergebnis und dem Erfolg dieses Ergebnisses, aber ebenso steht es im Einklang mit Machtlosigkeit/Verfremdung. Verfremdung bedeutet geringe Aufnahme von Macht verleihender Information; Mitgliedschaft heißt reichliche Aufnahme von Macht verleihender Information.

Seldes, Gilbert, New York 1924, *The Seven Lively Arts.*

– – London 1937, *Movies for the Millions* (*The Movies Come from America* in the US).

Geschichte-cum-Einführung in die Kunst des...

– – New York 1951, *The Great Audience.*

Selde's erste Rückkehr zum Thema Massenmedien seit seinem Buch (1937), um, mit seinen eigenen Worten (1956), „die recht pessimistische Warnung auszusprechen, daß diese ... Volkskunst, die Massenmedien, dazu benutzt werden könnten, unsere Selbstzufriedenheit und Unmündigkeit zu verewigen“. Enthält sehr interessantes Material über die Industrie: behauptet, die mediokre Fließband-Produktion trage zum Publikumsschwund bei. Publikumsgewohnheiten werden im mittleren und späteren Lebensalter nicht beibehalten. Ist der Meinung, daß Kino nur Unmündige befriedige, und aus diesem Grunde mit zunehmenden Jahren weniger frequentiert werde. Filme seien Mythen, die unter Umgehung des wachen Verstandes, durch bereits vertraute Elemente und die Möglichkeit ihrer endlosen Wiederholung wirkten. Auf S. 74 ff. bringt er einen Abriß der imaginären, dem Production Code zuzuschreibenden weltweiten Regeln. Code und Distribution hätten dafür gesorgt, daß Mündige und Nachdenkliche nicht mehr ins Kino gingen.

– – New York 1956, *The Public Arts.*

Ein wenig übersichtlicher Bericht über Film, Radio und Fernsehen. Der Autor vertritt die Auffassung, daß der öffentliche Charakter der Medien und ihre Wirkungen im Guten wie im Bösen eine Form von öffentlicher Kontrolle erforderlich machten. Seltsam, daß ein Autor, der die Medien so liebt, wie sie sind, es für notwendig hält, sie so radikal zu ändern.

Sequence, Oxford und London 1947–52.

Leider kurzlebige, aber brillante Zeitschrift für Filmkritik, ursprünglich in Oxford herausgegeben zwecks Umgehung der BFI. Später übernahm einer ihrer Gründer, Gavin Lambert, die Zeitschrift *Sight and Sound* (seine Nachfolge trat wieder eine Veteranin von *Sequence,* Penelope Houston an); der andere Gründer, Lindsay Anderson, wandte sich der kreativen Tätigkeit bei Film, Theater und Fernsehen zu.

Shah, Panna, Bombay 1950, *The Indian Film.*

Darstellung der Geschichte des indischen Films, soziologische Dissertation. Der Akzent liegt mehr auf den soziologischen Aspekten als auf der strukturellen Analyse. Das Auftreten von Stars in indischen Trachten habe ungewollt eine Wiederbelebung von Make up- und Kleidermode der Vergangenheit herbeigeführt.

Shaw, Arnold, New York 1968, *Sinatra,* Retreat of the Romantic.

Umfangreiche Biographie: Sinatras Leben und Lieben; voll aufrichtiger Bewunderung.

Shaw, Irvin, 1949, 'Hollywood People', *Holiday,* 5, S. 53–61.

In Hollywood ist alle Welt mit dem Film verbunden oder sehnt sich danach, es zu sein. Viele haben nur deshalb andere Jobs, weil es ihnen nicht gelang, beim Film anzukommen. Ungezwungenes Leben und schöne Menschen resultieren in bemerkenswerten Kindern.

Shelley, Frank, London 1946, *Stage and Screen.*

Gegenüberstellung von Bühne und Film: das Theater sei weniger oberflächlich, wirke humanisierender. Film-Schauspielkunst sei fast ebenso interessant wie Schauspielkunst im Theater.

Shils, E., 1957, 'Daydreams and Nightmares! Reflections on the Criticism of Mass Culture', *Sewanee Review,* 65, S. 587–608.

Erörterung der Schriften von Rosenberg and White (1957) und Hoggart (1957). Shils weist darauf hin, daß Kommunikationsforschung überwiegend von enttäuschten Marxisten betrieben werde. „Bei der kritischen Interpretation der Massenkultur geht man von einem bestimmten Bild des modernen Menschen, der modernen Gesellschaft und des Menschen der Vergangenheit aus. Dieses Bild ist in faktischer Hinsicht wenig begründet, – vielmehr ist es das Produkt politischer Vorurteile und nebulöser Vorstellungen von einem nicht zu verwirklichenden Ideal sowie von Ressentiments gegen die amerikanische Gesellschaft. Hinter der soziologischen, psychoanalytischen und existentialistischen Tarnung verbirgt sich im Grunde Romantizismus", S. 596. Dieser wurzelt in historischen Fantasievorstellungen von Kollektiv und Kommune: „Sie waren alle Ideologen, die den Menschen, so wie er nun einmal ist, ablehnten, und dies haben sie mit dem Marxismus gemein." Im *Institut für Sozialforschung,* Frankfurt, bemühte man sich um eine Erklärung, warum die Massen dem Nazismus verfallen seien: Weil der moderne Mensch entfremdet und entwurzelt sei, habe er die nazistische Idee der völkischen Pseudo-Gemeinschaft begierig aufgegriffen, *mutatis mutandis,* sich der Massenkultur verschrieben. „Die heutigen Vergnügungen der Arbeiterklasse und unteren Mittelschicht haben gewiß nicht viel ästhetischen, moralischen und intellektuellen Wert, doch sicherlich sind sie nicht schlechter als die gräßlichen Dinge, an denen sich ihre europäischen Vorfahren vom Mittelalter bis zur Neuzeit erfreuten", S. 605. „Die Kultur dieser durch Schwerarbeit, Krankheit und Furcht stumpf gewordenen Schichten, die einen weit größeren Teil der Bevölkerung ausmachten als bei den fortgeschritteneren Gesellschaften unseres zwanzigsten Jahrhunderts, bestand vornehmlich in Bärenhetzen, Hahnenkämpfen, Sich-Berauschen, Hexenmärchen, Geschwätz über sexuelle Verirrungen von Priestern, Mönchen und Nonnen und in Geschichten voller Mord, Totschlag und Verstümmelungen", S. 604–605.

– – 1961, 'Mass Society and Its Culture' in Jacobs (1961), S. 1–27.

Massengesellschaft bedeutet Partizipation der Masse an der Gesellschaft; es gibt keine gesellschaftlichen Outsider mehr (in Gegensatz zu den „Massengesellschaft gleich Atomisierung"-Theorien). Der Status der Autorität und die Macht der Tradition sind geringer; es gibt mehr ziviles Verhalten, mehr betonte Individualität. Drei Kulturniveaus: verfeinerte, mediokre, brutale. Die verfeinerte Kultur ist reich an akkumulierten Gütern, ebenso die krude, – sie wurden durch Tradition erhalten. Mediokre Kultur hingegen ist kurzlebig. Die Kulturniveaus weiten sich aus, vornehmlich die beiden unteren. Die fortbestehende Macht der Tradition wie auch das Fortbestehen oral übermittelter Kultur zeigen, daß es verfehlt ist, an Hand zentralistisch produzierter Filme, Radiosendungen etc., soziale Diagnosen stellen zu wollen (vgl. Kracauer). Die Kulturen überschneiden sich und befruchten einander, was, je größer ihr Abstand, um so weniger der Fall ist. Die Massengesellschaft stellt keine Gefahr für die verfeinerte Kultur dar; Kreative sind nicht speziellen Versuchungen oder Verlockungen ausgesetzt, sie haben noch immer ein Publikum. In den USA ist die Schicht der kulturell Anspruchsvollen noch etwas dünn, doch sind die Zukunftsaussichten nicht schlecht.

Shulman, Irving, London 1964, *Harlow.*

Skandal-geschichtliche Biographie des Filmstars Jean Harlow, die im Alter von 26 Jahren unter geheimnisvollen Umständen starb. Basiert auf den Erinnerungen eines ihr nahestehenden Publizisten.

Shurlock, G., 1947, 'The Motion Picture Production Code', *Annals* (1947), S. 140–146.

Schildert Entstehen und Funktionieren der Hollywooder Selbstkontrolle, der Production Code Administration, und betont, wie vernünftig, nützlich und universalistisch sie sei, erwähnt aber nichts von der 25 000 Dollar-Geldstrafe bei Verstoß gegen sie (s. Brady [1947 b]). „Die grundlegenden moralischen Aspekte des Code scheinen für alle Zeiten gültig", S. 145. [Neunzehn Jahre später wurde der Code nach wiederholten Verstößen gegen ihn drastisch geändert. Shurlock scheint sich nicht bewußt gewesen zu sein, wie lächerlich die Moralsprüche des Codes für die Welt draußen waren.]

Siedzinski, E., 1958, 'A Study of Television Viewing Habits and a Comparison of these with the Interests and Habits of Radio, Motion Pictures and Reading, as Shown by Students in Selected High Schools in Metropolitan New York', Diss., Fordham University.

Siegel, A. E., 1956, 'Film Mediated Fantasy, Aggression and Strength of Aggressive Drive', *Child Development,* 27, S. 365–378.

Kindern, denen man einen sanften Zeichentrickfilm und danach einen, in dem Gewalt vorkam (Woody Woodpecker) gezeigt hatte, und die man hinterher jeweils mit einem befreundeten Kind spielen ließ, zeigten dabei keine signifikanten Veränderungen ihres Aggressionstriebes. Schlußfolgerung: Testbewertungen können keinen Aufschluß über die Triebstärke erbringen. Der Gewalt enthaltende Zeichentrickfilm habe „aggressive Fantasien" übermittelt, d. h. Gewalt = Aggression usw.

Sight and Sound, London 1933 bis dato.

Das offizielle Organ des British Film Institute entwickelte sich – unter der Leitung von Gavin Lambert (1949–1956) – zu einer schöngeistig-literarischen, wenn auch ein wenig betulichen und orthodoxen Zeitschrift der englischen Filmkritik.

Sinclair, Upton, Los Angeles 1933, *Upton Sinclair Presents William Fox,* 'A Feature Picture of Wall Street and High Finance' in 29 reels with a Prologue and Epilogue.

Verärgert, weil man ihn aus seiner eigenen Filmgesellschaft hinausmanövriert hatte, ging William Fox zu Upton Sinclair und „erzählte ihm alles". Das Buch ist eine Studie über die Wirtschaftspraktiken der Filmbonzen. Auf S. 97 sind folgende Hauptverbindungen von Filmfirmen und Investitionsbanken dargestellt:

Warner Brothers	Goldman, Sachs
Paramount	Kuhn, Loeb
Universal	S. W. Straus
Fox	Halsey, Stuart & Co, Hayden, Stone & Co.

An diese Superbankiers wandte sich Fox, als er fünfzig Millionen Dollar brauchte (S. 75). Erwähnt, daß der Film *The Automobile Thiefs* herausgebracht wurde, ehe (zirka 1950?) die ersten Autodiebstähle verübt wurden und die *New York World* eine Kampagne über die Korrumpierung der öffentlichen Moral durch den Film startete (S. 36). Die Motion Picture Patents Company (ein Trust) setzte den Preis für ein Drehbuch auf 62,50 Dollar fest; aufgrund ihres Verdikts durften die Namen von Autoren und Schauspielern nicht auf der Leinwand erscheinen (S. 39–40). Die Macht dieses Trust wurde durch gerichtliche Schritte aufgrund des Sherman Act von 1912 gebrochen. S. 51 gibt Aufschluß über die Herkunft anderer Filmmanager: Laemmle war in der Konfektion, Lasky als Musiker einer Band, Warner als Schuhmacher, Zukor als Pelzhändler tätig gewesen.

Singapore 1951, *Committee on Film Censorship, Report,* Singapore.

Dieser Bericht von C. H. Parkinson verrät eine ziemlich restriktive Einstellung, eine Tendenz zur Zensur; z. B. der Zensor „wird sich vor Augen halten, daß bei der Filmbewertung, vom niedrigsten Bildungsstand ausgegangen werden muß", S. 17.

Sinha, D., 1954, 'Sociological Aspects of Film', *Science and Culture,* 20, S. 281–283.

Der Film spräche eine größeres Publikum an als Presse und Funk, da er billiger sei und keinerlei Bildung voraussetze. In der Anonymität des Kinos, einem traumähnlichen Zustande der Wirklichkeitsflucht hingegeben, sei der Kinogänger Einflüssen besonders zugänglich. Es habe viele Debatten über die Wirksamkeit dieses Einflusses gegeben, die Zweifel an seiner Langzeitwirkung aufkommen ließen. Der Film sollte erwünschte soziologische Wirkungen zeitigen, aber auch unterhalten.

Sisk, J. P., 1955, 'Life in the Motive Magazines', *Commonwealth,* 61, S. 634–635.

Filmzeitschriften kultivierten eine Sicht des Paradieses, eine Karikatur der materiellen Werte. Die Glamourisierung des Körpers sei eine negative Reaktion, eine Manifestation des für die moderne Zivilisation typischen Manichäismus.

Sjöman, Vilgot, Stockholm 1963, *L. 136 Dagbok med Ingmar Bergman.*

Tagebuch der Entstehung des Films *Nattvardsgästerna* (Licht im Winter), aufgezeichnet von einem Freund Bergmans, ebenfalls Filmemacher von hohen Graden. Erschien in französischer Übersetzung in *Cahiers du Cinéma.*

– – Stockholm 1967, *Jag var Nyfiken, Dagbok med mig Själv.*

Tagebuch der Entstehung des Films *Ich bin neugierig – gelb* (Schweden 1967). Ziemlich selbstgefällig.

– – New York 1968, *I am Curious Yellow.*

Drehbuch des Films, ins Englische übertragen und reich illustriert.

Skinner, John, 1955, 'Censorship in Filmsand Dreams', *American Imago,* 12, S. 223–240.

„Filme sind ein moderner Ersatz für die Mythen und Märchen vergangener Zeiten." Ihre Themen könnten bewußt aus der Mythologie entlehnt sein und „zeitlose Themen des Unterbewußtseins" bestätigen. Bestimmte Plots und emotionelle Konflikte tauchten mit monotoner Regelmäßigkeit immer wieder als Filmmuster auf. Männliche und weibliche Rollen würden oft dem Hollywoodkonzept entsprechend entstellt, z. B. in *Adams Rib/Ehekrieg* (USA 1949), *Red River/Red River – Panik am roten Fluß* (USA 1948), *The Outlaw.* Das Vergnügen am Film sei im wesentlichen ein passives; wiewohl er vielleicht momentane Entspannung gewähre, mache sich die ursprüngliche Gemütsverfassung nachher verstärkt wieder geltend. *Psychological Abstracts,* 30, 1956, Nr. 4498.

Skouras, Charles P., 1947, 'The Exhibitor', *Annals* (1947), S. 26–30.

Die bei der Industrie übliche Gleichsetzung von Popularität und Qualität (Shakespeare war ein Kassen-Hit usw.), Attacken auf die Intelligentia und die Pedanten. Trifft folgende Definitionen: „grind house" (billige Theater in der Innenstadt für Passanten), „road-show" (kostspielige Vorschauen Monate vor der offiziellen Freigabe), „day and date first runs" (Filmpremieren in mehreren Filmtheatern gleichzeitig), „moveovers" (Überwechseln in kleinere Premierentheater) und „flexible booking" (Möglichkeit zur Verlängerung der Laufzeiten).

Slesinger, Donald, Chikago 1941, 'The Film and Public Opinion', in Waples, D., Hrsg., *Print, Radio and Film in a Democracy.*

„Wie stellen wir es an, daß die Öffentlichkeit für etwas zahlt, das sie nicht haben will?", S. 82. Der Film kann einen Trend fördern (z. B. Kleidermoden), nicht aber ihm zuwiderlaufen. Ideen müssen relativ akzeptabel sein und in jedem Film wieder vorkommen. Untersucht dementsprechend Wochenschau, Dokumentarfilm, staatliche Filme, Filmgesellschaften. Die Untersuchungen gehen weiter.

Smith, Henry Nash, Cambridge (Mass.) 1950, *Virgin Land.*

Kapitel IX: „The Western Hero in the Dime Novel", Kapitel X: „Dime Novel Heroine", gehen dem Ursprung populärer Westernlegenden nach. Derlei schnell geschriebene, in Massen produzierte Formelfiktion „wird zum objektivierten Massentraum, wie der Film, die Soap Opera oder das Comic-Heft ... Der Autor verzichtet auf eigene Persönlichkeit und identifiziert sich mit den Träumereien seiner Leser", S. 101.

Smythe, Dallas W., et al., 1955, 'Portrait of a First-Run Audience', *Quarterly of Film, Radio and Television*, 9, S. 390–409.

Regelmäßige Filmbesucher 53 %. Davon keine 45 % über 45. Dreiviertel unter 30. Ein Drittel unter 21.

Filmbesuch:	zweimal wöchentlich	34,2
	einmal wöchentlich	37,8
	zwei- oder dreimal monatlich	13,8
	einmal monatlich	7,8
	weniger	6,4

Regelmäßige Filmbesucher sind extrovertiert, nicht regelmäßige introvertiert. Erstere treffen ihre Auswahl großenteils aufgrund von Zeitungen, nach Stars und dem Urteil ihrer Freunde. Letztere wählen nach Filmtyp, Auszeichnungen etc. Der populärste Filmtyp ist das Musical. Aus dem Lustspiel-Syndrom (Musicals, Komödie, Slapstickkomödie) wird das Genre-Stück bevorzugt. Ihm folgt an Beliebtheit der seriöse Film, ihm der Aktionfilm. Die Mehrzahl der beliebtesten Filme ist ernst.

Snyder, R. L., Norman (Okla.) 1968, *Pare Lorentz and the Documentary Film.*

Nüchterne, wissenschaftliche Biographie einer Dokumentarfilmgröße, deren Karriere kurz und deren Oeuvre klein war (drei Filme).

Somlo, J., 1948, 'The First Generation of the Cinema', *Penguin Film Review*, 7, S. 55–60.

Nützliches Material; läßt erkennen, daß verschiedene Länder auf dem internationalen Filmmarkt dominierten, ehe Hollywood das Übergewicht errang. 1908 stand Frankreich (Pathé) an der Spitze. 1912 wurde sie von den Italienern, die die ersten abendfüllenden Spielfilme herstellten (Ambrosio, Itala, und Cines) verdrängt. 1914 trat Dänemark (dank des Geschäftssinnes der Einzelperson Ole Olsen) die Vorherrschaft an. Sowohl die deutsche wie die amerikanische Filmindustrie entstanden im Ersten Weltkrieg, 1914–1918. Die Deutschen waren durch die Blockade ausgeschaltet. Die USA traten erst 1917 in den Krieg ein, so stand ihnen der internationale Markt offen. Nach diesem Krieg brauchten alle europäischen Industrien Protektion gegen die Konkurrenz aus USA. An erster Stelle Deutschland. Hollywood reagierte darauf, indem es europäisches Talent kaufte: Seitdem war Hollywood immer an der Spitze. Im Zweiten Weltkrieg jedoch habe die englische Produktion Hollywood überflügelt [sic].

Sontag, Susan, New York 1966, *Against Interpretation.*
(*Sontag, Susan*, Reinbek 1968, Kunst und Antikunst.)

Sammlung kritischer Analysen. Der erste der Essays, „Gegen Interpretation", wendet sich gegen das Fragen nach Inhalt oder Bedeutung des Kunstwerks zugunsten des Unmittelbaren sinnlichen Erlebnisses. Weitere Essays befassen sich u. a. mit Bresson, Godard, mit dem Sciencefiction-Film, mit Jack Smith, Resnais und der Wechselbeziehung zwischen den Kunstformen Roman und Film.

Spain. Diplomatic Office of Information, Madrid 1949, *The Spanish Cinema.*
Hauptsächlich die Produktionsstatistiken sind von Interesse:

1939	15	1944	36
1940	20	1945	37
1941	45	1946	36
1942	35	1947	49
1943	55	1948	45

Spiegelman, J. M., 1952, 'Ambiguity and Personality in the Perception of a Motion Picture', Diss., University of California Los Angeles, unveröffentlicht.

Welches sind die Charakteristika der Mehrdeutigkeit? Steht das, was in einer bestimmten Kommunikationssituation perzipiert wird, in Beziehung zur Persönlichkeitsstruktur des Perzipienten? Können Kliniker aufgrund einer Kommunikation Rückschlüsse auf den Kommunikator ziehen? Die Vieldeutigkeit (einer Kommunikation) ist eine eindeutige Dimension des Inhalts, doch ist sie geordnet. Man analysierte (im Experiment) einen Film, den ein UCLA-Student in Brasilien für seine MA-Prüfung gedreht hatte. Zwei Gruppen, deren eine den Film gesehen hatte, die andere nicht, wurden befragt. Mit allen Gruppenmitgliedern wurde ein Rorschach-Test durchgeführt. Auch der Rorschach-Test des Studenten, der den Film hergestellt hatte, wurde gedeutet; anschließend wurde sein Film von den anderen gedeutet. Die Fragen wurden zustimmend beantwortet. Bei dem Film handelte es sich um *Uirapuru:* Eingeborene des Amazonasgebietes führten eine Legende von einem Liebesvogel auf, – Musik von Villa Lobos.

– – 1955, 'Effect of Personality on the Perception of a Motion Picture', *Journal of Projective Techniques*, 19, S. 461–464.

„Individuelle Unterschiede bei der Wahrnehmung eines Films sind eine Funktion globaler Persönlichkeitsaspekte, im Sinne der Definition von Rorschach."

Spottiswoode, Raymond, London 1935, *A Grammar of The Film:* An Analysis of Film Technique.

Sprager, H. K., 1952, 'Hollywood Foreign Correspondents', *Quarterly of Film, Radio and Television*, 6, S. 274–282.

„Kritiker ... üben oft Kritik an der Industrie, weil manche der von ihr hergestellten Filme im Ausland ein schiefes Bild von Hollywood und vom amerikanischen Leben geben. In diese Kritik einzustimmen haben die Auslandskorrespondenten als Gruppe kein Recht, da das was sie zu Papier bringen nur wenig dazu beiträgt, die amerikanische Filmindustrie ins rechte Licht zu rücken", S. 282.

Spraos, J., London 1962, *The Decline of the Cinema*, An Economist's Report.

Pessimistische ökonomische Analyse der Zukunftsaussichten des Films.

Stanbrook, Allan, 1960, 'Break with the Past', *Films and Filming*, 6, März, S. 9–11, und S. 30, April, S. 13–14 und S. 30.

Allgemeiner Umriß; um was es im japanischen Film geht.

Stanton, F., und *Lazarsfeld, P.*, New York 1949, *Communications Research 1948–49.*

In den einzelnen Aufsätzen werden Zeitungen, Comics und Rundfunksendungen (auf ihren Einfluß hin) untersucht, – der Film nicht. Merton antizipiert hier Katz und Lazarsfeld (1955).

Stearn, Gerald, New York 1967, *McLuhan Hot and Cool.*

Siehe McLuhan, H. M.

Steinberg, C. S., New York 1966, *Mass Media and Communications.*

Enthält Auszüge aus Inglis (1947), Powdermaker (1950) und Hovland (1954).

Steiner, Gary A., New York 1963, *The People Look at Television.*

Es sei bemerkenswert, wie zufrieden die Menschen mit dem Fernsehen seien; sie strebten nicht nach Höherem. Sie wünschten sich weniger Gewalt, weniger Western, weniger Störung durch Werbespots, lieber das ganze Programm etwas besser als nur ein paar Oasen in der Wüste. Die Publikumsreaktion sage mehr über die Menschen selbst aus als über das Fernsehen.

Stephens, H. B., 1926, 'The Relation of the Motion Picture to Changing Moral Standards', *Annals*, 128, S. 151–157.

Sehr beunruhigt darüber, daß die Jugend gewagte Filme zu sehen bekommt – selbst wenn es sich um wertvolle handelt wie *Woman of Paris/Eine Frau von Paris* (USA 1923). Schlägt vor, eine Film-Leihbibliothek der gutgeheißenen Filme für Schulen und kommunale Kinos einzurichten.

Stephenson, W., Chikago 1967, *The Play Theorie of Mass Communication.*

Massenkommunikation kann als Form des Spiels wie auch als Form der sozialen Kontrolle betrachtet werden.

Stevenson, E. F., New York 1929, *Motion Picture in Advertising and Selling.*

Vgl. Box (1937).

Stockwin, Harvey, 1965, 'India's Escapist [Film] Industry' *Far Eastern Economic Review*, 48, Nr. 9, 27. Mai, S. 433–435.

Die indische Filmindustrie, die zweitgrößte nach Japan, hat sich ausschließlich stilisierten und eskapistischen Filmen verschrieben. Doch hätten die Inder es nötig, der Realität ins Auge zu blicken. Wie läßt sich dies verwirklichen, ohne den Ungereimtheiten des sozialistischen Realismus (einer anderen Form von Flucht) zu verfallen?

Storck, Henri, Paris 1950, *The Entertainment of Film for Juvenile Audiences*, UNESCO. (*Storck, Henri*, Paris 1950, *Le film créatif pour spectateurs juveniles.* Dtsch. Wiesbaden 1954, [Film und Jugend 2], *Der Unterhaltungsfilm für jugendliche Zuschauer.*)

Gibt Überblick über Jugendfilme verschiedener Länder und über das jugendliche Publikum. Plädiert für Mäßigung in der Darstellung von Gewalt. Auszug in UNESCO (1961).

Strand, Paul, 1950, 'Realism', *Sight and Sound*, 19, S. 23 ff.

Konfuses Gefasel, wobei unter Realismus nichts anderes verstanden wird als Engagement und Verzicht auf ästhetische Schönheit zugunsten „progressiver" Werte. [Die Ungeniertheit, mit der die Linke ganz alltägliche Worte für ihren ausschließlichen Bedarf zurechtbiegt, ist skandalös.]

Stückrath, F., und *Schottmayer, G.*, Hamburg 1955, *Psychologie des Filmerlebens in Kindheit und Jugend.*

Ausführliche Untersuchung zur Auswirkung von Filmen auf Kinder.

Suckow, Ruth, 1936, 'Hollywood Gods and Goddesses', *Harper's*, Juli, 173, S. 189–200.

Der Star repräsentiere ein auf den niedrigsten gemeinsamen Nenner gebrachtes nationales Ideal. Die ersten Stars der Frühzeit waren die Western-Helden. Doch die wahren Götter seien Idealgestalten des vollkommenen Liebhabers. Valentino: der ewige Eintänzer. Clark Gable: typisch amerikanisch wie Popcorn. Nur Mary Pickford gelte noch heute als Idol. Clara Bow habe den Sex appeal vorweggenommen. Die Garbo besäße einen geheimnisvollen mädchenhaften Charme. Joan Crawford: ein Succès, der zur Maske erstarrte. Marlene: eine Halbgöttin, Verkörperung desillusionierter europäischer Feminität. Katherine Hepburn: die typische Junior League-erin. Die Anziehungskraft der Fan-Magazine beruhe auf (der Ausbreitung von) persönlichen Intimitäten. Aber auch Schauspieler liebten ihr Image. Diese groben Typisierungen seien eher als unbewußtes soziales [sic] Dokument denn als künstlerisches zu werten.

Sylvester, David, 1954, 'Them!', *Encounter,* 3, November, S. 48–50.

-- 1955 a, 'Orwell on the Screen', *Encounter,* 4, März, S. 35–37.

-- 1955 b, 'The Innocence of Marilyn Monroe', *Encounter,* 4, Mai, S. 50–52.

-- 1956, 'The Anglicisation of Outer Space', *Encounter,* 6, Januar, S. 69–72.

Für allzu kurze Zeit wandte der Kunstkritiker Sylvester sich der Filmkritik zu.

Tabori, Paul, London 1959, *Alexander Korda.*

Die liebevolle Biographie eines großen, echt britisch-ungarischen Filmregisseurs der 30er, 40er und 50er Jahre, dem es anscheinend nie ganz gelungen ist, seine Erfolge auch finanziell zu konsolidieren. Verglichen mit Wood (1952, 1954), was das Funktionieren der Industrie betrifft, etwas oberflächlich.

Talbot, Daniel, Berkeley und Los Angeles 1959, *Film: An Antology.*

Nützliche Zusammenstellung. Behandelt soziale wie auch ästhetische Aspekte.

-- Hrsg., New York 1960, *Concerning a Woman of Sin and Other Stories of Hollywood.*

Auswahl von Stories von Ben Hecht (Titelstory), John O'Hara, William Faulkner, Christopher Isherwood, Scott Fitzgerald, William Saroyan, Irwin Shaw, Budd Schulberg und Ring Lardner.

Talbot, F. A., London 1912 und 1923, *Moving Pictures: How They are Made and Worked.*

Die Erstausgabe ist eine recht feinsinnige, wenn auch unkritische Darstellung der Entstehung von Filmen. Enthält ein köstliches Foto der Selig Company in Los Angeles. Viel Raum wird den Trick-Effekten gewidmet, heute special effects genannt. Die zweite Ausgabe wurde beträchtlich bearbeitet, ist aber gleicherweise lebendig und fundiert.

Tavistock Clinic, London 1952, *A Psychological Study of Films Produced for Child Audience,* by Petroleum Films Bureau.

Drei Verkehrserziehungs-Filme wurden Kindern vorgeführt; einer davon war von einem Kind verfaßt. Kinder mögen es nicht, belehrt, von oben herunter behandelt, auf technische Fehler gestoßen zu werden. Der Film sollte der Sicht des Kindes, seinem Wunsch zu begreifen, seinem Bedürfnis nach Anerkennung durch die Erwachsenen Rechnung tragen.

Taylor, J. R., London 1962, *Anger and After.*

Detaillierte Beschreibung von Bühnenautoren des ‚new English drama'. Besonders gut über Pinter. Siehe meine Besprechung (1964 b).

-- London 1964, *Cinema Eye, Cinema Ear.*

Was der Titel bedeuten soll, ist Sache der Vermutung. Besteht aus acht fundierten und wohl argumentierten Essays über Fellini, Hitchcock, Bergman etc. Dies ist die rechte Art, ein Buch über den Film zu machen, vgl. Houston (1963) und Rhode (1966).

-- 1965, Review of Huaco (1965) in *New Society,* 6, 9. September, S. 31.

Teixeira de Salles, F., 1962, 'Aspectos Politicos-Sociais do „Western"', *Revista Brasiliera de Estudos Politicos,* 14, S. 129–154.

Ziemlich extrem linke Analyse der sozialen und politischen Bedeutung der Entwicklung des Western in Amerika.

Terlin, Rose R., New York 1936, *You and I and the Movies.*

„Das Problem... bestehe darin, ...ein gewisses Maß an Kontrolle über die zufällige soziale Bildung zu erlangen...", S. 56.

Terraine, John, 1957, 'End of the Trail', *Films and Filming,* Juli, 3, S. 9 und S. 30.

Der Appeal des Westens: Panorama, Gewalt, Bewegung, der konfektionierte Held, 1. der einzelne Held, 2. Reiter zu Pferde, 3. Indianer, 4. keine Helden, nur Schießerei und Tapferkeit.

Thomas, Bob, New York 1967, *King Cohn.*

Biographie des „Zaren" der Columbia Studios. Zeigt seine rücksichtslose Härte, aber auch, daß er ein Produzent mit wirklichem Flair und Intellektuellen gegenüber tolerant war.

-- New York 1969, Thalberg: *Life and Legend.*

Erste Biographie des kurzen Lebens des MGM-„Genies" Irving Thalberg. Weniger ein privates als ein öffentliches Leben.

Thomas, Donald, und *Mehra, H. K.,* 1953, 'The Indian Film', *Atlantic,* 192, Oktober, S. 131 bis 133.

Flotte Skizze der indischen Filmindustrie und ihrer Mängel.

Thomson, David, London 1967, *Movie Man.*

Faszinierender Versuch darzulegen, daß der Film unsere Welt durchdringt und erfüllt, daß er unsere Sensibilität modifiziert, eine entscheidende geschichtliche Rolle spielt und alle bislang etablierten Künste mächtig beeinflußt hat. Der heutige Mensch ist ein Filmmensch: der Filme macht, in ihnen spielt, in ihnen dargestellt wird oder Filme sieht.

Thomson, D., Hrsg., Harmondsworth 1964, *Discrimination in Popular Culture.*

Der Titel läßt auf eine gründliche Abhandlung über Rassenvorurteile schließen. In Wirklichkeit jedoch handelt es sich um eine Reihe von Vorträgen über die Standards der Populärkultur, oder vielmehr um Standards, die zur Verurteilung der Populärkultur berechtigen sollen. Die Autoren folgen mehr oder weniger den von Thompson und Leavis in *Culture and Society* 1933 vertretenen Auffassungen. Die Standards sind wie gewöhnlich verschwommen, status-bewußt definiert; für das professionelle unterhaltende Standardprodukt haben die Autoren kein freundliches Wort übrig. Das übliche Zeug, von Musak empor zu Mozart, man könne nicht Bach und zugleich die Beatles lieben, oder so ähnlich. In Wirklichkeit bestehen die Leavis'schen Elementargrundsätze aus nichts anderem als einschüchternder und beleidigender Rhetorik. Siehe Hunt (1964).

Thorp, M. F., London 1947, *America at the Movies.*

Englische Nachkriegs-Neuausgabe ihres Buches *The Movies Come from America* von 1939, Besprechung, zusammen mit Mayer (1945), von Kay Mander in *Penguin Film Review,* 3, S. 92 bis 93.

Thurstone, L. L., und *Peterson, R. C.*, New York 1933, *Motion Pictures and the Social Attitudes of Children.*

Der Film beeinflußt die Einstellungen, und seine Wirkung ist nachhaltig. Fearing (1950) bemerkt, daß diese beste der Payne Studien „ein experimentelles Modell einführte, das ähnlichen Untersuchungen als Basis dienen sollte".

Tonnessen, H. O., Oslo 1952, *Ungdom og Kino.*

In jedem Land scheint in den 50er Jahren das Kinoverhalten der Kinder untersucht worden zu sein. Die norwegische Untersuchung erstreckt sich auf die Altersstufe von 12–18 Jahren und bringt kaum Überraschendes. Siehe UNESCO (1961).

Treacy, D., 1966, 'The Effects of Mass Communication: A Survey and Critique', Diss., University of Illinois, unveröffentlicht.

Die unterschiedlichen Betrachtungsweisen werden klassifiziert und kritisiert: die psychologisch-behavioristische, die kognitive, die soziologische und die funktionelle Schauweise. Keine ist umfassend und alle vernachlässigen den Menschen als aktiv Teilnehmenden.

Truffaut, F., New York 1967, *Hitchcock.*
(*Truffaut, F.*, Paris 1966, *Le Cinéma selon Hitchcock.*)

Erschöpfende Untersuchung des Films an Hand eines Hitchcock-Interviews, das sich über *Tage* erstreckte. Einige seiner berühmtesten Sequenzen werden sehr detailliert analysiert, wobei Hitchcock sich allen Bemühungen widersetzt, in seinem Werk Tiefe oder Botschaften zu entdecken.

Tucker, N., 1968, 'Who's Afraid of Walt Disney', *New Society,* 11, S. 502–503.

Leitthema sind die Eltern-Kind-Beziehungen in Disney-Filmen. *Lady and the Tramp/Susi und Strolch* (USA 1955) handelt von der Eifersucht auf ein neues Baby. Übertreibung und Identifikation mit dem Kind. *Dumbo/Dumbo* (USA 1941) wird von seiner Mutter getrennt und gedemütigt. In *Bambi/Bambi* (USA 1942) wird das kleine sich des unsagbaren Schmerzes über den Verlust der Mutter erst bewußt, als es in der Dunkelheit allein ist. Am erschreckendsten: *Snow White/Schneewittchen* (und die sieben Zwerge) (USA 1937): Die (böse) Mutter, die den Tod ihres Kindes wünscht. Viele andere Schockmomente. Stets sind die guten Charaktere kränklich. Der Film regt mehr auf als ein Buch; das Buch wird auf Mutters Schoß gelesen, kann „redigiert" oder zugeklappt werden. Der Film überwältigt. „Für das Kleinkind, das zwischen Wirklich und Unwirklich noch nicht zu unterscheiden vermag, kann das, was es im Film in einem Zustand gesteigerter Rezeptivität sieht, ebenso wahr sein wie irgend etwas anderes, das vor seinen Augen geschieht... Manche Szenen in Disney-Filmen haben buchstäblich Alptraum-Charakter", S. 503.

Tyler, Parker, New York 1944, *The Hollywood Hallucination.*

Filme sind Tagträume, ein Kampf mit dem Dunkel. Eingehende psychologische Inhaltsanalyse und Analyse des Wechselspiels zwischen Inhalt und Medium an sich. Allzu kompliziert für eine Zusammenfassung an dieser Stelle.

-- New York 1947, *Magic and Myth of the Movies.*

„Hauptsächlich auf Freudschen Konzeptionen basierende Analyse des Filminhalts" (Fearing [1950]). Catherine de la Roche bezeichnet sie als „faszinierend" in *Penguin Film Review,* 1948, 7, S. 35.

-- New York 1967, *The Three Faces of the Film.*

-- New York 1969, *Sex, Psyche Etcetera in the Film.*

Tynan, K., 1951, 'Cagney and the Mob', *Sight and Sound,* 20, S. 12 ff.

Underhill, Frederic, Boston 1964, *Post-Literate Man and Film Editing:* an application of the theories of Marshall McLuhan.

Ein wie ein Gedicht abgesetztes Essay, mit Szenenfotos, – ein Versuch, McLuhan zu erläutern und zu exemplifizieren.

UNESCO, Paris 1950, *The Film Industry in Six European Countries.*

Vergleichende Studie der dänischen, norwegischen, schwedischen, italienischen, französischen und englischen Industrien, wobei der ersteren am meisten Raum gewährt wird.

-- Paris 1954, *Film and Cinéma Statistics.*

Ein Band sehr nützlicher, sogar höchst wichtiger Statistiken.

United Kingdom, London 1944, Board of Trade. *Tendencies to Monopoly in the Cinematograph Film Industry,* Report of a Committee Appointed by the Cinematograph Films Council.

-- London 1950, *Report of the Departmental Committee on Children and the Cinema.*

Nüchterner Bericht über kindliche Verhaltensweisen; befürwortet Revision der Filmklassifizierung. U, A und H Kategorien sollte man in die Kategorien C, U, A und X umwandeln.

-- 1950 b, Social Survey, Nr. 164, *Audience Reaction to the Film „The Undefeated".*

United States, Daten des Trade Information Bulletin, wie folgt:
467, 1927, Chinese Motion Picture Market
499, 1927, Market for Motion Pictures in Central Europe, Italy and Spain
520, 1927, Markets for Industrial and Educational Motion Pictures Abroad

522, 1927, Short-subject Film Market of Europe
542, 1928, European Motion Picture Industry in 1927
544, 1928, Short-subject Film Market in Latin America, Canada, Far East, Africa and Near East
533, 1928, Market for Motion Pictures in Scandinavia and Baltic States
608, 1929, Motion Pictures in Australia and New Zealand
614, 1929, Motion Pictures in India
617, 1929, European Motion-Picture Industry in 1928
619, 1929, Motion Pictures in Argentina and Brazil
634, 1929, Motion Pictures in Japan, Philippine Islands, Netherlands. East Indies, Siam, British Malaya and French Indo-China
641, 1929, Latin American and Canadian Markets for American Motion Picture Equipment
694, 1930, European Motion-Picture Industry in 1929
701, 1930, Markets for American Motion-Picture Equipment in Asia, Africa and Oceania
722, 1930, Motion Pictures in China
752, 1931, European Motion Picture Industry in 1930
754, 1931, Motion Pictures in Mexico, Central America and Greater Antilles
756, 1931, Small Island Markets for American Motion Pictures
797, 1932, Motion-Picture Industry in Continental Europe in 1931
801, 1932, Motion Picture Industry in the United Kingdom in 1931
815, 1933, European Motion-Picture Industry in 1932

-- Washington 1928, Federal Trade Commission, *Trade Practice Conference of the Motion Picture Industry, New York, Oktober 10–15, 1927.*

-- Washington 1936, Office of National Recovery Administration, Division of Review, Industry Study Section, *The Motion Picture Industry.*

Siehe auch Bertrand (1936). Auch bei Huettig (1944) als unveröffentlicht aufgeführt.

-- Washington 1938, Foreign and Domestic Commerce Bureau, *Review of Foreign Film Markets During 1937.*

Wer meint, Deutschland habe in der bürokratischen Datenkompilierung das Monopol inne, der werfe einen Blick in diese stupende Aufstellung, die Überblick über die Märkte des US-Films in achtundfünfzig Ländern und Territorien gibt. Hongkong z. B. produzierte 1938 für achtundzwanzig Theater 53 Filme und 70 im Jahr 1937.

-- Washington 1941, Congress Temporary National Economic Committee, Investigation of Concentration of Economic Power, monographs Nr. 43, *The Motion Picture Industry – a Pattern of Control.*

Siehe Bertrand, Evans und Blanchard (1941).

-- Washington 1953 a, Senate, Select Committee on Small Business Report *Problems of Independent Motion Picture Exhibitiors.*

-- Bad Godesberg-Mehlem 1953 b, Office of the High Commissioner for Germany. Office of the Executive Secretary, Historical Division, *Press, Radio and Film in West Germany, 1945 to 1953.*

-- Washington 1956, *Motion Pictures and Juvenile Delinquency,* 84th Congress, Senate Reports on Public Bills, 1008–A, Report of the Committee on the Judiciary, Interim Report of the Subcommittee to Investigate Juvenile Delinquency.

Ein Rückschlag: Man ist überzeugt, daß der Film das Verhalten prägt, und hat nichts anderes als eine Revision des Codes und seiner Anwendung vorzuschlagen.

Van Loan, Charles, New York 1914, *Buck Parvin and the Movies.*

Buck war ein Komparse, der sich als Western-Typ Ruhm errang. Das Buch enthält neun locker miteinander verknüpfte Stories, die in den Titan Ateliers spielen, wo David Seligman der Boss und Jimmy Montague als Schauspieler und Regisseur tätig war. Amüsante Lektüre. „Buck, ein Film-Cowpuncher, konnte sich von dieser Rolle auch im täglichen Leben nicht trennen. Sein Straßenanzug bestand aus einem breitrandigen grauen Filzhut, einem blauen Flanellhemd mit einem großen roten Halstuch in Bandana-Druck als Krawatte, während die Hosen, in hochhackige Stiefel gesteckt, lavendelfarben waren. Bei besonderen Gelegenheiten legte er riesige Sporen an, die beim Gehen melodisch klimperten. Sein Hutband bestand aus Klapperschlangenhaut, und obendrein hatte er seine Person noch mit indianischen Perlstickereien und mexikanischem Silberschmuck von etlichen Pfund Gewicht behängt. Buck Parvin war der Typ des Charakterdarstellers, der es nicht fertig bringt, seine Aufmachung nach des Tages Arbeit in der Garderobe zu lassen...“, S. 19.

Van Vechten, Carl, New York 1928, *Spider Boy.*

Klassischer Hollywood Roman: Ambrose Deacon, schüchterner Autor von in der *Saturday Evening Post* veröffentlichten Kleinstadtgeschichten, sowie eines Bühnenstücks, das ein Hit wurde, wird im Zug Richtung Westen von dem Star Imperia Starling und dem Regisseur Herbert Ringrose belagert, die ihn irgendwie herumkriegen, nach Hollywood mitzugehen. Entsetzt erklärt er sich als unfähig, Drehbücher zu schreiben und entkommt nach Santa Fé. Man verfolgt ihn und überredet ihn schließlich zum Vertragsabschluß. Statt seiner macht sich ein williger Lohnschreiber ans Werk und bringt unglaublichen Mist hervor, der als Treffer bejubelt wird. Autor heiratet Wilhelmina, kehrt nach New York zurück, um ein neues Stück zu schreiben und zu beweisen, daß er wer ist.

Vardac, Nicholas, Cambridge (Mass.) 1949, *Stage to Screen,* theatrical method from Garrick to Griffith.

Wissenschaftlich fundierte Betrachtung über die Entwicklung der Filmkunst und ihr Hervorgehen aus dem Theater. Argument: Das realistisch-romantische Melodram sei im neunzehnten Jahrhundert gleichzeitig und in Parallele mit der Vorführung gezeichneter Reihenabläufe von Bewegungsvorgängen, dann von Reihenabläufen fotografischer Bilder und schließlich von fotografischen Laufbildern entstanden. Dem Streben des Theaters nach Realismus habe ein Bedürfnis zugrunde gelegen, – Not macht erfinderisch –, das auch in der Erfindung des Kinos Niederschlag fand. Dann aber, statt daß nach den Extravaganzen eines Irving, Belasco und Mackaye eine Gegenreaktion eingetreten wäre, hätten insbesondere Porter und Griffith mit ihren Filmspektakeln diese Theatertradition zu neuen Höhen geführt. Belasco habe sich noch eine Zeitlang ausgewirkt: *Birth of a Nation, Orphans in the Storm* und *Ben Hur* verrieten noch seinen Geist.

Vargas, A. L., 1949, 'British Films and Their Audiences', *Penguin Film Review,* 8, S. 71–76.

Britische Filme hätten sich ihre technische Effizienz und „Geläcktheit“ bewahrt, an Inhalt aber verloren. Wo mag nur der Geist von *Brief Encounter* geblieben sein?

Vesselo, A., 1947, 'The Cinema and the Unconscious Mind', a BBC Third Programme talk, unveröffentlicht.

Eine Auseinandersetzung mit Kracauer (1947): Der traumartige Zustand des Zuschauers beim Sehen des Films sowie die Kombination von Literatur und Musik biete die Erklärung für die Kracauer so wichtige „Enthüllung" der Phänomene.

Vidal, Gore, New York 1968, *Myra Breckinridge.*

Schauriger, kurioser Roman über einen hermaphroditischen Filmomanen: Sie (er), die zuerst die Hollywoodproduktion von 1935–1945 für die Höhe der westlichen Kultur hielt und an einem Buch mit dem Titel *Parker Tyler and the Films of the Forties or, the Transcendental Pantheon* schreibt (in dem Tylers Erkenntnis, daß der Film unbewußt uralte Mythen wiederbelebt, als einzig bedeutende des Jahrhunderts gefeiert wird), muß nun bekennen, daß sich heute die besten Künstler und Techniker der Welt für das kommerzielle Fernsehen interessieren. Über Pandro S. Berman heißt es: „Von Orson Welles und Samuel Fuller abgesehen, ist Berman der bedeutendste Filmemacher der 40er Jahre", S. 67.

Vidor, King, London 1954, *A Tree is a Tree.*

Autobiographie dieses berühmten Regisseurs, Schilderung seines Weges vom Stummfilm über den unvergleichlichen Film *War and Peace/Krieg und Frieden* (Italien 1956) bis zu *Solomon and Sheba/Salomon und die Königin von Saba* (USA 1959). Enthält viele amüsante Anekdoten, z. B. eine Drehbuchbesprechung auf dem Wege zu einer Beerdigung, im offenen Hemd, Hose und Sportschuhen.

Viotti, Sergio, 1954, 'Britains Hepburn', *Films and Filming,* 1, November, S. 7.

Ehrenrettung für Audrey Hepburn nach *Roman Holiday/Ein Herz und eine Krone* (USA 1957) und *Sabrina Fair* (USA 1954). Sie hat den ausdrücklichen Wunsch, nicht auf Aschenputtel-Prinzessin-Rollen festgelegt zu werden.

– – 1955 a, 'Vogues in Vamps', *Films and Filming,* 1, Februar, S. 5.

Der Zweite Weltkrieg machte dem Vamp ein Ende.

Von Sternberg, J. V., New York 1966, *Fun in a Chinese Laundry.*

Die sarkastischen, literarischen, ungnädigen (fast möchte man sagen misanthropischen) Memoiren der souveränen Regisseurs, der bei wachsender Egomanie immer schwerer Beschäftigung fand.

Wades, Serena, E., 1966, 'An Exploration into the Media Behavior of the Creative Adolescent', Diss., Stanford University, unveröffentlicht.

Hypothese: Kreative Jugendliche werden wegen ihrer anderen Aktivitäten von den Medien nur begrenzt Gebrauch machen. Umfassende Auswahl; die Medien werden mehr im Zusammenhang mit dem täglichen Leben betrachtet. Hypothese hat sich bestätigt.

Wagenknecht, E., Norman (Okla.) 1962, *The Movies in the Age of Innocence.*

Eines intellektuellen Film-Fans Erinnerungen an die Stummfilmzeit. Sehr ansprechend – intim und unprätentiös.

Waley, D. H., und *Spencer, D. A.*, Oxford 1939, 1956, *The Cinema Today.*

Kapitel XII über „The Social Uses of the Cinema". Oberflächlich: Der Film als Flucht; er bedarf der Zensur; Kinderfilme werden speziell hergestellt; der Film wird für Bildung und Unterricht benutzt.

Walker, Alexander, London 1966, *The Celluloid Sacrifice.*

Eine Reihe von Essays, einige über die Zensur, durchweg sehr gut, dazu eine Reihe über weibliche Stars. Höhepunkt: eine brillante Studie über Elizabeth Taylor, der zu entnehmen ist, daß Privatleben und Leinwandhelden sowohl für sie selbst wie für ihr Publikum untrennbar verflochten sind.

Wall, W. D., et al., 1948–49, 'The Adolescent and the Cinema I and II', *Educational Review*, 1, S. 34–46 (Oktober 1948), S. 119–130 (Februar 1949).

Resultate aus Untersuchungen an 5000 Jungen und Mädchen aus den Midlands und darüber. „Der Film ist ein Faktor, mit dem man in der Bildung des Jugendlichen im weiteren Sinn rechnen muß. Er stellt einen so wesentlichen Anteil am Verhaltensmuster von Jugend und Erwachsenen, daß man keine Anstrengung scheuen sollte, um seine Auswirkung zu verstehen und zu kontrollieren", S. 127. „Spezifische Szenen, sogar spezifische Aufnahmen bleiben beim Betrachter länger haften als Generalisierungen... Der Blickpunkt vieler Filme vermittelt ein entstelltes, wenn nicht gar völlig unrealistisches Bild vom Leben, die gebotenen Werte sind schal, wenn nicht schlimmer, die dargestellte Lebensweise suggeriert falsche Erfolgsnormen", S. 128. Die Entwicklung kritischerer Normen ist dringend geboten. Kurze Bibliographie mit Kommentar.

Kinobesuch

	Nie	weniger als 1 wö.	1 wö.	2 wö.	2 wö. und mehr	Durchschnitt
Secondary modern 13–16						
Jungen	1,4	16	23	40	20	1,6
Mädchen	0,2	23	36	30	11	1,7
Grammar						
Jungen	0	46	27	23	4	1,0
Mädchen	0	57	27	13	4	0,9

-- und *Simson, W. A.*, 1949, 'The Effects of Cinema Attendance on the Behaviour of Adolescents as seen by their Contemporaries', *British Journal of Educational Psychology*, 19, S. 53–61.

Der Kinobesuch der Jugendlichen ist stark angestiegen; eine Befragung ergab, daß „das Prestige des kulturellen Mediums Film bei recht vielen Jugendlichen den Wunsch auslöst, eine Anzahl von offensichtlich äußerlichen Verhaltensweisen (Kleidung, Tänze, Haartrachten, Make-up, Manieren, Vergnügungen, Sprechweisen, Gang) nachzuahmen. Es ist zumindest fraglich, ob sein Einfluß sich auch auf weniger augenfällige, doch psychologisch und bildungsmäßig wahrscheinlich viel wichtigere Gebiete auswirkt", S. 62.

-- und *Smith, E. M.*, 1949, 'The Film Coices of Adolescents', *British Journal of Educational Psychology*, 20, S. 153 und 21, S. 81–88.

Kinder sind in bezug auf die Wahrheitstreue des Films sehr kritisch, wo sie es sein können. Sonst aber zeigen sie ein bemerkenswertes Interesse für Informationen über menschliche Beziehungen.

Eine ästhetische Schauweise sei nicht gut; vielmehr sollte die Schule ihnen ein Grundwissen über menschliche Beziehungen und soziale Verhältnisse vermitteln, an dem sie sich orientieren könnten.

– – 1951, 'The Emotional Response of Adolescent Groups to Certain Films', *British Journal of Educational Psychology*, 20, S. 153 und 21, S. 81–88.

„Nur wenige der vielen gesehenen Filme hinterlassen einen nachhaltigen Eindruck oder sind dazu angetan, die Einstellung eines jugendlichen Publikums radikal zu modifizieren", S. 161. Doch mögen sie eine kumulierende und temporäre Wirkung haben. Es sieht so aus, als ob Kinder „ihrem jeweiligen Entwicklungsstand und ihren Bedürfnissen entsprechend beim Träumen und Fantasieren selektiv vorgehen", S. 87.

Wanger, Walter, New York 1963, *My Life with Cleopatra.*

Wangers Erinnerungen an die Herstellung der 1962er Version von *Cleopatra.*

Warner, Jack L., New York 1965, *My First 100 Years in Hollywood.*

Sehr lebendige anekdotenreiche Autobiographie eines Managers der alten Garde, der finanziell überlebte, um hinauskomplimentiert und abgefunden zu werden.

Warshow, Robert, 1948, 'The Gangster as Tragic Hero', in (1962), S. 127–133 and Deer (1967).

In einer Glücks-Kultur ist der Gangster eine tragische Figur. „... Der Gangsterfilm ist nichts anderes als eines der Beispiele für die anhaltende Tendenz des Films, festgelegte dramatische Muster zu schaffen, die mit einiger Aussicht auf Gewinn unbegrenzt abgewandelt werden können" (S. 157 bei Deer). Hat solch ein Filmtyp Erfolg, so haben sich seine Konventionen dem allgemeinen Bewußtsein bereits eingeprägt; es ist das akzeptierte Vehikel eines bestimmten Set von Verhaltensweisen und einer bestimmten ästhetischen Wirkung geworden. Spricht das Erlebnis der Realität nur bedingt an; knüpft unmittelbar an das frühere Erlebnis des gleichen Filmtyps an, schafft sich sein eigenes Bezugssystem. Der Western ist Folklore, der Gangsterfilm eine universelle Ablehnung des Amerikanismus. Der Konflikt zwischen zwei Notwendigkeiten: Erfolg muß sein, und Strafe für Erfolg als Aggression muß auch sein. Der Gangster stirbt an unserer Stelle.

– – New York 1962, *The Immediate Experience.*

Posthum zusammengestellte Artikel eines viel bewunderten Kritikers, – mehrere davon über Filme.

Watkins, G. S., Hrsg., Philadelphia 1947, *The Motion Picture Industry, Annals of the American Academy of Political and Social Science,* 254.

Weakland, J. H., 1966, 'Themes in Chinese Communist Films', *American Anthropologist,* 68, S. 477–484.

Dominierende Themen: altes kontra neues China, Frauenemanzipation, Antiindividualismus; sie werden analysiert. Filme sind ergiebigere Quellen als literarische Schriften, da sie 1. als Gruppenprodukt das Massenpublikum besser repräsentieren, 2. dennoch generelle Themen und spezielle Situationen in Relation bringen, 3. etwas vom Unterschied zwischen Reden und Tun sichtbar machen.

– – ohne Jahr, 'Conflicts Between Love and Family Relationship in Chinese Films', Office of Naval Research, Group Psychology Branch, Technical Report Nr. 2.

Sowohl kommunistische wie nichtkommunistische chinesische Filme handeln von Familienkonflikten, wobei erstere die Partei der Jugend ergreifen, letztere mehr mit den Älteren sympathisieren. Beide lösen die Probleme gemäß traditionellen chinesischen Werten: nicht Liebe siegt über alles andere, vielmehr muß Autorität akzeptiert werden; das Ich hat sich wichtigeren sozialen Zielsetzungen unterzuordnen.

– – 1968, 'Chinese Communist Images of Invasion and Resistance', Office of Naval Research, Group Psychology Branch, Technical Report Nr. 4.

Invasion wird im chinesischen Film durch Vergewaltigung verbildlicht, wobei die Situation der Frau eine Parallele zu der des überfallenen Mutterlandes bildet. Infolgedessen sei die Empfindlichkeit des Chinesen in bezug auf Übergriffe besonders groß.

– – 1971, 'Real and Reel Life in Hong Kong – Film Studies of Cultural Adaptation', *Journal of Asian and African Studies.*

Wie Mythen seien auch Filme Destillate der Kultur. Die Hongkong-Filme böten sich mit ihrer konkreten Darstellung von Verhaltensweisen dem Studium geradezu an. Perzeption wie Reaktionen seien kulturell strukturiert. Aus Filmen lassen sich generell gültige Interpretationen der Gesellschaft und ihrer Kultur ablesen; sie entsprechen der grundlegenden Orientierung ihres Publikums. Der Film ist ein Gruppenprodukt; er reflektiert bewußte wie unbewußte Vorurteile und Meinungen. Die verbale und die visuelle Dimension des Hongkong-Films halten einander die Waage; sich ergebende Diskrepanzen werden aufschlußreich sein für den Forscher. Beim Hongkong-Film kann man nach der Sample-Methode verfahren, da die Themen der Filme sich wiederholen. Man sollte bestimmte Themen auswählen, ihre jeweilige Behandlung analysieren und dann Vergleiche ziehen zu den auf dem rotchinesischen Festland sowie zu den auf Taiwan hergestellten Filmen. Aufschlußreich dürfte auch die Darstellung technologischer, geschäftlicher und westlicher Elemente sein, ebenso Vergleiche zwischen Mandarin- und kantonesischem Film. In den Mandarin-Filmen werden sich vermutlich westliche Einflüsse stärker geltend machen.

Weigal, A., 1921, 'The Influence of the Kinematograph Upon National Life', *The Nineteenth Century*, 139, S. 661–672.

Fair play, Ordnung, Ehrlichkeit und Bescheidenheit seien echt britische Tugenden. „Was aber ist mit ihnen im Kino passiert? Die dem britischen Publikum vorgeführten Lichtspiele werden größtenteils von einer verhältnismäßig kleinen Personengruppe im westlichen Amerika konzipiert und produziert... Was das Fair Play betrifft, vertreten einige Produzenten Ansichten, wie man sie von weniger reputablen Elementen amerikanischer Sportkreise kennt: ... der Spieler ... darf mit allen erdenklichen Tricks den Sieg anstreben ... In bezug auf Gesetz und Ordnung bewegen sich viele auf einem Niveau, das einst die amerikanische Polizei in Verruf brachte... Was Ehrlichkeit anlangt, spiegeln sie die Auffassungen wider, daß über jeden Verdacht erhabene Menschen nicht auf der Welt existieren... Und in puncto Bescheidenheit oder Verzicht auf eklatante Formen der Heldenverehrung verstoßen sie sehr oft gegen den guten Geschmack", S. 667–668. Das Gegenmittel: strengere und subtilere Zensur.

Wertham, F. C., New York 1954, *Seduction of the Innocent.*

West, Mae, New York 1959, *Goodness Had Nothing to do with It.*

Sprühende Autobiographie der unsterblichen Vorkämpferin der good-time girls.

'The Western', 1962, *Cinema 62,* 68, Juli-August.

Die übliche tiefschürfende französische Behandlung; Rieupeyrout (siehe diesen) trägt das Seine zum Thema „Figuren im Leben/Filmfiguren" bei. Mit Biographie.

White, D. M., und *Averson, R.,* Boston 1968, *Sight, Sound and Society.*

Wertvolle Auswahl; verschiedenes davon über Film und Filme.

White, D. M., und *Abel, R. M.,* Glencoe 1963, *The Funnies: An American Idiom.*

White, Peter, Ottawa 1931, *Investigation Into an Alleged Combine in the Motion Picture Industry in Canada.*

Entdeckt Famous Players Canadian Corp. Ltd., eine Interessengemeinschaft, die Handelsbeschränkungen unterliegt, was dem öffentlichen Interesse zuwiderläuft.

Whitehall, Richard, 1964 a, 'Crime Inc.', *Films and Filming,* 10, Januar, S. 7–12, Februar, S. 17–22, März, S. 39–44.

Detaillierter Überblick über den Gangsterfilm.

– – 1964, 'One... two... three!', *Films and Filming,* 10, August, S. 7 ff.

Diskussion über Kriegsfilme.

'Why You Go to the Pictures', 1965, *Films and Filming,* 11, Juni, S. 4 ff.

Report über einen BBC-Survey.

Wilder, Billy, und *Diamond, I. A. L.,* New York 1963, *Irma La Douce.*

Das illustrierte Skript zu Wilders weit unterschätztem Film.

Wiese, M., und *Cole, S.,* 1946, 'A Study of Children's Attitudes and the Influence of a Commercial Motion Picture', *Journal of Psychology,* 21, S. 151–171.

Nach der Vorführung des Films *Tomorrow the World,* (von einem Hitlerjungen, den man in die USA geholt hatte), wurden an Kindern Assoziationsexperimente durchgeführt. Bahnbrechende Arbeit, da sie anerkennt, daß die individuelle Wirkung eines Films primär vom kulturellen Rahmen bestimmt wird.

Wilensky, H., 1964, 'Mass Society and Mass Culture', *American Sociological Review,* 29, S. 173–197, nachgedruckt in Berelson und Janowitz (1966), S. 293–327.

Soziale Unterschiede bleiben auch in der Massengesellschaft bestehen; sie werden sogar größer. Nichtsdestoweniger nimmt die kulturelle Uniformität mehr und mehr zu. Struktur und Kultur verändern sich in unterschiedlichem Maße, doch sind ihre jeweiligen individuellen Abwandlungen um so ausgeprägter, je modernisierter die Kulturen sind. Die einzelnen institutionellen Bereiche bestehen weitgehend unabhängig voneinander. Auf lange Sicht zeigt sich eine starke Beharrungstendenz: 1. in bezug auf das Wertempfinden wie auch auf die Vorstellung von divergierenden emotionellen Sphären (einem Widerspruch zwischen bedeutendem Massenkonsum und geringer politischer Aktivität [England] oder geringem Massenkonsum und starker

politischer Aktivität [Frankreich]); 2. das Verhaltensmuster in den diversen Bereichen; 3. in der Relation von Kultur zu sozialer Struktur (der Widerspruch zwischen elitärem Bildungssystem und fortgesetztem Anwachsen von Massenkultur [Frankreich] oder zwischen einem hohen Grad von sozialer Mobilität und stabil gebliebenem isolierten Freizeitverhalten [Klassen-Subkulturen in England, ethnische Subkulturen in den USA]).
Bis zum Eintritt ins College spielt das Bildungsniveau keine bedeutende Rolle: Wichtig ist, daß man ein College besucht, und noch dazu ein gutes. Mehr Bildung werde den Einzelnen immunisieren gegen die Massen an minderwertigen Medienprodukten, aber noch kein Durchbrechen der Mediokritätsschranke seitens der Masse bewirken.
1. Ob man nach Alter, Religion, Beschäftigung, Qualität und Inhalt der Collegebildung, nach „Weißer Kragen"-Arbeiter, „Arbeiterklasse" oder Unterprivilegierten differenziert: unklar bleibt, was im Erleben einer Person oder einer Gesellschaftsstruktur die zentrale Stellung innehat", S. 317. Wir müßten uns wieder dem Studium des Gruppenlebens zuwenden.
2. Im Mittelpunkt der Freizeit-Routinebeschäftigungen der großen Mehrheit aller Schichten steht heute das Fernsehen.
3. Differenzierte Sozialstruktur bei kultureller Uniformität ist lediglich eine Übergangserscheinung. In unentwickelten Gesellschaften können sie nebeneinander bestehen. Auf unserer Entwicklungsstufe widersprechen sie sich. Eines Tages werden sie wieder miteinander existieren (auf hoher Entwicklungsstufe). „Diejenigen, die ihren Glauben in die Institutionen der amerikanischen Gesellschaft setzen, werden Fernsehen und Radio mißtrauen; diejenigen, die den Medien trauen, mißtrauen den Institutionen ... In Amerika sozial integriert sein heißt: Propaganda, Anzeigenwerbung und rasches Veralten, auf dem Gebiet des Konsums, akzeptieren ... Wer dem Bild des pluralistischen Menschen in der pluralistischen Gesellschaft gleicht, auf den trifft auch das Bild des Massenmenschen in der Massengesellschaft zu", S. 319. Der „Normalverbraucher" neigt weitgehend zur Wahl aufgrund des persönlichen Image, läßt sich in seinen Ansichten von den Medien beeinflussen, ist der Werbung zugänglich und richtet sich generell nach dem Massenverhalten.

Williams, Raymond, und *Orrom, Michael,* London 1954, *Preface to Film.*

Der Film sollte sich die Ausdrucksmittel aller Künste zunutze machen, sofern er sich ihrer zu bedienen vermag, als da sind: Drama, Dichtung, Tanz, Musik, Design, wie auch seine eigenen spezifischen künstlerischen Mittel.

Wilner, Daniel M., 1951, 'Attitude as a Determinant of Perception in the Mass Media of Communication: Reactions to the Motion Picture *Home of the Brave*', Diss., Maschinenmanuskript. UCLA.

Dieser Film wurde verschiedenen Gruppen gezeigt, die man ihren jeweiligen Vorurteilen entsprechend zusammengestellt hatte. Dann bat man sie, sich über den Gesichtsausdruck und die Gemütsverfassung der Figuren und deren Motive zu äußern sowie darüber, wie sie selbst unter den gegebenen Umständen gehandelt haben würden. Ist es eine Sache der direkten Wahrnehmung, wenn man das Wesentliche eines Anti-Vorurteil-Filmes nicht begreift, oder der Funktion zusätzlicher kognitiver Aktivität zu verdanken?

Wilson, John, 1961, 'Film Illiteracy in Africa', *Canadian Communications,* Sommer, 1, S. 7–14.

Für Menschen, die im Lesen dreidimensionaler Filme nicht geschult sind, ist und bleibt ein Stummfilm flach. Einem afrikanischen Publikum wurde ein Film über Gesundheitswesen vorgeführt. Als man die Leute fragte, was sie gesehen hätten, sprachen alle von einem Huhn. Von der Story und dem Drumherum hatten sie nichts aufgenommen, sich lediglich auf Details kapriziert. Dabei hatten sie ein Huhn entdeckt, das bei den Aufnahmen ins Bild gelaufen war, dem die Entwicklungshelfer aber keine Wichtigkeit beigelegt hatten. Abendländer pflegen einen

Punkt vor der Leinwand anzuvisieren und so die ganze Fläche miteinzubeziehen. Ein Film ist eine Konvention. Als im Film ein Mann aus dem Bild auf der Leinwand hinausmarschierte, wollte das Publikum wissen, wohin er denn gehe. Bei Kamerafahrten oder Großaufnahmen glaubten die Leute, die Landschaft komme auf sie zu oder die Person sei so gewachsen... etc. Es mußten zunächst einfachere Techniken angewandt werden, damit sie die Filmsprache verstanden. Hierbei war Publikumspartizipation, d. h. Frage-und-Antwort-Kommentar von Nutzen. Sie brauchten drei bis vier Jahre, um Filme lesen zu lernen.

Wilson, J. A., Harmondsworth 1952, 'Film and Society', in *Cinema 1952*, S. 152–157

Aufgabe des Films sei es, uns Kenntnis von der Welt zu geben, in der wir leben, und Werte zu setzen, die uns leben helfen. Zur Zeit erfüllte er diese Funktion nur kümmerlich – sowohl in Sowjetrußland wie im Westen. Der russische Film sei didaktisch, der andere eskapistisch.

Wind, Edgar, London 1963, *Art and Anarchy.*

Winnington, Richard, 1950, 'Negro Films', *Sight and Sound*, 19, S. 27 ff.

Wiseman, T., London 1957, *The Seven Deadly Sins of Hollywood.*

Nach sechs Wochen Aufenthalt in Hollywood glaubt der Verf., die sieben Todsünden zu kennen: Snobismus, Klatschsucht, Schmeichlertum, Fachsimpelei, Egomanie, Geschäftemacherei und Engstirnigkeit.

-- London 1964, *The Cinema.*

Eine kurze, zwanglose Geschichte des Films mit Illustrationen, ohne Überbewertung der Frühzeit bei angemessener Bewertung Hollywoods.

-- London 1965, *The Czar.*

Ein Roman: Vgl. Thomas (1967) und Schulberg (1941), ganz zu schweigen von Fitzgerald (1949) und einer Figur in Lambert (1963).

Woelfel, Norman, 1947, 'The American Mind and the Motion Picture', *Annals* (1947), S. 88–94.

Amerika sei in schlechter Verfassung; es bedürfe der Einigkeit und Zielsetzung. Die Medien wären lebenswichtig und könnten nur dann „privat“ bleiben, wenn sie ihre notwendige Aufgabe erfüllten. Zur Zeit seien sie lediglich eskapistisch, sie müßten seriöser und erzieherischer werden.

Wolf, C., und *Bagguley, J.*, New York 1967, *Authors Take Sides in Vietnam.*

Wolfenstein, M., und *Leites, Nathan*, 1947, 'An Analysis of Themes and Plots', *Annals* (1947), S. 41–48.

Das häufigste Plot-Muster: Held und Heldin begegnen sich zufällig – eine Zufallsbekanntschaft. Als sie sich begegneten waren sie einsamer als in der Schluß-Umklammerung. Sexy = böse, gut = langweilig; daher sei das gute/böse Mädchen entstanden. Amerikaner wünschen sich, mehr als Europäer, daß ein Mädchen zugleich „gut“ *und* sexuell attraktiv ist. Die hohen Scheidungsziffern sind ein Indikator der Suche nach Vollkommenheit. Die wachsende Zugänglichkeit guter Mädchen, die Verrherrlichung der Hausfrau und die Lockerung der Tabus unterminieren die Auffassung: sexy = böse.

-- 1950 a, 'The Unconscious versus the „message" in an Anti-Bias Film – Two Social Scientists view *No Way Out; Commentary,* 10, S. 388–391.

Hinter der scheinbar liberalen Fassade des Filmes verbirgt sich: Ambiguität hinsichtlich der Ermordung Weißer durch Schwarze; Gewaltanwendung Schwarzer gegen Weiße, inbegriffen Frauen: ... die Abhängigkeit des Schwarzen in seinem Kampf von Weißen; Selbsterniedrigung; der Neger empfunden als Bürde, als moralische Verpflichtung, als Schuld – was die Spannung verschärfen könnte; ferner: ein gefallenes Mädchen kann es fertigbringen, Vorurteile zu entkräften und sozial aufzusteigen; daß Neger nichts anderes als materielle Freuden im Sinne hätten – ein Stereotyp –, weswegen sie oft als herzhafte Esser dargestellt werden. Selbst der Titel des Films sei doppeldeutig.

-- Glencoe 1950 b, *Movies, A Psychological Study.*

Bei Denny und Meyersohn heißt es: „Eine Pionier-Studie über den amerikanischen Kinogeher, Inhaltsanalyse der übereinstimmenden Tagträume der Öffentlichkeit. Beispiel: das Kapitel „Das gute-böse Mädchen'". Analyse aller in städtischer Umwelt spielenden A-Filmhandlungen von 1945–1950. Die Probleme wiederholen sich; Vergleich mit europäischen Filmen. Statement der Themen; Statements über die psychologischen Prozesse bei Filmemachern wie Publikum; einiges über die Lebensmuster der amerikanischen Kultur. Die Analysen sind scharfsinnig und stimmen hinsichtlich des amerikanischen Charakters mit den Arbeiten von Mead, Bareson und Gorer überein. Doch der künstlerischen Qualität der Filme und ihrem Stil wird wenig Interesse gewidmet. Hier ein paar Beispiele für den Tenor der Studie. „Wenn diese Produkte den Zuspruch eines großen Publikums finden, ist anzunehmen, daß die Produzenten auch bei sich selbst das Reservoir der gleichen Art Träume getroffen haben", S. 13. „Französische Filme dramatisieren den Zusammenbruch des Idealbildes der Frau, amerikanische Filme dagegen dramatisieren die Berechtigung dieses Bildes. In britischen Filmen herrscht, anders als in amerikanischen und französischen, die Tendenz, die Frauen als Opfer der Männer, ihrer Gewalt und ihres Verrats zusehen", S. 23. „Eine weitere filmische Spiegelung des beliebten Mädchens mit seinen vielen Begleitern ist das häufig in Musicals verwendete Tanz-Muster, bei dem eine Tänzerin mit einem Tanz-Corps von Männern auftritt. Ihre Beziehung zu ihnen ist stylisiert und nur oberflächlich, denn in raschem Wechsel tanzt sie mit jedem, ohne einen mehr zu favorisieren als die anderen. Wechselweise wendet das Corps der Männer sich dem Mädchen zu oder vollführt in friedlicher Eintracht Routinetänze", S. 32–33. „Der Glaube an die Unwandelbarkeit der Liebe hat vermutlich etwas mit der Kombination von traditioneller Monogamie und dem Verlangen nach anhaltendem Genuß zu tun. Auch steht er in Beziehung zur typisch amerikanischen Verdrängung des Wissens um die Vergänglichkeit des Lebens... Statt dessen schmiedet man Pläne, nach Kalifornien zu ziehen und eine Charme-Schule zu besuchen. Die einzige Art von Veränderung, die akzeptiert wird, ist Verbesserung, und dies gilt wohl mehr für die Technologie als für menschliche Beziehungen. Die Eigenschaft, Präferenzen aus der Kinderzeit beizubehalten, scheint sehr ausgeprägt: Die kindliche Vorliebe für Eiscreme wird nur selten durch einen entwickelteren Geschmack an subtileren Gaumenfreuden ersetzt; ebenso liest man neben dem Buch weiterhin den Comic-strip. Der Erwachsene hat sich seine knabenhafte Begeisterung für Baseball bewahrt und teilt sie mit seinem Sohn", S. 48. „Da ernsthafte Moral und fun-morality zugleich in der amerikanischen Kultur wirksam werden, passiert es oft im Film, daß die Heldin, nicht der Held, Avancen macht und als gutes-böses Mädchen auftritt", S. 82. „Die Handlung des amerikanischen Films besteht weitgehend darin, die Vorgänge aus verschiedenen Blickpunkten zu zeigen. Wir sahen, welche Wichtigkeit der Unterschied zwischen Anschein und Wirklichkeit dabei hat: häufig scheinen Held oder Heldin ganz anders, als sie tatsächlich sind. Es wird gezeigt, wie die Polizei den Helden für einen Verbrecher, oder der Held die Heldin für böse hält. In der Handlung dreht es sich weniger um Aktion als um Beweis und Gegenbeweis. Der zu Unrecht inkrimierende Anschein muß widerlegt und der Beweis erbracht werden, daß das, was man für geschehen hält, in Wirklichkeit nicht passiert. Das mögliche unrechte Handeln von Held oder Heldin realisiert sich lediglich im falschen Schein: dieser soll zeigen, was sie getan haben könnten, wenn sie sich von ihren gefährlichen Impulsen hätten fortreißen lassen: das ist jener „du-kannst-deinen-Kuchen-essen-*und*-ihn-behalten"-Aspekt des amerikanischen Films, wie wir es nannten. Wir dürfen zusehen, wie Held und Heldin verbotene Wünsche in die Tat umsetzen und am Ende dennoch der Strafe entgehen, da sich herausstellt, daß sie diese Handlungen lediglich scheinbar begingen. Insofern hat im amerikanischen Film die Figur, die die Dinge falsch sieht, eine besondere Bedeutung: Wir dürfen die Erfüllung verbotener Wünsche genießen, während wir zugleich die Gewißheit erhalten, daß nichts derart passiert ist", S. 243–244. „In jedem Fall repräsentiert der falsche Schein die Erfüllung uneingestandener oder unerfüllter Wünsche", S. 244. „In der Komödie gewährt der falsche Schein, anders als im Melodrama, mehr Gratifikation und erweckt weniger Schuldgefühle; in der Komödie gelangen die Wünsche unproblematischer zum Ausdruck und werden zugleich weniger erstgenommen", S. 252. Die ältliche, kahlköpfige, umständliche, ineffektive Vaterfigur bringt alles durcheinander, so wie die Polizei im Melodrama... „Die komische Figur des „Onlooker" ist das personifizierte Mißtrauen des Kindes gegenüber allem, was es nicht sieht. Wir, das Publikum, sollen dadurch zum Lachen gebracht werden und die Vorstellung genießen, daß, könnten wir alles mitansehen, wir sehen würden, daß nichts passiert. Die der amerikanischen Filmkomödie eigene gehobene Stimmung, beruht auf der Demonstration, daß nichts passiert; zumindest: teilweise scheint sie aus dieser zu Quelle resultieren", S. 257. Der komische „unbeteiligte Dritte" ist ein erwachsenes Kind, kriecht unter Tische, belauscht Gespräche, ist kahlköpfig, geschlechtslos, versteht alles falsch und geht jedem auf die Nerven. „Die Position des amerikanischen Vaters, den man übergehen darf, macht ihn zum willkommenen Projektionsobjekt angeblich törichter, kindischer Wünsche wie auch verdrängter gefährlicher Impulse", S. 257–258. „In Filmen mit Happy End kommt es oft vor, daß an Stelle des glücklichen Paares zum Schluß der „Dritte" nochmal auf der Leinwand erscheint. Ihm mag die Funktion zugedacht sein, das Publikum wieder zur Realisierung der eigenen Position des Zuschauers zurückzuführen und es aus der Identifikation mit dem Helden oder der Heldin zu lösen", S. 266–267.

– – 1955, 'Trend in French Films', *Journal of Social Issues*, 11, S. 42–51.

Analyse von fünfzig Filmen ab 1950 so wie acht Untersuchungen von Themen mit dem gemeinsamen Nenner: „das vermutlich wachsende Gefühl der Unfähigkeit, mit erdrückenden Umständen fertig zu werden".

Wollenberg, H. H., 1946, 'Exploring the Psychology of the Cinema', *Sight and Sound*, 15, Herbst, S. 99–101.

Rezensionen von Büchern und Aufsätzen von Gregor, Stoetzel, Ayer, Altenloh, Cohen-Séat.

– – 1949, 'The Jewish Theme in Contemporary Cinema', *Penguin Film Review*, 8, S. 46–50.

Wood, Alan, London 1952, *Mr. Rank:* A Study of J. Arthur Rank and British Films.

Luzide Schilderung der britischen Filmindustrie: „Die einzige Industrie, bei der die zunehmende geographische Erweiterung des Marktes nicht die Nachfrage nach dem Produkt steigert. Der Bedarf einer Kleinstadt... kann mit etwa 400 Filmen pro Jahr gedeckt werden... Und Hollywood war durchaus darauf vorbereitet, alle 400 Filme selbst herzustellen", S. 48. „1923 waren nur 10 % der in England gezeigten Filme englischer Provenienz; 1925 waren es nur noch 5 %. Der Quota Act von 1928 resultierte in Umgehungen sowie in der Herstellung von „Quickies" ... man ist immer besser dran, wenn man viel Geld schuldet statt wenig... der Mann mit einer in die Millionen gehenden Kreditüberschreitung... weiß genau, daß, was auch geschehen mag, die Bank es sich nicht leisten kann, ihn bankrott gehen zu lassen", S. 100.

– – und *Mary*, Hrsg., London 1954, *Silver Spoon*, Auszüge aus der Fülle der Reminiszenzen des Lord Grantley.

Richard Norton, Aristokrat und Finanzmann, bringt Anekdoten aus der Filmherstellung der 30er Jahre unter Lady Yule, Korda, Pascal, Ludovico Toeplitz de Grand Ry, Filippo Del Giudice und anderer Fabelwesen, von dem aufsteigenden Mr. Rank ganz zu schweigen.

Woods, Frederick, 1959, 'Hot Guns and Cold Women', *Films and Filming*, 5, März, S. 11 und S. 30.

Über das Ritual des Western: Ritterlichkeit bei Schießereien ist ganz unhistorisch. Die „Animierdamen" in den Saloons waren in Wirklichkeit nichts anderes als verdorbene skrupellose Prostituierte. Der Johny Conchos Mythos war hauptsächlich einem mit Feder und Scharnier ausgestatteten Pistolenhalfter zu verdanken. „Nur unter bestimmten historischen Umständen können ein Ehrenkodex sowie die auf ihm basierenden Geschichten entstehen. Erstens: Die Welt, in der diese Geschichten spielen, muß eine neue sein, die noch im Wachsen begriffen ist. Zweitens: Ihre Gesellschaft muß locker organisiert sein, so daß sporadische wie systematische Gesetzlosigkeit nicht nur möglich, sondern auch notwendig sind und das Gesetz von guten Männern gehandhabt und nach dem Diktat des eigenen Gewissens praktiziert werden kann", S. 30.

Woolf, Virginia, 1926, 'The Movies and Reality', *New Republic*, 47, S. 308–310, nachgedruckt unter dem Titel 'The Cinema' in *The Captain's Death Bed and Other Essays*, London 1950, S. 166–171.

Im Fall der Filmherstellung handele es sich um Barbaren, aber nicht um solche, die mit zwei Eisenstäben anfangen, um sich dann bis zu Mozart emporzuranken, sondern um welche, die zwar große Klaviere besäßen, aber nicht wüßten, was sie darauf spielen sollten. Scheint kontra Erzählungen und pro Bewegung und Abstraktion eingestellt zu sein.

Wright, C. R., New York 1959, *Mass Communications.*

Wright, Virginia, und *Hanna, David*, 1944, 'Motion Picture Survey', in Writers Congress (1944), S. 402–411.

Besprechung von Hollywoodfilmen, in denen Nazis oder Japaner vorkamen, und deren Wahrhaftigkeit oder Unwahrhaftigkeit geprüft wird. Gelangen zu dem Schluß, daß die Dinge sich nach einem schlechten und feigen Start radikal zum Besseren gewendet hätten.

Writers Congress, 1944, The Proceedings of the Conference held in October 1943 under the Sponsorship of the Hollywood Writer's Mobilization and the University of California, Berkeley and Los Angeles.

Faszinierende Vorträge und Diskussionen: Schriftsteller bemühen sich, ihren Kriegseinsatz zu maximieren, indem sie sich über das Wesen ihres Berufes verbreiten. Beiträge u. a. von Robert Rossen, Thomas Mann, Dudley Nichols, James Wong Howe. Abschnitte aus Wright, V. und Hanna (1944), Lazarsfeld und Merton (1944) und Fearing (1944).

Young, Donald Ramsey, Philadelphia 1922, *Motion Pictures*, A Study in Social Legislation.

Erörterungen – (schon damals) über „das Problem der sozialen Normen, der Ideale und der Moral", S. 6. „Der Film beeinflußt die sozialen Normen... ebenso die Tatsache, daß ein oft noch jugendliches Publikum eng zusammengedrängt in einem verdunkelten Raum sitzt... Ausdrücke wie movie masher und knee flirtation bürgern sich ein", S. 6. „Es ist gar nicht nötig, Beweise dafür zu erbringen, daß bestimmte Arten von Filmen ... das Denken und resultierende Handeln des Publikums beeinflussen", S. 82. Der Verf. hält Zensur der einzelnen Bundesstaaten für nicht praktikabel, tritt statt dessen für einen nationalen Ausschuß ein (Fußnote lautet: „... Im Schutz der Dunkelheit werden häßliche Redensarten verbreitet und üble Gewohnheiten angenommen. Der beliebteste Ort für die Unterweisung in homosexuellen Praktiken ist das Kino", Healy, Wm., *The Individual Delinquent,* S. 308.)

– – 1926, 'Social Standards and the Motion Picture', *Annals,* 128, S. 146–150.

Der Film habe die Tendenz, sehr unterschiedlichen Völkern mit stark divergierenden Lebensweisen ein universales soziales Muster aufzuoktroyieren. Doch auf irgendeine Art müsse eine aufgeklärte öffentliche Meinung zur Erziehung und zur Hebung des Standards beitragen ... vielleicht durch Vorbild.

Young, Vernon, New York 1953, 'The Witness Point', in *New World Writing,* 4th Mentor Selection.

Analyse der möglichen Formen einer Kontrolle des Wahrheitsgehalts. Überwiegend wird die Filmhandlung aus der Sicht eines Zeugen gesehen: einseitig, subjektiv, fixiert auf eine Person usw. Die Handlung von Filmen wie *Crossfire, Rashomon* basiert auf der divergierenden Sicht der Tatzeugen.

Zabba, Sam, 1956, 'Casting and Directing in Primitive Societies' *Quarterly of Film, Radio and Television,* 11, S. 154–166.

Man muß Primitive als Menschen betrachten und an ihrer Kultur partizipieren, andernfalls werden sie nicht zur Ko-operation bereit sein. Wie soll man menschlichen Wesen, die keine Vorstellung davon haben, was Film ist, klarmachen, was sie tun sollen? Bezahlt man den Darsteller aber, wird sein Preis steigen.

Zierer, C. M., 1947, 'Hollywood – World Center of Motion Picture Production', *Annals* (1947), S. 12–17.

Geschichte der Verlagerung der Industrie von der Ostküste an die Westküste nach Hollywood.

Zimmerscheid, Karl, Stuttgart 1922, *Die Deutsche Filmindustrie,* ihre Entwicklung, Organisation und Stellung im Deutschen Wirtschaftsleben.

Zukor, Adolph, New York 1953, *The Public is Never Wrong.*

Autobiographie des Film-Moguls, der die Bernhardt in *Queen Elisabeth* nach Amerika importierte und damit den abendfüllenden Spielfilm einführte. Zukor war der Gründer der Famous Players-Gesellschaft – abgeleitet aus dem Slogan Famous Players in Famous Plays – und einer der Mitbegründer des vom Theater übernommenen Starsystems. Terry Ramsaye schildert ihn als eine Art Napoleon; Zukor bestreitet dies, doch einige Seiten weiter rechtfertigt er seine Trennung von Sam Goldwyn mit folgenden Worten: „Mein Ziel war die Errichtung einer großen weitgespannten Organisation, während er ganz aus dem Augenblick schöpfte", S. 179. „Ob einer Star wird oder nicht, darüber entscheidet allein das Publikum ... Angenommen der Produzent versucht einen Star bewußt aufzubauen, wird es ihm unter Hunderten nur mit einem gelingen", S. 182–183.

Zwetsloot, Jan, Leiden 1913, *De Bioscoop – Een middel tot volsontwikeling en volksbederf.*

Vermutlich das erste Buch über Nutzen und Mißbrauch des Films: Wirkt er erzieherisch oder korrumpierend?

Filmregister

Die ins Deutsche übersetzten Filmtitel stehen jeweils in Klammern

Adam's Rib (Ehekrieg), George Cukor, USA 1949, 319

Adventures of Robin Hood (Robin Hood der König der Vagabunden), Michael Curtiz, William Keighley, USA 1938, 27

Advise and Consent (Sturm über Washington), Otto Preminger, USA 1961, 125

African Queen, The (African Queen, The), John Huston, USA 1951, 73, 192

Alamo, The (Alamo), John Ford, USA 1959, 137

Al Capone (Al Capone), Richard Wilson, USA 1951, 154

Alfie (Der Verführer läßt schon grüßen), Lewis Gilbert, England 1966, 224

All Quiet on the Western Front (Im Westen nichts Neues), Lewis Milestone, USA 1930, 113

American in Paris, An (Ein Amerikaner in Paris), Vincente Minnelli, USA 1951, 160

Amore in Città (Liebe in der Stadt), Michelangelo Antonioni, Federico Fellini, Alberto Lattuada u. a., Italien 1953, 264

Anatomy of a Murder (Anatomie eines Mordes), Otto Preminger, USA 1959, 256

Angry Silence, The (Zorniges Schweigen), Guy Green, England 1960, 266

Année Dernière à Marienbad, L' (Letztes Jahr in Marienbad), Alain Resnais, Frankreich 1960, 116, 260

Ansiktet (Das Gesicht), Ingmar Bergman, Schweden 1958, 214

Apache (Massai), Robert Aldrich, USA 1954, 143, 148

Apartment, The (Das Appartement), Billy Wilder, USA 1959, 203

Arabesque (Arabeske), Stanley Donen, USA 1960, VII

Arrivée du Train en Gare, L' (Ein Zug kommt an [TV 1972]), Louis Lumière, Frankreich 1895, 133

Asphalt Jungle, The (Asphalt-Dschungel), John Huston, USA 1950, 153

Avventura L' (Die mit der Liebe spielen), Italien 1959, 136, 180, 184, 187

Baby Doll (Baby Doll), Elia Kazan, USA 1956, 132

Baby Face Nelson (So enden sie alle), Don Siegel, USA 1957, 154

Bambi (Bambi), Walt Disney, USA 1942, 325

Bambole (Die Puppen), Dino Risi, L. Comenecini, F. Rosso, M. Bognini, Italien 1964, 173

Bandwagon, The (Vorhang auf), Vincente Minnelli, USA 1953, 180

Battle of San Pietro, The (Die Schlacht von San Pietro), John Huston, USA 1944, 265

Battle of the Bulge, The (Die letzte Schlacht), Ken Annakin, USA 1965, 172

Bedford Incident, The (Zwischenfall im Atlantik), James B. Harris, USA 1965, 126

Beggars Opera, The (Die Bettleroper), Peter Brook, England 1952, 158

Behold a Pale Horse (Deine Zeit ist um), Fred Zinnemann, USA 1963, 173

Belle et la Bête, La (Es war einmal), Jean Cocteau, Frankreich 1946, 227

Bells are Ringing (Anruf genügt – komme ins Haus), Vincente Minnelli, USA 1959, 161, 253

Ben Hur (Ben Hur), Fred Niblo, USA 1926, 328

Best Man, The (Der Kandidat), Franklin Schaffner, USA 1963, 125

Best Years of Our Lives, The (Die besten Jahre unseres Lebens), William Wyler, USA 1946, 46, 278

Big Country, The (Weites Land), William Wyler, USA 1958, 144, 172

Big Heat, The (Heißes Eisen), Fritz Lang, USA 1953, 153

Big Jim McLain (Flucht vor dem Feuer), Edward Ludwig, USA 1952, 112

Big Sky, The (Der weite Himmel), Howard Hawks, USA 1962/64, 144

Big Sleep, The (Tote schlafen fest), Howard Hawks, USA 1946, 262

Billion Dollar Brain, The (Das Milliarden-Dollar-Gehirn), Ken Russell, England 1967, 156
Billy Liar! (Geliebter Lügner), John Schlesinger, England 1963, 116
Biography of Wu Hsün, China 1950, 262
Birth of a Nation, D. W. Griffith, USA, 1915, 1, 63, 65, 171, 180, 190, 209, 216, 328
Black Tuesday (Schwarzer Freitag), Hugo Fregonese, USA 1954, 153
Blaue Engel, Der, Joseph v. Sternberg, Deutschland 1930, 264
Blitzkrieg im Westen, deutscher Dokumentarfilm, 1940, 179, 221
Blow-Up (Blow up), Michelangelo Antonioni, England 1966, 52, 99, 254
Blue Max, The (Der blaue Max), John Guillerman, USA 1965, 254
Bonnie and Clyde (Bonnie und Clyde), Arthur Penn, USA 1967, 10, 20, 52, 89, 99, 154, 155, 173, 195, 198, 201, 203, 248, 260
Bonnie Parker Story, The (Die Höllenkatze), William Witney, USA 1959, 153
A Bout de Souffle (Außer Atem), Jean Luc Godard, Frankreich 1959, 199
Bridge on the River Kwai (Die Brücke am Kwai), David Lean, England 1957, 63, 104
Brief Encounter (Begegnung), David Lean, England 1945, 288, 328
Bright Eyes, David Butler, USA 1957, 158
Broadway Melody of 1929, Harvey Beaumont, USA 1929, 158
Broken Arrow (Der gebrochene Pfeil), Delmer Daves, USA 1950, 141, 147
Bronenosez Potjomkin (Panzerkreuzer Potemkin), Sergei Eisenstein, UdSSR 1925, 179
Bullitt (Bullitt), Peter Yates, USA 1968, 154
Burma no Tategoto (Freunde bis zum Letzten), Kon Ichikawa, Japan 1956, 121
Bye, Bye, Birdie (Bye bye Birdie), George Sidney, USA 1962, 253

Caesar and Cleopatra (Cäsar und Cleopatra), Gabriel Pascal, B. D. Hurst, England 1945, 85
Camelot (Camelot), Joshua Logan, USA 1967, 161
Captain Blood (Piratenflagge), Michael Curtiz, USA 1935, 27
Carpetbaggers, The (Die Unersättlichen), Edward Dmytrik, USA 1963, 27, 52, 192
Carry on Cleo, Gerald Thomas, England 1963, 171
Carry on Cowboy (Rumpo Kid bittet zum Duell), Gerald Thomas, England 1965, 171
Carry on Spying, Gerald Thomas, England 1964, 171
Casablanca (Casablanca), Michael Curtiz, USA 1942, 27
Casino Royale (Casino Royale), John Huston, England 1966, 76
Cat Ballou (Cat Ballou), Elliot Silverstein, USA 1964, 147, 172, 173
Ceremony, The (Frühstück in der Todeszelle), Laurence Harvey, USA 1963, 52
Champion (Zwischen Frauen und Seilen), Mark Robson, USA 1949, 215
Chance of a Lifetime, Bernard Miles, England 1950, 112
Charade (Charade), Stanley Donen, USA 1963, VII
Charge of the Light Brigade (Der Angriff der leichten Brigade), Tony Richardson, England 1967, 24. Fn.
Children's Hour, The (The Loudest Whisper), (Infam), William Wyler, USA 1961, 135
Chimes at Midnight (Falstaff), Orson Welles, Spanien 1965, 75
Cimmaron (Cimmaron), Wesley Ruggles 1931, Anthony Mann, USA 1960, 145
Citizen Kane (Citizen Kane), Orson Welles, USA 1940, 1, 75, 180, 241
Cleopatra (Cleopatra), Joseph M. Mankiewicz, USA 1962, 44, 52, 86, 99, 124, 135, 171, 203, 331
Cocoanuts, Joseph Santley, USA 1929, 158
Confidential Report (Mister Arkadin) (Herr Satan persönlich), Orson Welles, Spanien 1955, 75
Copacabana (Der Jazzsänger), Alfred M. Green, USA 1946, 158
Crossfire (Kreuzfeuer), Edward Dmytrik, USA 1946, 278, 339
Curse of the Cat People, Gunter Fritsch, Robert Wise, USA 1944, 307
Czolowïek Natorze (Der Mann auf den Schienen), Andrzej Munk, Polen 1956, 55

Damn Yankees, Stanley Donen, USA 1958, 161
Darling (Darling), John Schlesinger, England 1965, 52
Day of the Outlaw (Tag der Gesetzlosen), André de Toth, USA 1959, 140
Dead End (Dead End), William Wyler, USA 1937, 156

Deadly, Affair, The (Anruf für einen Toten), Sidney Lumet, England 1966, 156
Death of a Salesman (Tod eines Handlungsreisenden), Laslo Benedek, USA 1952, 257
Demoiselles de Rochefort, Les (Die Mädchen von Rochefort), Jacques Demy, Frankreich 1966, 161
Dernière Année à Marienbad (Letztes Jahr in Marienbad), Alain Resnais, Frankreich 1961, 119, 260
Dirty, Dozen, The (Das dreckige Dutzend), Robert Aldrich, USA 1967, 154 Fn., 173
Drag Strip Riot (The Reckless Age), David Bradley, USA 1958, 4
Dreigroschenoper, Die, G. W. Pabst, Deutschland 1931, 158
Drei von der Tankstelle, Die, Wilhelm Thiele, Deutschland 1930
Drive a Crooked Road (Drei Matrosen in Paris), Richard Quine, USA 1954, 153
Dr. No (James Bond – 007 jagt Dr. No), Terence Young, England 1962, 27, 64, 75, 156, 171, 173
Dr. Strangelove (Dr. Seltsam oder wie ich lernte die Bombe zu lieben), Stanley Kubrick, England 1963, 126, 173
Dr. Schiwago (Dr. Schiwago), David Lean, England 1965, 63
Dolce Vita, La (Das süße Leben), Federico Fellini, Italien 1960, 260
Dom (Das Haus), Jan Lenica, Walerian Borowczik, Polen 1958, 55
Dumbo (Dumbo), Walt Disney, USA 1941, 325
Dwaj Luzie z Sfafa (Zwei Mann und ein Schrank), Roman Polanski, Polen 1958, 55

Easter Parade (Easterparade), Charles Walters, USA 1948, 160
Elephant Boy (Der Elefantenboy), Robert Flaherty, Zoltan Korda, England 1936, 85
Entertainer, The (Der Komödiant), Tony Richardson, England 1960, 24 Fn.
Eroica (Eroica), Andrzej Munk, Polen 1957, 55
Eureka Stockade (Goldgräber), Harry Watt, England 1946, 143
Evergreen, Victor Saville, England 1934, 159
Executive Suite (Die Intriganten), Robert Wise, USA 1954, 309

Fail-Safe (Angriffsziel Moskau), Sidney Lumet, USA 1963, 126
Family Way, The (Honigmond 67), Roy Boulting, England 1966, 52
Faraon (Pharao), Jerzy Kawalerowicz, Polen 1965, 55
Farmer's Daughter (Mrs. Blandington), H. C. Potter, USA 1947, 278
Félins, Les (Wie Raubkatzen), René Clément, Frankreich 1964
Fine Madness, A (Simson ist nicht zu schlagen), Irvin Kershner, USA 1966, 254
Five Against the House, Phil Karlson, USA 1955, 153
Flight of the Phoenix, The (Der Flug der Phoenix), Robert Aldrich, USA 1965, 154 Fn.
4 for Texas (Vier für Texas), Robert Aldrich, USA 1963, 147, 154 Fn.
Fort Apache (Bis zum letzten Mann), John Ford, USA 1947, 141
Forty Guns (Vierzig Gewehre), Samuel Fuller, USA 1958, 142
42nd Street (42. Straße), Lloyd Bacon, USA 1933, 1, 159
Frankenstein (Frankenstein), James Whale, USA 1931, 27
From Russia with Love (Liebesgrüße aus Moskau), Terence Young, England 1963, 64, 75
Funeral in Berlin (Finale in Berlin), Guy Hamilton, England 1963, 156
Funny Face (Ein süßer Fratz), Stanley Donen, USA 1957, 161
Funny Girl (Funny Girl), William Wyler, USA 1967, 161

Generalnaja Linija (Die Generallinie), Sergei Eisenstein, UdSSR 1929, 264
Gentleman's Agreement (Tabu der Gerechten), Elia Kazan, USA 1947, 278
Giant (Giganten), George Stevens, USA 1955, 34 Fn.
Gigi (Gigi), Vincente Minnelli, USA 1958, 161, 232
Glorifying the American Girl, Millard Webb, USA 1929, 158
Gold Diggers of 1933 (Gold Diggers of 1933), Mervin le Roy, USA 1933, 1
Goldfinger (Goldfinger), Guy Hamilton, England 1964, 27, 64, 76, 203
Golem, Der, wie er in die Welt kam, Paul Wegener, Carl Boese, Deutschland 1920, 264
Gone with the Wind (Vom Winde verweht),

Victor Fleming, USA 1939, 38 Fn., 131, 171, 196 Fn.
Goroda i Godi (Städte und Jahre), E. V. Tscherjakow, UdSSR 1930, 254
Go West, Edward Buzzell, USA 1940, 27
Graduate, The (Die Reifeprüfung), Mike Nichols, USA 1967, 37 Fn., 171
Grapes of Wrath (Früchte des Zorns), John Ford, USA 1940
Greatest Story Ever Told (Die größte Geschichte aller Zeiten [bibl. Gesch.]), George Stevens, USA 1965, 34 Fn.
Great Train Robbery, The, Edwin S. Porter, USA 1903, 37, 141, 143, 146, 198
Group, The (Die Clique), Sidney Lumet, USA 1965, 70
Guerre est Finie, La (Der Krieg ist vorbei), Alain Resnais, Frankreich/Schweden 1965, 3 Fn., 52
Gunfight at OK Corral (Zwei rechnen ab), John Sturges, USA 1957, 142
Gunga Din (Aufstand in Sidi Hakim), George Stevens, USA 1939, 8 Fn.
Guns in the Afternoon (Sacramento) (Ride the High Country), Sam Peckinpah, USA 1961, 140, 146, 147
Guns of Navarone, The (Die Kanonen von Navarone), J. Lee Thompson, England 1960, 63, 129, 131, 266
Guys and Dolls (Schwere Jungen, leichte Mädchen), Joseph M. Mankiewicz, USA 195, 135, 161

Half a Sixpence (Half a Sixpence), George Sidney, USA 1967, 63
Halls of Montezuma (Okinawa), Lewis Milestone, USA 1950, 113, 181
Hangman, The (Der Henker), Michael Curtiz, USA 1959, 147
Hard Day's Night, A (Yeah! Yeah! Yeah!), Richard Lester, England 1964, 63
Hatari (Hatari), Howard Hawks, USA 1961, 181
Hellions, The (Platz nehmen zum Sterben), Ken Annakin, England 1961, 143
Hellzapoppin (In der Hölle ist der Teufel los), H. C. Potter, USA 1960, 173
Help (Hi-hi-Hilfe), Richard Lester, England 1965, 63
Henry V (Heinrich V.), Laurence Olivier, England 1944, 275
Here We Go Round the Mulberry Bush (Unterm Holderbusch), Clive Donner, England 1967, 100
High Noon (12 Uhr mittags), Fred Zinnemann, USA 1952, 111, 140, 147, 173, 221
Hill, The (Ein Haufen toller Hunde), Sidney Lumet, England 1965, 173
Hiroshima Mon Amour (Hiroshima, mon amour), Alain Resnais, Frankreich 1959, 116
Hitlerjunge Quex, Hans Steinhoff, Deutschland 1933, 212
Hollywood Review of 1929, Charles Reisner, USA 1929, 158
Home of the Brave (Die Heimat der Tapferen), Mark Robson, USA 1949, 243, 334
House of Frankenstein, Erle C. Kenton, USA 1944, 27
How the West Was Won (Das war der wilde Westen), John Ford- Henry Hathaway, George Marshall, USA 1961/62, 172
Hud (Der Wildeste unter tausend), Martin Ritt, USA 1962, 148
Hue and Cry (Die kleinen Detektive) Charles Crichton, England 1946, 257
Hush Hush Sweet Charlotte (Wiegenlied für eine Leiche), Robert Aldrich, USA 1964, 154 Fn.

I Confes (Ich beichte [Zum Schweigen verurteilt]), Alfred Hitchcock, USA, 1953, 180
Ikimono no Kiruka (Bericht über ein lebendes Wesen), Akira Kurosawa, Japan 1955, 126
Ikuru (Einmal wirklich leben), Akira Kurosawa, Japan 1952, 126
Il Tetto (Das Dach), Vittorio de Sica, Italien 1955, 264
I'm all Right Jack (Junger Mann aus gutem Hause), John Boulting, England 1959, 112, 126
Imitation of Life (So lange es Menschen gibt), Douglas Sirk, USA 1959, 202
Inherit the Wind (Wer den Wind sät), Stanley Kramer, USA 1959, IV Fn., 111
In Like Flint (Derek Flint – hart wie Feuerstein), Gordon Douglas, USA 1966, 156
Inside Daisy Clover (Verdammte süße Welt), Robert Mulligan, USA 1965, 254
Intolerance, D. W. Griffith, USA 1916; Untertitel: Love struggles through the Ages)
Intruder in the Dust (Begierde im Staub), Clarence Brown, USA 1949, 304
Invitation to a Gunfighter (Treffpunkt für

zwei Pistolen), Richard Wilson, USA 1964, 145
Invitation to the Dance (Einladung zum Tanz), Gene Kelly, USA 1953, 161
Ipcress File, The (Icpress – streng geheim) Sidney Furie, USA 1964, 156, 157, 203
Irma la Douce (Das Mädchen Irma la Douce), Billy Wilder, USA 1962, 333
Iron Mask, The, Allan Dwan, USA 1929
It Happened Here, Kevin Brownlow, Andrew Mollo, England 1963
It's Always Fair Weather (Überwiegend heiter), Stanley Donen, Gene Kelly, USA 1955, 161
It's a Mad, Mad, Mad World (Eine total, total verrückte Welt), Stanley Kramer, USA 1962, 173, 175
It's a Women's World (Die Welt gehört der Frau), Jean Negulesco, USA 1954, 253
Ivan Groznyi, Teil II (Iwan der Schreckliche II), Sergei Eisenstein, UdSSR 1943–46, 5 Fn., 54, 56
I Was a Communist for the FBI (Ich war FBI-Mann M. C.), Gordon Douglas, USA 1950, 112

Jag var Nyfiken (Ich bin neugierig – gelb), Vilgot Sjöman, Schweden 1967, 319
James Brothers of Missouri, The, Fred C. Brannon, USA 1949, 142
John Goldfarb, Please Come Home (Eine zuviel im Harem), J. Lee Thompson, USA 1965, 126
Johnny Cool (Die Rache des Johnny Cool), William Asher, USA 1962, 154, 157
Johnny Guitar (Johnny Guitar, gehaßt, gejagt, gefürchtet), Nicholas Ray, USA 1954, 142
Journal d'un Curé de Campagne (Tagebuch eines Landpfarrers), Robert Bresson, Frankreich 1950, 4, 80, 182
Journey into Fear (Reise ins Land der Furcht [Gejagt]), Orson Welles, N. Foster, USA 1943, 44, 75
Judgemant at Nuremberg (Das Urteil von Nürnberg), Stanley Kramer, USA 1961, V Fn.

Kabinett des Dr. Caligari, Das, Robert Wiene, Deutschland 1919, 264
Kanal (Der Kanal), Andrzej Wajda, Polen 1956, 57
Kansas Raiders (Reiter ohne Gnade), Ray Enright, USA 1950, 142
Käre John (Lieber John), Lars M. Lindgren, Schweden 1964, 3 Fn.
Key Largo (Gangster in Key Largo [Hafen des Lasters]), John Huston, USA 1948, 159
Kid from Spain, The, Leo McCarey, USA 1932, 159
Killers, The (Der Tod eines Killers), Don Siegel, USA 1964, 154, 155
Killing of Sister George, The (Das Doppelleben der Sister George), Robert Aldrich, England 1968, 154 Fn.
Kind of Loving, A (Nur ein Hauch Glückseligkeit), John Schlesinger, England 1961, 115
King and I, The (Der König und ich), Walter Lang, USA 1956, 161
King of Kings (König der Könige), Nicholas Ray, USA 1960, 181
Kismet (Kismet), Vincente Minnelli, USA 1955, 161
Kiss Me Deadly (Rattennest), Robert Aldrich, USA 1955, 153, 157
Kis me Kate, George Sydney, USA 1953, 253
Kongress tanzt, Der, Eric Charell, Deutschland 1931, 158

Lady and the Tramp (Susi und Strolch), Walt Disney, USA 1955, 325
Lady From Shanghai, The, Orson Welles, USA 1948, 75
Last Sunset, The (El Perdido), Robert Aldrich, USA 1966, 146, 148, 154 Fn.
Law of the Lawless (Das Gesetz der Gesetzlosen), William F. Claxton, USA 1963, 140
Lawrenco of Arabia (Lawrence von Arabien), David Lean, England 1962, 63, 98
Legend of Lylah Clare, The (Große Lüge Lylah Clare), Robert Aldrich, USA 1967, 154 Fn.
Let There be Light (Es werde Licht), John Huston, USA 1945, 265
Letzte Mann, Der, F. W. Murnau, Deutschland 1924, 8 Fn.
Liaisons Dangereuses, Les (Gefährliche Liebschaften), Roger Vadim, Frankreich 1959, 173
Licensed to Kill (Ein Mann vom Secret Service), Lindsay Shonteff, England 1965, 156
Liquidator, The (L – der Lautlose), Jack Cardiff, USA 1965, 156
Little Caesar (Der kleine Cäsar), Mervyn Le Roy, USA 1930, 141, 150, 153
Loneliness of the Long Distance Runner, The

(Die Einsamkeit des Langstreckenläufers), Tony Richardson, England 1962, 24 Fn.
Lonely Are the Brave (Einsam sind die Tapferen), David Miller, USA 1961, 148
Longest Day, The (Der längste Tag), Ken Annakin, Bernhard Wicki, USA 1961, 172
Look Back in Anger (Blick zurück im Zorn), Tony Richardson, England 1959, 224
Lord Jim (Lord Jim), Richard Brooks, USA 1963, 74
Lost Boundaries (Wenn Eltern schweigen), Alfred Werker, USA 1949, 216
Lotna (Lotna), Andrzej Wajda, Polen 1960, 57
Loved One, The (Tod in Hollywood), Tony Richardson, USA 1965, 24 Fn.
Love Me Tonight (Lieb mich heute nacht), Rouben Mamoulian, USA 1932, 158
Love Parade, The (Die Liebesparade), Ernst Lubitsch, USA 1929, 158

M (Eine Stadt sucht einen Mörder), Fritz Lang, Deutschland 1932, 264
Macbeth (Macbeth), Orson Welles, USA 1950, 75
Machine Gun Kelly (Revolver-Kelly), Roger Corman, USA 1958, 153
Mademoiselle (Mademoiselle), Tony Richardson, England 1966, 24 Fn.
Magnificent Ambersons, The (Der Glanz des Hauses Amberson), Orson Welles, USA 1942, 28, 75
Magnificent Seven, The (Die glorreichen Sieben), John Sturges, USA 1960, 143
Major Dundee (Sierra Charriba), Sam Peckinpah, USA 1964, 44, 84, 145
Maltese Falcon, The (Die Spur des Falken), John Huston, USA 1941, 153, 304
Man in the White Suit, The (Der Mann im weißen Anzug), Alexander Mackendrick, England, 1951, 112
Man Without a Star (Mit stahlharter Faust), King Vidor, USA 1955, 142
Man Who Shot Liberty Valance, The (Der Mann, der Liberty Valance erschoß), John Ford, USA 1961, 147
Marnie (Marnie), Alfred Hitchcock, USA 1964, 26
Massacre, The, D. W. Griffith, USA 1912, 141
Matj (Die Mutter), *V. I. Pudowkin,* UdSSR 1926, 264
Meet Me in St. Louis (Triff mich in St. Louis), Vincente Minnelli, USA 1944, 123–124, 129, 160
Mildred Pierce (Solange ein Herz schlägt), Michael Curtiz, USA 1945, 202
Mirage (Die 27. Etage), Edward Dmytryk, USA 1964, 3 Fn., 116
Misfits, The (Nicht gesellschaftsfähig), John Huston, USA 1960, 254
Mister Buddwing (Gesicht ohne Namen), Delbert Mann, USA 1965, 116
Modesty Blaise (Die tödliche Lady), Joseph Losey, England 1965, 52, 63, 156
Morgan, a Suitable Case for Treatment (Protest), Karel Reisz, England 1966, 115, 116, 254
Moving Target, The (Ein Fall für Harper), Jack Smight, USA 1965, 254
Mrs. Miniver (Mrs. Miniver), William Wyler, USA 1942, 278
Muerte di un ciclista (Der Tod eines Radfahrers), J. A. Bardem, Spanien 1955, 184, 187
Murder By Contract (Der Tod kommt auf leisen Sohlen), Irving Lerner, USA 1958, 154
Muriel (Muriel oder die Zeit der Wiederkehr), Alain Resnais, Frankreich 1963, 116
Mutiny on the Bounty (Meuterei auf der Bounty), Lewis Milestone, USA 1961, 25, 135
My Fair Lady (My Fair Lady), George Cukor, USA 1963, 161, 172, 232, 253
My Sister Eileen (Meine Schwester Ellen), Richard Quine, USA 1955, 161
My Son John, Leo McCary, USA 1952, 112

Nattvardsgästerna (Licht im Winter), Ingmar Bergman, Schweden 1961, 214, 319
Navigator, The (The Navigator), Buster Keaton, Donald Crisp, USA 1924, 180
Next of Kin (Nächste Verwandte), Thorold Dickinson, England 1942, 74
Next Voice You Hear, The, William Wellmann, USA 1950, 72, 237, 313
Night at the Opera (Skandal in der Oper), Sam Wood, USA 1935, 27
Ninotschka (Ninotschka), Ernst Lubitsch, USA 1939, 188
Nje winni czarodzieje (Die unschuldigen Zauberer), Andrzej Wajda, Polen 1959, 55, 57
Nora Inu (Streunender Hund), Akira Kurosawa, Japan 1949, 126

No Way Out (Haß ist blind), Joseph Mankiewicz, USA 1950, 336
Noz w Wodzie (Das Messer im Wasser), Roman Polanski, Polen 1961, 55, 57

Odds Against Tomorrow (Wenig Chancen für morgen), Robert Wise, USA 1959, 154
Oklahoma (Oklahoma), Fred Zinnemann, USA 1955, 161
Oktjabr (Oktober, 10 Tage, die die Welt erschütterten), Sergei Eisenstein, UdSSR 1927, 179
Olympia, Leni Riefenstahl, Deutschland 1936, 121, 179, 181
Once a Thief (Millionenraub in San Francisco), Ralph Nelson, USA 1964, 154, 157
One Hour With You, Ernst Lubitsch, George Cukor, USA 1932, 158
One Hundred Men and a Girl (Hundert Männer und ein Mädchen), Henry Koster, USA 1937, 158
One Night of Love, Victor Schertzinger, USA 1934, 158
Onibaba (Onibaba – die Töterinnen), Kaneto Shindo, Japan 1965, 148
On the Beach (Das letzte Ufer), Stanley Kramer, USA 1959, V Fn.
On the Town (Heut gehn wir bummeln), Stanley Donen, Gene Kelly, USA 1949, 160
On the Waterfront (Die Faust im Nacken) Elia Kazan, USA 1954, 113, 181
Orphans of the Storm (Zwei Waisen im Sturm der Zeit), D. W. Griffith, USA 1922, 328
Orphée (Orpheus), Jean Cocteau, Frankreich 1949, 227
Othello (Othello), Orson Welles, Marokko 1952, 72, 75, 285
Our Man Flint (Derek Flint schickt seine Leiche), Daniel Mann, USA 1965, 156
Outcast of the Islands, The (Der Verdammte der Inseln), Carol Reed, England 1951, 74
Outlaw, The (Geächtet), Howard Hughes, USA 1947, 319
Overlanders, The (Das große Treiben), Harry Watt, England 1946, 143
Ox-Bow Incident, The (Der Ritt zum Ox-Bow), William Wellmann, 1942, 140

Pajama Game (Picknick im Pyjama), George Abbott, Stanley Donen, USA 1957, 161
Pale Face, The (Sein Engel mit zwei Pistolen), Norman Z. McLeod, USA 1948, 147
Parapluies de Cherbourg, Les (Die Regenschirme von Cherbourg), Jacques Demy, Frankreich 1963, 132
Patch of Blue (Träumende Lippen), Guy Green, USA 1965, 254
Paths of Glory (Wege zum Ruhm), Stanley Kubrick, USA 1957, 121
Pay or Die (Zahl oder stirb), Richard Wilson, USA 1960, 154, 157
Pete Kelly's Blues (Es geschah in einer Nacht), Jack Webb, USA 1955, 154
Peyton Place (Glut unter der Asche), Mark Robson, USA 1957, 27
Picnic (Picknick), Joshua Logan, USA 1955, 9
Pink Panther, The (Der rosarote Panther), Blake Edwards, USA 1963, 173
Pirate, The, Vincente Minnelli, USA 1964, 160
Place in the Sun, A (Ein Platz an der Sonne), USA 1951, 206, 257
Pociag (Nachtzug), Jerzy Kawalerowicz, Polen 1959, 55
Point Blank (Point Blank), John Boorman, USA 1967, 10, 52, 99
Pokolenie (Generation), Andrej Wojda, Polen 1955, 57
Poor Cow (Poor Cow – geküßt und geschlagen), Ken Loach, England 1967, 52
Popiol i diamant (Asche und Diamant), Andrzej Wajda, Polen 1958, 55, 57
Pork Chop Hill (Mit Blut geschrieben), Lewis Milestone, USA 1958, 113
Psycho (Psycho), Alfred Hitchcock, USA 1960, 136, 172, 173, 203
Public Enemy (Öffentlicher Feind), William Wellmann, USA 1931, 14, 153
Pushover (Schachmatt), Richard Quine, USA 1954, 153

Queen of Spades (Pique Dame), Thorold Dikkinson, England 1944, 74

Raintree County (Das Land des Regenbaums), Edward Dmytrik, USA 1957, 132
Rancho Notorious (Engel der Gejagten [Die Gejagten]), Fritz Lang, USA 1951, 142
Rashomon (Rashomon) Akira Kurosawa, Japan 1950, 75, 180, 339
Red Badge of Courage, The (Die rote Tapferkeitsmedaille), John Huston, USA 1951, 44, 49, 72, 73, 84, 188, 198
Red Garters, George Marshall, USA 1954, 147
Red River (Panik am roten Fluß), Howard Hawks, USA 1948, 319

Red Shoes The (Die roten Schuhe), Michael Powell, England 1948, 158
Repulsion (Ekel), Roman Polanski, England 1964, 173
Rescued by Rover, Cecil Hepworth, England 1905, 36
Return to Peyton Place (Rückkehr nach Peyton Place), Jose Ferrer, USA 1961, 27
Richard III. (Richard III.), Laurence Olivier, England 1955, 201
Rise and Fall of Legs Diamond, The (J. D. der Killer), Budd Boetticher, USA 1959, 150, 154
Robe, The (Das Gewand), Henry Koster, USA 1953, 9
Roma citta aperta (Rom, offene Stadt), Roberto Rossellini, USA 1945, 264
Roman Holiday (Ein Herz und eine Krone), William Wyler, USA 1953, 329
Roman Scandals, Frank Tuttle, USA 1933, 158
Room at the Top (Der Weg nach oben), Jack Clayton, England 1958, 114, 251
Rose Tattoo, The (Die tätowierte Rose), Daniel Mann, USA 1954, 9
Ruggles of Red Gap, Leo McCarey, USA 1935, 147, 278
Run of the Arrow (Hölle der tausend Martern), Samuel Fuller, USA 1957, 141

Sabrina Fair (Sabrina), Billy Wilder, USA 1954, 329
Safe in Hell, William Wellmann, USA 1931, 159
Sailor from Gibraltar, The (Nur eine Frau an Bord), Tony Richardson, England 1966, 24 Fn.
Salaire de la Peure, Le (Lohn der Angst), H. C. Clouzot, Frankreich 1952, 268
Saint Valentine's Day Massacre, The (Chikago-Massaker), Roger Corman, USA 1967, 154, 248
Sanctuary (Geständnis einer Sünderin), Tony Richardson, USA 1961, 25 Fn., 30, 84
Sanjuro (Sanjuro), Akira Kurosawa, Japan 1962, 148
Såsom i en spegel (Wie in einem Spiegel), Ingmar Bergman, Schweden 1962, 214
Saturday Night and Sunday Morning (Samstagnacht bis Sonntagmorgen), Karel Reisz, England 1960, 115, 251
Savage Innocents, The (Im Land der langen Schatten), Nicholas Ray, England (amerik.-engl.-ital.-franz. Gemeinschaftsproduktion), 181
Scarface Mob, The (Die Schande von Chikago), Phil Karlson, USA 1959, 154
Schichinin-no-samurai (Die sieben Samurai), Akiro Kurosawa, Japan 1953, 75, 143
Sciuscia (Sciuscia), Vittorio de Sica, Italien 1946, 264
Searchers, The (Der schwarze Falke), John Ford, USA 1956, 24 Fn., 141, 144, 148
Secret Life of Walter Mitty, The (Das Doppelleben des Herrn Mitty), Norman Z. McLeod, USA 1947, 116
Secret People, The, Thorold Dickinson, England 1951, 207
Semlja (Die Erde), Alexander Dowschenko, UdSSR 1930, 264
Servant, The (Der Diener), Joseph Losey, England 1963, 63, 173
Seven Brides for Seven Brothers (Eine Braut für sieben Brüder), Stanley Donen, USA 1954, 161
Seven Days in May (Sieben Tage im Mai), John Frankenheimer, USA 1963, 126
Seven Men from Now (Der Siebente ist dran), Budd Boetticher, USA 1956, 213
Shane (Mein großer Freund Shane), George Stevens, USA 1953, 114, 142, 145, 147, 148, 172, 198, 201, 203
Shanghaiski dokument, Yakov Blyokh, UdSSR 1928, 254
Shenandoah (Der Mann vom großen Fluß), USA 1964, 145
Sibirska Ladi Magbet (Lady Macbeth aus Sibirien), Andrzjew Wajda, Jugoslawien 1961, 55
Silencers, The (Leise flüstern die Pistolen), Phil Karlson, USA 1965, 156
Singin'in the Rain (Du sollst mein Glücksstern sein), Stanley Donen, USA 1951, 161
Sirocco (Zwischen Kairo und Damascus), Curtis Bernhardt, USA 1951, 27
Sister Kenny (Schwester Kenny), Dudley Nichols, USA 1946, 265
Sjunde Insiglet, Det (Das siebente Siegel), Ingmar Bergman, Schweden 1956, 214, 260
Smulstronstället (Wilde Erdbeeren), Ingmar Bergman, Schweden 1957, 214
Snow White and the Seven Dwarfs (Schneewittchen und die sieben Zwerge), Walt Disney, USA 1937, 2, 158, 305, 325
Sodom and Gomorrah (Sodom und Gomorrha), Robert Aldrich, USA 1961, 154 Fn.

Solomon and Sheba (Salomon und die Königin von Saba), King Vidor, USA 1959, 329
Sommernattensleende (Sie tanzte nur einen Sommer lang), Ingmar Bergman, Schweden 1955, 214
Sound and the Fury, The (Fluch des Südens), Martin Ritt, USA 1959, 132
Sound of Music, The (Meine Lieder – meine Träume), Robert Wise, USA 1965, 38 Fn., 104, 129, 131, 171, 172, 196 Fn., 201, 203, 253
Sparrows Can't Sing, Joan Littlewood, England 1962, 115
Spy Who Came in From the Cold, The (Der Spion, der aus der Kälte kam), Martin Ritt, England 1966, 156, 157
Star (Star), Robert Wise, USA 1967, 161
Statschka (Streik), Sergei Eisenstein, UdSSR 1925, 179, 264
Streetcar named Desire, A (Endstation Sehnsucht), Elia Kazan, USA 1951, 132, 257
Summer Stock, Charles Walters, USA 1950, 160
Sweet Smell of Success, The (Dein Schicksal in meiner Hand), Alexander Mackendrick, USA 1957, 9
Sylvia (Sylvia [Das Vorleben der Sylvia West]), Gordon Douglas, USA 1965, 27,

Tales of Hoffmann (Hoffmanns Erzählungen), Michael Powell, England 1951, 158
Taste of Honey, A (Bitterer Honig), Tony Richardson, England 1961, 24 Fn.
Taza, Son of Cochise (Taza, der Sohn des Cochise), Douglas Sirk, USA 1953, 141
Ten Commandments, The (Die zehn Gebote), Cecil B. de Mille, USA 1956, 10
Tengoku to Jogoku (Zwischen Himmel und Hölle), Akira Kurosawa, Japan 1963, 126
Them (Formicula), Gordon Douglas, USA 1960, 323
They Were Expendable (Schnellboote vor Bataan), John Ford, USA 1945, 25 und Fn.
Third Day, The (Der dritte Tag), Jack Smight, USA 1965, 116
This Sporting Life (Lockender Lorbeer), Lindsay Anderson, England 1963, 115
3.10 to Yuma (Zähle bis drei und bete), Delmer Daves, USA 1957, 141
Thunderball (James Bond – 007 Feuerball), Terence Young, England 1965, 76
Tin Star, The (Der Stern des Gesetzes), Anthony Mann, USA 1957, 141, 147
To Have and Have Not (Haben und Nichthaben), Howard Hawks, USA 1944, 304
Tom Jones (Tom Jones – Zwischen Bett und Galgen), Tony Richardson, England 1962, 24 Fn.
Touch of Evil (Im Zeichen des Bösen), Orson Welles, USA 1957, 75
Trial, The (Der Prozeß), Orson Welles, Frankreich 1962, 75
Triump des Willens, Leni Riefenstahl, Deutschland 1934, 179
Tschu Fu (Das Neujahrsopfer), Sang Hu, China 1956, 57 Fn.
Two for the Road (Zwei auf gleichem Weg), Stanley Donen, USA 1966, 52
2001: A Space Odyssey (2001: Odyssee im Weltraum), Stanley Kubrick, England 1965–68, 172
Tystnaden (Das Schweigen), Ingmar Bergman, Schweden 1963, 173, 180, 214

Underworld (Unterwelt), Joseph von Sternberg, USA 1927, 151
Underworld USA (Alles auf eine Karte), Samuel Fuller, USA 1960, 154, 157
Unforgiven, The (Denen man nicht vergibt), John Huston, USA 1960, 41, 144, 148

Vera Cruz (Vera Cruz), Robert Aldrich, USA 1954, VII, 140, 144
Vikings, The (Die Wikinger), Richard Fleischer, USA 1958, VII
Voyage dans la Lune, Le (Die Reise zum Mond [TV 1972], George Méliès, Frankreich 1902, 36

Wagonmaster (Westlich St. Louis), John Ford, USA 1950, 141, 144
Walk in the Sun, A (Landung in Salerno), USA 1945, 113, 180, 304
War and Peace (Krieg und Frieden), King Vidor, Italien 1956, 329
Warui Yatsu Yoku Nemura (Die Bösen schlafen gut), Akira Kurosawa, Japan 1960, 126
West Side Story (West Side Story), Robert Wise, USA 1960, 161, 171, 172, 232, 253
Whatever Happened to Baby Jane? (Was geschah wirklich mit Baby Jane?), Robert Aldrich, USA 1962, 154 Fn.
What's New, Pussycat? (Was gibt's Neues, Pussy?), Clive Donner, USA 1964, 52, 173
White Heat (Sprung in den Tod [Maschinenpistolen]) Raoul Walsh, USA 1949, 153

Whoopee, Thornton Freedland, USA 1930, 1
Wild Bunch, The (The Wild Bunch – sie kannten kein Gesetz (Sam Peckinpah, USA 1969, 173
Woman of Paris, A (Eine Frau von Paris), Charles Chaplin, USA 1923, 322
World of Suzie Wong, The (Die Welt der Suzie Wong), Richard Quine, USA 1960, 182

Yojimbo (Die Leibwache), Akira Kurosawa, Japan 1961, 148
You Only Live Twice (Man lebt nur zweimal), Lewis Gilbert, England 1966, 64

Zato-Ichi, Kenji Misumi, Japan 1962, 149
Zato-Ichi Senryo-kubi, Kazuo Ikehiro, Japan 1964, 149
Zato-Ichi Nidangiri, Kimioshi Yasuda, Japan 1964, 149
Ziegfeld Follies, Vicente Minnelli, USA 1946, 160

Namenregister

Adam, Ken 64, 76
Abel, R. M. 12 Fn.
Abbot, Bud 171
Adler, Mortimer 226, 230, 293, 299
Agassi, Joseph 58, 127 Fn., 129, 188 Fn.
Agee, James 205, 206, 234
Aldrich, Robert 66, 124, 144, 154 u. Fn.
Aldrich, Alan 12 Fn.
Alloway, Lawrence 138
Allsop, Kenneth 138, 142 Fn., 151
Alpert, Hollis 236, 258
Anderson, Lindsay 25 Fn., 72, 74, 183, 316
Anger, Kenneth 68
Antonioni, Michelangelo 3, 45, 67, 82, 124, 136, 180
Aquin, St. Thomas von 181, 230
Aristoteles 181
Arnheim Rudolf 12, 123, 293, 296, 311
Asher, William 154
Asheim, Lester 214
Ashley, W. 228
Astaire, Fred 72, 159, 160, 161, 229
Austen, Jane 81
Autry, Gene 144, 200
Averson, Richard IV, 90 Fn.
Aydelotte, W. O. 234

Bacall, Lauren 238
Bach, J. S. 28, 119, 325
Backus, Jim 154
Baez, Joan 137
Bagguley, J. 21 Fn.
Baker, Carroll 52, 192
Balaban, A. J. 210
Balasz, Bela 311
Bandura, A. 110, 211
Banton, Michael 58
Bardem, J. A. 184, 187
Bardot, Brigitte 52, 136, 234
Barrow, Clyde 139
Bartók, Belá 187
Baschitz, Kurt 221
Battock, G. 2 Fn.
Bauer, R. und A. 19
Baxter, John 259, 308
Bazin, André 221
Beaverbrook, Lord 72
Beggs, Neil 7 Fn., 9 Fn.
Bell, Clive 279
Benedict, Ruth 4 Fn.
Berelson, B. 235, 280
Bergman, Ingmar 4, 66, 67, 76, 85, 89, 124, 180, 214
Bergman, Ingrid 180
Berkeley, Busby 1, 159
Berkowitz, Leonard 110, 214, 280
Berlin, Irving 158
Bernhardt, Sarah 339
Bernstein, Leonard 160
Bertolucchi, Bernaldo 124
Bertrand, Daniel 40 Fn.
›Billy the Kid‹ (William Bonney) 140
Blumer, Herbert 82, 249, 298
Boetticher, Budd 125, 199 Fn., 154, 180, 213
Bogart, Humphrey 124, 153, 238
Bolt, Robert 65
Boltyanski, Grigori 54 Fn.
Bond, James 63, 72, 75–76, 99, 104, 156, 170, 173, 181
Boorman, John 154
Boorstin, Daniel 167 Fn.
Booth, Margaret 313
Boulding, Kenneth 167 Fn.
Brackett, Charles 245
Brady, Robert 40 Fn.
Brakhage, Stan 23 Fn.
Brando, Marlon 25, 135, 193, 207
Brecht, Bertold 8 Fn.
Bresson, Robert 4, 124, 180, 320
Broccoli, Albert 63, 76
Brodbeck, A. J. 95
Brodsky, Jack 44
Brontë, Emily 113
Brooks, Richard 45, 46, 39 Fn., 72, 74
Browning, Tod 227
Brownlow, Kevin 36 Fn.
Burrage, Michael 199 Fn.
Burton, Richard 125

Cagney, James 153
Capone, Al(phonse) 139, 142 u. Fn., 152

Carné, Marcel 13, 122
Carroll, Martine 180
Carver, Vida 238
Cassidy, Hoppalong 144
Ceram, C. W. 35 Fn., 225
Chabrol, Claude 86
Chandler, Raymond 139, 153, 280
Chaplin, Charles 13, 34, 63, 72, 170, 190, 205, 279
Chapell, Fred 97 Fn.
Charisse, Cyd 160, 200
Charters, W. W. 246, 298
Christie, Julie 52, 136
Chruschtschow, Nikita 57
Cirlin, B. D. u. Petermann, J. N. 235
Clair, René 66,
Clark, Ken 156
Clayton, Jack 124
Clément, René 154
Cochrane, R. H. 274
Cocteau, Jean 72, 74, 76, 180
Cody, ›Buffalo Bill‹ 139
Cohen-Séat, G. 50
Cohn, Harry 59, 190
Collingwood, R. G. 279
Comden, Betty 161
Comte, Auguste 279
Conant, Michael 40 Fn.
Connery, Sean 64, 76, 173
Conrad, Joseph 74
Constantine, Eddie 156
Cooke, Alistair 229
Cooper Gary 135
Corman, Roger 154
Costello, Lou 171
Craig, Michael 65
Crane, Stephen 73, 84
Crawford, Joan VII, 72, 123, 136, 202
Cressey, Paul 229, 230, 298
Croce, B. 279
Crockett, Davy 139
Crowther, Bosley 38 Fn., 193 Fn.
Cukor, George 26, 45
Curtiz, Michael 213, 259
Czinner, Paul 177

Dailey, Dan 161
Dale, E. 246, 298
Damiani, Damiano 124
Darin, Bobby 63
Daves, Delmer 149 Fn., 245
Davis, Bette 72, 136, 233, 238
Day, Barry 199 Fn.
Day, Doris 51, 136, 160
De Beauvoir, Simone 220, 234
Deer, L. und H. A. VIII, 331, 234
Deighton, Len 156
DeMille, Cecil B. 43, 63, 169, 170, 274
Demy, Jacques 132, 161
Denny, Reuel 205, 257, 290, 314, 336
De Rochement, Louis 62
De Sade, Marquis 182
Diamond, Jack („Legs") 139
Dickens, Charles 82, 113
Dickinson, Angie 52, 155
Dickinson, Thorold 24 u. Fn., 72, 73–74, 207, 283
Dickson, W. H. L. 259
Dietrich, Marlene 248, 258
Dillinger, John 139
Disney, Walt 12, 43, 89, 99, 123, 129, 173, 181, 203, 313
Donen, Stanley 160, 161
Donner, Clive 124
Dostojewski, F. 110
Douglas, Kirk 142, 171
Dunaway, Faye 52
Duncan, Isadora 184
Durand, Jacques 232
Durbin, Deanna 158
Durgnat, Raymond 258
Durkheim, Emile 92, 194
Dysinger, W. S. 298

Earp, Wyatt 139, 142
Eddy, Nelson 158
Edison, Thomas Alva 36, 189, 258–259
Eisenhower, Dwight D., 194 Fn.
Eisenstein, Sergei 5 Fn., 12, 66, 122, 198, 207, 296, 311
Elkin, F. 309
Emery, F. E. 238
Ernst, Morris 219
Everson, W. K. 3 Fn., 143 Fn.

Fabian 63
Fadima, W. 244
Fairbanks, Douglas 34, 64
Farber, Manny 33 Fn.
Farrow, John 259
Faulkner, William 323
Fearing, Franklin 95, 121, 226, 235, 290, 326, 338
Feiffer, Jules 12 Fn.
Fellini, Federico 45, 76
Fenin, G. N. 98, 143 Fn.

Festinger, L. 221
Feyerabend, P. K. V Fn., 29 Fn.
Fitzgerald, F. Scott 59, 72, 323
Flaherty, Robert 85
Fleming, Ian 76, 156, 157
Flint, Derek 156
Flynn, Errol 134, 238
Forbes, Brian 65
Ford, Henry 71
Ford, John 4, 25 u. Fn., 26, 33, 34 Fn., 45, 76, 123, 124, 241
Foreman, Carl 63
Forman, H. T. 246
Fox, William 62, 130, 189 Fn., 194, 274
Frankenheimer, John 33, 124
Freed, Arthur 62, 161
French, Philip 153 Fn.
Friese-Greene, William 36
Fuller, Samuel 125, 142, 154, 180
Fury, Billy 63

Gable, Clark 238, 254
Gelsworthy, John 1
Gans, H. J. 34, 81, 83, 94 Fn., 95, 96, 99, 109, 128, 129, 138, 163, 284, 309
Gardner, Ava 136
Garfunkel, Art 12
Garland, Judy 160
Garner, James 117
Garson, Greer 238
Gershwin, George 158
Giannini, A. H. 274
Gillett, John 10
Givenchy 51
Godard, Jean-Luc 4, 45, 66, 67, 85, 87, 124, 184, 199, 320
Goldwyn, Samuel 38, 43, 46, 62, 190, 270, 339
Gombrich, E. H. 8, 27 Fn.
Goody, Jack 118 Fn.
Gorer, Geoffrey 336
Goulding, Edmund 259
Grable, Betty 136, 160, 238
Grant, Cary 171
Green, Adolph 161
Green, Martin 118
Greenberg, Joel 213, 308
Grierson, John 12
Griffith, D. W. 1, 34, 37, 63, 64, 65, 66 Fn., 122, 141, 180
Griffith, Richard 36 Fn., 122, 159, 311
Guiness, Alec 134

Hagen, Jean 161
Halas, John 223
Haley, Jay 95
Hall, Stuart VIII, 12
Hammett, Dashiel 139
Hammons, Earl 274
Hampton, B. 233, 234, 295
Handel, Leo 100 Fn., 103, 243
Hanna, W. und Barbera 223
Hanoun, Marcel 66
Hanson, Harry L. 87
Hardy, Andy 190
Harlow, Jean 317
Hart, Lorenz 158
Hauser, P. M. 298
Hawkins, Jack 45
Hawks, Howard 26, 67, 125, 180, 241
Hayek, F. A. 167–168 Fn.
Hays, W. H. 274
Hayworth, Rita 136, 238
Healey, W. 339
Hecht, Ben 245, 323
Hedren, Tippi 180
Hegel, G. W. F. 182
Hellinger, Mark 62
Helm, Matt 169
Hendricks, Gordon 35 Fn.
Hepburn, Audrey 51, 52, 114, 136, 161
Hepburn, Katherine 238
Hepworth, Cecil 37
Higham, Charles 213, 308
Highet, G. 234
Himmelweit, Hilde 13, 109
Hitchcock, Alfred 16, 26, 28, 33, 45, 46, 66, 67, 76, 89, 99, 114 Fn., 123, 124, 125, 136, 156, 180, 193, 201
Hoggart, Richard 260, 316
Holaday, P. W. 299
Holden William 171
Holliday, ‚Doc' 142
Homer 183
Hood, Robin 139, 142
Houlton, Bob 97 Fn.
Houseman, John 62, 164
Houston, Penelope 316
Hovland, Carl I. 321
Howe, A. H. 164
Howe, James Wong 338
Huaco, George IV, und Fn.
Hudson, Rock 68
Huettig, May D. 40, Fn., 233, 305
Hughes, Howard 267
Hughes, R. 106
Hunnings, Neville M. 223
Hunt, A. 234, 325

Hunter, Ross 43, 207
Huston, John 44, 49, 72, 73, 84, 144, 153, 192, 245, 296, 310
Hutton, Betty 3 Fn.

Ichikawa, Kon 39, 126
Inge, William 10
Inglis, Ruth A., 257, 321
Isherwood, Christopher 65, 198, 280, 323

Jacobs, Lewis 7, 35 Fn., 91 Fn., 295, 311
James, Jesse 140
Janowitz, Morris 235
Janson, Hank VII
Jarvie, I. C. 48, 60 Fn., 127 Fn., 129 u. Fn., 236, 263
Jean, Gloria 158
Jobes, Gertrude 35 Fn.
Johnson, Nunally 245
Jones, Dorothy B. IV, 120, 232, 246
Jungersen, F. 13 Fn.

Kael, Pauline 33 Fn., 70, 112 Fn., 121 Fn., 150, 154, 178 Fn., 199 Fn., 207, 278
Kahn, Gordon 193 Fn., 215
Kant, I. 13
Karloff, Boris 227
Karlson, Phil 153
Katz, Elihu 109, 167 Fn., 235, 321
Katz, Samuel 210, 274
Kawelerowicz, Jerzy 55
Kaye, Danny 123
Kazan, Elia 265
Keaton, Buster 3, 72, 180
Keel, Howard 160
Kelly, Gene 160, 161
Kelly, Grace 180, 258
Kelly, Terence 40 Fn., 107
Kent, Sidney R. 274
Kidd, Michael 161
Kieghley, William 241
Kiesling, B. 223
Klapper, Joseph 110, 280
Klingender, F. D. 40 Fn., 233
Knight, Arthur 35 Fn., 236, 258
Kobayashi, Masaki 39, 126
Koch, Howard 24 u. Fn.
Kracauer, Siegfried IV u. Fn., 5 Fn., 7, 120, 121, 122, 162, 178 Fn., 242, 265, 272, 273, 291, 309, 329
Kramer, Stanley V Fn., 43, 111, 164
Krazna, Norman 245
Kubrick, Stanley 84 u. Fn., 288
Kurosawa, Akira 3, 39, 66, 74, 75, 76, 82, 85, 89, 111, 124, 126, 143, 148, 180

Ladd, Alan 142
Laemmle, Carl 62, 235
Lambert, Gavin 10, 316, 318
Lang, Fritz, 3, 26, 66, 122, 153
Langdon, Harry 205
Lardner, Ring 323
Larrabee, Eric 309
Larsen, O. 110, 211
Lasky, Jesse 274
Lawrence, P. 118
Lazarsfeld, P. F. 103, 109, 167 Fn., 221, 232, 249, 321, 338
Leacock, Philip 45
Leamas, Alec 156
Lean, David 63, 66, 125, 265
Leavis, F. R. 18, 95, 260, 324
Le Carré, John 156
Legge, Stuart 40 Fn., 233
Leigh, Janet 136
Leites, Nathan IV, 90 Fn., 120, 309
Lenin, V. L. 9 Fn.
Lennon, John 12
Lerner, Irving 153
Lester, Richard 89
Levine, Joseph E. 43, 192
Levy-Bruhl, Lucien 242
Lewis, Jerry 65
Lewton, Val 26, 62
Leyda, J. 54 Fn., 127 Fn.
Lo Duca, Giovanni 220, 221, 258
Loew, Marcus 38, 62, 274
Losey, Joseph 63, 66, 124
Lövaas, O. I. 110
Low, Rachel 35 Fn.
Lubitsch, Ernst 26, 158
Lugosi, Bela 227
Lumière, Louis 36, 133
Lunatscharski, A. 53 Fn.
Lyle, J. 109, 226

Macdonald, Dwight 19 u. Fn.
Macdonald, Jeanette 158
Mackendrick, Alexander 85
Maclaine, Shirley 135
Macliammoir, Michael 72
Malcolm, Norman 3 Fn.
Mamoulian, Rouben 26, 158
Mander, Kay 290
Mankiewicz, Joseph M. 245
Mann, Anthony 199 Fn., 241

Mann, Thomas 338
Manvell, Roger 12, 35 Fn., 90 Fn., 123, 178 Fn., 263, 311
March, Frederick 111
Marlowe, F. 62 Fn.
Marquis, D. 299
Martin, D. 238
Marvin, Lee 155
Marx Brothers, die 72, 158, 289
Marx, Karl 17, 95
Mason, James 45
Mason, Perry 150
Massari, Lea 136
Mature, Victor 134
May, M. A. 298–299
Mayer, Arthur 159
Mayer, J. P. III, 90 Fn., 121, 232, 242, 273, 288
Mayer, Louis B. 38, 59, 62, 71, 73, 84, 188, 190, 231
Mayersberg, Paul 193 Fn.
Mayo, Virginia 160
McCann, Richard Dyer IV, 91 Fn.
McCarey, Leo 26, 125, 180
McCarthy, Joseph 112, 168, 181
McCartney, Paul 12
McGoohan, Patrick 156
McLaren, Norman 23 Fn.
McLuhan, Marshall 4, 13, 20, 21, 117, 119, 167 Fn., 197, 198, 199 Fn., 199, 204, 223, 234, 287, 303, 309, 321
McNee, Patrick 156
Mead, Margaret IV, 120
Méliès, Georges 36–37
Melville, J.-P. 133
Merton, R. K. 196 Fn., 338
Meyersohn, Rolf B. 80, 205, 257, 290, 314, 336
Mickey Mouse 293
Miles, Sarah 52
Milestone, Lewis 26, 113, 180, 181
Miller, Arthur 10, 254
Miller, V. L. 299
Mills, Hayley 52
Minnelli, Vincente 45, 160, 161, 180, 181
Miranda, Carmen 3 Fn.
Mizoguchi, Kenji 39, 126
Moley, Raymond 226, 237, 299, 305
Monroe, Marylin 65, 68, 136, 215, 254, 258
Montagu, Ivor 178 Fn., 311
Moore, Colleen 226
Morin, Edgar 62, 206, 267
Morovkin, Boris 235
Mortimer, John 69
Mozart, W. A. 325
Muni, Paul 153
Munk, Andrej 55
Munsterberg, Hugo 121

Negulesco, Jean VII
Nelson, ‚Baby Face' (Lester Gillis) 139
Nelson, Ralph 154
Nelson, Ricky 63
Ness, Elliot 111, 201
Nichols, Dudley 245, 338
Novak, Kim 180

O'Connor, Donald 161
Odets, Clifford 245
O'Donnell, Peter 156
O'Hara, John 323
‚Old Mother Riley' 171
Olivier, Laurence 87, 201
O'Neill, John 188 Fn.
Ophüls, Max 16
Oppenheim, P. 109
Orna, B. 223
Orrom, Michael 162
Osborne, John 65
O'Toole, Peter 45
Ozu, Yasujiro 5, 39, 126, 128

Pabst, G. 122
Palache, Albert 40 Fn.
Palance, Jack 142, 198
Parker, Bonnie 139
Parker, E. B. 110, 226
Parkinson, Northcote 32 u. Fn.
Parks, Larry 51
Parsons, Talcott 212
Pascal, Gabriel 85
Pearson, G. 120 Fn.
Peck, Gregory 116, 171
Peckinpah, Sam 44, 84, 124
Penn, Arthur 89, 124, 153
Perry, George 12
Peters, C. J. 246, 299
Peterson, R. C. 299
Picasso, Pablo 71–72
Pickford, Mary 34, 64, 72
Pinter, Harold 65, 202
Polanski, Roman 55
Popper, K. R. 14, 25 Fn., 152 Fn.
Porter, Cole 158
Porter, Edwin S. 37, 143
Powdermaker, Hortense 49, 59, 62, 90 Fn., 91, 121, 232, 242, 309, 321

Powell, Anthony 1, 65
Powell, Jane 160
Preminger, Otto 45, 304
Prentiss, Paula 52
Presley, Elvis 63
Prévert, Jacques 13
Prouse, Derek 9
Proust, Marcel 1
Pudowkin, V. I. 66, 122, 296, 311

Quéval, Jean 213
Quigley, Martin 35 Fn.
Quine, Richard 153

Raft, George 153
Ramsaye, Terry 35 Fn., 64 Fn., 189 Fn., 234, 259, 295
Rank, J. Arthur (später Lord) 47
Ransohoff, Martin 43, 64
Ray, Nicholas 180
Ray, Satyajit 5, 128, 265
Raynor, Henry 122
Redgrave, Vanessa 52
Reed, Carol 74, 125
Reinhardt, Gottfried 49, 73, 84
Reisz, Karel 62 Fn., 112 Fn., 194 Fn.
Rembrandt van Rijn 192
Renan, S. 2 Fn.
Renoir, Jean 16, 45, 122
Renshaw, S. 299
Resnais, Alain 116, 155, 320
Reynolds, Debbie 161
Rhode, Eric 120 Fn.
Richardson, Samuel 1
Richardson, Tony 24 u. Fn., 30 u. Fn., 45,84
Riefenstahl, Leni 124
Riesman, David 11, 96, 309
Rieupeyrout, J. L. 139, 143 Fn.
Riley, J. W. und M. W. 19, 195 Fn.
Rimberg, J. 267
Ritter, Tex 144, 200
Roberts, John M. 96
Robinson, David 259
Robinson, Edward G. 153
Robinson, W. R. IV, 97 Fn.
Roche, Catherine de la 326
Rodgers, Richard 158
Rogers, Ginger 159, 273
Rosenberg, Bernard IV, 90 Fn., 316
Ross, Lilian 38, 49, 59, 73, 188, 190, 193 Fn., 207, 250
Rossen, Robert 245, 338
Rosten, Leo 49, 62, 65, 70, 90 Fn., 193 Fn., 280
Rotha, Paul 12, 35 Fn., 122, 162, 178, 311
Ruckmick, C. A. 298
Russell, Bertrand 140, 183

Sabu 85
Saint, Eva Marie 180
Saltzman, Harry 63, 76
Sanders, Brian 158 Fn.
Saroyan, William 323
Schapiro, Helen 63
Schary, Doré 49, 59, 73, 84, 227, 313
Schenck, Nicholas 38, 62, 73, 84
Schickel, Richard 13 Fn., 38 Fn.
Schlesinger, John 116, 124
Schramm, Wilbur 13, 109, 226
Schulberg, Budd 323
Schulman, Gary 167 Fn.
Schultz, Dutch 139
Seaton, George 245
Seberg, Jean 68, 207
Sellers, Peter 173, 240
Selznick, David O. 62, 64
Shakespeare, William 9, 75, 80, 187, 211, 270, 319
Shaw, Irwin 323
Shaw, Run Run und Run Me 128
Shils, Edward 157, 213
Shinto, Kaneto 148
Shrimpton, Jean 137
Shuttleworth, F. K. 299–300
Siegel, Don 154, 284
Silbermann, A. 245
Sills, Milton 274
Simenon, Georges 85
Simon, Paul 12
Sinatra, Frank 316
Siodmak, Robert 16, 26, 124
Sirk, Douglas VII
Sisk, J. P. 134 Fn.
Skouras, Spiros 190
Smiley, George 156
Smith, Adam 31 u. Fn.
Smith, H. N. 225
Smith, Jack 320
Solo Napoleon 156
Solschenizyn, Alexander 53
Spiegel, Sam 63
Spillane, Mickey VIII, 160
Spottiswoode, Raymond 178 Fn. 296
Stalin, J. 5 Fn., 55, 283
Stanwyck, Barbara 142

Steed, John 169
Steele, Tommy 63
Steiger, Rod 153
Stephens, H. B. 179
Stephenson, William 17–18
Stevens, George 26, 34 Fn., 86, 206
Stewart, James 171, 238
Stoddard, G. W. 298
Sturges, Preston 26, 245
Sukarno, Präsident 204
Summers, H. B. 103
Susskind, David 64

Talbot, Daniel 206
Tashlin, Frank 125, 180
Taylor, Elizabeth 52, 71, 124, 136, 171, 330
Taylor, John Russell IV Fn., 122 Fn.
Taza 143
Thalberg, Irving 190, 324
Thomas, Bob 59, 190
Thompson, Dennys VIII, 324–325
Thompson, J. Lee 45
Thorp, M. F. 90 Fn.
Trasher, F. M. 298
Three Stooges, The 171
Thulin, Ingrid 52
Thurstone, L. L. 299
Toland, Gregg 66
Topley, M. 59 Fn.
Tracy, Spencer 111
Trnka, Jiri 223
Trotti, Lamar 245
Truffaut, François 66, 124
Turner, Lana VII, 68, 201, 207
Twiggy s. Jean Shrimpton
Tyler, Parker 273
Tynan, Ken 200 Fn.

Ustinov, Peter 134

Vardac, N. 66 Fn.
Vidor, King 26, 72
Vigo, Jean 66
Vince, P. 109
Vine, Charles 156
Vitti, Monica 52, 114
Von Sternberg, Joseph 26, 72, 85
Von Stroheim, Erich 64, 72, 85, 258

Wagner, R. 182
Wajda, Andrej 55, 57
Walker, Alexander 71
Wallach, Eli 45
Wallis, H. B. 62
Walpole, Hugh 65
Walsh, Raoul 125, 149 Fn., 180, 241
Wanger, Walter 72
Warner, Jack L. 62, 190, 274
Warren, Earl 240
Warshow, Robert 143 Fn., 234
Watt, Ian 118 Fn.
Wayne, John 124, 135
Weakland, J. H. 4 Fn.
Webb, Jack 153
Weiss, Nathan 44
Welles, Orson 4, 28, 44, 49, 66, 72, 74–75, 76, 84, 85, 122, 124, 180, 201, 241, 245
Wellman, William 241, 313
Wertham, F. 12 Fn., 280
West, Mae 158
Whale, James 227
Whan, F. L. 103
Whannel, Paddy VIII, 12
White, Carol 52
White, David Manning IV, 12 Fn., 90 Fn. 316
White, Peter 222
White, Winston 212
Whitehall, Richard 140
Whitehead, A. N. 279
Widmark, Richard 153
Wilder, Billy 16, 33, 45, 46, 245
Wilenski, H. 214
Williams, Esther 160
Williams, Raymond 162, 260
Williams, Tennessee 10
Wilner, D. 90 Fn.
Wilson, Richard 154
Wind, Edgar 184
Wise, Robert 33, 154
Witney, William 154
Wittgenstein, Ludwig 2 u. Fn.
Wolf, C. 21 Fn.
Wolfenstein, Martha IV, 90 Fn., 120, 280, 309
Wood, Alan 47, 87
Woods, F. 146 Fn., 323
Wright W. und Hanna D. 338
Wu, Kaiserin 127
Wyler, William 16, 26, 33, 46, 86, 124, 153, 181

Yates, Peter 154

Zanuck, Darryl F. 64
Zinnemann, Fred 181
Zukor, Adolph 62, 190, 210, 268, 274

Sachregister

Ablenkungstheorie 131
Aggressivität, Aggression 110–11, 206, 211, 214–215, 253, 285, 291, 317
aktive *kontra* passive Unterhaltung 78–82, 87, 92–93, 212–213, 292
Aktualitätenkino 177
Allied Artists 43, 170
Alter des Filmpublikums 99, 104–105
Amerikanische Filmindustrie als Muster 40, 282, 295–296, 339;
– Kritik an ihr 57 Fn., 125–126, 152;
– Vorzüge 124–125, 205–206
Angebot und Nachfrage 336
Ansehen des Films, Mangel an 190
Antiintellektualismus 50
Arabischer Film 207, 280
Architektur und Film 23–24, 125
Arbeit kontra Spiel 19, 91
Arbeitsteilung 23, 31–32, 86–87, 191
Assoziation von Vulgarität 12
Atelierapparat 33–34
Atomisiertes Publikum 95, 221, 273
„atypische" Rollenbesetzung 135–136
Autonomer ästhetischer Bereich 182
Autoren 65, 193, 207, 241, 244

Backstage-Musical 158–159, 160
Batjak 43
BBC (British Broadcasting Corporation) 83
Beach Boys, The 12
Beatles, Die 12, 63, 325
„Bedürfnisrelevanz" 285
Begrenzung des Themas III
besondere Gelegenheit, der Film als 94
Besprechung und Kritik, Unterschied zwischen 177
„bevorzugtes Wahrnehmungs, oder Erkenntnismodell" von Kulturen 197
„Blick in den Rückspiegel" 199
Bounty Hunter 145
„breaks, the" 134
Britische Filmindustrie 213, 236, 247, 274, 288, 300, 312, 337
Bumerang-Effekt 229, 243

Cahiers du Cinema 125, 196 Fn., 221, 319
Chinesische Filmindustrie 211,288,282,283,332
Cinecolor 200 Fn.
Cinerama 172
Cirlin Reactograph 227
Columbia 43, 70, 97 Fn., 189, 324

deutscher Film 220, 277, 312
Dichtung und Film 8–9, 22, 122
Doors, The 12
Drama 22
Drehbuch 24

Edelwestern 148
Ein Stück Leben oder ein Stück Kuchen: 125–129, 180
Engagement, s. auch *engagement* 180, 181, 183
Entscheidung, Zentralisierung und Vermutungen 24–25, 29–30, 39
Entwicklung der Industrie 37–38
Erfindung des Kinematographen 36–37
Erklärung, soziologische 16
Erleben des Mediums
– Teil III 109, passim 95–96, 197–201
Erotik 213, 236, 258
erster Schnitt, (Recht auf ihn) 84
Erwartungen 115, 135–136
Eskapismus s. auch Flucht 95, 122, 130–132, 159, 232, 252, 273

Fabriksystem 85, 86–87, 89
Famous Players (Kanadische Filmgesellschaft) 337, 339
Fan-Zeitschriften 135 Fn., 275, 318
FCC (Federal Communications Commission) 83
Fehlen soziologischer Studien des Films 11, 90–91
Fernsehen 1, 83, 149, 199, 202, 208, 224, 247, 252, 284, 317, 322;
– Auswirkungen auf das Kino 33, 35, 41, 50, 88, 98, 170, 229;
– kontra Film 11, 94, 119, 195, 199, 225–226, 272, 291
fernöstlicher Western 143, 148–149
Film, als Kunstform: Einleitung 1–3
– komplexes Medium 2; Vertrautheit mit ihm 3; Unwissenheit über ihn 4;
– Hochmut ihm gegenüber 3–6; 12–13;

– als soziales Phänomen IV–V, 5, 194;
– Anthropologie des 4–5, 300–302;
– -kritik 283, 309, 177 passim;
– soziologisch orientiert 7, 8;
– Linkstendenz 9, 180; Zyklen 206; -generation 2–3, 123–124, 198, 199;
– Filmemachen 16;
– -einfluß 5, 42, 288, 289, 332;
– und Buch 81, 117–119, 209, 216, 254;
– ist ernstzunehmen 12; s. auch Kino; s. auch Genre. Film und Gesellschaft 112–113;
– als „Aussage“ 8;
– Einfluß III, 21, 109–113, 119–120;
– Anfechtbarkeit von Studien aufgrund von Plotzusammenfasungen XIV, 184
Filmbesuch 88, 100–108, 169-170, 114, 207, 218, 236, 243, 297, 314, 320
Filmgesellschaft, große 42–43, 48–49, 73, 88, 161
Film „erfaßt Realität“ 114, 122
Filmhistoriker 35 Fn.
Film im Fernen Osten 126–130
Filmindustrie: Teil I passim 22, 188–194, 196–197, 258, 265, 266, 270, 295, 296
– Ursache ihrer Entstehung 35–38
– Wertung während der Produktion 163–165
Filminhalt: Teil III passim 109; 53–54, 114–115, 237–238, 271, 290, 312–313
Filmische Qualitäten 10, 287
Filmmarkt, internationaler 320
Filmmogule 87, 248
Filmwelten 132–137
Finanzierung 42–44, 47, 85–86, 164–165, 190, 217, 263–264, 275, 282, 297, 318
Flucht, der Film als, s. Eskapismus
Formeln 149–151, 186
Frauenfilm 308
Free Cinema 181
‚front money‘, Verleihgarantie 44
Front Office (entspricht dem Produktionsbüro) 83
Funktionen des Films (Diskussion auslösend, ablenkend, kathartisch, informierend) 90, 98, 112–113, 251

gängiges Material 165, s. auch Image
Gangsterfilm: Kapitel XII *passim* 149, 139, 142–143, 248, 255, 279, 331, 333;
– Anziehungskraft 150–151;
– Bedeutung im weiteren Sinn 168–169;
– Volkshelden 151–152;
– Geschichte 153
Gehirnwäsche 80–81
Geld, der Magnet 71–72
Genre, das 82, 97, 99, 124, 138, 146, 152, 202, 241
geringer Verdienst 20
Geschichte der Filmkritik 7–8
Geschichte des Theaters 93
Geschichtsphilosophie 113
Gewalt 109–112, 293
Gewerkschaften 310
Gewinn 37–38, 165
gleichbleibende Nachfrage 160
„globales Dorf“ 21, 200
Goldwyn Girls, The 159
Gruppe 20, 82–90
gute-böse Mädchen, das 336

Hammer Films, die 170
Handeln, soziales 15–16
Hays Office 159
Hecht-Hill-Lancaster 43
„heiße“ Medien 19, 119, 198–199
Held 139, 208, 274
Highbrow V, VII, 131, 162, 166–167, 168, 202, 251, 260, 273
hohe Gehälter 71–72
Hongkong-Film, seine Mängel 127–129
Horrorfilm 227, 258
HUAC (House of Unamerican Activities Committee) 273, 288
‚Huggetry‘ 304

Identifikationstheorie 130–132, 137, 200, 238, 285–286
Image des Films 165, 167 u. Fn., 168, 171, 172, 173–177, 203, 290
Indischer Film 212, 218, 230, 266, 269, 316, 322, 324
Inhaltliche Interpretation *kontra* Interpretation des Formalen 29–32
„Injektionstheorie“ (hypodermatische-Nadel-Modell) 95, 109
Intellektuelle und Medien 311
ITA (Independent Television Authority) 83

Japanischer Film 306, 321
Jefferson Airplane 12
Jugendliche 330

Kapitalismus 60, 67, 77, 87
Kartell *(Motion Picture Producers Association)* 39–40
Kartierung 11
Kasse, Kassenerfolg 129 Fn., 165–166, 171, 196 u. Fn., 201
Kassenschlager, permanente 38 Fn.

Katharsis 112, 215, 256
Kinder und Film 206, 210, 219, 220, 230, 232, 237, 245, 246, 260, 285, 290, 300, 304, 305, 313, 322, 323, 325–326, 333
Kirche und Film, s. religiöse Aspekte
Kitsch 131
Klasseninteresse 61, 69, 195, 229
Kollektivdarstellung 194
Kollektives Unbewußtes 121
Kollektives Verhalten 20–21
Kommerzellier Film, und seine Mängel 9
Kommunikation, Film als 17–19, 21, 120
– Anhang 188 passim, 239, 243, 274–275, 292, 307, 321, 325
Kommunistisches Modell 41, 53–58
Komplexe Hierarchien, und Zwischenstadien 29, 32 u. Fn., 35
Kompromiß 50
Konventionen 124–125, 132, 133, 138–139, 159, 198, 200–201, 229, 256
„Konvergierende Selektivität“ 17
Konzentration, horizontale 39–40
– vertikale 39, 43, 236
Koordinationstheorie, – was wünscht sich das Publikum und was erhält es? 165–171
Kriegsfilme 172, 265, 271, 333
Kriminalroman/Detektivgeschichte 209, 225
Kritik, kein Rezept für sie? 187
kritische Haltung 31, 125, 126, 183–184, 186, 263
„kühle“ Medien 20, 118, 198
künstlerischer Erfolg kontra Erfolg der Industrie 32–35;
– Erfolg der James Bond-Filme 75–76
künstlerische Freiheit, Forderung nach ihr 31 Fn., 33, 176
künstlerische Verantwortung 30–31, 47–63
Kunst, kollektive – individuelle 22–27, 191, 208, 258

„Lebensersatz“ 95
Lebensphilosophie 10
Legende 68, 117, 138–143, 213, 214, 229, 318
„Lesen“ des Films; s. auch Sprache des Films 133, 197, 307, 334–335
Lesen im Vergleich zum Filmbesuch 78, 81, 117–118
Lernen durch Irrtum 31, 186,
– aus Western 145–146
Lerntheorie 20–21
Linkstendenz bei Filmrezensenten 9
Logik der Situation 16, 48, 50, 155

Macht 73
magisches Denken 295
Manager (Exekutiven, Verwaltungsfachleute) 62, 189–191
Massenkultur 214, 252, 286, 317
Massenmedien 17, 19, 322
Massengesellschaft 18–19, 212–213, 316–317, 333
Massenpublikum 92, 216–217
Maßstäbe VII–VIII, 32–33, 168, 177, 181, 196–197
Medien 80
Medien, Breitenwirkung 93, 188
Medium als Botschaft 117–118, 194–195
Mentalität 95
methodologische Fragen VI, 14–16, 90–91
Mexikanische Filmindustrie 309
MGM (Metro Goldwyn Mayer) 26, 38 u. Fn., 43, 73, 97 Fn., 189, 193 u. Fn., 231, 246, 247, 310, 324
Mirisch Corporation 43
Monogram 43, 200
Monopolstruktur 40, 215, 217, 224, 228, 233, 239, 326, 327
Montagetheorie 123
moralisierende Soziologie 10, 13, 122
Motive für Filmbesuch 19–20, 98–99
Musical, Das: Kapital XIII 158 passim; 172, 198, 232, 253, 282, 287

Nackt-Auftritte 52–53, 192
Narkotisierung des Publikums 95
Nationale Klischees 278
Nationalismus 306
Naturalismus, siehe auch Realismus 120–121
Neorealismus 122
Nouvelle Vague (neue Welle) 86, 124

ökonomische Analyse 321
ökonomische Geschichte des Films 210
Organisation der Produktion 41
Osteuropa 53 ff.

‚packaging‘, System des 34, 45, 47, 76, 99
„Pädagogen und Prediger“ (P und P) 80–81
Paramount 43, 97 Fn., 189, 210, 224, 247
parasoziale Beziehung 261–262
‚participation mystique‘, mystische Partizipation 121
„passives“ Publikum 85
Payne Fund Studies 90, 109, 205, 230, 246–247, 298–299
Pazifismus und Kriegsfilme 10

„persönlicher Stil“ 25, 30 Fn.
Personalismus 59 u. Fn., 69
Pluralismus 34, 82, 188
Polen 55–56, 57–58, 67
politiques des auteurs 180–181, 221
Popmusik 12, 79–80, 97, 106
Popularität des Hollywoodfilms 32
Porno-Filme 97 u. Fn., 202
Positif 180
„Prä-Aktions-Reaktionen“ 235
Preis für den Kinoplatz *kontra* Preis für den Film 41–42
Pressevorführungen 164–165, 176
Primär Gruppen 20, 212
Produktionsbüro s. Front Office
Produktionsstruktur, Kapitel III 42 passim; 285
„Produktionswerte“ 33
Produzent (Film) 25, 44, 45–46, 48, 51, 63–64, 164, 233, 304
Professionalismus/Perfektionalismus (Hollywood-) 31–32, 124–125, 131
Profitstreben 16
Prohibition 151
Propaganda und Film 9 Fn., 18, 110, 188, 195 u. Fn.–196, 219, 221, 222, 246, 262, 266, 278, 281, 309, 310–311
„Protektion“ 152 u. Fn.
Psychologie und Film 90, 221, 245, 289, 295, 337
Publicity 173–176, 218, 249, 312
Publikum, Teil II 78 passim; Kapitel VIII, 98–108, 129–130, 193–197, 202, 213, 249, 257, 258–259, 265, 280–281, 307, 315, 318, 329;
- Aktivitäten 78–79;
- artikuliert sich 99;
- Subkulturen 98;
- Korrumpierung 167, 339;
- Differenziertheit 86
„Publikumsferne“ 39–40
Publikumsgeschmack VII–VIII, 170
Publikumspartizipation 82–83
Purismus, Vorwort III passim, 28–29, 294
„puristischer“ Film 8 Fn., 123, 161–162
Puritanismus 78–80, 81, 157, 170, 194, 201–202

„Quickie“ 255

Radio und Film 216, 222–223, 292
rationale Tradition der Kritik Kapitel XVI 177 *passim*
Realismus 114, 117, 120–126, 133, 149–150, 162, 179, 180, 322, 338
Regisseurs, Film- 25–26, 45–46, 50–51, 65, 85, 252
Regisseur, Vorrang des 24–27, 31, 45–46
Rekrutierung 61–72
religiöse Aspekte des Filmbesuchs 117, 134, 194
Republic 43, 170
Ritual 91, 114, 117
RKO (Radio-Keith-Orpheum) 43, 170, 247
Rollen: Kapitel IV 58 passim;
- erworbene 58
- zugewiesene 58
- definiert 59–61
- keine Rollenveränderung beim Kinobesuch 19
- Neudefinierung der Rolle 42

Say'sches Gesetz 35
„Schlußgeld“, *(„end money“)* 44, 217
Schmeichlertum 29, 30, 50
„Schnitt in der Kamera“ 25 Fn.
Schöpferische Freiheit 85–86
„Schöpferische Interpretation der Wirklichkeit“ 179, 198;
s. Realismus
Schöpferische Verantwortung 24–32, 75, 86, 191–192
Schweizer Film 295
Schwierigkeiten beim Studium des Films 11
Screen Directors Guild 84
„Selektive Wahrnehmungs-Theorie“ 95, 109
Sendereihen 199
Seriosität des Kunstmittels Films 12
„Sicht des Tatzeugen“ 339
Sight and Sound 24, 122, 213, 219, 283, 318
„Sleeper“ 225, 175
„Sleeper-Effekt“ 225
sneak previews, Testvorführungen 83, 175, 176
soziale Bedeutung des Filmplots VI
soziale Institution, der Film als 5
sozialen Kontrolle, Film als Mittel zur 17–19, 238, 256
soziale Struktur der Filmindustrie IV, 16, 22–23, 60–61
soziales Zentrum 194
sozial exklusive Medien 93
Sozialgebilde, aus vielen Publika bestehendes 82–83
sozialisierende Wirkung 93, 97, 253, 285, 291
sozialkritische Filme 111–112
Soziologie (des Films) und wertlose Filme V;

– *a priori* IV, 54;
– als Kartierung 11;
– mit Psychologie verwechselt III;
– Mangel an deskriptiven Studien 6 ff.; 15, 90 ;
– Hauptfragen III, VI, 14, 17, 119–120, 232, 234, 239, 244, 254, 264, 288–289, 294, 300–302, 310, 335
soziologisches Bezugssystem III, IV, 17–21
Spanische Filmindustrie 320
Spezialisierung 38
Spiegel der Natur 179–182
Spiel 12–18, 96;
– Funktionen des Spiels 92;
– Spiel kontra Arbeit 18, 91
Spielfilm 88
Spiel und Film 96
Spionagefilme 99, ihre Bedeutung 155–158
Sprache des Films 13, 20, 81–82, 108, 115–117, 184, 198–199, 220, 229
s. auch Lesen des Films
Standardrepertoire VI
Stars 45, 64, 117, 134–137, 171, 173 u. Fn., 238, 239, 241, 255, 258, 267, 298, 322–323, 329
Status des Schauspielers 77
„stock-shot“ (Archivaufnahme) 3, 240
Subjektivismus und Relativismus 182–183, 186–187
Subkulturen 97, 98–99, 128, 129, 250, 251
– Programmierung im Blick auf sie 37, 128–129
Symbolismus 5 Fn., 57–58
Sympathie und Verständnis VII
System 50, 69, 75–76

Talent 68–70
Test-Vorführung, s. *„sneak preview“*
Theater *kontra* Film 207, 315, 328
Toleranz VII–VIII
Tonfilm, Aufkommen und Auswirkung 94, 178, 197, 210, 231, 234
Totalitarismus, Gefahr des 90 Fn.
Trägheit 81
Trailer s. Vorschau
„Traumfabrik“ 79
Tschechoslowakei 55–60
20th Century Fox 70, 97 Fn., 189

UdSSR 55, 282–283, 308
Umfrage, ihr Zweck III
umschneiden 84
Unabhängige Produzenten 42–43, 46, 47, 63–64, 193, 217, 219, 267, 289, 296
unbeabsichtigte Konsequenzen 49
undifferenzierte Massenmedienproduktion 80
United Artists 43, 64, 76, 97 Fn.
Universal (International) 43, 97 Fn., 235
unstrukturierte Gruppen 82–83
Untergrundfilm 2, 203
Unterhaltung V, 17, 90–98
unterschiedliches Erinnerungsvermögen 238

Vamp, der 329
Verleger 85
Verleiher 47
Verleihgarantie *(„front money“)* 44
Verkäufermarkt 49, 50, 59–60, 87, 100, 158, 224
„verweltlichte Ikonographie“ 117
Vorschau *(trailer)* 175
Voyeur, der Kinobesucher als 125–200

Wahrnehmungsfähigkeit und Wertung 224
Warner Brothers 70, 97 Fn., 193, 247
Weltkrieg I, Auswirkung auf die Filmindustrie 40
Werte 188–204
Wertung des Films: Teil IV 163 *passim;* 28, 224
Wesen des Films, das 25 u. Fn., 121, 178, 208
Western, Kapitel XI 138 passim; 143, 150–151, 92–93, 201, 211–212, 213, 219, 225, 226, 227, 240, 244, 246, 247, 254, 269, 274, 296–297, 302, 303, 307, 319, 324, 333, 338
– Kategorien des 147–148;
– Erklärung für seine universelle Anziehungskraft 148–149, 237;
– Themen des W. 141–143
Wirtschaftskrise und Musical 159, 256
Wort-Magie 179
Wunschvorstellungen 129

Zensur 110–111, 223, 228, 238, 239, 266, 269, 281, 293, 302, 304, 318, 330, 338
Ziele III; divergierende 16, 48–53
Zwei-Stufen-Fluß der Massenkommunikation 109, 314

Telescuola

Der Einfluß des Fernsehens auf die Schule in der Gesellschaft von heute und morgen

Von Prof. Dr. G. EISERMANN und Prof. Dr. S. S. AQUAVIVA

1973. X, 158 Seiten, 7 Abbildungen, 54 Tabellen, Format 15,5 × 23 cm, kartoniert DM 39,–

Bonner Beiträge zur Soziologie, Nr. 14

ISBN 3 432 01974 2

Propaganda der Friedlosigkeit

Eine Studie zu Hitlers Rhetorik während der Weimarer Republik

Von Dr. D. GRIESWELLE

1972. VII, 233 Seiten, Format 14 × 22 cm kartoniert DM 29,70

ISBN 3 432 01733 2

Die soziale Gruppe im Prozeß der Massenkommunikation

Von Dr. P. MÜLLER

1970. VIII, 261 Seiten, Format 16,2 × 24,4 cm kartoniert DM 34,–

ISBN 3 432 01211 X

Theoretische Soziologie heute

Von allgemeinen Sozialtheorien zum soziologischen Kontextualmodell

Von Doz. Dr. G. EBERLEIN

1971. VII, 207 Seiten, Format 16,2 × 24,4 cm kartoniert DM 19,80

ISBN 3 432 01676 X

Führung

Eine soziologische Analyse anhand kleiner Gruppen

Von Dr. E. ASCHAUER

1970. XI, 113 Seiten, Format 16,2 × 24,4 cm kartoniert DM 24,–

Bonner Beiträge zur Soziologie, Nr. 8

ISBN 3 432 01614 X

Ferdinand Enke Verlag Stuttgart